Esprit / Geist
100 Schlüsselbegriffe für Deutsche
und Franzosen

Serie Piper
Band 1093

Zu diesem Buch

Wenn Angehörige zweier Kulturen das Gleiche sagen, meinen sie doch oft Unterschiedliches: Ursache vieler Mißverständnisse, die immer wieder auch zu überflüssigen Meinungsverschiedenheiten führen. Auf gemeinsame Initiative der Goethe-Institute in Frankreich und der Instituts Français in Deutschland entstand deshalb die vorliegende Sammlung, in der hervorragende Kenner beider Länder die unterschiedliche Bedeutung von Schlüsselbegriffen des Denkens, aber auch der politischen Kultur und der Alltagswirklichkeit darstellen. Ergebnis ist eine deutsch-französische Kulturgeschichte im Kaleidoskop.

Jacques Leenhardt, geb. 1942, ist Leiter der Studiengruppe Literatursoziologie an der École des Hautes Études en Sciences sociales, Paris.
Robert Picht, geb. 1937, leitet das Deutsch-Französische Institut Ludwigsburg.

ESPRIT / GEIST

100 Schlüsselbegriffe für Deutsche und Franzosen

Herausgegeben von
Jacques Leenhardt und
Robert Picht

Piper
München Zürich

Folgende Texte dieses Bandes wurden von Barbara Heuckenkamp aus dem Französischen übersetzt:

Valentin, Der Rhein; *François*, Geschichte; *Bianco*, Anarchismus; *Dreyfus*, Deutsch-französische Beziehungen 1840-1940; *Gusdorf*, Aufklärung/Lumières; *Raulet*, Esprit/Geist; *Labarrière*, Hegel; *Ricoeur*, Interpretation; *Dupuy*, Recht; *Laloy*, Jalta/Potsdam; *Froment Meurice*, Sicherheit; *Afheldt*, Sicherheit; *Tournier*, Kultur/Zivilisation; *Berner*, Psychoanalyse; *Sauzay*, Klima; *Ménudier*, Fernsehen; *Rambures*, Literatur; *Meschonnic*, Moderne Dichtung; *Palmier*, Expressionismus; *Cohen*, Architektur; *Kaltenecker*, Gespräch mit Pierre Boulez; *Sauvaget*, Film; *Hurst*, Film.

ISBN 3-492-11093-2
Originalausgabe
September 1989

Umschlag: Federico Luci
unter Verwendung des Gemäldes »Eiffelturm« von Robert Delaunay
Gesamtherstellung: Clausen & Bosse, Leck
Printed in Germany

Inhalt

Jacques Leenhardt/ Robert Picht:	Im Irrgarten der Traditionen . . .	9

I. GESCHICHTE

Etienne François:	Einstellung zur Geschichte	15
Karl Ferdinand Werner:	Karl der Große – Charlemagne . .	20
Michael Erbe:	Reich / Empire	26
Rudolf von Thadden:	Kirche – Staat – Reformation . . .	30
Pierre-Paul Sagave:	Versailles (1682, 1789, 1871, 1918)	34
Pierre-Paul Sagave:	Friedrich II. von Preußen (1712–1786)	40
Horst Günther:	Revolution	46
Michel Guérin:	Napoleon	51
Monika Bosse:	Madame de Staël	57
Pierre Grappin:	Die Franzosen und Goethe	63
Michael Werner:	Heine	67
Fritz Nies:	Victor Hugo	72
François-Georges Dreyfus:	Deutsch-französische Beziehungen (1840–1940)	76
Joseph Rovan:	Bismarck	83
René Bianco:	Anarchismus	86
Michael Nerlich:	Heinrich Mann – Thomas Mann, die Französische Revolution und die Frage nach der Form	92
Jean-Marie Valentin:	Der Rhein	98
Frédéric Hartweg:	Das Elsaß: Stein des Anstoßes und Prüfstein der deutsch-französischen Beziehungen	107
János Riesz:	Afrika	113
Rita Thalmann:	Antisemitismus	117
Marieluise Christadler:	Résistance – Kollaboration	123
Robert Picht:	Freundschaft	126

II. PHILOSOPHIE

Georges Gusdorf:	Aufklärung/Lumières	135
Gérard Raulet:	Esprit/Geist	148
Iring Fetscher:	Jean-Jacques Rousseau	160
Pierre-Jean Labarrière:	Hegel	168
Etienne Balibar:	Marx	171
Rainer Rochlitz:	Martin Heidegger	175
Traugott König:	Jean-Paul Sartre	179
Rainer Rochlitz:	Frankfurter Schule	183
Paul Ricoeur:	Interpretation	186

III. POLITIK UND WIRTSCHAFT

Kurt Sontheimer:	Nation	195
Roger de Weck:	Vaterland – Heimat – Nation	199
Kurt Sontheimer:	Staat und Gesellschaft	202
Lothar Albertin:	Verwaltung – Zentralismus – Föderalismus	206
Pierre-Marie Dupuy:	Recht	211
Rudolf von Thadden:	Bürgerlich	217
Ernst Weisenfeld:	»Rechts« und »Links« ist nicht immer und überall dasselbe	220
Manfred Steinkühler:	Sozialismus – Kommunismus	224
Henrik Uterwedde:	Wirtschaft	228
Henrik Uterwedde:	Sozialstrukturen	233
Ingo Kolboom:	Unternehmer/Patron	238
René Lasserre:	Gewerkschaften/Syndicats	244
Alain Touraine:	Soziale Bewegungen	248
Jean Laloy:	Die Konferenzen von Jalta und Potsdam (1945)	253
Renata Fritsch-Bournazel:	Die deutsche Frage	258
Renata Fritsch-Bournazel:	Deutsche Demokratische Republik	264
Roger de Weck:	Beziehungen zu den USA	270
Renata Fritsch-Bournazel:	Rußland – Sowjetunion	272
Henri Froment-Meurice:	Sicherheit	278
Horst Afheldt:	Sicherheit	284

Sabine von Oppeln: Atom 290
Katharina von Bülow: Ein paar Bemerkungen zur Deutsch-französischen Verständigung . . . 295

IV. GESELLSCHAFT, WISSENSCHAFT, SPRACHE

Brigitte Sauzay: Klima 303
Michel Tournier: Kultur und Zivilisation 308
Bernd-Dietrich Müller: Familie 311
Rüdiger Stephan: Bildung 315
Dieter Tiemann: Jugend 321
Rüdiger Stephan: »Sport« in Frankreich und Deutschland 325
Rudolf zur Lippe: Leichtigkeit – Ernst 332
Bernhard Waldenfels: Ordnung 338
Bernhard Waldenfels: Körper – Leib 342
Alexandre Métraux: Psychologie 346
Claire Berner: Psychoanalyse 350
Wolf Lepenies: Soziologie 355
Hansgerd Schulte: Wissenschaft 361
Hansgerd Schulte: Forschungspolitik 366
Claus Leggewie: Moderne – Modernisierung 369
Werner Gephart: Natur – Umwelt 374
Bernard Lortholary: Übersetzung 378
Jean-Marie Zemb: Sprache 382
Mario Wandruszka: Sprache 387
Franz Josef Hausmann: Hilfsmittel der Verständigung: die Wörterbücher 392

V. LITERATUR, MEDIEN, KUNST

Jean-Louis de Rambures: Literatur 399
Henri Meschonnic: Moderne Dichtung 403
Jean-Michel Palmier: Expressionismus aus französischer Sicht 407
Wolfram Mehring: Theater-Rezeption in Deutschland und Frankreich 412

Hélène Vida:	Die Komödie	417
Georg Lechner:	Ballett – Tanz	423
Henri Ménudier:	Fernsehen	430
Günter Metken:	Bildende Kunst	436
Jean-Louis Cohen:	Architektur	440
Martin Kaltenecker:	Musikgespräch mit Pierre Boulez	446
Heike Hurst:	Stereotype im Film	451
Daniel Sauvaget:	Film	455
André Stoll:	Humor	459
Walther Fekl:	Politische Karikatur	464

Zu den Autoren . . . 470
Personenregister . . . 476

Jacques Leenhardt / Robert Picht
Im Irrgarten der Traditionen

Deutsch-französische Verständigung ist oft irritierend schwierig. Bei aller Nähe und scheinbaren Verbundenheit trennen uns Verschiebungen in Zeit und Raum: Historische Ungleichzeitigkeit scheint oft unüberwindlich; die Raumvorstellungen wollen nicht zueinander passen. Viele behaupten, Deutschland sei tief in Mitteleuropa verwurzelt, welche Grenzen auch immer gezogen würden, Frankreich dagegen liege am Rande, im Westen. Ist es das bißchen Rheinwasser, das zu so unüberbrückbarer Ferne führt? Geographie ist nur die äußere Gestalt geschichtlicher Entwicklungen und der durch sie geschaffenen Traditionen: Geister gehen in der Vorstellungswelt der Völker um.

Diese Geister können Persönlichkeiten sein, Ereignisse, aber auch Begriffe. Von ihnen handelt unser Buch. Wie bei Shakespeare tauchen solche traditionsbeladenen Vorstellungen immer wieder auf, klagen Legitimität und damit Kontinuität ein; sie stellen die Fragen der Toten an die Lebendigen, die Frage der Identität.

Was sind wir, Deutsche und Franzosen, wie kommt es, daß wir uns einander so vertraut und doch so fremd fühlen? Wie kann das Gegenüber zugleich so ähnlich und doch so andersartig sein?

Es gab eine Zeit, als man derartige Abweichungen nicht sonderlich wichtig nahm. Die wenigen, die eine Berührung der Kulturen vollzogen, nahmen nationale Unterschiede kaum zur Kenntnis. Ideen, Philosophie und Kunst übersprangen leichtfüßig Rhein und Rhone. Erst mit der Verfestigung nationaler Bindungen im 18. und 19. Jahrhundert stieß auch der Geist an Grenzen. Zu den Beschränkungen durch Religion und Recht traten nun die Umzäunungen politischer Geographie.

Damit begann auch die Blütezeit nationaler Geister. Um das Gegenüber als andersartig kennzeichnen zu können, mußte man die Besonderheit der eigenen Vergangenheit herausstellen und damit nationale Identität festschreiben. Von nun an trug jeder Franzose gallische Ahnen, Lancelot und Descartes, mit sich herum wie jeder Deutsche seinen Ritterorden, Siegfried und Beethoven.

Heute legen wir eine vergleichende Bestandsaufnahme derartiger identitätsbildender, Identität bindender Schlüsselbegriffe und Themen vor, an denen Geschichte gegenwärtig bleibt. Das Europa der Nationen ist überständig, wenn auch noch keineswegs tot. Auch für die geistigen Güter beanspruchen wir Durchlässigkeit der Grenzen, jene Freizügigkeit, die für Waren, Kapital und Berufstätige zur Selbstverständlichkeit wird. Wir können unsere in der Zwangsjacke nationaler Beschränkungen starr gewordenen Kulturen aber nur dann wieder zu neuer Bildsamkeit öffnen, wenn wir gemeinsam mit unseren Lesern die mühsame, gelegentlich schmerzliche, oft auch erheiternde Arbeit der Anamnese leisten. Wir können auf diesem Wege das Gemeinsame im Unterschiedlichen, das Anregende im Fremden entdecken. Denkmuster und Traditionen werden als historisch Gewordenes, also auch weiterhin Entwicklungsfähiges bewußt. Wenn wir Geschichte vergleichen lernen, stehen sich die beiden Nationen nicht mehr als geschlossene, miteinander unvereinbare Wesenheiten gegenüber, die sich – narzistisch in die eigene Identität vernarrt – gegenseitig anstarren. Sie können ihre historische und kulturelle Verflochtenheit erkennen, sie können lernen, Differenzen in ihrer Bedingtheit zu begreifen und diskutierbar zu machen.

Wir haben deshalb für dieses Buch Autoren herangezogen, die selbst diese Arbeit der Vermittlung bereits geleistet haben und in beiden Kulturen zu Hause sind. Wir haben sie gebeten, ihre Stichworte vergleichend in Form knapper persönlicher Essays – und nicht umfangreicher wissenschaftlicher Darlegung – so darzustellen, daß Unterschiede und Gemeinsamkeiten deutscher und französischer Wahrnehmungsweise in ihrer geschichtlichen Bedingtheit deutlich werden. Dies führt zu einer möglicherweise verwirrenden Vielfalt der Themen und Perspektiven, die sich keineswegs auf nationale Positionen reduzieren lassen. Es erschließt aber den oft verschütteten Reichtum deutsch-französischer Konfrontation und ihrer immer wieder auch fruchtbaren Mißverständnisse. Verständigung zwischen Nationen wie zwischen Individuen ist ein Prozeß, der niemals abgeschlossen sein kann.

Das Ergebnis dieses – wie ein Kaleidoskop angelegten – Lesebuches, das historische, philosophische, politische, gesellschaftliche und kulturelle Themen verknüpft, kann also kein eindeutiges sein. Es will auch keine Deutungsschemata vermitteln, die sich zu neuen Stereotypen verfestigen könnten, sondern durch ihre Relativierung aufklären, vielleicht auch beunruhigen. Es gibt deshalb vergleichende Informationen, analysiert historische Entwicklungen und Einstellungen zu Problemen unserer Zeit: es will vor allem Denkanstöße vermitteln.

Wir danken den Autoren, daß sie sich auf ein so riskantes Unternehmen eingelassen haben, dem Goethe-Institut und den französischen Kulturinstituten in der Bundesrepublik Deutschland, die es im Rahmen ihrer wachsenden Zusammenarbeit ermöglicht haben, und insbesondere Georg Lechner und Marie-France Barillaud, die es mit unermüdlicher Geduld begleitet und gefördert haben.

I. GESCHICHTE

Etienne François
Einstellung zur Geschichte

Auch in ihrer Einstellung zur Geschichte sind Frankreich und Deutschland heute nicht mehr, was sie gestern noch schienen. Vor zwanzig Jahren hätte ein Beitrag über ein derartiges Thema in Schwarz-Weiß-Malerei geschwelgt, das geradezu hypertrophe Geschichtsbewußtsein der Franzosen mit der Abwendung von der Geschichte in Deutschland verglichen – bei der großen Masse der Deutschen ging sie damals so weit, daß Geschichte selbst aus den Lehrplänen verbannt wurde. Heute scheint der Trend in die umgekehrte Richtung zu gehen. In beiden Ländern bringen die großen Verlagshäuser immer neue Reihen zur Nationalgeschichte auf den Markt, für die offensichtlich eine unersättliche Nachfrage besteht; in beiden Ländern nimmt das Feiern von Gedenkjahren – hier 200 Jahre französische Revolution, dort 750 Jahre Berlin – geradezu besessene Züge an; in beiden Ländern bedienen sich die Präsidenten vorzugsweise der Geschichte, um ihren Völkern moralische und politische Lektionen zu erteilen.

Diese zunächst höchst überraschende Übereinstimmung hat zweifellos die gleichen Gründe: der Rückgriff auf die Geschichte hat nostalgische Züge der Selbstvergewisserung, die gesucht wird, weil eine ungewisse Zukunft Unsicherheit schafft, weil man nicht weiß, wohin Europa führen wird, weil die Wirtschaftskrise ebenso fortbesteht wie der Zusammenbruch aller ideologischen Gewißheiten. Die Rückbesinnung auf Geschichte ist auch ein Zeichen dafür, daß sich die deutsche und die französische Gesellschaft heute näher sind, als sie selbst glauben. Dies führt zu unerwarteten Interferenzen, wenn einerseits die Dokumente des »Historikerstreits« alsbald ins Franösische übersetzt werden, und sich andererseits so unterschiedliche Historiker wie Michael Stürmer, der für einen geschichtsgestützten deutschen Neopatriotismus eintritt, und die Verfechter der »Alltagsgeschichte«, die mit den Grünen und Alternativen sympathisieren, gleichermaßen auf die Geschichtsauffassung Braudels berufen. Noch immer aber gibt es einschneidende Unterschiede in der Einstellung beider Länder zur Geschichte, die auf spürbare Abweichungen im kulturellen Horizont der Historiker, im Verständnis und der Praxis historischer Forschung zurückzuführen sind.

Die Geschichtsbesessenheit der Franzosen springt in die Augen. Sie besteht schon so lange (manche suchen ihre Ursprung sogar im Mittelalter), daß sie stets und auch weiterhin eine wesentliche Rolle zur Herstellung der besonderen Form französischer nationaler Identität spielt. So schreibt Jacques Le Goff: »Ich komme immer mehr zu der Überzeugung, daß die Franzosen nicht nur eine ganz besondere, fast neurotische Beziehung zu ihrer Vergangenheit pflegen, sondern daß das Geschichtsbewußtsein der entscheidende Faktor für die Entwicklung des französischen Staates und der französischen Nation gewesen ist. Frankreich wurde mehr als andere Staaten und Nationen auf historischen Bindungen errichtet.« Die vor allem auf die Nation bezogene Einstellung der Franzosen zur Geschichte beruht auf drei Postulaten: der Ewigkeit Frankreichs, der Einheit der Franzosen und der Identität zwischen französischer und Menschheitsgeschichte. Auffällig ist, wie sehr dieses Geschichtsbild nach Werten der Kontinuität und des Konsenses sucht, die höchst vielfältiger Art sein können. So beispielsweise die von Pierre Nora erfaßten »Stätten der Erinnerung« (am spektakulärsten die große Pariser Achse vom Königtum zum Kaiserreich bis zur Republik, die vom Louvre über die Place de la Concorde zum Triumphbogen bis zum künftigen Bogen der 200-Jahresfeier geradezu eine Synthese der französischen Geschichte von den Capetingern bis François Mitterrand darstellt). So jenes historische »Pantheon« der Franzosen, in dem vornan jene drei Vorkämpfer des Ruhms und der Größe nationaler Einigkeit thronen: General de Gaulle und erst nach ihm Napoleon und Ludwig XIV.. So schließlich die Geschichtsmythologie, die seit mehr als einem Jahrhundert in der Grundschule gelehrt wird und das vielfältige Erbe der Vergangenheit mit dem Ideal der großmütig siegreichen Republik vereint, die sich ebenso für Königskrönungen begeistern kann wie für das große Bundesfest am 14. Juli 1790.

Diese Einstellung der Franzosen zu ihrer Geschichte weckt im Ausland zugleich Neid und Irritation. In der deutschen Öffentlichkeit überwiegt die Irritation: hier ist man geradezu allergisch gegen das nationalistisch-patriotische Pathos der Selbstbeweihräucherung, man hat ein feines Gespür für mythologische Umdeutungen – und damit für kollektive Mythenbildung. Die angebliche Kontinuität und Konsensbildung wurde in erheblichem Maße erst im nachhinein nicht zuletzt dadurch in die Vergangenheit hineingedeutet, daß vieles verdrängt und oft sogar durch Amnestien in legaler Form mit dem Schleier des Vergessen verhüllt wurde. So entsteht ein Geschichtsbild, das über seine Schattenseiten nur allzu rasch hinweggeht (wie die Aufhebung des Edikts von Nantes, die blutige Unterdrückung des Vendée Aufstands Vichy und die Kollaboration oder der Algerienkrieg). Die französische Öffentlichkeit »labt sich auch deshalb geradezu besessen an diesem Geschichtsbild, da sie sich Realität nur in Form von Vergangenheit vorstellen kann« (Marcel Gauchet). Diese zweifellos negativen Aspekte sind aber nur ein Teil der Wahrheit.

Die ungeheure Integrationskraft der französischen Geschichtsmythologie (so obszön auch Le Pens Versuche erscheinen mögen, die Jungfrau von Orléans für sich zu nutzen) ist vor allem deshalb positiv zu bewerten, weil sie nicht nur auf die Nation, sondern zugleich auf republikanische, demokratische und universale Werte bezogen ist: ohne dieses Geschichtsbild hätte Frankreich nie die schweren Krisen der jüngsten Vergangenheit überwinden oder auch das größte europäische Einwanderungsland werden können, das fähig war, Millionen von Ausländern, die hier Zuflucht und Arbeit suchten, zu integrieren und zu assimilieren.

Überdies bietet die ständige Nachfrage eines zahlreichen, immer neugierigen Publikums einen erheblichen Anreiz für die Historiker: Wenn sie seit mehr als einem halben Jahrhundert überaus produktiv sind und immer wieder bereit, das Neuland einer »neuen Geschichte« zu betreten, wenn sie immer noch eine Leitfunktion für die übrigen Geistes- und Sozialwissenschaften ausüben, wenn sie sich vorzugsweise mit Forschungsgebieten beschäftigen, die über die nationale traditionelle Geschichtsschreibung weit hinausgreifen (von der Geschichte der Preisbildung bis zu der der sozialen Schichtung, von der Geschichte der Familie bis zu der des Todes, von der Geschichte des Lesens bis zu der der Kleidung), wenn sie schließlich so großen Wert auf elegante Darstellung legen, so ist es nicht nur, weil sie ein begieriges Publikum haben, sondern weil gerade die scheinbar problemlose Einstellung zur Vergangenheit eine größere Freiheit des Blickes ermöglicht. Jean Pierre Rioux schreibt in seiner Analyse einer Umfrage zur Einstellung der Franzosen zur Geschichte, sie seien »blau-weiß-rot, aber ohne Chauvinismus, national verwurzelt, aber ohne Festungsdenken, genießerisch im Umgang mit dem nationalen Erbe, ohne sich doch von dessen Reichtum lähmen zu lassen, geschickt im Umgang mit ihrer Geschichte, verpflichtet auf einige hergebrachte Werte, aber doch nicht geneigt, in der Vergangenheit zu versinken«.

Die deutsche Einstellung zur Geschichte zeigt dagegen ganz andere Züge. Drei Hauptunterschiede scheinen mir wesentlich. Während in Frankreich die Einstellung zur Geschichte auf einer vielhundertjährigen Tradition aufbaut und besonders die Kontinuität betont (so wurde 1987 die Tausendjahresfeier der Capetinger auch als Tausendjahresfeier Frankreichs dargestellt), hat sie in Deutschland Brüche und ist deshalb immer wieder neuen Datums. So vollzog sich die Wiederentdeckung der Geschichte in der deutschen Öffentlichkeit erst in den letzten Jahren und führte dann zu spektakulären Veränderungen in Stadtplanung und Altstadtsanierung (wie beispielsweise beim Wiederaufbau des Römerplatzes in Frankfurt). Davor liegen zwei Jahrzehnte der Geschichtsverweigerung, der Verdrängung einer Vergangenheit, der man sich nicht stellen konnte. Ein neuer Blick auf die Vergangenheit setzte übrigens einen schwierigen und schmerzlichen Bruch mit der weltweit und lange Zeit für vorbildlich gehaltenen Tradition des Historismus voraus, wie er in den sechziger Jahren in der Debatte über Fritz Fischers für »nestbeschmutzerisch« gehaltenes Buch *Griff nach der Weltmacht* zum Ausbruch kam.

Zweiter Gegensatz: Während in Frankreich die Einstellung zur Geschichte die gesamte Vergangenheit in einem Klima des Konsenses und der Selbstvergewisserung umfaßt, richtet sie sich in Deutschland vor allem auf den kurzen Zeitabschnitt der zwölf Jahre des Nationalsozialismus (und seiner näheren und weiteren

Ursachen), ist also vor allem kritisch und selbstkritisch. In Deutschland ist die Geschichte als solche problematisch: ist nicht, wie Jürgen Habermas zu Recht hervorhebt, Auschwitz mit seinen Gaskammern die wichtigste Gedenkstätte der heutigen Deutschen? Der Wille, »diese Vergangenheit, die nicht vergehen will und soll«, ans Licht zu ziehen, sich ihr zu stellen und sie damit unschädlich zu machen, war zunächst Sache einer Minderheit, setzte sich aber immer stärker durch – »revisionistische« Gegenoffensiven können dies nicht ändern. Dieser Wille zur Selbstbesinnung folgt starken politischen und moralischen Antrieben, er wird durch Generationswechsel und vor allem dadurch erleichtert, daß die deutsche Gesellschaft immer tiefer demokratische Werte verinnerlicht. So vollzieht sich eine gewaltige Selbst- und Gewissensüberprüfung, bei der protestantische, ja pietistische Einflüsse wirksam sind. Eine solche Introspektion ist immer schwierig, Gewissensprüfung ist zunächst ein Konflikt mit sich selbst. Er kann die unterschiedlichsten Formen annehmen, von den lokalen Nachforschungen der »Geschichtswerkstätten« bis zu den Debatten um den vierzigsten Jahrestag der Kapitulation von 1945 oder den Zeitgeschichtschroniken in Zeitschriften und Magazinen. Da scheut der kritische Blick nicht einmal mehr vor den großen gesellschaftlichen Institutionen zurück, die vor kurzem noch tabu waren (Kirchen, Hochschulen, Justiz, Medizin, Wehrmacht...).

Ein letzter Gegensatz schließlich: während in Frankreich die Einstellung zur Geschichte von der Vorstellung ausgeht, daß die Identität von Staat und Nation eine Selbstverständlichkeit ist, bildet in Deutschland, dem »schwierigen Vaterland« (Gustav Heinemann) die Nation selbst das Hauptproblem. Geschichte soll deshalb das Rätsel der Identität und der deutschen Frage klären (aber auch bannen) helfen. Dies führt zu so gigantischen Projekten wie dem in Westberlin in Entstehung begriffenen »Museum für deutsche Geschichte«. Es ist zuerst eine Antwort auf den systematischen und intelligenten Versuch der DDR, die deutsche Geschichte von Luther bis Bismarck sich so zu eigen zu machen, daß hieraus ein ostdeutsches Nationalgefühl erwachsen möge. Darüber hinaus bildet es den kühnen Versuch, ein Museum ganz neuer Art zu entwickeln, das deutsche Geschichte demokratisch, pluralistisch und kritisch in all ihren vielfältigen – auch europäischen – Dimensionen darstellt. Hier soll schließlich nach einer neuen Identität gesucht werden, die über die alten Konventionen hinausweist, das gemeinsame Erbe der Deutschen wahrt und doch den Grund für einen neuen postnationalen Dialog »in und trotz der Teilung« (Willy Brandt) legt.

Die Einstellung der Deutschen zu ihrer Geschichte ist leidenschaftlicher und konfliktträchtiger – man vergleiche nur den moderaten Ton der französischen Debatten aus Anlaß der Revolutionsfeiern (deren Erbe nur noch von den katholischen Integristen Monseigneur Lefébvres in Frage gestellt wird) mit dem polemischen Ton jenes politisch-philosophischen Fortsetzungsromans, der unter der Bezeichnung »Historikerstreit« 1986 die deutsche Öffentlichkeit in Atem hielt. Hier steht auch mehr auf dem Spiel, da es in Deutschland bei der Geschichte immer auch um Gegenwart und Zukunft geht. Sind wir nach einigen Jahrzehnten der Amnesie wieder in dem Zustand, den Cournot Anfang des neunzehnten Jahrhunderts beobachtete und den Marc Bloch 1941 so beschrieb: »Die große Mehrheit der Franzosen erlebt ihre kollektive Erinnerung viel weniger intensiv als die Deutschen«?

Karl Ferdinand Werner
Karl der Große / Charlemagne

Karl und Europa

747 (und nicht 742) als Sohn eines fränkischen Hausmeiers geboren, der im gleichen Jahr erst die alleinige Herrschaft im Frankenreich antreten konnte, ist Karl nacheinander rex Francorum, rex Langobardorum und schließlich Kaiser geworden (Weihnachten 800). Dieser christliche Eroberer und Organisator hat mit seinen Truppen rastlos Europa durchzogen wie kein anderer mehr bis Napoleon: von der Odermündung bis zum Ebro, von der Bretagne bis in die Donau-Theiß-Ebene, von der dänischen Grenze bis nach Bene-

vent in Süditalien, und er hat dabei die Baiern und Sachsen, die Römer und die Langobarden, die »Hispani« im heutigen Katalonien, die Böhmen und andere slawische Völker, endlich die Awaren im Südosten seinem Reich eingegliedert. Ruhm und Schrecken seines Namens haben dazu geführt, daß in den slawischen Sprachen das Wort für »König«, »Herrscher« (kral, krol) nach seinem Namen gebildet wurde.

Schon die Zeitgenossen haben für das gewaltige Reich den Namen »Europa« verwendet und Karl den *pater europae*, den Vater Europas genannt. Dieser hatte schon vor seiner Kaiserkrönung dem lateinischen Westen seinen eigenen Rang und seine Unabhängigkeit in der christlichen Welt gegeben, die bis dahin vom Kaiser in Konstantinopel und den von diesem in seine Residenzen einberufenen allgemeinen Konzilien gelenkt worden war: Karl berief in seine Residenz in Frankfurt 794 eine allgemeine Synode, zu der auch Vertreter der nicht zum Reich gehörenden Angelsachsen und christlichen Spanier erschienen. Hier ließ er Beschlüsse einer Ostsynode als irrig und für den Westen nicht bindend erklären. Erst durch dieses neue Selbstbewußtsein des Westens und den Bund des Papsttums mit dem karolingischen König- und späteren Kaisertum hat sich eine eigene – wie man sie später im Gegensatz zur Ostkirche oder »orthodoxen« Welt nennen sollte – katholische Welt kirchlich und politisch konstituiert, in der der römische Bischof seinen Primat unter Übernahme zum Teil kaiserlicher Vorrechte zunehmend durchsetzen konnte (vgl. die sogenannte »Konstantinische Schenkung« aus der gleichen Periode, die unterstellte, Konstantin habe seine ihm nur im Osten verbleibenden kaiserlichen Vorrechte für den Westen einst an Papst Silvester I. übertragen).

In diesem karolingischen Europa gab es zahlreiche Völker, im späteren(!) Italien z. B. Griechen und Langobarden, dann auch Araber im Süden; Römer (Romani) in der byzantinisch gebliebenen, dann kirchenstaatlich gewordenen Mitte von Ravenna bis Rom; Langobarden in der nach ihnen benannten Lombardei – und nur dieser norditalienische Teil wurde von den Karolingern in »regnum Italiae« umbenannt –, aber »Italiener« gab es nicht, schon gar nicht in den von römisch-byzantinischen Bindungen zur Autonomie übergehenden Enklaven wie Venedig oder Neapel.

Im späteren(!) Frankreich lebten die keineswegs unter sich einigen Völker der Bretonen und Aquitanier, die ausdrücklich, erbittert und lange auch erfolgreich Kahl dem Kahlen, dem Teilerben des Westens (im Vertrag von Verdun 843) Widerstand geleistet haben, ferner die »Burgunder«, die so nach dem Teil eines fränkischen Teilreichs hießen, das an Karls Reich gefallen war – und nicht etwa nach ihrer Abkunft –, die aber dennoch einen regionalen Zusammenhalt beibehielten und noch verstärkten. Im Süden gehörten die Bewohner Septimaniens oder Gothiens (der Teil Galliens, der westgotisch geblieben, dann arabisch geworden war, ehe Pippin ihn im Einvernehmen mit dem gotischen Adel dem Frankenreich angliederte) eher zu der gotisch-hispanischen Bevölkerung der zum Westreich gehörenden Markgrafschaft Barcelona als zu den Provenzalen, die schließlich nicht beim Westen verblieben, sondern mit den Burgundern des östlichen, bis nach Basel reichenden Burgund in einen kleinen Reichsverband traten. Die (West-) Franken im engeren Sinn lebten zwischen Seine und Maas und betrachteten das an sich auch fränkische Gebiet zwischen Loire und Seine, das man jetzt »Neustrien« nannte, eher als eine Nebenregion. Alle aber lehnten die Mitsprache des Adels aus »Lotharingien«, dem mittelfränkischen Gebiet, das nach Lothar I., dem Erben von 843, und seinem gleichnamigen Sohn hieß, ab.

So gab es denn auch für die Völker des Westens keinen einheitlichen Namen, und man half sich, indem man sie (genau wie im Fall Lothars) nach ihrem Herrscher *Karlenses* oder Kar(o)lingi nannte, z. T. bis ins 12. Jahrhundert. Erst später haben sich die Franci des Nordens, deren Anspruch, den König des Westens zu stellen, unbestritten blieb, mit ihren wieder mächtiger werdenden kapetingischen Königen durchgesetzt und im 13. Jahrhundert sogar den Süden unterworfen, wenn auch erst ganz allmählich integriert. Vorher aber gab es kein gleichmäßig von »Franzosen« (Francigenae; »Françeis« im Rolandslied des 12. Jahrhunderts) bewohntes Frankreich.

Noch weniger gab es »Deutsche«. In der Germania – so hieß seit Caesar das Land östlich des Rheins – lebten Alemannen, Baiern, Thüringer, Sachsen und (Ost-) Franken, Völker, denen man noch 895 vorwarf, Ehen zwischen ihren Angehörigen eben mit der Begründung, es handle sich um Ausländer, zu trennen. Außerdem wohnten in diesem Land, wie Einhard, der Biograph Karls, der dort geboren war und es wissen mußte, viele Slawen. Gewiß nannten die lombardo-italischen Nachbarn im Süden die weiter nördlichen wohnenden wegen ihrer Sprache Theotisci/Tedeschi, was sie nicht hinderte, zwischen diesen und den Saxones im Norden klar zu scheiden. Als schließlich sächsisch-ottonische Herrscher das ostfränkische Reich übernahmen, nannte man sie Transrhenenses oder Saxones, einen eigenen Namen für ihr gesamtes Machtgebiet hatte man nicht, außer dem des rex Francorum, ein Titel, den aber der Westherrscher für sich behaupten konnte. Erst in der 2. Hälfte des 11. Jahrhunderts wird erstmals vom regnum Theutonicorum gesprochen, und das Bewußtsein, daß die Franken, Alemannen, Sachsen und Baiern außerdem noch, und alle gemeinsam, »Deutsche« seien, setzt sich im 12. Jahrhundert so durch, daß der »Südtiroler« Walther von der Vogelweide dem sogar poetischen Ausdruck verleihen kann.

»Karl der Große« oder »Charlemagne«?

Erst vor dem Hintergrund dieser Vielvölkerwelt in Karls Europa und der nachweislich sekundären Entstehung der französischen und deutschen Großnation als jeweilige Überwölbung einer Völkergruppe erkennt man die ganze anachronistische Sinnlosigkeit des Streites, ob Karl ein Franzose oder ein Deutscher gewesen sei. Was war geschehen? Man hatte die Geschichte auf den Kopf gestellt und aus einem Europa ohne Franzosen und Deutsche eine gallisch-französische oder aber eine germanisch-deutsche Kontinuität ohne Europa gemacht. Seit den Humanisten, die ein altlateinisches Wort auch für die Begriffe ihrer Gegenwart benötigten, waren Deutsche Germanen und Franzosen Gallier geworden – also mußte auch die Umkehrung wahr sein, was noch Wilhelm II. und Charles de Gaulle glaubten. So setzten denn die nationalen Geschichtsbilder des 19. Jahrhunderts als selbstverständlich voraus, Gallier/Franzosen und Germanen/Deutsche habe es, ebenso wie die Italiener, immer gegeben, sie seien in Karls Reich nur vorübergehend vereint gewesen und »ganz natürlich« durch die Teilung von Verdun zu ihrer nationalen Trennung zurückgekehrt. So wurde »vergessen«, daß umgekehrt erst die (von allerlei Zufälligkeiten abhängige) Teilung von 843 die Voraussetzung, langfristig, zur Entstehung des späteren kapetingischen Königreichs und des ostfränkisch-ottonischen Reichs in genau den jeweiligen Grenzen (plus Mittelreich) geschaffen hatte. Der vermeintlich nationale Wille am Beginn der nationalen Geschichte setzte jedoch voraus, daß Karl entweder Deutscher oder Franzose gewesen sein mußte – und selbst wenn man heute im Zeichen der Versöhnung nicht mehr offen streitet, so lächelt doch der eine wissend über den Irrtum des anderen, der zu glauben vermag, Karl, ein Mann, der germanische Monatsnamen und Heldenlieder sammeln ließ, könne ein »Franzose« gewesen sein, während der andere sich über den mokiert, der glaubt, ein Mann, der die Baiern und Sachsen, also die beiden Hauptvölker des Ottonenreichs des 10. Jahrhunderts, hatte unterwerfen müssen, ehe er siegreich, wie sein Chronist es schrieb, »nach Gallien« in seine Hauptstadt Aachen zurückkehrte, könne ein »Deutscher« gewesen sein. Haben nicht Deutsche selbst, so könnte er hinzufügen, in Karl den romanisierten »Sachsenschlächter« gesehen? Hat nicht Augustin Thierry selbst, so könnte der andere replizieren, in Karl den Herrn der austrasisch-germanischen »Franks« (sic) gesehen, der die Galloromanen des neustrischen Merowingerreichs brutal unterwarf? In der Tat, wir haben es längst bemerkt, beide haben Unrecht, da Karl weder deutsch noch französisch gewesen sein konnte.

Zum Fortleben Karls in Ost und West

Wir haben den Karl, der wirklich gelebt hat und ein europäisches Großreich schuf, ehe er 814 starb, klar getrennt von dem, was man später, bis zum Streit des letzten Jahrhunderts, aus ihm gemacht hat. Dafür gibt es noch einen weiteren, überraschenden Grund: Karl hat zu seinen Lebzeiten die mit ihm so eng verbundene Bezeichnung als Karolus Magnus, Charlemagne, Karl der Große gar nicht getragen, noch viel weniger einen solchen Namen. Gewiß war er, wie die byzantinischen Kaiser vor ihm und z. B. sein Sohn Ludwig nach ihm, *magnus imperator*, aber das war nur eines der zahlreichen rühmenden und schmückenden Epitheta, wie z. B. das noch wichtigere *pius* oder *piissimus*: so wurde Karl Pius genannt, ehe Ludwig, erst eine Weile nach seinem Tod, diese Bezeichnung erhielt, und auch Ludwigs gleichnamiger Sohn wurde Pius genannt, den dann die Modernen zu »Ludwig dem Deutschen(!)« machten, nur weil ein Zeitgenosse ihn geographisch richtig, wegen der Lage seines Machtbereichs rechts des Rheins, rex Germaniae genannt hatte. Alle Urkunden, in denen der lebende oder erst seit wenigen Generationen verstorbene Kaiser Karl Karolus Magnus genannt wird, sind späte Fälschungen! Niemand bezweifelte die Bedeutung dieses Herrschers, aber das Wörtchen »magnus« war, wenn überhaupt verwendet, weder der einzige noch auch nur der privilegierte Ausdruck dieses Sachverhalts. Erst Historiker, die das nicht (mehr) wußten, haben statt (Karolus) magnus imperator, wie es zuweilen vorkam, gelesen: Karolus Magnus (imperator). In Wahrheit ist der Katalog der Herrscher mit nun fixierten, bald zu Namen erstarrenden Epitheta erst um 1000, also 2 Jahrhunderte nach Karls Tod, etabliert: *Karolus Magnus, Ludowicus Pius, Karolus Calvus,* etc. Das schließt, wir wiederholen es, ein vereinzeltes »magnus Karolus« nicht aus, wohl aber die Existenz des *Namens Karolus Magnus* (zuweilen auch Karolomannus) geschrieben), aus dem ja erst die romanische Namensform Charlemainne/ Charlemagne entstehen konnte, was also nicht vor dem (späteren) 11. Jahrhundert geschah. So findet sich in der *Chanson de Roland* im frühen 12. Jahrhundert neben Charlemainne noch Charles li Reis und Charles li emperere. Charlemagne wurde also in der (nord-)französischen Welt der Name eines nun auf einmal »französischen« Kaisers genau zu der Zeit, in der für den ersten mächtigen Kapetinger Philipp II., dem man den kaiserlichen Beinamen Augustus gibt, karolingische Abkunft und das Erbe von Karls Größe in Anspruch genommen wird. *Dieser* Karl holt sein Banner (»Oriflamme«) im Kloster Saint-Denis, bevor er zum Feldzug aufbricht, von dem seine engeren Mitstreiter in ihre »doulce France« zurückkehren. Es verdient Erwähnung, daß seit dem frühen 12. Jahrhundert daneben auch die Vorstellung aufkommen und sich behaupten konnte, das gewaltige Reich Karls sei so geteilt worden, daß die eine Seite das Regnum Francorum mit Reims und Saint-Denis erhielt, die andere das Imperium Romanorum mit Aachen, Pavia und Rom, so, daß sich Franken und Römer als gleichberechtigte Erben gegenüberstanden, wobei dem Kaiser Vogtei und Schutz des Papstes zufiel. Versagte er dabei, so war es recht, wenn der andere Erbe in diese Aufgabe eintrat. Noch im 15. Jahrhundert zeigen französische(!) Darstellungen Karl ganz natürlich mit dem Adler-Wappen des zeitgenössischen Römischen Reichs! Ganz in diesem Sinne war Karl für die Deutschen (vor den Verirrungen der germanischen Volksromantik) *der* Begründer des Reichs, nicht etwa Otto der Große, und mit dem Reich hatte er, so glaubte man, zugleich alle seine Grundgesetze geschaffen – so, daß man etwa auch die Rechte der Kurfürsten später auf ihn zurückführen wollte. Er lebte in Aachen und Frankfurt fort: Städte, die darum auch Krönungsorte für die römischen Könige und Kaiser blieben. Dieser Gesetzgeber Karl war nicht der Eroberer und Maurenbekämpfer der Franzosen, mit dem Gott direkt verkehrte und für den er nötigenfalls den Lauf der Sonne anhielt. Nur die Sachsen hatten den Eroberer nicht vergessen – aber in einem ganz andern Sinn als das 20. Jahrhundert: Karl war der Apostel, der ihre Seelen gerettet hatte. Am Tag der Auferstehung, so schrieb ein Sachse noch im gleichen Jahrhundert, in dem Karl gestorben war, werden alle Sachsen hinter ihm zum Jüngsten Gericht ziehen. Europas Geschichte ist viel reicher, als ihre nationale Verengung es erwarten ließ.

Michael Erbe

Reich / Empire

»Reich« als politischer Begriff ist die Übersetzung des lateinischen Terminus »imperium«, der ursprünglich den Befehl, dann die militärische Kommandogewalt, schließlich auch die staatliche Herrschaft mitsamt dem Raum, in dem sie ausgeübt wird (imperium

Romanum), bezeichnet. Von ihm ist auch das französische Wort »empire« abgeleitet. Dieses hat denn auch bis ins 17. Jahrhundert hinein die Bedeutung von »Oberbefehl« und »Heer«, auch »Gefolge« (als den Bereichen, in denen Kommandogewalt gilt). »Reich« ist vor allem dann gemeint, wenn vom alten Römischen (Empire Romain) oder vom Römisch-Deutschen Kaiserreich, wie es bis 1806 bestand (Saint-Empire), die Rede ist. Seltener ist der Gebrauch des Wortes im Sinne von »souveräne Staatsgewalt« in Anlehnung an den mittelalterlichen Völkerrechtssatz »rex imperator in regno suo«. Seit Beginn der Neuzeit wird »empire« aber auch für große außereuropäische Staatswesen angewandt, die über viele Völker gebieten (etwa »Empire ottoman« oder »Empire chinois«).

Im Deutschen ist der Reichsbegriff des militärischen Gehalts seines lateinischen Vorbilds dagegen völlig entkleidet und vor allem durch die lange Tradition des mittelalterlichen Kaisertums geprägt. Hinzu kommt ein gewissermaßen überhöhter theologischer Bedeutungsgehalt, der von der Vier-Reiche-Lehre des Daniel-Buchs im Alten Testament und Augustins Lehre vom Gegensatz zwischen »civitas Dei« und »civitas terrena« herrührt. Die mittelalterlichen deutschen Kaiser sahen sich mit als Vollstrecker der universalen Heilsgeschichte und beanspruchten von daher eine Vorrangstellung im christlichen West- und Mitteleuropa, da sich ihrer Auffassung nach ihre Würde von der Übertragung des Kaisertums von den Franken und letztlich von den Römern herleitete (translatio imperii) und ihr Reich als »heiliges« (sacrum imperium) eine selbständige Macht neben dem gleichfalls universalen Papsttum bildete. Diese Idee wurde auch aufrecht erhalten, als sich der Reichsbegriff seit dem 15. Jahrhundert auf den des »Heiligen Römischen Reiches deutscher Nation« verengte. Zugleich wurde das Reich nicht mehr nur von der Kaiserwürde, sondern auch vom Territorialverbund, aus dem es bestand, sowie von den gemeinsamen Institutionen her begriffen. Dem Reichsoberhaupt trat, zumal seit dem Westfälischen Frieden von 1648, das Reich als Bund quasi selbständiger Staatswesen gegenüber, die als Rechtsverband eine Garantie für das politische Gleichgewicht in der Mitte Europas und damit auf dem Kontinent selbst darstellten. Daran hielten gerade die kleineren deutschen Staaten fest, als diese Idee durch den Dualismus zwischen Österreich und Preußen, das sich im 18. Jahrhundert zur europäischen Großmacht entwickelte, immer mehr ausgehöhlt wurde.

Das Kaisertum Napoleons knüpfte 1804 sowohl an die alte römische als auch an die mittelalterliche Reichstradition an (was etwa an den Herrschaftsemblemen deutlich wird), verstand sich aber auch als hegemonialer Ordnungsfaktor im von der Französischen Revolution beeinflußten und von Frankreich beherrschten Europa. Dabei wurde mit »empire« ein Begriff verwandt, den man schon vor 1789 bisweilen für die französische Monarchie benutzt und ganz im Sinne von »état« gebraucht hatte. Hiermit war ein Staatswesen gemeint, das als Großmacht angesehen wurde. Im Hochgefühl der ersten Erfolge der Revolution kamen anläßlich des Föderationsfestes vom 14. Juli 1790 Enthusiasten sogar auf die Idee, als Monarch eines nun freien Volkes solle Ludwig XVI. den Titel »Empereur des Français« annehmen und das Königreich Frankreich künftig »Empire des Français« heißen. Dieser Gedanke war bis zum Ende der Direktorialzeit auch den Republikanern nicht fremd und wurde durchaus auf das infolge der Siege gegen das konservative Europa bis zu seinen »natürlichen Grenzen« an Alpen und Rhein vergrößerte Frankreich angewandt. Diesen Sinn als »Groß-Frankreich« und europäische Hegemonialmacht behielt das Wort auch nach dem Sturz Napoleons I. bei, was von außen als Inbegriff eines kriegerischen Expansionsprogramms angesehen wurde, auch wenn Napoleon III. 1852 verkündete: »L'Empire c'est la paix« und Ziele zu einer Vergrößerung seines Landes sehr vorsichtig und möglichst im Einklang mit dem europäischen Mächtekonzert verfolgte.

Im deutschen Reichsgedanken des frühen 19. Jahrhunderts lebte einerseits die alte Vorstellung vom »sacrum imperium« als eine Art säkularisierter Sendungsidee fort und vermischte sich mit dem immer mächtigeren, von den Befreiungskriegen gegen Napoleon stimulierten Nationalstaatsgedanken, in dem ein von der Romantik genährtes Mittelalterbild mitschwang. Mit der Nationalbewegung verknüpfte sich andererseits bei vielen aber auch die Hoffnung auf ein demokratisches deutsches Reich auf föderaler

Grundlage, auf ein »Bundesreich«, sei es groß-, sei es preußisch-kleindeutscher Prägung, über dessen Verfassung die Nationalversammlung in der Frankfurter Paulskirche 1848/49 zugunsten der großdeutschen Lösung entschied, welche die dem Deutschen Bund zugehörenden Gebiete Österreichs einschloß. Diesem Konzept trat in den sechziger Jahren die Idee eines in sich festgefügten kleindeutschen Nationalstaats unter Preußens Führung gegenüber, eines Reiches, das mit der mittelalterlich-frühneuzeitlichen Reichstradition nichts mehr zu tun hatte. Deswegen gab es 1870/71 auch starke Vorbehalte gegen die Annahme des Kaisertitels durch den preußischen König. Liberalerseits wünschte man ein neues Reich, dessen Hauptaufgabe die Beförderung von Freiheit und Zivilisation in Europa sein sollte. Die engeren Parteigänger Preußens erstrebten ein »preußisches Reich deutscher Nation«, in dem Preußens Aufschwung zur europäischen Großmacht sich zu vollenden hätte. Mit dem Kulturkampf in den siebziger Jahren wurde außerdem eine bis in die Germanenzeit zurückreichende Tradition der Unabhängigkeit von anderen Weltmächten – etwa dem römischen Papsttum – verfochten, deren Höhepunkt das protestantische Kaisertum der Hohenzollern in der Gegenwart bilden sollte. Auf jeden Fall schwang auch im Reichsgedanken nach 1871 das Bewußtsein von einer besonderen Stellung Deutschlands in Europa und der Welt mit, der mit dem Eintritt in die sogenannte Weltpolitik gegen Ende des 19. Jahrhunderts rasch in die Selbstüberschätzung des »Am deutschen Wesen soll die Welt genesen« einmünden konnte und scheinbar zum Streben nach einem »Weltreich« legitimierte.

Nach dem Scheitern dieser Bestrebungen im Ersten Weltkrieg und aus Enttäuschung über die auf dem Boden des Kaiserreichs errichtete, aus der Niederlage geborene, territorial amputierte und sämtlicher Kolonien beraubte Weimarer Republik gewann die konservative Idee eines neuen, »dritten« und in Anlehnung an chiliastische Vorstellungen des späten Mittelalters »tausendjährigen« Reichs Bedeutung. Sie fand u. a. Ausdruck in dem 1923 erschienenen Buch A. Moellers van den Bruck *Das dritte Reich*. Sie wurde von der nationalsozialistischen Propaganda übernommen, wobei die innere Geschlossenheit des neuen Reichs und seiner politischen Führung Ausdruck fand in dem Schlagwort »Ein Volk, ein Reich, ein Führer«, das auch die Überwindung des demokratisch-parlamentarischen Systems bekundete. Mit dem Anschluß Österreichs 1938 erfüllte sich der alte Traum vom Großdeutschen Reich, das im Zweiten Weltkrieg kurzfristig den Rang einer Weltmacht erreichte. Die Greuel der NS-Zeit und der Zusammenbruch von 1945 sollten die Reichsidee in Deutschland allerdings endgültig diskreditieren.

Die Bedeutung »Weltreich« war gegen Ende des 19. Jahrhunderts aber auch im französischen Begriff »empire« enthalten. Ebenso wie bei dem Wort »impérialiste« hatte sich sein Sinn, der sich anfangs nur auf das bonapartistische Kaiserreich bezog, in Richtung auf den überseeischen Besitz einer Kolonialmacht erweitert. »Empire français« war während der Dritten Republik die Bezeichnung für das französische Kolonialreich. Erst im Zuge eines neu definierten Verhältnisses zu den Überseegebieten nach 1945 ersetzte man sie zuerst durch »Union«, dann durch »Communauté française«. Für das französische Staatswesen selbst ist jedoch, seit sich diese Staatsform im letzten Drittel des vorigen Jahrhunderts endgültig durchgesetzt hat, »empire« durch »république« verdrängt worden. »Empire« bezeichnet als historischer Begriff nur mehr die Episoden zwischen 1804 und 1814/15 bzw. zwischen 1852 und 1870.

Rudolf von Thadden
Kirche – Staat – Reformation

Franzosen, die nach Deutschland kommen, sind in der Regel erstaunt über die starke Präsenz kirchlicher Wirksamkeit im dortigen öffentlichen Leben. Bei der Einfahrt in Ortschaften stellen sie Hinweisschilder auf sonntägliche Gottesdienste fest, in Rundfunk- und Fernsehsendungen erleben sie wöchentlich ein geistliches »Wort zum Sonntag« und jedes Jahr finden sie mindestens eine Briefmarke mit kirchlichen Motiven in den Postämtern. Vor allem aber sehen sie mit Staunen, daß eine Partei, die sich als »christlich« bezeichnet, stattliche Mehrheiten bei Wahlen im Lande erzielt und entsprechend kirchlichen Vorstellungen in der Schulpolitik zur Geltung verhilft. Hat sich in Deutschland, so fragen sie häufig, keine Säkularisierung vollzogen?

In der Tat spielen die Kirchen in Deutschland – in beiden Teilen übrigens – eine größere politische und gesellschaftliche Rolle als in Frankreich. Während die Franzosen seit 1905 eine strenge Trennung von Staat und Kirche kennen und keinen Religionsunterricht mehr in öffentlichen Schulen haben, praktizieren die Deutschen nach wie vor in Abwandlungen Modelle einer Volkskirche, denen zufolge – jedenfalls in der Bundesrepublik – der Staat die Kirchensteuern einzieht (von über 90 % der Bevölkerung!), Religionsunterricht in allen öffentlichen Schulen garantiert und die theologischen Fakultäten an den Universitäten finanziert, dies letztere sogar in der prinzipiell atheistischen DDR. Dem Augenschein nach zerfällt Frankreich in eine »laizistische« Mehrheit und eine »konfessionelle« Minderheit, Deutschland dagegen in Protestanten und Katholiken.

Dieser Sachverhalt erklärt sich aus der unterschiedlichen Geschichte der beiden Länder. Während in Frankreich der Einfluß der Kirchen auf das öffentliche Leben im Laufe der Jahrhunderte kontinuierlich zurückgedrängt worden ist, haben in Deutschland Theologie und Geistlichkeit immer einen herausragenden Platz in den politischen Strukturen und kulturellen Traditionen gehabt. Dort ein konsequenter Prozeß der Stärkung des Staates, der keine anderen Götter neben sich duldete, hier in der Folge des Zerfalls des Reiches eine Aufsplitterung staatlicher Macht und Behauptung kirchlicher Positionen – von den geistlichen Kurfürsten und Fürstbischöfen des Mittelalters über die Universitätstheologen der frühen Neuzeit bis zu den Verfechtern christlicher Politik im 19. und 20. Jahrhundert. Der Weg in die moderne Welt war in beiden Ländern verschieden.

Einen wichtigen Markstein bildete auf diesem Wege der je verschiedene Ausgang aus dem Mittelalter. Während Frankreich mit einem Prozeß der Säkularisierung seiner Staatsräson in die Moderne hineinwuchs, erfüllte Deutschland in der Reformation seine christlichen Bindungen mit neuem Leben und erfuhr den Anbruch der Neuzeit im Zeichen vertiefter theologischer Auseinandersetzungen. Bis in die Sprachen hinein wirkten sich diese Unterschiede der Entwicklung aus. So verkümmerte im Französischen der Begriff der Schuld (im mittelalterlichen Sprachgebrauch »coulp«) zu dem rationalen des Fehlers (»faute«), während im Deutschen die Kategorie der Schuld ihre volle Bedeutung sowohl im privaten als auch im öffentlichen Bereich behielt. (Es ist nicht meine Schuld = ce n'est pas de ma faute).

In der Konsequenz dieser Entwicklung vollzog sich auch der für die Konstituierung der modernen Welt zweite wichtige Schritt, die Aufklärung, in beiden Ländern auf verschiedene Weise. In Frankreich setzten sich die »lumières« im Kampf gegen die (katholische) Kirche durch; Voltaires viel zitierter Satz »écrasez l'infâme« brachte mit Schärfe diesen Abgrenzungswillen zum Ausdruck. In Deutschland dagegen bewahrte die Aufklärung eine Verbindung von Glaube und Vernunft, die – jedenfalls auf dem Boden der protestantischen Kultur – einer Dominanz des Rationalismus entgegenwirkte. Der deutsche Weg zwang nicht zum Bruch mit den zentralen Wertvorstellungen des Christentums (Schleiermacher).

Entsprechend ließ sich das Verhältnis von Kirche und Staat bzw. Gesellschaft auch im 19. Jahrhundert in den beiden Ländern verschieden an. Während die französische Entwicklung im Zeichen der Impulse und Wirkungen der großen Revolution von 1789 stand und von der Herausbildung eines starken Spannungsverhältnisses zwischen laizistischen und klerikalen Kräften geprägt war, verstärkten die deutschen Staaten, allen voran Preußen, in Abwehr der Auswirkungen der Französischen Revolution ihre Strukturen eines Bündnisses von Thron und Altar und rückten den Säkularismus in die Nähe von Staatsfeindschaft. Am Ende stand in Frankreich eine radikale Trennung von Staat und Kirche (1905), während in Deutschland Formen des Staatskirchentums am Leben blieben und die säkulare Auseinandersetzung mit der katholischen Kirche im sogenannten Kulturkampf mit einem Kompromiß zwischen beiden Konfliktpartnern endete.

Schließlich sollten die beiden Länder auch im 20. Jahrhundert verschiedene Wege gehen. Frankreich erhielt allen politischen Erschütterungen und Wandlungen zum Trotz seine laizistischen Strukturen (vor allem im Schulwesen) aufrecht. Deutschland dagegen nahm in Reaktion auf die Verkehrtheiten der nationalsozialistischen Kirchenpolitik die Abwehr gegen die Kräfte der Säkularisierung erneut auf, so daß »christliche Politik« als eine demokratische Alternative zur kirchenfeindlichen Linie des Hitler-Staates, jedenfalls in der Bundesrepublik, Auftrieb erhielt. Diese Entwicklung wurde auch noch durch die Teilung des Landes verstärkt: in dem Maße, in dem sich der östliche Teil Deutschlands, die DDR, als atheistischer Staat etablierte, gewannen im westlichen Teilstaat die säkularisationsfeindlichen Kräfte an politischem Gewicht, auch wenn der Prozeß der Säkularisierung im geistigen und gesellschaftlichen Leben weitere Fortschritte machte. Der Laizismus hat folglich auf dem deutschen Feld einen schwereren Stand als auf dem französischen.

Für die politische Kultur der beiden Länder ergeben sich aus dieser geschichtlichen Entwicklung mehrere Folgen. Zum einen werden auf absehbare Zeit politische Diskurse in Deutschland – in seinen beiden Teilen – in größerer Nähe zur Vorstellungswelt der christlichen Kirchen geführt werden als in Frankreich. Diskussionen über Fragen des Friedens werden dort mit innerer Notwendigkeit mehr sein als Debatten über Konturen der Abrüstung; Auseinandersetzungen über die Zukunft unserer Umwelt werden unbeirrbar das gesamte Verhältnis des Menschen zur Natur als Schöpfung Gottes miteinbeziehen. Zum andern werden in der Austragung machtpolitischer Konflikte moralische und moralisierende Argumente im Bereich der deutschen politischen Welt weiterhin eine größere Rolle spielen als in der französischen. Man wird auch in kommenden Zeiten wachsender europäischer Integration Macht und Einfluß diesseits von Rhein und Saar anders gewinnen oder verlieren als jenseits. Das historische Erbe des Verhältnisses von Staat und Kirche wird dabei immer Gewicht haben.

Pierre-Paul Sagave

Versailles (1682, 1789, 1871, 1919)

Die Geschichte von Versailles läßt sich in diesen vier Jahreszahlen zusammenfassen, von denen jede eine große historische Tragweite besitzt. Der Name der Stadt ruft bei den Franzosen die Erinnerung an »alle Glorien Frankreichs« hervor, während die Deutschen in diesem Zusammenhang eher gemischte Gefühle empfinden.

Von 1682 bis 1789 residierten die königliche Familie, die Minister sowie der Hofstaat in Versailles. Während einer Bauzeit von zwanzig Jahren (1662–1682) wurde aus einem inmitten von Gestrüpp und Sümpfen gelegenen Jagdschlößchen die größte monarchische Bauanlage, die je errichtet worden ist. Ludwig XIV. wollte »die stolze Freude« erleben, welche ihm die »Bezwingung der Natur« verschaffte. Es ist ihm gelungen, mit Hilfe der größten Architekten, Bildhauer, Maler und Ingenieure seiner Zeit die Landschaft umzumodeln, und aus dem monumentalen Schloß, dessen weitgestrecktem Park mit seinen 140 Springbrunnen sowie dem in ländlichem Stil gehaltenen Nebengebäude das repräsentativste Beispiel der klassischen Kunst Frankreichs zu machen.[1] Der König umgab sich hier mit einem Hofstaat von weit über tausend großen Herren, vornehmen Damen und Adeligen minderen Ranges; ihnen allen lag daran, die Gnade des Herrschers auf sich zu lenken.

Unter der Regierung Ludwigs XV. bewahrte Versailles den hohen Glanz des ersten europäischen Hofes; jedoch trat Frankreich als Großmacht nunmehr in eine Phase des Abstiegs ein. Überdies lockerten sich die Sitten in der unmittelbaren Umgebung des Herrschers.[2] So konnte es geschehen, daß die Marquise von Pompadour, eine geborene Jeanne Poisson, ihre Stellung als ständige Maîtresse und auch als Kupplerin des Königs nicht allein zu Hofintrigen ausnutzte, sondern so weit ging, in die Außenpolitik Frankreichs einzugreifen.

Schon gegen Ende des 17. und dann im 18. Jahrhundert erscheint Versailles in den Augen der Deutschen als das große Vorbild fürstlicher Hofhaltungen, aber auch als der Ort, an dem die Politik einer feindlichen Supermacht ausgearbeitet wird. In der

Tat, zahlreiche geistliche und weltliche Fürsten des Heiligen Römischen Reiches lassen sich blenden vom Glanze des französischen Hofes und stürzen sich in oft allzu kostspielige Bauvorhaben, indem sie Paläste errichten und Parks anlegen lassen, die, wenn auch nicht immer durch ihren Stil, so doch durch ihre Pracht mit Versailles wetteifern sollten.

Manche fürstlichen Bauherren deutscher Nation, die sich durch ihren prunkvollen Lebensstil nach Versailles Art in Schulden gestürzt sahen, haben zu sonderbaren Mitteln gegriffen, um ihre Ausgaben zu bewältigen. Sie verkauften ihre eigenen Untertanen an den zahlungskräften König von England, der sie in seinem Krieg gegen die Vereinigten Staaten als Kanonenfutter verwendete. In einem Trauerspiel, das ungeheures Aufsehen erregte, hat Schiller jene habgierigen Nachahmer der Versailler Pracht gebrandmarkt.[3]

Schließlich ist Versailles ins Kollektivbewußtsein der Deutschen auch eingedrungen als das Entscheidungszentrum, in dem grausame militärische Operationen beschlossen werden, die zur Verwüstung deutscher Landesteile führen, so zum Beispiel die Zerstörung der pfälzischen Schlösser, Städte und Dörfer, die Ludwig XIV. befohlen und die sein Kriegsminister Louvois durchgeführt hat (1688).

Erst 1789 sollte Versailles wieder zu Weltruhm gelangen. Die Stadt der Könige wird nunmehr der Ort, an dem sich die erste Phase der französischen Revolution abspielt. Sie beginnt im Mai mit der Einberufung der Generalstände, denen Klopstock eine berühmte Ode gewidmet hat und in deren Mitte die Erklärung der Menschenrechte entstanden ist.

Doch kurz darauf verschwindet Versailles ganz plötzlich aus dem Weltgeschehen. Die Revolution wird immer ungestümer. Am 6. Oktober 1789 werden Ludwig XVI. und die königliche Familie gewaltsam nach Paris geführt. Nie wieder werden in Versailles französische Herrscher residieren. Später, um 1830, wird daran gedacht, den einst so herrlichen Palast abzutragen. Doch König Ludwig Philip verhindert dieses Unglück und verwandelt den verlassenen Bau in ein berühmt gewordenes Museum.

Im September 1870 hat König Wilhelm I. von Preußen seinen

Angreifer, Kaiser Napoleon III., besiegt; doch er führt den Krieg weiter gegen das republikanisch gewordene Frankreich. Sein großes Hauptquartier richtet er in Versailles ein. Am 18. Januar 1871 sind die Kämpfe noch nicht beendet. Dennoch wird dieses Datum, es ist der 170. Jahrestag der Gründung des Königreiches Preußen, zu einem dynastischen Staatsakt bestimmt: der Proklamation des Deutschen Kaiserreiches.

Die ausgesprochen militärische Zeremonie findet in der Spiegelgalerie statt, in jenem größten und schönsten Saale des Schlosses von Versailles, den Ludwigs XIV. Baumeister, Mansart, 1687 fertiggestellt hatte.[4] Die darin aufgehängten Gemälde des Hofmalers *Le Brun* schildern die bedeutenden Ereignisse aus der Regierungszeit des Sonnenkönigs. Dem Künstler war die Aufgabe gestellt worden, den König zu verherrlichen.

Die in jener Galerie zur Feier der Kaiserproklamation versammelten preußischen Offiziere haben sich über die Glorifikation entrüstet, welche Ludwig XIV. zu seinen Lebzeiten angeordnet hatte. Diese Offiziere hätten besser daran getan, sich Friedrichs des Großen zu entsinnen, der für sein Potsdamer Neues Palais französische Maler hatte kommen lassen, die – ähnlich wie ihre Vorgänger unter Ludwig XIV. – die Heldentaten des Preußenkönigs darzustellen hatten.

Warum wurde 1871 ausgerechnet Versailles statt Berlin gewählt, um die Begründung des preußisch-deutschen Kaiserreichs zu feiern? Wahrscheinlich wollten die Machthaber zeigen, daß ihr Siegertum sich gerade in diesem Schlosse entfalten sollte, in diesem zwei Jahrhunderte alten Symbol von Frankreichs Macht, die nun nach einer entscheidenden Niederlage so tief gesunken war. Die Predigt, welche zu jener Kaiserzeremonie notwendigerweise gehörte, hatte als Leitmotiv die Gegenüberstellung von Wilhelms I. christlicher Demut und Ludwigs XIV. unermeßlichem Hochmut: »Der in eitler Hoffart diese Hallen dereinst zu einem Götzentempel der irdischen Majestät gemacht, er ist verschwunden mit aller seiner eitlen Pracht«[5] – so sprach der diensttuende Militärgeistliche in seinem Pastorendeutsch. Dieser Geistliche konnte nicht ahnen, daß jenes deutsche Kaiserreich, dessen Geburt er beiwohnte, seinerseits sich als vergänglich erweisen würde.

Doch zurück ins Jahr 1871. Am 22. Januar, also vier Tage nach der Kaiserproklamation, kommt die Regierung der französischen Republik um Waffenstillstand ein. »An jenem Tage war der Bürgerkrieg nur noch wenige Schritte und die Hungersnot nur noch wenige Stunden entfernt«, sagte später der französische Unterhändler, Außenminister Jules Favre, der sich nun zu Bismarck nach Versailles begeben mußte. Bismarck wollte jede unnötige Demütigung vermeiden; er sprach keineswegs von Kapitulation, sondern unterzeichnete ein Waffenstillstands-Abkommen.

Einen Monat darauf, am 26. Februar 1871, stand Adolphe Thiers, Chef der Exekutive der Republik, in Versailles vor Bismarck, um die Friedenspräliminiarien zu unterzeichnen. Die Verhandlungen betrafen nur geringfügige Einzelheiten. In Wirklichkeit war es gar kein Verhandlungs-Frieden, sondern ein Diktat. Nach seiner schweren Niederlage konnte Frankreich seine Unterschrift gar nicht verweigern. So geschah es, daß in einem Zeitalter, in dem das Selbstbestimmungsrecht der Völker anerkannt und bei Regelung von Konflikten angewendet wurde,[6] anderthalb Millionen Franzosen aus Elsaß-Lothringen, ohne befragt zu werden »wie eine Herde Vieh« zu Deutschland kamen. Die Annektion von drei französischen Départements wurde in einem großen Teil der öffentlichen Meinung Europas, ja sogar in der demokratischen und sozialistischen Presse Deutschlands, als eine Verletzung des Völkerrechtes angesehen.[7]

Nach der Ratifizierung der Friedenspräliminarien verließen Wilhelm I. und sein Stab Versailles und kehrten nach Berlin zurück. Die französische Nationalversammlung entschloß sich daraufhin, ihren Sitz aus Bordeaux nach Versailles zu verlegen. Dort, im Schloß, blieb das Parlament bis 1879. Bald stießen zu den Abgeordneten die Miglieder der französischen Regierung, die durch den Kommune-Aufstand (18. März 1871) gezwungen worden waren, Paris fluchtartig zu verlassen. So wurde Versailles zum Ausgangspunkt der blutigen Wiedereroberung von Paris (28. Mai 1871) und blieb noch für einige Zeit Frankreichs provisorische Hauptstadt.

Jedoch, ein weiteres Mal noch wurde Versailles der Brennpunkt der Welt. Im Jahre 1919 fanden im Schloß die Friedensverhandlungen statt, die sich einzig und allein zwischen den Siegermächten des ersten Weltkriegs abspielten. Dem geschlagenen Deutschland wurde ein Vertrag aufgezwungen, über den es gar nicht befragt worden war, wenn man von einigen unwesentlichen Einzelheiten absieht. Es handelte sich also im Jahre 1919, genau wie zuvor im Jahre 1871, um ein Diktat.

Was hat man heute zu halten von diesem Friedensvertrag, der von der deutschen Rechtsopposition, jener Todfeindin der Weimarer Republik, sofort als »Schandvertrag« bezeichnet wurde?

1. Die Gebietsabtretungen (Rückkehr Elsaß-Lothringens zu Frankreich, Abtretung an Polen von Gebieten mit mehrheitlich slawischer Bevölkerung) waren weder unerwartet noch maßlos.
2. Die Abtretung der Kolonien, hauptsächlich zugunsten Englands, Frankreichs und Japans, betrafen ein mittelmäßiges Kolonialreich, das nur durch dauernde Zuschüsse aus dem Mutterland hatte existieren können.
3. Die militärischen Bestimmungen (Reduzierung der deutschen Streitkräfte auf 100000 Mann) waren gerechtfertigt durch Frankreichs Sicherheitsbedürfnis. Es war durch den von Deutschland erklärten Krieg weißgeblutet worden (1½ Millionen Tote von 40 Millionen Einwohnern)
4. Die finanziellen Bestimmungen sind Folgen der Verwüstung der besetzten Gebiete und der planmäßigen Zerstörung eines großen Teils des französischen Industrie- und Bergwerkpotentials. Frankreich sollte 52 % der Reparationen erhalten. Deren Gesamthöhe wurde nicht in Versailles, sondern erst 1920 von einer Sonderkommission festgesetzt. Die Summe belief sich auf 132 Milliarden Goldmark, eine astronomische Ziffer, die Deutschland weder bezahlen konnte noch jemals bezahlt hat.

Die deutschen Konservativen, die 1914 zum Kriege getrieben hatten, um aus dem wilhelminischen Kaiserreich eine Weltmacht zu machen,[8] haben sich nie mit der Niederlage abgefunden, obwohl diese eine Folge ihrer eigenen imperialistischen Politik gewesen war. Durch ein großangelegtes Fälschungsmanöver wurde die historische Wahrheit umgekehrt (Dolchstoß-Legende). Es ist den Konservativen gelungen,[9] einen großen Teil der deutschen Mittelstandes, der durch die für Großindustrie und Hochfinanz so profitable Inflation ruiniert war, mittels folgender These zu gewinnen: Nicht die imperialistische *Rechte*, sondern die republikanische *Linke* sei schuld an der Niederlage, denn die republikanische Regierung habe den Versailler Vertrag unterzeichnet.

Immer mehr wird das Schlagwort »Schandvertrag« zum Leitmotiv der Propaganda gegen die deutsche Demokratie, die von den westeuropäischen Demokratien, insbesondere von Frankreich, auch nicht die geringste Hilfe im Kampf ums Überleben erhalten hat! Die Jahre 1919 bis 1923 werden einerseits gekennzeichnet durch die absolut deutschfeindliche Politik der französischen Rechten unter Raymond Poincaré, andererseits durch die Entstehung der Hitlerbewegung, welche nach und nach die konservative Rechte noch übertreffen wird bei den unaufhörlichen Angriffen auf die republikanischen Institutionen und deren Vertreter, die als »Novemberverbrecher« (wegen der November-Revolution 1918) abqualifiziert werden. Dies alles spielt sich ab unter dem Motto, das von Adolf Hitler stammt: *Der Versailler Vertrag bedeutet die Versklavung unseres Volkes.*[10]

Anmerkungen

1. In Goethes *Faust* beschreibt Mephisto diese königliche Pracht in ironischem Ton (Vers 10160–10169)
2. So gibt Mephisto in Goethes *Faust* prickelnde Details über Ludwigs XV., des »Vielgeliebten«, Privatleben bekannt (Vers 10170–10175)
3. Schiller, *Kabale und Liebe* (1784)
4. Jules Hardouin Mansart, wichtigster Architekt des Versailler Schlosses von 1678 bis zu seinem Tode 1708
5. Zitat aus P.-P. Sagave, *1871 Berlin – Paris*, Berlin 1971, S. 35
6. Man denke an die Volksabstimmungen in Italien (1859–1871)
7. Näheres bei V. E. Koch, *Berliner Presse und europäisches Geschehen*, Berlin 1878, S. 306–308
8. Fritz Fischer, *Griff nach der Weltmacht* (1961)
9. Seit 1919 nannten sich die Konservativen »Deutschnationale«.
10. Adolf Hitler, *Mein Kampf*, München, Ausgabe 1933, S. 637

Pierre-Paul Sagave

Friedrich II. von Preußen (1712–1786)

1785, ein Jahr vor dem Tode Friedrichs des Großen, kündigt Graf Mirabeau seinen Pariser Freunden an, er werde sich an den Preußischen Hof begeben, um »den größten Mann des Jahrhunderts« zu sehen. In der Tat, Friedrich war einer der wichtigsten Akteure im politischen Spiel seines Zeitalters, ein genialer Herrscher, der sich durch zwei einander scheinbar widersprechende Eigenschaften auszeichnete: Vernunft und Ruhmsucht. Seit seiner Thronbesteigung (1740) war er der Ansicht, ein dieses Namens würdiger Staatsmann müsse sich den Gesetzen der Vernunft unterwerfen, anstatt sich von der Leidenschaft hinreißen zu lassen.[1] Kurz darauf erklärte er, er habe sich den Annehmlichkeiten der Ruhe entrissen, um die Genugtuung zu genießen, seinen Namen in den Zeitungen zu lesen und in das große Buch der Weltgeschichte einzutragen.[2]

Friedrich verdankt die Anfänge seiner Ausbildung einem sehr kultivierten Offizier hugenottischer Herkunft. Dieser pflanzt seinem überbegabten Zögling die drei Tugenden ein, die gemeinhin seinen Glaubensgenossen zugeschrieben werden: die Fähigkeit zum Handeln, den Sinn für Ruhm und die Gabe der Beredsamkeit.[3] Der Verstand des jungen Kronprinzen wird durch eine ausgedehnte philosophische, historische und literarische Bildung genährt. In der berühmten, heimlich zusammengestellten Bibliothek, die ohne Wissen des Vaters, des Soldatenkönigs, erworben worden war, befinden sich, in erster Linie, der *Telemach* von Fénélon sowie die Schriften des Kaisers Markus Aurelius; diesem Lesestoff entnimmt Friedrich die Lektion, daß ein Herrscher seinen persönlichen Ehrgeiz dem Wohl seiner Untertanen nachzuordnen habe. So entsteht in seinem Denken das Bild der tugendhaften Führergestalt, des gebildeten Fürsten, der arbeitsam und seinem Volks ergeben ist, ein Bild, das er in seinem *Antimachiavell* (1739) nachzeichnen wird.

Doch damit nicht genug: Friedrich kannte von Grund auf die wichtigsten Veröffentlichungen zum Zeitgeschehen und zur politischen Philosophie der Aufklärung. Zuallererst sei hier das bedeutende Nachschlagewerk genannt, das ihm als Leitfaden gedient hat, um seine Epoche zu verstehen. Es ist das *Historische und Kritische Lexikon* von Pierre Bayle (1695–1697 erschienen). Friedrich bezeichnet dieses Monumentalwerk als »Brevier des gesunden Menschenverstandes«[4].

Der Rationalismus von Pierre Bayle findet seine Weiterführung in den Schriften von Voltaire. Dieser hat ganz besonders den Begriff der Toleranz von Bayle übernommen, ein Begriff, den er in der *Henriade* (1723), dem Heldenepos zum Ruhme König Heinrichs IV. von Frankreich, entwickelt; dieses Dichtwerk gehörte zu Friedrichs Lieblingslektüren. Der künftige Herrscher zieht daraus die Lehre, daß das Königtum zwar absolut sein, aber durch Rationalismus und Liberalismus gemildert werden müsse. »Die Könige sind groß, wenn sie gerecht sind«, sagt er.

Indessen, auch ein anderer Aspekt von Voltaires Einfluß auf Friedrich muß hier erwähnt werden. Als Kronprinz verschlingt er *Die Geschichte Karls XII. von Schweden* (1731). Der Gegensatz zwischen diesem Werk Voltaires und der *Henriade* ist offensichtlich. Heinrich IV. ist der wohltätige König, den die Vernunft beseelt, während Karl XII. von einer zwar grandiosen, aber irrationalen und gefährlichen Ruhmsucht beherrscht wird. Nun steht die Frage offen: Ist eine Synthese von Vernunft und Ruhmsucht überhaupt vorstellbar? Auch darauf findet Friedrich die Antwort bei Voltaire: kurz vor seiner Thronbesteigung liest er einige Kapitel aus dem *Jahrhundert Ludwigs XIV.*, dessen noch unvollendetes Manuskript ihm vom Autor zugestellt worden war; hier trifft er auf das, was er sucht: die Beruhigung des Gewissens und den Ansporn zum Handeln. Wenige Monate nach Beginn seiner Regierungszeit beruft der junge König seine Offiziere zum »Rendez-vous de la gloire«. So zeigt es sich, daß Friedrich die Macht sowohl im Zeichen der Vernunft als auch unter dem Einfluß der Ruhmsucht ausübt. Er würde es gerne Ludwig XIV. gleichtun. Schon 1738, also zwei Jahre bevor er auf den Thron gelangt, stellt er fest, das Jahrhundert Ludwigs XIV. sei in jeder Hinsicht dem Zeitalter des Augustus vergleichbar.[5] Im Jahre 1748 wird Friedrich schreiben, daß Ludwig XIV. durch seine Macht Europa erzittern ließ, aber auch, daß er alle künstlerischen Talente beschützt und aus Frankreich eine weltweit geachtete Nation gemacht habe.[6]

Und Preußen? Vergessen wir nicht, daß Friedrich ein eifriger Leser der Werke von Montesquieu war, besonders des Buches *Betrachtungen über Größe und Verfall der Römer* (1734), aus dem er erfährt, daß die Menschheit sich nicht in gerader Linie entwickelt, sondern in zyklischen Phasen. Barbarenvölker bilden sich, werden zu vorbildlichen Nationen, um schließlich dem Untergang zu verfallen. Friedrich begreift, wie seit dem Ende des klassischen Altertums und den darauf folgenden zwölf Jahrhunderten »der Verdummung«, zuerst die Italiener, und dann die Franzosen zum Stadium der Zivilisation gelangen. »Später«, so sagt er es voraus, »später werden auch für uns Preußen die schönen Tage kommen«.[7]

Es sei hier daran erinnert, daß Friedrich auch Montesquieu's *Geist der Gesetze* gelesen und daraus wichtige Schlußfolgerungen gezogen hat. So ist er zum Beispiel fest davon überzeugt, daß er sein Verhalten nach den Gesetzen der Gesellschaft, von der er ein Glied ist, zu regeln habe. Denn die Völker haben ihre Könige dazu bestimmt, nicht Tyrannen, sondern erste Diener ihres Staates zu sein. Die Herrscher seien keineswegs »von Gottes Gnaden« zur Regierung gelangt, sondern auf Grund eines Vertrages, durch den sie gebunden sind, und zwar infolge des »Zufalls der königlichen Geburt«. Das Königtum ist also ein öffentliches Amt, mit dem Auftrage, die individuelle Freiheit sowie die Gleichheit aller vor dem Gesetz zu gewährleisten, was ganz besonders die Trennung zwischen der ausführenden und der richterlichen Gewalt in sich schließt.

Als aufgeklärter Monarch geht Friedrich so weit, gewissen kühnen französischen Denkern, die in Paris durch die Polizei oder den Klerus verfolgt werden, eine Zufluchtsstätte zu gewähren. So wird zum Beispiel der Arzt La Mettrie (1709–1751), materialistischer Philosoph und politischer Flüchtling, am preußischen Hofe aufgenommen und zum Mitglied der königlichen Akademie der Wissenschaften von Berlin ernannt. Ferner wird dem bis in sein schweizerisches Exil verfolgten großen Denker Jean-Jacques Rousseau 1762 im damals preußischen Fürstentum Neuchâtel Asyl gewährt.

Deutlich genug sind die modernen Züge, die Friedrichs Königtum aufweist. Dennoch äußert sich der Vernunft gegenüber auch die Ruhmsucht, jener andere Pol seines Charakters. Daher sein Anspruch, ein Herrscher müsse Liebe zum Ruhm zeigen, denn »der Ruhm entreiße die Seele des Menschen der Lethargie und führe ihn zu heldenhaften Handlungen«.[8] Der Friedrichs Temperament innewohnende Widerspruch wird, wie man sieht, nie ganz gelöst, ebensowenig, wie der Widerspruch, welcher seine Mitwelt beherrscht. In der Tat, hinter dem optimistischen Weltbild der Aufklärung errät Friedrich den verborgenen Einfluß dämonischer Mächte.

Da hier mehrfach auf die Bedeutung der französischen Aufklärungs-Philosophie für Friedrichs Denken hingewiesen wurde, erscheint es auch notwendig, die Wirkung seiner Persönlichkeit auf seine französischen Zeitgenossen kurz zu erwähnen. Die von Diderot und d'Alembert geleitete *Enzyklopädie*, jene riesenhafte lexikographische Summe der Kenntnisse des 18. Jahrhunderts, die in der ganzen damaligen Welt verbreitet war und Voltaire, Montesquieu, Rousseau sowie mehrere Berliner Akademie-Mitglieder zu ihren Mitarbeitern zählte,[9] dieses Standardwerk enthält, im Artikel »Preußen«, das Lob Friedrichs des Großen, der hier als »das seltene Beispiel eines Strategen, Gesetzgebers und Philosophen auf dem Thron« zitiert und bewundert wird, als ein Herrscher, »den die Nachwelt in eine Reihe mit den Größten stellen wird«.

Was läßt sich nun von dem Bild sagen, das Friedrich der Geschichte hinterlassen hat? Schon sehr früh, gleich nach seinen ersten siegreichen Feldzügen und seinen ersten Reformen des preußischen Staatswesens, wird er von Voltaire bald als »Der Große«, bald als »Der Salomon des Nordens« bezeichnet. Denken wir daran, daß nach dem Zwist, der 1753 dem Aufenthalt Voltaires in Potsdam ein Ende setzte, der König und der Dichter sich wieder miteinander versöhnt haben; der umfangreiche Briefwechsel zwischen beiden, der bis zu Voltaires Tod reicht, legt davon Zeugnis ab.

Im Jahre 1806, also zwanzig Jahre nach Friedrichs Tod, wird sich Napoleon in Potsdam vor seinem Grabe verneigen.

Viel später, auf Sankt Helena, verfaßt der gestürzte Kaiser ein militärhistorisches Werk über den König als den Strategen, in dem er sein Vorbild gesehen hatte.

In den Tagen von Napoleons Abdankung begann in Europa die Verbreitung eines berühmten Buches, *Über Deutschland* von Madame de Staël, eine Schrift, die das Preußenbild der Franzosen für Generationen festlegen sollte. »Preußen ist das Ursprungsland meines Denkens«, sagt die Verfasserin in ihrem Vorwort, das Friedrichs Ruhm verkündet. Den Worten Madame de Staëls zufolge hat er die Denkfreiheit in Norddeutschland eingeführt, ihm verdankt die preußische Verwaltung ihren Sinn für Ordnung und Sparsamkeit. Er habe die Unabhängigkeit der Justiz in seinen Staaten eingeführt. Sein Hang zum Kriege sei gerechtfertigt durch die gefährdete geographische Lage seines Königreiches, das an allen seinen Grenzen den europäischen Großmächten gegenübersteht. Zum Abschluß vergleicht Madame de Staël Friedrich mit dem römischen Gott Janus, dessen Doppelantlitz zugleich die Züge des Kriegers und des Philosophen trägt.[10]

Soweit das Bild Friedrichs im französischen Bereich. Was die Deutschen betrifft, so sind ihre Ansichten über den größten Repräsentanten des Hohenzollern-Hauses geteilt. Schon zu seinen Lebzeiten warf der früheste Dichter der deutschen Klassik, Lessing, dem König vor, er zeige nur Verachtung für die deutsche Literatur seiner Zeit. Gewiß, in seiner Schrift *De la littérature allemande* hatte Friedrich den jungen Goethe kritisiert, indem er dessen Ritterstück *Götz von Berlichingen* (1774) als ein Machwerk voller »widerwärtiger Plattheiten« bezeichnete. Goethe selbst wird später, in seiner *Italienischen Reise*, zugeben, daß sein *Götz* ein »allzu geräuschvolles Stück« sei und daß er seither viel bessere Werke verfaßt hätte. Soll man sich wirklich darüber aufhalten, daß Friedrich, der Kenner und Bewunderer von Racines Trauerspielen, den Exzentrizitäten des Sturm und Drangs »fremd gegenüberstand«?

Auf politischem Gebiet bleibt der König, noch nach seinem Tode, bei den Deutschen katholischer Konfession das schwarze Schaf unter den Fürsten des alten Reiches. Die deutsche Nachwelt des 19. Jahrhunderts hingegen sieht in Friedrich nicht nur den Schöpfer von Preußens Macht, sondern vor allem den historischen Vorkämpfer des Liberalismus, den man gerne den reaktionären

Königen entgegensetzt, die vor, während und nach der Revolution von 1848 in Berlin regiert haben.

Die groben Verfälschungen, denen die geschichtliche Persönlichkeit Friedrichs später ausgesetzt worden ist, lassen sich bereits im wilhelminischen Zeitalter vorausahnen. Der sehr populäre impressionistische Maler Adolph Menzel, ein ehemaliger Achtundvierziger, den Wilhelm II. ausgezeichnet und geadelt hat, verherrlichte durch seine Gemälde die herrschende Dynastie, indem er die Gestalt des »großen Königs« als vaterländischen Heros heraufbeschwor. Ferner hat, im Ersten Weltkrieg, der durch seinen Hyper-Patriotismus verblendete Dichter Thomas Mann sich so weit gehen lassen, daß er Wilhelm II. als obersten Kriegsherrn mit dem im siebenjährigen Krieg um sein Überleben kämpfenden Friedrich verglich.[11]

In der Zeit der Weimarer Republik bedienten sich die Konservativen, seit 1919 »Deutschnationale« genannt, des Bildnisses Friedrichs für ihre Wahlfeldzüge. Schließlich sei hier erinnert an die verlogene Propaganda des Dritten Reiches. Friedrich der Große, der erste Herrscher auf dem europäischen Kontinent, der die Folter abgeschafft hat, wurde von dem Folter-Regime des Nationalsozialismus als erster in einer Reihe aufgestellt, die über Bismarck bis zu Hitler reicht!

Leider hat diese Geschichtsfälschung auch gewisse Sektoren der öffentlichen Meinung Frankreichs infiziert. Der vorliegende Text ist dazu bestimmt, die Wahrheit wieder herzustellen über jenen Preußen-König, der zugleich auch ein großer Schriftsteller französischer Sprache war.

Anmerkungen

1. *Œuvres de Frédéric le Grand*, éd. J. Preuß, Berlin 1847–1856 II, S. XXXI
2. *Œuvres*, I. S. 28
3. Wilhelm Dilthey, *Gesammelte Schriften*, Leipzig 1927, III, S. 115
4. *Œuvres*, VII, S. 126f.
5. *Œuvres*, VIII, S. 56
6. *Œuvres*, I, S. 91
7. *Œuvres*, I, S. 239

8. *Œuvres*, II, S. XXV
9. Zum Beispiel der Hugenotte Samuel Formey, ständiger Sekretär der Königlichen Akademie der Wissenschaften zu Berlin, deren Protektor Friedrich der Große war.
10. Germaine de Staël, *De l'Allemagne*, Paris 1814
11. Thomas Mann, *Friedrich und die große Koalition*, 1915

Horst Günther
Revolution

»Revolution« und »revolutionär« sind für die meisten Franzosen positive Wörter, die sich mit der Vorstellung von freudiger Begeisterung, dem Abschaffen längst überfälliger Mißstände, mit republikanischen Rechten und bürgerlicher Freiheit verbinden. Sagt einer in Deutschland »Revolution«, so wird er bei den meisten auf bedenkliche Mienen stoßen: das bedeutet ja Unruhe und Unsicherheit, gar Bürgerkrieg und blutigen Schrecken. Und keiner weiß, ob es hinterher besser ist.

Mit der verschiedenen Auffassung von »Revolution« ist man mittendrin in den deutsch-französischen Verständnisschwierigkeiten, in unterschiedlichen Mentalitäten. Und in diesem Falle kann man sie historisch erklären. Lange Jahrhunderte war »Revolution« für Franzosen wie Deutsche ein ziemlich gleichgültiges Wort, das man einmal für astronomische Gestirnumläufe und ein anderes Mal für politische Umwälzungen verschiedenster Art gebrauchte. Und mit einem Schlag haben sich die Franzosen dieses Wort angeeignet.

Das war am 14. Juli 1789, als nach dem Sturm auf die Bastille ein Kammerherr zu seinem König nach Versailles eilte. Auf die Frage, ob das nicht eine schreckliche Revolte sei, antwortete der Herzog von Liancourt: »Nein, Sire, das ist eine große Revolution!« Damals wußte noch keiner, wie die Sache weitergeht und was bei ihr herauskommen würde, aber man hatte ein Wort festgelegt, dessen Bedeutung und Inhalt noch gar nicht abzusehen war. Die glücklichen und unglücklichen Ereignisse der nächsten zehn Jahre und viele langfristige Änderungen, die sich seit Menschengedenken anbahnten, galten als Wirkung und Folge der Französischen Revolution.

Die Engländer hatten hundert Jahre früher, 1688, ihre »Glorious Revolution« gehabt, manche nannten den amerikanischen Unabhängigkeitskrieg, Unruhen und Aufstände in anderen Ländern eine Revolution. Aber das hielt sich nicht, während die erst spät für die Änderungen der technischen Arbeitsbedingungen gefundene Bezeichnung »industrielle Revolution« sich durchsetzte und der politischen Revolution auch Züge von Allgemeinheit und Notwendigkeit verlieh.

Langsam bildete sich die Fragestellung heraus, ob eine Revolution, und vielleicht sogar eine gewaltsame, wie die Franzosen sie veranstaltet hatten, ein notwendiger Prozeß in der Geschichte einer Nation ist. Und wenn man schon solche Fragen stellt, folgte weiter, ob sie beinahe von selber kommt, ob man sie machen kann oder muß, und wann es dafür an der Zeit ist. Meist sind ja eher Antworten falsch als Fragen, aber hier waren in die Fragen schon Voraussetzungen eingedrungen, die nicht aus der politischen Analyse historischer Situationen stammen, sondern aus Konkurrenzdenken, Nachholbedürfnis, unglücklichem nationalem Selbstbewußtsein, das es zu Beginn der Französischen Revolution bei ihren deutschen Beobachtern nicht gegeben hat.

Die deutschen Augenzeugen der Französischen Revolution bilden eine großartige Folge von Berichterstattern. Man hatte ein weltgeschichtliches Ereignis erwartet, nun reisten einige ihm entgegen, um es aus der Nähe zu sehen und denen, die zu Hause bleiben mußten, die fehlende Anschauung zu liefern. Und als Schreibende versuchten sie, sich dem gewaltigen Geschehen gewachsen zu zeigen. Erstaunlich ist, daß sie nicht als Deutsche auftreten und daß sie kaum über Franzosen urteilen. Sie fühlten sich als Abgeordnete der Menschheit und sie sehen in den Franzosen die Ausführenden eines fällig gewordenen Ereignisses der Weltgeschichte.

In keinem anderen Land Europas hat die Französische Revolution so viel Anteilnahme erregt wie in Deutschland, und nicht nur bei Schriftstellern, sondern in breiten Schichten der Bevölkerung. Der Philosoph Kant sah in dieser, nicht von der Hoffnung auf eigenen Vorteil motivierten »Teilnehmung dem Wunsche nach« einen gültigen Beweis für das Gute im Menschen. Und verrückterweise waren am Anfang nicht nur edle Menschenfreunde und Aufklärer und junge Brauseköpfe wie die 19jährigen Tübinger Studenten Hölderlin und Hegel für die Revolution. Auch viel weniger aufgeklärte Regierungen in Berlin und in Wien freuten sich aus nicht sehr edlen Beweggründen über eine Schwächung der französischen Monarchie und versprachen sich einen unangefochtenen Landgewinn bei der nächsten polnischen Teilung.

Man denkt es sich gern so, daß am Anfang viel Sympathie für die Revolution da war, und erst später durch Übergriffe, Greuel und schließlich die Guillotine die Wohlgesonnenen sich abwendeten. Es war aber ganz anders. Viele waren gleich dagegen, und glaubten den geflohenen Adeligen, die alles an Edelmetall und Pferden mitgenommen hatten, was greifbar war, jedes Schauermärchen und auch, daß es ein Leichtes sei, die alte Herrschaft zurückzuerobern. Und andere verzweifelten auch dann nicht an der gesetzmäßigen Notwendigkeit dieser Revolution, als das durch offensichtliche Gewalt und Grausamkeit sehr schwer gemacht wurde.

Die Erfahrungen im Für und Wider polarisierten sich in einem ersten Gang schon bis zum Herbst des Jahres 1789. Alle Argumente gegen die Revolution, die später lautstark wiederholt wurden, fanden sich bis dahin in den deutschen Zeitschriften. In einem zweiten Gange, nach Mirabeaus Tod, der Flucht und Gefangennahme des Königs (1791), dem Tuileriensturm, den Septembermorden in Paris (1792) und den ersten republikanischen Siegen in den Revolutionskriegen, verfestigten sich die gegnerischen Meinungen.

Schon die schlichte Beobachtung der Sachverhalte war nicht einfach. Die Deutschen kamen aus kleinen Residenzen oder winzigen Universitätsstädten mit völlig agrarischem Umland. Eine Hauptstadt, und gar eine von der Größe (ca. 700000 Einwohner) und quirligen Lebendigkeit von Paris war ihnen fremd. Ein Parlament, verwirrende Reden und Zwischenrufe in einem überfüllten

Saal, daß Grundrechte und Gesetze sichtbar beschlossen werden oder fallen, wenn ein paar Abgeordnete mehr die Hand aufheben, mußte ihnen wunderbar erscheinen. Politische Debatten wurden nicht nur in den Café-Häusern des Palais-Royal geführt, sondern überall, wo ein paar Menschen zusammenstanden. Selbst die Wasserträger saßen auf ihren Eimern und ließen sich die Zeitungsblätter vorlesen, um gewandter als ein damaliger deutscher Student darüber zu reden. Die Erregung und Begeisterung riß mit und ließ über manche Realität hinwegsehen, die man erst später in das Bild einzeichnete. Aber Campe, Reinhard, Kerner, Archenholtz, Oelsner und Georg Forster haben trotzdem hervorragende Arbeit geleistet.

Die Publizisten zu Hause nahmen die Nachrichten auf und knüpften daran die Erörterung wichtiger politischer Fragen. Philosophen und Historiker gaben dem Ereignis die weltgeschichtliche Deutung. Man kann sagen, daß die deutsche Geschichtsphilosophie sich erst unter dem Eindruck der Französischen Revolution ausgebildet hat. Das vorhandene theoretische Schema idealistischer Spekulation bedurfte der weltgeschichtlichen Begebenheiten zu seiner Ausfüllung und Verwirklichung. Und das konnte Deutschland selber nicht leisten, zerteilt in viele Länder und Herrschaften, wie es vor Napoleon war.

Was not tat, leisteten die Franzosen, fast ohne es zu wissen. Später merkten sie, daß die Deutschen inzwischen »im Saale«, in ihrer Literatur, Philosophie und Musik, eine andere »Revolution« vollbracht hatten. Und erst Napoleon erweckte in den Deutschen den Widerstand und das Gefühl ihrer Stärke und möglichen Einheit. Für die deutschen politischen Denker und für die Historiker des 19. Jahrhunderts war deshalb die Französische Revolution der Beginn auch ihrer Zeitgeschichte, unabhängig davon, ob sie Republikaner oder Konservative waren. Auch der späte Hegel noch erblickt in ihr die wichtigste Phase des »Fortschritts im Bewußtsein der Freiheit«, Lorenz von Stein die beispielhafte Konsequenz in der Entwicklung der industriellen Gesellschaft, Heinrich von Sybel eine Folge meist vermeidbarer politischer Mißgriffe, Ranke das Wirken höherer Mächte und Burckhardt das Ende aller Herrlichkeit und den Beginn militärischer Massenstaaten...

Ausgezeichnete Quellenstudien und geistreiche Deutungen überboten sich geradezu in diesen Zeiten. Und mit einem Male verlor die große Revolution im öffentlichen Deutschland diese Rolle – nicht zufällig nach dem deutsch-französischen Krieg 1870/71 und der Reichsgründung in Versailles – und blieb als Vogelscheuche im Fundus linker Publizistik. In der Folge der Französischen Revolution erst hatten sich die Deutschen zur Nation gebildet. Aber ihre Konservativen wollten das jetzt verdrängen und datierten den Beginn der Zeitgeschichte um auf 1871. Deshalb drohte die äußerste Linke ihnen und dem Kaiser ab und zu mit der historischen Gesetzlichkeit einer Revolution.

Die Deutschen haben es schwer mit der Revolution, und im Blick auf Frankreich kein gutes Gewissen. Anfangs machte man es sich leicht und dachte, die Franzosen holten endlich nach, was die Deutschen schon mit der Reformation und andere mit den Freiheitsbewegungen des 17. und 18. Jahrhunderts geschafft hatten. Aber der Weg in die Moderne ist schmerzhaft und schwierig, und den Deutschen sollte keine Revolution glücken, 1848 nicht, nicht nach dem Ersten Weltkrieg, wo es Unruhen und eine kurze Republik gab, und 1945 schon gar nicht.

Dazwischen irrten Phantasien von »konservativer Revolution« herum, die Nationalsozialisten wollten gar mit ihrer Revolte »gegen die Ideen von 1789« kämpfen, und dann entwickelte sich die demokratische Bundesrepublik zu einem modernen Staatswesen, aber ihr Verhältnis zur Revolution blieb einigermaßen atavistisch. Man beschwieg sie oder interpretierte sie weg, allenfalls warnte man vor Gefahren und Irrtümern, während ein paar alte Linke und junge böse Buben von ihr schwärmten und auch einmal meinten, man könne sie herbeireden und ihre historische Unausweichlichkeit demonstrieren.

Die Französische Revolution blieb einmalig. Sie läßt sich nicht nachahmen und sie kommt auch nicht von selbst. Mit dem Dramatisieren und Dämonisieren ist es auch nicht getan. Aber kein Fehler wäre es, wenn man sie begreifen würde, womit Lorenz von Stein und Tocqueville begonnen haben. Sie kommt von weither und vollzieht gewaltsam einen lange angebahnten Schritt in dem Prozeß gesellschaftlicher und staatlicher Erneuerung, der die europäische Neuzeit bestimmt. Andere Völker vollziehen ihn in anderen Rhythmen.

Manches hat sie verändert, unsere Maße und Gewichte sind revolutionär, die Menschenrechte, einige unserer politischen Begriffe, Rechte und Denkweisen ... Aber so viel auch wieder nicht. Oder unbeabsichtigt, wie ein langes Zeitalter europäischer Restauration aus Revolutionsfurcht, das immer noch nicht überall vorüber ist. Für die neuere deutsche Geschichte ist die Französische Revolution das wichtigste und anregendste Ereignis. Und das kann heute Franzosen und Deutsche im politischen Gespräch mit dem Blick auf die Zukunft verbinden.

Michel Guérin
Napoleon

Es scheint mir, daß heutzutage die Deutschen genauso geteilter Meinung sind, was Napoleon betrifft, wie die Franzosen. Und da sowohl die einen als auch die anderen Geschichte gelernt und, vielleicht auf eigene Kosten, *aus* der Geschichte gelernt haben, gefallen sie sich beim Thema des gefährlich mythischen Individuums, welches geschichtlich noch immer mit der französischen Nation, geographisch aber mit der deutschen Nation verwurzelt ist, gerne in der Rolle des Raisoneurs (gelegentlich bis hin zur moralischen Plattheit!). Es erweckt ganz den Anschein, daß sie sich gemeinsam darüber Gedanken machen, wissen sie doch, was es heißt, gewisse Dämonen zu entfesseln. Als gute, friedliebende Europäer ziehen sie Bilanz eines Abenteuers, in dem sie sich als verfeindete Brüder gegenüberstanden und, in einem gemeinsamen Schicksal, gleichsam »Feinde wider Willen« waren.

Wenn auch die Franzosen bedauern können, auf welche Art und Weise, bis in unser Jahrhundert hinein, die deutsche Einheit zustandekam (die sich übrigens unverzüglich in das Gegenteil verkehrte), dürfen sich die Deutschen mit Fug und Recht dann nicht die Bemerkung erlauben, daß *wir* es sind (damit meine ich die Revolution und Napoleon, unsere Gesetze und unsere Armeen), die sie zuerst zum Staat, d. h. zum Herrschaftsdenken gezwungen haben?

Durch seinen Einzug in Deutschland bereitete Napoleon – und sei es auch nur als Reaktion – diesen Aufruhr an Leidenschaften und Interessen vor, die, dem eigenen Wohl zeitweise so abträglich, eineinhalb Jahrhunderte hindurch charakteristisch für die Beziehung zwischen den beiden verwandten Ländern waren. Dazu verdammt, zwischen den Kriegen einander zugetan zu sein, sich im Verkennen zu erkennen, sich im Mißverständnis zu verstehen, so als hätte zwischen ihnen die Schicksalsgemeinschaft – die stärkste vielleicht, die *historisch* zwischen zwei Völkern je bestanden hat – im Bereich der Erscheinungen nur auf trügerischem Boden Bestand, wobei die Synthese der sowohl sich ergänzenden wie auch widersprüchlichen Kräfte stets auf morgen verschoben wurde. Napoleon illustriert auf einzigartige Weise, was ich als deutsch-französische *Verzögerung* bezeichnen würde.

Die Deutschen haben Interesse an Napoleon; und dies aus gutem Grund: die Materie des Landes, die deutsche Erde, hat er ungleich mehr geprägt als die französische oder als das Italien seiner Vorfahren. Geradezu physisch war Napoleon mit dem geteilten Deutschland verbunden, das er vereinfachen wollte.

Seine Truppen haben es zuerst vor dem Rückzug von 1813–1814 in alle Richtungen durchquert, von Ort zu Ort und von Fluß zu Fluß. Nachdem er einige politische Gebilde abgerundet hatte, welche sich in der Praxis als durchaus lebensfähig erweisen sollten (es sei daran erinnert, daß das jetzige Land Baden-Württemberg noch fast genau jene Grenzen besitzt, die Napoleon dem Königreich Württemberg und dem Großherzogtum Baden zugewiesen hatte), wollte der Herrscher über den Kontinent sie nach seinem Gutdünken lenken, sie zur Abgabe von Steuern und Legionen bewegen, sie in das französische Modell einordnen und ihnen politische, administrative sowie wirtschaftliche Einrichtungen vorschreiben, sozusagen als Bestätigung jener beiden Richtwerte der neuen Zeit, die da hießen: Gleichheit – von der er behauptete, daß sie die »Leidenschaft des Jahrhunderts« sei – und Aufklärung als Garant, als Summe effizienter Handlungsweise und Zusammenhalt der Menschen. Nach dem Bild, das sich die Franzosen von ihnen machten, mußten die Deutschen zuerst einmal dieses große zivilisierende Schwert lieben, das Recht sprach, indem es das Gesunde vom Kranken und das Gute vom Verdorbenen trennte. Und *wie* es trennte! *Dividere*, wie es im Lateinischen heißt. Da waren die Vorurteile (im Kopf) und die Enklaven (im Raum) – wie viele Deutsche hatten da nicht, ohne wirkliche Hoffnung, auf eine rettende Kraft von außen gewartet!

Der erste Grund, warum die Staaten um dieses 1806 im Rheinbund zusammengeschlossene »dritte Deutschland« größer wurden, dessen moderner Kaiser sich zum Protektor machte, war natürlich die Annexion des linken Rheinufers durch Frankreich, anders ausgedrückt, die Anwendung der Doktrin von den »natürlichen Grenzen«, die bis Foch fixe Idee unserer Außenpolitik bleiben sollte. Grenzland entlang des Flusses war nun großteils die »Grande Nation« geworden, wie Napoleon sich rühmte, sie genannt zu haben, und alles, was dort geschah, mußte unweigerlich Wellen bis hin zur Elbe und zur Donau schlagen.

Diese Erschütterung, die alles, was weder Österreich noch Preußen war, urplötzlich politisch sensibilisierte, bildete auch gleichzeitig den Beginn für erwachende Machtgelüste und Interessen; und es war keineswegs die sterbende Legende vom Heiligen Römischen Reich, die nach Austerlitz Max-Joseph (der in Gegenwart von Napoleon und Josephine am 1. Januar 1806 zum »König von Bayern« ausgerufen wurde) oder den Markgrafen von Baden, der für die verlassenen rheinischen Landgebiete zur Genüge entschädigt wurde, davon abhalten sollte, dem Lauf der Dinge sowie jenem Mann zu folgen, dem sie diesen Zuwachs im Kontakt mit ihren Lebensquellen verdankten. Um den Bund zwischen Frankreich und Deutschland zu besiegeln und zu vollenden, verheiratete der Kaiser Fürsten und Prinzessinnen. Der Rheinbund umfaßte in seiner glanzvollsten Zeit 38 Staaten (oder, anders ausgedrückt, 355 000 km^2, von 14 Millionen Menschen bewohnt, davon ca. 120 000 Soldaten). Wen nimmt es also wunder, daß sich bei manchen Anlässen in den Tuilerien die gekrönten Häupter in Massen ein Stelldichein gaben?

Mit einem derartigen Überfluß (ich bleibe absichtlich bei dieser

»üppigen« Metapher) war natürlich nicht jedermann glücklich. Wie in den Memoiren zu lesen ist, verstand Napoleon seine gesamte Aufgabe als die »Sammlung der Deutschen«; solange jedoch Österreich und Preußen zu ihrem eigenen Nutzen, zum Nutzen Englands oder des Zaren weiterhin gegen Frankreich feindliche Absichten hegten, hatte er für diese Gebiete keine andere Politik zur Hand, als einen Teil Deutschlands gegen den anderen auszuspielen; und er wartete, hoffte, daß ein großartiger Sieg – nämlich der von Moskau – die uneinsichtigen Dynastien Deutschlands davon überzeugen würde, sich endlich in den Schoß Frankreichs zu begeben, der den Frieden verhieß...

Was dann kam, ist bekannt, und es geschah in einem so kurzen Zeitraum, daß man sich eigentlich darüber wundern müßte, wenn uns nicht die Historiker das Ausmaß der Demütigungen, Kränkungen und Enttäuschungen sowohl moralischer als auch materieller Art bewußt gemacht hätten, die das Kontinentalsystem den deutschen Staaten zufügte. Immer öfter und öfter waren sie gezwungen, ihr Kontingent an menschlichem »Kanonenfutter« zu liefern, unter Verzicht auf Zucker und Kaffee mußten sie dem französischen Staat hohe Abgaben für die Einfuhr ihrer Waren zahlen.

Die Beziehung war eine natürliche gewesen; jetzt aber wurde sie mit Bitterkeit zur Kenntnis genommen, Ressentiments kamen ins Spiel, während die Beschützten (der Rheinbund) und die Besiegten (Österreich, Preußen) immer näher zusammenrückten. Solange Napoleon siegte, dominierten die Widersprüche zwischen den Deutschen; war er am Verlieren, so traten sie in den Hintergrund. Ungleich an das napoleonische Reich angegliedert, verschiedenartig, verzweifelt, zum Spielball geworden und voller Zorn darüber, daß sie nur noch für den Tod lebten, suchten die deutschen Staaten, je länger der Krieg dauerte, in der Geschichte nach ihrer *Identität*. Es hätte keine *deutsche Frage* gegeben (dieses ewige Ungleichgewicht zwischen West und Ost), wenn nicht die französische Politik, die von jeher und naturgemäß an den unbestimmten Gebieten jenseits des Rheins reges Interesse zeigte und die sich in diesen Zufluchts- und Durchzugsgebieten, in dieser Expansionszone, spontan ausbreitete – in fataler Weise –, daran gedacht hätte, ihre zentralsten Überzeugungen dort anzusiedeln. Der französische Narzißmus, verblendet durch den grünen Rhein und durch die Herrschaft Ludwig XIV., betrachtete Deutschland als das Ziel seiner Wünsche; als unsere *Mark* zum Osten.

Und so kam es, daß binnen einiger Jahre, fünf etwa, aus dem Deutschland Goethes das Deutschland Fichtes geworden war.

Durch Schwächung des *Rheinbunds* von innen her sann der *Tugendbund* insgeheim auf Rache. Napoleon bewirkte in Deutschland eine Reaktion. Die triumphierende Revolution hatte dieses Land sozusagen im physischen Zustand vorgefunden, als es gerade geographisch seine Feudalgeschichte durchlebte, aus der zwei Molen auftauchten, die sich dieses halb-wirkliche, halb-fiktive Reich streitig machen sollten; mit all dem, was Napoleon an Maßlosigkeit und Übertreibung einbrachte und darstellte, provozierte er das Imaginäre und löste, indem er das gedemütigte Deutschland zum Rückzug in die Metaphysik zwang, eine auf Mythos basierende politische Romantik aus. Zuerst als Instrument des Widerstandes gegen die französische Herrschaft (Deutschland entzog sich sozusagen physisch, um hinter uns und gegen uns metyphysisch nachzuwirken), sollte dieser Kult der »deutschen Seele« – der übrigens der Sprache galt – später eine Reihe französischer Intellektueller in seinen Bann ziehen.

Napoleon löste in Deutschland einen Prozeß der Verinnerlichung, des Nachdenkens, des Vergleichens aus. Er wurde im selben Maße gehaßt wie bewundert. Solange Frankreich und Deutschland auf dem Kontinent um die Herrschaft kämpften, sannen sie – jeder für sich und einer gegen den anderen – über ihre Vorstellungen vom Reich nach. Unbestritten ist, daß Napoleon ein Symbol für die Größe Frankreichs darstellt, die im Gegenzug die Schwäche Deutschlands bedeutet.

Er war es, der durch seinen doppelten Beitrag – die Revolution und sein Genie – nicht nur den karolinischen Mythos neu belebte; dieser selbst gekrönte Kaiser und Totengräber des Heiligen Römischen Reiches war gleichzeitig auch Förderer und Hemmschuh für Deutschlands Einigkeitsbestrebungen. Er war Hindernis und Vorbild in einer Person. In mancher Hinsicht *beneidet* Deutschland

Frankreich um Napoleon. Es erlaubt sich dieses zweispältige Gefühl wahrscheinlich um so leichter, als der Condottiere, der von einer im Wandel begriffenen Nation aufgenommen wurde, nicht aus ihrem Schoß stammt. Sein Status des »Von-außen-Kommenden« (um mit Supervielle zu sprechen), verhinderte vielleicht eine auf das »nationale Temperament« bezogene haßerfüllte Identifikation; selbst als das patriotische Zwangskorsett am engsten angelegt war, gab es immer noch einen kleinen Freiraum für reine Bewunderung.

Aber in dem Maße, in dem sich unsere Geschichtskurven annähern (wer weiß, vielleicht läuft die Annäherung darauf hinaus, daß diese sich auflöst und wir bei Null mit Europa beginnen?), lassen sich die Franzosen und die Deutschen beim Thema Napoleon nicht mehr in zwei feindliche Blöcke teilen. Und, wie ich vorhin schon sagte, sind die Für- und die Gegenstimmen beidseits des Rheins ziemlich gleichmäßig verteilt. Bei Napoleon denkt man nicht mehr an einen Kampf um die Vorherrschaft, sondern er gilt als Figur einer ästhetisierten Politik, als Teil eines großen, bunten Glasmosaiks, durch das man das Leben betrachtet.

Dennoch bleibt eine gewaltige Asymmetrie bestehen. Der Volksmeinung, die beharrlich auf die Parallele Napoleon/Hitler verweist, fehlt es gleichzeitig an Argumenten, wenn man ihr die Grenzen der Analogie aufzeigt. Können die Deutschen auch nicht, so wie die Franzosen, voller Stolz auf das Symbol ihrer größten Macht schauen, so sind sie, zerstört und gepeinigt wie sie waren, durch den Verzicht auf das Sinnbild der Macht an sich, bei der Entmystifizierung des Politischen viel weiter gegangen.

Monika Bosse

Madame de Staël

Auf der Suche nach einem Text, der die verlorene Zeit der deutsch-französischen Beziehungen kaleidoskopartig zu spiegeln fähig wäre, greift man selbstverständlich nach Madame de Staëls berühmtem Buch *Über Deutschland*. Denn von der ersten spontanen Lektüre über die Kenntnisnahme exemplarischer Kommentare bis hin zum Studium seiner Genese und der wechselnden Rezeption in den beiden Nachbarländern ist dieser große Traktat aufschlußreich. Er kann einen Lernprozeß in Gang setzen, der zugleich zu einem tieferen Verständnis dessen führt, was eine Begegnung zwischen Angehörigen verschiedener Kulturen bedeutet.

Zwar sollen sich an dieser »Summa« eines zehnjährigen Exils im Schatten Napoleons bis heute die Geister scheiden, aber die »kongenialste und brillanteste, von warmer Herzlichkeit erfüllte Geschichte der Goethezeit« wird zunehmend wieder sowohl diesseits als auch jenseits des Rheins als ein wahrhaft »europäisches Gipfelbuch« eingeschätzt, das – um die historische Erfahrung seit seiner Publikation bereichert – nicht nur den Deutschen, sondern auch den Franzosen in Ausweitung einer Formulierung Jean Pauls von 1814 als ein »kostbarer Spiegel« dienen könnte. Nachdem die von französischer Seite aus einander zugeschriebenen Grundmuster des jeweiligen Nationalbewußtseins, der Wald und die Revolution, an Konsistenz verloren haben, dürfte eine angemessene Lektüre heute allerdings nicht nur auf die Suche nach der Erforschung der eigenen wie der fremden Seele treiben. Sie sollte vielmehr auch zu einer Beschäftigung mit jenen Phänomenen, ja Fakten, bewegen, die im kulturgeschichtlichen Ansatz der Madame de Staël anklingen, die aber aus vielerlei Gründen notgedrungen fehlen: an erster Stelle sind hier die politischen, das heißt die herrschende Zensur und das politische Schreibziel der Autorin an zweiter jedoch: der historische Abstand zu nennen. Denn es ist gerade die exaktere Kenntnis des geistesgeschichtlichen, politischen und ökonomischen Umfeldes, die den 1810 auf persönlichen

Befehl Napoleons eingestampften, im Londoner Exil 1813 erstmals erschienenen und bald darauf zum europäischen Bestseller gewordenen Traktat zu jenem historischen Dokument nachbarlicher Beziehungen hat werden lassen, als das ihn die heutige internationale Forschung allmählich zu erkennen beginnt. Im Zuge der Neubestimmung so mancher nationaler Tradition, der Zweihundertjahrfeier der Französischen Revolution sowie der sozial- und ideologiegeschichtlichen Aufarbeitung des Liberalismus, der Auflösung der »Romantiklegende«, vereinzelt auch im Rahmen der Erforschung der Exilliteratur sowie weiblicher Lebens- und Kulturmodelle der Vergangenheit verzeichnet das Gesamtwerk dieser Autorin, das bald vollständig in kritischen Ausgaben neu zugänglich sein wird, in ganz Europa und auch den USA einen beachtlichen Zuwachs an Interesse. Innerhalb einer relativ kurzen Zeitspanne haben sich für die internationale Forschung zahlreiche neuartige Perspektiven auf die Determinanten einer exemplarischen Schriftsteller- und Intellektuellenvita wie auf die symbolischen, teilweise verschlüsselten, Strukturen des Staëlschen Werkes eröffnet. Mit neuen Editionen und Übersetzungen ist man allseits im Begriff, Madame de Staël von der Last des Mythos und den Projektionen ihrer Leser zu befreien, wofür als Indiz die Tatsache gelten mag, daß die für ein breites Publikum bestimmte deutsche Gesamtausgabe von 1985 international erstmalig mit einem Werkregister der von der Autorin genannten Personen und der systematischen Herkunftangabe der zitierten Textpassagen in *Über Deutschland* aufzuwarten sich genötigt sah (die französische kritische Ausgabe hatte 1958 bereits den Herstellungshorizont gründlich erschlossen). So ist eine der intelligentesten Schriftstellerinnen des europäischen 19. Jahrhunderts derzeit dabei, aus dem »Labyrinth«, das ihr englischer Biograph Christopher Herold noch 1958 zu hinterlassen glaubte, in ihre Werkstatt heimzukehren: »le Groupe de Coppet«, wo sie nun wieder umgeben ist von B. Constant, Sismondi und Bonstetten u. a. auch dem einst so heiß diskutierten A. W. Schlegel sowie W. von Humboldt.

Indem zunehmend die politische wie kulturgeschichtliche Bandbreite eines schriftstellerischen Werkes erschlossen wird, dessen innovatorische Qualitäten lange geleugnet wurden, lassen die jüngsten Forschungsergebnisse seine tatsächliche Bedeutung für eine politische wie kulturelle Theorie der Revolutionsära und des Bonapartismus in Europa erahnen, nachdem seine enge Bindung an die Philosophie und Ästhetik des Aufklärungszeitalters zweifelsfrei erwiesen ist.

Angefangen bei ihren kritischen Jugendschriften über Rousseau, mit denen sie 1788 debütiert, bis hin zu dem späten, aus mythischer Ferne à la Tacitus in die Nähe gerückten *De l'Allemagne*, das sie noch selbst publizierte, enthüllen sich ihre Werke zusehends als theoretisch wie gattungsspezifisch variationsreiche Etappen eines kulturpolitischen Entwicklungsmodells von gesellschaftlicher Modernisierung, in welchem der Frau eine zentrale Rolle als Instanz intellektueller und moralisch-ästhetischer Diagnose sowie Produktivität zugedacht ist. Ihre bereits 1798 veröffentlichungsreifen (aber erst 1906 edierten) *Des Circonstances actuelles qui peuvent terminer la Révolution*... betrauen im Sinne der Ideologen die Schriftsteller mit der Lenkung der »öffentlichen Meinung« als Triebfeder eines durch eine effiziente Verfassung nach englischem Beispiel und die politische Verantwortung der »propriétaires« garantierten Modells einer künftigen liberalen Republik. *De la Littérature considérée dans ses rapports avec les institutions sociales* (1800), die erste literatursoziologische Bestandsaufnahme nach der Revolution, weist den Intellektuellen sodann im Rahmen der Arbeitsteilung der Geschlechter die Aufgabe zu, das Bewußtsein des historischen Verlustes mit dessen ästhetischer Darstellung zu verbürgen, um mit dem zivilisatorischen den moralischen Fortschritt der Gesellschaft zu befördern. In dieser oft der Autorin zum Vorwurf gemachten Ambivalenz der intellektuellen Bestimmung läßt sich andererseits, positiv gewendet, jene Widersprüchlichkeit wiederfinden, die den Diskurs der Moderne erst konstituiert.

Was in den *Circonstances* noch als selbstreflexive Legitimierung der Schriftstellerin veranlagt war, jedoch nicht über das Manuskriptstadium hinausgelangte, wandelt sich in der 1802 veröffentlichten *Delphine* zu einer weit ausholenden romanesken Vision des problematischen Beziehungsnetzes von (revolutionär) radikalisierter »opinion publique« und weiblichem Kultur- und Lebensverständnis, um in *Corinne à l' Italie* (1807) schließlich, durch die Erfahrung des Exils bereichert, unter gewandelten historischen Vorzeichen am Konzept der Kulturnation (Italien) verhandelt zu werden. Die politische Diagnosefunktion der Schriftstellerin geht hier in der Universalkünstlerin als Repräsentantin der Kulturnation auf, deren eigene Evolution in der Romanfabel die Neurose der Gesamtgesellschaft als Folge ihrer Teilung in eine von der Frau zu garantierende private und eine öffentliche Sphäre offenbart. Im Unterschied zu dieser Perspektive entwirft *De l'Allemagne* vor dem Hintergrund einer von Enthusiasmus geprägten, weil durch Kompensierung einer unwirtlichen Natur gestalteten Kulturlandschaft das Bild einer professionalisierten Elite und ihrer moralischen und wissenschaftlichen Verantwortung gegenüber dem Gemeinwesen (gemäßigter Ausbau des öffentlichen Bildungswesens); daraus erwächst das Modell eines neu geordneten Europas, das sich als friedlicher Verbund gewachsener, aber bildungsfähiger Nationen versteht. Im Lichte einer eklektischen Theorie bietet sich hier der kulturelle Austausch als Unterpfand einer harmonischen »perfectibilité« an, deren Errungenschaften es jederzeit zu verteidigen gelte.

Die nach vorne weisenden Impulse im Werk dieser bedeutenden Frauengestalt der europäischen Moderne haben noch lange nicht ihre verdiente Würdigung gefunden; sie sind vielmehr immer noch von den bequemen Klischees der Vergangenheit verstellt, die es allzu oft auf eine bescheidene Anzahl der in ihnen vorhandenen Diskurssysteme (Moral, literarische Doktrinen, europäische Nationalstereotypen) reduzieren – eine Gefahr, der nur die wohl informierte beziehungsweise differenzierte Lektüre dieses Werks zu entgehen vermag. Auch wird immer noch die Zensur als Rahmenbedingung seiner symbolischen und stilistischen Besonderheit allzu leicht übersehen. Als Arsenalen der Bilder, Ideen und Argumente des Kollektivgedächtnisses ist ihnen gelegentlich eine absichtliche Vagheit der Formulierung zu eigen, die deren exakter Rückübersetzung, etwa in die Sprache Kants, Goethes oder auch der Romantiker naturgemäß im Wege steht. Eine Zitier- und Montagetechnik, die wie die Staëlsche ihre Quellen flexibel handhabt, setzt sich im übrigen rasch polemischen (Miß-)Deutungen in der Art der von R. Queneau beklagten »Annexion im Stile der Imagerie d'Epinal« aus – ein Verdacht, über den sich ebenfalls nur die informierte Lektüre hinwegsetzen dürfte.

Trugen bereits zu Lebzeiten der einflußreichen Tochter Jacques Neckers, der immerhin der erste bürgerliche Finanzminister des revolutionären Frankreichs unter Ludwig XVI. war, Eifersucht, Neid, Frauen- und Fremdenhaß zu der Ausbildung einer negativen Staël-Legende bei, so kommt doch ihren primär politischen Beweggründen eine nicht zu unterschätzende Bedeutung als Ursache für Projektionen und Polemik zu. Hier ist neben der durch die Thematik ihres Werkes bedingten Abhängigkeit von den Fluktuationen des mal innen-, mal außenpolitisch brisanten Deutschland-, Frankreich-, Schweiz- oder Italienbildes, das Faktum einer politisch sehr unterschiedlichen Opposition gegen die von ihr vertretene Freiheitsidee des romantischen Frühliberalismus u. a. für so manche Verzerrung ihrer tatsächlichen Aktivitäten verantwortlich zu machen. Nicht nur positive Auswirkungen zeitigt fernerhin wie schon angedeutet der Grenzübergang, den sie den meisten ihrer Werke abverlangt. Die Einbeziehung des deutsch-französischen Dialogs hat diesem zum Beispiel nicht nur den Kompromiß zwischen den deutschen Wissenschaftsnormen und den mondänen der Kommunikation im französischen Salon aufgezwungen – das fertige Werk mußte auch am jeweiligen Pol die Urteilsprobe überstehen. Die Rezeptionsgeschichte zeigt, daß der für das Œuvre konstitutive Dialog über die Grenzen hinweg zwangsläufig nicht nur den Transfer seiner positiven Einschätzungen begünstigte, der für die deutsche Rezeption im 19. Jahrhundert eine gewisse Rolle spielte. Gerade das Gewicht negativer Argumente konnte sich im Lichte eines kompetenten, aber aus einem gänzlich anderen Denkhorizont stammenden Außenurteils verdoppeln. Beispielhaft sind da die am knappsten von Rahel Varnhagen nach den Karlsbader Beschlüssen und den damit verbundenen Verfolgungen offenbar 1820 formulierten (aber erst 1834 posthum veröffentlichten) Einwände der deutschen Romantiker gegen die ästhetische Durchgestaltung der Staëlschen Werke: Was hier ursprünglich als politisches, wenngleich unter ästhetischen Kriterien verstecktes Urteil vorgebracht wurde, welches sich auf das literaturkritische Debüt der Zweiundzwanzigjährigen und ihren Rousseau bezog, um dieses an der Elle künstlerischer Meisterwerke zu messen, verbindet sich später in Frankreich, zu einem unpolitischen Gesamturteil verkehrt, mit einer an ganz anderen Normen und Motiven ausgerichteten Stilkritik an den großen Romanen der Exilschriftstellerin.

Dieser bescheinigte Heine aber nicht umsonst – trotz aller beigegebenen Invektiven gegen ihre weibliche Natur –, sie sei »le plus grand écrivain sous l'Empire« gewesen. Seit 1822 mit ihr, vor allem jedoch mit den national-mystischen Tendenzen des zeitgenössischen Deutschlands im Konflikt, ist er lange gegen sie eingesetzt und ausgespielt worden. Dennoch hat er durch seine Mitwirkung an der Entfaltung einer kritischen Dialektik zwischen den verschiedenen philosophischen, politischen und nationalen Positionen nicht nur »poetisch« am spezifischen Fortleben des Staëlschen Werkes unleugbaren Anteil. Die Schriften dieser beiden bedeutenden Exilanten zum deutsch-französischen Problemnexus werden daher – zumindest in der Forschung – im Rahmen eines diesbezüglichen Dialogs als die beiden Seiten derselben Medaille heute zusammengedacht.

Nur in einer solchen Parallelisierung kann zugleich das notwendige Defizit eines einseitigen »fremden Blicks« mit der Einsicht in die Unmöglichkeit, den Kulturtransfer von seinen historischen und/oder persönlichen Determinanten abzulösen, aufgehoben werden. An der Bewältigung dieser historischen Erfahrung wird sich auch im Europa von 1992 das Ideal einer zweifachen oder gar dreifachen Kultur messen lassen müssen.

Pierre Grappin
Die Franzosen und Goethe

Schon 1776 wurde Goethes *Werther* ins Französische übertragen. Die französische Übersetzung fand begeisterte Leser, diese Wertherleidenschaft dauerte recht lange Zeit, etwa bis 1815. In wenigen Jahren war klar geworden, daß *Werther* die französischen »âmes sensibles« (empfindsame Seelen) zutiefst ergriffen hatte. Vor und während der Zeit der französischen Revolution galt Werther unbedingt als das Muster eines gefühlvollen jungen Mannes, der seine Umwelt als eine Art geistigen Gefängnisses empfand und Selbstmord als eine existenzielle Lösung ansehen konnte.

Das wohl interessanteste Beispiel dieser Wertherstimmung gab eben in diesen Jahren ein junger Artillerieleutnant, der sich 1788 und 1789 in der burgundischen Garnisonsstadt Auxonne so schmerzvoll langweilte, daß er auch keine richtige Existenzmöglichkeit in einer indifferenten Welt erblickte und immer wieder im *Werther* las: sein Name war Napoleon Bonaparte. Nach der Zeit in Auxonne siedelte er in andere bewegtere Umstände, las aber weiter im *Werther*. Als er zehn Jahre später nach Ägypten zog, hatte er den *Werther* immer noch im Feldgepäck (1798). Nochmals zehn Jahre später konnte er sich in Erfurt über das Thema *Werther* mit Goethe unterhalten.

Anfang des neunzehnten Jahrhunderts galt Goethe unter den Franzosen als »l'auteur de Werther« (Werthers Verfasser). Auf dem Titelblatt jeder französischen Version seiner Bücher war der Vermerk zu lesen: Goethe, l'auteur de Werther. So ging es 1802 der Übersetzung von *Wilhelm Meisters Lehrjahren* (*Les années d'apprentissage de Wilhelm Meister*). Dasselbe im Jahr 1811 im Falle *Les affinités électives* (*Die Wahlverwandtschaften*) und im Jahr 1825, als die Übersetzung einer Auswahl seiner Gedichte publiziert wurde. Zwei Generationen lang beriefen sich also Übersetzer und Verleger auf den berühmten ersten Roman des Dichters. Eine bessere Empfehlung kannten die französischen Leser nicht. Eine wahre Liebesleidenschaft hatten die Franzosen für *Werther* gefaßt, nicht zuletzt die ersten romantischen Schriftsteller, zum Beispiel Chateaubriand, der Verfasser von *René*. Er hat die Verwandtschaft gar nicht zu verstecken gesucht. Goethe seinerseits meinte, daß alle französischen Autoren, die er in den Jahren 1820–1830 entdeckte, Schüler von Chateaubriand waren.

Erst 1815 las man in Frankreich Goethes andere Romane und Madame de Staël portraitierte in ihrem Buch *De l'Allemagne* den Dichter. Zum erstenmal lernten die Franzosen Goethes vielseitige Bedeutung kennen. Germaine de Staël war es auch, die den Franzosen »die Welt der Dichter und der Denker« schilderte, einer Welt, von welcher der bekannteste und vielseitigste Autor Goethe war. Dieses Buch brachte nicht nur in Sachen Goethe eine Wende im Deutschlandbild der Franzosen.

Zwanzig Jahre später kam Heinrich Heine auf den Plan und brachte wiederum eine anders orientierte, moderne Schilderung der deutschen Dichtung unter die Franzosen. Er wollte die Welt »nach Goethes Tod« schildern, mit anderen Akzenten als Germaine de Staël. Immerhin führte Heine, als er von Goethe sprach, beinahe dieselbe Sprache wie die Verfasserin von *De l'Allemagne*. Im ersten Buch seiner *Romantischen Schule* heißt es: »Goethes größtes Verdienst ist eben die Vollendung alles dessen, was er darstellt: da gibt es keine Partien, die stark sind, während andere schwach. So ist es auch bei Homer, so bei Shakespeare«. 1835 erschien die französische Übersetzung dieses Textes in der *Revue des deux Mondes*.

Von nun an fand sich keiner in Frankreich, der Goethes eminente Stellung in Deutschland in Frage stellte. Um den hohen, unerschwinglichen Baum im deutschen Dichterwald schilderte Heine zwar ein kräftiges, zahlreiches Dichtervolk, wovon aber keiner die alles beherrschende Gipfelhöhe erreichte, die Goethe darstellte.

Nach dem Wertherfieber gab es um 1820 eine *Faustmode* in Paris. Zwischen 1823 und 1830 kamen vier Übersetzungen heraus: 1823 die erste, im Verlag Ladvocat, in der Reihe *Chefs d'œuvre étrangers*; 1823 die Fassung von Albert Stapfer. Derselbe Text erfuhr dann eine neue illustrierte Ausgabe, mit siebzehn Zeichnungen von Eugène Delacroix, ein Folio-Band, den Goethe sehr lobte. 1828 erschien der bekannteste französische *Faust*, aus der

Feder eines zwanzigjährigen Übersetzers, welcher sich einfach Gérard genannt hatte. Es war der junge Gérard de Nerval, der in der Vorrede zur ersten Auflage seines *Faust* folgendes schrieb: »In der allernächsten Zeit wird *Faust* auf allen Pariser Bühnen gegeben werden.« Nicht alle waren es, immerhin aber vier. Alle vier gaben lediglich ausgewählte Auftritte, vorzüglich Episoden aus der Gretchentragödie. Jedesmal mit musikalischer Begleitung, unter Ausschluß der phantastischen Episoden wie Hexenküche. Die Pariser konnten auf diese Weise ein recht romantisches Spiel genießen, nach Texten, die in derselben Zeit wie der *Werther* entstanden waren.

So kam es, daß in Paris die Komponisten bei der Verbreitung des *Faust* die wichtigste Rolle spielten. Als erster gab Hector Berlioz »Acht Auftritte aus Goethes *Faust*« heraus. Dies im Jahre 1829; die Texte waren alle der Nervalschen Fassung entnommen. Achtzehn Jahre später wiederum Hector Berlioz: *La damnation de Faust. Légende dramatique en quatre parties.* Dieses Werk von 1846 ist keine eigentliche Übersetzung, denn der Doktor Faust wird nach einer wilden Folge von recht diabolischen Episoden am Ende verdammt. 1859 brachte dann der Opernkomponist Charles Gounod auf die Bühne des *Théâtre lyrique* eine *Faust* genannte Oper, die sich hauptsächlich um Gretchens Schicksal dreht. Alle Lieder und Balladen aus *Faust I* sind da. Am Anfang hatte das Werk nur wenig Erfolg, nach einigen Jahren aber wurde es auf allen bekannten Opernbühnen gegeben. Die Gounodschen Weisen werden seitdem gesungen: Goethes Texte und Gounods Kompositionen beherrschen die Vorstellung, die das französische Publikum von *Faust* hatte. Die Gestalten von Faust, Mephisto und Gretchen sind in Frankreich und in vielen anderen Ländern auch hauptsächlich als Operngestalten bekannt.

Der eigentliche Goethesche Text kam erst in den letzten Jahren über französische dramatische Bühnen. 1982 wurden *Faust* in zwei Städten inszeniert, in Paris und in Saint-Etienne, jedesmal in neuer Übersetzung mit recht eigenwilligen Inszenierungen. Jedesmal handelte es sich um ein dramatisches Spiel mit Episoden aus beiden Teilen der Goetheschen Tragödie. Aus dem zweiten Teil zeigte man nur abgerissene Bilderfolgen. Wiederum wurde bei dieser Gelegenheit klar, daß Goethes *Faust*, auch dessen erster Teil, auf französischen Bühnen seinen Weg schwerlich findet. Von diesem »Legendenspiel«, wie Berlioz es formuliert hatte, sind vor allem die gesungenen Partien in Frankreich popularisiert worden.

Es gab aber seit Ende des neunzehnten Jahrhunderts eine Reihe von gut bearbeiteten Übersetzungen, in erster Linie von nicht theatralischen Werken, hauptsächlich von *Wilhelm Meister*, dann von *Dichtung und Wahrheit* und von den *Gesprächen mit Eckermann*. Es wurde dabei vor allem die literarische Welt angesprochen und eine Reihe von bekannten Schriftstellern aus der ersten Hälfte des gegenwärtigen Jahrhunderts dürfen als Goethekenner charakterisiert werden.

André Gide zum Beispiel, der nie aufgehört hat, Goethe zu lesen, die *Italienische Reise* ebenso wie *Dichtung und Wahrheit*. Die Liebe zum Mittelmeer, zur Plastizität des Südens war beiden gemein. Außerdem hatte dieser »neue« Goethe der Moderne durch seinen Universalismus etwas von Leonardo da Vinci. Ein neuer Vinci vielleicht, jedenfalls kein Romantiker, ein Dichter, der auch weit vom Lärm des Forums fliehen möchte.

Im Reich einer hohen Reflexion über Form und Zeit begegnete seinerseits Paul Valéry dem Künstler Goethe. Valéry verachtete das rein geschichtliche, wollte sich vom Zwange des Ereignisses befreien. Manches Wort von ihm läßt Goethe etwa als einen zweiten Lynkeus erscheinen: die höchste Freude ist demjenigen erreichbar, der die ewige Schönheit der Welt zu preisen weiß.

Der Romanist Ernst Robert Curtius war der Meinung, daß hauptsächlich drei Schriftsteller die französische Literatur in den ersten Jahrzehnten unseres Jahrhunderts grundlegend beeinflußt haben: Marcel Proust, André Gide und Paul Valéry. Von den drei waren zwei, Gide und Valéry, Goethe-Kenner und Verehrer. Marcel Proust war es in keiner Weise.

Endlich darf auch die französische Germanistik erwähnt werden, weil sie dazu beigetragen hat, Goethes Persönlichkeit und Werk bekannt zu machen. Viele bedeutende Übersetzungen wurden außerdem gedruckt; französische Fassungen von *Dichtung und Wahrheit* und von Eckermanns *Gesprächen*, letztere in der vorzüglichen Fassung von Jean Chuzeville. Auf diese Weise konnte der französische Leser zu einem Buch Zugang haben, welches Friedrich Nietzsche höher geschätzt hat als jedes andere deutsche Buch.

Michael Werner
Heine

Für zwei gute Sachen habe er sich in seinem Leben besonders geschlagen, sagt Heinrich Heine (1797–1856) in seinem offiziellen Testament: die Ideen der Demokratie und das herzliche Einvernehmen zwischen Deutschland und Frankreich. In der Tat verkörpern nur wenige Schriftsteller wie gerade er zugleich die Möglichkeiten einer Symbiose deutschen und französischen Geistes wie auch die biographischen und posthumen Widrigkeiten, denen sich ausgesetzt sah, wer eben für solche Symbiosen einstand.

Zwei Drittel seiner produktiven Schaffenszeit, von 1831 bis zu seinem Tode, verbrachte Heine in Paris, wo er schon kurz nach seiner Ankunft Kontakte zu einer ganzen Reihe von führenden Persönlichkeiten des damaligen französischen Geisteslebens knüpfte: Er kannte Hugo, Vigny, Quinet, Michelet, Guizot, Thiers und Cousin, war befreundet mit Balzac, Gautier, Berlioz, Mignet, Chopin und der Fürstin Belgiojoso, stand geradezu auf vertrautem Fuße mit George Sand, Nerval und Michel Chevalier – um nur einige wichtige Namen anzuführen. Und seine private Integration in Frankreich zeigt sich modellhaft im Verhältnis zu seiner Lebensgefährtin Mathilde (Eugenie Crescence Mirat), einem Landmädchen aus der Champagne, das er 1841 nach sechsjährigem Zusammenleben heiratete. Auf der anderen Seite jedoch fühlte sich Heine zeitlebens als »deutscher Dichter«, dessen Kunst an die deutsche Sprache gebunden bleibt und der als solcher in Frankreich nie wirklich heimisch werden kann. Damit hängt zusammen die Problematik des zunächst freiwilligen, dann aber aufgezwungenen Exils sowie die Tatsache, daß Heine trotz aller Bemühungen um Anerkennung und Verbreitung in Frankreich doch eher für den deutschen Publikationszusammenhang schrieb. Schließlich ist festzustellen, daß er gerade wegen seiner Mittlerfunktion und seinen Bemühungen um die deutsch-französische »Verständigung« oft vom einen gegen den anderen in Anspruch genommen oder auch (von den Chauvinisten beider Seiten) jeweils ausgegrenzt und dem anderen bereitwillig zugeschoben wurde. Seine Rezeption in Deutschland und Frankreich, die man unter das Stichwort der Ungleichzeitigkeit stellen kann, spiegelt deshalb in besonderer Weise die historischen Konjunkturen des deutsch-französischen Verhältnisses wider.

Dabei war Heine – einer der ersten modernen Berufsschriftsteller der deutschen Literaturgeschichte – unter anderem deshalb nach Paris, dem »Jerusalem der Freiheit«, aufgebrochen, um den französischen Literaturmarkt zu erobern, ein Unternehmen, das sich zunächst recht vielversprechend angelassen hatte. Binnen kurzem erschienen französische Ausgaben seiner wichtigsten Proschriften. Zudem hatte er mit *De l'Allemagne* (1835) einen speziell für das französische Publikum verfaßten Text veröffentlicht, in dem er das durch Mme de Staël popularisierte Deutschlandbild zu korrigieren versuchte. Trotz aller Anstrengungen blieb Heines literarischer Einbürgerungsstrategie indessen zu seinen Lebzeiten der durchschlagende Erfolg versagt. Sein Name war zwar für die Spezialisten des Pariser Kulturlebens ein Begriff. Doch erst die kurz vor seinem Tode 1855 einsetzende Gesamtausgabe der *Œuvres* im Verlag Michel Lévy machte ihn einem breiteren Publikum in Frankreich bekannt.

Parallel zu dem Scheitern seiner literarischen Assimilation läßt sich beobachten, daß sich Heines Einschätzung der französischen Hochkultur – vor allem der Poesie und des Theaters – änderte: Er lehnte zunehmend ab, was er der rhetorischen Tradition (etwa Lamartine, Hugo, Sainte-Beuve) zurechnete, wohingegen er sich bei der »volksnäheren« Kunst eines Balzac, Dumas, Béranger oder auch George Sands, Nervals und Gautiers eher heimisch fühlte. Solche Nuancierung ist zum einen Zeichen einer gelungenen privaten Akkulturation, zum anderen Ausdruck des Besinnens auf die eigene Identität, die das deutsch-französische kulturelle Wechselbad fortlaufend in Frage stellte. Was er in Frankreich auf die Dauer liebte, war eben gerade nicht die mondäne Fassade, sondern eher die Verbindung von Weltgeschichte mit einem gewissen Lebensgefühl, eine Heiterkeit des Alltags, verkörpert etwa im lebendigen Stadtviertel des Faubourg Montmartre in Paris, das im Verein mit den Grübchen in Mathildes lächelndem Gesicht allmorgentlich die deutschen »Nachtgedanken« wegzuscheuchen vermochte. Die Liebe zu Paris findet man bei vielen deutschen Intellektuellen wieder, doch bei Heine eignet ihr eine privat-alltägliche Note, die den politischen und kulturellen Gegensätzen zwischen Deutschland und Frankreich, dem bekannten Gegeneinander von Revolution und Restauration, von Dichter und Tribun, von Philosophie und Tat eine spezifische Färbung verleiht.

Die deutsche Rezeption war schon früh von Heines Eintreten für die Ideale der Französischen Revolution bestimmt. In nationalen und konservativen Kreisen wurde er als undeutscher »Französling« abgestempelt, wenn man nicht gar seine jüdische Abstammung ins Spiel brachte. Dazu kam, daß man gerne den jungen romantischen Dichter der deutschen Phase gegen den Pariser Großstadtliteraten absetzte, dessen poetische Quelle im Sumpf der französischen Hauptstadt vergiftet worden sei. Aber auch die Rezeption unter den Liberalen und Republikanern wurde durch Heines »Franzosentum« beschattet, da man ihm vielfach den in politischen Dingen unentbehrlichen sittlichen Ernst absprach. So verbanden sich nationale Klischees und politische Vorurteile gegen die provokante Spottlust eines Dichters, der sich die Überwindung der Nationalität zum Ziel gesetzt hatte.

Nach seinem Tod blieb bis zum Ersten Weltkrieg das *Buch der Lieder* die populärste Schrift Heines, in der das deutsche Bürgertum das gebrochene Verhältnis zur eigenen Seele widergespiegelt glaubte. Gleichzeitig spitzte sich jedoch die ideologische Debatte um Heine anläßlich des Düsseldorfer Denkmalstreits zu, in dessen Verlauf sich herausstellte, daß die Errichtung eines Denkmals für den deutschjüdischen Dichter in seiner Vaterstadt gegen Ende des Jahrhunderts politisch nicht mehr durchzusetzen war. Der Untergang des wilhelminischen Reichs belebte dagegen die demokratisch-liberale und sozialistische Heine-Rezeption in den zwanziger

Jahren, die nunmehr die politische Lyrik der mittleren Jahre sowie die theoretischen und journalistischen Schriften in den Mittelpunkt stellte. Parallel dazu verschärfte sich aber auch die nationalistische Kritik an Heine, die dann zu dessen Ausbürgerung aus der deutschen Literatur unter dem Nationalsozialismus führte.

Nach dem Zweiten Weltkrieg war es zunächst die DDR, die auf der Suche nach einem demokratischen Erbe Heines Texte wiederauflegte und in die Schulbücher brachte, wobei man an die Tradition der sozialistischen Heine-Rezeption seit Franz Mehring anknüpfte. In der Bundesrepublik dagegen war unter der Adenauerschen Restauration zunächst kein Platz für den Ironiker bzw. den politischen Dichter Heine. Erst die Studentenbewegung der sechziger Jahre entdeckte einen Autor wieder, bei dem sie das Gefühl nicht loswurde, er sei von der Generation der Väter bewußt totgeschwiegen worden. Seitdem hat sich die Diskussion um Heine gewissermaßen normalisiert: Auch in der Bundesrepublik macht ihm heute niemand mehr ernstlich den Platz unter den »Klassikern« streitig; doch ist es damit zugleich auch stiller um ihn geworden.

In Frankreich war Heine zunächst als Autor der *Reisebilder* bekannt, d. h. als Vertreter der deutschen Romantik mit einem Einschlag von französischem Esprit und politischem Spürsinn. Seine in *De l'Allemagne* vorgetragene sozialpolitische Interpretation der deutschen Philosophie mit der Prophezeiung einer konsequent daraus hervorgehenden Revolution konnte sich doch nicht gegen die dominierenden Cousinianer durchsetzen. Und als Lyriker stieß er zumindest bis zu Nervals Übertragung der *Nordsee*-Gedichte (1848) an das unüberwindbare Hindernis der Übersetzung. Der Krieg von 1870/71, bei dem weite Kreise der französischen Öffentlichkeit erstmals einen politisch aggressiven deutschen Nachbarn entdeckten, wertete nachträglich Heines Warnungen vor dem deutschen Nationalismus auf und begünstigte eine in literarisch tonangebenden Kreisen wie dem der Goncourt vorbereitete intensive Rezeption. Paradoxerweise wurde Heine, der doch für die Verständigung zwischen den Völkern gefochten hatte, dabei teilweise zum Instrument antideutscher Propaganda, womit umgekehrt den nationalistischen Heine-Gegnern in Deutschland

Munition geliefert wurde. Freilich hat ihn solche Indienstnahme nicht davor bewahrt, während der Dreyfus-Affäre (jetzt parallel zur Kampagne in Deutschland) als Anstifter der »jüdischen Weltverschwörung« verleumdet zu werden.

Das wachsende Interesse an deutscher Kultur gegen Ende des Jahrhunderts kam indessen auch dem Lyriker Heine zugute, dessen *Buch der Lieder* nun mehrfach neu übersetzt und wie in Deutschland auch durch die zahlreichen Vertonungen weiter popularisiert wurde. Von dieser Zeit an bis über den Zweiten Weltkrieg hinaus galt Heine vielfach als größter deutscher Dichter nach Goethe. In den Zeiten der Spannung und während der Kriege freilich besann man sich wieder bevorzugt auf die »französischen« Eigenschaften des Exilierten, den man darum in Frankreich besser würdigen könne und dem ein Ehrenplatz auch in der französischen Literatur einzuräumen sei. Noch der Ankauf einer großen Handschriftensammlung Heines durch die Bibliothéque nationale im Jahre 1966 stand unter solchen Vorzeichen.

Heute ist Heine der jungen Generation in Frankreich kaum noch ein Begriff. Die deutsche Heine-Renaissance der sechziger Jahre hat in Frankreich keine Entsprechung gefunden. Dies hängt nicht nur mit dem allgemeinen Rückgang der Kenntnisse deutscher Literatur zusammen. Vielmehr paßt Heine zu wenig in das Bild einer modernen deutschen Literatur, die eher als zeitentrückt empfunden wird. Dazu kommt freilich, daß die alten Übersetzungen seiner Prosaschriften heute recht verstaubt wirken, obwohl Heine ja bekanntlich selbst an ihnen mitgewirkt hat. Voraussetzung einer erneuerten Rezeption in Frankreich ist darum eine moderne Neuübersetzung.

Trotz seiner Bemühungen, die Verstehensbarrieren zwischen Deutschland und Frankreich abzubauen, läßt sich Heine nicht zum geistigen Vater der EG stilisieren, wie das Politiker verschiedentlich versucht haben. Überhaupt eignet er sich wenig zu hagiographischer Überhöhung. Charakteristisch an ihm ist vielmehr die seismographische Sensibilität, mit der er die Brüche und Spannungen im Selbstverständnis seiner Zeit registrierte, darunter auch die des deutsch-französischen Mit- und Gegeneinanders.

Fritz Nies
Victor Hugo

Hugos Bekanntsheitsgrad in Frankreich wird wohl von keinem anderen Literaten überboten oder auch nur annähernd erreicht. Die Indizien dafür sind ebenso zahlreich wie überzeugend. Sein Konterfei begegnet auf Denkmälern wie auf Spielkarten, auf Geldscheinen der fünfziger Jahre wie Münzen von 1985, und häufiger als jedes andere schmückte es bisher französische Briefmarken. Seine Figuren wurden schon zu Lebzeiten ihres Schöpfers zum Lieblingsmotiv der volkstümlichen Bilderbogen und Allgemeingut der französischen Sprachgemeinschaft. Vor gut hundert Jahren nannte die Pariser Volkssprache einen abstoßend häßlichen Mann *quasimodo*, und bis heute heißt der spöttisch-gewitzte Pariser Straßenjunge *gavroche*. In Lesebüchern unserer Jahrhunderthälfte wird Hugo bereits Schülern des dritten und vierten Schuljahrs präsentiert. Er ist der bei Umfragen meistgenannte Dichter auch in höheren Klassen der Sekundarschule, beliebtester Lieferant für Abituraufgaben, bekanntester Autor seiner Zeit selbst unter Rekruten.

Jenseits der französischen Grenzen entspricht diesem Ausnahmerang ein weit bescheidenerer Status. Bei einer Umfrage nach den bekanntesten Schriftstellern Europas anläßlich der Europawahl 1984 landete Hugo nur auf Platz achtzehn, und speziell in Deutschland rangierte er weit hinter seinen Landsleuten Molière, Proust und Voltaire. Erwartungsgemäß spielt Hugo auch keine führende Rolle unter den französischen Autoren, die in der Oberstufe unserer Sekundarschulen behandelt werden. Selbst im romanistischen Lehrangebot deutscher Universitäten führt er ein recht glanzloses Dasein, und die Anzahl von Studien zu seinem Werk beträgt hierzulande kaum ein Zwanzigstel dessen, was in Frankreich erscheint.

Als Präsident Mitterrand, bei der Hauptrede seines Bonner Staatsbesuchs von 1987, Victor Hugo als Kronzeugen weit zurückreichender »connexions intimes« zwischen beiden Nationen aufrief, dürfte er folglich – selbst mit dem Namen – bei vielen Zuhörern auf pures Unverständnis gestoßen sein. Wie ist diese höchst unterschiedliche Wertschätzung beiderseits des Rheins zu erklären? Ein wichtiger Grund dürfte darin liegen, daß Hugo seinen Spitzenrang im französischen Sprachraum, mehr noch als den Proschriften, seiner Versdichtung verdankt. Schon 1837 berichtete Heine aus Paris, Hugo »kommandiert die Poesie in jeder Form«, und noch André Gide galt er unverändert als der unbestritten »größte Dichter Frankreichs«. Entsprechend diesem Urteil der Kenner verlief die Kurve der Breitenwirkung, die ablesbar wird an zahlreichen Indikatoren, angefangen bei der Zahl gedruckter Auflagen bis hin zur Auswahl ›geflügelter Worte‹ in den Zitatenlexika. Für Frankreich ist Hugo, auch und vor allem, der wort- und bildgewaltige Lyriker und Epiker – der *Oden und Balladen* und *Betrachtungen*, der Sammlungen *Aus dem Morgenlande* und *Herbstblätter*, der *Dämmerungsgesänge*, *Züchtigungen* und *Zeitenlegende* und des *Schreckensjahrs*. Versdichtung aber überwindet weit schwerer als Prosa die Sprachgrenzen. So versuchten sich zwar früh zwei angesehene deutsche Dichter an der Übertragung Hugoscher Lyrik: Ferdinand Freiligrath und Emanuel Geibel verdeutschten, im zweiten Drittel des 19. Jahrhunderts, Gedichte insbesondere aus dem romantischen Frühwerk, den *Oden* und *Dämmerungsgesängen*; ihre Nachdichtungen wurden noch bis nach dem Ende des zweiten Weltkriegs gelegentlich in Anthologien gedruckt. Doch insgesamt blieb die Versdichtung Hugos dem deutschsprachigen Publikum weitgehend vorenthalten: *Oden und Balladen* wie *Aus dem Morgenlande* brachten es erst in unserem Jahrhundert zu je einer – offenbar erfolglos gebliebenen – Übersetzung. Die einzige Teilübertragung der *Herbstblätter* (unter dem Titel *Gebet für alle*) gehört, wie die deutsche Ausgabe von *Strahlen und Schatten*, in das 19. Jahrhundert. Ähnlich defizitär fällt die Bilanz für die Versdramen aus: Die meisten von ihnen erreichten nur im 19. Jahrhundert wenige deutschsprachige Ausgaben. Auf dem gesamten Buchmarkt des deutschen Sprachraums würde man in den letzten vier Jahrzehnten selbst die geringste Spur Hugoscher Versdichtung vergeblich suchen.

Damit fehlen im deutschen Hugo-Bild zugleich die meisten Hauptwerke aus jener zweiten Hälfte der Schaffensperiode, die nach dem entscheidenden Einschnitt der Jahrhundertmitte entstanden. Nie erhielt der deutschsprachige Leser eine Möglichkeit, mit den *Züchtigungen* die erbarmungslose Abrechnung des verbannten Republikaners mit dem Despoten Napoléon III. und seinen Helfershelfern kennenzulernen. Nie wurden ihm die *Betrachtungen* zugänglich, die das Schlüsselgedicht *Geschrieben 1846* enthalten. In ihm schildert Hugo jene Wandlung vom Royalisten zum Republikaner, die für seinen Nachruhm in Frankreich ausschlaggebend werden sollte. Nie wurde hierzulande jene *Zeitenlegende* bekannt, die den langen Aufstieg der Menschheit beschwört zum Licht der Ideale von 1789. Unbekannt blieb die Anprangerung von unmenschlichem Strafvollzug und Todesstrafe in *Die Windrose des Geistes*, unbekannt die radikale Kritik an etablierten Glaubensgemeinschaften, Kulten und Dogmen in *Religion und Religionen*.

Im Nachkriegs-Deutschland nur Spezialisten bekannt sind auch all jene Werke, die Frankreichs Verhältnis zu seiner großen östlichen Nachbarnation thematisieren – eben das Verhältnis, auf das sich Mitterrands Rede bezog. *Das Schreckensjahr*, poetische Verarbeitung der Niederlage von 1871, wartet noch auf die erste Übersetzung. Das Rheindrama in Versen *Die Burggrafen*, schon bald nach seiner Entstehung übersetzt, ist seit fast eineinhalb Jahrhunderten in Vergessenheit geraten. Das Reisetagebuch *Der Rhein* dagegen erlebte erst spät, in unserem Jahrhundert, spärliche drei Auflagen, die letzte davon kurz nach Unterzeichnung des Elysée-Vertrags. Dies ist um so erstaunlicher, als beide Frühwerke die Nachbarnationen bereits sehen als Gebilde, von denen jedes auf das andere als notwendige Ergänzung angewiesen ist. Frankreich steht für »Gedankenfreiheit« und Ratio, Aufklärung und ihre in die Revolution mündenden Ideale. Deutschland ist Inbegriff der »moralischen Freiheit« und »Freiheit des Träumens«, der Musik, Phantasie und geheimnisvollen Tiefe: »Deutschland fühlt, Frankreich denkt.« Die Dominanz innerhalb dieser Zweiheit gebührt in Hugos Vorstellung unstreitig seinem Vaterland. Dennoch meint man fast einen Festredner deutsch-französischer Gipfeltreffen zu hören, wenn er verkündet: »Frankreich und Deutschland sind der Kristallisationskern Europas« oder »in unserer Gegenwart ist von einer europäischen Nationalität auszugehen«. Den Rhein evoziert er nicht mehr als Grenze, sondern als einigendes Band der »Nationen an seinen Ufern« und Kraftquell europäischer Zivilisation. Kaum an Aktualität verloren hat auch die in den *Burggrafen* verkündete Botschaft, Zersplitterung Deutschlands bedeute eine Gefahr für Europa. Und nicht weniger Interesse sollte nach zwei weiteren deutschen Invasionen verdienen, daß Hugo selbst in der Bitternis des *Schreckensjahrs* keinen kollektiven Schuldspruch über Deutschland fällt, sondern unterscheidet zwischen Machthabern und einem Volk, dessen Kultur er selbst jetzt nicht die Achtung versagt.

So sehr man dies also bedauern mag: Hugo ist dem breiten Publikum des deutschen Sprachraums seit langem nur noch als Romancier bekannt. Und auch hier sind die Schwerpunkte bezeichnend. Es gibt zwar eine größere Anzahl von (meist gekürzten) Ausgaben etwa des Sozialromans *Die Elenden* oder des Revolutionsromans *Dreiundneunzig*. Doch *Der letzte Tag eines Verurteilten* beispielsweise, ein (in Frankreich noch weit aktuelleres) Plädoyer für Abschaffung der Todesstrafe und Reform des Strafsystems, brachte es nur in der Schweiz zu einer einzigen Ausgabe. Uneinholbar an der Spitze der deutschen Erfolgsskala aber liegt seit je der – von neueren Literaturhistorikern verächtlich übersehene – historische Roman *Notre-Dame von Paris* (oder, wie er meist reduzierend betitelt wird, *Der Glöckner von Notre-Dame*). Von ihm, der nach Goethe »Allerschönstes mit dem Allerhäßlichsten vermählt«, existieren die weitaus meisten Ausgaben, nicht selten als Taschenbuch oder bei Buchklubs. Das deutsche Hugo-Bild wird also entscheidend bestimmt von einem Werk, das den Leser in zeitliche Fernen eines pittoresken Spätmittelalters entführt, und das zwei unrettbar in der Isoliertheit ihres Ich gefangene Hauptpersonen, die fatale Unausweichlichkeit ihres Schicksals beschwört. Es ist nicht zufällig ein Frühwerk jenes Romantikers, dessen revolutionäre Ambitionen noch ausschließlich literarischer Art waren.

Unvertraut geblieben ist dem deutschen Publikum der Politiker Hugo: Führer und Hauptredner der demokratischen Linken in der Februarrevolution von 1848 und nach dem Sturz Napoleons III., der politisch und humanitär ›engagierte‹ Schriftsteller, sein Glauben an gesellschaftlichen Fortschritt wie an eine Literatur im Dienste dieses Fortschritts; ein Autor, der seine Gegenwart, ihre Mißstände, Probleme und Hoffnungen thematisiert, der aus dem Exil als Gewissen einer in Unfreiheit gefallenen Nation spricht, für Rede- und Pressefreiheit, Versammlungs- und Glaubensfreiheit eintritt. Eben dieser gereifte Republikaner aber – nicht der bramarbassierende Bürgerschreck der Frühzeit von höchst zweifelhaftem Demokratieverständnis – ist es, der das offizielle Hugo-Bild in Frankreich prägt. Diesen weißbärtigen, geläuterten Hugo mit Seherblick präsentieren Denkmäler und Briefmarken wie Geldscheine und Münzen gerade jener bescheidenen Nennwerte, die eine tagtägliche Benutzung selbst durch die Masse ›kleiner Leute‹ garantieren. Er ist zur republikanischen Institution geworden, Muster für doppeltes Vorkämpfertum in Literatur und Politik: ein Ideal, dem in Frankreich weit größere Faszinationskraft zukommt als hierzulande.

François-Georges Dreyfus

Deutsch-französische Beziehungen (1840–1940)

Nach den Revolutionen des Jahres 1830 erlebten Frankreich und die deutschsprachigen Länder eine Phase zugleich freundschaftlicher und feindlicher Beziehungen.

Die sich im deutschen Bereich vollziehenden Formen der Restauration spalten den Nationalismus in zwei Richtungen. Eine demokratische und soziale und eine autoritäre und *»völkische«*. Rasch geraten beide Bewegungen in heftigen Gegensatz zueinander, der lange anhalten wird; er wird durch die Tatsache vertieft, daß auf der einen Seite ein revolutionäres Christentum wirksam ist, das rasch vom deistischen französischen Liberalismus beeinflußt wird, während sich die andere Seite an einem konterrevolutionären, antimodernistischen Christentum orientiert, daß sich bald mit haltloser Romantik verbindet.

Das Frankreich der dreißiger Jahre erscheint dagegen als eine Welt der Aufklärung und des postrevolutionären Posivismus. Es ist ein Anziehungspunkt für viele liberal gesinnte deutsche Intellektuelle, die dort auch ein sozialeres System verwirklicht sehen. Heine läßt sich in Frankreich nieder, deutsche christliche Sozialisten, der junge Marx wird hier lange Jahre arbeiten. Für die Deutschen des »Biedermeier« dient Frankreich in Politik wie in Alltagskur als Modell: Pariser Geist inspiriert die Möbelgestaltung wie die intellektuellen Moden.

Den Franzosen dagegen scheint die in eine Vielzahl kleiner Staaten zersplitterte deutsche Welt als gesellschaftlich provinziell und politisch kraftlos; zugleich aber fasziniert noch immer das Deutschlandbild der Madame de Staël, das Prestige der deutschen Universitäten. Die wirtschaftliche Revolution, die sich 1834 mit der Schaffung des deutschen Zollvereins beschleunigt, wird in Frankreich kaum zur Kenntnis genommen, da die germanische Welt auch die Stätte der Romantik ist, wie Victor Hugos *Rhin* und seine Briefe bekunden, die romantische Legende von Peropen und Boldour, aber auch sein Projekt einer europäischen Allianz, die England und Rußland ausschließt und auf der Ausdehnung zweier Kernstaaten beruht, deren einer sich bis zum linken Rheinufer erstrecken soll und der andere vom Rhein zum Bug.

Die Krise von 1840 bleibt Episode. Schneckenburgers *Wacht am Rhein* und Mussets Antwort wirken als Fanal, bleiben aber scheinbar folgenlos. Erst 1848 offenbart sich mit dem Scheitern der nationalen und zugleich sozialen Revolution das Brodeln des Nationalismus. Für die Abgeordneten der Frankfurter Paulskirche sitzt der Feind nicht in Paris, sondern in Petersburg und insbesondere Wien, die nationalen Gegensätze brechen mit Polen und Tschechen aus; die Tatsache, daß kein deutscher Nationalstaat geschaffen wurde, bringt eine vielfältige »deutsche Ideologie« zum Ausbruch, deren Wurzeln in der geistigen Unrast der großen deutschen Universitäten zu Beginn des neunzehnten Jahrhunderts liegen, wo neben Fichte und List auch Hegel, Schelling, Schopenhauer und Ranke lehrten, wo sich Feuerbach, Marx, Lasalle zu Revolutionären und Nationalisten bildeten, wobei Lasalle der eigentliche Vater eines national geprägten Sozialismus ist.

Bismarcks Politik gegenüber Napoleon III. führt zum Konflikt, der einen achtzig Jahre andauernden, scheinbar unüberwindlichen Gegensatz herstellt. Expansionsstreben und Ungeschick des französischen Kaisers, der unter dem Einfluß einer öffentlichen Meinung steht, welche seit der französischen Revolution vom linken Rheinufer träumt (wie es auch Victor Hugo 1842 wieder zum Ausdruck gebracht hatte) ermöglichen die Einigungspolitik des Eisernen Kanzlers, der weiß, daß er hier auf die Unterstützung des ganzen deutschen Volkes zählen kann. Selbst Marx schreibt Juli 1870 an Engels: »Der Sieg Preußens über Frankreich ist zugleich der Sieg unserer Ideen über Proudhon.«

Von nun an wird das wieder republikanisch gewordene Frankreich von Revanche träumen und die Annektion Elsaß-Lothringens um so mehr verurteilen, als diese ohne Volksbefragung unter Berufung auf strategische Erfordernisse und einen antiindivualistischen und historistischen Nationenbegriff erfolgt ist, wie ihn die deutschen Intellektuellen lieben. Französischer Nationalismus von links und rechts wird zum Leitmotiv aller Wahlreden von Déroulède bis Clémenceau, von Boulanger bis Combes über Milleraud und Poincaré. Zugleich aber weisen Taine und Renan Frankreich mit dem Blick auf Deutschland auf gewisse geistige und moralische Mängel hin. Dies führt dazu, daß der beste französische Hochschulnachwuchs zu langen Studienaufenthalten nach Deutschland fährt. Mit Dürkheim wird so eine Tradition entstehen, die erst 1933 mit Sartre und Aron endet: So seltsam dies scheinen mag, wird sie nach dem Krieg und selbst nach dem deutschfranzösischen Vertrag von 1963 so nicht mehr aufleben.

Frankreich fürchtet Deutschland auf militärischem Bereich, bewundert es im geistigen. Erstaunlich ist aber, daß die außerordentliche wirtschaftliche Expansion des Deutschen Reiches zwischen 1870 und 1914, das Wachstum der Industrie und die Eroberung von Exportmärkten fast unbemerkt bleiben: erst um 1900 versuchen einige Journalisten ohne sonderlichen Erfolg, Ursachen und Mittel dieser außerordentlichen Entwicklung zu erkunden.

Deutschland hält Frankreich gewiß für den Erbfeind, verachtet aber einen Staat immer mehr, wo politische Instabilität herrscht, die Bevölkerung stagniert und die Wirtschaft veraltet. Angesichts dieses Frankreichs, das dekadent wirkt und es in mancher Hinsicht auch ist, dachten manche Träumer von Großdeutschland verständlicherweise an Gebietsabtrennungen, an die Annektion Flandern, Lothringens und selbst Burgunds. Man sollte ihre Bedeutung aber nicht überschätzen: derartige Spekulationen, die Charles Andler und seine Schüler (wie E. Vermeil) nach der zweiten Marokkoaffäre höchst detailliert darstellten, beschränken sich lange auf kleine, wenn auch nicht ganz einflußlose Zirkel.

Um 1900 richtet sich der Blick des geistigen und künstlerischen Lebens im Reich nicht mehr vordringlich nach Paris, wenn man von einigen bedeutenden Ausnahmen absieht. So hat der entstehende »Expressionismus« wenig mit französischen Traditionen zu tun; hier kommt eine Grundauffassung zum Tragen, die auf deutsche Wurzeln zurückgreift. In Berlin wie in Wien, in Berlin wie in Dresden oder München entwickelt sich dieser Expressionismus, den manche bis auf Matthias Grünewald zurückverfolgen wollen, ausdrücklich gegen den Impressionismus.

Gewiß legt die »gute Gesellschaft« noch immer großen Wert auf alles, was an der Seine entwickelt und produziert wird, sie gerät aber selbst immer mehr in die Minderheit.

Bismarcks Versuche einer diplomatischen und politischen Annäherung an Frankreich scheitern immer wieder am Problem Elsaß-Lothringen. Frankreich fordert eine grundlegende Änderung des diesen Gebieten auferlegten Status, die Deutschland verweigert. Möglicherweise hätte die Politik Joseph Caillaux, die 1911 eine tragbare Regelung der Marokkofrage ermöglicht hatte, auch hier zu einer Lösung führen können, da Elsaß-Lothringen ohnehin einen neuen Status erhielt. Der Haß allerdings, der Caillaux aus allen politischen Parteien entgegenschlug, belegt, wie grundsätzlich die öffentliche Meinung Frankreichs eine Politik der Versöhnung gegenüber Deutschland ablehnte, das noch immer als der Feind galt.

Die stürmische Begeisterung, die in Paris wie in Berlin bei der Erklärung des Ersten Weltkrieges ausbrach, zeigt, wie groß in beiden Ländern der gegenseitige Haß gewesen sein muß.

Der Verlauf des Krieges schürt dieses Gefühl noch immer weiter, wozu viele Intellektuelle in Frankreich wie im Reich mit Äußerungen eines sich überschlagenden Nationalismus zusätzlich beitrugen. Der der Sowjetunion im März 1918 aufgezwungene Friede von Brest-Litowsk ließ ahnen, welches Schicksal das Reich für Frankreich im Falle eines Sieges vorbehalten hätte. Die Bestimmungen des Versailler Vertrages, der dann dem Reich von den Siegermächten »diktiert« wurde, sind in ihrer Art aber ebenso ungerecht. Während die »Schlußakte« des Wiener Kongresses auf die Vorstellung verzichtet hatte, der Besiegte verdiene Strafe, wurde diese im Versailler Vertrag ausdrücklich proklamiert, was zudem ungerecht war, da keineswegs nur das Reich und seine Führung, sondern auch Serbien, Rußland und Frankreich wie auch Östereich-Ungarn durch ihr Verhalten erheblich zum Kriegsausbruch beigetragen hatten.

Auf beiden Seiten überschlägt sich dann der Nationalismus. In Deutschland wird die aus der Niederlage hervorgegangene Republik von einem großen Teil der Bevölkerung als eine Staatsform abgelehnt, die vom Ausland aufgezwungen sei. Eine ähnliche Auffassung hatten vor 1918 Männer wie Rathenau, Thomas Mann, Oswald Spengler und Moeller van den Bruck vertreten, welche wie zahlreiche Sozialdemokraten eine national durchorganisierte Wirtschaftsform mit sozialistischem Einschlag dem angelsächsischen merkantilistischen Liberalismus vorzogen. Diese Stimmung wird durch eine durchorganisierte Presse mit hohen Auflagen noch zusätzlich angeheizt und erfaßt breite Volksmassen. Frankreichhaß besteht in allen Kreisen, angefangen bei den Kirchen. Die Protestanten empfinden Niederlage und Ausrufung der Republik als ein Trauma, da diese den Kaiser zum Rücktritt zwingt, welcher bis dahin auch *Summus Episcopus* gewesen war, und lassen sich nur allzu bereitwillig auf eine »nationale« Theologie ein, die vehement antirömisch und antifranzösisch ist. Die Katholiken stehen dahinter nicht zurück: ihnen erscheint Frankreich als Modell eines laizistischen und antiklerikalen Staates, dessen Ansätze im Reich sie heftig verurteilt hatten, und verabscheuen zugleich den Versailler Vertrag, der durch die Wegnahme Posens, Oberschlesiens und Elsaß-Lothringens den Anteil der Katholiken an der Gesamtbevölkerung von fünfunddreißig Prozent auf einunddreißig Prozent gesenkt hat. Eine katholische Zeitschrift wie *Germania* verurteilt die französische Politik im Elsaß und an der Mosel in Bausch und Bogen, während das Zentrum und der französische Episkopat Druck auf den Vatikan ausüben, um den Einfluß des französischen nationalistischen Katholizismus einzuschränken. Dies gelingt durch Vermittlung des in Rom bereits sehr einflußreichen Nuntius Pacelli und führt zur Verurteilung der Action française im Jahre 1926.

Frankreich steht selbstverständlich keineswegs hinter all dem zurück. Die öffentliche Meinung wacht eifersüchtig über die strenge Anwendung des Versailler Vertrags und unterstützt Poincaré in seiner Zwangspolitik, die zur Ruhrbesetzung führt. Die in ihrer großen Mehrheit überzeugt antideutschen Frontkämpferverbände tragen diesen Geisteszustand in der ganzen Zwischenkriegszeit weiter, insbesondere bis 1934. Von der Action Française bis zu einem guten Teil der Sozialisten herrscht auch in den zwanziger Jahren eine antideutsche Stimmung, die Briands Verständigungspolitik bremst, jedes Abrüstungsabkommen und jeden Verzicht auf einen Teil der dem Reich aufgelegten Reparationen verhindert. Die Mehrheit der französischen öffentlichen Meinung mißbilligt die Dawes- und Young-Pläne.

Es ist eine seltsame Feststellung, daß die antideutsche Stimmung zu dem Zeitpunkt nachläßt, wo Hitler die Macht ergreift. Ein großer Teil der der Linken nahestehenden Öffentlichkeit übernimmt nach und nach antimilitaristische und pazifistische Vorstellungen, die schließlich bei der Bildung der Volksfront im Juli 1935 maßgeblich werden. Diese Volksfront übernimmt 1936 die Macht, stärkt aber keineswegs eine antifaschistische Front, sondern unterhöhlt diese von innen und fördert durch ihre Untätigkeit (wie beispielsweise die Verweigerung jeden aktiven Eingreifens in Spanien) den Aufstieg des Nationalsozialismus. Der Antifaschismus beschränkte sich schließlich darauf, Mussolini, den man zu isolieren verstand, in die Arme Hitlers zu treiben.

All dies erklärt die Abwesenheit französischer Reaktionen nach dem »Anschluß« Österreichs, kurz darauf die »feige Erleichterung« nach dem Münchner Abkommen und die geringe

Bereitschaft, die Bündnisverpflichtungen zunächst gegenüber der Tschechoslowakei und dann gegenüber Polen einzuhalten. Frankreich tritt auch nur widerwillig und gezwungenermaßen in den Krieg gegen das Dritte Reich ein. Wirklich führen will es ihn nicht. So überläßt die französische Regierung das wichtige Amt der Kriegspropaganda einem großen Schriftsteller, dem hervorragenden Deutschlandkenner Jean Giraudoux, der genau zum Zeitpunkt seiner Ernennung einen Essay *Plein pouvoirs* veröffentlicht, das seine Bewunderung für die nationalsozialistische Familienpolitik, den Rassismus und die Neuorganisation der Wirtschaft zum Ausdruck bringt und sie als Modell für Frankreich vorschlägt. Überhaupt ist das Interesse für Deutschland bei den französischen Intellektuellen in dieser Zeit groß. Man begeistert sich für die deutsche Romantik (s. die Sondernummer der von A. Beguin herausgegebenen *Cahiers du Sud*), man entdeckt Hegel, Heidegger und die deutsche Philosophie, die Soziologie (mit Gurvitch) und Geschichtsschreibung (mit R. Aron), das Bauhaus und selbst den Expressionismus. Niemals seit Madame de Staël hatte in Frankreich eine solche Begeisterung für deutsches Denken bestanden.

Gewiß hatten schon vor 1933 Mittler wie Curtius in Deutschland und Groethuysen in Frankreich und die kleine Gruppe um das Mayrisch-Komitee einen gewissen geistigen Austausch vorangetrieben. Oft religiös orientierte Minderheiten (von katholischer wie protestantischer Seite) versuchen einen Jugendaustausch und Jugendherbergen aufzubauen, der aber durch Gegensätze zwischen den Katholiken beider Seiten, zwischen deutschen Lutheranern und französischen Calvinisten behindert werden. Diese Begegnungen werden dann nach 1933 im Rahmen des »Comité France-Allemagne« fortgesetzt, das im Reich von Otto Abetz und in Frankreich von Jean Luchaire und Fernand de Brinon betrieben wird.

Die nach 1933 eintretende Emigration von rund vierzigtausend Deutschen in Frankreich löst unglücklicherweise vor allem Furcht, Eifersucht und Ablehnung aus und steigert noch den rechten wie den linken Pazifismus, die zwar die antideutsche Stimmung mildern, die Untätigkeit und den Defaitismus gegenüber Hitler aber stärken. Der von Hitler gewollte und durch den abwartenden Neutralismus der Westmächte und der Sowjetunion überhaupt erst ermöglichte Zweite Weltkrieg ist eines der düstersten Kapitel der europäischen Geschichte. Seine Entsetzlichkeit, die alle europäischen Nationen an der Wurzel trifft, gestattet schließlich auch erst die wirkliche Begegnung und Versöhnung zwischen dem deutschen und dem französischen Volk.

Joseph Rovan

Bismarck von Frankreich aus gesehen

Nach dem Krieg von 1870/1871 nannten manche Franzosen ihren Hund »Bismarck«. Mir ist diese Namensgebung immer seltsam zweideutig erschienen, denn die meisten Hundebesitzer mögen ja ihren Hund. Und nach 1945 nannte niemand seinen Hund »Hitler«. Wenn Bismarck in Frankreich auch verhaßt war, weil er Frankreich besiegt und gedemütigt – und dann auch noch Elsaß-Lothringen geraubt hatte, so umgab seinen Namen doch eine Aura von Respekt und unwilliger Bewunderung. Zwar hatte er der französischen Politik 1870 eine Falle gestellt, aber Napoleon III. und seine Minister waren prompt hineingelaufen. Ohne die militärischen und politischen Niederlagen, die ihm Bismarck bereitet hatte, wäre es kaum zum Sturz des Kaiserreiches und zum Triumph der Republik gekommen. Erfahrene Politiker und Historiker, selbst wenn sie für Frankreich die »Revanche« wollten, konnten sich der Einsicht nicht verschließen, daß Bismarck mit ungewöhnlicher Staatsmannskunst und gleichzeitig mit Selbstbeherrschung und einer gewissen Mäßigung in kurzer Zeit für sein Land eine Serie von fast atembraubenden Erfolgen erzielt hatte. Im Verlauf von sieben Jahren, mittels dreier großer siegreicher Kriege hatte er das gedemütigte und innerlich zerrissene Preußen, zu dessen Regierungschef ihn ein König berufen hatte, der bereits halb zur Abdankung entschlossen war, zur Vormacht im wiederhergestellten deutschen Reich und damit zur Vormacht in Europa erhoben.

Bismarck hatte ein *neues* Gleichgewicht der Mächte hergestellt, aber von dem Willen zur Hegemonialherrschaft war er weit entfernt. Das neue Deutschland hatte im neuen Gleichgewicht eine neue, bedeutende Rolle, aber es gab eben doch ein Gleichgewicht, wenn auch ein verändertes, ein »Konzert« der Großmächte, denen das von Bismarck besiegte Frankreich ebenso weiter und wieder angehörte wie das vorher besiegte Österreich. Die Donaumonarchie wollte sich Bismarck als Verbündeten gegen die wachsende Macht Rußlands erhalten. Frankreich als Großmacht jedoch auszuschalten, wäre ihm gegen den Widerstand der anderen Mächte auch dann nicht gelungen, wenn er es gewollt hätte. Er hat es aber nicht gewollt, weil er im Grunde ein konservativer Staatsmann war, der das Bestehende nur soweit verändern wollte, wie die Veränderung zum Erhalt des Bestehenden und Überkommenen unerläßlich war.

Aber Bismarck war klüger und umsichtiger als die meisten anderen Konservativen, seine Standesgenossen. Wenn man etwas an der alten Ordnung retten wollte, das alte Preußen und die alte patriarchalische-patrimoniale Sozial- und Wirtschaftsverfassung (schließlich war Bismarck ja ein aus Uradel stammender Gutsherr), so mußte man diese mit den neuen heraufkommenden Kräften kombinieren, und hier war es für den »Junker« selbstverständlich, daß er sich nicht mit der Arbeiterbewegung, sondern mit Bankiers und Fabrikherren zusammentat, zur Allianz des alten Adels mit den neuen Besitz»eliten«. Seine großen innenpolitischen Kämpfe nach 1871, gegen den politischen Katholizismus und gegen die Sozialdemokratie, hat er nur dem äußeren Anschein nach und auf kürzere Zeit gewonnen. Über die Zukunft der deutschen Gesellschaft und der internationalen Mächteordnung dachte er zutiefst pessimistisch, und darum plagten ihn unaufhörlich Zweifel über die Zukunft seines Werkes. Österreich hatte er zwar bewahrt, aber in so geschwächtem Zustand, daß seine Zukunft zweifelhaft war. Frankreich war zu tief gekränkt und gleichzeitig nicht geschwächt genug, um nicht auf Rache lauernd ein mächtiger Gegner zu sein und zu bleiben, und die von ihm im Grunde abgelehnte Kolonialpolitik führte zum immer wieder aufbrechenden Konflikt mit Großbritannien, den Bismarck fast um jeden Preis vermeiden wollte. Leidenschaftlich, von Wutanfällen geschüttelt, einer der größten politischen Schriftsteller der europäischen Geschichte seit dem Altertum, war Bismarck eine tragische Figur, weil er sein Werk errichten mußte in der Überzeugung, daß es nicht von Bestand sein würde. Willensstark und von unvergleichlicher Intelligenz fühlte er sich letzthin mehr als ein Getriebener denn als ein Herr über die Geschichte. Sein Werk brachte Europa fünfzig Jahre Frieden und danach den großen allgemeinen Krieg, mit dem die Selbstzerstörung unserer Zivilisation begonnen hat.

Im Zentrum von Bismarcks persönlicher und öffentlicher Existenz steht der christliche Glaube in lutherischer Prägung. Aus diesem Glauben heraus fühlte und wußte er sich gerechtfertigt, wenn er seinen »Beruf«, den des führenden und bewegenden Staatsmanns mit den in diesem Zusammenhang »gerechten« Mitteln ausführte. Und aus eben diesem Glauben heraus wußte er, daß alles Menschenwerk und eben auch – und vielleicht besonders – das des großen Staatsmanns nicht von Dauer und Bestand sein kann. Bismarck ist ein christlicher Stoiker, der seine Widersprüche mit lautem Zorn und auch mit Demut durchsteht. Darin, weil er sein nationales Werk tat und an dessen Bestand nicht glauben konnte, weil er gleichzeitig ein Staatsmann und ein großer Schriftsteller war, ähnelt er de Gaulle. Bismarck steht am Anfang des deutschen Nationalstaates, de Gaulle am Ende des französischen. Wir sind bereits in eine andere Phase der Geschichte eingetreten, aber von beiden, von Bismarck wie von de Gaulle bleibt das »wie?« – wenn das »was?« auch überholt ist. Von Perikles, von Marc Aurel berichtet die Geistesgeschichte, obschon deren Reiche längst verschwunden sind. Mit ihnen gehört Bismarck zu den großen Gestalten der »Deutschen Regenten«. Erst ihr Denken macht das Regieren berichtenswert.

René Bianco

Anarchismus

Das Wort »Anarchie« und die Begriffe aus der gleichen Familie »Anarchismus«, »Anarchist« stammen vom griechischen »Anarkhia« (ohne Regierung).

Bis Mitte des 17. Jahrhunderts werden sie kaum gebraucht. Danach tauchen sie häufiger auf, bezeichnen aber ganz unterschiedliche und komplexe Verhältnisse, werden jedenfalls in vielfältiger, oft gegensätzlicher Weise genutzt.

Als man das erste Mal eine Gruppe als »Anarchisten« bezeichnete, diente dies in den englischen und französischen Revolutionen des 17. und 18. Jahrhunderts als Beschimpfung. So nannten in Frankreich die Girondisten all jene Revolutionäre »Anarchisten«, die die Aufgabe der Revolution mit dem Sturz Ludwig XVI. nicht für beendet hielten und darauf drängten, eine Reihe wirtschaftlicher Reformen durchzuführen: entschädigungslose Abschaffung der Feudalrechte, Rückgabe des seit 1660 in Besitz genommenen Gemeindelandes an die Dorfgemeinschaften, Begrenzung des Grundbesitzes, progressive Einkommensteuer, Organisation des Handels auf nationaler Basis ausgehend von gerechten Grundpreisen, etc...

Seit 1840 galten im Gefolge von P. J. Proudhon jene als Anarchisten, die diesen Namen stolz als Symbol dafür trugen, daß sie die Anarchie, also das Fehlen einer Regierung wirklich wollten. So nennt man nun seit hundertfünfzig Jahren jene Anarchisten, die nicht nur überzeugt sind, daß das Fehlen einer Regierung keineswegs Chaos und Verwirrung bedeuten muß, sondern daß eine Gesellschaft ohne Regierung wirklich besser sein könnte als die, in der wir leben. In diesem Sinne ist Anarchismus also nach der Definition der *Encyclopaedia Universalis*: »eine Bewegung, die Ideen und Aktion vertritt, jeden äußeren Zwang auf Menschen ablehnt und es sich zum Ziel gesetzt hat, das Gemeinschaftsleben auf der Grundlage des autonomen Willens des Individuums neu zu schaffen.«

Beiderseits des Rheins – so wie auch in den anderen Ländern –

wird dieser entscheidende Unterschied meist nicht gemacht, so daß nur die negative Seite des Begriffs übrigbleibt und mit Verdammungen verknüpft sind. Lange Zeit und auch noch heute ist die Erwähnung einer anarchistischen Demonstration oder Idee fast automatisch mit irgendeinem Adjektiv verbunden wie »utopisch«, »traumtänzerisch«, »altmodisch« und öfter noch »gewalttätig«, »chaotisch«, »kriminell«...

Es trifft zu, daß sich auch die Anarchisten selbst oft derartige Vorwürfe gemacht haben und für ihre Uneinigkeit berühmt sind. Sie neigen stets zu abweichenden Meinungen, da sie über keine einheitliche, kohärente Doktrin verfügen, eben keine Führer, keine Funktionäre, keine Hierarchien und keine Rechtsgläubigkeit besitzen. Zweifellos gibt es mehrere Arten von Anarchismus, wobei jeder Anarchist sich jene aussucht, die seinen persönlichen Neigungen am besten entspricht.

Der Engländer William Godwin (1756–1836) war der erste, der die politischen und wirtschaftlichen Vorstellungen des Anarchismus in einem Buch darstellte: *An Enquiry concerning political Justice and its influence on general virtue and happiness* (2 Bd. 1793). Dieses Buch wird immer wieder aufgelegt und ins Deutsche, Spanische und ins Italienische übersetzt. Obwohl er den in seinen Abhandlungen entwickelten Ideen keine Bezeichnung gibt, fordert Godwin die Abschaffung des Staates und erklärt, eine Gesellschaft könne vorzüglich auch ohne Regierung bestehen. Seine Vorstellungen bleiben die Grundlage des individualistischen Anarchismus der Intellektuellen, Künstler und Nonkonformisten, insbesondere in England und Nordamerika, wo er Anhänger wie Shelley und Oscar Wilde, Emerson und Henry-David Thoreau, Augustus John und Herbert Read gewann. In den anderen Ländern blieb sein Einfluß aber gering. Ähnliches gilt für den Amerikaner Benjamin R. Tucker, der mit seinem Werk *Instead of a book* (New York 1893) sicherlich die englischsprachigen Anarchisten beeinflußte, bei ihren europäischen Kameraden aber fast unbekannt blieb.

Ein halbes Jahrhundert später schlug der Franzose Pierre-Joseph Proudhon (1809–1865) erneut eine Gesellschaft ohne Regierung vor und gebrauchte den Begriff »Anarchie«, um die ideale

Gesellschaft zu bezeichnen. Er wurde sogar zum »Vater der Anarchie«, da er in seinem Memorandum *Was ist das Eigentum?* (1840) – dessen berühmter Schlüsselsatz lautet: »Das Eigentum ist Diebstahl« – für sich die Bezeichnung »Anarchist« beansprucht. Mit seinem grundsätzlichen Angriff gegen die schlimmen Folgen jeglicher Herrschaft, sei sie nun religiöser oder staatlicher Art oder stamme sie aus Eigentum oder Sozialismus, stand er damals fast allein. Er hatte in mehrfacher Hinsicht sogar visionäre Gaben, da er schon 1859 die schrecklichen Folgen des Nationalismus voraussah und sich für einen Föderalismus einsetzte. Zugleich entwikkelte er Grundlagen direkten wirtschaftlichen Handelns, das er als Mutualismus bezeichnete und das der ganzen kooperativen Bewegung zugrunde liegt. Während die wirtschaftlichen Ideen Proudhons rasch Anhänger fanden und auch vielfach – wie beispielsweise im Versicherungswesen – praktisch umgesetzt wurden, fand seine Konzeption der politischen Anarchie in Frankreich zunächst kaum Widerhall. In Deutschland dagegen kam sie zeitweise bei Linkshegelianern wie Moses Hess und Karl Grün (1843–1844) in Mode und wurden sogar von einigen in der Schweiz lebenden deutschen Arbeitern vertreten wie Wilhelm Marr in Lausanne. In Frankreich folgte auf die Niederlage des Pariser Arbeiteraufstands vom Juni 1848 bekanntlich ein allgemeiner Niedergang in der sozialistischen Propaganda jeglicher Richtung; auf den Sturz der Republik folgte eine lange Phase der Reaktion, die sich nach der blutigen Unterdrückung der Kommune von 1871 noch verschärfen sollte.

Gleichzeitig hatte sich gegen 1840 in Deutschland ein »Freiheitskreis« um die Brüder Bruno und Edgar Bauer gebildet. Selbst der junge Karl Marx war eine Zeitlang Mitglied. Max Stirner (1806–1856) war eine der Säulen und ging gemeinsam mit Ludwig Buhl auch besonders weit. Er schrieb auch das Buch, das die »Bibel« des anarchistischen Individualismus geblieben ist: *Der Einzige und sein Eigentum* (Leipzig 1845). Hier lehnt Stirner nicht nur den Staat ab, sondern auch jegliche Abstraktionen wie Moral, Gerechtigkeit, Vernunft, Pflicht etc... An ihre Stelle soll die intuitive Erfassung der Einmaligkeit jedes Individuums treten. Stirner wurde allerdings in Deutschland wie in Frankreich, wo seine Schriften mehrfach übersetzt und aufgelegt wurden (zwei verschiedene Übersetzungen im Jahre 1900, Wiederauflage 1948, 1960, dann eine dritte Neuübersetzung 1977 und Wiederauflage 1988) oft mißverstanden. Nur so ist zu erklären, daß er als der geistige Vater eines völlig unproduktiven und mehr oder minder asozialen »Egoismus« gilt, als Ideologe der Dichter und Vagabunden, während der eigentliche Sinn seines angeblichen »Egoismus« darin lag, Schutz und Abwehr gegen den autoritären Sozialismus zu entwickeln. Er formulierte vielmehr philosophische Grundlagen für die Initiative des einzelnen und entwickelte eine Methode: Ungehorsam, individuelle und kollektive Verweigerung der Autorität, den freiwilligen Zusammenschluß von Gruppen, der an die Stelle des durch die Usurpatoren kontrollierten Eigentums und organisierten Lebens treten soll. Seine Ideen hatten einen tiefgreifenden Einfluß auf die gesamte anarchistische Bewegung; beobachtet man die Anarchisten in der Praxis, zeigt sich rasch, wie sehr sie bis heute einen entscheidenden Teil ihrer Ideologie oder zumindest ihrer Motivation bilden.

In der Zeit um 1860–1870 wurden andere Formen des Anarchismus wie beispielsweise derjenige entwickelt, der sich an Leo Tolstoi (1828–1910) orientiert. Ausgangspunkt der Tolstoischen Lehre ist das Christentum: wenn Liebe das oberste Gebot sein soll, darf man sich dem Bösen nicht mit Gewalt widersetzen. Dabei predigte er aber weder Unterwerfung noch Resignation, sondern, lange vor Ghandi, mit dem er später auch korrespondierte, aktive Gewaltlosigkeit, die dem Bösen durch Ungehorsam widersteht. Auf die Hauptströmungen des Anarchismus hatte er zweifellos einen allerdings marginalen Einfluß. Während die Anarchisten meist traditionell antiklerikal und atheistisch sind, gab es immer auch religiöse Anarchisten, die sich insbesondere in den pazifistischen Bewegungen betätigten. Der Anarchismus wird sich im Rahmen der Ersten Internationale und dann im Umkreis der Fédération Jurassienne et de l'Internationale anti-autoritaire (ab 1873) an den Ideen Michail Bakunins (1814–1876) inspirieren. Bakunin war überzeugter Atheist, vertrat die radikale Autonomie auf allen Ebenen und hatte erheblichen Einfluß, insbesondere in Spanien, das so zum Vorkämpfer des Anarchismus wurde. Seine auf den Ideen des Kooperativismus, des antiautoritären Föderalismus und des (freiheitlichen) Kommunismus beruhende Doktrin forderte die sofortige Abschaffung des Staates; die Revolutionäre hatten also die vordringliche Aufgabe, dessen Sturz vorzubereiten, zu organisieren und zu beschleunigen. Dieser Theoretiker, der vor allem ein Mann der Tat war, hat ein monumentales Werk hinterlassen, daß das Internationale Institut für Sozialgeschichte in Amsterdam gesammelt hat, um es ab 1961 als »Bakunin-Archiv« herauszugeben, das nach seiner Vollendung fünfzehn Fachbände umfassen wird. Noch zahlreiche weitere Persönlichkeiten wie Pierre Kropotkin (1842–1921), Elisée Reclus (1830–1905), Johann Most (1846–1906), Errico Malatesta (1853–1932), Jean Grave (1854–1939), Sébastien Faure (1858–1942), Emma Goldman (1889–1940), Alexandre Berkman (1869–1936) und Rudolf Rocker (1873–1958), denen die Zeitschrift *Itinéraire* eine Sondernummer gewidmet hat, beeinflußten die anarchistische Bewegung Ende des 19. und Anfang des 20. Jahrhunderts.

Schließlich hat der Anarchismus insbesondere in der Form des Anarcho-Syndikalismus oder des revolutionären Syndikalismus weite Bereiche der europäischen Arbeiterbewegung in erheblichem Ausmaße beeinflußt. In der italienischen Rätebewegung der zwanziger Jahre spielte er eine nennenswerte Rolle ebenso wie in der bayrischen Räterepublik bei Männern wie Gustav Landauer (1870–1919), Ernst Toller (1893–1939) und Erich Mühsam (1878–1934). In Deutschland ist auch beim Berliner Kongreß (Dezember 1922–Januar 1923) die A.I.T. (Association Internationale des Travailleurs) erneuert worden, in der noch heute die Organisationen zusammengefaßt sind, die sich dem Anarcho-Syndikalismus zugehörig fühlen. Gleichzeitig verschärfte sich bei den Anarchisten ihre fast zur Fixierung gewordene Abneigung gegen den marxistischen Kommunismus, wie sie sich seit der russischen Revolution von 1917 und insbesondere seit dem spanischen Bürgerkrieg (1936–1939) herausgebildet hatte, wo die Anarchisten eine herausragende Rolle gespielt hatten.

Auf den ersten Blick könnte der Anarchismus, weil er aus so unterschiedlichen Quellen geschöpft hat und in eine Vielfalt von Tendenzen gespalten ist, als überaus widersprüchlich und zerrissen erscheinen. In Wahrheit aber wird er von der Mehrzahl seiner Anhänger in ganz ähnlicher Weise erlebt und weitergegeben. Im Privatleben sind sie Individualisten, gesellschaftlich Mutualisten und in allem, was mit der Arbeitswelt zusammenhängt, Kollektivisten und Syndikalisten. Rein politisch gesehen, können sie natürlich keine »Partei« bilden, beteiligen sich aber bereitwillig an Bürgerinitiativen aller Art (Bildung, Wohlfahrt, Umwelt). Sie haben eine tief eingewurzelte Verachtung für das hauptamtliche Personal des politischen Lebens, mißtrauen dem Parlamentarismus als bloßem Lug und Trug der Politiker, verurteilen allgemeine Wahlen als Illusion und üben deshalb Stimmenthaltung, da der Wähler auf sein Recht auf Protest verzichtet und seinen Willen nur in einem Akt der Entsagung äußern kann: er »gibt« seine Stimme. In dieser Rolle üben die Anarchisten eine Funktion fundamentaler Gesellschaftskritik aus, die zu einer kontinuierlichen Grundeinstellung führt, der des Widerstands: Widerstand gegen jeden Zwang, sei er materiell oder moralisch, individuell oder kollektiv und dem entsprechenden Bestreben, auf allen Ebenen auf Freiwilligkeit beruhende, also nicht autoritäre zwischenmenschliche Beziehungen aufzubauen. Dies setzt eine Ethik voraus, die alles andere erfordert als ein Gehenlassen, in dem das Individuum schließlich versacken und sich auflösen muß, sie verlangt im Gegenteil ein Höchstmaß an individueller Verantwortung, an Freiheitssinn, an Empörungskraft, an Wissensdrang und Selbstbildung.

Die vor mehr als einem Jahrhundert von den anarchistischen Theoretikern ausgesprochenen Warnungen (hatte Bakunin nicht schon 1866 vorausgesehen, daß der Staatskommunismus zur Entstehung »einer privilegierten Ausbeuterklasse führen mußte: der Bürokratie«?) und seine Erneuerung durch verschiedene Strömungen der 68er Bewegung haben dem Anarchismus neue Aktualität gegeben. Es ist durchaus vorstellbar, daß seine Grundideen auch zur Entwicklung neuer Wirtschafts- und Sozialformen führen können (wie beispielsweise der Arbeiterselbstverwaltung), die gerade im größeren europäischen, nicht mehr nationalen Rahmen von Bedeutung ist.

Michael Nerlich

Heinrich Mann – Thomas Mann, die Französische Revolution und die Frage nach der Form

1987 veröffentlichte M. Reich-Ranicki in der *FAZ* ein Pamphlet gegen Heinrich Mann, die bundesdeutschen Verlage, die seine Werke neu edieren und die bundesdeutsche Germanistik, die sich im Gegensatz vor allem zur DDR-Forschung mit seinem Früh- oder Spätwerk beschäftigt, und er schließt, daß es Zeit sei, »sich von Heinrich Mann zu verabschieden«. Offensichtlich fürchtet Reich-Ranicki eine Aufwertung des Werkes Heinrich Manns, die auf Kosten der bislang als epochal ausgegebenen Erzählkunst des Bruders Thomas gehen könnte, den er dann auch gegen Heinrich Mann ausspielt und von dem er schreibt: »Er stand für Deutschland. Er, nur er...«

Was aus einer objektiv-geschichtlichen Betrachtung des Gesamtwerks von Heinrich Mann für Thomas Mann resultieren könnte, ergibt sich aus der Erkenntnis, wie ausschließlich es Erika Mann zu danken war, daß Thomas Mann 1936 aus der Schweiz endlich öffentlich gegen das Nazi-Regime Stellung bezog. Er hatte solange gezögert, weil er immer noch im Nazistaat gedruckt wurde. Nun soll hier nicht etwa die absurde Behauptung aufgestellt werden, Thomas Mann habe so etwas wie Sympathie für die Nazis gehabt. Im Gegenteil: Spätestens seit seiner Rede *Von Deutscher Republik* (1922), definitiv nach seiner *Deutschen Ansprache* (1930) war Thomas Mann für den militanten Nationalismus verloren. Aber manchem Nazi-Ideologen schien er noch rekuperabel, was vor allem eine Frage der künstlerischen Form war: gleichgültig, wer ihr Materialien geliefert hatte, Thomas Manns wenn auch außergewöhnliche, so doch absolut traditionale Erzählkunst war bis weit in das konservativ-reaktionäre, anti-avantgardistische Lager konsensfähig. Daß die Möglichkeit zu dieser ästhetischen Konsensbildung noch gefördert wurde durch die imperialistische Kriegsessayistik von Thomas Mann, vor allem durch *Friedrich und die große Koalition* (1915) und später dann die *Betrachtungen eines Unpolitischen* (1918), liegt auf der Hand, zumal es in diesen *Betrachtungen* Thomas Manns, der nie wesentlich nach Frankreich orientiert gewesen ist, gegen die Dekadenz und den französischen Erbfeind ging, repräsentiert u. a. vom deutschen »Zivilisationsliteraten«.

Der hieß Heinrich Mann, und an diesem war zum einen auf Grund seines uneingeschränkten Bekenntnisses zum republikanischen Frankreich und zum anderen auf Grund seiner Unterminierung traditionaler Erzählformen nichts konsensfähig. Was seine Position geschichtsbedeutend einmalig macht, war sein Versuch, in einem von Frankreich-Haß geradezu paroxystisch geschüttelten Deutschland *französisches Denken* insgesamt, das der Französischen Aufklärung und der Revolution von 1789 im besonderen zur Geltung zu bringen und dafür eine eigene Formensprache zu entwickeln. Einige Stationen auf dem Weg dahin hatten Thomas und er gemeinsam durchlaufen: Heine, natürlich Nietzsche, doch nach und nach fand eine nahezu ausschließliche Orientierung nach Frankreich statt: Bourget, Maupassant, Daudet, Barbey d'Aurevilly, Hugo, Balzac, Sand, Stendhal, Flaubert, Zola, France, und die Aneignung weitete sich aus – über Taine und Michelet – ins Geschichtliche, zu Choderlos de Laclos, Rousseau, Voltaire, später bis in Renaissance und Mittelalter. Sein Interesse an sozial engagierter Kunst wurde immer ausgeprägter, und über die an französischen Vorbildern (und an Nietzsche) geschärfte Kritik der Sozialtypen gelangte er zur Infragestellung der bürgerlichen Subjektvorstellungen. Auf die Krise des Individuums antworten in seinem Werk Marionetten, Karikaturen, Charaktermasken.

1904 formuliert er, was Aktionsprogramm für sein Leben werden sollte: Frankreich sei Republik geworden, weil »sein intransigenter Sinn für Menschenrecht«, »seine kritisch-literarische Geistesverfassung« es dazu gedrängt habe, und er erklärt, daß nur dort Demokratie garantiert sei, wo auch *égalité* herrsche. 1907 kündigt er an, gegen die »enge, welt- und bewegungsfeindliche Heimatkunst«, der damals u. a. die *Buddenbrooks* zugerechnet wurden, und gegen den eigenen »Ästhetizismus« der frühen Werke einen radikal-demokratischen Text zu verfassen: *Die kleine Stadt*, die 1909 erscheint. Dann folgen, 1910, *Voltaire-Goethe*, *Geist und Tat*, mit dem Bekenntnis zum militanten Engagement für die Ideale der Französischen Revolution, das Revolutionsdrama *Madame Legros* (1913), der *Untertan*, dessen Abdruck 1914 aus politischen Gründen unterbrochen wird, und – natürlich – 1915 der große *Zola*-Essay, dem wir – als Nebenwirkung – die *Betrachtungen eines Unpolitischen* verdanken.

Daß Heinrich Mann sich in den Augen seiner rechten Gegner »außerhalb seines Volkes gestellt« und »an ihm zum Verräter« geworden, war um so logischer, als sein politisches Engagement in der Weimarer Zeit (u. a. in der Zusammenarbeit mit Félix Bertaux bei den *Entretiens de Pontigny*) der Aussöhnung zwischen der deutschen und der französischen Republik galt, von der er sich eine grundlegende Erneuerung Europas erhoffte (*Die Literatur und die deutsch-französische Verständigung*, 1927). Aber auch formal-literarisch hatte er sich den Haß der Rechten zugezogen: auch wenn Heinrich Mann selbst keiner der avantgardistischen Strömungen subsumiert werden konnte, verband ihn doch – nach seiner ästhetizistischen Phase – so viel mit Expressionismus, Neuer Sachlichkeit und Proletkult (was nicht zuletzt 1925 in der Zusammenarbeit mit George Grosz in *Kobes* seinen Ausdruck fand), daß die Rechte seinen Namen nur mit Zusätzen wie »Zivilisations-« oder »Asphaltliterat« oder »Schund- und Schmutzschriftsteller« über die Lippen kam: Attribute, mit denen die Avantgarde insgesamt bedacht wurde. Um so tragischer für Heinrich Mann, daß ihm gerade jene Werke am wenigsten gerieten, in denen er die größte Annäherung an jene Formen des traditionalen Erzählens vornahm, die sein Bruder so perfekt beherrschte. Anders ausgedrückt: Immer dann, wenn er das Selbstverständnis moderner Kunst preisgab und affirmativ wurde wie

Thomas Mann, litt seine literarische Produktion, was speziell für die Werke der Weimarer Republik gilt. Sie sind schwach, weil die Formensprache, die er seit der Jahrhundertwende erarbeitet und die im *Untertan* ihre konsequenteste Ausbildung erfahren hatte, nicht die des gesellschaftlichen Einverständnisses, sondern die des Widerspruchs war und affirmativ eingesetzt, funktionslos wurde.

Tatsächlich ist das »Franzosentum« Heinrich Manns und was daraus für die Formung seines (literarischen) Denkens resultierte, epochales Ereignis in der Geschichte des deutschen Volkes, repräsentiert es doch alles, was Deutschnationale und Nazis perhorreszierten: In *Mein Kampf* (1925–1927) läßt sich nachlesen, daß die Revolution von 1789 nicht nur das Produkt jüdisch-freimaurerischen Geistes war, sondern Ausgangspunkt aller sozialen Umsturzversuche und »Rassen-« und »Kulturpervertierungen«, zu denen auch die »jüdisch-vernegerte«, »bolschewistische« Kunstmoderne gehörte, die Hitler nicht versäumt, mit ihren futuristischen, kubistischen und dadaistischen Varianten auf sein »Abrechnungs«-Programm zu setzen. Nach der »Machtergreifung« verkündet Goebbels, nun würde »das Jahr 1789 aus der Geschichte gestrichen«, und am 28.11.1940 erklärt Rosenberg in seiner Rede in der *Chambre des Députés* das Ziel für erreicht: »Wir haben einen *Frontalkampf* gegen Liberalismus, Marxismus, Judentum und Freimaurerei geführt... So geht dieses Zeitalter von 1789 nunmehr seinem Ende entgegen.«

Kein Wunder also, daß Heinrich Mann die Ehre hatte, von den Faschisten bei der Bücherverbrennung 1933 gleich nach Marx und Kautsky genannt zu werden. Um so wichtiger, nicht zu vergessen, daß die deutschen Antifaschisten während des siebenjährigen Exils in Frankreich trotz aller Divergenzen, die zwischen ihnen herrschten – Heinrich Mann, den deutschen Vertreter der Ideale von 1789, der (am 15.2.33 als Präsident der Dichtersektion der Preußischen Akademie der Künste entlassen) unverzüglich nach Frankreich emigriert war, als Vertreter des besten »Deutschtums« anerkannten. In fieberhafter publizistischer Aktivität vertrat Heinrich Mann (vor allem in der *Dépèche de Toulouse*) diese Ideale von 1789 im Bemühen um die Einigung der

Nazi-Gegner und in seinem Kampf gegen das faschistische Deutschland: Am 12. 6. 1939 faßt er sie in seinem Essay *Die Französische Revolution und Deutschland* zur Feier des 150. Jahrestages der Französischen Revolution ein letztes Mal auf französischem Boden zusammen. Dann beginnt der Krieg und die Nazis okkupieren Frankreich.

Heinrich Mann flieht nach USA, wo man an einem französisch denkenden deutschen Formexperimentator kein Interesse hat. Die traditionalen Erzähler, vor allem Thomas Mann, haben das Ohr eines Publikums, das vor dem Bolschewismus bangend die Rekonstruktion eines konservativ-demokratischen Europas erhofft: der konservative Kulturkonsens, der 1933 nicht zustande kam, weil die Nazis nicht hoffähig waren, wird 1945 in Deutschland-West vollzogen und garantiert die Kontinuität traditionalen Erzählens, das – flankiert von Autoren wie Hemingway und Mailer – in Thomas Mann die Galionsfigur besitzt (ein Vorgang, der *mutatis mutandis* auch in Deutschland-Ost stattfindet), und auch mit Frankreich beginnt der literarische Dialog nach '45 in einem Formkontext, der weder von der republikanischen Tradition noch von den Avantgarde-Experimenten der Moderne bestimmt ist. Saint-Exupéry wird gelesen, Montherlant, Pagnol, Giono. Mit den Texten von Camus und Sartre holt man existentialistisches Denken über den Rhein, in dem man sich selbst wiederzuerkennen glaubt (als Sartre nach links abdriftet, ist er für die unmittelbare Rezeption verloren). An den fortgeschriebenen oder neu importierten Formen traditionalen Erzählens konnten die an faschistischen Kulturmustern geschulten, nun aber entnazifizierten Deutschen zu Lesern konservativ-demokratischer Texte werden. An die links-republikanischen Ideale knüpfte die Masse der Deutschen nach '45 ebensowenig wie an die Formexperimente der Avantgarde an. Man gab ihnen auch kaum Gelegenheit dazu: von den republikanischen Idealen der Französischen Revolution jedenfalls sprach niemand mehr. Oder doch nur so wie F. J. Strauß, der in *Herausforderung und Antwort* (1968) bestätigte, was Rosenberg in Paris 1940 verkündet hatte: das Zeitalter der Aufklärung und der Französischen Revolution sei in Drittem Reich und Zweitem Weltkrieg zu Ende gegangen.

Im Jahr ihrer Zweihundertjahresfeier wird allerdings auf deutscher Seite die Frage zu stellen sein, ob tatsächlich jene recht hatten, die die Französische Revolution für gescheitert erklärten, oder nicht vielleicht doch Heinrich Mann – und dies auch entgegen jenen, die meinen, Heinrich Mann habe, gemessen an Benjamin, Horckheimer, Adorno, die die Dialektik der Aufklärung bedachten, eine von der Geschichte überholte, naiv-affirmative Position in bezug auf die Aufklärung und 1789 eingenommen. Gewiß war es falsch, die Französische und die bolschewistische Revolution so in eins zu setzen, wie es Heinrich Mann in *Ein Zeitalter wird besichtigt* getan hat. Aber gab es nicht doch jenen Bezug, der die Ideale von 1789 als beschworene, aber verraten-uneingelöste gerade auch zum Sprengsatz im stalinistischen System machte, und wohnen wir nicht gerade jetzt dem welthistorischen Ereignis bei, daß die Französische Revolution von 1789 die bolschewistische von 1917 einzuholen beginnt? Kurz, ist nicht gerade die notwendigerweise immer unvollkommene Realisierung der »abstrakten« Menschenrechtsforderung die überzeitliche Motivation für stets erneutes Engagement gegen jeweils aktuelles neues Unrecht, so wie es Heinrich Mann mit der Vorverlegung dieser Ideale in die Zeit Henri Quatres zu zeigen suchte.

In diesem Prozeß, der die Verhältnisse nicht nur in der UdSSR zum Tanzen bringt, gerät man auch in der BRD in den Zwang, bislang vernachlässigte Bereiche der Vergangenheit aufzuarbeiten. Dabei wird festzustellen sein, daß Heinrich Mann, ohne den die Rezeption der Französischen Revolution in Deutschland nicht gedacht werden kann, im Exil weder in den Essays, wie im totentanz-ähnlichen *La haine* (1933), noch in den Romanen mit seinen Formexperimenten aufhörte. Er hat z. B. mit seinem *Henri Quatre* nicht etwa, wie Lukàcs meinte, den »historischen Roman« fortgeführt, sondern unterminiert und damit in der Vorverlegung republikanischer Gesinnung die Revolution von 1789 in neuer Formensprache präsent gemacht. Nicht nur schließt jedes Kapitel mit einer französischen *moralité* ab, der Text ist wie die mittelalterliche Theaterform des gleichen Namens ein Spiel mit säkularisierten Allegorien, das Heinrich Mann mit Film-Szenarien-Formen, Collagen, Fragmenten verbindet, weil mit der Erschaffung psychologistisch-»realistischer« Individuen und traditionalem Erzähldiskurs über die Welt der außerliterarischen Wirklichkeit nicht mehr beizukommen war: die Elemente der Groteske, die Heinrich Mann im *Henri Quatre* und in anderen Arbeiten wie der Essaysammlung *Mut* (1939) verwendet, dienen ihm (wie Brecht im *Arturo Ui*, Chaplin im *Großen Diktator*, Lubitsch in *To be or not to be*) zur Demontage des Wahnsinnig-Blöd-Bösen der Nazi-Theatralik. Wäre *Der Atem*, der in einem gespenstischen Nizza spielt und in dem Heinrich Mann noch einmal die eingesetzten Mittel radikalisiert, bei seinem Erscheinen 1949 ins Französische übersetzt worden, so hätte er alle Chancen gehabt, zu einem Kultroman der jungen *nouveaux romanciers* zu werden. 1989 wird daher nicht nur das Jahr der Rückbesinnung auf die deutsche Rezeption der Französischen Aufklärung und der Revolution von 1789 sein, sondern auch das der Wiederentdeckung des Zusammenfalls von republikanisch-französisch-deutschem Geist und Avantgardekunst vor 1933 und während des antifaschistischen Widerstandes in den Jahren 1933–1939: Nachdem der *Doktor Faustus* geholfen hatte, nach 1945 mit der konservativ-liberalen einen Teil der deutschen Identität wiederzugewinnen, wird die Arbeit daran und speziell am *Henri Quartre* dazu beitragen, auch den Teil der Identität wiederzuerlangen, der sich im jahrhundertelangen Dialog mit Frankreich und speziell in der Aneignung der Ideale seiner Revolution von 1789 herausgebildet hatte. Es kann wohl doch keine Rede davon sein, daß es an der Zeit wäre, »sich von Heinrich Mann zu verabschieden«.

Jean-Marie Valentin

Der Rhein

Am 8. Juli 1974 erklärte Valéry Giscard d'Estaing zum Abschluß des ersten deutsch-französischen Gipfels nach seiner Wahl zum Präsidenten der französischen Republik, wo auch die damals beunruhigende Inflationsproblematik zur Diskussion stand: »(Dieses Problem) könnte der Felsen der Loreley werden, an dem die Einheit der Europäischen Wirtschaftsgemeinschaft zerschellt«.

Wie zutreffend ein solches Bild war, ist diskutabel. Seine Wahl aber war nicht ohne Hintergedanken: in diesen Zeiten des wiedergefundenen Friedens verlangte die Phantasie der Franzosen nach Bildern aus dem Reich der Legende. Man kann immer wieder feststellen, daß das Wort »Rhein« auf der Westseite des Flusses kaum mit anderen Zusammenhängen verbunden wird, die seiner wichtigen Rolle in der Zeitgeschichte entsprechen. »Haut-Rhin«, das ist nicht »Oberrhein«, dieses Bindeglied zwischen Helvetiern, Sueben, Alemannen und Trevirern, »Bas-Rhin« ist weit vom »Niederrhein« entfernt, der Köln, das »Rom des Nordens«, mit den batavischen Provinzen verbindet: aus französischer Sicht sind beides nur nachgeordnete elsässische Departements, Untergliederungen der trotz aller Dezentralisierung »einen und unteilbaren« Republik. »Rheinland-Pfalz« oder »Nordrhein-Westfalen« erscheinen nur ausnahmsweise aus Anlaß von Landtagswahlen in der Presse. Wieviele Franzosen interessieren sich eigentlich genauer für die Innenpolitik der Bundesrepublik Deutschland? »Rhein-Main-Donau-Kanal«: Ist man sich in Paris der wirtschaftlichen Bedeutung dieses Verkehrsweges für Mittel- und Osteuropa bewußt, wo die Zukunft nun wieder verheißungsvoll aussieht und man sich zu Beginn eines neuen Zeitalters glaubt? »Gemeinsames Haus«: vom Atlantik bis zum Ural ... oder vom Ural bis zum Atlantik? »Mitteleuropa«, das könnte eines Tages den Wiederaufstieg eines Kontinents bedeuten, da seine Überrollung durch die jüngste Geschichte ihn von der Verantwortung für deren schrecklichste Aspekte freigehalten hat; er könnte wieder auferstehen, befreit von der alten Unordnung und der demütigenden Beschuldigung, wie einst das Rußland der Zaren ein »Gefängnis der Völker« gewesen zu sein.

Vielen Franzosen ist dies alles ziemlich gleichgültig. Aus der Sicht unseres europäischen Vorgebirges, jenes von Galliern bewohnten »Kap Finistère« endet die Welt im Osten noch oft am Rhein. Jenseits beginnen – wie das Schulbuch von Lavisse Generationen kleiner Franzosen lehrte – »die tiefen Wälder Germaniens«, wo die römischen Legionen in ihr Verderben liefen, die napoleonischen Vorstöße dagegen nur Siege brachten: es lebe die Legende. Vielleicht hat man sogar von »Waldsterben« und saurem Regen gehört, die Klischees aber sind zählebig, wenn man selbstzufriedene Sicherheit sucht, das Weltbild auf den Rahmen des französischen Hexagons beschränken will und damit die vollkommene Geometrie einer in sich selbst abgeschlossenen Geschichte erdenkt, die in Michelets Bild von Frankreich als Frau und der von Charles de Gaulle zu Beginn seiner »Memoiren der Hoffnung« angesprochenen »Madonna der Kathedralen« personifiziert ist.

Auf den langen Schiffsreisen von Basel bis Rotterdam oder auch den kürzeren, die nur durch den »heroischen Rheindurchbruch« führen, sind es französische Touristen, die vor allen anderen das Lied der Loreley anstimmen. Die Geschichte von der Nixe mit dem goldenen Kamm, deren Gesang, so sagt man, viele unvorsichtige Schiffer in den Untergang geführt hat, gehört literarisch (oder folkloristisch?) zum eisernen Bestand. Während Brentanos Gedicht, von der Veröffentlichung in den bescheidenen, 1843 erschienenen *Fleurs d'Outre-Rhin* von F. Delacroix abgesehen, in Frankreich in Vergessenheit geriet, hat Heines Ballade durchaus Bestand. Heinrich Heine (ausgesprochen Henri Hène) spielte in den romantischen Salons eine wichtige Rolle. Wie wäre ohne seinen Einfluß der *Rhin* Victor Hugos denkbar, jenes vor kurzem neu aufgelegte prachtvolle Werk. Oder jene Zeichnungen, in denen Hugo, der Autor der mit pseudomittelalterlichem Gerümpel überladenen *Burggraves*, seine fantastischen Vorstellungen in Nebel gehüllten Burgen aufs Papier bringt? Der Rhein ist seltsamerweise eine der wenigen französischen »Stätten der Erinnerung«, die weit vom symbolischen Raum der Nationalgeschichte, der mehr im Zentrum als in der Peripherie liegt, entfernt ist. Es sollte nicht überraschen, daß die entstehende, bald siegreiche französische Romantik den Rhein entdeckt hatte. Hier begann, oder vielmehr, hier am Rhein ließ sich lokalisieren, was in der Kultur eines Landes zu fehlen schien, das seines fast zweihundertjährigen Klassizismus überdrüssig geworden war: das Unklare, Fremdartige, Wundersame oder Groteske. Der Rhein wurde so zum umgekehrten Bild der eigenen Welt, zum Quell einer sich in ihm verjüngenden Inspiration, aber auch zum Inbegriff alles Deutschen, über den man nicht weiter hinauszugehen brauchte. Musset, Béranger, Lamartine machten von diesem Schema reichlichen Gebrauch. Dumas und Nerval verfaßten bunt bebilderte Reiseberichte. Der Rhein bedeutete Reiz, Verführung und Schicksal, war mehr eine Welt der Phantasie als der Realität, in der man sich zu verlieren fürchtete, Vorwand für die insgesamt doch recht gemäßigten Ausschweifungen eines französischen Geistes, der sich bereitwillig mit dem Kult einer Form identifiziert, die maßvoll bleibt. Gab nicht der überaus französische Maurice Génevoix, der sich in seinem *Raboliot* als Urtyp des Mannes der Mitte bezeichnet hatte, seinem letzten Roman im Jahre 1978 den Titel: *Lorelei*?

Als Deutschland mit dem militärischen Erwachen Preußens, der Entwicklung des Handels und dem schrittweisen Weg zur Einheit als moderne Macht auftrat, gab es doch noch den Rheingraben, der zugleich zum Austausch einlud und von Poesie umgeben war und damit vielen die Sicherheit zu gewährleisten schien, daß sich das Deutschland der Madame de Staël gleich geblieben sei, friedlich, dem Kult der Musen gewidmet, aufgehend in der Errichtung von Gedankensystemen, wo geistige Anstrengung, so glaubte man, immer bloßer Selbstzweck bleiben würde. Das aus poetischem Traum erwachsene Idyll hielt die Wirklichkeit im Rahmen. Immerhin schien eine derartige Betrachtungsweise nicht ganz unberechtigt. Hatten Hegel, Heine und Marx nicht aus dem Wirbelsturm der Revolution den Schluß gezogen, daß es Deutschland zukomme zu denken, was Frankreich verwirklichte? War man sich aber bewußt, daß eine solche Deutung der jüngsten Vergangenheit auch mit einer Prophezeiung verbunden war, die eine bedrohliche Umkehrung der Rollen verhieß? Konnten aber nicht selbst diejenigen, die in den Kategorien der Macht dachten, versucht sein, gegen allen Anschein zu glauben, die Geschichte habe ein endgültiges Urteil gefällt? Der Anspruch der französischen Könige, ihren Machtbereich bis zum Rhein auszudehnen, war im Grunde schon Ende des 17. Jahrhunderts befriedigt.

War vorstellbar, daß all dies noch einmal in Frage gestellt würde?

Diese Fehleinschätzung hatte schwerwiegende Folgen! Man machte sich nicht klar, daß der Zollverein den Reichtum ins Zehnfache steigerte und daß die auf Kohle und Eisen gestützte industrielle Dynamik nicht nur die Landschaft umgestaltete und mit den Maschinen auch Städte mit fleißigen und kinderreichen Einwohnern schuf. Man berief sich auf »die natürliche Grenze« – auf beiden Seiten. Seltsamerweise meinte man ebenfalls auf beiden Seiten, man habe hierfür gute Gründe, und vergaß, daß eine derartige Sakralisierung von Grenzen, die zwei selbsternannte Legitimitäten gegeneinander aufbrachte, eigentlich einen Hohn gegenüber der Geschichte bedeutete, indem sie dieser einen Determinismus der Festschreibung unterstellte.

Vergessen ist wie auch Zorn ein schlechter Ratgeber. In Deutschland hatte sich eine nachhaltige Erinnerung an Erfahrungen festgefressen, die in Frankreich säuberlich verdrängt worden waren, an längstvergangene zerstörerische Invasionen. Die umstrittene Auslegung von Klauseln im Westfälischen Frieden, die Reunionspolitik zur Gebietserweiterung, die dreimalige Verwüstung der Pfalz: dies hatte jedermann vor Augen, während der industrielle und politische Aufstieg dem alten Ingrimm neue Kraft gab und Preußen bis an den Rhein vorrückte.

Daß diese Nord-Süd-Achse nicht nur die Westgrenze eines Reichs auf der Suche nach seiner Identität sein sollte, hatte der Pommer Arndt mit aller Deutlichkeit schon 1813 proklamiert: »Deutschlands Strom und nicht Deutschlands Grenze!«. Der alte französische Anspruch auf das linke Rheinufer stieß auf den deutschen Willen, den Fluß mit eigenem Territorium zu umschließen und seinen westlichen Zugang durch einen Territorialbesitz abzuschirmen, der der Souveränität des Nachbarlandes auf immer entrissen sein sollte.

Gewiß hat es auch die Mainzer Republik gegeben, Frucht einer Revolution, der ein Mechanismus innewohnte, welcher sie zu universalem Anspruch trieb, den die Nachbarvölker aber bald als Übergriff empfinden mußten. Diesen – und insbesondere den Deutschen – erschien sie vor allem als Ausdruck einer unwandelbar auf Expansion bedachten Politik, die brutal war und die Gräber schändete, die Kaisergräber von Speyer. Vielen Franzosen schien dagegen die Mainzer Republik als allzu zerbrechlicher Ausdruck geheimer Verwandtschaft. Während einige auf eine aus gemeinsamem römischem Erbe erwachsende Nähe setzten, die auch im Weinbau ihren Ausdruck fände (ein Bezug, der auch den Vorteil hatte, gleich die nahen Moselregionen zu umfassen), beriefen sich dagegen andere auf den Katholizismus oder eine nicht näher bestimmbare Ethno-Psychologie. Das »Keltentum«, als dessen Herold Maurice Barrès auftreten zu müssen glaubte, führte nur zu historisch höchst zweifelhaften Auseinandersetzungen, in deren Verlauf dem Autor von *Colette Baudoche* andere ebenso ungewisse Theorien entgegengehalten wurden. Dolichocephalisch, brachycephalisch, mesaticephalisch: wer würde es heute wagen, derartige Begriffe zu verwenden, um den eigenen Standpunkt zu vertreten?

Seltsamerweise führte das Vordringen wissenschaftlichen Denkens und die Durchsetzung einer weltanschaulich neutralen Konzeption des Staates in diesem Bereich nur zu geringen Änderungen. Die gegenseitige Aggressivität, die sich im Verlauf des 19. Jahrhunderts an der Rheinfrage festgemacht hatte, führte für lange Zeit zu einer Erstarrung der Positionen und damit zur Entstehung einer ganzen Abfolge stereotyp gewordener Themen und Argumente. Die *Wacht am Rhein* hatte erheblich dazu beigetragen, die aktive Solidarität eines Volkes zu stärken, das aufgefordert war, jene Franzosen in Schach zu halten, die verdächtig waren, die Übergriffe ihrer Vorfahren bis in alle Zukunft wiederholen zu wollen. Gewiß, es gab ja auch mit allem erdenklichen Pathos Lamartine und sein »Ihr sollt ihn nicht haben, unseren französischen Rhein«. Doch wurde ein solcher – recht großsprecherischer Text – nicht wie in Deutschland zum nationalen Denkmal erhoben! Den Franzosen diente er jedenfalls nie als Träger nationaler Identität, während die *Wacht am Rhein* zwischen 1870 und 1918 geradezu zu einer patriotischen Hymne wurde.

Robert Minders Behauptung, in Deutschland habe sich gleichzeitig eine »literarische Aufwertung« und eine »politische Aufwertung« des Rheins vollzogen, trifft so nicht zu. In Wahrheit kam die

Literatur lange vor der Politik und wurde von dieser allerdings für ihre Zwecke ausgenutzt. Das auch stilistische Gefälle zwischen beiden Bereichen offenbart sich bereits am Vergleich zwischen der Romanze, die die Violette von *Godwi* singt und den martialischen Tönen von Schneckenburger. Wo findet man in Frankreich auch nur annähernd eine Entsprechung für Wagners Tetralogie und das *Rheingold*?

Die beiden Betrachtungsweisen stoßen nicht nur aufeinander, sondern unterscheiden sich in wichtigen Punkten. Der »deutsche« Rhein liegt innerhalb des Reiches. Wenn er auch nicht den einzigen Schwerpunkt der nationalen Politik bildet, wie die immer wieder auftretende Priorität für die Ostgebiete zeigt, verkörperte er doch lange einen Königsweg: hier verbanden sich seit 1840 ein aufgeheiztes Nationalgefühl, das auf archaische Schichten zurückgreifen konnte, und das neue Gefühl der Macht, das durch eine Konzentration von Menschen und Mitteln vervielfacht wurde, die potentiell unbegrenzt schien. Der »französische« Rhein bildet zur gleichen Zeit dagegen eher eine Abgrenzung, das Symbol einer Unterschiedlichkeit, eine Grenze, die man festigen muß, weil sie stets Anlaß zur Beunruhigung bietet. Die Maginotlinie ist nicht nur im Geist eines einzelnen, besonders zaghaften Ministers entstanden.

Als nach der französischen Niederlage bei Sedan die Forderungen des Frankfurter Vertrages kamen, verlagerte sich dieses Gefühl auf den neuen, von den Siegern aufgezwungenen Grenzverlauf. Die »blaue Linie der Vogesen« verdrängte für eine Zeitlang den Rhein in einen tiefen Raum, in dem sich die Hirngespinste von Barrès als Herold der nationalen Energie entfalteten – wo es aber trotz allem auch noch jene »Lore Lay zu Bacharach am Rheine« gab, die Guillaume Apollinaire im Zyklus *Rhénanes* aus *Alcools* vor dem Kriege, in dem er umkommen sollte, wunderbar wieder zum Leben erweckte. Es war also auch kein Zufall, daß diese verlorenen Provinzen zum Hauptziel französischer Politik wurden: man mußte wieder an den Rhein zurückkommen, um sich im Einklang mit seinem Schicksal zu fühlen. Die junge französische Republik, die gierig nach Legitimation und Gründungsmythen suchte, berief sich nun auf Rouget de l'Isle, dem der Salon des Straßburger Bürgermeisters Dietrich zum heroischen Rahmen diente, wie auf den Arverner Vercingetorix, der in der volkstümlichen Bilderwelt zum Opfer des Unrechts stilisiert wurde: hier und immer wieder findet sich das Verhältnis von Peripherie und Zentrum. Als 1919 beim Vertrag von Versailles Elsaß und Lothringen für Frankreich zurückgewonnen wurden und auch nach 1945 – allerdings nur für eine kurze Zeit – kreisten die französischen Deutschlandpläne fast immer um die deutschen Rheinprovinzen. Vom rheinischen Separatismus bis zur Ruhrbesetzung besteht eine große Kontinuität, selbst wenn es der französischen Seite weniger um Eroberungen als um Schwächung des Gegners ging. Da auf Hitlers Remilitarisierung des Rheinlands keine konkrete Reaktion der Westmächte folgte, machten die Konsequenzen dieses Gewaltstreiches das französische Drängen auf Kontrolle dieses Gebiets nicht ganz unberechtigt. Als dann nach 1945 die Regierung General de Gaulles eine Zerstückelung Deutschlands in mehrere voneinander unabhängige Staaten vorschlug, wirkte dies wie der Versuch einer Rückkehr zu einer längst vergangenen politischen Ordnung Europas. De Gaulles Anliegen aber war, die Rückkehr zu den gleichen Irrtümern zu verhindern. Die Schaffung des Europarats und die Wahl Straßburgs als seine Wirkungsstätte, die Errichtung der Montanunion zeigten dann glücklicherweise einen ganz neuen Weg. Nehmen wir unter der Vielzahl der seitdem beiderseits des Rheins und in unmittelbarem Bezug zu diesem eingesetzten Symbole die Messe im Aachener Dom. Der Schatten Karls des Großen wurde aufgerufen, um als Schutzherr über den beiden alten Staatsmännern das feindliche Bild des Grabens, des Bruchs zu bannen, um auf die Straßburger Eide gegen den Vertrag von Verdun zu setzen.

Dienen Flüsse als Verbindung oder als Grenze? Die Geographen haben auf diese Frage keine allgemeingültige Antwort. Die Geschichte kennt hier keine Zwangsläufigkeit, das Gewicht des Raums ist ihr aber durchaus bewußt. Lucien Febvre äußerte zu einer Zeit (1935), wo er den Begriff Rasse ins Reich der »bösen Hirten« verbannte (»zu ihnen gehört er, sie haben ihn erfunden«, schrieb er damals), die Überzeugung, »alle Grenzen seien nur von

Menschen gesetzt«. Nichts widerlegte in seinen Augen die Behauptung von den natürlichen Grenzen so sehr wie gerade der Rhein, deutlicher noch als alle anderen Flüsse. Lucien Febvre wies als Langzeithistoriker gerne darauf hin, daß der Rhein im Laufe der Jahrhunderte abwechselnd Übergang und Grenze gewesen war. Er konnte aber auch die Beobachtung nicht unterdrücken, daß »Austauschweg« nicht unbedingt »Friedensweg« bedeuten muß, daß auch Grenzen niemals so geschlossen sind, wie man glauben mag.

Heute gibt es keinerlei Anlaß mehr, den Rhein zum Gegenstand besonderer Beziehungen zwischen beiden Ländern zu machen, weder im guten noch im bösen Sinne. Im weiteren Rahmen eines Europa, das bestrebt ist, die Mobilität von Menschen und Waren zu fördern, muß man die deutsch-französischen Beziehungen von der neurotischen Nabelschau befreien, die ihnen immer drohte. Das berühmte Photo, das René Schickele mitten auf der Kehler Rheinbrücke zeigt (»Deutsches Reich« / »République française«), ist beeindruckend, gehört aber in eine vergangene Zeit. »Vater Rhein« ist heute ein Hauptzeugnis für eine viele Jahrhunderte alte europäische Kultur, deren Wiederbelebung angesichts der galoppierenden Vereinheitlichung der technischen Zivilisation der Supermärkte höchste Dringlichkeit gebührt. In dieser Kultur müssen wir unser »Gold« suchen, das uns helfen kann, unsere Gegenwart zu verstehen und zu gestalten. In seiner Leichenrede auf Turenne nutzt Fléchier den alten Topos vom stürmischen Leben, um daran zu erinnern, daß zumindest bei den Besten die Lebensform des Mannes der Tat immer mit jener geduldigen und fruchtbaren Arbeit verbunden war, die allein der Mensch in der Wahrung der überkommenen Werte gegen die tausendfältige Barbarei bewußt betreibt. Hölderlin, geprägt von der Bibel, von Sophokles und von Rousseau, hatte in seiner *Rheinhymne* mit unvergleichlicher Kraft das gleiche gesagt. Der schwäbische Dichter trennte aber nicht die originale, dem Rhein zuerkannte Dimension von der West-Ost-Achse, die sein Seherblick in der Donau, dem Ister der Alten, sah. Magie des Mythos, untrennbar verbunden mit dem begeisterten Wort, Hierogamie von Bild und Logos. Diese Intuition ist aber gerade auch für unsere Zeit, wo so viele Grenzen durchlässig werden, von Bedeutung; ihre Fruchtbarkeit für ein sich neu ordnendes Europa könnte groß sein. Aragon war davon überzeugt: »Der Dichter hat immer recht.«

Frédéric Hartweg

Das Elsaß: Stein des Anstoßes und Prüfstein der deutsch-französischen Beziehungen

»Das Elsaß ist ein See, an den Deutschland und Frankreich gekommen sind, um sich in einem Anfall von Narzißmus darüberzubeugen, verlangend, daß ihr Bild schöner, als es von der Natur aus ist, widerspiegelt. Nun hat aber die Erregung der Ankommenden den Grund getrübt« (F. Bertaux).

Das zunächst keltisch besiedelte, dann zum Teil römisch besetzte Elsaß erfuhr im 5. Jh. eine germanische Überflutung. Die erstaunliche Stabilität der Sprachgrenze zur Romania läßt auf die Gleichwertigkeit der zwei sich hier berührenden großen Kulturkreise schließen. Die bewaldeten Vogesen bildeten lange ein viel größeres natürliches Hindernis als der als Nord-Süd-Verkehrsweg fungierende Rheinfluß. Die 842 in den beiden Volkssprachen ausgetauschten Straßburger Eide bilden das greifbare Zeichen der beginnenden Sonderung der Nationen im fränkischen Reich.

Auf die durch die geographische Nähe bestimmte Präsenz des Französischen ist das frühe Wirken kultureller Mittler im Elsaß zurückzuführen. Im ausgehenden Mittelalter und im 16. Jh. erlebte die in der Frühphase des Buchdrucks führende Landschaft eine geistige Blütezeit, in die auch die ersten intellektuellen Fehden über die Zugehörigkeit des Elsaß zum deutschen oder zum französischen Bereich fallen. In Straßburg wird das Eindringen der als Vehikel des Katholizismus und des Kalvinismus betrachteten französischen Sprache durch das lutherische Regiment der Stadt stark gehemmt.

Die Eingliederung des Elsaß in den französischen Machtbereich nach 1648 ändert zunächst nur wenig an seinem deutschen Charakter, zumal die nach den Verwüstungen des dreißigjährigen Krieges erfolgte Wiederbevölkerung vorwiegend von deutschsprachigen Gegenden ausging. Die alten Zollgrenzen und die wirtschaftlichen Beziehungen zum Deutschen Reich werden aufrechterhalten. Von einer konsequenten Sprachpolitik zugunsten des Französischen kann nicht die Rede sein: Das Französische füllt aber langsam die Lücke der geschwundenen deutschsprachigen Staatlichkeit, und 1685 wird die Frage des Zusammenhangs zwischen Sprachgebrauch und politischem Loyalismus aufgeworfen. Der Bevölkerung wird nahegebracht, daß der »Gebrauch der deutschen Sprache im Widerspruch zur Zuneigung der Elsässer für den Dienst seiner Majestät« stehe.

In kultureller Hinsicht versinkt das deutschsprachige Elsaß langsam in eine gewisse Abseitigkeit trotz der aktiven geistigen Brückenfunktion im 18. Jahrhundert, und die literarische Produktion verarmt. Eine gesellschaftliche Auseinanderentwicklung zeichnet sich ab: das Französische wird zum sozial-distinktiven Merkmal, sein Erlernen ist Vorbedingung für den höheren Staatsdienst, für die Integration in die höhere Gesellschaft. Im Deutschen Reich wird je nach den wechselnden Bündnissen die Zugehörigkeit des Elsaß zu Frankreich hingenommen oder in Frage gestellt.

Im Zuge der Verwaltungsvereinheitlichung der Revolution verliert die Provinz ihren Sonderstatus, wird in zwei Départements aufgeteilt und in den französischen Zoll- und Wirtschaftsraum integriert, zum Nachteil der herkömmlichen Bindungen. Auf den ersten, begeisterten Elan der ›deutschsprachigen Franken‹ – Frankreich wird zum Vorbild der Völker, und fortschrittlich gesinnte Deutsche eilen herbei – folgt mit den Maßnahmen gegen den Klerus und der Schreckensherrschaft die Ernüchterung. Die Revolution verlangt von den Elsässern als gleichgestellten Gliedern der Nation eine gesinnungsmäßige Entscheidung für deren Werte; das bedeutet nicht nur das schnelle Erlernen der Sprache der Freiheit, sondern auch die Aufgabe der deutschen Art, d. h. auch der deutschen Sprache.

In den Augen der Revolutionäre ist das Deutsche eine Erinnerung an die Sklaverei des Feudalstaats, ein Hindernis für die effektive Einheit des Landes und die absolute Gleichheit der Bürger. Nur über das Französische als universal gültige Sprache ist der Zugang zu den befreienden Gesetzen möglich. Deutsch – ein »schwieriges, rauhes, barbarisches Idiom, das besonders geeignet erscheint, um Sklaven zu kommandieren, Drohungen auszustoßen und Stockhiebe zu zählen« (Rousseville, 1794) – ist auch die Sprache des ›Aberglaubens‹ (d. h. der Religion), der den Weg zur Vernunft versperrt. Es ist die Sprache des Feindes, dessen Armeen die Grenzen überschritten hatten, so daß der Gebrauch des Dialekts zum Verdachtsmoment wurde. Sogar Umsiedlungspläne, die einen ausgedehnten Bevölkerungsaustausch vorsahen, wurden erwogen.

Diese Ansichten standen in krassem Widerspruch zu den Auffassungen des Straßburger Publizisten Ulrich, der das Aufzwingen einer Sprache als Zeichen der Despotie des Ancien Régime betrachtete, die den »Stumpfsinn des Volkes als Stützpfeiler ihrer Tyrannei« brauchte. Für ihn bestand kein Widerspruch zwischen deutscher Sprache und Verfassung. Der reine Patriotismus verlange sogar, daß man jeden, selbst Erfolg versprechenden Versuch unterlasse, die deutsche Sprache im Elsaß auszurotten!

Der Réfugié-Nachfahre J. P. F. Ancillon konnte nach Napoléons Sturz im preußischen Außenministerium seine Überzeugung durchsetzen, »daß der Same zu neuen fortwährenden Kriegen ausgestreut würde«, wenn man Frankreich zwingen würde, Elsaß-Lothringen abzutreten, und Ulrich rief 1815 den ›teutschen Nachbaren‹ zu: »Wir sind gehorsam aller Obrigkeit, denn sie ist von Gott gesetzt. Ihr könnt uns deshalb nicht anfeinden«. Die Hirngespinste des Turnvater Jahn, der ein unüberwindbares Niemandsland zwischen Deutschland und Frankreich errichten wollte, blieben zwar ohne Folgen, doch der Rhein befand sich im Zentrum aller nationalistischen Fieberstöße des 19. Jahrhunderts. Die jakobinische Idee der einheitlichen Sprachnation wurde in Deutschland zur Legitimierung der deutschen Ansprüche auf das Elsaß aufgegriffen, allerdings umgekehrt: aus ›eine Nation, eine Sprache‹ wurde ›eine Sprache, eine Nation‹. Im Elsaß machte Französisch langsame Fortschritte im Zuge der wachsenden wirtschaftlichen und politischen Integration. Dies geschah trotz Widerstand der

Kirchen, und der Straßburger Domherr Cazeaux plädierte 1867 für ein behutsames Vorgehen. Er erhob sich gegen die verleumderische Meinung, daß die Verteidigung des Deutschen mangelnden Patriotismus bedeute; wer das Deutsche verdrängen wolle, führe zu einem Zustand der Halbsprachigkeit im Elsaß und vergreife sich an seiner Moral und Gesittung.

Die nach der Niederlage von 1870/71 von Frankreich akzeptierte Annexion des Elsaß erfolgte trotz der feierlichen Protestaktion seiner Abgeordneten, die das »für immer unverletzliche Recht ihrer Landsleute, Mitglieder der französischen Nation zu bleiben«, beteuerten und diese Protesthaltung 1874 im Reichstag bekräftigten. Im Krieg aber war 1870 mit der Zerstörung der Straßburger Bibliothek ein beträchtlicher Teil des deutschen Gedächtnisses des Elsaß und ein Kleinod deutscher Kultur untergegangen. In den Auseinandersetzungen zwischen Renan, Michelet, Fustel de Coulanges und D. F. Strauss, Mommsen und Treitschke stießen die Argumente der Rasse und der Sprache oder der Zustimmung des Volkes als ausschlaggebender Faktor der Nationbildung aufeinander.

Der Weggang derjenigen, die nach 1871 für Frankreich optierten, ein ununterbrochener Emigrationsfluß und ein starker Einwanderungsstrom von ›Altdeutschen‹ stärkten die Stellung des zur Verwaltungs- und Schulsprache gewordenen Deutsch im Elsaß. Französisch avancierte zur vornehmen ›Sonntagssprache‹, zum Demonstrationsmittel französischer Gesinnung und Bildung, um dem ›altdeutschen‹ Bürgertum gegenüber eine scharfe Trennungslinie zu markieren. Die Mundart, die auf der Bühne und in der Lyrik literarischen Rang erwarb, konnte ebenfalls als Ablehnung des Hochdeutschen und als Zeichen oppositioneller Haltung gelten bei denen, die des Französischen nicht mächtig waren.

Frankreich war nach 1918 kaum geneigt, dem elsässischen Partikularismus und der Sonderentwicklung der mit so hohem Blutzoll wiedererkauften Provinz Rechnung zu tragen. Auf das Versprechen von Joffre (1914), die elsässischen Traditionen und Besonderheiten zu respektieren, folgte die Überzeugung von E. Herriot (1924), daß die Elsässer den Tag herbeisehnten, an dem das letzte Element der regionalen Gesetzgebung verschwinden würde. Das

Plädoyer eines R. Schickele für ein aus seiner doppelten Wurzel sich nährendes ›geistiges Elsässertum‹ blieb ohne dauerhaftes Echo. Nach fast fünfzigjähriger Trennung zwischen dem verwaisten Elsaß und dem trauernden Mutterland entstand auf beiden Seiten der Vogesen eine eher dem Kult der frommen Erinnerung als der Wirklichkeit verpflichtetes Bild. Zwischen der sendungsbewußten laizistischen Republik und der seit 1911 mit begrenzter Autonomie ausgestatteten Provinz häuften sich nach dem Rausch der als Erlösung gefeierten Rückkehr an Frankreich die Mißverständnisse, die in ein allgemeines Mißbehagen und schließlich in die ›autonomistische Krise‹ mündeten.

Selbst in Phasen relativer Entspannung hatte die elsässisch-lothringische Frage jede deutsch-französische Annäherung verhindert; sie führte zur notwendigen Verlängerung des Kriegs, da das Kriegsziel einer Rückkehr an Frankreich der verlorenen Territorien nur durch die Niederwerfung Deutschlands erreicht werden konnte. Auch nach 1918 blieb dieses Problem ein Herzstück der Konfrontation. Während für Frankreich lediglich eine völkerrechtswidrige Annexion rückgängig gemacht wurde, weigerte sich Deutschland, definitiv auf jeden Anspruch zu verzichten, wenn auch ohne jede Illusion über ein Volksabstimmungsergebnis. Da die Ausweisung der ›Altdeutschen‹ eine irredentistische Bewegung im Elsaß kaum ermöglichte, unterstützte Deutschland unter dem Deckmantel kultureller Hilfe für das gefährdete ›deutsche Volkstum‹ autonomistische Strömungen, in der Hoffnung, das Auslandsdeutschtum als Hebel für eine allgemeine Revision der Grenzen von 1919 nutzen zu können. Dieser wenn auch in gemilderter Form kultivierte Revanchegeist förderte in Frankreich eine Glacis-Politik und den Versuch, eine illusorische sprachliche Marginotlinie zu errichten. In Wirklichkeit ging die Französisierung nach 1918, wie auch die Germanisierung nach 1871, von der Vorstellung aus, man könne den Rechtsanspruch des potentiellen Gegners auf die Provinz dadurch entkräften.

Die stillschweigende De-facto-Einverleibung des Elsaß in das Dritte Reich (1940) wurde in der Tat mit dem ›germanischen Charakter‹ der Provinz begründet. Sie wurde ›entwelscht‹ (»Raus mit dem welschen Plunder«), germanisiert und im Eilverfahren nazifiziert: die Hakenkreuzfahne wehte symbolisch auf dem Straßburger Münster. Ab 1942 wurden die Elsässer in die Wehrmacht bzw. in die SS zwangseingezogen und ihnen zugleich die deutsche Staatsangehörigkeit verliehen: »Der Unterdrückte mußte die Stiefel des Unterdrückers anziehen« (A. Weckmann). Während im übrigen Frankreich nach 1945 der Mythos des allgemeinen Widerstandes blühte, lebten im Elsaß dieses Trauma und die damit verbundenen Verdächtigungen wie ein Stachel im Fleisch weiter. Die Nichtübereinstimmung des offiziellen kollektiven Gedächtnisses und der elsässischen Erinnerungen war stärker als die vordergründige patriotische Einhelligkeit. Dieser latente Verdacht, der auf den ›Opfern/Komplizen‹ lastete, sowie die Müdigkeit der Generationen, die seit 1870 viermal die Staatsangehörigkeit gewechselt hatten, ebneten den Weg für die kulturelle Assimilierung. Deutsch, zunächst Feindes-, dann Fremdsprache, später ›Sprache des Nachbarn‹ und sogar ›Regionalsprache Frankreichs‹, verlor seine soziale Existenz, während die Mundart verkümmerte und ihre Weitergabe heute gefährdet ist. Erst spät artikulierten die Elsässer ihr Befremden darüber, daß ihnen das Verleugnen ihrer Sprache als Gradmesser ihres Patriotismus zugemutet wurde.

Die 1871, 1918, 1940 und 1945 in Kriegen gegen den ›Erbfeind‹ in besiegten Armeen eingesetzten Elsässer befanden sich jedesmal, nach Abschluß des Krieges, im Lager der Sieger. Dieses Schicksal kann nur dem als beneidenswert erscheinen, der die dabei erlittenen Verwundungen der elässischen Seele nicht wahrnimmt. Die Logik von Verdrängung und Erzeugung von Schuldgefühl haben an der elsässischen Psyche, die eine Art Hologramm der deutschen und französischen darstellt, schweren Schaden angerichtet, und der Prozeß der sprachverschlingenden und akkulturierenden Normalisierung ist trotz einiger Anzeichen größerer Konvivialität der Sprachen weit fortgeschritten.

Dazu verurteilt, »mit dem (zu leben), was die drei Jahrhunderte deutsch-französischen Neben- und Gegeneinanders zwischen Rhein und Vogesen angeschwemmt haben« (A. Weckmann), sind die Elsässer nun dazu aufgerufen, sich von dem Flitterwerk des ewig unentschlossenen und unzufriedenen ›Hans im Schnokeloch‹ zu befreien, einem Stereotyp, der dem Elässer von außen her, von zwei Gesellschaften, die Gefangene ihrer eigenen sprachlichen Abgeschlossenheit sind, aufgezwungen wurde, selbst wenn dieser sie seitdem verinnerlicht hat. Da jegliche irredentistische Versuchung nunmehr beseitigt ist, kein deutscher Anspruch auf das Elsaß mehr besteht und »die Liebe zu Frankreich nicht (mehr notwendigerweise) auf dem Haß der Deutschen« (J. Egen) beruht, können die Elsässer eine Identität fordern, die etwas anderes darstellt als die immerwährende Übersetzung, die darauf hinausläuft, das Original überflüssig zu machen.

János Riesz

Afrika

Durch die Jahrhunderte haben Deutsche und Franzosen am gleichen Bilder- und Mythenschatz über den afrikanischen Kontinent partizipiert. Ernst Jünger hat ihn in seinem autobiographischen Roman *Afrikanische Spiele* (1936) als Lese-Erinnerung zitiert. Dem jungen Gymnasiasten Herbert Berger, der die provinzielle Enge seiner Heimatstadt, die vorgezeichneten Wege und die wirtschaftliche Ordnung der ›zivilisierten Welt‹ verabscheut, erscheint »Afrika als das glückselige Land, in dem man vom Erwerb, und im besonderen vom Gelderwerb, unabhängig war«. Afrika ist ihm »der Inbegriff der wilden, ungebahnten und unwegsamen Natur und damit ein Gebiet, in dem die Begegnung mit dem Außerordentlichen und Unerwarteten noch am ehesten wahrscheinlich war«. Dieses Bild des dunklen und gleichzeitig lockenden Kontinents hatte bis ins 20. Jahrhundert hinein die europäischen Vorstellungen über Afrika geprägt und zahlreiche Forscher und ›Entdeckungsreisende‹ angelockt.

Mit der Berliner Kongo-Konferenz von 1884/85 und der ihr nachfolgenden Aufteilung des Kontinents unter die europäischen Mächte begann eine umfangreiche literarische Produktion in den Kolonialländern, die sowohl die bessere wirtschaftliche Nutzung Afrikas im Auge hatte wie auch darauf zielte, Menschen verstärkt für das ›koloniale Abenteuer‹ zu werben. Auf eine einfache Formel bringt die neue Zielrichtung wiederum ein Gymnasiast, der Schüler Franz Bauer in Ödon von Horváths im Exil als Kritik am nationalsozialistischen Rassenwahn geschriebenen Roman *Jugend ohne Gott* (1937), der die als Aufsatzthema gestellte Frage »Warum brauchen wir Kolonien?« so beantwortet: »Wir brauchen die Kolonien, weil wir zahlreiche Rohstoffe benötigen, denn ohne Rohstoffe könnten wir unsere hochstehende Industrie nicht ihrem innersten Wesen und Wert nach beschäftigen, was zur unleidlichen Folge hätte, daß der heimische Arbeitsmann wieder arbeitslos würde.« Und ein anderer Schüler der Klasse bringt die jahrhundertealte rassistische Legitimation der Unterdrückung und Ausbeutung der Schwarzen auf die Formel: »Alle Neger sind hinterlistig, feige und faul.«

Zwischen den beiden Polen, dem unberührten »Traumland Afrika« einerseits und dem zivilisatorisch hoffnungslos unterlegenen und ökonomisch der Erschließung durch die Europäer harrenden Kontinent andererseits, bewegt sich der größte Teil sowohl der deutschen wie der französischen Afrika-Literatur. Dabei muß man allerdings berücksichtigen, daß es schon seit dem 17. Jahrhundert französische Besitzungen an der afrikanischen Westküste (Senegal) gab und daß der französische Imperialismus seit Mitte des 19. Jahrhunderts überwiegend nach Afrika orientiert war, während die deutsche Kolonialbewegung erst spät einsetzte und von 1884 bis zum Ersten Weltkrieg gerade eine Generation Zeit hatte, sich in »Deutsch«-Ost- und Südwest-Afrika, in Kamerun und Togo zu entfalten.

Innerhalb der deutsch-französischen Beziehungen spielt Afrika aber gerade nach dem Ende des deutschen Kolonialbesitzes, zwischen den beiden Weltkriegen, eine wichtige Rolle, deren Auswirkungen auch auf Afrika selbst zurückstrahlten und bis heute fortdauern. Die Aufstellung einer »Force Noire« in Frankreich seit Anfang des Jahrhunderts, die Teilnahme von weit über 100000 »Tirailleurs Sénégalais« am Weltkrieg, ihr nachfolgender Einsatz bei der Besetzung der Rheinlande, entfesselten auf deutscher Seite eine äußerst heftige publizistische Kampagne, die unter dem Schlagwort »Schwarze Schande« oder »schwarze Schmach am

Rhein« auch internationales Aufsehen erregte. Bereits 1910 reagierten die Leipziger *Neuesten Nachrichten* mit einem polemisch-rassistischen Artikel über »Das französische Negerheer« auf die Rekrutierung afrikanischer Soldaten. Während des Krieges erschienen dann Broschüren wie jene über *Die farbigen Hilfsvölker der Engländer und Franzosen* (1915) oder Bücher wie *Der Völkerzirkus unserer Feinde* (1917) des Ethnologen Leo Frobenius, in dem dieser die Teilnahme nicht-europäischer Soldaten auf seiten der Alliierten mit zahlreichen Photos dokumentierte und den Mißbrauch der »Naturvölker« und ihre kriegsmäßige »Dressur« anprangerte. Nach der Niederlage und dem Verlust der deutschen Kolonien, der im Versailler Vertrag mit »Deutschlands Versagen auf dem Gebiete der kolonialen Zivilisation« begründet wurde, schließlich der Verwendung afrikanischer Soldaten bei der Besetzung der Rheinlande eskalierte die Kampagne zu beispielloser Hetze: 1920 erschien bereits in zweiter Auflage eine Broschüre über *Farbige Franzosen am Rhein – Ein Notschrei deutscher Frauen*; 1921 ist daraus bereits ein »Weltproblem« geworden, wie der Untertitel eines Buches über *Schwarze am Rhein* lautet.

Auf französischer Seite brauchte man einige Zeit, um sich auf diese Angriffe einzustellen. Erst ab 1918 und in Reaktion auf die deutschen Kampagnen schenkt man den »Tirailleurs Sénégalais« bei der Kriegsberichterstattung stärkere Beachtung, läßt sie bei den Siegesparaden und den Feiern zum 14. Juli mitmarschieren und entwickelt einen negrophilen Diskurs, der in vieler Hinsicht Replik-Charakter auf die deutschen Angriffe trägt und in gewissem Sinne ein Korrelat des »Modèle Nègre« der künstlerischen und literarischen Avantgarde in beiden Ländern darstellt, das auch breitere Bevölkerungsschichten erreichte. Dokumentarische Berichte über die Teilnahme der afrikanischen Soldaten am Weltkrieg und ihr Leben bei »sich zu Hause« werden Mode. In diesem Kontext ist auch die Entstehung einer afrikanischen Literatur in französischer Sprache zu sehen. Der »Prix Goncourt« von 1921, *Batouala – Véritable roman nègre*, des von den Antillen stammenden (schwarzen) René Maran, der einige Jahre im französischen Kolonialdienst in Zentralafrika zugebracht hatte, wurde als Auszeichnung einer »Frankreich ergebenen Rasse« gewürdigt. Der erste Roman eines Afrikaners aus den französischen Kolonien, *Force Bonté* (1926) von Bakary Diallo aus Senegal, erzählt autobiographisch die Geschichte eines Tirailleur, der trotz schlechter Erfahrung mit seinen Vorgesetzten und ungerechter Behandlung nach dem Krieg seinen Glauben an die Überlegenheit der französischen Zivilisation nicht verliert.

Die französische Kolonial-Literatur, die das Monopol ihres Afrika-Diskurses durch diese Romane in Frage gestellt sieht, reagiert mit einer wahren Flut von »echten«, »wahren«, »authentischen« Neger-Romanen, stiftet Preise für Kolonialliteratur und erklärt ihren Abschied vom alten Exotismus eines Pierre Loti. Von Afrika-erfahrenen Beamten verfaßt oder durch ein entsprechendes Vorwort als ›echt‹ beglaubigt, bestimmen diese Romane das französische Bild Afrikas zwischen den Weltkriegen: *Koffi, roman vrai d'un noir*, *Vertige d'Afrique*, *La randonnée de Samba Diouf*, *La Soudanaise et son amant*, *Fièvres d'Afrique* – so lauten einige der vielversprechenden und erfolgreichen Titel.

Auch in Deutschland hält eine umfangreiche und in hohen Auflagen gedruckte Afrika-Literatur die Erinnerung an die alten Kolonien aufrecht. Man sucht die »koloniale Schuldlüge« zu widerlegen, als *Volk ohne Raum* träumt man von der Weite des afrikanischen Kontinents, hält die Erinnerung an »Unser Kamerun«, »Unser Togo«, »Deutsch Südwest« wach, glorifiziert – *Heia Safari!* – die militärischen Leistungen der eigenen Kolonialvergangenheit und legt den Afrikanern die Frage in den Mund: *Wann kommen die Deutschen endlich wieder?* Der Reisebericht *Afrikanischer Frühling* (1938) von Friedrich Sieburg präsentiert das französische Kolonial-Imperium in Nord- und Westafrika als große zivilisatorische Leistung des ›neuen‹ Frankreich, das mit dem ›neuen Deutschland‹ die alten Streitigkeiten begraben und neue Aufgaben ins Auge fassen sollte.

Auch die Wunde der »schwarzen Schande« bleibt weiter offen: Léopold Senghor, der senegalesische Dichter, spätere Staatspräsident und Friedenspreisträger des Deutschen Buchhandels, zitiert in einem Gedicht von 1938 auf die »Für Frankreich gefallenen Senegal-Schützen« die deutschen Worte: »die schwarze Schande«. Hitler läßt die »Rheinland-Bastarde« sterilisieren und später in die

Konzentrationslager stecken. Joseph Rovan hat in seinen 1987 veröffentlichten *Contes de Dachau* an das Schicksal eines von ihnen erinnert: Karl Bethmann aus Köln, der ohne zu verstehen, was mit ihm geschah, zum Opfer des nationalsozialistischen Rassenwahns wurde. Er könnte als Symbolgestalt stehen für das, was die europäischen Völker, Franzosen wie Deutsche, dem afrikanischen Kontinent und seinen Bewohnern in den vergangenen Jahrhunderten angetan haben, diejenigen die, wie es der senegalesische Schriftsteller und Politiker Cheikh H. Kane in seinem Roman der afrikanisch-europäischen Kulturbegegnung, *L'Aventure Ambiguë* (1961) formuliert, »die uns besiegt haben, ohne doch im Recht zu sein«. Kane wie Senghor und viele andere afrikanische Schriftsteller ermöglichen heute mit ihren Werken in französischer Sprache und in deren deutscher Übersetzung Franzosen wie Deutschen eine Überwindung ihres eurozentrischen Bildes von Afrika und eine Sicht des Kontinents ›von innen‹, auf welcher Grundlage überhaupt erst ein partnerschaftliches Miteinander möglich scheint.

Rita Thalmann

Antisemitismus

Franzosen und Deutsche verstehen unter diesem Terminus heutzutage gleichermaßen alle Erscheinungsformen der Feindseligkeit gegenüber den Juden. Dies entspricht dem gegenwärtigen Sprachgebrauch, unterschlägt jedoch den von Grund auf verschiedenen Sinn, den er seit seinem Auftauchen in der zweiten Hälfte des 19. Jahrhunderts in den beiden Ländern jeweils angenommen hat. Ein Unterschied, dessen Auswirkungen noch heute spürbar sind. Denn im gegenwärtigen Frankreich, in dem die jüdische Gemeinschaft über 650000 Mitglieder zählt, steht der Antisemitismus – trotz bestimmter Formen, die im Zusammenhang mit dem israelisch-arabischen Konflikt und mit der Leugnung der »Endlösung« aufgetreten sind – in der Tradition eines antimodernistischen Nationalismus, einer Mischung aus Xenophobie und katholischem Integrismus, die nicht mit dem Rassismus gegenüber den Einwanderern und Gastarbeitern gleichzusetzen ist, obwohl beide gegen die »für den Niedergang Frankreichs verantwortlichen Kräfte« gerichtet sind. In den beiden deutschen Staaten, in denen nur mehr wenige Tausend aus dem Exil heimgekehrte oder nach 1945 aus anderen Ländern gekommene Juden leben und das Problem in die Nähe der Ionescoschen Geschichte von der Leiche des *Amédé ou comment s'en débarasser* rückt [Amédé, oder wie werden wir ihn los], insofern, als »der Schatten von Auschwitz« jedes ungebrochene Fortleben eines von der Rassenmystik des »Deutschtums« belasteten Nationalismus derart blockiert, daß man die von dem nationalsozialistischen Sinn entwürdigte Bezeichnung »Jude« vermeidet und beschwichtigende Umschreibungen verwendet wie: »unsere jüdischen Mitbürger«, »unsere jüdischen Freunde«.

Als Phänomen, das allen mit der »Krise der Modernität« konfrontierten europäischen Ländern gemeinsam ist, erscheint der Antisemitismus als eine säkularisierte Ideologie der christlichen und wirtschaftlichen Judenfeindschaft, wie sie seit dem Mittelalter üblich geworden war. Die alte Version des auf dem Volk der »Christusmörder« lastenden Fluches wird von dieser neuen Judenangst um die Vorstellung einer weltweiten Konspiration der Juden oder »Semiten« erweitert, jenes minderwertigen Volkes oder jener »Rasse«, die mit allen Mitteln versucht, die höherstehenden Völker oder »Rassen« der Arier zu schwächen und letztlich zu versklaven. Den wissenschaftlichen Theorien von der Hierarchie der Rassen entlehnt, der Gegenüberstellung von »arischen bzw. indoeuropäischen« und semitischen Kulturen, dem Sozialdarwinismus, der zu dieser Zeit sehr en vogue war, zielt diese Phobie darauf ab, die soziokulturellen und rechtlichen Schranken wieder aufzurichten, die zwischen Nicht-Juden und Juden seit der Emanzipation dieser letzteren aufgehoben worden waren. Ausgehend von dieser gemeinsamen Basis, divergieren der deutsche und der französische Antisemitismus jedoch beträchtlich. Der erstere gründet die Antinomie auf eine »geographisch-rassische« Metaphysik des Deutschtums, während der zweite ihn in einer organischen Auffassung der Nation begründet sieht. Dieser Unterschied wird bereits greifbar, wenn man *Der Sieg des Judentums über das Deutschtum* (1879) von Wilhelm Marr (der übrigens im gleichen Jahr den Begriff »Antisemitismus« einführt und ihn der »Judenfeindschaft« entgegenstellt, die seiner Ansicht nach von einer eher konfessionellen als rassischen Auffassung der Juden bestimmt ist) mit *La France juive* [Das jüdische Frankreich] (1885) von Édouard Drumont, dem gehässigsten Pamphletisten der Zeit, vergleicht, der ohne weiteres die Begriffe Volk, Nation, Konfession und Rasse durcheinanderwirft. Dies hat er übrigens mit den meisten seiner französischen Zeitgenossen aller Parteien und Tendenzen gemein: im Gegensatz zu den deutschen Rassetheoretikern. Schon in einem Artikel aus dem Jahre 1867, der für die *Ligue internationale de la paix* [Internationale Liga für den Frieden] auf französisch verfaßt wurde, prangerte Wilhelm Marr die in dem »Asiatentum der Juden« liegende Gefahr für die »indoeuropäischen« Völker an und verkündete: »Die wahre Nation ist die Rasse.« Ernest Renan, der sich rühmte, schon 1855 den Begriff einer »jüdischen Rasse« eingeführt zu haben, deren semitischer Geist dem der indoeuropäischen Kultur unterlegen sei, führte kurz darauf in einem Brief an Graf Gobineau den Mißerfolg des *Essai sur l'inégalité des races* [Versuch über die Ungleichheit der Menschenrassen] wie auch seiner eigenen vergleichenden Literaturwissenschaft auf »ein Frankreich [zurück], das sehr wenig an die Rasse glaubt, eben weil die Tatsache des Rassischen in diesem Land fast erloschen ist.« Eine Feststellung, die man 1932 in dem *Essai sur la France* [Versuch über Frankreich] des deutschen Romanisten Ernst Robert Curtius wiederfindet: »Der Franzose besitzt weder einen rassischen Instinkt noch ein rassisches Bewußtsein: der Begriff der Rasse steht bei ihm weit unter dem der Nation.« Was von den NS-Autoren und ihren französischen Bewunderern etwas später bedauert wurde.

Zu diesem ideologischen Unterschied kommt noch ein politischer Unterschied hinzu. Im wilhelminischen Deutschland, das aus dem militärischen Sieg des Jahres 1870 hervorgegangen ist, bleibt der Antisemitismus die Ausdrucksform der Frustrationen eines Volkes, das einem autoritären Staat unterworfen ist, während er in Frankreich, nach dem Untergang des zweiten Kaiserreichs, in dem restaurierten republikanischen System durch die

Dreyfus-Affäre zum zentralen Thema einer Auseinandersetzung wurde zwischen den Traditionalisten zum einen und zum anderen den Verfechtern einer demokratischen Ordnung, welche auf den Prinzipien der Freiheit, der Gleichheit, der Gerechtigkeit beruht, wie sie seit 1789 in der Erklärung der Menschen- und Bürgerrechte verankert sind. Was Clémenceau als »unerhörten Augenblick der Unmenschlichkeit« bezeichnet, Péguy als »religiöse Krise«, Barrès als »Orgie von Metaphysikern«, obwohl seine ebenso flammenden wie nebelhaften Schmähschriften die ganze antidreyfusistische Presse angeregt hatten, ruft von dem »J'accuse« Zolas an eine regelrechte nationale Gewissensprüfung hervor, aus der nicht allein der Sieg der Republikaner und die Rehabilitierung des Hauptmanns Dreyfus hervorgeht, sondern ein dauerhafter Bruch zwischen Anhängern und Gegnern einer Auffassung der Staatsbürgerschaft, die auf die erworbenen Rechte gegründet ist. Ein Bruch, den man zumal in der Krise der dreißiger Jahre, im Sieg der Volksfront und in der heftigen antisemitischen und fremdenfeindlichen Campagne gegen die »finsteren vaterlandslosen Kräfte« wiederfindet, welche für den Niedergang Frankreichs verantwortlich gemacht wurden; dann später zur Zeit der deutschen Besatzung mit einem ausgeprägt rassistischen Charakter in den kollaborationistischen Bewegungen, während der klerikale und reaktionäre Staat des Vichy-Regimes – ungeachtet des Status der Juden – einen Unterschied macht in der Behandlung der ausländischen oder staatenlosen Juden und der »französischen Israeliten«. Ein beachtenswertes Phänomen: Das Bewußtsein von dem unmenschlichen Schicksal der Juden während der deutschen Besatzung trug sogar in den Kreisen petainistischer Christen (manche Kirchenfürsten mit einbegriffen, die sich bemühten, sie vor der Deportation zu bewahren) unstreitig zur Demokratisierung des französischen Katholizismus nach 1945 bei.

In Deutschland hätte nach dem Zusammenbruch des wilhelminischen Reiches und der Niederlage des Jahres 1918 eine politische Klärung durch die Gründung der Weimarer Republik erfolgen können. Doch trotz ihrer demokratischen Verfassung gewann das Bündnis des Nationalkonservatismus mit der auf die Doktrin einer rassischen Gemeinschaft des Volkes beruhenden »völkischen« Bewegung die Oberhand über eine Republik, deren Verfechter marginalisiert oder verfolgt wurden. Ein Bündnis, das – muß man noch daran erinnern? – »den ersten Staatsmann an die Macht brachte, der aus den Grundlagen der Vererbungslehre und der Eugenik ein bestimmendes Prinzip der Staatspolitik gemacht hat«, wie Otmar von Verschür es formulierte. Die praktische Durchführung der »arisch-germanischen Herrschaft« über die »minderwertigen Rassen« – die Juden wurden als deren eigentlicher Prototyp angesehen – führte zu einem Krieg »im Namen der Rasse«, der die mörderischste Vernichtungsaktion der Menschheitsgeschichte, zumal an sechs Millionen Juden, zur Folge hatte. Für Deutschland ergab sich daraus nicht allein der Verlust, wahrscheinlich auf lange Zeit der zahlenmäßig stärksten und ohne Zweifel dynamischsten jüdischen Gemeinde Westeuropas, sondern auch die Teilung in zwei Staaten und die Diskreditierung des Nationalismus, der zu jener Katastrophe geführt hatte.

Um über diese Situation hinauszukommen, haben die beiden deutschen Staaten verschiedene Wege des Bruchs mit einer »schwierigen Vergangenheit« eingeschlagen. Die DDR glaubte diese bewältigen zu können, indem sie sich unter das Banner des Antifaschismus stellte, was es ihr ermöglichte, jede Debatte über die Natur des deutschen Antisemitismus zu umgehen und sogar jede Entschädigung der jüdischen Opfer des Naziregimes abzulehnen. Die BRD hat sich fest mit den westlichen Demokratien verbunden und sich für einen »Verfassungspatriotismus« und für die »Wiedergutmachung« der Opfer des Dritten Reichs entschieden, als dessen Nachfolger sie sich ansieht. Das Fortleben eines von dem staatlichen Antizionismus verdeckten Antisemitismus und das kürzliche Auftreten von antijüdischen und Neonazi-Parolen skandierenden »Skinheads« in der DDR und die »Wende«, die sich seit Bitburg in der Bundesrepublik abzeichnet, stellen die Anfälligkeit der politischen Kultur eines Volkes unter Beweis, das nicht »seiner Geschichte beraubt« ist, sondern einer wirklichen »Trauerarbeit« ermangelt, die es ihm ermöglichen würde, sich aus der unzweideutigen Anerkenntnis seiner Vergangenheit heraus auf die Zukunft hin zu entwerfen. Ob dies im Bewußtsein der Gefahr geschieht, oder aus dem von den Umständen diktierten

Wunsch heraus, ihren Platz in der Ost-West-Annäherung einzunehmen, jedenfalls wohnt man in der DDR einer Revision der offiziellen Haltung gegenüber dem bis dahin ignorierten »Judenproblem« bei, die sich in politischen Initiativen niederschlägt wie der Zurückstellung des Antizionismus, der Anerkennung der Mitverantwortung jenes Teils von Deutschland bei der Vernichtung der Juden und von deren historischen Besonderheit. In der BRD, wo dieser Weg schon im Jahre 1949 eingeschlagen wurde, scheint die Revision – in den verschiedenen Bemühungen der leitenden Eliten, mit einer Vergangenheit abzuschließen, »die nicht vergehen will« – in die Gegenrichtung zu verlaufen.

Dieser neokonservative Revisionismus ist nicht allein eine deutsche Angelegenheit. Er betrifft die Gesamtheit der Demokraten, insbesondere die europäischen Partner Deutschlands – unter anderem Frankreich –, die in einer Welt der Krise über das Entstehen einer übernationalen Strömung des Rassismus und Antisemitismus besorgt sind, die durch das Aufkommen eines neokonservativen Revisionismus in der Bundesrepulbik ausgesprochen bestärkt werden könnte. Denn obwohl er nicht soweit geht, die Realität der »Endlösung« zu leugnen, so streitet er ihr doch ihre historische Besonderheit durch eine die Politik des Dritten Reiches und ihre kriminelle Eigenheit relativierende Interpretation ab, indem er manche Thesen, wie die vom defensiven Charakter des Dritten Reiches in Anbetracht der Bedrohung durch den »jüdischen Bolschewismus« und das »Weltjudentum«, übernimmt und seine Verbrechen mit denen aller anderen Tyranneien des 20. Jahrhunderts in eins setzt – zumal mit denen des Stalinismus. Daraus ergibt sich die reale Gefahr einer Übereinstimmung zwischen all denen, die den Rückfall in die nationalsozialistische Barbarei im Europa des 20. Jahrhunderts auf eine »Detailfrage der Geschichte des Zweiten Weltkrieges« reduzieren wollen.

Es steht den Franzosen, die dazu neigen, ihre eigene Geschichte mythisch zu verklären, nicht zu, sich zu Lehrmeistern aufzuschwingen. Aber die französisch-deutsche Zusammenarbeit, das Fundament und die treibende Kraft einer europäischen Gemeinschaft, die heute auf die Annäherung zwischen Ost und West und auf die Respektierung der Menschenrechte gegründet ist, darf dieses Problem nicht umgehen. Sie muß dazu beitragen, den jüngeren Generationen, die jene Zeit nicht erlebt haben, eine genaue Kenntnis der Tatsachen zu vermitteln, sowie das Bewußtsein entwickeln, daß die Bewahrung des historischen Gedenkens an diese Vergangenheit in Europa wie in der ganzen Welt die Zukunft der Demokratie bedingt, ohne die kein menschliches Zusammenleben möglich ist.

Marieluise Christadler
Résistance – Kollaboration

In Frankreich entwickelte sich der Widerstand gegen die deutsche Besatzungsmacht. Zwar hatte es schon vor 1940 antifaschistische Vereinigungen und Aktivitäten gegeben, aber erst Niederlage, Okkupation und Kollaboration der »Vichy-Regierung« führten zur Résistance. Der deutsche Widerstand richtete sich hingegen von Anfang an gegen die legal zur Macht gelangte und zunächst politisch wie ökonomisch erfolgreiche, eigene Regierung. Das erschwerte nicht nur sein Zustandekommen, sondern belastete seine Beurteilung durch die Nachkriegsdeutschen, die in ihrer Mehrheit den Sieg der Alliierten nicht als Befreiung von der faschistischen Diktatur, sondern als Niederlage Deutschlands empfanden.

Daß der deutsche Widerstand nach 1945 nur zögernde Anerkennung fand, während die Résistance zum exkulpatorischen Mythos Nachkriegsfrankreichs wurde, hängt vor allem mit politischen Konstellationen, aber auch mit historischen Traditionen zusammen. Die Résistance erlaubte es den Franzosen, sich in den Kreis der Siegermächte einzureihen, während der deutsche Widerstand bestenfalls einer langfristigen moralischen Rehabilitierung Deutschlands diente. Dazu trugen nicht nur der alliierte Vorwurf der Kollektivschuld und die Diskreditierung der preußisch-deutschen Geschichte bei, sondern auch die geringe Verankerung des politischen Widerstandsrechts in der kollektiven Mentalität der Deutschen. Die Feier der Befreiungskriege gegen Napoleon und der »passiven Resistenz« während des »Ruhrkampfs« hatten die nationale Mobilisierung, nicht aber den bürgerlichen Freiheitswillen gefördert. Der französischen Populärliteratur hingegen war es gelungen, nationale Unabhängigkeit und individuelle Freiheit dramaturgisch zu verknüpfen und in bewußtseinssteuernde Parabeln umzusetzen. Daran konnten die »maquisards« anknüpfen, als sie Daudets Novelle *Die Ziege des Herrn Séguin* – nach Gaston Bonheur ein »Schlüsseltext der Résistance« – auf ihre eigene Situation anwandten: wie die kleine, weiße Ziege nahmen auch sie lieber das Todesrisiko des Freiheitskampfes gegen den NS-Wolf in Kauf, als sich mit dem Überleben in der Gefangenschaft des Herrn Séguin alias Pétain zu begnügen.

In beiden Ländern war ein wesentliches Motiv des Widerstandes die Sorge um das moralische Ansehen des Vaterlandes. Die Geschwister Scholl wollten Zeugnis ablegen für »das andere Deutschland«, und auch der Résistance ging es darum, daß Frankreich in den Augen der Welt nicht mit den »Vichy-Verrätern« identifiziert wurde. Aber während die Existenz des »anderen Deutschland« im Ausland lange Zeit bestritten wurde (in französischen Schulen blieb der deutsche Widerstand bis in die 80er Jahre unerwähnt), erreichte de Gaulle, daß Nachkriegsfrankreich mit der »France libre« und nicht mit dem »Etat français« gleichgesetzt wurde – obwohl dessen Oberhaupt Pétain von einer überwältigenden Parlamentsmehrheit unumschränkte Regierungsvollmacht erhalten hatte und sich bis mindestens 1943 auf die Masse der französischen Bevölkerung stützte.

Ein systematischer Vergleich des deutschen und französischen Widerstands liegt bisher nicht vor, wohl aber parallele Darstellungen, die deutlich machen, daß seine Voraussetzungen und Methoden in beiden Ländern unterschiedlich waren, Motive und Herkunftsmilieu der Widerstandskämpfer aber Ähnlichkeiten aufweisen. Daran erinnerte Claude Bourdet, Chefredakteur der Untergrundzeitschrift *Combat*, als er 1944 seine Konzeption von der Zukunft Deutschlands mit dem Gedenken an die ermordeten deutschen Widerstandskämpfer – »militants socialistes, catholiques et communistes« – abschloß.

Nicht nur in Deutschland, auch in Frankreich tut man sich

schwer mit der »Vergangenheitsbewältigung«. Diesseits und jenseits des Rheins wurden nach 1945 Mechanismen entwickelt, um das Trauma von Schuld und Mitschuld an den nationalsozialistischen Verbrechen zu verdrängen.

Die Franzosen hatten es aus naheliegenden Gründen leichter. Als überfallene und okkupierte Nation konnten sie die Verfolgung von Juden und Systemgegnern den Deutschen anlasten, obwohl die reibungslose Durchsetzung der nationalsozialistischen Politik schwerlich ohne die massive Unterstützung französischer Stellen möglich gewesen wäre. Nach einer kurzen Pause der »Säuberung«, der etwa 9000 Kollaborateure zum Opfer fielen, und nachdem den Gallionsfiguren des »Vichy-Régime« der Prozeß gemacht worden war, sorgte man sich vor allem um die »nationale Aussöhnung«. Was Heinrich Lübbe bezogen auf die Bundesrepublik das »kommunikative Beschweigen« belasteter Vergangenheiten genannt hat, wurde auch in Frankreich praktiziert. Mit dem Ergebnis, daß erst zu Beginn der siebziger Jahre eine kritische Auseinandersetzung mit den unliebsamen Fakten der Okkupationszeit begann, und zwar infolge der Aufklärungsarbeit von zwei Nicht-Franzosen. Auf den Résistance-Mythos und die Verdrängung des wahren Ausmaßes der Kollaboration folgte nun die »kollektive Selbstbezichtigung« (Henri Rousso), die allerdings spätestens beim Barbie-Prozeß wiederum einer öffentlich gesteuerten Selbstbeschwichtigung wich. Die in ihrer Jugend von den Nazis nach Auschwitz verschleppte Politikerin Simone Veil befürchtete, wie 40 Jahre zuvor der Schriftsteller François Mauriac und 1972 Staatspräsident Pompidou, daß eine Grundsatzdebatte über die Jahre 1940–44 den gesellschaftlichen Frieden gefährden könne.

Auch wenn die Mehrheit der Franzosen sich laut Meinungsumfragen nicht mehr für die Kriegszeit interessiert, spricht für die Stichhaltigkeit einer solchen Vermutung die These des 34jährigen Zeithistorikers Henri Rousso, daß das »Vichy-Syndrom« als »Paradebeispiel französischer Bürgerkriege« die Öffentlichkeit weiterhin spalte, weil die ihm zugrunde liegenden, politisch-kulturellen Traditionen (der Antisemitismus etwa) fortlebten. Das Erstarken des Front National und die Debatte über seine Vichy-Wurzeln liefern einen weiteren Beweis dafür, daß die französische Gesellschaft – ungeachtet eines »wachsenden Konsens über die Minimalregeln demokratischen Zusammenlebens« (René Rémond) – die alten Grabenkämpfe noch nicht überwunden hat.

Der deutsche Beobachter befindet sich angesichts des ambivalenten Verhältnisses der Franzosen zu ihrer jüngsten Geschichte in einer unkomfortablen Situation. Er mag irritiert sein über den Heidegger-Kult französischer Intellektueller, die die Offenlegung belastender Details über die NS-Zugehörigkeit des Philosophen als »unerhebliche Soziologenperspektive« abtun, befremdet über die Anstrengungen französischer Historiker, einen autochthonen Faschismus zu leugnen, oder bestürzt über den Wahlerfolg einer Partei, deren Führer die Existenz von Gaskammern als »Nebenumstand der Geschichte des Zweiten Weltkriegs« bezeichnet.

Mindestens ebenso beunruhigend ist indessen die Reaktion der bundesdeutschen Intelligenz auf diese Vorgänge. Während sie bei den einen kritisch-ironische Distanzierung von dem lange Zeit hochgelobten französischen Vorbild bewirken, ermutigen sie bei den anderen einen bisher unbekannten Nachahmungseifer. Von ihnen wird auch für die Bundesrepublik angestrebt, was den Franzosen problemlos zu gelingen scheint: die selbstgewisse Wahrung der nationalen Identität mit Hilfe einer konsensstiftenden Geschichtsmythologie, die es den Bürgern erlaubt, ungehemmt vom »ewig schlechten Gewissen« stolz auf ihr Land zu sein.

Robert Picht

Freundschaft

Das Wort »Freundschaft« ist zum Vexierbegriff der deutsch-französischen Beziehungen geworden.

Zunächst bezeichnete es das Wunder der Versöhnung, nicht der offiziell proklamierten, sondern der Erfahrung vieler einzelner, die in Krieg, Besatzung, Gefangenschaft, Zwangsarbeit, Deportation und KZ unsäglich Schreckliches erlebt, aber eben auch erfahren hatten, daß menschliche Gemeinsamkeit über die Grenzen der blutigen Gegnerschaft hinaus möglich ist, daß es eine Solidarität geben kann, die weiter führt als die vorgegebenen nationalen Rollen. Am eindrucksvollsten finden wir diese Erfahrung im Widerstandsroman von Vercors *Das Schweigen des Meeres* (1942).

Das Erlebnis, daß der vermeintliche Gegner auch Mensch, sogar Freund sein kann, ist kein spezifisch deutsch-französisches, es ist ein altes Thema vieler Kriegsberichte und spielt beispielsweise in den deutsch-sowjetischen Beziehungen eine wichtige Rolle. Seine Intensität und politische Tragweite hängt von Art und Ausmaß des Verhältnisses zwischen den Völkern in doppelter Hinsicht ab: »Freundschaft« ist der Gegenbegriff zu »Feindschaft«.

Die Vorstellung, daß ganze Völker einander dauerhaft »Feind« sein können, war erst nach 1840 zum Propagandaslogan der deutsch-französischen »Erbfeindschaft« geworden, zum gruppendynamisch aufgeheizten Motor eines übersteigerten Nationalismus. Einer seiner lautstarksten Verkünder, Maurice Barrès, berichtet, daß er mit seinem kleinen Sohn an der Grenze stand. »Dort wohnen die Deutschen«, sagte er. »Haben die auch eine Seele?« fragte der Kleine zurück. »Nein«, antwortete der Vater und notiert dazu in seinem Tagebuch: »Ich wußte wohl, daß es eine Idiotie war, aber solche Idiotien erzeugen Energien ...« So manches weitverbreitete Werk deutscher Völkerpsychologie aus der ersten Jahrhunderthälfte klingt kaum anders. Das freundschaftliche Verständigungsbemühen Einzelner, die gelernt hatten, Brükken zu schlagen, wie beispielsweise Ernst Robert Curtius und André Gide, hatte es dagegen verzweiflungsvoll schwer.

Die Realität der französischen Nachkriegspolitik und selbst die Erfahrungen bei den ersten deutsch-französischen Studentenbegegnungen bis weit in die fünfziger Jahre hinein zeigten, daß nach 1945 keineswegs allgemein deutsch-französische »Freundschaft« eingekehrt war. Das gegenseitige Mißtrauen war groß, die Auseinandersetzungen hart, selbst bei den – von Schweizer Seite angeregten und betreuten – Gemeindepartnerschaften dauerte es lange, bis man gelernt hatte, unvoreingenommen miteinander umzugehen. Oft genügten Anlässe wie beispielsweise die Beerdigung eines SS-Führers, um die Kontakte jahrelang zu verschütten.

Neu aber war eines, das vielleicht kostbarste Kapital aus den Bemühungen der Widerstands- und Intellektuellenkreise, die in Frankreich das »Comité d'Echanges avec l'Allemagne Nouvelle« und in Deutschland das »Deutsch-Französische Institut Ludwigsburg« gegründet hatten, und aus der unermüdlichen Begegnungsarbeit der schon ab 1945 tätigen, vom Jesuitenpater Jean du Rivau inspirierten integriert deutsch-französischen »Gesellschaft für übernationale Zusammenarbeit/Bild«: das Gefühl der Verantwortung für eine wie immer spannungsreich gemeinsame Zukunft, die deshalb schonungslose Offenheit des Tons, Bereitschaft und Mut zur gegenseitigen Einmischung, jenes »franc-parler«, das in der Tat den deutsch-französischen Dialog bis heute vor vielen weit weniger offenen Auseinandersetzungen mit Vertretern anderer Länder auszeichnet.

Aber auch diese Offenheit ist und darf kein deutsch-französisches Spezifikum bleiben: sie ist das Ergebnis einer hier allerdings besonders intensiv betriebenen Arbeit gegenseitigen und gemeinsamen Informierens, Analysierens und Diskutierens, eines Kennenlernens, dessen menschliche Tragfähigkeit von seiner Ehrlichkeit abhängt. Das Deutsch-Französische Jugendwerk unternahm es, hieraus ab 1963 eine ganze Pädagogik der internationalen Begegnung zu entwickeln. Inwieweit ein solches Kennenlernen »Freundschaft« schafft und was diese bedeuten kann, ist zunächst und vor allem eine Frage an die an diesem Prozeß beteiligten Individuen und ihre Ausstrahlungskraft.

Die konsequente und erfolgreiche Europapolitik Konrad Adenauers, Jean Monnets und Robert Schumans in den fünfziger Jahren war nicht primär ein Werk des bilateralen Zusammenschlusses der beiden Nationen (setzte allerdings ein hohes Maß an deutsch-französischer Verständigung und an Vertrauen voraus – zur Europäischen Verteidigungsgemeinschaft reichte es dann nicht aus), sondern diente der Festigung des Instrumentariums zur Bewältigung von Problemen, die nur noch gemeinsam im europäischen Rahmen lösbar waren. Europa war zunächst eine Notgemeinschaft in der nach 1945 entstandenen Konstellation des Ost-West-

Konfliktes zwischen den Supermächten; die »Schicksalsgemeinschaft« war schon lange eine Realität, bevor sie in das öffentliche Bewußtsein und erst seit Mitte der siebziger Jahre in den Sprachgebrauch der Sonntagsreden Eingang fand.

Gilbert Ziebura hat in seinem 1970 erschienenen Buch *Die deutsch-französischen Beziehungen seit 1945. Mythen und Realitäten* darauf hingewiesen, daß nicht nur deutsch-französische Verständigung die Voraussetzung für europäische Fortschritte war, sondern daß umgekehrt zahlreiche deutsch-französische Probleme und insbesondere das belastende Grundproblem der bilateralen Konfrontation des gegenseitigen Mißtrauens nur auf dem Umweg über das gemeinsame Aufgehen in multilateralen europäischen Gemeinschaftsformen aufgehoben werden konnten. Der politische Aufbruch der Grenzpfähle niederreißenden deutschen Nachkriegsgeneration suchte deshalb auch nicht eine deutsch-französische Union als Überhöhung des traditionellen Nationalstaats, sondern die Aufhebung der Bindungen an die alten nationalen Identitäten und Konflikte in Europa. Deutsch-französische Gemeinsamkeit wurde in Hinblick auf dieses gemeinsame Ziel gesucht – mit vielen Enttäuschungen.

Es ist nur scheinbar paradox, daß der Begriff der »deutsch-französischen Freundschaft« erst dann im politischen Vokabular Verbreitung fand, als der Mann 1958 in Paris wieder die Macht übernahm, das politische System Frankreichs und seine Außenbeziehungen neu ordnete, der schon einmal 1940 angetreten war, der Nation ihre alte Größe zurückzugeben, Charles de Gaulle. Seine später immer wieder imitierten symbolträchtigen Begegnungen mit Konrad Adenauer, sein spektakulärer Staatsbesuch im Jahre 1962 und schließlich 1963 der Abschluß jenes Vertrages, den man in Paris nüchtern den »Elysée-Vertrag«, im deutschen Sprachgebrauch dagegen meist den deutsch-französischen »Freundschaftsvertrag« nennt, sollten nun eine »Erbfreundschaft« besiegeln, die auch dem gequälten deutschen Selbstgefühl neue nationale Befriedigung zu gewähren schien. Wie gut tat es doch, durch die Worte des imponierenden Generals wieder in den Kreis der »großen Völker« aufgenommen zu sein.

Vergessen war, daß gerade de Gaulle es gewesen war, der in

harter Verfechtung traditioneller französischer Nationalinteressen nach dem Kriege die Zerstückelung Deutschlands gefordert hatte, der sich lange allen Schritten zur europäischen Gemeinschaft und jedenfalls der Aufgabe jeglicher wichtiger Formen nationaler Souveränität widersetzt hatte und die deutsche Karte erst spielte, als andere Versuche gescheitert waren, in der Atlantischen Allianz und in Europa ein Direktorium unter maßgeblicher französischer Mitsprache zu errichten. De Gaulle war es auch, der aus der eigenen Erfahrung mit den Verbündeten im Kriege gesagt hatte: »Ein Mann hat Freunde, eine Nation nie.«

Waren Adenauer und de Gaulle Freunde? Ihre politischen Grundkonzepte waren in fast allen zentralen Fragen wie dem Verhältnis zu den USA und der Europapolitik gegensätzlich, ihr Stil und Werdegang so unterschiedlich wie nur denkbar, ihre gegenseitige Hochachtung allerdings stand außer Zweifel. Redeten sie aneinander vorbei, war ihre angebliche Übereinstimmung ein Mißverständnis? Ein so scharfer Analytiker wie Gilbert Ziebura schreibt hierzu: »Daraus läßt sich nur der Schluß ziehen, daß sich das Verhältnis Adenauer-de-Gaulle letztlich einer rationalen Analyse entzieht.« (a.a.O., S. 109) Überzeugender als die aus den Widersprüchen in der unmittelbaren operationellen Politik abgeleiteten Theorie eines Mißverständnisses zwischen Adenauer und de Gaulle ist allerdings die Annahme, daß beide Staatsmänner der historischen Langzeitperspektive einer Verankerung ihres aus unterschiedlicher persönlicher und nationaler Logik erwachsenen Lebenswerkes den Vorrang vor der Betonung aktueller Gegensätze gaben. Vielleicht glaubten der eine wie der andere, die Geschichte würde ihnen schon recht geben. Aufeinander angewiesen, sahen sie jedenfalls keine Alternative zu einem engeren deutsch-französischen Zusammengehen durch alle Widersprüche und Gegensätze hindurch. Seine Institutionalisierung im deutsch-französischen Vertrag hat sich in den letzten fünfundzwanzig Jahren gerade dann bewährt, wenn Meinungsverschiedenheiten und Interessenkonflikte zu überwinden waren.

Nicht diese Grundfigur der hochachtungsvollen und geduldigen und gerade deshalb freundschaftlichen Anerkennung der historischen Gegebenheiten, die in der Gleichzeitigkeit von Interessengegensätzen und Schicksalsgemeinschaft, von Stilunterschieden und gemeinsamer Zugehörigkeit zur europäischen Tradition zum Ausdruck kommen, prägt aber das gängige Bild von deutsch-französischer »Freundschaft«, sondern die illusionäre Vorstellung einer durch persönliche Freundschaft zwischen den jeweiligen politischen Führungsfiguren von Schmidt/Giscard d'Estaing bis zu Kohl/Mitterrand gekrönten und geförderten geradezu mystischen bilateralen Verschmelzung beider Nationen unter völliger Absehung von ihren höchst komplexen, immer wieder auch gegensätzlichen Beziehungen zu anderen Völkern, zur Europäischen Gemeinschaft und von ihrer eigenen so widerspruchsträchtigen nationalen Identität.

Eine solche Vorstellung von »Freundschaft« schafft nicht die nötige Solidarität, sondern unweigerlich Enttäuschung, da sie historische Realitäten verleugnet und deshalb immer wieder an ihnen scheitern muß. Die Tatsache, daß in beiden Kulturen auch schon das Wort »Freund/ami« eine unterschiedliche Gewichtung hat, sollte dabei nicht unterschätzt werden. Was Worte bedeuten, wie sich ihr Sinn entwickelt, hängt von der Erfahrung ab, die das Bewußtsein prägt.

Worum es hier geht, hat Carlo Schmid bereits 1948 in seiner Rede zur Gründung des Deutsch-Französischen Instituts ausgesprochen: »Nichts trägt mehr dazu bei, die Atmosphäre zwischen den Völkern zu vergiften, als enttäuschte Hoffnungen und im Feuer der Realität verdampfte Illusionen.«

Die wahre Freundschaft zwischen Einzelnen und Völkern beginnt dort, wo man Unterschiede zu respektieren und das Gemeinsame geduldig herauszuarbeiten lernt.

II. PHILOSOPHIE

Georges Gusdorf
Aufklärung/Lumières

Zwischen der deutschen *Aufklärung* und den französischen *Lumières* (Lichtern) besteht ein Unterschied, der meist durch sich ergänzende Vorurteile verschleiert wird, die dieseits und jenseits der Kulturgrenze bestehen. In Frankreich beruht der Mythos des »französischen Europa im Jahrhundert der Lumières« auf einem unbewußten, mit intellektuellem Imperialismus verbundenen Nationalismus. Diesem Überlegenheitsgefühl entspricht deutscherseits ein Unterlegenheitsgefühl derer, die sich vom Glanz der Kultur von Versailles blenden lassen; so gesehen gilt die Aufklärung nur als blasser Wiederschein des von Voltaire gepriesenen Jahrhunderts Ludwigs XIV., so als hätte der Absoluteste aller Despoten nicht gerade überwiegend jene Werte verkörpert, die Voltaire so heftig bekämpfte. Zwei so außerordentliche Zeugen wie Friedrich II. und Goethe beklagen jedenfalls die kulturelle Verspätung Deutschlands gegenüber dem glanzvollen französischen Vorbild.

Voltaire dagegen preist im Artikel *Freiheit des Denkens* seines *Philosophischen Lexikons* die Staaten Nordeuropas. Eine Formel faßt seine Auffassung zusammen: »Aus dem Norden kommt uns heute das Licht.« Der »Norden«, das sind England und Holland, aber zweifellos auch Deutschland. Der Wahnvorstellung von einem westlichen, durch den Glanz einiger Pariser im Umkreis der *Encyclopédie* versammelter Intellektueller erleuchteten Raum eigentlich aufklärerischer Kultur steht die lange Reihe der produktiven Denker und Forscher gegenüber, die die geistige Entwicklung vorangetrieben und durch ihre Autorität das 18. Jahrhundert geprägt haben: Locke, Newton, Pufendorf, Leibniz, Christian Wolff, Lessing, Hume, Kant, Linné, Boerhaave, Winckelmann, G. E. Stahl, Blumenbach, Haller, Friedrich August Wolf: unter diesen Pionieren finden sich viele Deutsche. Deutsche und kein Franzose auch bei den Theoretikern des Natur- und Völkerrechts und der Grundlegung der Menschenrechte und der Demokratie (Althusius, Grotius, Pufendorf, Christian Wolff, Kant und auch der Genfer Bürger Rousseau); ähnlich steht es bei den Vorkämpfern der Pädagogik: Comenius, Locke, Basedow, Kant und die beiden Schweizer Rousseau und Pestalozzi.

Die Aufklärung ist also alles andere als ein nordischer Vorort der Pariser Lumières; sie muß in ihrer meist verkannten Eigenständigkeit gesehen werden, da nur dann ihr Beitrag zur westlichen Kultur angemessen zu erfassen ist.

Die Ursachen für den deutschen Minderwertigkeitskomplex gegenüber der französischen Welt sind in den strukturellen Grundlagen kultureller Entwicklung zu suchen.

Das Frankreich des 18. Jahrhunderts bietet den vollkommenen Anschein eines reifen und ausgewogenen Landes:

– Geographische Reife: Die Grenzen haben seit Ludwig XIV. ihre fast endgültige Gestalt.
– Politische Reife: Die Regierungsgewalt ist seit Heinrich IV., Richelieu und Ludwig XIV. zentralisiert. Sie bildet eine unumstrittene Realität in der Mitte des Raums. Die politische Hauptstadt Versailles ist eng mit der kulturellen Hauptstadt Paris verbunden.
– Nationalgefühl: Trotz aller Beharrungskraft der Provinzen bezieht sie sich auf den einer einheitlichen Verwaltung unterworfenen staatlichen Rahmen.
– Kultur: Die Sprache ist seit den modernen Meisterwerken des 16. Jahrhunderts durchgeformt. Die unvergleichliche Blüte des Klassizismus in Versailles.
– Religiöse Einheitlichkeit: Diese wurde den Jansenisten und Protestanten mit Gewalt aufgezwungen und durch die skandalöse Aufhebung des Edikt von Nantes (1685) legitimiert.

Wo all diese Voraussetzungen fehlen, entsteht die Aufklärung in ihrer Besonderheit. Die Vorkämpfer deutscher Kultur stießen auf traditionelle Trägheiten aller Art, auf fast unüberwindliche Hindernisse, die dem von ihnen erstrebten Aufbruch im Wege standen.

– Der deutsche Raum kennt keinerlei deutliche Abgrenzung weder nach Norden, noch nach Osten, noch nach Süden, die Grenzen schwanken mit den Zeitläuften. Die türkische Gefahr ist erst Ende des 17. Jahrhunderts endgültig gebannt. In der Bevölkerung treffen slawische, magyarische und germanische Stämme zusammen, die in Sprache und Tradition höchst unterschiedlich sind und freiwillig oder mit Gewalt in die jeweiligen Staatswesen zusammengewürfelt wurden, die sich auch im 18. Jahrhundert noch in ständiger Bewegung befanden.

– Die Vielfalt deutscher Staaten erlaubt keinerlei politische Einheit. Der mittelalterliche Rahmen des Heiligen Römischen Reichs Deutscher Nation, jahrhundertelang eine europäische Führungsmacht, verzeichnete seit dem Westfälischen Frieden (1648) nur noch eine große Ohnmacht, eine Fiktion in Sprache und Regierungsverantwortung. Das Reich umfaßte eine Vielfalt von rund dreihundert autonomen Souveränitäten, zu denen das Königreich Preußen ebenso gehörte wie allerlei Zwergstaaten, neben Hannover, Sachsen und Bayern standen 54 Reichsstädte, 94 kirchliche und weltliche Fürsten. Der Kaiser von Österreich steht theoretisch diesem Chaos vor; in seinem eigenen Herrschaftsbereich trägt er mehr als 15 verschiedene Kronen, die jeweils besondere Rechtsformen und einen eigenen Status besitzen, der für Völker gilt, die noch nicht einmal die gleiche Sprache sprechen.

– Diese Zersplitterung des deutschen Raums in Kleinstaaterei schuf nicht nur eine Vielfalt von Verwaltungs-, Zoll- und Steuergrenzen, die ständig die Kommunikation behinderten, sondern führte zum völligen Fehlen eines Nationalgefühls. Ein Zusammengehörigkeitsgefühl entsteht erst als Folge des französischen Imperialismus, nachdem Napoleon 1806 die gespenstische Struktur des Heiligen Römischen Reiches Deutscher Nation aufgelöst hatte. Im 18. Jahrhundert hatte der deutsche Raum keinerlei Hauptstadt. Er wirkt wie ein elliptischer Sternnebel mit zwei Kernen: Wien und Berlin, deren Bedeutung sich immer mehr festigt. Nebenhauptstädte bilden sich als Zentren für eigenständige Initiativen heraus: Frankfurt, Prag, Dresden, München, Leipzig, Hannover, Hamburg, Augsburg etc. In diesem weiten Raum ist überall Zentrum und nirgendwo Peripherie.

– Dieser große, eigentlich unstrukturierte Raum, der sich von Nord- und Ostsee über Rhein und Donau bis zu den Alpen und den Balkan erstreckt, hat seine kulturelle Reife noch nicht erreicht. Der gewaltige intellektuelle und spirituelle Aufbruch der Renaissance und der Reformation (Dürer, die beiden Cranach, Luther, Paracelsus, Kepler) war nur ein kurzes Aufflammen gewesen, das bald durch die ungeheuerliche Katastrophe des Dreißigjährigen Krieges (1618–1648) verdüstert wurde; nach dem Krieg waren alle verfügbaren Energien dem mühsamen Wiederaufbau gewidmet. Die Vielfalt deutscher Territorien tritt in das 18. Jahrhundert mit einem sehr viel kärglicheren kulturellen Erbe ein, als es in England, in Frankreich, Italien und Spanien besteht: ihr goldenes Zeitalter liegt erst noch vor ihnen. Das einzige deutsche literarische Werk des 17. Jahrhundert von europäischem Rang ist Grimmelshausens Schelmenroman *Der Abentheuerliche Simplicissimus Teutsch* (1669), die finstere Darstellung der Unglücksfälle eines deutschen Candide auf seiner Irrfahrt durch die Greuel des Dreißigjährigen Krieges. Das Unterlegenheitsgefühl der deutschen Intellektuellen erklärt sich durch das Fehlen einer tragfähigen kulturellen Erinnerung. Sie haben keinen Dante, keinen Cervantes, keinen Shakespeare, keinen Molière und keinen Racine, auf den sie zurückgreifen könnten... Ihrer Armut bewußt, treten sie im Europa des Geistes mit übertriebener Demut auf.

Dabei hat die Bewegung der Aufklärung trotz aller Mängel ihres kulturellen Umfeldes sehr positive Züge. Sie wird vom Bewußtsein getragen, daß eine Verspätung aufzuholen ist. Der aktive Aufbauwille, der sie belebt, zeigt sich schon am Begriff. Lumière (Licht) bezeichnet einen Zustand, der bereits erreicht ist; Aufklärung ist dagegen vom Verb aufklären, erhellen abgeleitet, es bezeichnet nicht die erreichte Erleuchtung, sondern die Anstrengung auf ihrem Weg. Kant, ein Untertan des Preußenkönigs Friedrich II., betont in seinem berühmten Artikel *Was ist Aufklärung?* (1784) diesen wichtigen begrifflichen Unterschied: »Leben wir jetzt in einem aufgeklärten Zeitalter? So ist die Antwort: nein, aber wohl in einem Zeitalter der Aufklärung.« Das Licht der Wahrheit kann nur aufgehen, wenn eine gewaltige pädagogische Anstrengung bei den deutschen Völkerschaften unternommen wird. Aufklärung versteht sich deshalb als Förderung des Bewußtseins, als Verbreitung und Einübung einer neuen Mentalität.

Diese Anstrengung muß bei der bürgerlichen Stadtbevölkerung beginnen, die höher gebildet und deshalb auch neuem Denken zugänglicher ist, bereit, die kulturelle Botschaft aufzunehmen.

Dieses Bemühen um gesellschaftliche Pädagogik ist keine deutsche Besonderheit; es beflügelt auch das französische Team der *Encyclopédie*. Das geistige und religiöse Klima ist hier aber ganz anders. »Die einzige Gemeinsamkeit in Stimmung und selbst in der gesellschaftlichen Realität, die sich in den gesellschaftlichen Verhältnissen zwischen Rhein und Ostsee feststellen läßt, liegt im Bereich des Christentums. Sie betrifft nicht so sehr das Werk der Theologen als die Einstellung der breiten Masse, die gelegentlich in heftige Bewegung gerät, insgesamt aber doch tolerant ist, da ihre Religiosität diffus ist. Da diese Religiosität noch lange der einzige gemeinsame Zug der deutschsprachigen Gebiete bleiben wird, bietet ihre spirituelle Entwicklung den eigentlichen Zugang zur deutschen Geschichte dieser Zeit.« (J. B. Neveux, Un siècle de vie spirituelle entre la Rhin et la Baltique. Le XVII. siècle de J. Arndt à Ph. J. Spener. Paris 1967, p. 716).

In Frankreich dagegen ist das Vorantreiben der *Lumières* eine polemische Idee. Voltaire und Condorcet sehen das Haupthindernis für die Befreiung der Geister im klerikalen Obskurantismus. Der Hauptfeind ist der Jesuit: »Zertreten wir das Scheusal«. Dies führt unmittelbar in den Religionskrieg, zu dem sich die Revolution entwickeln wird, mit ihren blutigen Exzessen, ein Kreuzzug ohne Kreuz, ein Kreuzzug gegen das Kreuz. In der *Aufklärung* findet sich dagegen nichts dergleichen von einigen eher harmlosen antiklerikalen Bemerkungen abgesehen. Die Verfechter der französischen *Lumières* sind verdächtige Gestalten, die verschwörerisch im Dunkeln wirken unter den wachsamen Augen der Polizei. Ihre Schriften werden im Ausland gedruckt und heimlich nach Frankreich hineingeschmuggelt; um ein Haar wäre die *Encyclopédie* verboten worden. Männer wie Voltaire und Diderot werden immer wieder eingesperrt; der »Philosoph« muß verschwiegen sein, sein Denken tarnen, sich hinter Pseudonymen verstecken oder ins Exil gehen. In Deutschland haben Christian Wolff, Lessing und Kant auch gelegentlich ein wenig Ärger mit staatlichen oder religiösen Behörden, riskierten aber niemals Gefängnis, Galgen oder Scheiterhaufen; sie standen unter dem Schutz regierender Fürsten wie Lessing in Hannover. Friedrich II. versteht sich als tätiger »Philosoph«; Toleranz bedeutet für ihn nicht nur ein leeres Wort. Er steht damit auch keineswegs allein.

Die Aufklärung ist eine Neuauflage der Reformation, wie sich an dem protestantischen Wahlspruch zeigt: *»Post Tenebras lux«* (Nach der Finsternis Licht). Sie steht in der Tradition von Luthers Schrift *Von der Freiheit eines Christenmenschen* (1520) oder seiner berühmten vor dem Reichstag in Worms 1521 gesprochenen Worte: »Ich kann und will nichts zurücknehmen, denn es ist weder sicher noch ehrenhaft, gegen sein Gewissen zu sprechen. (...) Hier stehe ich, ich kann nicht anders, so wahr mir Gott helfe!« Die Auflehnung gegen das Autoritätsprinzip bedeutet zugleich die Forderung nach Gewissensfreiheit und damit auch die Pflicht der Toleranz gegenüber dem anderen, wenn dieser aus Überzeugung eine abweichende Haltung einnimmt.

Die Hoffnungen der Reformation stoßen auf die strikte Ablehnung der römischen Kirche. Das Konzil von Trient (1545–1563), eine Versammlung, wo nur eine Minderheit von Anhängern der päpstlichen Monarchie vertreten waren, blockiert für vier Jahrhunderte im römischen Einflußbereich mit Feuer und Schwert jedes »aggiornamento«; dort herrschen dogmatische Orthodoxie, Inquisition, Zensur und Index. Jede theologische Weiterentwicklung ist gestoppt; organisiert die systematische Rückeroberung der verlorenen Gebiete und die strenge Verwaltung der im rechten Glauben verbliebenen toten Seelen. Dies wird zur Verbrennung Giordano Brunos (1600) und zur Verurteilung Galileis (1633) und zu vielen ähnlichen Vorgängen führen. Das Konzil von Trient ist eine kulturelle Katastrophe für den Westen; seine Nachwirkungen erklären den wütenden Haß der französischen Aufklärer auf die Jesuiten. Die Bewegung ist so heftig, daß sie sogar von den Bourbonenherrschern übernommen wird, die die Gesellschaft Jesu aus ihren Staaten verbannen; das 1759 von Pombal in Portugal gegebene Beispiel findet hier und da Nachahmung und erzwingt sogar die Zustimmung des Papstes, der die Gesellschaft Jesu 1773 abschafft. Als aufgeklärter, wenn auch katholischer Monarch wird der österreichische Kaiser Joseph II. (1780–1790) im offiziellen

Antiklerikalismus sogar noch weiter gehen, Klöster schließen, Kirchengüter konfiszieren und die Priesterseminare und die Besetzung rechtlicher Stellen einer strengen Aufsicht unterwerfen. Allerdings bleibt dies nur eine Ausnahme, die die Regel bestätigt.

Der Einflußbereich der Aufklärung liegt dagegen in den protestantischen deutschen Staaten, wo man schon deshalb seine Energien nicht in der Bekämpfung der Jesuiten verschleißt, weil diese dort überhaupt nicht vorhanden sind. Karl V. hatte die Weisheit besessen, sich vom Tridentiner Konzil fernzuhalten, obwohl dieses in seinem Herrschaftsbereich tagte. Als Realist war ihm bewußt, daß es unmöglich sein würde, die konfessionelle Einheit in seinen Staaten wieder herzustellen. Mitten im Konzil schloß er 1555 den Augsburger Religionsfrieden, der die Teilung der deutschen Gebiete und eine friedliche Koexistenz nach dem Prinzip »cuius regio, eius religio« bestätigte. Die Religionszugehörigkeit des Fürsten oder der gesetzmäßigen Obrigkeit wird den Untertanen auferlegt; anderenfalls müssen diese ein Territorium aufsuchen, wo der ihnen genehme Glauben herrscht. So wird es vom Norden bis in den Westen ein Deutschland der Aufklärung geben; im Süden und im Osten dagegen ein Deutschland der Gegenreform, der Jesuiten und des Barock, insbesondere Bayern und die österreichischen Kronlande, die solange den Dämmerschlaf des dogmatischen römischen Katholizismus unterworfen sein werden, bis sich das Lauffeuer des Antiklerikalismus und der Freimaurerei verbreitet.

Die großen Namen der Aufklärung von Thomasius und Leibniz bis Kant über Pufendorf, Christian Wolff, Lessing und Friedrich II. sind ausnahmslos Reformierte oder Lutheraner; am Ende dieses Zeitraums ist der liberale jüdische Denker Moses Mendelssohn eine Ausnahme, die die Regel bestätigt. Auf der anderen Seite der Trennungslinie zwischen den Konfessionen vertreibt der Fürstbischof von Salzburg in den dreißiger Jahren des 18. Jahrhunderts nach dem Vorbild Ludwig XIV. massenhaft nichtkatholische Untertanen aus seinem Staat. Zu zehntausenden werden diese Unglücklichen wie ein halbes Jahrhundert zuvor die französischen Flüchtlinge im Königreich Preußens aufgenommen und angesiedelt.

1711 hält zum Geburtstag des Königs, der auch die junge Universität Halle gegründet hatte, Professor Gundling, der Recht und die neuen Staatswissenschaften lehrt, eine Rede über die Freiheit des Philosophierens (libertas philosophandi) als eigentliche Aufgabe dieser Universität. »Die Aufgabe des Professors liegt nicht wie in anderen Universitäten darin, traditionelle Lehrmeinungen weiterzugeben, sondern sich selbst der Erforschung der Wahrheit zu widmen und seine Schüler dazu anzuleiten.« In seiner 1796 erschienenen Geschichte der europäischen Kultur beschreibt Professor Eichhorn von der höchst modernen Universität Göttingen den Aufbruch der Reformation: »Die alten Schulen wurden gereinigt und verbessert, viele neue geschaffen; in den protestantischen Gebieten entwickelte man eine Unterrichtsform, die die Katholiken früher oder später übernehmen mußten (...) Kaum war der alte über die Seelen verhängte Zwang gelöst, brach eine nie gekannte geistige Freiheit aus, die sich mündlich und schriftlich in Religion wie in Politik äußerte. Man verkündete kühn, mit lauter und deutlicher Stimme und in jedermann zugänglichen Schriften in der allen gemeinsamen Sprache eine Menge von Ideen, die geeignet waren, die menschliche Vernunft zu erleuchten und den Verstand zu erhellen und die man sich bisher kaum zuzuflüstern gewagt hatte.« (J. G. Eichhorn, Allgemeine Geschichte der Kultur und Literatur des neueren Europas, Göttingen 1796, T. 1, Vorrede, S. XXXVIII).

Eichhorn ist Zeitgenosse der französischen Revolution und sieht die Reformation als eine erste Aufklärung. »Der so glanzvoll angebrochene neue Tag« sollte sich aber bereits nach Melanchthons Tod verdüstern und dann in der allgemeinen Katastrophe des Dreißigjährigen Krieges untergehen. Die deutsche Kultur wird erst Ende des 17. Jahrhunderts unter dem Anstoß des großen Leibniz, von Tschirnhaus und Christian Thomasius wieder in Bewegung geraten; die Gründung der Universität Halle (1794), wo der Pietismus der Anfänge sich bald nicht ganz ohne Schwierigkeiten mit einem gemäßigten Rationalismus verbindet, bildet einen wichtigen ersten Schritt.

Nach einer berühmten Formel von Marx bildet die Kritik an der Religion den ersten Schritt aller folgenden kritischen Ansätze. Die

Aufklärung nimmt nach einem Jahrhundert der Stagnation die Reformation wieder auf; anders als in der Zwangsjacke des Tridentiner Konzils bestand aber kein Verbot, den religiösen Bereich frei zu durchdenken. Die katholischen theologischen Fakultäten waren durch die Institution der Priesterseminare und eine Vielzahl von Repressionsmaßnahmen stillgelegt. In den protestantischen Universitäten spielen die Theologen dagegen eine wichtige und aktive Rolle; das theoretische Nachdenken über den Glauben stützt sich frei auf die Fortschritte der weltlichen und geistlichen Philologie, die auch auf das Studium der Heiligen Schrift angewandt wird. Religiöse Spekulation ist ein wichtiges Feld kultureller Entwicklung; Leibniz, Lessing und Kant betreiben sie ebenso wie die lutherische Bewegung der Neologen. Am Ende dieser Entwicklung stehen Figuren wie der große Schleiermacher, aber auch andere Aufklärer wie Feuerbach und Marx selbst.

Wie seelenlose Körper ruhen die katholischen Universitäten in ihrem dogmatischen Schlaf; die englischen Universitäten dämmern wohlgefällig vor sich hin, bis Schottland sie aufrütteln wird. Die deutschen Universitäten spielen in der Aufklärung dagegen eine aktive kulturelle Rolle, die durch die Schaffung von Halle (1694) und Göttingen (1734) noch gestärkt wird. Sie treiben die Wissenschaft nicht nur im Bereich der Theologie und der geistlichen wie weltlichen Hermeneutik weiter, in der die große Gründergestalt der Homerforschung Friedrich August Wolf glänzen wird, sondern auch in den Geschichts-, Staats- und Wirtschaftswissenschaften, im Natur- und Völkerrecht, wo Göttingen eine für ganz Europa führende Rolle spielen wird. An französischen Universitäten sind all diese Fächer nicht vorhanden mit Ausnahme von Straßburg, einer protestantischen Universität deutschen Typs. Zum Einfluß der alten und neuen Universitäten kommt die Wirkung der Berliner Akademie der Wissenschaften hinzu, die zu Beginn des Jahrhunderts auf Betreiben von Leibniz begründet und 1740 durch den jungen Friedrich II. im ersten Schwung nach der Thronbesteigung erneuert worden war. Als einzige Institution dieser Art in Europa besaß sie eine Abteilung für Philosophie. Unter dem wachsamen Schutz des Königs entwickelte sich die Akademie der Wissenschaften zum Zentrum des geistigen Lebens in Berlin, das bis 1810 auf die Schaffung seiner Universität warten wird. Die beachtlichen Arbeiten dieser gelehrten Gesellschaft sind viel zu wenig bekannt, da sie im Französisch der protestantischen Flüchtlinge und der geladenen Schweizer verfaßt sind. Sie wurden deshalb von den deutschen Spezialisten vernachlässigt und auch von den Franzosen nicht zur Kenntnis genommen, die im Geiste der Aufhebung des Edikt von Nantes gefangen blieben.

Derartige Institutionen der Gelehrsamkeit bildeten eine Vielfalt von Zentren für das sehr rege geistige und gesellschaftliche Leben in Deutschland. Die Mitarbeiter der Universitäten, der Berliner Akademie, der vielfältigen Gymnasien und Hochschulen, außerdem die zahlreichen Pfarrer und ein guter Teil der freien Berufe und der umfangreichen Verwaltungen, die all die vielen kleinen Staaten besaßen, waren Träger der Aufklärung. Die Hochschul- und Gymnasiallehrer und selbst die Kirchen lebten keineswegs in einem Getto in sich selbst abgeschlossener Gemeinschaften. Pastoren und Professoren sind verheiratet, über ihre Frauen und Kinder sind sie eng mit der übrigen Bevölkerung verknüpft, nehmen aktiv am gesellschaftlichen, politischen und geistigen Leben des Landes teil. Hochschulwesen und Pfarrerschaft entwickeln Kommunikationsformen, die der hier herrschenden Mentalität entsprechen; im Geist des Pietismus und des Rationalismus suchen sie eher den Dialog als den Konflikt. Die Vorkämpfer der Aufklärung konnten fast immer jene verbitterten und letztlich sterilen Auseinandersetzungen vermeiden, in denen sich die französischen Anhänger der *Lumières* mit ihrem antiklerikalen Feindbild verstrickten.

Eine weitere Besonderheit der Aufklärung ist das Vordringen der deutschen Sprache, die erst spät zur Reife gelangte, wie sich am starren Festhalten Friedrich des Großen am Französischen zeigte. Martin Luther hatte zu Beginn des sechzehnten Jahrhunderts durch seine Streitschriften und seine Bibelübersetzung den Grund zu einer gemeinsamen deutschen Sprache gelegt. Als Zugang zur heiligen Schrift nimmt das Hochdeutsche sakralen Charakter an. Die literarische Sprache macht trotz löblicher Ansätze im 17. Jahrhundert aber nur geringe Fortschritte; in der gelehrten Welt konnte sie sich nicht durchsetzen. Die wichtigsten Schriften von Leibniz (1646–1716) sind auf Französisch und Latein verfaßt. Christian Thomasius (1655–1728) erregt als Professor an der Universität Leipzig geradezu einen Skandal, als er beginnt, auf Deutsch zu lehren und eine populärwissenschaftliche deutschsprachige Zeitschrift zur Verbreitung der neuen Ideen schafft. Er wird an die Universität Halle wechseln und dort den berühmten Christian Wolff zum Kollegen haben, der nach Melanchthon der zweite *praeceptor Germaniae* im Geiste der Aufklärung wurde. Wolffs Werk besteht aus zwei Reihen gewichtiger Bände, die eine auf Latein, die andere auf Deutsch. In der zweiten Hälfte des Jahrhunderts werden dann Lessing, Kant, Mendelssohn, Hamann und Jacobi ausschließlich in der Nationalsprache schreiben, die zur Kultursprache geworden ist und durch die Meisterwerke Goethes, Schillers und Herders bald europäische Bedeutung gewinnen wird – Friedrich der Große, der 1786 starb, wird allerdings diese grundlegende Wandlung auf seine alten Tage nicht mehr zur Kenntnis nehmen.

Dieser sprachliche Reifungsprozeß, eine entscheidende Errungenschaft der Aufklärung, ist mit der Entwicklung eines Nationalbewußtseins und einer kulturellen Verbundenheit zwischen all denen verbunden, die die gleiche Sprache sprechen. Nach den Katastrophen des 17. Jahrhunderts waren die deutschsprachigen Gebiete in politischer Hinsicht der kranke Mann Europas geblieben. Die Verbindung durch eine gemeinsame Sprache führte zu gegenseitiger Anerkennung, einer zumindest geistigen Neuordnung, solange nichts anderes möglich war. Die Kleinstaaterei mit ihren vielen Hauptstädten und ihrer konfessionellen Vielfalt hatte große Nachteile, aber auch alle Vorzüge dieser Fehler. Die Aufklärung macht die Relativität der Werte bewußt, zeigt, wie notwendig es ist, Gesichtspunkte einander gegenüberzustellen und das entscheidende Urteil bei der kritischen Vernunft in einem Klima der Toleranz zu suchen. Religiöse Wissensfreiheit und die Verweigerung orthodoxer Starre führen zur Ablehnung eines absolutistischen Gottesgnadentums; die konfessionelle Toleranz färbt hier auf die Politik ab. Weder Friedrich II. noch der König von Hannover noch auch der Großherzog von Sachsen-Weimar oder die Senate der Freien Reichsstädte sind vom Papst oder dem jeweils diensthabenden Erzbischof geweiht; ihre Autorität beruht auf menschlichem Recht, das öffentliche Klima ist also ganz anders als in Frankreich oder Spanien. Wenn *Aufklärung* nach Kant die freie Nutzung des kritischen Geistes bedeutet, kann diese nicht wie ein Sakrileg unterdrückt werden.

Die Lehre vom göttlichen Recht der Priester und Könige lastet wie eine ontologische Zwangsjacke auf dem kritischen Denken der französischen »Philosophen«; vor lauter Unterdrückung werden diese rabiat. Die Vorkämpfer der Aufklärung haben dagegen nicht unter einer derartigen Repression zu leiden und üben deshalb in weitgehender Freiheit ihre theologische, philologische und hermeneutische und ihre historische Kritik, können die Staats- und Wirtschaftswissenschaften entwickeln, die in Frankreich außer in Straßburg verboten sind. Aus Deutschland und der Schweiz stammt die Lehre des Natur- und Völkerrechts. Hier entwickeln auch Althusius und Pufendorf die Theorie der Menschenrechte und der auf Demokratie beruhenden Souveränität.

Außerdem beschränken sich die Aufklärer nicht auf die Entwicklung von Ideen; sie verbreiten diese, da sie sich als Erzieher der deutschen Gesellschaft fühlen. Die Pädagogik der Erwachsenenbildung entwickelt Formen allgemein verständlicher Popularisierung durch in ganz Deutschland verbreiteten Zeitschriften und Magazinen. In jeder halbwegs bedeutenden Stadt werden Periodika gedruckt, die sich an die verschiedenen gesellschaftlichen Gruppen, vorzugsweise an die Frauen wenden. Man zählt hunderte derartiger Veröffentlichungen; manche haben ausgesprochen literarischen Charakter, die meisten dienen praktischen Zwecken. Sie werden vor allem in den bürgerlichen Kreisen der Städte gelesen; es handelt sich aber durchaus um Volksbildung, die das neue Denken auf den verschiedensten Wegen verbreitet. Die Einflußzone der Aufklärung wird so zu einer umfassenden pädagogischen Provinz, in der das euphorische Klima des Glaubens an den menschlichen Fortschritt, an Philanthropie und Toleranz herrscht.

Die Aufklärung wirkt so als kulturelle Mutation, als eine stille Revolution oder vielmehr Evolution, in der sich das geistige und religiöse Klima der deutschsprachigen Länder mit passiver oder auch aktiver Zustimmung der staatlichen und kirchlichen Autoritäten entwickelt. Zu ihren entschlossensten Förderern zählten die bedeutensten Fürsten ihrer Zeit, Friedrich II. und Joseph II. Ihre Gegner kommen aus den auch in Berlin vorhandenen Kreisen bürgerlicher Plattheit. Hamann höhnt über den »kleinen Philosophen von Grand Souci«. In ganz anderer Weise proben die Jungtürken des *Sturm und Drang* (1770–1780) den rauschhaften Aufstand gegen die allgegenwärtige Mittelmäßigkeit und Heuchelei. Herder, Schiller und Goethe veröffentlichen ihre ersten Schriften.

Bei den französischen *Lumières* dagegen – einer Opositionskultur unter Aufsicht der Justiz – radikalisiert die Unterdrückung die politischen und philosophischen Positionen. In der Revolution kommt das mühsam Verdrängte triumphierend zum Ausdruck. Aufgehetzt durch die Propaganda der Philosophen verlangt die öffentliche Meinung aus Anlaß der Finanzkrise alles auf einmal und sofort, alle Dämme sind gebrochen. Die französische Revolution ist die Apotheose der *Lumières*, deren Geist so auf die Spitze getrieben wird, daß die Wahrheit in Absurdität umschlägt. Dies führt dann zum Religionskrieg, zur Flucht nach vorne in die immer raschere Ausrottung der Andersdenkenden. Das Land wird sich aus den Irrungen und Greueln der Schreckensherrschaft nur in eine Militärdiktatur retten können, die einen noch absolutistischeren Despotismus hervorbringt, als ihn die alten Könige geübt hatten. Napoleon läßt sich vom Papst zum Kaiser weihen.

Die Deutschen brachten der französischen Revolution zunächst große Sympathie entgegen. Sie glaubten, Frankreich befreie sich aus seiner jahrhundertealten Zurückgebliebenheit, vollzöge endlich auch seine Reformation. Angesichts der Entwicklung der Ereignisse, des blutigen Chaos der Abfolge von Staatsstreichen wird diese positive Grundeinstellung nicht lange anhalten. Die französischen Umwälzungen werden weit auf Deutschland übergreifen, zunächst in den Randgebieten, dann überall. Invasionen und Besetzungen wecken den Geist der Selbstbewahrung, verändern auf die Dauer die Mentalität. Die Katastrophe Preußens in Jena (1806) und die auf sie folgende Auflösung des Heiligen Römischen Reiches durch Napoleon beschleunigen die Entstehung eines deutschen Nationalgefühls, das gegen den Eroberer gerichtet ist.

Deutsche Truppen sind unter den siegreichen Verbündeten, die den französischen König nach Paris zurückführen. Im Europa der Heiligen Allianz ist für Aufklärung oder *Lumières* kein Platz mehr: Optimismus, Philanthropie, Weltbürgertum und Fortschrittsbegeisterung stehen nicht mehr auf der Tagesordnung, zunächst jedenfalls. Das gefährdete und beunruhigte, schließlich angegriffene und zutiefst verletzte Deutschland wird aus seinen Tiefen neue Inspirationen schöpfen. Seine Denker, seine Dichter und seine genialen Wissenschaftler werden einen anderen Zeitgeist verkünden. Deutschland wird sein Minderwertigkeitsgefühl überwinden und der Kultur des Westens seinen Stempel aufdrükken. Man wird dies Romantik nennen.

Gérard Raulet

Esprit / Geist

»Sie wissen es selbst am besten, da Sie es so gefällig dargestellt haben, daß wir nichts schreiben und nicht einmal denken können ohne den Weg über Frankreich zu nehmen oder genauer, ohne die Kategorien jener Form von *Esprit*, die uns seit so vielen Jahrhunderten eigen ist«: so beginnt der Verleger Bernard Grasset seine Auseinandersetzung mit dem Journalisten Friedrich Sieburg, dem Autor des Bestsellers *»Gott in Frankreich«*. Thomas Mann behauptet in seinen *»Betrachtungen eines Unpolitischen«*, der französische *Esprit* sei ein Produkt der Politik, des politischen Engagements des Schriftstellers (jenes *Literaten*, dem er den *Dichter* gegenüberstellt), der modernen Zivilisation und ihres Rationalismus, während der deutsche *Geist* die Werte der Seele, die Werte der *Kultur* wahre. Derartige Gegenüberstellungen haben ihren historischen Ort nicht nur in den Verhältnissen des Ersten Weltkriegs, sondern auch in der konservativen Reaktion auf die Modernisierung; der französische *Esprit*, gegen den sie sich wenden, ist der der Aufklärung, der französischen Revolution und der Demokratie.

Aber selbst eine sehr viel neutralere Geistesgeschichte muß Gefahr laufen, zu einer schematischen Gegenüberstellung angeblich nationaler Geistesformen beizutragen. Es ist kaum zu leugnen, daß eine historische Darstellung des deutschen und des französischen Denkens in großen Zügen (wovor wir uns hier hüten), trotz aller Querbeziehungen und gegenseitige Einflüsse, erhebliche Unterschiede offenbaren würde: auf dem Umweg über Kant spielt Descartes im Neokritizismus eines Renouvier erneut eine wichtige Rolle. Die »Positive Philosophie« Comtes interessiert sich zwar wie die Diltheys für die objektiven Formen des Geistes, ihr philosophisches Konzept ist aber eher ein Baum der Wissenschaften als eine besondere Hermeneutik der kulturellen Produktion; sie versteht sich als »Erklärung der Tatsachen« und nicht als *Verstehen*. Sie folgt damit, wie Wechssler unweigerlich bemerken mußte, einer spezifisch französischen Vorgehensweise: »Beziehung-Tatsache-Gesetz«: »Relation-Fait-Loi: in dieser heiligen Dreiheit hat der Franzose sein eigentümliches Denkverfahren abgezirkt«. (Eduard Wechssler, Esprit und Geist, 1927, S. 360). Von da ist der Schritt nicht mehr weit bis zu der Behauptung, französischer *Esprit* funktioniere eben nicht wie deutscher *Geist* – zumindest seit dem 17. Jahrhundert. Eine solche historische, um nicht zu sagen dem Wesen nach bestehende Unterschiedlichkeit läßt sich gewiß durch eine Fülle von Feststellungen zu den Abweichungen zwischen dem französischen *»Esprit des Lumières«* und der deutschen *Aufklärung* belegen. Die Versuchung ist dann groß, den Gegensatz noch immer tiefer festzumachen und seine Wurzeln in älteren Zeugnissen aus der Geschichte beider Völker zu suchen (sind die Reformation oder die Mystik europäische Phänomene aus der Geschichte des christlichen Westens oder Ausdruck der besonderen Innerlichkeit der deutschen Seele?). Schließlich versucht man sogar aus der Sprache den unterschiedlichen Stil der beiden Denkformen abzuleiten oder zumindest mit sprachlichen Formen zu belegen.

Hier liegt die eigentliche Frage, um die es in diesen Überlegungen über *Geist* und *Esprit* gehen muß: entsprechen der französische Begriff *»Esprit«* und der deutsche *»Geist«* unterschiedlichen Deutungen und Verwendungsweisen in beiden Sprachen? Die Antwort hat bereits Eduard Wechssler, auf sechshundert Seiten, in seinem Buch *Esprit und Geist. Versuch einer Wesenskunde des Deutschen und des Franzosen* (1927) gegeben, allerdings in einer Weise, vor der wir uns hüten sollten, da sie zu einer Verfestigung von Klischees führt.

Wechsslers Werk bringt eine Art von Sprachkritik – ein Vorgang der Bewußtmachung und ein Versuch der Anwendung eines linguistischen Paradigma auf das damals beliebte Thema der deutsch-französischen Beziehungen – die in den zwanziger Jahren fast einzigartig dasteht und zumindest der Absicht nach auch eine Kritik des Stereotypen darstellen sollte.

Es erschien in jenen günstigen Jahren (waren sie dies wirklich?), jenes *»Locarno des Geistes«* (das nicht nur ein Locarno der Intellektuellen sein sollte), das Heinrich Mann dem Materialismus in Politik und Wirtschaft entgegenhielt. Das Buch sollte Wege zu einem tiefergehenden, aufgeklärten Dialog zwischen Deutschen und Franzosen öffnen. Es ist kein Pamphlet, auch kein naiver Beitrag zur »Völkerpsychologie«, sondern das Werk eines *Philologen* (Wechssler legt in seinem Vorwort darauf großen Wert). Es lohnt sich deshalb, seine Vorgehensweise genauer zu betrachten – und sei es auch nur, um vor ihr zu warnen.

Wechssler untersucht Ausdrucksformen von Kultur, deren Wortsinn untrennbar mit den kulturellen Verhältnissen verbunden ist, in denen sich dieser Sinn zugleich bildet und zu denen er selbst beiträgt. Ist das Onomasiologie oder Semasiologie? Wechssler analysiert, ausgehend von kulturellen Vorstellungen, ihre lexikalischen, stilistischen und metaphorischen Ausdrucksformen und dies sowohl diachronisch wie synchronisch. Er scheut aber auch nicht davor zurück, Semasiologie einzusetzen, um die Onomasiologie zu bestätigen, also von der Bedeutung eines Wortes aus das Wesen einer kulturellen Erscheinung zu bestimmen. Er verfährt, wie er ausdrücklich erklärt, einmal induktiv und einmal deduktiv, da es in seinen Augen keinen Geist ohne entsprechende Ausdrucksformen und keine Ausdrucksformen im weitesten Sinne ohne einen besonderen Geist geben kann, der sie belebt (S. 16). In ähnlicher Weise konvergieren Synchronie und Diachronie und verschmelzen in der *Wesensmitte* der untersuchten Kultur. Über jene Langzeitentwicklungen hinaus, die es der Geistesgeschichte erlauben, Einflüsse, Konvergenzen, Parallelentwicklungen und die Zugehörigkeit zur gemeinsamen westlichen Kultur aufzuzeigen, behauptet Wechssler einen noch sehr viel längeren Langzeitablauf: jenen der Wesenszüge, die sich im Verlauf der Geschichte ausbilden und bestätigen. Selbst die Konvergenzen vollziehen sich dann schließlich in unterschiedlichem Geist – einer besonderen Gesetzmäßigkeit der Assimilation, die jeder Nation eigen ist. Infolgedessen sagt Wechssler: »Das Wörterbuch trügt, man kann nicht übersetzen« (S. 3), vor allem dann nicht, wenn es um Wörter geht, die die zentralen geistigen Wesenszüge berühren (deshalb auch der Titel des Buches: *Esprit und Geist*). Und in der Tat verzichtet zum Beispiel das historische *Wörterbuch der Philosophie* von Joachim Ritter (T. 3, 1974) darauf, die Begriffe »esprit de finesse« und »esprit de géométrie« zu übersetzen. Übersetzungsverweigerung kann aber dazu führen, daß wirkliche oder vermutete Unterschiede geradezu »fetischisiert« werden: sie werden bei Wechssler dann mit einer Aura der »Wesenhaftigkeit« umgeben, die sich jeglicher Kritik diskursiver Auseinanderlegung entzieht, während doch die ganze Geschichte des *Esprit* und des *Geistes* eine Geschichte von Übersetzungen ist.

Im Artikel *Geist* seines *Wörterbuchs der Philosophie* (1910/11) lobt Fritz Mauthner den Agnostizismus, den Rudolf Hildebrand in seinem 175 Seiten langen Beitrag über *Geist und Esprit* in Grimms *Deutschem Wörterbuch* praktiziert. Mauthner fordert eine »Sprachkritik« (siehe auch seine *Beiträge zu einer Kritik der Sprache*, 1901), welche eine Lexikographie zu fördern hätte, die auf internationaler Diachronie, den Übernahmen und Wechselbeziehungen zwischen Sprachen beruhen würde. Die Völker haben immer schon auf *Lehnübersetzungen*, auf gewisse »falsche Übersetzungen« zurückgegriffen, um durch solche Anleihen ihr eigenes geistiges und seelisches Universum auszudrücken; so ist das, was man als ihren »Geist« bezeichnen möchte, vielfach nur Anleihe – wie auch schon das Wort *Geist* oder *Esprit* selbst, das sie gebrauchen, um davon zu sprechen. Wenn sich *Geist* und *Esprit* in vielen Bedeutungen entsprechen, ist dies zugleich auf den Einfluß des Christentums, auf die deutsche und die französische Kultur zurückzuführen wie auch auf den Einfluß der französischen Kultur in Deutschland. So erscheinen zusammengesetzte Wörter wie *Geistesgegenwart* erst gegen Ende des 18. Jahrhunderts (siehe Herder, *Ideen*, hrsg. von B. Suphan, 4, 320) in einer Angleichung an *»présence d'esprit«* (wofür Mitte des Jahrhunderts bereits eine wörtliche Übersetzung *Gegenwart des Geistes* entstanden war). Diese »Geistesgegenwart« hat viel mit intellektueller Geschicklichkeit und Beweglichkeit, mit Brillanz zu tun, wofür es im Deutschen das Wort *Witz* gibt (die Lehnübersetzung *Treppenwitz* meint eben einen Mangel an Geistesgegenwart).

In dieser Zeit, wo die deutsche Kultur und Literatur noch auf der Suche nach ihrer Identität sind, setzt sich aber der glanzvolle *Esprit* im Bereich der schönen Wissenschaften und Künste als Modell für den deutschen *Witz* durch; man zweifelt gerade in Frankreich sogar daran, daß Deutsche dessen überhaupt fähig seien. Während Ariste in den *Entretiens d'Ariste et d'Eugène* von Pater Bouhours (1708) die Meinung vertritt, »schönen Esprit gibt es in allen Ländern und allen Völkern ... sogar bei Deutschen und Moskowitern«, entgegnet sein Gesprächspartner: »Es ist eine große Ausnahme, dies bei einem Deutschen oder Moskowiter zu finden«, da »schöner Esprit mit dem grobschlächtigen Temperament und den massiven Körpern der nördlichen Völker nicht vereinbar ist.« Das Grimm'sche Wörterbuch, aus dem wir diese Zitate übernehmen (2707 ff.), fügt hinzu, daß selbst die *deutschen* Reaktionen auf derartige Behauptungen den französischen Begriff *»bel esprit«* so verwenden, als sei er unübersetzbar. Die gleiche Polemik wiederholt sich 1740 als Reaktion auf die *Lettres Françoises et Germaniques* von Mauvillon, auf die ein Schüler von Gottsched in der Zeitschrift *Belustigungen des Verstandes und des Witzes* antwortet.

Obwohl im 18. Jahrhundert *Witz* und *Geist* sich in ihrer Verwendung noch mischen, triftet diese doch unwiderstehlich auseinander: Witz wird den *»geflügelten Esprit der Franzosen«* bezeichnen, wie noch Paul Herre 1923 im Frankreichartikel seines kleinen politischen Lexikons schreibt. Kant meinte schon: »In der französischen Sprache führen Geist und Witz einerlei Namen esprit. Im Deutschen ist es anders. Man sagt, eine Rede, eine Schrift ist schön, aber ohne Geist. Der Vorrath an Witz macht es hier nicht aus ... Wenn jene Sachen und Personen geistvoll heissen sollen, so müssen sie ein Interesse erregen und zwar durch Ideen«. Zunächst die Aufklärung und dann die Romantik vertiefen diesen Gegensatz, so daß er im 19. Jahrhundert schließlich zum Allgemeinplatz wird (wie sich auch an der Faszination des Jungen Deutschland für Frankreich zeigt). Die Beziehungen zwischen den Begriffen *Witz*, *Geist* und *Esprit* sind in semasiologischer und ideologischer Hinsicht ein zentrales Kapitel der Geistesgeschichte: der *Witz* wird zwar immer mehr herabgestuft und im Gegensatz zur *Vernunft* in die Nachbarschaft des *Verstandes* (und der französischen *Raison*) gebracht, oder auch noch weiter abgewertet und in die Nähe eines bloß wortspielerischen *Esprit* gerückt. *Witz* überlebt aber doch als Modell einer nicht ausschließlich rationalen Kultur (hier liegt von Johann Elias Schlegel bis Schiller über Wieland eine Grundlinie des 18. Jahrhunderts, die sich nicht nur gegen Gottsched und seine französisch und von Leibniz inspirierte logisch-mathematische Vernunft, sondern auch gegen Kants Vernunftbegriff wendet). Es würde sich auch lohnen, die Geschichte der Bezeichnung *geistreich* zu schreiben, die von einer ursprünglich mystischen Bedeutung zu einer völligen Abwertung beim Jungen Deutschland führt; eine Monographie über *Geist* und *Esprit* müßte also auch die Geschichte der Säkularisation als Prinzip der Modernität rekonstruieren, in der die Aufklärung nur eine Etappe darstellt. Die deutsch-französische Problematik *Geist/Esprit* ist untrennbar damit verbunden: der *Witz* des *Schöngeistes* ist ja in den ideologischen Auseinandersetzungen des 17. und 18. Jahrhunderts auch eine entscheidende Qualität des freien und starken Geistes jener kühnen Geister, die selbst die Existenz Gottes bezweifeln, und die Bayle deshalb von den Deisten unterscheidet.

Wenn Ausdrücke wie *freier, starker Geist, Freigeist* oder selbst *Starkgeist* in lexikalischer und philologischer Hinsicht Übernahmen der deutschen Sprache aus dem Französischen darstellen, so bedeutet dies nicht nur, daß Deutschland den Anschluß an das europäische und insbesondere französische Denken gefunden hatte. Derartige Begriffe stehen im Zusammenhang einer Säkularisierungsgeschichte, an der Deutschland in seinem eigenen Rhythmus und gemäß seinen besonderen Prämissen teilnahm; wie das Grimm'sche Wörterbuch feststellt, findet man den Gebrauch von *»freier Geist«* und *»starker Geist«* nicht nur bei Luther (im Sinn des durch den Glauben gestärkten Geistes – und bei Luther bedeutet Geist noch nicht die Vernunft, sondern das geistliche Leben), sondern bereits im Mittelhochdeutschen. Sieht man die Begriffe *Geist* und *Esprit* also im Zusammenhang mit der Geschichte der Modernität, wird offenbar, daß die jeweiligen Modernitätskrisen Umgestaltungen des jeweiligen semantischen Feldes hervorbringen, die allerdings besondere nationale Prägungen erfahren, deren Bedeutung nicht zu unterschätzen ist: ihr Sinn, der zunächst christlich orientiert war, wird durch den Rationalismus umgeformt, wobei das Ergebnis dieses rationalistischen Prozesses in Deutschland von vornherein Umrisse hat, die eine heftige Unruhe anzeigen; und zwar wird der rationalistische Geistbegriff dann wieder durch die Gegenreaktionen gegen ein rationales Kulturverständnis in Frage gestellt, welches manche mit einer *Zivilisation* gleichsetzen, die angeblich im Gegensatz zur deutschen Kultur stehe. So protestiert der oben zitierte Bernard Grasset im Namen des französischen *Esprit* und folgt damit im Grunde der gleichen Motivation wie Sieburg: beide protestieren gegen die Modernisierung in einer Weise, die bereits einem Buch wie Ludwig Klages' *Der Geist als Widersacher der Seele* zugrundelag, die aber durch die Auswirkungen der früheren Krisen mit ihren jeweiligen nationalen Fixierungen eine unterschiedliche Prägung erhalten hat.

So gesehen nimmt die »Unübersetzbarkeit« nationaler Wesenheiten eine Form an, die sich nicht mehr auf die bloße Deutung nationaler Hervorbringungen reduzieren läßt. Sie läßt die Etymologie weit hinter sich, aber wir möchten ihre Erkenntnisse vor jeder weiteren Analyse dennoch kurz berücksichtigen.

Etymologisch gesehen ist die auffälligste und bereits in Grimms Wörterbuch hervorgehobene Beobachtung das Fehlen eines besonderen Begriffs für *Geist* im Gotischen: die Entsprechung lautet *ahma* (verwandt mit Athem), aber schon die Annahme, daß es sich hier um eine Entsprechung handele, setzt ein Vorhandensein dieser Bedeutung oder zumindest eines in diese Richtung gehenden Sprachgebrauchs voraus: nicht die Geschichte des Wortes *Geist*, sondern die der Bezeichnungen, die in einer bestimmten kulturellen Tradition etwas ähnliches andeuten, also die kulturelle und philosophische Geschichte dieses »etwas«. Diese Suche nach einem absoluten Beginn, der als Wurzel einer Wesenheit auszumachen wäre, ist also hoffnungslos. Man kann höchstens wie Grimm (2623f.) und die etymologischen Wörterbücher (Trübner, später Kluge) eine germanische Wurzel feststellen, die nicht mit dem lateinischen *spiritus* übereinstimmt und deren indoeuropäischer Ursprung *(gheizd)* in den germanischen und angelsächsischen Sprachen sehr lebhaft bleibt (ohne daß man aber sagen könnte, ob sie in Konkurrenz zur griechisch-lateinisch-christlichen Geschichte der Wörter stand, die mit dem Begriff *esprit* zusammenhängen, oder diese genährt hat: die bisherigen Darlegungen haben gezeigt, daß man mit beiden Wirkungen rechnen muß, die sich kaum klar voneinander unterscheiden lassen). Trübner (*Wörterbuch der deutschen Sprache* von 1939) betont, daß »als Grundbedeutung ›Regsamkeit, Angeregtheit‹ zu bestimmen [ist]. Von dem Begriff ›Atem‹ ist nicht auszugehen«. (Trübner, 68). Es springt in die Augen, wie leicht sich auf diese Wurzel ein begeisterter genialischer Ursprung des deutschen *Geistes* im Gegensatz zum Rationalismus des französischen *Esprit* aufpropfen läßt (selbstverständlich geschah dies auch). Auf diese Art der Deutung muß man deshalb hinweisen, weil sie in der Geistesgeschichte und den deutsch-französischen Beziehungen durchaus folgenreich war; sie beruht aber nicht *auf* der Etymologie, sondern sie bedient sich ihrer, erfindet sie in gewisser Hinsicht sogar. Die Bedeutung von *pneuma* hat in der griechischen und christlichen Welt eine ähnliche Semantik, wie auch die Bedeutung des hebräischen Wort *rúah*, das im Neuen Testament durch *pneuma* übersetzt ist. In der Geschichte der germanischen Kultur finden sich für *spiritus* zunächst zwei miteinander konkurrierende Übersetzungen – *atum* und *Geist*. Dieses Konkurrenzverhältnis hat aber nichts mit unterschiedlichen »Geistesrichtungen« zu tun, sondern damit, daß man einen Begriff finden mußte, der der christlichen Kultur entspricht. Erst mit Luther findet, wie Mauthner betont, die deutsche Kultur wieder Zugang zum Alten Testament. Damals befand man sich aber schon weit in der Geschichte der Modernität und nicht mehr auf dem Feld der Etymologie.

Im Verlauf dieser Geschichte tauchen dann Alternativen wieder auf, die scheinbar durch frühere Vorgänge entschieden worden waren: *pneuma, nous, spiritus, mens, animus, anima,* jedesmal in bezug auf einen neuen historisch-ideologischen Horizont (welcher durch internationale Verhältnisse und unterschiedliche Bedingungen kultureller Assimilation zusätzlich geprägt sein konnte). So muß man auch den Gegensatz zwischen *Aufklärung* und *Lumières* als ein Kapitel dieser Wiederkehr betrachten. Er verdient besondere Beachtung, da man sich fragen kann, ob nicht hier die ganze Geschichtsschreibung des angeblichen Gegensatzes zwischen *Geist* und *Esprit* ihren Ursprung hat. Wie das *Politische Handwörterbuch* von P. Herre noch 1923 betont, steht auf der einen Seite französischer *Esprit*, der Witz und Verstand miteinander verbindet. Auf der anderen steht dann die *Vernunft* als Fähigkeit, Ideen zu denken, und als moralisches Vermögen, das zugleich, wie Grimms Wörterbuch zu verstehen gibt, einen weiteren Sinn von *Geist* umfaßt, zu dem die individuelle *Seele* gehört und der sich bis zur Weltseele erstreckt. Bei aller Säkularisierung bleibt die Seele bei Kant, zumindest als Postulat, eine Dimension, die über den Verstand hinausweist. Ganz zu schweigen von der *»Weltseele«* bei Schelling und den Romantikern ist auch der absolute Idealismus des Hegelschen Geistes zugleich Lebensprinzip und Weltsubstanz.

In Frankreich versteht man unter Vernunft das *Raisonnement*, das analytische Wissen, das diskursive Denken; die Franzosen haben angeblich im Leibnizschen Sinne einen »mathematischen Geist«, so wie die Engländer nach Voltaire einen besonderen Sinn für den Handel haben. Zum Besten wie zum Schlimmsten soll das gleiche logische Denken in der Scholastik und bei Descartes am Werk sein. Handlungsbezogen hat es Intelligenz im Sinne von Klarsicht, Scharfsinn und Berechnung; laut Wechssler (der Meineckes Buch über die *Idee der Staatsraison in der neueren Geschichte* zitiert) soll es gleichermaßen die Politik Sullys und Richelieus, den Code Napoléon und die Brillanz der Franzosen in der Jurisprudenz erklären – also alles, was nach Kant ins Feld der *Klugheit* gehört. Typisch für das französische Denken soll dann auch seine besondere Fähigkeit sein, Beziehungen herzustellen, und sei es auch nur in Form der Verkürzung und der Anekdote, des

Bonmots, des Esprits. Dies führt dann zur Neigung, Wort und Vorstellung gleichzusetzen, die Realität auf bloße Formeln zu reduzieren. Umgekehrt soll dann für einen deutschen Geist die Realität eine symbolische Tiefe besitzen. Der französische Geist gilt als extrovertiert, »das geistige Leben der Germanen [ist] ein nach innen gekehrtes« (Keyserling, zitiert bei Wechssler, S. 410)...

Seien sie nun wahr oder falsch, all diese Stereotypen sind altvertraut – aus wechselnden Zeiten könnte man noch zahllose Variationen zitieren. Wechssler ist sehr darauf bedacht, ihnen keine polemische Tönung zu geben. In der vielfältigen Literatur über französische Kultur und französischen Geist ist dies nicht immer so. In den zwanziger Jahren dient bei Curtius wie bei Sieburg der Gegensatz zwischen spekulativer Tiefe der Deutschen und dem zugleich analytischen praktischen Geist der Franzosen dazu, um letzteren mit kleinbürgerlicher Berechnung gleichzusetzen: Frankreich sei im doppelten Wortgebrauch ein »fertiges« Land, das also zugleich keine Zukunft und eine vollkommene Kultur- und Lebenskunst besitze (so auch Keyserling); es sei im Grunde kleinbürgerlich und provinziell, unfähig, sich der Ungewißheit des Fortschritts zu stellen. Doch beunruhigt der »französische Esprit« immer wieder; Thomas Mann tadelt, was umgekehrt Heinrich Mann preist: seine Fähigkeit, zugleich denken und handeln zu können (*Geist und Tat. Essays über die Franzosen,* 1931), den Universalismus der französischen Aufklärung und den Messianismus der »Ideen von 1789«. Das französische Gefühl, die Zivilisation zu verkörpern und Träger einer Mission zu sein, inspirierte nicht nur die Revolutionskriege, sondern auch die Feldzüge Napoleons; Napoleon, das ist – will man Hegel parodieren – der französische Geist zu Pferde –, so wie es vor ihm Ludwig XIV. war, dessen Rheinpolitik im deutschen Geschichtsbild eine wichtige Rolle spielt.

Dies ist eine der Thesen, die alle Werke über Frankreich miteinander teilen, die wilhelminischen, aber auch danach. Ein anderes Hauptthema der Anfang des Jahrhunderts entwickelten *Kulturkritik* liegt darin, die Vernunft »à la française« zur Hauptursache für die zersetzenden Wirkungen des modernen Rationalismus zu erklären, für den »Zerfall« der Gemeinschaft durch »legalistisches und organisatorisches Denken« (Hermann Platz), und dieser dann nicht die Aufklärung entgegenzuhalten, sondern die romantische Gegenreaktion gegen die Aufklärung. Die Tatsache, daß selbst die deutsche Aufklärung in den Augen der Kritiker des französischen *Esprit* keine Gnade findet, offenbart den Antirationalismus, der hinter den zahlreichen Betrachtungen über den französischen *Esprit* steht und dessen gesellschaftliche und politische Hintergründe auf der Hand liegen.

Wir wollen dieses Thema hier nicht weiter verfolgen, sondern vielmehr in seinem Lichte den Faden der Wortgeschichte wieder aufnehmen, der Geschichte der Bedeutungen von *Esprit* und *Geist*, und uns fragen, inwieweit der im 18. Jahrhundert vollzogene semantische Bruch zwischen *Esprit* und *Geist* einer Realität entspricht. Dabei sollte uns die Erkenntnis leiten, daß die Geschichte von *Esprit* wie von *Geist* untrennbar mit dem Vorgang der Säkularisierung als Prinzip der Modernität verbunden ist und daß Deutschland wie die deutsche Sprache mit ihrem besonderen Rhythmus und ihren spezifischen Prämissen Teil dieser Geschichte sind. Wie groß auch die Unterschiede zwischen französischer *Raison* und deutscher *Vernunft* gewesen sein mögen, wurde auch letztere rasch als ein zu enger Rationalismus empfunden: Säkularisierung und Rationalisierung vertreten einen zu »engen Sinn« von *Geist*, indem sie ihn als *Verstand* und *Vernunft* definieren. Es geht also gar nicht um französische *Raison*, sondern um Kant, den Wechssler in Gegensatz zu Descartes setzte, und um das Ergebnis dieser Entwicklung, in deren Verlauf sich der deutsche *Geist* vom französischen *Esprit* emanzipiert hatte. Die Generation nach Kant weigerte sich, den Geist mit der Vernunft als Fähigkeit des Wissens und als Fähigkeit der Moral gleichzusetzen. Kants dritte Kritik ahnte auf ihre Weise diese Krise voraus. Bis zu ihr hatte Kant eine deutliche Aversion für den Begriff *Geist* gezeigt, den er den Visionen seiner *Träume eines Geistersehers* vorbehielt; Geister waren für ihn bloße Gespenster, der Geist also ein metaphysisches Gespenst. Er taucht aber in der *Kritik der Urteilskraft* wieder auf (wo er sogar als ein dem Menschen innewohnendes Lebensprinzip bezeichnet wird, § 55) und er steht im Zusammenhang einer ästhetischen Wendung der Kantschen Philosophie, die um so interessanter ist, als sie den Dialog mit dem französischen *Esprit* wieder aufnimmt: es handelt sich um die entscheidende Wendung, die in die Ästhetik den Begriff des *Genies* einführt. Das Genie ist selbst ein Erbe der Säkularisierung: der Schöpfergeist im Menschen. In der Logik seiner eigenen Säkularisierung und Problematik nimmt das deutsche Denken (und die deutsche Sprache) die Beziehung zu Frankreich also wieder auf, statt die Brücken unwiderruflich abzubrechen. Der deutsche Begriff *»schöpferischer Geist«* soll eine Lehnübersetzung aus dem Französischen sein, die bei Bodmer und Breitinger gebräuchlich wurde, bevor sie in jener anderen Wortübernahme, dem Begriff *Genie*, eine angemessene Bezeichnung fand.

Gewiß, nichts berechtigt zu der Annahme, hier sei die *raison ingénieuse* übernommen worden, von der die *Encyclopédie* spricht. Nichts erlaubt es auch, gänzlich die Vorstellung abzulehnen, es gäbe eine besondere Gesetzmäßigkeit der Assimilation, die den Sinn der Wörter je nach dem »Wesen« der sie aufnehmenden Nation verwandle. Nichts berechtigt aber auch dazu, dieses Wesen als unveränderliche Gegebenheit zu betrachten, welche die Wortgeschichte beherrscht und determiniert. In Wahrheit scheinen die Geistesgeschichte und die historische Lexikographie sich in Rhythmen zu vollziehen, in deren Verlauf die Etymologie und das »lexikalische Angebot« sich in Wechselbeziehung mit Formen der Nachfrage befinden, die einerseits durch Langzeitentwicklungen wie die Stufen der europäischen Säkularisierung und andererseits durch die Abweichungen nationaler Entwicklungen bedingt sind. Dieses Wechselspiel zwischen Angebot und Nachfrage schließt so wenig Unterschiede aus wie Wiederbegegnungen. Eines aber wird deutlich: unwandelbare »Volksgeister« gibt es nicht, und seien sie auch scheinbar, wie Wechßler dies versucht, durch die Beharrlichkeit »wesenhafter« Züge in ihren historischen Manifestationen belegt. Man sollte sich vielmehr klarmachen, daß die Idee eines universalen Geistes als Produkt der Säkularisierung auf Widerstände stößt, die jenseits von allem Chauvinismus die erhebliche Bedeutung individueller nationaler Ausformungen erklären: Leibniz warnt vor der Prätention einzelner Geister, als Sprecher des universalen Geistes auftreten zu wollen. Im Grunde geht es immer darum, festzustellen, welches Volk, welcher *»Geist«* jeweils zum Träger des göttlichen Erbes wird. Wir müssen die Geschichte von *Esprit* und *Geist* also im Zusammenhang der Geschichte der Modernität sehen: dies ist die einzige Lehre, die man aus derartigen Betrachtungen ziehen kann. Sie leugnen nicht, wie man vielleicht annehmen mochte, die Gegensätze zwischen französischem *Esprit* und deutschem *Geist*, sind aber bestrebt, die Klischees zu relativieren und zu zeigen, daß sich aus linguistischen Befunden keine kontrastive Typologie ableiten läßt, und daß die Geistesgeschichte sich nicht auf eine gewiß um »Verständnis« bemühte, aber doch verständnislose Ausschlachtung hermeneutischer und philosophischer Befunde reduzieren läßt, wie sie Wechßler betrieb (der uns hier vor allem als negatives Demonstrationsobjekt gedient hat), da sie die historischen Rhythmen geistiger Entwicklung nicht zur Kenntnis nimmt.

Iring Fetscher
Jean-Jacques Rousseau

Im zeitgenössischen *bundesdeutschen* »Rousseau-Bild« sind unterschiedliche Traditionsbestände enthalten. Die Beleuchtung der Rousseauschen Philosophie und Literatur unterscheidet sich je nach dem politischen Standort des Autors.

In der Epoche des »Sturm und Drang« wirkte Rousseaus Dichtung offenbar befreiend. Noch in Goethes *Werther* hat man Stimmungen erkennen wollen, die aus dem Umkreis der Rousseauschen Romane stammen. Kant verdankt Rousseau – nach eignem Eingeständnis – den Anstoß zu seiner ethischen und sozialen Theorie. Freilich entfernt er sich in der Ausführung von dem Denker, der »ihn zurechtgebracht hat«, ganz erheblich. Weder folgt Kant Rousseaus geschichtsphilosophischem Pessimismus noch tritt er wie dieser für eine »direkte Demokratie« ein. Auch die Rezeption Rousseaus durch Hegel ist ambivalent. Einerseits betont Hegel das Verdienst des Genfers, »den Willen als Prinzip des Staats aufgestellt zu haben« (Rechtsphilosophie § 258), andererseits wirft er ihm vor, daß er den Staat aus einem Vertrag selbständiger Einzelner künstlich hervorgehen lasse und damit den objektiv vernünftigen Willen verfehle. Diese »atomistische« Auffassung wird in der Folge – bis in unser Jahrhundert hinein – als der »Grundirrtum« Rousseaus von autoritären Staatstheoretikern in Deutschland hervorgehoben. Diese konservativen Denker pflegen andererseits positiv an Rousseaus Begriff des »Gemeinwillens« (der »volonté générale«) anzuknüpfen und sie antiliberal und antidemokratisch gegen Institutionen der modernen Demokratie auszuspielen. Eindeutig geschieht das z. B. bei Edgar J. Jung in *Die Herrschaft der Minderwertigen* (1930): »Echte Demokratie, d. h. die Herrschaft der nur metaphysisch zu begreifenden volonté générale, ist das höchste staatliche Ideal: es kann aus dem organischen Weltbild nicht weggedacht werden. In diesem Sinne ist Demokratie vollendeter Konservativismus. Wenn die Volksherrschaft allerdings als mechanisches Mehrheitssystem aufgefaßt wird, dann beginnt eine Auslegung der Demokratie, welcher dieses Werk Kampf bis aufs Messer angesagt hat...« (S. 225).

Die Tatsache, daß – namentlich in Deutschland – der Begriff der »volonté générale« zum Zweck einer Legitimierung autoritärer Einmannherrschaft (oder Elitenherrschaft) mißbraucht werden kann, hat in der Zeit nach dem Zweiten Weltkrieg zu einer weitverbreiteten Rousseaukritik in der Bundesrepublik Deutschland geführt. Zu einer dem Verfasser gerecht werdenden Interpretation des *Contrat Social* gelangt man allerdings nur auf dem Weg über eine umfassende Berücksichtigung des gesamten Rousseauschen Oeuvres unter Einbeziehung vor allem der beiden Diskurse und der drei Schriften, in denen Rousseau praktischen politischen Fragen (Verfassungsstreit in Genf, Verfassungsentwurf für Korsika, Betrachtungen über die Regierung Polens)[1] Stellung bezieht. In das populäre Rousseaubild sind diese Arbeiten jedoch bisher nicht eingegangen.

Während die »Linke« Rousseau als verfrühten Vorläufer einer egalitären Demokratie ansieht, der außerstande war, sich über den Standpunkt einer Gesellschaft von Kleineigentümern zu erheben, macht für rechte Kritiker Robespierre und das von ihm mitgetragene terroristische Regime des »Comité de Salut public« die Gefährlichkeit der Rousseauschen »Utopie« einer direkten Demokratie eindringlich deutlich. Unter Verkennung der Rousseauschen Terminologie wird von solchen Kritikern auch gern Rousseaus Ausspruch zitiert, »ein Volk von Engeln würde sich demokratisch regieren«, und »wenn man den Terminus im strengen Wortsinn benützt, dann hat es noch nie eine wahrhafte Demokratie gegeben und wird es sie auch nie geben« (Contrat Social III, 4).[2] Um den Satz richtig zu verstehen, muß man allerdings wissen, daß Rousseau unter »Republik« das versteht, was wir heute Demokratie nennen: einen Staat, in dem die Gesetzgebung (und nur sie) vom »Gemeinwillen« (dem Willen der vereinigten Citoyens) ausgeht, während die Regierung an die Gesetze gebunden ist. Demokratie nennt er dagegen einen Staat, in dem auch noch die *Regierungstätigkeit* von der Gesamtheit (oder der Mehrheit) der Citoyens ausgeübt wird. Allein diese »demokratische Republik« hielt Rousseau aus begreiflichen Gründen für unrealisierbar.

Verbreiteter noch als jene konservative Benützung der Kategorie des »Gemeinwillens« zur Legitimierung einer »Führerdemokratie«, war allerdings spätestens seit den »Ideen von 1914«, die als »die deutsche Antwort auf 1789« verstanden wurden, eine radikale Verurteilung Rousseaus als des »Ideologen« der westlichen liberalen Demokratie. Der Konservative Christoph Steding schreibt 1938 in *Das Reich und die Krankheit der europäischen Kultur*: »Der Völkerbund läßt es sich heute in ganz spezifischem Sinn angelegen sein, die europäische politische *Welt der guten Rasse zu zerstören*. Denn er ist ja die Institution desjenigen *Menschentyps*, der die *französische Revolution ermöglichte*, also der *korrumpierten Kanaille vom Schlage Rousseaus* und *Voltaires*, und er ist damit *gleichzeitig* die Institution *desjenigen Menschentypus*, dem in der *bolschewistisch-marxistischen Revolution der Weizen blüht*.« Was für den »politischen Katechismus« der französischen Linken Grund zum Stolz war, ist hier Begründung der gleichzeitigen Verurteilung von Rousseau, 1789 und 1917!

Für die »Realpolitiker« der deutschen Rechten war die Beurteilung Rousseaus durch Oswald Spengler verbindlich: »Diese abstrakten Ideale besitzen eine Macht, die sich kaum über zwei Jahrhunderte ... erstreckt. Sie werden zuletzt nicht etwa widerlegt, sondern *langweilig. Rousseau ist es längst* und Marx wird es in kurzem sein« (Der Untergang des Abendlands Bd. II. S. 564).

Während sich im Deutschland der Weimarer Republik und z. T. auch dem des »Dritten Reiches« demokratiefeindliche Autoren auf Rousseaus »volonté générale« bezogen und – so z. B. Carl Schmitt – unter Demokratie die »Einheit von Regierung und Volk« verstanden, ganz gleich wie diese »Einheit« fundiert ermittelt oder hergestellt worden ist[3], war die Demokratietheorie des erneuerten demokratischen Staates in der Bundesrepublik in ihrer Tendenz anti-rousseauistisch. Als Paradigma gelungener Demokratie galten (in liberaler Tradition) das britische Regierungssystem, die Theorie Montesquieus und die vernunftdemokratische Resignation eines Alexis de Tocqueville. Dieser entsprach vor allem auch der Stimmungslage der enttäuschten Konservativen, deren Ideale durch die Naziherrschaft korrumpiert und diskreditiert worden waren, so daß ihnen nichts anderes übrigblieb, als sich zur Demokratie zu bekehren. Unberührt von dieser Rousseaukritik blieb freilich das Bild des »Gefühlsethikers« Rousseau und des liberalen Pädagogen, dem allerdings nur geringe »aktuelle« Relevanz zugeschrieben wurde. Die Betonung des »Gefühls« bei Rousseau hat die meisten populären Interpreten Rousseaus dazu verführt, den aufgeklärten Vernunftdenker Rousseau zu übersehen. Das gilt z. B. auch für Rousseaus Interpretation des Gewissens, das keineswegs rein »emotionaler Natur« ist[4].

Das Rousseau-Bild der Franzosen ist womöglich noch weit stärker von der Französischen Revolution bestimmt als das der Deutschen. Hier gibt es – neben dem »politischen« Rousseau – fast nur unter Spezialisten die Hochschätzung des philosophischen Autors. Fast alle Autoren bewerten Rousseau entsprechend ihrer Einstellung gegenüber der Revolution. Charles Seignobos hat in seiner *Politischen Geschichte des modernen Europa* die neuere französische Geschichte als einen viermaligen Anlauf zur republikanischen Verfassung interpretiert. Die Revolution von 1789 war weder mit Napoleons Alleinherrschaft, noch mit seiner Kaiserkrönung oder der Restauration der Bourbonen schon »beendet«, auf jede Restauration folgte ein neuer Anlauf demokratischer Minderheiten bis es endlich – nach 1871 – gelang, eine solide demokratische

Mehrheit für die Republik zu finden. Diese Mehrheit schloß allerdings die Fortdauer antirevolutionären, reaktionären Denkens keineswegs aus. Mit Maurice Barrès und vor allem Charles Maurras nimmt das revolutionsfeindliche Denken sogar neue, schrillere Töne an. Ihm gegenüber hat sich seit den achtziger Jahren des 19. Jahrhunderts definitiv eine enge Verbindung von französischem Patriotismus und Kult der Revolution herausgebildet. Am 14. Juli 1880 wird der Jahrestag des Sturms auf die Bastille zum »Nationalfeiertag« erhoben. Erst jetzt wird die These Jules Michelets (1798–1874): »Par devant l'Europe, la France, sachez-le, n'aura jamais qu'un seul nom inexpiable, qui est son vrai nom éternel, la Révolution« von der Mehrheit der Bevölkerung akzeptiert. Dementsprechend wird in den Schulen nach und nach eine Auffassung fast alleinherrschend, die *François Furet*[5] »catéchisme révolutionnaire« genannt hat. An der Durchsetzung dieses »Katechismus«, der in vieler Hinsicht »mythischen« Charakter hat, haben Jean Jaurès (1859–1914), George Lefèbvre (1874–1959), Albert Soboul (1914–1982) und viele andere mitgewirkt. Er wurde zwar stets von konservativen Autoren bekämpft, ist aber erst in jüngster Zeit wieder ernstlich in Frage gestellt worden.

Für die genannten Autoren, die sich der demokratischen Linken und mit Ausnahme von Jaurès dem Marxismus zurechnen, ist die Französische Revolution »die Mutter« aller weiteren Revolutionen, durch die der Weg für einen Fortschritt eröffnet wurde, der erst mit einer sozialistischen Weltgesellschaft sein Ziel erreicht haben wird. Entsprechend dieser Interpretation erhalten die Sansculotten (namentlich bei Sohoul) und Robespierre, trotz ihrer Niederlage eine herausragende Bedeutung, weil sich bei ihnen schon die sozialen Probleme zeigen, die später zum Sozialismus führen werden. Fixiert auf das kleine Privateigentum vermochten freilich weder Robespierre noch sein großes Vorbild Rousseau den Schritt über die bürgerliche Eigentumsgesellschaft hinaus zu tun, aber in ihnen erreicht doch die große Französische Revolution ihren faszinierenden und tragischen Höhepunkt.

Darüber hinaus erhält Rousseaus Theorie durch eine Anzahl von übereinstimmenden Forderungen der Pariser Sansculotten gleichsam den radikal revolutionären Ritterschlag. Die Tatsache, daß der Genfer selbst eine revolutionäre Erneuerung Frankreichs für illusionär hielt und vor der Gewalt einer Revolution zurückschreckte, wird dabei gern übersehen.

Sehr viel dezidierter sind die Rousseau-Gegner auf der Rechten. Wenn wir von Spezialisten wie Augustin Cochin einmal absehen, der erst jetzt durch François Furet wieder ins Gespräch gekommen ist,[6] zeichnen sich vor allem zwei revolutionsfeindliche Tendenzen ab: die eine wird von Jacques Maritain (1882–1973), die andere vor allem durch Charles Maurras (1868–1952) dem Theoretiker der »Action Française« repräsentiert. Für Maritain steht Rousseau – trotz starker Unterschiede – in der Reihe der neuzeitlichen Reformer, die zum Untergang des katholischen Europa geführt haben. In seinem Buch »trois Réformateurs: Luther, Descartes, Rousseau« (1925 nouv. èd.) wirft er Rousseau vor, »das Evangelium denaturiert zu haben, indem er es aus dem übernatürlichen Rahmen herausnahm, um es auf die Ebene der einfachen Natur zu übertragen«. Vor allem klagt Maritain Rousseau an, er habe das Dogma der Erbsünde verworfen. Das ist allerdings nur insofern richtig, als Rousseau den Mythos vom Sündenfall nicht berücksichtigt, wohl aber kann man seine Geschichtstheorie (im zweiten Discours und im Essay über den Ursprung der Sprachen) als eine Art »säkularen Ersatz« für die Sündenfall-Hypothese verstehen. Jedenfalls täuscht sich Maritain wenn er meint, »um zum Guten zu gelangen, müsse man sich (laut Rousseau) vor Zwang und Anstrengung bewahren«. Das gilt zumindest für den »zivilisierten Menschen« keineswegs. Maritains Gesamturteil lautet: »indem er das Evangelium verweltlichte, zugleich die humanen Tendenzen des Christentums beibehielt und Jesus Christus unterdrückte«, habe Rousseau »das Wesentliche der Revolution« formuliert und sei ein Fortsetzer aller häretischen Sektierer des Mittelalters.

Wenn schon der Abwehrkampf eines Jacques Maritain in Rousseau einen aufrührerischen Reformer erblickte, der dem katholischen Abendland – zusammen mit Luther und Descartes schweren Schaden zugefügt hat, so wird für Maurras Rousseau vollends zum Erzfeind, jetzt allerdings des katholischen und monarchischen Frankreich. Rousseau, dessen neurotische Persönlichkeit schon von Maritain als Argument herangezogen wird, erscheint hier als der Verderber des rationalen Reichs der römischen und klassischen Vernunft, als Anwalt einer verschwommenen Gefühlsreligion, die dem individuellen Gewissen völlig freie Bahn läßt und damit jede feste, tradierte Institution zerstört. Kant, dessen Nähe zu Rousseau Maurras ganz zutreffend errät, erscheint ihm nicht minder verhängnisvoll in seiner moralischen und sozialen Theorie. Beiden wirft er extremen liberalen Individualismus vor, der im Anarchismus enden müsse. »Jedesmal, wenn die Schüler von Rousseau und Kant die Hand an ihr Herz legten, um von ihrem Gewissen und dessen Freiheit zu sprechen, kann man gewiß sein, daß der Terrorismus bald sein Schaffott errichten oder seine Bombe irgendwo werfen wird.«

Im Unterschied zu Maritain (der denn auch Maurras scharf kritisiert hat) erblickt Maurras die Gefährlichkeit Rousseaus auch in dessen Nähe zum Alten Testament (»Judaisme«), darüber hinaus wie Maritain im »Protestantismus« und »Germanismus«. Aus diesem Grunde habe auch Rousseau in Deutschland so bald ein positives Echo gefunden: »Das am wenigsten zivilisierte Europa konnte es nicht verfehlen, in diesem Naturkind, aus dem die Pariser ihr Idol gemacht haben, sich wiederzuerkennen und sich zu lieben. Auf diese Weise wurde von einem Teil seines Publikums und zwar dem schwerfälligsten (dem deutschen) seine Predigt wortwörtlich genommen: ... was einst als Unwissenheit zu korrigierende Unfertigkeit, reparierbare Schwäche galt, das behauptete jetzt die Überlegenheit seiner barbarischen Frische und Neuheit gegenüber der ausgetrockneten Erschöpfung der gebildeten, kultivierten, ans Ziel gelangten Rasse.«

Schlägt man freilich bei Nietzsche nach, so findet man ganz ähnlich Akzente. Nicht nur haßt er Luther und Rousseau ähnlich wie Maritain, er hat auch die gleiche Assoziation von Rousseau und »etwas Deutschem im schlimmen Sinne«[7] und eine mit Maurras vergleichbare Argumentation ad hominem: »Rousseau, dieser erste moderne Mensch, Idealist und Kanaille in einer Person; der die moralische ›Würde‹ nötig hatte, um seinen eignen Aspekt auszuhalten: krank vor zügelloser Eitelkeit und zügelloser Selbstverachtung. Auch diese Mißgeburt, welche sich an die Schwelle der neuen Zeit gelagert hat, wollte ›Rückkehr zur Natur‹, wohin ... wollte Rousseau zurück? Ich hasse Rousseau noch in der Revolution: sie ist der welthistorische Ausdruck für diese Doppelheit von Idealist und Kanaille.«[8]

Bei den selbständigen Denkern schwindet die nationale Färbung ihrer Aussagen und Nietzsche fühlte sich nicht zufällig als »guter Europäer«. Man mag seine Rousseaukritik mit guten – sachlichen – Gründen kritisieren, seine *Streifzüge eines Unzeitgemäßen* bleiben noch immer eine spannende Lektüre beiderseits des Rheines. Je größer aber der Abstand zur Französischen Revolution und zu *Rousseaus* Werken wird, um so ausgewogener und nüchterner kann ihre Deutung werden, um so differenzierter auch das Urteil. Zwischen französischen (und frankophonen) Fachphilosophen und deutschen gibt es – jedenfalls keine fundamentalen – Gegensätze der Wertung mehr.[9] Unterschiede bleiben akademisch. Für die Historiker in der DDR ist freilich der »Katechismus« der Lefèbvre-Soboul (Mazauric, usw.) noch immer verbindlich, während in der Bundesrepublik die konservative Rousseaukritik allmählich an Gewicht verloren hat.

Anmerkungen

1 *Lettres écrites de la Montagne* (zum Verfassungsstreit in Genf), *Projet de Constitution pour la Corse, Considérations sur le Gouvernement de Pologne.* Alle Texte in: *Oeuvres Complètes,* III. (Pleiade) Paris 1964.

2 *Contrat Social* III, 4

3 Vgl. Carl Schmitt, *Verfassungslehre*, Berlin 1928, S. 234f. Die Herstellung dieser Homogenität wird – nach Carl Schmitt – durch die Eliminierung des »Feindes« (z. B. der »Fremdrassigen« in Nazi-Deutschland) sichergestellt.

4 Vgl. hierzu Iring Fetscher, *Rousseaus politische Philosophie,* Frankfurt [3]1975, S. 83ff.

5 Francois Furet, *Penser la Révolution française,* Paris 1978, Deuxième partie: 1. *Le catéchisme révolutionnaire.*

6 Furet, a. a. O. III. Augustin Cochin: *La théorie du jacobinisme.* Furet faßt eine Anzahl von lokalen Studien Cochins zusammen und arbeitet dessen Theorie der Entstehung des jakobinischen Extremismus aus den inneren Zwängen der »sociétés de pensée« heraus.

7 Friedrich Nietzsche, *Werke in drei Bänden*, hrsg. von Karl Schlechta, München 1966, Bd. II, S. 994.

8 Friedrich Nietzsche, a. a. O., S. 1023f.
9 Das gilt z. B. für die Arbeiten von Robert Dérathé, Jean Starobinski, Raymond Polin, Bertrand de Jouvenel, auf französischer Seite und Martin Rang, Iring Fetscher, Klaus Reich unter deutschen Autoren, auch wenn sich nach Themenstellung und Interessen erhebliche Unterschiede zwischen deren Positionen finden.

Pierre-Jean Labarrière
Hegel

Georg Wilhelm Friedrich Hegel (1770–1831) gilt beiderseits des Rheins als wichtigster Vertreter jener philosophischen Richtung, die man »deutschen Idealismus« nennt. Hinter dieser Epochenbezeichnung steht allerdings eine höchst vielfältige Wirklichkeit voller Gegensätze. Hegel ist Erbe und Gegner sowohl der von Kant und Fichte entwickelten Transzendentalphilosophie, die seiner Kritik nach im »Dualismus« verhaftet bleibt, wie auch des Schellingschen »Monismus«. Hegel bekämpft auch alle Denkansätze falscher Unmittelbarkeit. Er tritt in dieser vielfältigen Auseinandersetzung als Vertreter eines vernunftgemäßen Umgangs mit der Wirklichkeit und eines Denkens auf, das zugleich analytisch und synthetisch, dialektisch und spekulativ ist, das durch die doppelte Negation positiv und schöpferisch wirkt, das bloß Tatsächliche durch Vermittlung aufhebt und es einer Reflektion unterzieht, die den Gegensatz zwischen Idealismus und Materialismus überschreitet: seine Grundlage ist die Idee der auf einer doppelten Voraussetzung beruhenden Beziehung zwischen der Innerlichkeit des Verstehens und der Äußerlichkeit des Gegebenen.

Diese durch ihren Blick auf die Wurzeln des Denkens und damit auf das Universale gerichtete ganz eigenständige »Methode« Hegels muß sich immer wieder – wie er selbst sagt – »entfalten«, um sich schließlich in einem »System« zu erfüllen. An dieser Stelle traten zwischen deutschen und französischen Philosophen die schärfsten Unterschiede der Hegeldeutung auf. Die deutsche Hochschultradition beschäftigte sich vor allem mit dem Werk des

Logikers und Enzyklopädisten. Hegel galt hier – und Heidegger besiegelte dieses Urteil – als der letzte der großen »klassischen« Philosophen, die Systeme errichten und nach Totalität streben: Philosophie, Kunst, Geschichte, Recht, Politik, Religion – kein Bereich der menschlichen Existenz wird hier nicht verortet und zu allen anderen Elementen des wirklichen oder vermeintlichen Abenteuers des »Weltgeistes« in Beziehung gesetzt.

In Frankreich – sieht man von imposanten Werken wie denen des Neapolitaners Valerio Vera im letzten Jahrhundert ab, der als erster in unserem Kulturbereich diese Philosophie in einer »systematischen« Interpretation übernahm, aber damit keinerlei anhaltende geistige Bewegung auslöste – dauerte es fast hundert Jahre, bis eine Hegelrezeption »à la française« eintrat: erst dann brachte die »phänomenologische« Schule, die in diesem Feld im zweiten Viertel unseres Jahrhunderts dominierte, mit den Namen Jean Wahl, Alexandre Koyré und vor allem Alexandre Kojève und Jean Hyppolite den experimentellen Erfahrungscharakter dieser Philosophie zur Geltung und weckte damit das Interesse für eine »Odyssee des Bewußtseins«. Hegel erscheint in diesem Lichte nicht als Abschluß, sondern als Aufbruch für eine neue Denkweise, die den Menschen mit seinen stets nur partikularen Reaktionsweisen im Zusammenhang sämtlicher Einflüsse zu sehen versucht, die ihn prägen.

Diese unterschiedliche Betrachtungsweise ist bis heute spürbar. Noch immer herrscht in Frankreich besonders starkes Interesse für die *Phänomenologie des Geistes*, während sich die deutschen Philosophen vor allem für das »System« interessieren, das in der Konstruktion der »Philosophie des Geistes« gipfelt. Diese unterschiedlichen Akzentsetzungen treten aber hinter dem beiderseits bestehenden Interesse für die eigentlich *logische* Dimension dieser Philosophie zurück. Aber auch hier treten erneute Nuancierungen auf: die jüngsten französischen Arbeiten konzentrieren sich vor allem auf die spekulativen Ansätze dieser Logik, während man in Deutschland stärker vom Denken der Wiener Schule beeinflußt ist und sich deshalb mehr mit den Problemen der Diskursmechanismen und der Formalisierung des Sprachgebrauchs beschäftigt.

Die Unterschiede in der politischen Deutung dieses Werkes, die hie und da auftreten, verdienen keine ausführliche Darstellung. Gewiß hat es rechts wie links Tendenzen totalitären Denkens gegeben, die versuchten, sich durch Berufung auf das Hegelsche wie auch auf einige andere Vorbilder eine geistige Legitimation zu verschaffen. In beiden Ländern zeigten aber seriöse Untersuchungen, wie unberechtigt derartige Zuschreibungen sind. Hegel muß – ob man seinen Positionen nun zustimmt oder diese ablehnt – jedenfalls als ein Philosoph anerkannt werden, der leidenschaftlich auf alle neuen Formen verwies, die *Freiheit* im Verlauf einer Geschichte annehmen kann, in der sich so zahlreiche tiefgreifende Umwälzungen vollziehen.

Experiment oder System, vorwiegendes Interesse für die Methode oder den Inhalt (die bei Hegel doch untrennbar miteinander verbunden sind): wir sind jedenfalls weit über jene simplifizierenden Gegensätze hinausgekommen, die schon nach 1830, unmittelbar nach dem Tod des Meisters sogenannte »Links-« und »Rechtshegelianer« von einander unterschieden. Man hat gelernt, daß eine derartige Zerstückelung jedenfalls aus dem Zusammenhang hinausführt, der das wesentliche des Hegelschen Denkens ausmacht: die Versöhnung zwischen Sein und Denken, Vorstellung und Begriff, Wirklichkeit der Geschichte und der Konkretheit der Idee.

Im Grunde liegt diese Aufgabe noch vor uns und mobilisiert Wissenschaftler beider Traditionen in ganz ähnlicher Weise – die Unterschiedlichkeiten nationaler Herkunft aus der alten oder der neuen Welt spielen dabei kaum eine Rolle. Zunächst sollte man bestrebt sein, endlich eine zuverlässige Textausgabe zu erstellen, da trotz aller verdienstvollen Bemühungen von Haering, Lasson und Hoffmeister Hegel unseligerweise anderthalb Jahrhunderte nach seinem Tod noch immer nicht in einer wirklich kritischen Ausgabe vorliegt. Der nächste Schritt ist dann die geduldige »Entzifferung« der Hegelschen Texte, Vorübung, durch die jeder hindurchgehen muß, der das Ausmaß des gewaltigen Gebäudes Hegelschen Denkens ermessen will. Diesen Weg muß jeder einschlagen, der überzeugt ist, daß jenes »dialektische« und »spekulative« Denken in uns und über uns hinaus eine Zukunft hat und haben soll.

Etienne Balibar
Marx

Sollten wir uns wirklich darüber wundern, daß es Deutschen und Franzosen nie gelungen ist, sich über Marx und den Marxismus zu verständigen? Marx hat sein Werk und seine politische Laufbahn mit dem Traum einer »Verschmelzung« von deutscher Philosophie und französischer Politik begonnen, die ihm als die fortschrittlichsten Kulturformen und Ausdrücke seiner Zeit galten. »... Die Philosophie kann sich nicht verwirklichen ohne die Aufhebung des Proletariats, das Proletariat kann sich nicht aufheben ohne die Verwirklichung der Philosophie. Wenn alle inneren Bedingungen erfüllt sind, wird der *deutsche Auferstehungstag* verkündet werden durch das *Schmettern des gallischen Hahns*.« (*Zur Kritik der Hegelschen Rechtsphilosophie. Einleitung,* erschienen 1844 in den *Deutsch-Französischen Jahrbüchern* in Paris). Aber das Mißverständnis war bereits mit der Herausgabe dieser Zeitschrift verbunden, von der Marx hoffte, daß sie die Bedingungen für eine solche »Verschmelzung« schaffen würde und die gleich nach dem ersten Heft wieder eingestellt werden mußte. Die erwarteten Mitarbeiter von französischer Seite blieben aus oder waren verhindert. Unter letzteren befand sich auch Proudhon, den Marx als »wissenschaftlichen Vertreter des französischen Proletariats« zunächst gefeiert hatte, um danach zu versuchen, ihm die Dialektik »einzuspritzen«. Wie man weiß, vergebens: der Antagonismus zwischen »Marxismus« und »Anarchismus« sollte das ganze revolutionäre Denken des 19. Jahrhunderts entzweien.

Zweifellos war Marx zu seiner Zeit (und er bleibt es vermutlich bis heute) der »französischste« aller Deutschen, und der »deutscheste« aller Franzosen. Als Sohn eines aufgeklärten Bourgeois, der die *Encyclopédistes* bewunderte, wurde er im preussischen Rheinland geboren, wo die Untaten des napoleonischen Imperialismus die Erinnerung an die Revolution, die Hegel als »Sonnenaufgang« der Moderne begrüßte, nicht ganz verdunkelt hatten. Marx sprach und schrieb beide Sprachen fließend und stand damit in der Nachfolge von Georg Forster oder Heinrich

Heine. In seinem revolutionären Programm waren die Emanzipation des Proletariats und der Internationalismus (offensichtlich auf der Basis einer deutsch-französischen intellektuellen und menschlichen Verbindung begründet) nie getrennt. Kurz und gut, indem er diesen ursprünglichen Kern schrittweise auszudehnen versuchte, blieb er der Theoretiker eines »Arbeiter-Europa«, das heute noch, zur Zeit des »Gemeinsamen Marktes«, durchaus zeitgemäß erscheint, trotz aller Wechselfälle der letzten hundert Jahre.

Was also zu studieren wäre – leider kenne ich keine entsprechende ausführliche Arbeit – ist die vollständige Geschichte der »Begegnungen« zwischen dem Deutschen Marx und Frankreich sowie umgekehrt zwischen dem Franzosen Marx und Deutschland. Beide Begegnungen waren gleichermaßen produktiv. In diesem Rahmen wären die großen Analysen der 48er-Revolution, des Bonapartismus und der Pariser Kommune zu nennen, aber auch Marx' doppelter endgültiger Rückzug. Von London aus gesehen, dem Sitz einer Internationale in kritischer Lage, aber auch dem Ort, wo der »wissenschaftliche Sozialismus« aus der Kritik der Nationalökonomie entstanden war, erschienen ihm weder die französischen noch die deutschen Sozialisten als »marxistische« Revolutionäre. Und doch hatten sie seine Lehre mehr als alle anderen rezipiert. Gleichzeitig behauptete Marx im Hinblick auf Guesde und Lafargue: »Was gewiß ist, ich bin kein Marxist« und kritisierte Bebels und Liebknechts »Verehrung des Staates«, wie sie sich im Gothaer Programm der deutschen Sozialdemokratie niederschlug. War Marx also womöglich weder deutsch noch französisch, sondern vielleicht eher englisch...? Konnte nur noch ein Engländer »proletarisch« und »revolutionär«, pragmatisch *und* idealistisch sein?

Was bedeutet eigentlich »französisches Denken« für Marx? Von Anfang an ist es die *Politik* oder vielmehr die *Praxis*, die die Trennung von Theorie und Handeln aufhebt. Wieder und wieder wurde daran erinnert – auch von Marx selbst –, daß er weder den »Klassenkampf« entdeckte, den er vor allem den »französischen Historikern« (Guizot und Thierry) verdankte, noch die »Diktatur des Proletariats«, die er von Blanqui und den 48er Revolutionären kritisch übernahm. Dem sollte man hinzufügen, daß entscheidende Sätze des *Kommunistischen Manifests* unmittelbar aus der *Exposition de la Doctrine Saint-Simonienne* stammen. Aber alle diese Übernahmen bleiben unverständlich, wenn man sie nicht auf die Anregung bezieht, die Marx aus den Kategorien der Französischen Revolution immer wieder empfangen hat, auch wenn er sie kritisierte.

Freiheit, das bedeutet eine Bewegung von »Untertanen«, die zu »Bürgern« werden, indem sie die Herrschaft des Volkes kollektiv erobern. Aber es bedeutet auch eine juristische und ideologische Waffe für eine neue Unterwerfung, die das Individuum nicht unter einen persönlichen Herrscher, sondern unter die namenlosen gesellschaftlichen Verhältnisse der kapitalistischen Ausbeutung stellt. Demgegenüber bleibt die bloße Proklamierung der Menschenrechte völlig machtlos.

Gleichheit, das ist die Grundnorm des »bürgerlichen Rechts«, das ständig zwischen einer Formalisierung der Austauschverhältnisse (die sowieso für den Lohnarbeiter strukturell ungleich sind) und einem utopischem Egalitarismus schwankt. Aber es bedeutet auch die Wurzel des proletarischen Aufstands, gleichsam als tägliche Kraft des Klassenkampfes und als notwendiger Bestandteil des »Kommunismus«, wobei sie sich *nicht* auf den Sozialismus als planmäßige Leitung der Produktion reduziert, sondern eine neue menschliche Soziabilität bildet.

Brüderlichkeit schließlich, das ist ein zweideutiger Ausdruck für ein sittliches Verlangen, das entweder mit einer bürgerlichen Heuchelei – der »Philanthropie« – eine übermäßige Ausbeutung zu verschleiern versucht, oder mit der lebendigen Erfahrung der Vereinigung in den Kämpfen selbst zu tun hat. Diese Erfahrungen überwinden unter günstigen Umständen einen nationalen Partikularismus und stellen den Kommunismus nicht als zukünftiges Ideal, sondern als wirkende Gegenwart dar.

Wie man weiß, besteht das Leitmotiv der Kritik, die Marx gegen die »Politik« (oder vielmehr gegen ihre illusorische Selbständigkeit) richtete, darin, »daß Rechtsverhältnisse wie Staatsformen weder aus sich selbst zu begreifen sind noch aus der sogenannten allgemeinen Entwicklung des menschlichen Geistes, sondern vielmehr in den materiellen Lebensverhältnissen wurzeln, deren Gesamtheit Hegel (...) unter dem Namen »bürgerliche Gesellschaft« zusammenfaßt, daß aber die Anatomie der bürgerlichen Gesellschaft in der politischen Ökonomie zu suchen sei« (*Zur Kritik der Politischen Ökonomie,* Vorwort, 1859). Von dieser materialistischen Kritik hat der offizielle Marxismus in Frankreich ebenso wie in Deutschland – als Parteilehre oder auch als »anti-politische« Lehre (Sorel u. a.) – eine völlig »reduktionistische« Interpretation geliefert, wobei sich der Begriff der Ausbeutung auf eine Berechnung des »Reallohns« oder des »Lebensstandards« und der der gesellschaftlichen Verhältnisse auf die private oder öffentliche Organisationsform des Eigentums reduziert wurde. So haben die offiziellen Marxisten nicht bemerkt, daß sie gerade das, was Marx als Abstraktion des rein Politischen abgelehnt hatte, auf der Seite des »ökonomischen« symmetrisch widerspiegelten. Und so haben sie das Wesentliche verkannt, nämlich das, was ich an anderer Stelle als Marx' »politisch-ökonomischen Kurzschluß« zu beschreiben versucht habe: ein Kurzschluß, der die juristischen Alternativen überwindet und den Ursprungsort der Politik wiederherstellt, der gleichsam der eigentliche Ort ist, wo ständig neue Formen der Politik im »ökonomischen« Arbeitskonflikt erfunden werden können.

Zwar müssen wir einräumen, daß es nicht *einfach* ist – weder in der Theorie noch in der Praxis –, diesen Ort zu »besetzen«, und zwar deshalb, weil es kein institutionalisierter Ort ist, bzw. weil er keinen »letzten« Grund bildet, obwohl Marx ihn so begriff. Zumindest ist er kein *einziger* Grund, den man unabhängig von anderen grundsätzlichen Verhältnissen, vor allem dem Geschlechterverhältnis, analysieren könnte. Diese verborgene Schwierigkeit kann man in den besten Werken des »kritischen« Marxismus immer wieder entdecken: Vor allem denke ich hier an die beiden marxistischen philosophischen Meisterwerke des 20. Jahrhunderts, an Lukacs' *Geschichte und Klassenbewußtsein* und Althussers *Pour Marx*, die beide – jenseits ihrer prinzipiellen Opposition in der Frage des »Subjekts der Geschichte« – in ähnlicher Weise ins Zentrum der philosphischen Tradition zielen und über das Philosophische zum Politischen und Künstlerischen hinausweisen.

Vermutlich gibt es noch einen anderen Grund, warum sich die

Kluft zwischen der marxistischen »Politik« und der zeitgenössischen Geschichte verbreitert hat: Ich meine die Tatsache, daß Marx (darin ist er mehr deutsch als französisch, und zwar im Sinne der deutschen Aufklärung) davon überzeugt war, daß die Nation und der Nationalismus untergehende geschichtliche Formen seien. In dieser Hinsicht könnten Deutsche und Franzosen heute von Marx sogar etwas lernen, wenn sie fähig werden, ihre eigene Vergangenheit und Gegenwart zu begreifen.

Rainer Rochlitz

Martin Heidegger

Kein Philosoph bringt französische und deutsche Leser stärker in Gegensatz zueinander als Martin Heidegger (1889–1976). Die Divergenzen wurzeln sowohl in der politischen Geschichte der beiden Länder als auch in ihren kulturellen Traditionen, ja in den Phantasievorstellungen, die beide Völker voneinander haben.

Für die Deutschen der Zeit nach 1945 hat Heidegger allmählich aufgehört, der große Erbe der nationalen Traditionen, Kants, Hegels, Hölderlins und Rilkes zu sein, um als eine komplexe, immer problematischere Gestalt zu erscheinen. Der Autor des großen Buches mit dem Titel *Sein und Zeit* ist ja in ihren Augen auch derjenige, der 1933 – eben zu dem Zeitpunkt, da die meisten kritischen Intellektuellen, insbesondere die deutschen Juden, ob sie nun ausgesprochen kritisch gesonnen waren oder nicht, das Land verlassen mußten – davon träumte, die deutsche Universität von Grund auf zu erneuern, und das Freiburger Rektorat akzeptierte. Die Vehemenz Theodor W. Adornos richtete sich auf diesen Philosophen, der in seinen Augen das ganze Übel der deutschen Tradition verkörperte, wie sie zum Nationalsozialismus geführt hatte. Selbst diejenigen, deren Denken von dem Heideggers geprägt bleibt und die schon vor dem Nationalsozialismus mit ihm bekannt geworden waren – H. G. Gadamer und O. Pöggeler zum Beispiel – haben schließlich darüber nachdenken müssen, ob zwischen der

Philosophie und dem politischen Engagement ihres Lehrers nicht doch ein Zusammenhang bestand. Auch übernahmen sie keineswegs das Künstliche seines Jargons. Erst über seine Wirkungen in Frankreich, zunächst bei Sartre, dann bei Lévinas und Derrida, hat das Denken Heideggers bei jüngeren deutschen Autoren wieder ein Interesse gefunden, das sich von den historischen Tabus befreit hat.

Ganz anders verlief die Geschichte der Heidegger-Rezeption in Frankreich. Wenn man von denen absieht, die Heidegger schon vor 1933 kannten – etwa E. Lévinas, der wie Sartre von *Sein und Zeit* beeindruckt war –, so wurde der spätere Einfluß durch Persönlichkeiten vermittelt, deren Name mit der Résistance assoziiert wurde: Jean Beaufret und René Char. Dank dieser Bürgschaft konnte der Verfasser des *Humanismus-Briefes* als ein Denker erscheinen, der radikaler als Sartre den Subjektbegriff in Frage stellte und ein Modell der Seinsgeschichte bot, das in der gesamten französischen Nachkriegsphilosophie von Merleau-Ponty bis Lacan, Foucault und Derrida tiefe Spuren hinterließ. Womöglich noch stärker beeindruckte Heidegger die folgende Generation, diejenige der Enttäuschten der Mai-Ereignisse und des Marxismus, die Heidegger als absolute Autorität betrachten und dementsprechend ein erbarmungsloses Urteil über den modernen Okzident insgesamt, seine Vernunft, seine Technik und seinen Staat fällen. In Frankreich mußte das Buch von V. Farias erscheinen – dessen Veröffentlichung in der Bundesrepublik nie ein vergleichbares Erstaunen hätte auslösen können –, um eine kritische Reflexion in Gang zu setzen, die sofort von einer Schar maßgebender Universitätsprofessoren gebremst wurde, in deren Augen Heideggers Werk eine bibelähnliche Autorität darstellt.

Dieser Widerstand deutet auf das Gewicht der zweiten Dimension, derjenigen der kulturellen Traditionen hin. Parallel zu den Schriften von Georges Bataille hat Heideggers Werk in Frankreich eine entscheidende Rolle in einem komplexen Prozeß der Säkularisierung religiöser Traditionen (der des Katholizismus bei Bataille und Lacan, aber auch des Judentums bei Lévinas und Derrida und des Protestantismus bei Paul Ricoeur) und *zugleich* der wachsenden Skepsis gegenüber der Autonomie des kartesischen Subjekts gespielt, das noch einmal im Sartreschen Individuum Gestalt annahm. Nachdem die Periode des Marxismus und der Gemeinschaftsutopien vorüber war, traten diese verdrängten religiösen Traditionen wieder an die Oberfläche, weniger in Form von bestimmten Glaubenslehren als in der ihrer Sedimentationen in den kulturellen Traditionen. In dieser Situation konnte die diffuse Evozierung eines Heiligen ohne bestimmte Religion einen impliziten Konsens über die Ablehnung der modernen, profanen und prosaischen Welt herbeiführen, wobei die poetische Sprache die Rolle eines Glaubenssurrogats und eines Schibboleths spielte. In der Tat hat ja Heidegger selbst eine merkwürdige und sehr bedeutsame religiöse Entwicklung durchgemacht. Er war durch eine höchst traditionelle und provinzielle katholische Erziehung geprägt, studierte dann auch katholische Theologie, bis er sich für die Philosophie entschied; später wandte er sich dem modernen Protestantismus zu, der in der Kierkegaardschen Dimension von *Sein und Zeit* Spuren hinterließ: in der Eigentlichkeit und der Heilssuche des Einzelnen; erst in der Nazizeit bekehrte er sich zu einem radikal antichristlichen Neuheidentum, später dann zu einer eher unbestimmten Theologie: der Erwartung eines Gottes, der allein fähig sei, die in der technifizierten Welt verirrte Menschheit zu retten.

In Deutschland wird die philosophische Tradition von Kant bis Apel vom Protestantismus beherrscht; mehr als anderswo hat hier die Suche des Subjekts nach unmittelbarer Selbstgewißheit und das Vertrauen auf die eigenen Überzeugungen den Erschütterungen widerstanden, die das Subjekt daran erinnern, daß die Gesellschaftsstrukturen ihre Eigengesetzlichkeiten haben, oder wieviel mehr die Geschichte erlitten als gemacht wird. Der Bruch mit der Subjektphilosophie hat in Deutschland zu keiner allgemeinen Analyse von Strukturen und Prozessen geführt, die jeder Kontrolle entgleiten, sondern zu einer Theorie der sprachlichen Intersubjektivität der Kommunikation und der demokratischen Diskussion (Apel, Tugendhat, Habermas, Wellmer). Heideggers Denken, dessen Beitrag zu der letztgenannten Entwicklung geringfügig ist, inspiriert hingegen die einander widerstreitenden Denkmodelle, die seit dem Existentialismus in Frankreich vorherrschen: die des radikal authentischen Subjekts und die des unvordenklichen Seins, das von der Moderne vergessen wird, das jedoch in allen – doch zugleich notwendigen – Geschichtskatastrophen insgeheim gegenwärtig ist. Eine bedeutende Anzahl von französischen Philosophen betrachten den späten Heidegger als den radikalsten Denker der modernen Verirrung, ihrer Technikversessenheit und ihres Treibens zur Apokalypse. Bis in seine Bejahung des Nationalsozialismus hinein gilt Heidegger vielen als derjenige, dem es zu verdanken ist, daß wir die totalitären Bedrohungen dieser Zeit zu denken vermögen; selbst da noch gilt er als der enthüllende Meister des großen Verdachtes, des totalen Argwohns gegenüber einer rettungslos machiavellistischen Moderne. Für diese Heideggerianer ist an eine kritische Theorie der modernen Gesellschaft (die unverdächtige normative Grundlagen voraussetzt) nicht zu denken; diese Gesellschaft soll nur entmystifiziert, jede Illusion über sie zerstört und die unversehrte Macht von Kunst und Dichtung gefeiert werden.

In der Bundesrepublik hat man Mühe, diese Beschränkung der Philosophie auf eine Einübung in den Argwohn – und die dabei Heidegger zugeschriebene Rolle – zu verstehen; nur wenige sind auf dem Wege einer Radikalisierung von Adornos negativer Dialektik zu ähnlichen Konzeptionen gelangt. Die französischen Heideggerianer hingegen werfen den Deutschen vor, sich durch ihr politisches Urteil und ihr Schuldgefühl verblenden zu lassen und die kritischen Potenzen Heideggers nicht mehr wahrzunehmen, die sie für viel radikaler halten als die der kritischen Theorie, in der sie noch einen Vernunftfetischismus und die Wiederkehr eines von Heidegger längst kritisierten Subjekts argwöhnen. Allgemein wird die neuere deutsche Philosophie – die sich dem angelsächsischen Denken verschrieben zu haben scheint –, verdächtigt, ihre große spekulative Tradition aufgegeben zu haben, die heute eher in Frankreich fortgesetzt werde.

Das deutsch-französische Mißverständnis über Heidegger beruht somit auf einer äußerst engen Beziehung zwischen den beiden philosophischen Traditionen, die heute eine Art Rollentausch vorzunehmen scheinen: die Deutschen treten als »Rationalisten«, die Franzosen als »Irrationalisten« auf. Zwischen diesen beiden (natürlich nicht als solche in Anspruch genommenen) Positionen liegt ein historischer Hiatus: beide Seiten versuchen die Mängel der eigenen Vergangenheit zu korrigieren.

Traugott König
Jean-Paul Sartre

Jean-Paul Sartres Verhältnis zu Deutschland ist, wie der französische Heidegger-Streit der achtziger Jahre zeigt, charakteristisch für viele französische Intellektuelle seiner und der nachfolgenden Generation: es ist gekennzeichnet durch den Kontrast zwischen dem prägenden Einfluß deutscher Denker und der höchst lückenhaften Kenntnis des soziokulturellen und politischen Kontexts deutscher Zeitgeschichte. Für die Generation Sartres, die mit dem neopositivistischen Idealismus à la Léon Brunschvicg aufwuchs, für Aron, Bataille, Breton, Lacan, Merleau-Ponty und Sartre, kam das philosophische Heil aus Deutschland: es hieß Hegel, Nietzsche, Husserl, Heidegger und Freud. Den brillantesten Ausdruck fand die Abweisung des neopositivistischen Idealismus, den Sartre als eine Ernährungsphilosophie bezeichnet hat, der die konkrete Welt ißt und als abstrakte Idee wieder ausspuckt, 1932 in Paul Nizans Pamphlet *Die Wachhunde*, in dem er seine philosophischen Lehrer anklagte, sogar noch den Ersten Weltkrieg auf einen Ideenstreit »Descartes gegen Kant« reduziert zu haben. Mit Hegel, Husserl und Heidegger, die alle drei von akademischen Außenseitern vermittelt wurden, schien es dieser Generation endlich möglich, die konkrete Welt der sozialen Unruhen, Kriege und Revolutionen ebenso denken zu können wie die intimsten Erfahrungen des Individuums in seinem Verhältnis zur Welt. Mit dieser philosophischen Kombination der drei großen H (Hegel-Husserl-Heidegger) entstand zugleich ein Immunsystem sowohl gegen jede Form von Idealismus als auch gegen den dialektischen Materialismus, was dazu führte, daß es in Frankreich – im Gegensatz z. B. zur Frankfurter Schule – zu keinerlei neomarxistischer

Theorie kam – abgesehen von Sartres »Kritik der dialektischen Vernunft«.

1933/34 geht Sartre als Stipendiat des Institut français nach Berlin, um Husserl zu studieren, was er an anderen Orten unter kompetenterer Anleitung hätte tun können. 1938 liest er – zunächst ohne nennenswerte Folgen – die erste Heidegger-Übersetzung von Henry Corbin, ohne die folgenreichen Konnotationsverschiebungen dieser kongenialen Übertragung wahrnehmen zu können (Dasein = réalité humaine). 1939/40 ist er wieder in Deutschland – im deutschen Kriegsgefangenenlager in Trier. Um den Zweiten Weltkrieg verstehen zu können, der ihn zum erstenmal mit seiner Geschichtlichkeit konfrontiert, liest er u. a. die Biographie Wilhelms II. von Emil Ludwig und entwirft auf Grund dieser Lektüre seine im *Idiot der Familie* ausgeführte historische Hermeneutik, die sich ausdrücklich gegen die Theorie von Raymond Aron richtet. Entscheidend ist aber die Lektüre von Heideggers *Sein und Zeit*, die er zusammen mit einem Priester betreibt. Den diesem Werk entnommenen Begriffen gibt er sofort eine konkrete politische Dimension: so wird die allgemeine Kategorie vom »Sein-zum-Tode« für ihn zum »Sein-zum-Krieg«. Bei aller Anerkennung dessen, was er der Kombination Hegel/Husserl/Heidegger verdankt, die er als Zeitgenossen liest, wirft er doch allen drei Denkern vor, den Idealismus nicht überwunden zu haben. Als er in der Nachkriegszeit von der Kommunistischen Partei Frankreichs wegen seiner Heidegger-Schülerschaft angegriffen wird, verteidigt er sich mit einer strikten Trennung zwischen dessen Denken und politischen Optionen. Heideggers Entwicklung nach *Sein und Zeit* wird er allerdings nicht mehr verfolgen.

1948 wohnt er der deutschen Uraufführung seines Stücks *Die Fliegen* in Berlin bei. In einem Vorwort für das deutsche Publikum und in einer denkwürdigen Diskussion wendet er die anti-pétainistische Interpretation seines Stücks auf die deutsche Niederlage an: so wie die Franzosen der Niederlage von 1940, die Pétain zur Reue aufgerufen hatte, sollten sich auch die Deutschen nach der bedingungslosen Kapitulation von 1945 nicht in der Zerknirschung über ihre Schuld einschließen, sondern ein neues Deutschland aufbauen. Diese Position, die angesichts von Sartres luziden Artikeln zur deutschen Besatzung und zur Kollaboration befremdlich erscheint, wurde von deutscher Seite verurteilt.

Für Sartre, der als Sprachrohr der unabhängigen Linken fast alle Länder der Welt bereist, bleibt Deutschland, sieht man von kurzen Vortragsreisen und einem folgenlosen Besuch bei Heidegger ab, ein weißer Fleck: nie wird er den Versuch machen, seine rudimentären deutschen Schulkenntnisse so zu vertiefen, daß er deutsch lesen und sprechen kann. Und trotz einiger Hinweise auf die deutsche Geschichte behandeln seine *Überlegungen zur Judenfrage* in erster Linie den französischen Salon-Antisemitismus des 19. Jahrhunderts, obwohl sie eine der luzidesten Interpretationen des Gesamtphänomens sind. Dagegen enthält sein Roman *Der Aufschub* einige obsessionelle Szenen nationalsozialistischen Massenwahns. Sieht man vom deutschen Bauernkrieg als Handlungsrahmen seines Stücks *Der Teufel und der liebe Gott* ab, so ist sein Stück *Die Eingeschlossenen von Altona* der einzige Text, der in der Bundesrepublik spielt. Bei seiner Anklage gegen die Folterer im französischen Algerienkrieg werden die Nazis zum Bezugspunkt: die Franzosen, die einst von ihnen gefoltert wurden und glaubten, gegen diese Geißel immun zu sein, verhalten sich nun wie jene gegenüber den Algeriern. So ist es kein Zufall, daß er sein Stück über die Komplizenschaft mit den Folterern durch einen bundesdeutschen Handlungsrahmen verfremdet. Mit der für Franz unerträglichen Vorstellung, Deutschland verdränge durch das Wirtschaftswunder seine Verantwortung für die Naziverbrechen, trifft er den entscheidenden Geburtsfehler der Bundesrepublik.

Im Mai 1968 sieht er in der deutschen Studentenbewegung eine Hoffnung für die Entstehung einer neuen deutschen Gesellschaft. Diese Hoffnung schwindet jedoch, als er 1974 Andreas Baader im Stammheimer Gefängnis besucht, um gegen die Bedingungen der Isolationshaft zu protestieren. Der Eindruck dieses Besuchs bleibt der letzte, den er gewinnt.

Entsprechend der gegenläufigen politischen Entwicklung in Frankreich und in der Bundesrepublik ist auch bei der Sartre-Rezeption in den beiden Ländern eine Gegenläufigkeit festzustellen. In der Bundesrepublik lassen sich grosso modo drei Rezeptionsphasen erkennen:

Die Rezeption der Nachkriegszeit spaltet sich auf in eine eher unreflektierte Übernahme des Existentialismus als Mode einer anti-bürgerlichen, anti-autoritären Einstellung und Lebensweise, vermittelt vor allem durch seine Stücke, die im bundesdeutschen Kontext eine diskulpierende tabula-rasa-Haltung begünstigen, und in eine eher dürftige Rezeption seiner Philosophie im Schatten des dominierenden Denkens Heideggers. Letztere erfährt durch den beherrschenden elitären idealistischen Kulturpessimismus der »inneren Emigration« folgenreiche Verzerrungen. So erscheint die erste Übersetzung von *Das Sein und das Nichts* 1952 in einer um das Kapitel *Der Körper* über mehrere hundert Seiten gekürzten Fassung, was der Philosophie Sartres eine körperlose idealistische Dimension unterstellt. Der politische Sartre wird vollständig ein Opfer des Kalten Krieges, ebenso wie die marginalistische Poetologie des *Saint* Genet ein Opfer der restaurativen Prüderie jener Jahre wird.

Die zweite Rezeption erfährt Sartre in den sechziger Jahren durch die Studentenbewegung. Für sie ist Sartre vor allem der engagierte Kämpfer gegen jede Form von Kolonialismus und Neokolonialismus, gekoppelt mit seinem Versuch, mit Hilfe der Psychoanalyse, Soziologie und Kulturanthropologie den Existentialismus in den Marxismus zu integrieren, den er mit seiner *Kritik der dialektischen Vernunft* unternommen hat.

Während jedoch in den französischen siebziger Jahren der modische Strukturalismus und in seinem Gefolge die »Nouveaux philosophes« unter dem dreifachen verspäteten Schock des Prestigeverlusts durch die Kolonialkriege, der Entdeckung des Gulag und der Relativierung des Ausmaßes der Résistance das Sartresche Engagement in seiner Subjektivitätstheorie und seiner voluntaristischen Praxis als vollständigen Irrtum und Fehlschlag verwerfen, beginnt in der Bundesrepublik die dritte Rezeptionsphase, bei der, ausgelöst durch die Übersetzung des *Idiot der Familie* und die beginnende Neuedition seiner Gesammelten Werke, zum erstenmal das Sartresche Gesamtwerk ins Blickfeld rückt. Dabei entdecken nun jene, die unter dem Einfluß der Frankfurter Schule gegen die amerikanisch-französischen Denkströmungen, die die Autonomie des Subjekts leugnen, an einer historisch-dialektischen Intersubjektivitätstheorie festhalten, in Sartre einen kompetenten Bundesgenossen. So erklärt sich der spektakuläre Erfolg des internationalen Sartre-Kongresses vom Juli 1987, der in Frankreich heute undenkbar wäre. Das Beispiel Sartres zeigt in exemplarischer Weise, wie kompliziert das von soziokulturellen und politischen Divergenzen geprägte deutsch-französische Verhältnis ist und wie fruchtbar es sein könnte, wenn es hier zu einem reflektierten, vorurteilslosen Austausch kommen könnte.

Rainer Rochlitz

Frankfurter Schule

Deutsch-französische Mißverständnisse über die »Frankfurter Schule« gibt es vor allem aufgrund der ganz unterschiedlichen Kontexte, in denen diese »Schule« in der Bundesrepublik und in Frankreich rezipiert wurde; diese Kontexte haben Bild und Identität dessen geprägt, was beiderseits des Rheins unter diesem Namen läuft. Im Gegensatz zur Heidegger-Rezeption gibt es hier kein wechselseitiges Mißverständnis, sondern – neben dem Verständnis einiger weniger – ein französisches Mißverständnis: es gibt ja keine französische Interpretation dieser Schule, die in der Bundesrepublik ein bedeutendes Echo gefunden hätte – mit Ausnahme allerdings einer solchen, die Heidegger und Adorno in einer gemeinsamen Vernunftkritik miteinander versöhnt.

In der Bundesrepublik verweist der Name »Frankfurter Schule« auf eine ganz bestimmte Intellektuellengruppe, die dem 1923 gegründeten Institut für Sozialforschung angehörte, in der von 1932 bis 1939 erscheinenden »Zeitschrift für Sozialforschung« veröffentlichte und Ideen vertrat, die mit dem zusammenhingen, was Max Horkheimer »Kritische Theorie« nannte. Die Zugehörigkeit von Horkheimer und Adorno, Leo Löwenthal und Herbert Marcuse, Erich Fromm und Friedrich Pollock unterliegt keinem Zweifel. Walter Benjamin hingegen ist nicht eigentlich ein Theoretiker der »Frankfurter Schule«. Seine intellektuellen Bezugspunkte sind ganz andere als die von Horkheimer; er hat zwar zeitweilig in der *Zeitschrift für Sozialforschung* veröffentlicht, war Freund und in mancher Hinsicht sogar Lehrer von Theodor W. Adorno, der sich unaufhörlich von seinen Schriften anregen ließ; und nach seinem Tode im Jahre 1940 hat er – zu der Zeit, da Horkheimer und Adorno an der *Dialektik der Aufklärung* arbeiteten, einen bedeutenden Einfluß auf sie ausgeübt. Walter Benjamin war also mit einigen Mitgliedern der »Frankfurter Schule« eng verbunden, ohne die spezifische Lehre der Schule zu teilen. Was Ernst Bloch angeht, den man in Frankreich gern der »Frankfurter Schule« zuschlägt, so hat er nie dazugehört, obwohl auch er einige ihrer Mitglieder kannte. Jürgen Habermas schließlich, der unabhängig von der »Frankfurter Schule« zu seinen Grundgedanken gelangte und einer jüngeren, erst nach dem Zweiten Weltkrieg zur Reife gelangten Generation angehört, war zwar von 1956 bis 1959 Adornos Assistent, doch hat sein Denken bald eine andere Richtung eingeschlagen und ist in den siebziger und achtziger Jahren zum Mittelpunkt einer zweiten »Frankfurter Schule« geworden, die mit der ersten nur den geographischen Sitz, einige Intentionen – insbesondere die, eine kritische Theorie der Gesellschaft auszuarbeiten – und die interdisziplinäre Verbindung (vor allem in der Person von Habermas) zwischen philosophischer und sozialwissenschaftlicher Forschung gemein hat.

In der Bundesrepublik wurde die »Frankfurter Schule« bereits vor 1968 wiederentdeckt und spielte eine bedeutende Rolle für die Studentenbewegung. In Frankreich wurde sie im wesentlichen nach dem Scheitern der Mai-Ereignisse entdeckt. Sieht man von einigen wenigen Intellektuellen ab (z. B. Raymond Aron), die sie durch Horkheimer und Benjamin kannten, so wurde die »Schule« während der ganzen Periode, die im Zeichen von Existentialismus, Marxismus und Strukturalismus stand, ignoriert. Allenfalls läßt sich von einem untergründigen, schwer nachzuweisenden Einfluß der *Dialektik der Aufklärung* sprechen, der einige frappierende Züge im Denken von Lacan, Deleuze oder Foucault erklären könnte. Adornos *Philosophie der neuen Musik* wurde zwar schon 1962 übersetzt, doch die Übertragungen der repräsentativen Werke der kritischen Theorie erschienen in Frankreich erst in den siebziger Jahren und entsprachen zu jener Zeit dem Bedürfnis nach einem Marxismus, der sich von dem dogmatischen Erbe des Kommunismus befreit hatte. Ein theoretisches Projekt, das in einem viel dramatischeren historischen Kontext entstanden war – hatten doch die Autoren Europa verlassen müssen –, sollte nun auf eine ganz andere Situation bezogen werden.

Ausgehend von dem einzigen gemeinsamen Punkt, der in der Feststellung der Unmöglichkeit einer revolutionären Praxis im Okzident bestand, wurde die Lage der 1968 in Frankreich engagierten Intellektuellen anhand von Adorno als ein Scheitern von historischer Dramatik und als ein Schicksal gedeutet, das mit dem der Frankfurter Zwangsemigranten vergleichbar war. Von hier aus waren zwei Lesarten möglich: einerseits ein Bewußtwerden des Abstands, der zwischen dem Frankreich der siebziger und achtziger Jahre und der Zeit lag, die im Schatten von Nationalsozialismus und Stalinismus stand; andererseits ein Versuch, diesen Abstand durch eine Lagebeurteilung zu reduzieren, die unsere historische Situation dem Bild eines totalitären Europas annäherte, das innen vom Rassismus, außen vom sowjetischen Totalitarismus bedroht wurde. In beiden Fällen mußte die Notwendigkeit der Umdeutung früher oder später – über das Mißverständnis hinaus – zu einer Ablehnung der »Frankfurter Schule« führen. Die erste Option konnte entweder zur Akzeptierung der gegenwärtigen liberalen Gesellschaft oder zu einer auf anderen Grundlagen aufgebauten kritischen Theorie, etwa der von Habermas, führen. Die zweite Option führt dazu, die »Frankfurter Schule« in die Nähe antitotalitärer Denkformen (etwa H. Arendt) zu bringen, oder eine mehr oder weniger verzweifelte oder resignierte Diagnose der Moderne insgesamt aufzustellen (Foucault, Derrida, Lyotard, Castoriadis). Es gibt daher in Frankreich ein liberales und ein postmodernes Mißverständnis der Frankfurter Schule; beide können zu einem positiven oder zu einem negativen Urteil führen. Das erste Mißverständnis kann sich auf bestimmte Schriften des späten Horkheimer berufen, der sich scharf antimarxistisch gab, einen Schopenhauerschen Pessimismus vertrat und in liberalem Sinne die Freiheit gegen die wachsende Macht der verwalteten Welt verteidigen wollte. Das zweite Mißverständnis nimmt insbesondere die *Dialektik der Aufklärung*, die Spätwerke Adornos, sowie bestimmte Schriften Benjamins in Anspruch, um eine radikale Vernunftkritik zu betreiben, die im Gegensatz zu Adorno die Vernunft nicht mehr retten will. Parallel zu diesem Mißverständnis derer, die sich noch auf die »Frankfurter Schule« berufen, findet man noch öfter das komplementäre Mißverständnis derer, die ihr ablehnend gegenüberstehen. In der Tat können weder die neoliberalen Rationalisten noch die antitotalitären Postmodernen sich voll und ganz in einem Denken wiedererkennen, das sein Marxsches Erbe nicht verleugnet und sowohl das Emanzipationsideal der Aufklärung wie auch das Projekt einer kritischen – philosophischen und soziologischen – Theorie der Gesellschaft beibehält. Die »Frankfurter Schule« hat somit in Frankreich nur eine Übergangsrolle zwischen einem noch dogmatischen, oft szientistischen, Marxismus und Strukturalismus und zwei Formen antitotalitären Denkens, dem Liberalismus und dem Postmodernismus, gespielt, die im wesentlichen die Motivationen und die kritischen Impulse der Frankfurter aufgegeben haben.

Paul Ricoeur
Interpretation

Im eigentlichen Wortsinne läßt sich der Begriff *Interpretation* unschwer vom Deutschen ins Französische übersetzen; auch zu seiner Verwendung bestehen keinerlei Mißverständnisse. Im Deutschen hat sich um das Paar *verstehen-auslegen* eine feste und dauerhafte Tradition gebildet (mit Nuancen, auf die wir zurückkommen); zugleich sind *Auslegung* und *Interpretation* fast in jedem Kontext austauschbar; schließlich hat sich der Begriff *Hermeneutik* für die Bezeichnung einer Fachrichtung durchgesetzt, die bemüht ist, der *Auslegung-Interpretation* fachliche Strenge, um nicht zu sagen Wissenschaftlichkeit zu verleihen. Zu diesen Grundbegriffen kommen einige Verbindungswörter, so beispielsweise der Begriff *Deutung*, der zwischen einer eigentlich hermeneutischen und einer weiteren

Auffassung von Bedeutung steht und den man in Freuds berühmten Titel *Traumdeutung* wiederfindet; oder wie *Erklären*, das im täglichen Gebrauch fast synonym zu seinem Partnerbegriff *Verstehen* verwendet wird. Im Französischen entspricht das Paar *comprendreinterpréter* mühelos dem Paar *verstehen-auslegen*. Übersetzern kann nur der Begriff *Deutung* Schwierigkeiten bereiten, obwohl man die Freudsche *Traumdeutung* ohne weitere Umstände mit *Interprétation du rêve* oder *(des rêves)* übersetzt hat. Diese fast vollkommene Deckungsgleichheit der semantischen Felder erklärt sich aus der Tatsache, daß Hermeneutik zunächst eine deutche Disziplin war, die in einer reichen Tradition tief verwurzelt ist und in bedeutenden Werken entfaltet und dargelegt wurde.

Diltheys berühmter Artikel aus dem Jahre 1900 *Die Entstehung der Hermeneutik* ist ein guter Ausgangstext für die Vorgeschichte und weitere Entwicklung. Dilthey begründet sein Vorhaben aus dem Zusammentreffen zweier Denkerfordernisse, das in Deutschland nie vollzogen worden war. Einerseits ist man bestrebt, die großen Formen der menschlichen Existenz in ihrer Besonderheit zu erfassen: Dilthey nennt dies die »Individuation der Menschenwelt«. Andererseits hat man aber den Ehrgeiz, dieser Auffassung die Form von Wissenschaft zu geben. Das erste Bestreben hat tiefe Wurzeln in der deutschen Romantik, für die es in Frankreich keine Entsprechung gibt. Das zweite reagiert auf den Aufstieg der Naturwissenschaften und des Positivismus und setzt ihnen die Idee vom besonderen Charakter der *Geisteswissenschaften* entgegen. Die Verbindung dieser beiden Erfordernisse wurde durch die kritische Entwicklung der Altphilologie und der Bibelexegese erleichtert, die dem Sinn für das Besondere und den Anforderungen der Wissenschaftlichkeit ein gemeinsames Anwendungsgeld boten: das der *Schrift*. Die Aufgabe der Hermeneutik bestand damals darin, diesen Spezialdisziplinen einen philosophischen Hintergrund zu geben. Dieser Hintergrund bestand in einer Theorie des Verstehens, die weitergriff, als die bloße Interpretation schriftlicher Dokumente. Die Aufgabe des Verstehens erstreckt sich auf alle äußeren Zeichen des Seelenlebens anderer. Ihr Anwendungsfeld betrifft also alles, was *Ausdruck* bedeutet, also jede Objektivierung eines Inneren in einem Äußeren. Von hier aus versucht sie die besonderen Hervorbringungen von ihren objektivierten Zeichen aus zu erfassen. Daß dieses Vorgehen den prinzipiellen Anspruch auf Wissenschaftlichkeit erheben kann, beruht auf drei Argumenten: zunächst sind die Zeichen ebenso gegeben wie die Fakten, auf denen die Naturwissenschaften aufbauen; außerdem treten diese Zeichen nicht wahllos zerstreut, sondern in Zusammenhängen auf, die den Objektivationen des Lebens Systemform geben; schließlich hat die Individuation der Menschenwelt in ihrer schriftlichen Fixierung (und in anderen vergleichbaren Denkmälern) einen höheren Grad von Objektivität erreicht. Hier liegt zugleich die Kontinuität und Diskontinuität zwischen Verstehen und Interpretieren: »wir bezeichnen als *Auslegung* oder *Interpretation* eine solche Kunst, in dauerhafter Form festgehaltene Manifestationen des Lebendigen zu verstehen«.

Geht man nun historisch hinter Diltheys Hermeneutik zurück, zeigt sich, daß dessen große Neuerungen im Anspruch auf eine *Wissenschaft-lichkeit* lag, die gleichrangig mit den Naturwissenschaften sein sollte. Vor Dilthey war dieser Anspruch geringer. Dilthey wird er zum Gegenstand tiefgreifender Meinungsverschiedenheiten.

Geht man von Dilthey zu Schleiermacher zurück, findet man bereits die Idee, gemeinsame Regeln der klassischen Philologie und der Bibelexegese in einem einzigen Fach zusammenzufassen (das hier *Kunstlehre* heißt). Es ist aber noch ein weiter Weg von dieser Suche nach einer allgemein gültigen, als strenge Kunst betrachteten Hermeneutik bis zum Anspruch der Wissenschaftlichkeit. Gewiß, Schleiermachers Hermeneutik geht bereits sehr weit in Richtung auf eine zusammenhängende Ableitung all der Regeln und Rezepte, in die sich die Interpretationskunst seiner Vorgänger verzettelt hatte. Das Projekt einer allgemeinen Hermeneutik konnte sich auf die von Kant vollzogene kopernikanische Wende berufen, um die Regeln der Interpretation (und auch die bekannteste, den hermeneutischen Zirkel zwischen dem Verstehen des Ganzen und dem Verstehen der Teile) nicht mehr auf die Unterschiedlichkeit der Texte, sondern auf den zentralen Verstehensvorgang zu beziehen. Bei Schleiermacher fand Dilthey die Verbindung zwischen dem Geist der Kantschen Kritik und dem der

Romantik, welche in den Werken vor allem das schöpferische Genie aufspüren wollte. Dilthey ist der Erbe dieser Verknüpfung. Zwischen ihm und Schleiermacher steht aber auch die wissenschaftliche Geschichtsschreibung der deutschen Historikerschule mit dem Historismus und dem Relativismusverdacht als philosophischem Korrelat, und die rasche Entwicklung der Naturwissenschaften mit ihren philosophischen Voraussetzungen in Positivismus und Materialismus. Diese gewaltigen kulturellen Phänomene erklären Diltheys eigenen Anspruch, die Interpretation zur Wissenschaft zu erheben, die mit den Naturwissenschaften gleichberechtigt sein sollte. So entstand das Bündnis zwischen Geisteswissenschaften und Interpretation.

Genau dieser Anspruch auf Wissenschaftlichkeit wird durch die von Heidegger abgeleitete Hermeneutik erneut in Frage gestellt. Dies geschieht im Namen einer Ontologie und nicht einer höheren Erkenntnistheorie; diese Ontologie stellt an die Stelle des von Hegel entfalteten Begriffes *Geist* den Begriff *Dasein*, um die Art des bestimmten Seienden als Ort der Seinsfrage zu bezeichnen. Hier soll tiefer gegraben werden als es das erkenntniskritische Verfahren selbst erlaubt, um dessen ontologische Bedingungen offenbaren zu können.

Diese in gewisser Weise zweite Kopernikanische Wende findet in der neuen Verwendung der Begriffe *Verstehen* und *Auslegen* in *Sein und Zeit* (1927) ihren Ausdruck. Verstehen ist eine Seinsweise, bevor sie als Erkenntnisweise definiert wird. Sie besteht im wesentlichen in der Fähigkeit des *Daseins*, die ihm eigenste Möglichkeiten zu projizieren und sich so in vielfältigen Situationen auf den Hintergrund einer Grundsituation zu orientieren, jener, in der Welt zu sein. Ein »Projizieren« (*vor-werfen*) entspricht einer vorausgegangenen *Geworfenheit*. Die Interpretation kommt dann erst an dritter Stelle nach der Grundsituation und dem Verstehen. Sie besteht in einer Darlegung, einer Entwicklung des Verstehens; was darzulegen ist, ist das *Als*, das für die Artikulationen sowohl der Situation wie des Verstehens charakteristisch ist. So geht ein Pfeil ab in Richtung Textinterpretation; Heidegger interessiert sich aber nicht für diese Anwendung und beschränkt sich auf die neue Grundlegung.

Hier löst ihn Gadamer ab: das Ziel des Verstehens ist das ontologische Thema, das ihn mit Heidegger verbindet; sein Problem liegt aber in der Gegenüberstellung der hermeneutischen Erfahrung mit jener Art *Verfremdung*, die ihm die Voraussetzung dafür scheint, daß sich die Humanwissenschaften den Naturwissenschaften angleichen. Diltheys Fragestellung wird wieder aufgenommen, aber in nachheideggerscher Perspektive. Sie wird in drei Feldern erprobt: dem der Kunst, wo der Zugriff der ästhetischen Realität auf uns dem distanzierten Urteil des Geschmacks vorausgeht; dem der Geschichte, wo das Bewußtsein, dem Wirken der Geschichte ausgeliefert zu sein, der Objektivierung dokumentarischer Geschichtsschreibung vorausgeht; dem der Sprache, wo der universale Sprachcharakter menschlicher Erfahrung jeder linguistischen, semiotischen oder semantischen Methodologie vorausgeht. Die Herrschaft der Aussage über die Gesprächspartner rückt in den Vordergrund, sobald *Sprachlichkeit Schriftlichkeit* oder – anders gesagt – sobald die Vermittlung durch Sprache zur Vermittlung durch Texte wird. Jetzt sind wieder die Bedingungen für eine Theorie der Interpretation gegeben, allerdings unter dem Vorbehalt, daß die Frage der Wahrheit – »die Dinglichkeit des Textes« – den Methodenfragen vorgeordnet ist und diese in sich umfaßt. Deshalb heißt Gadamers großes Werk: *Wahrheit und Methode*.

In Frankreich hat die Theorie der Interpretation sich nicht so reich entwickelt wie in Deutschland. Hierfür gibt es zahlreiche Gründe. Einer ist, daß es in Frankreich keine Entsprechung für das Zusammentreffen zwischen Kantscher Kritik und Romantik gibt, die dem Vorgehen Schleiermachers zugrunde liegt. In französischer Sprache gibt es kaum eine allgemeine Theorie der Interpretation, die auf einer philosophischen Theorie des Verstehens aufbaut; diese Funktion erfüllen vorzügliche Übersetzungen deutscher Autoren. Der Begriff Interpretation ist hier vielmehr mit Disziplinen verbunden, die sich im französischen Sprachraum besonders entwickelt haben, wie mit der Kulturethnologie von Levi-Strauss, der Semiotik von Greimas oder den verschiedenen Zweigen des Strukturalismus. Hier hatte es die Theorie der Interpretation nicht mit einem Übergreifen der Naturwissenschaften auf den Bereich der Humanwissenschaften zu tun, sondern mit einer neuen wissenschaftlichen Analyse der Zeichen, die sich von jedem naturwissenschaftlichen Modell losgemacht hatte. Es ging also nicht darum, von den objektivierten Formen des Geisteslebens aus in die ursprüngliche Produktivität dieses Lebens vorzudringen, sondern in anderer Weise die neue Zeichenwissenschaft zu artikulieren und insbesondere ihre strukturalistische Version mit unserem Verständnis dieser Strukturen im Alltagsleben und der Alltagssprache in Einklang zu bringen. Dies führte zu einer anderen Konfiguration des Dreiecks Erklären-Verstehen-Interpretieren, wo Interpretation dann die umfassende Disziplin bezeichnet, in deren Rahmen der Gegensatz zwischen struktureller Erklärung und existenziellem Verstehen ausgetragen wird. Eine solche Auffassung der Interpretation, die weniger mit der romantischen Sehnsucht nach einer Rückkehr zur Kreativität verbunden ist und dafür aufmerksamer die Beiträge der neuen Humanwissenschaften verfolgt, konnte in so unterschiedlichen Bereichen Ausdruck finden wie der Aktionstheorie, der Texttheorie oder der Geschichtstheorie, wobei jede dieser Theorien in ihrer besonderen Weise die Dialektik zwischen Verstehen und Erklären belegte und damit zur dichotomischen Tendenz der deutschen Hermeneutik im Gegensatz stand. Der Hauptgrund für die relative Erfolglosigkeit der französischen Hermeneutik ist damit aber noch nicht benannt. Sie hängt mit der französischen Heidegger-Rezeption zusammen, die oft mit Nietzsche-Rezeption verbunden war. In Frankreich übernahm man von Heidegger nicht so sehr seine Auseinandersetzung mit der Geschichtsschreibung und allgemein den sogenannten Geisteswissenschaften, sondern sein Ringen mit der metaphysischen Tradition, das weithin mit Ontotheologie gleichgesetzt wurde. Es ging nun nicht mehr um die Beziehung zwischen Ontologie und Erkenntnistheorie, sondern um das ganze Schicksal westlichen Philosophierens. Der Interpretation waren damit ganz neue Wege eröffnet, da sie nun auf die großen Texte der Tradition in der Absicht angewandt wurde, die systematische Fassade – nach Heideggers Parole – zu dekonstruieren, die die wahre Kraft des Denkens verhüllt. Die Deutungen und Wiederdeutungen der großen Texte der Philosophiegeschichte von Parmenides, Hegel und Nietzsche sind die Monumente des Interpretierens à la française;

erst die Zukunft wird sagen, ob die Freisetzung der verdeckten und ungenutzten Möglichkeiten wichtiger war als die Bekanntgabe des immer wieder angekündigten Endes der Metaphysik. Schon diese Ungewissheit belegt, daß das Konzept der Interpretation – wie das des Seins nach Aristoteles – »sich in vielfältiger Weise aussprechen läßt«.

III. Politik und Wirtschaft

Kurt Sontheimer
Nation

Franzosen und Deutsche haben über den Begriff oder die Idee der Nation keine grundsätzlich verschiedenen Vorstellungen, doch höchst unterschiedliche Erfahrungen in der Sache. In den Wörterbüchern fallen die Unterschiede der Definitionen nicht besonders ins Gewicht. Immer handelt es sich, wenn man von dem mittelalterlichen, auf die bloße Abstammungsgemeinschaft bezogenen Sprachgebrauch absieht, bei Nation um eine neuzeitliche Form der Gemeinschaftsbildung einer Großgruppe, in der, je nach Fall, die kulturellen Gemeinsamkeiten, insbesondere die gemeinsame Sprache, die Erfahrungen einer eigenen Geschichte, die Zugehörigkeit zu einem politischen Verband, in der Regel einem Staat, und der Wille der Menschen zum gemeinschaftlichen Zusammenleben zu den wichtigsten Komponenten gerechnet werden.

Die Frage der Nation ist zwischen Deutschen und Franzosen also weniger ein semantisches Problem als eines unterschiedlicher historischer Entwicklung und Erfahrung. Die Entwicklung der Franzosen zu einer Nation vollzog sich schon sehr früh in unmittelbarem Zusammenhang mit der Herausbildung des souveränen Staates zu Beginn der Neuzeit. Sie hat zu einer weitgehenden Identität von Staat und Nation geführt, die nun schon seit Jahrhunderten andauert und durch diese Kontinuität immer von neuem bestärkt wird.

Deutschland hingegen ist, wie immer wieder betont wird, eine »verspätete Nation« (H. Plessner). Die deutsche Nation ist ein Geschöpf des 19. Jahrhunderts. Deutschland ist heute, als Folge der imperialistischen Politik Hitlers entweder keine Nation mehr, oder es besteht aus zwei Staaten *einer* Nation (die bundesrepublikanische Version), oder aus zwei einander entgegengesetzten Nationen, einer bürgerlichen und einer sozialistischen deutschen Nation (die DDR-Version). Dies ist kontrovers, zeigt aber die Besonderheit der deutschen Situation.

Auf der französischen Seite also ein eindrucksvolles Bild historischer Kontinuität des *Etat-Nation*, auf deutscher Seite hingegen eine kurzlebige (1871–1945) und unvollkommene Identität von Staat und Nation, die infolge ihrer auf die Erringung der Hegemonie in Europa gerichteten Hybris den deutschen Staat in zwei Teile zerriß und die deutsche Nation im Zustand der Ungewißheit und Zerrissenheit zurückließ (nach 1945).

In Frankreich war die Nation durch den Staat geformt und zu ihrem stolzen Selbstbewußtsein gebracht worden. Die Geschichte von Staat und Nation verlief parallel und durchdrang sich gegenseitig. Was der konkrete Staat, das jeweilige Regime, der Staat als Herrschaftsorganisation, vertreten durch seine Funktionäre, welche die hoheitliche Gewalt ausübten, im einzelnen tat und vollbrachte, das hatte zwar Auswirkungen auf die Nation, aber es wurde ihr nicht zugerechnet. Die Nation wurde zum Mythos, der Staat zum ungeliebten Herrschaftsinstrument. So kam es in Frankreich seitens der Bürger zu einem ambivalenten Verhältnis gegenüber dem Staat und seinen jeweiligen Machtträgern, nicht aber gegenüber der Idee der Nation. Sie ist unangefochten. Die Franzosen stehen nicht im Verdacht, den Staat zu lieben, geschweige denn, ihn zu vergöttern, wie man es den Deutschen gern nachsagte, doch die Nation ist und bleibt der feste Bezugspunkt für die Identität aller Franzosen. Auf die französische Nation als eine normative Idee können sich alle politischen Gruppen von links bis ganz rechts beziehen, ungeachtet der Kritik, die sie am jeweiligen Staat und seinen Handlungen üben. Die Idee der Nation steht über dem Staat, obwohl es jedem Franzosen selbstverständlich ist, daß der Staat als Ordnungsmacht für die Nation unentbehrlich ist.

Ganz anders in Deutschland. Staat und Nation kamen hier nie völlig zur Deckung. Das kulturell ausgeprägte deutsche Nationalbewußtsein bildete sich, teilweise in Auseinandersetzung mit dem Frankreich Napoleons, im politischen Rahmen einer aus vielen größeren und kleineren Staaten bestehenden losen Ordnung erst allmählich heraus; es scheiterte politisch 1848 mit seinem Versuch, auf liberaler und demokratischer Grundlage einen föderativen deutschen Nationalstaat zu schaffen. Es blieb Bismarcks Preußen vorbehalten, das Deutsche Reich – jedoch ohne Deutsch-Österreich – zum ersten Nationalstaat der deutschen Geschichte zu machen. Die von vielen Deutschen gewünschte politische Einheit der Nation wurde durch einen Bund der Fürsten realisiert. Dieser Nationalstaat war nicht identisch mit der deutschen Nation: er entsprach nicht den Erwartungen des deutschen Bürgertums und es gab viele Deutsche außerhalb seiner Grenzen, aber er entwickelte, unterstützt durch die erfolgreiche Industrialisierung, rasch ein starkes nationales Bewußtsein. Dieses Nationalbewußtsein konzentrierte sich, in der ideologischen Nachfolge Hegels, mehr auf den Staat und seine Idee als auf die Nation, zumal die innere Politik des Reiches darauf hinarbeitete, die sozialen und konfessionellen Gruppen, die sich nicht mit dem wilhelminischen Obrigkeitsstaat identifizieren mochten, aus der deutschen Nation auszugrenzen (die Sozialdemokraten als »vaterlandslose Gesellen«). Dies ist der Grund, warum der Begriff und der Gedanke der Nation in Deutschland diffus geblieben und nicht zu einem historischen und politischen Schlüsselbegriff geworden ist. Auch fehlten ihm, wo er gebraucht wurde, die festen Konturen einer klaren Begriffsbestimmung auf der Basis eines nationalen Konsensus.

Anders wiederum als in Frankreich hat im nationalen Denken der Deutschen statt dessen der Begriff *Volk*, vor allem in der ersten Hälfte des 20. Jahrhunderts, eine eher größere politische Bedeutung gewonnen als der Begriff Nation. Das konservative nationale Denken forderte die Zusammenfassung des ganzen deutschen Volkes, auch der deutschen Volksteile außerhalb der Grenzen, in einem einheitlichen starken Staat, damit Deutschland endlich zu einer *wahren Nation* werden könne. Die Idee des Volkes wies über den bestehenden deutschen Nationalstaat hinaus und sollte ab 1933, von der Rassentheorie überlagert, zu einer Rechtfertigung für Hitlers Machtpolitik werden. Fazit: Es ist den Deutschen nicht gelungen, ein klares, allgemein verbindliches Verständnis der deutschen Nation zu gewinnen und es von den Gefahren der hegemonialen Machtpolitik und des völkischen Größenwahns und Rassenwahns freizuhalten.

Heute, nach der selbstverschuldeten Zerstörung des Dritten Reiches und der Teilung Deutschlands, ist das Problem der deutschen Nation erst recht verworren, ja unlösbar. Was nach dem Krieg vom Großdeutschen Reich Hitlers noch übrig blieb, ist auf zwei Staaten verteilt, die ganz unterschiedlichen politischen und wirtschaftlichen Blöcken angehören und nur formalisierte völkerrechtliche Beziehungen miteinander pflegen. Zwar will die Verfassung der Bundesrepublik die Wiederherstellung der nationalen Einheit in Freiheit, aber die internationale Lage läßt sie nicht zu. Die DDR behauptet schon seit langem von sich, eine eigene, selbständige deutsche Nation zu sein. Österreich, das früher der deutschen Nation zugerechnet wurde, hat inzwischen seine eigene nationale Identität gefunden.

Es gibt gegenwärtig keine deutsche Nation mehr. Man hat zwischen »Staatsnation« und »Kulturnation« (F. Meinecke) unterschieden, um die deutsche Nation wenigstens als Kulturnation zu retten, aber dieses historisch-kulturelle Band und die Durchsetzungskraft des Willens der Deutschen, eine politisch geeinte Nation zu sein, sind zu schwach, um die deutsche Nation als reale Größe lebendig zu erhalten.

Darum blicken deutsche Politiker und Historiker oft neidvoll auf Frankreich, in dem Staat und Nation selbstverständlich zusammengehören. Gewiß hat das Vorteile; man ist in Frankreich nicht immerzu auf der Suche nach der nationalen Identität, denn sie ist gegeben, aber das garantiert nicht, daß es Frankreich leichter fällt als der Bundesrepublik, die sachlichen Probleme zu lösen, die sich für Staat und Gesellschaft in der Gegenwart stellen. Nationale Identität ist kein Garant für eine erfolgreiche Politik.

Auch sollten wir nicht vergessen, daß der relativ kurze historische Abschnitt der deutschen Geschichte, in dem Staat und Nation weitgehend zusammenfielen, zu den düstersten Epochen der europäischen Geschichte gehört. Vor dem Hintergrund ihrer ungebrochenen Erfahrung als Bürger eines »Etat-Nation« haben die Franzosen viel Verständnis für das Verlangen der Deutschen nach einem wiedervereinigten Nationalstaat; vor dem Hintergrund ihrer direkten historischen Erfahrung mit diesem deutschen Nationalstaat haben sie ein berechtigtes Interesse daran, daß die Deutschen das schwierige Problem ihrer nationalen Identität in Zukunft auf andere Weise lösen.

Roger de Weck
Vaterland – Heimat – Nation

Der Verfasser dieser Zeilen ist schweizerischer Nationalität und genießt mithin das Vorrecht, als »neutraler« Beobachter zu gelten. So befaßt er sich zunächst einmal mit der *Außenwirkung* dessen, was in Deutschland und Frankreich die Begriffe »Heimat«, »Vaterland« und »Nation« ausmachen.

Wenn Verallgemeinerungen überhaupt zulässig sind, dann besteht kein Zweifel, daß sich das deutsche vom französischen Nationalbewußtsein deutlich unterscheidet. Ebenso verschiedenartig sind die Ausprägungen der Heimatverbundenheit und der Vaterlandsliebe. Doch dem Außenstehenden fallen weniger die Unterschiede als vielmehr die Gemeinsamkeiten auf.

Diese Feststellung bedarf der näheren Erläuterung. Die Haltung eines Volkes zum eigenen Land ist einer der Schlüssel für die Haltung ebendieses Volkes zum Ausland. In der Nachkriegszeit war die enthusiastische Hinwendung zu Europa ein Zeichen und zugleich eine Kompensation des Identitätsverlusts, den die Deutschen erlitten hatten. Ebenso war Frankreichs gaullistisches Streben nach größtmöglicher Autonomie wohl auch eine Reaktion auf die Schmach der Besatzung und das Unbehagen, durch fremde Truppen befreit worden zu sein.

Und bis heute wirken diese nationalen Traumata fort. Im Falle Deutschlands ist es das Untergangs-Trauma des »Holocausts«: der von Menschenhand bewirkten, totalen Zerstörung. Im Falle Frankreichs heißt das Trauma »München«, 1938, die vorweggenommene Kapitulation vor dem Feind und die Preisgabe der Selbstachtung.

Für die westeuropäischen Partner Frankreichs und der Bundesrepublik ist dies freilich je länger, desto weniger von Bedeutung. Beide Staaten haben einander so weit angeglichen, daß die Unterschiede in der Art und Beharrlichkeit, mit der sie ihre nationalen Interessen wahrnehmen, kaum auszumachen sind. Der »neutrale« Beobachter hat längst kein Urteil mehr darüber, wer von den Franzosen oder den Deutschen die »besseren Europäer« sind.

Daraus läßt sich der wagemutige Schluß ziehen, daß bei aller Unähnlichkeit der historischen, politischen und kulturellen Bedingungen »Vaterland« und »Nation« in beiden Ländern (wieder) gleich viel gelten. Das werden viele Deutsche nicht gerne hören, die ihr Vaterland nach wie vor als ein »schwieriges« empfinden, darunter leiden und zugleich nicht müde werden, sich über die Unbefangenheit des französischen Nationalismus zu wundern. Die allermeisten Deutschen sind sich der Tatsache nicht bewußt, daß sie von den Franzosen ähnlich eingeschätzt werden, wie sie selbst die Franzosen einschätzen. Das »ruhige Nationalbewußtsein«, das der deutsche Bundespräsident Richard von Weizsäcker von seinen Landsleuten fordert, wird ihnen vom Ausland längst zuerkannt.

Nirgendwo wird das so deutlich wie in der Frage des Umweltschutzes, der in der deutschen Wertskala hoch oben steht. Die große Mehrheit in der Bundesrepublik nimmt es als selbstverständlich hin, daß sich der französische Nachbar diese Wertvorstellung aneignen sollte. Ebenso selbstverständlich interpretieren manche Franzosen das deutsche Drängen als eine Spielart der Bekundung nationalen Überlegenheitsgefühls.

Die Deutschen tun sich schwer mit dem Begriff der Nation, erstens weil er – auf Deutschland bezogen – diffus bleibt, und zweitens, weil er von den Nationalsozialisten aufs äußerste mißbraucht worden ist. Wo beginnt die deutsche Nation, wo hört sie auf? Worin liegt der Grund für die mörderische Katastrophe des deutschen Nationalismus? Diese ewigen und ewig neu zu beantwortenden Fragen sind angesichts des Zustroms deutscher Aussiedler, angesichts eines endlosen Reigens der Jahrestage nationalsozialistischer Verbrechen, besonders aktuell. Zwar ist die Berufung auf das Nationale mit dem Beigeschmack der »Deutschtümelei« behaftet, aber die Wirklichkeit pflegt über begriffliche Tabus zu obsiegen. Wer ein Wort aus seinem Vokabular verbannt, der hat damit noch lange nicht die Sache aus der Welt – auch aus seiner eigenen Gedankenwelt – geschafft.

Der Begriff der Nation nimmt in der französischen Gedankenwelt nach wie vor den Ehrenplatz ein, den ihm die zwei Jahrhunderte zurückliegende Revolution zuwies und dem der napoleonische Schiffbruch nichts anhaben konnte. Daß sich das anschauliche französische Nationalbewußtsein offen zu seiner Kraft bekennt, macht ihn berechenbarer und damit nicht unsympathischer als das deutsche Nationalbewußtsein, das die einen verdrängen und die anderen wiederherstellen möchten.

Grundverschieden ist die Ausgangslage. Während die Deutschen, bewußt oder unbewußt, gewollt oder ungewollt, jedenfalls aber beharrlich an der Rekonstruktion ihrer nationalen Identität arbeiten, sieht sich ein Teil Frankreichs in seiner an und für sich stark ausgeprägten Identität bedroht: durch die weltweite Vernetzung der Wirtschaft und ihrer Entscheidungszentren, durch die wachsende Präsenz des Islam in einem laizistischen Land.

Frappant ist allerdings die gleichgerichtete Reaktion beider Länder auf ihre Identitätsprobleme. Während der letzten Jahre ist in Frankreich wie in Deutschland die Beschäftigung mit sich selbst in den Brennpunkt gerückt und droht mitunter die Nabelschau überhandzunehmen. Wenn auch unter verschiedenen Blickwinkeln, hat sich beidseits des Rheins eine öffentliche Diskussion über die nationale Identität entfacht.

Parallel und teils im Widerspruch dazu scheint in Deutschland wie in Frankreich der Regionalismus – die Besinnung auf Provinz und Heimat – Urständ zu feiern. Die Ausrichtung auf den Nahbereich (auf die Straße, die Stadt, die ländliche Heimat, auf Dialekt und Folklore und Lokalgeschichte) ist frei nach David Bell wohl ein Ausdruck dafür, daß der Nationalstaat für die kleinen Probleme zu groß und für die großen Probleme zu klein geworden ist. Hinter der Forderung nach »weniger Staat« verbirgt sich eben auch der Ruf nach »weniger Nationalstaat«.

Mit dieser Entwicklung dürfte sich die Staatsnation Frankreich schwerer tun als die Kulturnation Deutschland. Dort, wo der Staat zum Inbegriff der Nation geworden ist und vice versa, ist die Infragestellung gravierender und wird die Identitätskrise schmerzhafter.

Selten hat ein an und für sich abstrakter Begriff wie derjenige der Nation eine über die Jahrhunderte währende und über alle Kontinente wirkende Kraft, ja eine unvergleichliche Wucht entwickelt. Martin Walser ist beizupflichten, der schreibt: »Die Nation ist im Menschenmaß das mächtigste geschichtliche Vorkommen.« Es könnte sein, daß in Deutschland und Frankreich die Rückbesinnung auf die eng umgrenzte »Heimat« ein Anzeichen ist – ein Anzeichen dafür, daß nun auch im Selbstverständnis der westeuropäischen Öffentlichkeit der Begriff der Nation seinen Zenit überschritten hat.

Kurt Sontheimer
Staat und Gesellschaft

Zwischen dem Deutschland der Bundesrepublik und Frankreichs V. Republik sind die Unterschiede hinsichtlich von Staat und Gesellschaft und ihrem Verhältnis zueinander heute eher gradueller als grundsätzlicher Natur. Diese Annäherung hat sich erst nach dem Zweiten Weltkrieg vollzogen. Der entscheidende Schrittmacher für die weitgehende Angleichung der Funktionen und Situationen von Staat und Gesellschaft in beiden Ländern war der Prozeß der *Modernisierung*, die sowohl den Staat und seine Institutionen wie auch die Gesellschaft, ihre sozialen Gruppen und die Individuen vor vergleichbare, ja weitgehend gleiche Herausforderungen stellt und sie allesamt ihrem Gesetz des labilen Fortschritts unterwirft.

Frankreich blickt auf eine vielhundertjährige Geschichte der souveränen Herrschaft des zentralistisch regierten Nationalstaates zurück. Diese Geschichte war zugleich ein Prozeß des kontinuierlichen Ausbaus der staatlichen Gewalt, der auch durch die jüngsten Bemühungen der V. Republik um eine regionale Aufgliederung der Staatsgewalt nicht entscheidend geschwächt wurde. Auch unter wechselnden politischen Regimen (plebiszitäre Herrschaft bis Versammlungsregierung) hat sich der französische Staat als Idee (Hüter des Gemeinwohls und dessen Schiedsrichter für die Gesellschaft zu sein) und als Herrschaftsorganisation unangefochten behauptet. Das Verhältnis der Franzosen zum Staat ist zwiespältig: die Notwendigkeit einer einheitlichen und effektiven Staatsgewalt wird – ungeachtet gewisser, immer wieder aufbrechender anarchistischer Neigungen – im Prinzip bejaht, die faktische Ausübung der staatlichen Funktionen vielfach kritisiert. Eine Staatsverehrung oder gar Staatsvergottung – wie zeitweilig in Deutschland – gibt es bei den Franzosen nicht, doch die Gesellschaft erwartet nichtsdestoweniger einen tatkräftigen, leistungsfähigen Staat, wobei sie es in der Geschichte abwechselnd mit monokratischen (Bonapartismus bis zu de Gaulle) und pluralistischen Modellen der Staatsführung (3. und 4. Republik) versucht hat.

Anders als im staatlich geeinten Frankreich vollzog sich die Ausbildung des souveränen Staates in Deutschland auf einem durch territoriale Vielfalt und politische Zersplitterung geprägten historischen Schauplatz. Erst der Staat des Deutschen Kaiserreiches ab 1871 hat trotz seiner föderativen Struktur die Merkmale des starken, über der Gesellschaft stehenden, sie in Ordnung haltenden Staates für ganz Deutschland voll ausgebildet. Gemäß der deutschen Staatsideologie im Gefolge Hegels war der Staat nicht das Werk der Individuen, die sich in ihrem Interesse eine politische Ordnung gaben, sondern der Staat war die vor dem Bürger rangierende höchste Instanz, die gegenüber dem privaten Interesse das höhere Allgemeininteresse verkörperte und es souverän – ohne Beteiligung der Bürger an der Macht – durchsetzte. Der moderne Staat stand über der Gesellschaft. Darum konnte er ein Gegenstand der Verehrung werden.

Infolge der ökonomischen und sozialen Entwicklungen des 20. Jahrhunderts kam es zu einer gegenseitigen Durchdringung von Staat und Gesellschaft. Dieser Prozeß setzte in Deutschland früher und stärker ein als in Frankreich, wo man sogenannte »intermediäre Gruppen« zwischen Staat und Gesellschaft lange für ein politisches Übel hielt und darum an ihrer Entstehung und Entfaltung hinderte. Die »Eroberung« des Staates durch die gesellschaftlichen Organisationen in Gestalt der Parteien und Verbände, die heute ganz selbstverständlich geworden ist – und zwar in Deutschland mehr als in Frankreich –, war ein historischer Prozeß, der mit der Entwicklung der modernen Industriegesellschaft verbunden war. Die Industriegesellschaft hat den Bereich staatlicher Tätigkeit in beiden Ländern enorm erweitert und dem Staat quasi eine Alleinzuständigkeit, auch für alle sozialen Bereiche zugeschoben. Die Ausweitung der Staatstätigkeit hat, nicht zuletzt im Zeitalter der Demokratie, die Einflußnahme und Mitwirkung der Gesellschaft in ihren vielfältigen Gliederungen zu einer Voraussetzung der modernen Politik gemacht. In der heutigen Politik stehen sich Staat und Gesellschaft nicht mehr distanziert gegenüber, sondern sie sind auf vielen Ebenen miteinander verflochten. Dies ist die gegenwärtige Struktur des Verhältnisses von Staat und Gesellschaft in beiden Ländern, doch sie prägt sich aufgrund der historisch unterschiedlichen Entwicklung Frankreichs und Deutschlands jeweils anders aus. Daher die eingangs erwähnten graduellen Unterschiede, von denen im folgenden noch kurz die Rede ist.

Von der Bundesrepublik hat man (so der Verfassungsrechtler Forsthoff) behauptet, sie sei kein Staat im traditionellen Sinne hoheitlicher Herrschaft mehr, sondern ein Geschöpf der gesellschaftlichen Kräfte selbst, die ihn aufgebaut hätten. Der westdeutsche Staat ist – pointiert ausgedrückt – eine Funktion der deutschen Wirtschaft und Gesellschaft und ihrer entsprechenden Machtträger. Die bemerkenswerte politische Stabilität der Bundesrepublik ist weniger dem Geschick ihrer Parteien und Politiker zu danken als den günstigen soziologischen, ökonomischen und auch ideologischen Bedingungen, in deren Rahmen sie ab 1949 wirken konnten. *Soziologisch* hat sich in Westdeutschland die »nivellierte Mittelstandsgesellschaft« durchgesetzt, die erstmals in Deutschlands Geschichte eine echt bürgerliche Gesellschaft geworden ist. *Ökonomisch* hat der Staat – im Interesse eines raschen Wiederaufbaus – den wirtschaftlichen Kräften, die nicht antagonistisch, sondern partnerschaftlich eingestellt waren, möglichst freien Lauf gelassen oder in enger Verbindung mit ihnen die sich stellenden Aufgaben zu lösen versucht.

Die Ausgangsbedingungen für die Entwicklung Frankreichs nach dem Zweiten Weltkrieg waren, historisch bedingt, weitaus ungünstiger. Die französische Gesellschaft war weniger nivelliert und darum antagonistischer als die westdeutsche; sie kannte und hat zum Teil noch enorme Modernisierungsunterschiede, vor allem zwischen Stadt und Land, die nur langsam zu beseitigen sind. Sie ist darum oft als eine »Société bloquée« (Crozier) charakterisiert worden, obwohl die Blockierungen sich inzwischen stark gelockert haben. Mehr als in Westdeutschland fällt in Frankreich traditionell dem Staat zu, die Wirtschaft und die Gesellschaft in Bewegung zu bringen; sie tun es nicht von sich aus, sondern erwarten Initiative, Anleitung und Führung durch den Staat selbst, mit dem sie dann in der Praxis vielfach nicht zufrieden sind.

Ein Hauptgrund für den Mangel an Dynamik ist die fortwirkende zentralistische Tradition der französischen Staatsverwaltung. Sie fördert zwar in vielen Fällen, aber sie hemmt und lähmt auch die gesellschaftlichen Initiativen, so daß sich jener pragmatische Umgang der Gesellschaft mit ihrem Staat, wie er sich in Deutschland herausgebildet hat, in Frankreich trotz gewisser neuer Ansätze noch nicht voll etabliert hat.

Mit anderen Worten: Sowohl die Staatsorganisation wie die Verfassung der Gesellschaft selbst sind in Frankreich noch nicht so beschaffen, um die ehrgeizigen Ziele einer wirtschaftlichen und sozialen Modernisierung der Nation ohne mehr oder weniger starke Friktionen zu erreichen. Die Linke setzt mehr auf die Intervention des Staates als die Rechte, aber die traditionellen Modelle der staatlichen Steuerung von Wirtschaft und Gesellschaft haben – wie auch in der Bundesrepublik – ihre Anziehungskraft seit 1983 verloren. Die gesellschaftlichen Utopien haben sich verbraucht. Der Austausch und einige Kontakte zwischen den französischen Führungseliten in Staat und Wirtschaft, die für das Frankreich von heute typisch geworden sind – mehr als in der Bundesrepublik, wo die funktionellen Eliten stärker kooperieren als fusionieren –, zeigt jedenfalls an, daß Staat und Gesellschaft hier wie dort zu einem einheitlichen, nach Funktionen unterschiedenen Gebilde zusammenwachsen. Die industrielle Gesellschaft und ihre Herausforderungen für die Zukunft stellen Frankreich wie Deutschland vor ähnliche Probleme. Dies macht sie zu maßgeblichen Partnern im Dialog um die Zukunft Europas.

Lothar Albertin
Verwaltung – Zentralismus – Föderalismus

Der deutsche Föderalismus wandelte seine Funktion im Zuge der nationalstaatlichen Einigung und Demokratisierung. Die gescheiterte Paulskirchenverfassung (1848/49) verteilte Aufgaben und Macht zwischen den 39 Einzelstaaten und Freien Städten und den Organen der Reichsgewalt, dem »Kaiser der Deutschen«, dem Reichstag und Reichsgericht, und wollte durch die vorab verabschiedeten »Grundrechte des deutschen Volkes« (an die 100 Jahre später das Grundgesetz wiederanknüpfen sollte) die Einigung fundieren und beflügeln. In den Verfassungen des Norddeutschen Bundes (1867) und des Deutschen Kaiserreichs (1871) war der Bundesrat aus Vertretern der einzelstaatlichen Regierungen erheblich stärker als der Reichstag. Prinzipiell am legislatorischen Prozeß beteiligt, erließ er dazu auch die – von den Gliedstaaten auszuführenden – Verwaltungsvorschriften. Verfassungsänderungen waren ohne seine Zustimmung nicht möglich. Das kolonialpolitische Engagement, der Aufbau der Sozialversicherung, Entscheidungen in der Wirtschafts-, Finanz- und Rechtspolitik führten nach und nach zu einer Vermehrung der Aufgaben des Reichs und institutionellen Erweiterung seiner Verwaltung (Reichsämter). Ungelöst blieb das Problem des Finanzausgleichs.

Ein ausbalanciertes Verhältnis von Zentralgewalt und Einzelstaaten erreichte das Kaiserreich bis zu seinem Ende nicht. Die bundesstaatliche Idee blieb immer durch die Hegemonie Preußens und die Reservatrechte der süddeutschen Staaten verzerrt. Außerdem entbehrte die exekutive Zentralgewalt eines wirkungsvollen demokratischen Gegengewichts: Die Schwäche des Reichstages war offensichtlich. Die Parlamentarisierung des Reiches im Oktober 1918 kam zu spät.

In der Konstituierungsphase der Weimarer Republik setzte sich eine unitarische Grundströmung durch. Sie war durch reichseinheitliche Kriegsanstrengung und nationale Stimmungen vorbereitet und verfestigte sich angesichts separatistischer Bestrebungen. Unter dem maßgeblichen Einfluß von Hugo Preuß entschied sich die Nationalversammlung für einen »dezentralisierten Einheitsstaat« mit parlamentarischem Regierungssystem. In Gesetzgebung und Verwaltung wurden die Reichszuständigkeiten erheblich ausgedehnt. Die Reichsfinanzreform Erzbergers (Oktober 1919) machte die Länder zu »Kostgängern des Reichs« und leitete den Aufbau reichsunmittelbarer Verwaltungen ein. Der Einfluß der im Reichsrat vertretenen Gliedstaaten auf die nationalen Entscheidungsprozesse war gering. Unter ihnen behielt Preußen eine beherrschende Stellung, die es bald, unter sozialdemokratisch geführten Regierungen, zu einem »Hort der Republik« werden ließ. Der Niedergang regierungsfähiger politischer Parteien gab der Idee einer »Reichsreform«, die Zentralgewalt durch eine engere Verknüpfung mit der Preußischen Regierung zu stabilisieren, immer wieder Nahrung. Es kam aber nicht dazu.

Das nationalsozialistische Regime schaltete die Länder gleich und setzte die Prinzipien einer rechtsstaatlichen und parlamentarischen Demokratie außer Kraft. Für den Wiederaufbau nach dem Kriege lag die Konsequenz auf der Hand: Die föderalistische Gliederung wurde zu einem unaufhebbaren Merkmal demokratischer Qualität der künftigen Republik.

Aus den Kontroversen des Parlamentarischen Rates über Art und Ausmaß föderaler Elemente gingen, beeinflußt von den westlichen Besatzungsmächten, Kompromisse hervor, am stärksten bei der geteilten Finanzverwaltung und dem Finanzausgleich der Länder.

Die Länder der Bundesrepublik haben ihre eigene parlamentarische Regierung. Zu ihren Aufgabenbereichen zählen hauptsächlich Kultur und Bildungswesen, Polizei, Gemeinden und Landesplanung. Ihre Verwaltungen, die über eigene Mittel- und Unterbehörden verfügen, üben außerdem Bundesrecht und Funktionen im Auftrage des Bundes aus. Eine starke Stellung haben die Länder vor allem durch ihre Mitwirkung an der Gesetzgebung über den Bundesrat, bis zu ihrem absoluten Vetorecht bei zustimmungsbedürftigen Gesetzentwürfen.

Befürworter des Föderalismus begleiten seine Entwicklung mit den folgenden Erwartungen: Seine vertikale Gewaltentrennung soll zentrale Machtkonzentration unterbinden, seine Verteilung der Zuständigkeiten und Ressourcen die selbständige oder gemeinsame Erfüllung öffentlicher Aufgaben und die wechselseitige Kontrolle zwischen Bund und Ländern gewährleisten. Föderalismus vermehrt die Chance des Bürgers, mit den Staatsgewalten zu kommunizieren. Er erweitert den Wettbewerb von politischen Ideen und Programmen und verhindert praktisch, wie die parteipolitische Zusammensetzung der Regierungen in Bund und Ländern zeigt, daß demokratische Parteien für längere Zeiträume auf die politische Opposition verwiesen sind.

Das Grundgesetz und seine Anwendung haben eine Fülle von Änderungen erfahren, die den unitarischen Charakter der Bundesrepublik verstärken. Wachsende Handlungserfordernisse an eine gesamtstaatliche Planungs-, Rechts- und Wirtschaftspolitik und eine fortschreitende Gestaltung der Sozialstaatsklausel sowie die Notwendigkeit gemeinsamer Mittelaufbringung haben zu einer »Politikverflechtung« von Bund, Ländern – und auch Kommunen – geführt. Zu den vielen Bereichen institutioneller und informeller Zusammenarbeit der Länder untereinander und mit dem Bund (»kooperativer Föderalismus«) gehören seit der Verfassungsrevision 1969 die »Gemeinschaftsaufgaben«, wie Hochschulbau, regionale Wirtschaftsförderung, Agrarstruktur und Küstenschutz. Kritiker bedauern an dieser Entwicklung den Vorrang der Exekutiven in Bund und Ländern und den Geltungsverlust der parlamentarischen Organe sowie die Rückbildung des Föderalismus insgesamt.

Tatsächlich zeigen die Bundesländer in jüngsten Jahren auch eine Reihe gegenläufiger Aktivitäten. Sie reichen von Fragen des Finanzausgleichs angesichts des Süd-Nord-Gefälles zwischen »reichen« und »armen« Ländern und ihrer Beteiligung am zehnjährigen »Strukturfonds« (1988) über eigene Initiativen in den Außenwirtschaftsbeziehungen und geforderte Mitspracherechte in der Europäischen Gemeinschaft bis zur Förderung eines jeweiligen Landesbewußtseins in Historiographie und Öffentlichkeitsarbeit.

Staat und Verwaltung Frankreichs sind traditionell vom Zentralismus geprägt. Als Ordnungs- und Herrschaftsprinzip bereits vom Ancien Régime intendiert, ging er aus den Machtkämpfen der Revolution – nach einer frühen, flüchtigen Option für eine radikale

Dezentralisierung – gefestigt hervor. Die 1789/90 beschlossene Einteilung in Departements mit einheitlicher Untergliederung unter dem von Napoleon eingerichteten Amt des vom Staat ernannten Präfekten wurde die maßgebende Verwaltungsstruktur. Der 1789 für alle Gemeinden proklamierte Bürgermeister, dessen Wahl durch den »Conseil municipal« erst nach einer hundertjährigen Entwicklung (1884) allgemein verbindlich wurde, wurde in der hierarchischen Administration das unterste ausführende Organ des Staates.

In der (namentlich 1871 gesetzlich festgeschriebenen) Geschichte der Administration dominierten immer mehr die Pariser Ressorts. Sie steuern und kontrollieren über den Präfekten und die bei ihm etablierten »Services extérieurs« die Durchführung von Gesetzen, Dekreten, Ordonnanzen und sonstigen zentralen Entscheidungen.

Im 20. Jahrhundert wird der französische Staat zeitweilig zur maßgebenden Agentur zentral geplanter Modernisierung. Er versucht, Rückstände industrieller Entwicklung durch wirtschaftspolitische Interventionen (Nationalisierung, Planifikation, Aménagement du territoire) aufzuholen. Auf dem Felde der sozialen Sicherung wird das zentralstaatliche Prinzip, wie in den meisten demokratischen Industriegesellschaften, unentbehrlich. Mißstände der damit verbundenen Bürokratisierung und der Gängelung von Individuen und Gruppen schließen nicht aus, daß sich das Personal der französischen Administration, insbesondere in den leitenden Positionen, den Ruf hoher juristischer und technischer Qualifikation erworben hat. Seine Karrieren werden in der Regel durch die Grandes Ecoles und die nach dem zweiten Weltkrieg gegründete Ecole Nationale d'Administration (ENA) vorgegeben.

Frankreichs historische Identität stützt sich auf diesen Zentralismus. Ihm wird zugeschrieben, die innerstaatliche Einigung und die Verteidigung nach außen ermöglicht zu haben; dieses Verdienst wird oft zu seiner historischen Rechtfertigung herangezogen. Er hat offenbar mentalitätsbildende Kraft.

Gleichwohl ist dieser Zentralismus nie unumstritten gewesen. Wenn sich aber in der französischen Verwaltungs- und Demokratiegeschichte Ideen und Forderungen zugunsten einer Dezentralisierung lange nicht durchgesetzt haben, so erklärt sich dies nicht zuletzt aus einer wechselseitigen Anpassungsfähigkeit der Repräsentanten des Staates und der lokalen Kräfte. Die Präfekten und ihre Beamten haben längst gelernt, sich in das lokale Netzwerk der Notablen einzufädeln, die in den Departements, Städten und Gemeinden die etablierten gesellschaftlichen Interessen vertreten, oft auch Mandate in der nationalen Politik innehaben, und ihre Besitzstände vor zentralistischem Dirigismus bewahren möchten. Beide Seiten haben zu Spielregeln der Kooperation gefunden, die Konflikte durch ihre pragmatische Handhabung entschärfen und in örtliche Arrangements münden lassen. Der Zentralismus wird in diesem Kräftespiel des »pouvoir périphérique« (Pierre Grémion) flexibler und erträglicher.

Die Zeit für eine reale Chance struktureller Dezentralisierung begann erst mit den großen ökonomischen und sozialen Herausforderungen seit Anfang der fünfziger Jahre. Der rasante wirtschaftliche Aufschwung, die demographischen und gesellschaftlichen Wandlungen, der zunächst beeindruckend erscheinende Fortschritt planungstechnologischen Wissens, der allgemeine Modernisierungsdruck im Rahmen der Europäischen Gemeinschaft und schließlich die Struktureinbrüche in den siebziger Jahren, die zeitweise zu Stagnation oder Rezession führten, luden Frankreich Probleme auf, die den zentralistischen Staat überforderten.

Währenddessen schoben sich – aus eigener Kraft und unter institutionellen Zugeständnissen des Staates – die Regionen in den Vordergrund. Weder durch den starren Zentralismus der nationalen Administration noch durch die Schwäche der 36000 vereinzelten mittleren und kleinen Gemeinden diskreditiert, erschienen sie am ehesten geeignet, materielle, personelle und ideelle Potentiale zur Bewältigung ökonomischer und sozialer Probleme freizusetzen. Eine neuartige Dynamik ließ manche Regionen geradezu zum Inbegriff des Fortschritts werden.

Dieser Prozeß ging in die Dezentralisierung seit 1982 ein, die »grande affaire« des ersten Septennats von François Mitterrand. Diese Umverteilung und Herunterstufung von Aufgaben, Zuständigkeiten und Mitteln sowie die Demokratisierung der Vertretungskörperschaften begünstigte vor allem die Departements und die Regionen. Letztere wurden Collectivités locales und rechtlich und faktisch die vierte Ebene im französischen System.

Sollen die Regionen, wie ihre Befürworter erhoffen, im Europäischen Binnenmarkt ab 1993 an Bedeutung gewinnen, so müssen zumindest ihre Kompetenzen und finanziellen Ressourcen vermehrt werden. Die Sozialisten haben Anfang 1989 vorgeschlagen, durch einen neuen Gebietszuschnitt (redécoupage du territoire) ihre Zahl zu vermindern und die gravierenden Disparitäten zwischen ihnen zu beseitigen. Ob dies durchsetzbar ist, hängt freilich von einem sehr komplexen Kräftefeld ab.

Anhänger der Dezentralisierung verweisen gern auf das föderalistische Modell demokratisch gegliederter Machtbalance in der Bundesrepublik. Gegner sehen sich durch die zentralistischen Gewichte der dortigen verfassungspolitischen Entwicklung bestätigt. Wie dem auch sei, der tendenziell allgegenwärtige Etat-Providence ist in jüngsten Jahren an die Grenzen seiner Leistungsfähigkeit gelangt. Die Zeichen stehen in der Bundesrepublik und in Frankreich auf Deregulierung. Öffentliches Verwaltungshandeln scheint sich auf ein neues Paradigma von Effizienz und Bürgernähe zuzubewegen.

Pierre-Marie Dupuy
Recht

Gegenüber der Allmacht des totalitären Staates, der schrankenlose Herrschaft über alle Bereiche des sozialen Lebens für sich beanspruchte und dem bei der Verfolgung seiner Staatsziele die Rücksicht auch auf das Leben des einzelnen grundsätzlich nichts bedeutete, hat das Grundgesetz eine wertgebundene Ordnung aufgerichtet, die den einzelnen Menschen und seine Würde in den Mittelpunkt aller seiner Regelungen stellt. Dem liegt, wie das *BVerfG* bereits früh ausgesprochen hat (*BVerfGE* 2, 1, 12 = NJW 1952, 1407), die Vorstellung zugrunde, daß der Mensch in der Schöpfungsordnung einen eigenen selbständigen Wert besitzt, der

die unbedingte Achtung vor dem Leben jedes einzelnen Menschen, auch dem scheinbar sozial ›wertlosen‹, unabdingbar fordert und der es deshalb ausschließt, solches Leben ohne rechtfertigenden Grund zu vernichten. Diese Grundentscheidung der Verfassung bestimmt Gestaltung und Auslegung der gesamten Rechtsordnung. Auch der Gesetzgeber ist ihr gegenüber nicht frei; gesellschaftspolitische Zweckmäßigkeitserwägungen, ja staatspolitische Notwendigkeiten können diese verfassungsrechtliche Schranke nicht überwinden (*BVerfGE* 1, 14, 36 = NJW 1951, 877). Auch ein allgemeiner Wandel der hierüber in der Bevölkerung herrschenden Anschauungen – falls er überhaupt festzustellen wäre – würde daran nichts ändern können.«
(Urteil des Bundesverfassungsgerichts vom 25. Februar 1975 zur Liberalisierung der Gesetzgebung zur Abtreibung)

Dieser Auszug aus einer wichtigen Urteilsbegründung des Bundesverfassungsgerichts, das am 25. Februar 1975 den entscheidenden Teil des Gesetzes zur Liberalisierung der Abtreibung aufhob, ist ein deutlicher Beleg für Gemeinsamkeiten und Unterschiede in der Stellung des Rechtes, insbesondere des öffentlichen Rechtes, in der Gesellschaft beider Länder.

Zunächst die Gemeinsamkeiten. Die Grundeinstellungen und Auffassungen über die gesellschaftliche Funktion des Rechtes stimmen auf beiden Seiten des Rheins weitgehend überein. Frankreich wie die Bundesrepublik Deutschland sind beide liberale Demokratien mit repräsentativen parlamentarischen Institutionen; beide haben die gleiche Einstellung zur Beziehung zwischen *Mensch* und *Macht*, die auf der Teilhabe der Menschen in ihrer Eigenschaft als Bürger an der Machtausübung beruht, welche nur soweit Legitimität besitzt, wie die Grundrechte gewahrt bleiben. Beide Länder verstehen sich als »Rechtsstaaten«, also als Gesellschaften, in denen der Staat dem Recht unterworfen ist und die öffentlichen Institutionen im Dienste einer Solidargemeinschaft stehen, die zugleich die Freiheiten des einzelnen zu gewährleisten hat.

Man kann also mit aller Klarheit aussprechen, daß zwischen beiden Ländern hinsichtlich der Rolle des Rechtes keinerlei Mißverständnisse und Divergenzen existieren, wie sie beispielsweise in der Einschätzung und den Einstellungen zur Bedrohung der Natur und zum Umweltschutz bestehen, sondern daß hier völlige Übereinstimmung herrscht.

Allerdings lassen sich durchaus Unterschiede zwischen beiden Ländern feststellen, die nachgeordneter Bedeutung sind und die Art betreffen, wie die Unterordnung des Staates unter das Recht, insbesondere unter Bezugnahme auf den Begriff des »Rechtsstaates« aufgefaßt wird. Auch wenn die Grundauffassungen identisch sind, verlief die politische und institutionelle Geschichte beider Länder auf anderen Wegen, was dazu führte, daß die öffentliche Meinung im Alltag die Rolle des Rechts für das Leben der Gesellschaft unterschiedlich auffaßt.

So sind in der Bundesrepublik Deutschland, wie es die zitierte Urteilsbegründung des Bundesverfassungsgerichts unterstreicht, die Legitimitätsgrundlagen, auf denen heute Staat und Gesellschaftsordnung beruhen, untrennbar mit der »geschichtlichen Erfahrung und dem Widerstand gegen das nationalsozialistische System« verbunden. Diese von den öffentlichen Institutionen und der westdeutschen Bevölkerung uneingeschränkt bejahte und gelebte Rechts- und Gesellschaftsordnung findet ihren reinsten Ausdruck in einer maßgeblichen, in ihrer Form einzigartigen Quelle, von der sie ausgehen: diese Quelle ist ein Text, das Grundgesetz.

Diese symbolische Konzentration der Rechtsautorität in einem fast heiligen Gesetz der Gesetze, das als Bollwerk gegen die Wechselfälle der Geschichte und als Garantie gegen jeglichen erneuten Machtmißbrauch angelegt ist, steht im Gegensatz zur ständigen Weiterentwicklung und zum Status der Quellen, auf denen in Frankreich die Legitimität des Staates und die geläufige Rechtsordnung beruhen.

In Frankreich gehen die entscheidenden geschichtlichen Grundlagen für Legalität und Legitimität der Machtausübung auf die Revolution von 1789 und nicht auf 1949 zurück. Hier wie auch in anderen Bereichen hat der Krieg nicht zu derartigen Brüchen geführt wie im Nachbarland. So findet sich in der Bundesrepublik

Deutschland der Grundrechtskatalog in den ersten 17 Paragraphen des Grundgesetzes; in Frankreich wird er im wesentlichen durch die Wiederholung der Menschen- und Bürgerrechte aus dem Jahre 1789 bekräftigt, die sich in der Präambel der Verfassung von 1946 wie in der von 1958 findet.

Die französische Vorstellung von öffentlicher Legalität geht also erheblich über den Rahmen der jeweiligen Verfassung hinaus. Sie erwächst aus den sich überlagernden Schichten einer langen und vielfältigen Verfassungsgeschichte, in deren Verlauf zahlreiche Formen erprobt wurden, ohne jedoch jemals – selbst in der Zeit der Restauration – das revolutionäre Erbe ganz zu verleugnen. Zwischen 1791 und 1958 lösten sich die Verfassungen oft in rascher Abfolge ab; die Grundprinzipien aber blieben und reicherten sich an, ohne dabei zu entarten.

Das bürgerliche Recht befindet sich in dieser Hinsicht in enger Symbiose mit dem öffentlichen Recht. So ist das bürgerliche Gesetzbuch von 1804, das nach seinem furchterregenden Initiator »Code Napoléon« heißt, vom Geist des bürgerlichen Individualismus geprägt, der in der Revolution triumphierte, obwohl es im einzelnen zahlreiche Gewohnheiten und Vorschriften des alten Rechts fortführt.

Später werden dann die Urteile des »Conseil d'Etat« ab 1873 eine Rechtssprechung aufbauen, die im Sinne der in einem berühmten Buch des Philosophen Alain entwickelten Ideologie des *Bürgers gegen die Staatsmacht* das Individuum gegen administrative Willkür schützt.

Die Verfassung krönt zwar in Frankreich wie in Deutschland das gesamte Gebäude der Rechtsnormen, besaß aber niemals jene gleichsam sakramentale Weihe, die seit Anbeginn das Grundgesetz der Bundesrepublik Deutschland umgibt. Dies gilt nicht einmal für die Verfassung der V. Republik, obwohl die in ihr geschaffenen Institutionen von der besonderen Autorität General de Gaulles zehren.

Eine der Ursachen liegt sicherlich darin, daß die aus dem Denken von Jean-Jaques Rousseau abgeleitete Ideologie in Frankreich nicht so sehr der Verfassung als solcher Weihe verleiht, sondern vielmehr der gewöhnlichen Gesetzgebung, da diese von den

Vertretern des Volkes verabschiedet und damit »Ausdruck des Volkswillens« ist. Dies hat zumindest zwei ganz konkrete Konsequenzen: Anders als in der Bundesrepublik Deutschland bleibt die Prüfung der Verfassungsmäßigkeit eines Gesetzes, die es in Frankreich vor 1958 überhaupt nicht gab, nur auf solche Gesetze beschränkt, die noch nicht verkündet sind; vor allem aber – und dies ist für das Rechtsverständnis der einfachen Bürger entscheidend – können diese keine Klage beim Verfassungsgericht erheben, um ihre Grundrechte zu verteidigen, wie dies in der Bundesrepublik Deutschland durch das Gesetz 1951 über die Schaffung des Karlsruher Bundesverfassungsgerichts möglich ist. Auch in Frankreich haben sich Formen der Kontrolle und Absicherung der Grundfreiheiten entwickelt, die aber anders verfahren. Den direkten Zugang des Bürgers zur Verfassung, wie sie in der Bundesrepublik Deutschland über die Verfassungsgerichtsbarkeit besteht, findet man in Frankreich nicht.

Hieraus erwachsen weitere Unterschiede zwischen beiden Ländern. Sie haben historische Ursachen und betreffen nicht nur das öffentliche Recht.

In der Bundesrepublik Deutschland beruft man sich – wie das zitierte Urteil aus dem Jahre 1972 belegt – insbesondere dann auf das Recht, wenn es darum geht, sich gegen den Staat zu schützen. In der liberalen Nachkriegsdemokratie (die Erinnerung an das Zwischenspiel der Weimarer Republik ist wegen ihres Scheiterns weitgehend schmerzlich) empfinden die Bürger das Recht als Sache aller; immer wieder treten Bürgerinitiativen auf, um Bonn daran zu erinnern. Es ist geradezu paradox, daß die Bürger in Frankreich eifersüchtig über ihre Freiheiten wachen, daß das Recht aber dennoch als das Werk des Staates selbst gilt, dessen Eingreifen man wegen seiner umständlichen Verwaltung zugleich kritisiert und doch immer wieder fordert.

Die Ursachen dieses Verhaltens sind bekannt. Die Franzosen sind seit Jahrhunderten an das Bestehen einer starken und allgegenwärtigen Zentralmacht gewöhnt; Alexis de Tocqueville hat überzeugend nachgewiesen, daß sie zwar ihren König geköpft, sich aber keineswegs von der Konzentration aller Macht befreit hatten, ganz im Gegenteil. Die Einheit der Nation folgt auf die Einheit des Königreichs; die an der Verwaltungshochschule ENA ausgebildeten hohen Beamten setzen heute zugleich die Tradition Colberts und die der Jakobiner fort. In Frankreich gilt das Recht also als die Sprache des Staates. Es liegt diesem zugrunde, ist aber auch zugleich sein unmittelbarer Ausdruck.

In der deutschen Tradition wird dagegen die Trennung des Staats vom Recht durch die bekannte, aber nicht hinreichend durchdachte Tatsache gefördert, daß die staatliche Einheit der deutschen Nation überhaupt nur in einer kurzen und späten Phase ihrer Geschichte bestand. Die heutige bundesstaatliche Struktur setzt die historische Vielfalt der früheren deutschen Fürsten- und Königtümer fort. Staatliche Verantwortung und Zuständigkeiten liegen in erheblichem Ausmaß in der Hand der Länder. Der Verpflichtung auf den Rechtsstaat entspricht im wirtschaftlichen Bereich die allgemeine Zustimmung zur freien Marktwirtschaft und der hohen Bedeutung freier privatwirtschaftlicher Initiative, also der weitgehenden Einschränkung des öffentlichen Eingreifens in die Wirtschaft. Die Deutschen sind daher darauf eingestellt, auf den in Frankreich als selbstverständlich geltenden staatlichen Interventionismus zu verzichten.

Dieses unterschiedliche Verhältnis zwischen Staat, Recht und Bürger ist eine der hauptsächlichen Erklärungen für die Tatsache, daß demokratische Gesellschaftsformen der Bundesrepublik Deutschland in mancher Hinsicht stärker entwickelt sind als in Frankreich.

Es gibt eine Vielzahl spontaner Vereinsbildungen und Bürgerinitiativen; die Staatsmacht wird sehr viel häufiger auf Initiative von Privatpersonen ohne Umweg über das Parlament zur Respektierung von Rechten aufgefordert, denen auch sie selbst unterworfen ist, und muß so beispielsweise die Grundsätze ihrer Energie- oder Umweltpolitik rechtfertigen.

Auch in Frankreich ist eine derartige Vorgehensweise nicht unbekannt. Sie bezieht sich aber meist auf Einzelfragen und die Anliegen besonderer Gruppen; oft ist sie auch Ausdruck einer regionalen Gegenreaktion gegen übermäßigen administrativen und kulturellen Zentralismus, entspricht also weniger einer allgemeinen Überzeugung der Bürger, da sie selbst über die Achtung der Grundprinzipien für das rechtmäßige Handeln der öffentlichen Instanzen zu wachen haben.

Auch kann man sich fragen, ob diese schließlich zweitrangigen Unterschiede (die Rechtsauffassungen in Frankreich und den Vereinigten Staaten weichen beispielsweise sehr viel mehr voneinander ab) nicht in absehbarer Zeit immer unwesentlicher werden.

So stellen die in Frankreich 1982 vollzogene Regionalreform für die Verwaltungsordnung und die 1986 durchgeführte Privatisierung staatlicher Großbetriebe für die Wirtschaftsordnung zweifellos keine grundlegende Wende, aber doch eine Kurskorrektur zu einer anders gewichteten Aufgabenverteilung zwischen dem Staat und örtlichen oder privaten Initiativen dar.

Vor allem aber haben die Bürger beider Länder einen politischen und institutionellen Weg eingeschlagen, der auf rechtlichen Regelungen beruht und auch dann gemeinsam ist, wenn er ganz unterschiedlich erfahren wird: die Errichtung der Europäischen Wirtschaftsgemeinschaft. Auch wenn es der Öffentlichkeit noch nicht hinreichend bewußt ist, bilden das Gemeinschaftsrecht und die überaus dynamische Rechtssprechung des Europäischen Gerichtshofes einen erheblichen Harmonisierungs- und damit auch Integrationsdruck zur Angleichung der Rechtssysteme und der Gesetzgebung in den Mitgliedsstaaten der Europäischen Gemeinschaft.

Rudolf von Thadden

Bürgerlich

Unter den Begriffen, die Deutsch lernenden Franzosen Kopfzerbrechen bereiten, ist der des Adjektivs »bürgerlich« sicher einer der schwierigsten. »Bürgerlich« ist im heutigen Deutschland fast alles, was als »wohlanständig« gilt oder gelten möchte; von den sogenannten »bürgerlichen Parteien« über die »bürgerlichen

Werte« bis hin zur »gut bürgerlichen Küche« reicht die Skala der Begriffsverwendungen, die im Deutschen meistens positive Assoziationen hervorrufen, im Französischen jedoch kaum übersetzbar sind. Wie soll sich ein französischer Journalist ausdrücken, wenn er nach einem Wahlgang vom Sieg oder Unterliegen der »bürgerlichen Kräfte« berichten muß, etwa in Konfrontation mit Sozialisten?

Wie häufig bei Übersetzungsschwierigkeiten liegt auch dieser ein semantisches Problem zugrunde. Im Französischen gibt es nämlich zwei verschiedene Worte, wo es im Deutschen nur eines gibt: die »bürgerliche Gesellschaft« kann sowohl die »société civile« als auch die »société bourgeoise« sein, so wie der Bürger sowohl für den »citoyen« als auch für den »bourgeois« stehen kann. Die Folge ist im Deutschen, daß der engere Standesbegriff des nichtadligen oder nichtproletarischen Mittelstandsbürgers von dem weiteren Rechtsbegriff des Staatsbürgers profitiert und mit dessen Hilfe seine eigenen sozialen Schwächen kompensieren kann. Wo sich die »bürgerlichen« Schichten der Gesellschaft in ihren Wertvorstellungen und sozialen Positionen bedroht fühlen, sind sie in der Lage und bestrebt, die höhere Legitimation des staatsbürgerlichen Ethos für sich in Anspruch zu nehmen.

Dieser Sachverhalt hat einen begriffsgeschichtlichen Hintergrund, der in die Zeit der Aufklärung zurückreicht. In seinem Kampf gegen die vom Adel beherrschte Ständegesellschaft (»société d'ordres«) entwickelte das aufstrebende Bürgertum bewußt einen umfassenden Begriff der bürgerlichen Gesellschaft (»société civile«), in der der Staatsbürger mehr als der Stadtbürger das Leitbild abgab. So sollte sich die bürgerliche Welt gegenüber der ständischen als überlegen erweisen.

Kaum hatten sich die bürgerlichen Schichten im 19. Jahrhundert halbwegs gegen den Adel durchgesetzt, gerieten sie jedoch in eine neue Front sozialer Auseinandersetzungen, diesmal gegen die Arbeiterbewegung. Bedeutete »bürgerlich« bis dahin vor allem »nicht adlig«, so hieß es nun »nicht proletarisch« und gewann damit eine neue Qualität. Dieser Bedeutungswandel ging so weit, daß aus der Sicht der Arbeiterparteien die »bürgerliche« Welt schließlich auch den Adel umfaßte; für die Marxisten schrumpften die Klassenkonflikte zum Gegensatz von Bürgerlichen und Sozialisten zusammen.

So geriet der Begriff des »Bürgerlichen« im 20. Jahrhundert zunächst in eine schwierige Lage. Ohne völlig von den Schlacken der Auseinandersetzung mit der ständischen Gesellschaft befreit zu sein, wurde er von dem Fortschrittsanspruch der Sozialisten herausgefordert, so daß in den zwanziger Jahren große Teile der bürgerlichen Schichten nichts mehr von »bürgerlichen Werten« wissen wollten. Die »société civile« wurde dabei in die Krise der »société bourgeoise« hineingezogen.

In dieser Situation konnte der Nationalsozialismus sein Doppelspiel mit der bürgerlichen Welt treiben. Auf der einen Seite beutete er deren soziale Ängste aus und bot sich an, ihr den Gegner der Arbeiterbewegung vom Halse zu schaffen. Auf der anderen Seite nahm er ihr die historische Substanz ihres ohnehin schwachen politischen Selbstbewußtseins, indem er den Bürger als »citoyen« vom Bürger als »bourgeois« ablöste und politisch diskreditierte. Von den Impulsen der Aufklärung sollte nichts mehr übrig bleiben.

Auf diesem Hintergrund ist die Aufwertung des »Bürgerlichen« nach dem Sturz des Nationalsozialismus zu sehen. Da Hitler als Verächter und Zerstörer der bürgerlichen Welt präsentiert werden konnte, ließ sich mit Gründen für deren Restauration streiten. Dabei lag es nahe, zunächst die staatsbürgerlichen Werte zu neuem Ansehen zu bringen und dann, in ihrem Gewande, ganz unscheinbar auch den standesbürgerlichen Ambitionen aufzuhelfen. Jetzt profitierte der »bourgeois« vom »citoyen«.

Nicht weniger stark kam der neuen Aufwertung des »Bürgerlichen« die Teilung Deutschlands mit ihrer Konfrontation von »bürgerlichem« Westen und »sozialistischem« Osten zugute. Als »bürgerlich« erschien nun die freiheitlich demokratische Ordnung der Bundesrepublik, während der volksdemokratische Staat der DDR als »unbürgerlich«-sozialistisch qualifiziert wurde. Bürgerliche Werte waren in dieser Konstellation gleichbedeutend mit Freiheitsliebe und Rechtsstaatlichkeit.

In den innenpolitischen Auseinandersetzungen der Bundesrepublik ging diese Begriffsentwicklung so weit, daß die Parteien der politischen Rechten und Mitte für sich mit zunehmender Ausschließlichkeit das Etikett des »Bürgerlichen« in Anspruch nahmen, während die Parteien der Linken ein »unbürgerliches« Image erhielten. Die Folge ist, daß den Begriffen kein wirklichkeitsgemäßer Inhalt mehr entspricht. Denn weder gehören den Parteien der Rechten bzw. Mitte nur Kräfte der bürgerlichen Schichten an, noch rekrutieren sich die Parteien der Linken nur aus dem Milieu der Arbeiter. Deswegen ist die politische Terminologie im Französischen klarer, die entweder von rechten und linken Parteien oder von Konservativen, Liberalen und Sozialisten spricht und dabei von sozialgeschichtlich bestimmten Begriffen absieht, die falsche Assoziationen wecken. Und überdies wird die »société civile« in diesem Zusammenhang nicht bemüht.

Ernst Weisenfeld

»Rechts« und »Links« ist nicht immer und überall dasselbe

Das »Rechts-Links«-Schema in der Politik wird in beiden Ländern gern als ein verstaubtes, mehr oder weniger unzeitgemäßes Ordnungsprinzip betrachtet, aber es wird doch regelmäßig angewandt. Und das nicht nur, weil Urteile und Vorurteile ein langes Leben haben und weil traditionelle Grenzlinien und Markierungen nur langsam verwischen, sondern auch, weil viele Menschen diese Unterscheidungen aus einem Bedürfnis nach Selbsteinschätzung benutzen. Für Frankreich gilt gerade das in noch höherem Maße als für die Bundesrepublik. »Je suis de gauche« oder »Je suis républicain« oder selbst »Je suis un prolétaire« wird nicht ohne Stolz gesagt. Wer sich demonstrativ zur Republik bekennt, meint oft konkret die Trennung von Staat und Kirche, insbesondere im Schulwesen. Und wer sich selbst einen »Proletarier« nennt, bekennt sich auf militante Weise zur Idee des Klassenkampfs.

Beide Bekenntnisse werden in der Bundesrepublik nicht aus demselben Anlaß und mit derselben Inbrunst nachvollzogen –

wenn man sie überhaupt hört. Andere Erfahrungen haben das Bewußtsein anders geprägt. Wohl hätte man hier in den zwanziger Jahren das Bekenntnis zur Republik und zum Proletariertum bzw. zum Klassenkampf auch als ein militantes Links-Bekenntnis hören können. Aber heute sind solche Töne doch selten.

Der geschichtliche Ursprung des »Rechts-Links«-Schemas liegt in der französischen Revolution. Es hatte politische und ideologische Wurzeln und Markierungen und man kann sogar einen Geburtstag ausmachen: den 11. September 1789. An diesem Tag, während einer heftigen Debatte über Verfassungsfragen, insbesondere über die Einführung eines Ein- oder Zwei-Kammer-Systems, und damit um eine Instanz, die allzu stürmische Veränderungen verhüten sollte, spalteten sich die Anhänger des neuen Regimes. Die Gemäßigten, die »Girondisten«, rückten in die Nähe der Aristokraten, die »Fortschrittlichen«, die Jakobiner, nahmen auf den höher gelegenen Plätzen zur Linken des Präsidiums Platz; sie nannten sich die »Montagnards«. Der weltanschauliche Gegensatz, der beide Lager trennte, hat sich bis heute in der Unterscheidung zwischen linken Fortschrittlichen und rechten Anhängern der (alten) Ordnung erhalten. Zwischen beiden Gruppen befanden sich die Neutralen in der »plaine«, der Ebene oder auch dem »marais«, also Sumpf (der Korruption oder der faulen Kompromisse, wie man später gern hinzufügte, um die Auswirkungen des »laisser-aller« zu brandmarken).

Die Tradition der »Rechts-Links«-Einteilung haben die deutschen Parlamente übernommen, aber sie haben ganz andere Erfahrungen damit gemacht. Die Weimarer Republik mußte erleben, wie in der Polarisierung zwischen rechts und links die demokratischen Kräfte zerrieben wurden. Dadurch bleibt mit dem Verlust der Mitte in Deutschland ein Schuldgefühl verbunden. In Frankreich erwiesen sich die Zentrums-Koalitionen der IV. Republik auch als zu schwach, um die Probleme der Zeit zu lösen. Aber die V. Republik, die Frankreich stärkte und insbesondere die Entkolonialisierungsprobleme löste, erhob das »Rechts-Links«-Schema bis heute zum Regierungsprinzip. Darum ist die Rückkehr zur Mitte so schwer. In Deutschland war das Nationalgefühl ursprünglich rechts angesiedelt, die Linke war international. In Frankreich schufen die linken Kräfte der Revolution das Volksheer, und von 1941–45 hatte der französische Widerstand in der Kommunistischen Partei seine vielleicht stärkste Kraft, jedenfalls brachte sie die meisten Opfer.

Ursprünglich hatte das »Rechts-Links«-Schema kaum eine soziale Komponente. Es ging um Auseinandersetzungen des Adels mit dem Dritten Stand wegen politischer Rechte und Privilegien. Um den Vierten Stand, die Arbeiterschaft, kümmerte sich damals niemand. Erst als er im Laufe des 19. Jahrhunderts immer stärker ins soziale Leben eingriff, entwickelte sich ein Klassenkampfdenken, das schließlich tiefere Gräben zog und stärkere Markierungen setzte, das aber frühere Markierungen immer noch erkennen ließ und ebenso, als Verwerfungen, die Grenzen älterer Lager. Bis heute gibt es in Frankreich eine »linke« und eine »rechte« Lesart der historischen Ereignisse von 1789 bis 1799 und in diesem Historikerstreit setzt sich die Linke dem Verdacht aus, die Massenmorde der Terror-Herrschaft und die blutige Unterdrückung der Volksaufstände zu »banalisieren«.

In Deutschland stand das politische Rechts-Links-Schema von Anfang an viel stärker im sozialen Zusammenhang des Kampfes der Arbeiterbewegung gegen die politischen und wirtschaftlichen Kräfte, die den Staat beherrschten. Die Umwälzung von 1918 konnte von vielen als ein Ergebnis des Klassenkampfes angesehen werden, was die Revolution von 1789 nicht war. So konnte aber auch die Legende vom »Dolchstoß der Linken« ihre Nahrung finden und diese Linke mit dem Makel der »nationalen Unzuverlässigkeit« belasten.

Dagegen verlor die Klassenkampf-Idee in Deutschland seit den dreißiger Jahren an Virulenz, während sie in Frankreich seit damals und noch lange an Schärfe zunahm, bis sie mit der nachgeholten Industrialisierung der fünfziger und sechziger Jahre eine neue Blütezeit erlebte. In Deutschland hatte die Marxismus-Kritik bereits während der Weimarer Zeit auch auf der Linken eingesetzt, bis sich die deutsche Arbeiterbewegung, jedenfalls soweit die SPD sie vertrat, auch formell – Ende der fünfziger Jahre – vom marxistischen Weltbild löste. Damals beherrschte es in Frankreich weitgehend das Denken der Intellektuellen und noch 1978 mußte François Mitterrand seine Sozialistische Partei daran erinnern, daß Marx und Engels sich als »Sozialdemokraten« bezeichnet hatten – ein Begriff, der bei den französischen Genossen zum Schimpfwort gesunken war. An dieser Einschätzung erkannte sich von 1972–1978 in Frankreich alles, was sich stolz zur »Vereinten Linken« zählte und das »gemeinsame Regierungsprogramm« von Sozialisten und Kommunisten bejahte.

In der Bundesrepublik regierte in dieser Zeit eine Mitte-Links-Koalition von Sozialdemokraten und Liberalen und die SPD hatte sich zur Volkspartei entwickelt, die sich in Programm und Ausdrucksweise auch an Wähler aus der bürgerlichen Mitte richtete. Überhaupt gehörte es damals zum Selbstverständnis der Parteien, insbesondere der großen Volksparteien CDU und SPD, das Rechts-Links-Schema als überholt darzustellen und sich selbst als Parteien mit sehr breitem Spektrum zu profilieren. Das entsprach sicher auch der soziologischen Entwicklung der Wählerschaft und wurde von ihr auch durch größere Wählerbewegungen zwischen den Parteien praktisch bejaht.

In Frankreich behauptete der damalige Staatspräsident Valéry Giscard d'Estaing Mitte der siebziger Jahre in einem Buch über die »Democratie Française«, daß wegen eben dieser soziologischen Entwicklung eine allgemeine Orientierung der Wähler zu einer breiten Mitte vorausgesagt werden könne. Sollte sich die Prophezeiung während der neunziger Jahre erfüllen, so hätte sie doch eine lange Zeit gebraucht und der Prophet selbst dürfte kaum Nutzen davon haben. Im Augenblick versucht sein damaliger Gegenspieler, der jetzige Staatspräsident Mitterrand, Nutzen aus einem seit 1986 erneut diagnostizierten Wunsch der Franzosen nach einer breiten Mitte zu ziehen, nach einer Überwindung des Denkens in Lagern in Blöcken. Doch die Praxis erweist sich da als gar nicht einfach. Die Gewohnheiten der V. Republik scheinen so stark, daß Parteien wie Wähler immer wieder ins Rechts-Links-Schema zurückfallen. Vielleicht hilft ihm die Tatsache, daß Frankreich vom Sommer 1989 an für fast drei Jahre keinen größeren Wahlkampf erlebt, in dieser Frage weiter.

In beiden Ländern gibt es seit der Studentenbewegung des Jahres 1968 Tendenzen, das Rechts-Links-Schema zu überwinden und dennoch nicht zu einer Mitte im herkömmlichen Sinne zurückzukehren. Was damals aus der Entwicklung der Linken in Frankreich herausgärte – und zur Zersetzung des kommunistischen Einflusses beitrug – wurde in großem Maße von der 1971 neugegründeten Sozialistischen Partei integriert. Es gab auch einen Schößling im rechten Lager: »le mouvement des démocrates« des früheren Außenministers Michel Jobert. Seine Losung hieß: Wir sind nicht »rechts« oder »links«, sondern »ailleurs« = anderswo. Das Wort erinnert an den deutschen Begriff des Alternativen. Aber mit der »alternativen Bewegung« hatte der Jobertismus kaum etwas zu tun. Er ist schnell verschwunden – was man von den namensverwandten deutschen Bewegungen gewiß noch nicht sagen kann.

Manfred Steinkühler
Sozialismus – Kommunismus

Im deutsch-französischen Schnittpunkt offenbart das Verständnis von Sozialismus und Kommunismus Übereinstimmungen und Abweichungen.

Gegenwärtig ist das Verhältnis zwischen den beiden Strömungen, die aus der durch die Oktoberrevolution bewirkten Spaltung der historischen Linken Europas hervorgegangen sind, diesseits und jenseits des Rheins durch die Tatsache bestimmt, daß sich in Frankreich die Auseinandersetzung zwischen Sozialisten und Kommunisten innerhalb des Staates vollzieht, während diese in Deutschland ihr besonderes Kennzeichen dadurch erhält, daß sich in ihr auch einer der Aspekte der nationalen Teilung in die Bundesrepublik Deutschland und in die Deutsche Demokratische Republik ausdrückt.

Einem Stimmenanteil der Sozialdemokratischen Partei Deutschlands (SPD) von 39,2% (1987) stehen solche der Deutschen Kommunistischen Partei (DKP), die 1987 an den Wahlen nicht teilnahm, von zuletzt 0,2% (1983) und der unter Besatzungsrecht tätigen Sozialistischen Einheitspartei Westberlins

(SEW) von 0,6% (1989) gegenüber. Letzterer bedeutungsloser elektoraler Anteil darf allerdings nicht darüber hinwegtäuschen, daß beide Parteien sowohl in Bürgerinitiativen, lokalen Körperschaften, studentischen Organisationen und Gewerkschaften rege sind, als auch auf Zuspruch durch Intellektuelle rechnen können. In Frankreich verhalten sich die Kräfte der Sozialistischen Partei (PS) und der Französischen Kommunistischen Partei (PCF) im Verhältnis von 34,7% zu 11,3% (jeweils im ersten Wahlgang 1988).

Sozialisten und Kommunisten haben in Frankreich knapp fünf Jahrzehnte nach der gescheiterten Volksfront von 1935/36 erstmals wieder 1981 mit Mitterrands Wahl zum Staatspräsidenten und der darauffolgenden Bildung der Regierung Mauroy die Mehrheit erringen und eine Regierung bilden können, aus der freilich die Kommunisten 1984 ausschieden. Die nach Beginn des zweiten Septenats von Staatspräsident Mitterrand 1988 durch die Sozialisten gebildete Regierung Rocard stützt sich statt auf die Kommunisten – wenn auch noch nicht politisch, sondern zunächst soziologisch – auf Kräfte der Mitte.

Nicht etwa die numerische Schwäche der DKP, sondern die in der damaligen Sowjetischen Besatzungszone (SBZ) 1946 erzwungene Fusion der SPD und der Kommunistischen Partei Deutschlands (KPD) zur Sozialistischen Einheitspartei Deutschlands (SED) sowie die durch die Deutsche Demokratische Republik verleugneten Menschenrechte, haben für die SPD die Kommunisten, die sich stets als flankierende Kraft der SED verstanden, als mögliche Koalitionspartner von vornherein ausgeschlossen. Daher konnten die Sozialdemokraten erstmals nach ihrem beispielhaften, wenn auch gescheiterten Einsatz, die Weimarer Republik zu konsolidieren, von 1964 bis 1969 zusammen mit der Christlich-Demokratischen Union Deutschlands (CDU) und der Christlich-Sozialen Union (CSU) unter Bundeskanzler Kiesinger (CDU) und von 1969 bis 1982 unter ihren Bundeskanzlern Brandt und Schmidt zusammen mit der Freien Demokratischen Partei (FDP) wieder Regierungen bilden.

Damit ergeben sich für die Sozialdemokraten und Sozialisten deutsch-französische Gemeinsamkeiten insoweit, als beide Parteien diesseits und jenseits des Rheins zwar maßgebliche Kristallisationspunkte linker Sammlung bilden, niemals – mit der einmaligen Ausnahme des PS 1981 – aber bisher aus eigener Kraft absolute Mehrheiten auf sich haben vereinigen können. Unter kommunistischem Gesichtspunkt unterschieden sich die Bundesrepublik und Frankreich dagegen dadurch, daß – und zwar nicht nur aus numerischen Gründen – die Kommunisten diesseits des Rheins nicht, jenseits des Rheins jedoch prinzipiell als regierungsfähig gelten, wenn auch im Augenblick für eine pluralistische Industriegesellschaft nicht als regierungstauglich.

Zwischenparteilich werden Unterschiede deutlich. Im Gegensatz zu den Kommunisten verstehen sich sowohl französische Sozialisten als auch deutsche Sozialdemokraten als reformistische Parteien. Maximalistische Ziele, vor allem in der Wirtschaftspolitik, vertraten die Franzosen zu Beginn, die Deutschen gegen Ende ihrer Regierungszeit. Divergenzen entstanden in der Rüstungskontroll- und Abrüstungspolitik, nachdem die französischen Sozialisten in der Regierungsverantwortung entgegen ihrer programmatischen Absicht für die Aufrechterhaltung der Atomstreitmacht eingetreten waren. In Übereinstimmung damit halten die französischen Sozialisten an der friedlichen Nutzung der Kernenergie fest, die die deutschen Sozialdemokraten schrittweise aufgeben wollen. Deutsche Sozialdemokraten und französische Sozialisten trennt voneinander die technologische Grenze, an der wissenschaftliche Forschung Gefahr läuft, in Irrationalität umzuschlagen. In der Ost- und Deutschlandpolitik haben die französischen Sozialisten die Initiativen der deutschen Sozialdemokraten nicht immer als integrierenden Bestandteil westlicher bündnispolitischer Ziele erkannt, wie diese sie verstanden wissen wollten. Wenn sich in der Menschenrechtspolitik vor allem gegenüber der Dritten Welt die Standpunkte der beiden Parteien grundsätzlich decken, so hat es doch in der Auseinandersetzung mit der politischen Gewalttätigkeit Phasen gegeben, während derer sich die französischen Sozialisten von der durch die deutschen Sozialdemokraten in der Bekämpfung des Terrorismus gezeigten Intransigenz distanzierten. Während in der Kulturpolitik und in der Gesellschaftspolitik die französischen Sozialisten tendenziell national bzw. konservativ denken, sind die deutschen Sozialdemokraten in diesen Feldern eher international bzw. progressiv ausgerichtet. In dem von der Sozialistischen Internationalen dargebotenen Spektrum dürften daher die deutschen Sozialdemokraten links, die französischen Sozialisten rechts von der Mitte anzusiedeln sein.

Komplizierter ist das zwischen den französischen und deutschen Kommunisten bestehende Verhältnis. Traditioneller deutscher Gesprächspartner des PCF war und ist die SED. Dementsprechend haben sich die französischen Kommunisten auch stets als Vertreter der Interessen der DDR in Frankreich verhalten. Unter anderem hat sich diese Einstellung in einem umfangreichen und auch wissenschaftlich anerkennenswerten, sowohl politischem als auch kulturellem Schrifttum über die DDR niedergeschlagen. Demgegenüber hielt sich die Pflege der Beziehungen zur DKP und zur SEW im Hintergrund. Während der siebziger Jahre, als die französischen, zusammen mit den italienischen und spanischen Kommunisten in der eurokommunistischen Phase bei dem Versuch scheiterten, dem sowjetischen ein westeuropäisches Sozialismusmodell an die Seite zu stellen, galt das Interesse des PCF vor allem den lateineuropäischen Schwesterparteien. Im Gegensatz zu den italienischen Kommunisten, die sich seit zwanzig Jahren dem von der SPD behutsam erwiderten Dialog öffneten, so daß sie sich heute als Bestandteil der europäischen Linken betrachten, hat sich der PCF stets nicht nur konsequent von der SPD abgegrenzt, sondern deren Politik argwöhnisch kommentiert oder erbittert kontrastiert. So kommt es, daß die französischen Kommunisten, abgesehen von wenigen Intellektuellen, deren Beziehungen zur Bundesrepublik aber stark individualisiert sind, das Land unmittelbar jenseits des Rheins kaum kennen und ihm gegenüber ein Vorurteil hegen, das paradoxerweise dem entspricht, wie es in der Zwischenkriegszeit den konservativen Kreisen Frankreichs eigentümlich geworden war. Mit diesem Realitätsverlust stimmt überein, daß der PCF – wie die DKP – sich gegenüber dem von Gorbatschow eingeleiteten Reformkurs querlegt, wohingegen die SEW es verstanden hat, sich ihm vorsichtig zu öffnen.

Geistesgeschichtlich drücken sich im deutsch-französischen Schnittpunkt Sozialismus und Kommunismus jenseits des Rheins durch die beiden gehaltlich divergierenden und zeitlich konsekutiven Schulen aus, deren erste von Sartres Existenzialismus über Beauvoir bis Foucault reicht und deren zweite durch die »neuen Philosophen« Lévy und Glucksmann bestimmt wird, diesseits des Rheins durch die Frankfurter Schule mit Horkheimer, Adorno und Marcuse bis Habermas. Die Frankfurter Schule entsprang der kumulierten Reaktion auf die durch den Nationalsozialismus erzwungene Emigration und die in den USA erfahrene kapitalistische Massengesellschaft. Der Existentialismus reagierte auf den Zusammenbruch der parlamentarischen Demokratie und die individuell als eschatologisch erlebte deutsche Besatzung. Die neuen Philosophen enthüllten, nachdem sie mit ihrem Versuch des gewaltsamen Umsturzes 1968 gescheitert waren, die prinzipielle Ambivalenz der Ideologien. Wenn es zwischen diesen Schulen etwas Gemeinsames gibt, so ist es die originäre Sprengkraft des nationalsozialistischen Rassismus und Antihumanismus.

Die Standorte, die deutsche und französische Linke kennzeichnen, differieren, ohne deshalb immer divergieren zu müssen.

Henrik Uterwedde
Wirtschaft

In den deutsch-französischen Beziehungen spielen wirtschaftliche Fragen immer mehr eine Schlüsselrolle, nicht nur wegen der engen ökonomischen Verflechtungen beider Nachbarländer, sondern auch, weil die Zusammenarbeit zwischen Bonn und Paris sich zunehmend an den großen Aufbauprojekten der Europäischen Gemeinschaft zu bewähren hat: Europäischer Binnenmarkt, Reform der Agrarpolitik, Europäisches Währungssystem, industrie- und technologiepolitische Programme der EG... Häufig aber ist gerade die Wirtschaft ein Stolperstein der ansonsten so engen Kooperation der Regierungen. Daß die französischen und deutschen Positionen sich oft genug gegenüberstehen und Anlaß zu Kontroversen geben, ist dabei nicht weiter verwunderlich: schließlich geht es um vitale Fragen der künftigen Gestaltung von Wirtschaftsordnung und Wirtschaftspolitik in Europa. Bemerkenswert ist vielmehr, wie sehr gerade wirtschaftspolitische Probleme zwischen Bonn und Paris emotional aufgeladen und teilweise zu Prestigefragen hochstilisiert werden. So sind Debatten und Verhandlungen im Europäischen Währungssystem (EWS) immer auch deutsch-französische Psychodramen, in der in Frankreich lautstark über die »DM-Zone«, die deutsche Arroganz und Dominanz geklagt wird, während man sich hierzulande ob solcher Kritik unverstanden sieht und sich in der Rolle als Opfer und Zahlmeister für wirtschaftspolitische Laxheiten des französischen Partners gefällt. Und als der französische (staatliche) *Thomson*-Konzern sich 1983 anschickte, die Firma *Grundig* zu übernehmen, ging ein Aufschrei durch die deutsche Wirtschafts-Öffentlichkeit: der Staatskonzern einer sozialistisch-kommunistischen Regierung als trojanisches Pferd im Musterland der Marktwirtschaft!

Diese Aufgeregtheiten und Mißverständnisse müssen vor dem Hintergrund unterschiedlicher Erfahrungen, Interessenpositionen, wirtschaftspolitischer Konzeptionen, aber auch ihrer ideologischen Überhöhung gesehen werden.

Frankreich und die Bundesrepublik haben, trotz vordergründiger Parallelen, seit 1945 unterschiedliche Probleme bewältigen müssen und haben dabei auch unterschiedliche Wege eingeschlagen. Die Bundesrepublik konnte den Wiederaufbau auf der Grundlage eines hohen industriellen Entwicklungsstandes beginnen und die günstige Spezialisierung ihrer Wirtschaft im internationalen Handel (Automobile, Maschinen, Elektroindustrie, Chemie) durch rechtzeitige Strukturanpassungen ausbauen. Sie konnte trotz aller internen Probleme die Krise der siebziger Jahre vergleichsweise gut bewältigen, indem sie aufgrund ihrer starken Wettbewerbsfähigkeit auf dem Weltmarkt mangelndes binnenwirtschaftliches Wachstum durch vermehrte Exportorientierung kompensierte.

Frankreich war 1945 nur ein halb industrialisiertes Land, das erhebliche Entwicklungsrückstände in Wirtschaft und Gesellschaft gegenüber den Nachbarn aufwies. Das Bewußtsein dieser Modernisierungslücke und der Wille, sie zu schließen, war und ist konstitutiv für die gesamte französische Wirtschafts- und Gesellschaftspolitik der Nachkriegszeit. Die forcierte industrielle Entwicklung des Landes war in vielen Bereichen erfolgreich, aber auch lückenhaft und widersprüchlich. Sie konnte eine Reihe gravierender Strukturprobleme der Wirtschaft nicht wirklich lösen. Relativ erfolgreich war sie in einigen Branchen, die unter erheblichem finanziellen Aufwand mit staatlicher Hilfe hochgezogen wurden, wie die Luft- und Raumfahrt, die Rüstungsproduktion, die Kerntechnologie, Teile der Elektronik, Schienenfahrzeuge und die Energiewirtschaft. Technologisch oft hervorragend, haperte es oft mit der kommerziellen Umsetzung dieser Produkte, was aber teilweise dadurch überspielt werden konnte, daß in diesen Branchen ohnehin der Staat Hauptabnehmer war, es sich also um »politische« Märkte handelte.

Schwächen weist die französische Wirtschaft dagegen in Bereichen auf, wo es stärker auf die kommerzielle und unternehmerische Dynmaik ankommt, etwa im Maschinenbau. Gerade im Bereich der kleinen und mittleren Unternehmen sind die Schwächen offenkundig – die staatliche Modernisierungspolitik hatte sich im wesentlichen auf wenige Großunternehmen in den obengenannten Sektoren konzentriert und der Verbreitung der Modernisierung in der übrigen Wirtschaft zu wenig Beachtung geschenkt.

Die Unterschiede zwischen beiden Ländern werden am besten im deutsch-französischen Handel deutlich. Hier verzeichnet die Bundesrepublik seit Jahren permanente, tendenziell steigende Exportüberschüsse. Für Frankreich ist dieses bilaterale Handelsdefizit ein doppeltes, ein ökonomisches und ein politisches Problem. Zum einen spiegelt es die außenwirtschaftlichen Schwierigkeiten Frankreichs wider. Die mangelnde internationale Wettbewerbsfähigkeit der Industrie bewirkte empfindliche Importabhängigkeiten sowohl bei Konsumwaren als auch bei Maschinen. Diese »contrainte extérieure« engt den Spielraum für nationale Wachstumspolitik erheblich ein: um die Zahlungsbilanz und auch den Franc-Kurs nicht aufs Spiel zu setzen, wird die Regierung zu einer restriktiven Binnenwirtschaftspolitik gezwungen. Zum zweiten stört das deutsch-französische Wirtschaftsgefälle, das in den Handelszahlen deutlich wird, aus französischer Sicht die notwendige Balance des bilateralen Verhältnisses. Frankreich sieht sich hier in einer »underdog«-Situation, in einer gewissen Abhängigkeit von der ökonomisch in Europa »dominanten« Bundesrepublik, was auch den französischen Anspruch auf einen gewissen »Rang« in der Weltpolitik beeinträchtigt.

Eine zweite Wurzel von Divergenzen liegt in der unterschiedlichen Rolle des Staates in der Wirtschaft. In der Bundesrepublik hat sich nach dem Zweiten Weltkrieg – auch nach den Erfahrungen mit jahrelanger Kriegs- und Zwangswirtschaft – mit der »Sozialen Marktwirtschaft« ein ordnungspolitisches Leitbild durchgesetzt, dessen Grundlagen – Vorrang des Marktes, Beschränkung staatlicher Interventionen auf die Wahrung des Wettbewerbes und auf sozialen Ausgleich – die Wirtschaftspolitik und die wirtschaftspolitische Diskussion bis heute nachhaltig beeinflussen. Die Pluralität staatlicher Akteure (Bund, Länder) und die Praxis der Auslagerung öffentlicher Aufgaben auf Verbände und private (d. h. de facto öffentlich-rechtliche) Organismen tragen ihren Teil dazu bei, den staatlichen Interventionismus in der Bundesrepublik als weniger geballt erscheinen zu lassen. Allerdings hat die staatliche Steuerung im Zeitverlauf erheblich zugenommen. Kritiker verweisen ohnehin seit langem zu Recht auf den Widerspruch zwischen marktwirtschaftlicher Ideologie und zunehmend interventionistischer Praxis.

Die offensichtliche Unfähigkeit des französischen Kapitalismus zu einer dynamischen Entwicklung führte in unserem Nachbarland nach 1945 zu einer Modernisierungspolitik, die in hohem Maße von staatlichen Impulsen lebte: die Planifikation und der 1947 ausgeweitete öffentliche Sektor waren wie andere zahlreiche staatliche Kontrollen, Subventionen und Sektorenprogramme die wichtigsten Elemente einer zentralstaatlichen Modernisierung »von oben«, die zwar im Verlauf der Jahrzehnte ihre Formen und Methoden änderte, aber stets eine zentrale Rolle behielt. Dahinter stand und steht ein über alle politischen Grenzen weit verbreitetes Mißtrauen gegenüber dem »kurzsichtigen Markt«, der allein die vielfältigen Modernisierungsprobleme Frankreichs nicht lösen könne und eine starke Steuerung durch den Staat benötige. Ob de Gaulle in den sechziger Jahren, Pompidou und Giscard d'Estaing in den siebziger oder Mitterrand nach 1981: in jeweils unterschiedlicher Betonung und Begründung wurden vielfältige staatliche Kontrollen, Reglementierungen und Steuerungsinstrumente eingesetzt.

Ausgerechnet die sozialistische Regierung Mitterrands, die zunächst auf eine Verstärkung des staatlichen Interventionsarsenals zur Krisenbekämpfung gesetzt hatte, leitete ab 1983/84 einen grundlegenden Wandel ein. Die Ernüchterung über die – begrenzten – Möglichkeiten des Staates schuf den Nährboden für einen Kurs, der die französische Wirtschaftsordnung von übermäßigen staatlichen Reglementierungen zu befreien und mehr marktwirtschaftliche Elemente einzuführen versuchte.

Diese »liberale Wende« der Sozialisten wurde auch von den Nachfolgeregierungen weiter verfolgt. Liberalisierung der Finanz- und Kapitalmärkte, Abschaffung der traditionellen Preiskontrollen, Deregulierungen im Telekommunikationsbereich: Frankreich ist dabei, die Grenzen zwischen Markt und Staat neu zu bestimmen, nicht zuletzt auch im Hinblick auf den geplanten europäischen Binnenmarkt.

Soziale Marktwirtschaft versus Planification, Freihandelsliberalismus versus Protektionismus und Colbertismus: diese bis heute gängigen Schlagworte sind zu undifferenziert, um der Wirklichkeit in beiden Ländern gerecht zu werden und die Ökonomie des Nachbarn zu verstehen. Denn in beiden Staaten hat der Weg in die moderne, differenzierte Industrie- und Dienstleistungsgesellschaft seit langem auch den modernen Sozial- und Interventionsstaat nach sich gezogen. Der moderne westliche Kapitalismus ist von vielfältigen staatlichen Interventionen abhängig geworden – ob dies liberale Ideologen wahrhaben wollten oder nicht. Das neuerdings von François Mitterrand beschworene Leitbild der »économie mixte« – eine gemischte Wirtschaftsverfassung, in der Markt und öffentliche Intervention, privates, gemeinwirtschaftliches und staatliches Unternehmertum gleichermaßen existieren und einander bedingen – ist mithin längst Realität geworden.

Vergleichende Studien, z. B. über die Industriepolitik in beiden Ländern, haben denn auch interessante Ähnlichkeiten auf der Ebene der Instrumente, z. B. der Subventionen oder anderer Wirtschaftsförderungsmaßnahmen, ergeben. Die durchaus noch vorhandenen Unterschiede werden allerdings auf der Ebene der Politik*darstellung* und ihrer ideologischen Begründung zu scheinbar unvereinbaren Grundsätzen aufgeblasen, die mit der Realität herzlich wenig zu tun haben: hier ein mit marktwirtschaftlichen Glaubenssätzen und Bekenntnissen vollgespickter Diskurs, dessen rituelle Verurteilung eines »Strukturdirigismus« die Realität massiver industriepolitischer Bundes- und Landesprogramme nicht einmal mehr notdürftig verdeckt. Dort die bei allen Regierungen beliebte Proklamation »kohärenter« industriepolitischer »Strategien« und ehrgeiziger »Sektorenpläne«, deren intellektuelle und konzeptionelle Logik auf dem Papier bestechender ist als die vielfach inkohärente, unkoordinierte und widersprüchliche Praxis der französischen Industriepolitik. Der wirtschaftliche Dialog zwischen Frankreich und der Bundesrepublik kann nur gewinnen, wenn er sich von ideologischen Nebelkerzen und Stereotypen freimacht und statt dessen Gemeinsamkeiten und Unterschiede der Interessen und Politiken nüchtern analysiert, um mögliche Felder gemeinsamen Handelns zu bestimmen.

Henrik Uterwedde

Sozialstrukturen

Die Diskussion über soziale Strukturen bietet zahlreiche Anlässe für deutsch-französische Mißverständnisse. Nach wie vor wird die gesellschaftliche Realität des Nachbarlandes in aller Regel selektiv und durch Zerrspiegel verbogen wahrgenommen. Einfache Erklärungsraster, dem eigenen, nationalen Erfahrungshorizont entnommen, dominieren. So ist die deutsche Vorstellungswelt Frankreichs immer noch erfüllt von Konflikt und Streik, von sozialer Klassenspaltung und klassenkämpferischen Gewerkschaften, während in Frankreich der deutsche Nachbar als Hort des »consensus« und des sozialen Friedens, der Sozialpartnerschaft und der »vernünftigen« Gewerkschaften erscheint – von den Unternehmern zur Nachahmung empfohlen und schon deshalb von den Gewerkschaften als reformistische Klassenkollaboration verurteilt.

In einer Zeit, die durch wachsende Internationalisierung und immer engere Verflechtung der Wirtschaft gekennzeichnet ist, in der die Perspektive eines europäischen Binnenmarktes gemeinsames Handeln nicht nur der Regierungen, sondern auch der Parteien und der großen gesellschaftlichen Verbände erfordert, haben wir offensichtlich große Schwierigkeiten, gesellschaftliche Strukturen und soziales Handeln im Nachbarland angemessen zu begreifen – was aber eine Grundvoraussetzung eines grenzüberschreitenden politischen und sozialen Dialogs wäre.

Die Schwierigkeiten liegen darin, daß beide Gesellschaften gleichzeitig ähnlich *und* verschieden sind, daß viele Entwicklungen und Probleme in die gleiche Richtung laufen, andererseits aber auch historisch gewachsene, unterschiedliche Strukturen und Verhaltensweisen so etwas wie eine nationale Eigenlogik geschaffen haben, die weit davon entfernt ist, im Sog der wirtschaftlichen Internationalisierung zu verschwinden.

Eng damit zusammen hängt ein zweites, methodisches Erkenntnisproblem: Die Realität nationaler Gesellschaften kann mit den Mitteln der vergleichenden Statistik und sozialer Indikatoren, also mit »objektiven« Daten, nur zum Teil erklärt und verglichen werden.

Natürlich sind die großen Entwicklungslinien der französischen und der deutschen Gesellschaft in den letzten vier Jahrzehnten ähnlich verlaufen. Sie fügen sich ein in den säkularen Prozeß des Strukturwandels in Westeuropa (und nicht nur dort). Landflucht und Verstädterung gehören ebenso dazu wie die Ausformung einer hochentwickelten, differenzierten Industrie- und Dienstleistungsgesellschaft und die Entwicklung des modernen Sozial- und Interventionsstaates. Dies hat sich diesseits wie jenseits des Rheins in tiefgreifenden Veränderungen der Sozialstruktur niedergeschlagen: Millionen von Landwirten und kleinen Gewerbetreibenden, der »alte« selbständige Mittelstand also, sind verschwunden, während sich gleichzeitig die Zahl der abhängig Beschäftigten stark ausgeweitet hat. Die Industriearbeiter, einst der zentrale Kern der Lohnabhängigen, werden seit 20 Jahren immer weniger; die starke Zunahme der Angestellten und der Dienstleistungsberufe hat die Gruppe der neuen städtischen Mittelschichten (nouvelles classes moyennes) hervorgebracht. Schließlich hat in beiden Ländern auch die Frauen-Erwerbstätigkeit erheblich zugenommen und damit herkömmliche Rollenverteilungen und Familienstrukturen nachhaltig verändert.

Auch die großen aktuellen gesellschaftlichen Probleme sind so verschieden nicht. Die seit der Weltwirtschaftskrise von 1973 anhaltende und steigende Massenarbeitslosigkeit, die Herausbildung einer neuen Armut in den achtziger Jahren, die drängenden Finanzierungsprobleme der Sozialversicherung, die mit der dritten technologischen Revolution verbundenen zahlreichen gesellschaftlichen Herausforderungen, die Zukunft der Arbeit schlechthin – dies sind nur einige der großen Themen, die diesseits wie jenseits des Rheines gleichermaßen diskutiert werden.

Die Feststellung gemeinsamer Entwicklungsstränge schließt national-spezifische Differenzierungen nicht aus. Industrialisierung und Modernisierung haben sich auf teilweise unterschiedlichen Wegen vollzogen. Frankreichs Wandel zur modernen Industriegesellschaft erfolgte nach 1945 stürmischer, sprunghafter, konflikthafter als in der Bundesrepublik. Der seit Beginn des 19. Jahrhunderts kumulierte säkulare wirtschaftliche und soziale Entwicklungsrückstand gegenüber den europäischen Nachbarn sollte in möglichst kurzer Zeit aufgeholt werden. Eine im wesentlichen noch agrarische, vorindustrielle Gesellschaft (1946 arbeiteten 37 % aller französischen Erwerbstätigen in der Landwirtschaft, nur knapp 30 % in der Industrie) hat in nur 30 Jahren den Sprung in eine hochmoderne Industrie- und Dienstleistungsgesellschaft vollzogen – mit all den Verwerfungen, Konflikten und Widersprüchen, die eine derartige Umwälzung in so kurzer Zeit mit sich bringt.

Aber es wäre falsch, Frankreichs sozio-ökonomische Entwicklung nach dem Zweiten Weltkrieg nur als reinen Nachholprozeß zu begreifen, der einfach den in der Bundesrepublik (und anderswo) betretenen Modernisierungspfaden oder »Modellen« gefolgt wäre. Spezifisch französische Ausgangsbedingungen, historisch gewachsene Strukturen, Ideologien und Organisationsformen haben dem Modernisierungsprozeß ihren unverwechselbaren Stempel aufgedrückt. Damit sind wir bei dem Problem, daß die international vergleichende Analyse von Strukturdaten und Indikatoren nur einen Teil der sozialen Realität einfangen kann. Ein Vergleich zweier nationaler Sozialstrukturen muß tiefer gehen.

Nehmen wir beispielsweise die soziale Schichtung. Bereits die Schwierigkeit, internationale vergleichende Statistiken zu finden, verweist auf das Problem: die nationalen Statistikämter sammeln ihre Daten nach unterschiedlichen Schwerpunkten und benutzen voneinander abweichende Abgrenzungskriterien. Darüber hinaus stimmen die verwendeten Kategorien zur Erfassung und Beschreibung sozialer Gruppen und Schichten nicht überein. Das statistische Bundesamt benutzt ein Gliederungssystem, das zwischen Selbständigen (und mithelfenden Familienangehörigen), Arbeitern, Angestellten und Beamten unterscheidet – für ernsthafte soziologische Analysen unbrauchbar. In Frankreich dagegen verwendet das nationale Statistikamt INSEE mit seiner Nomenklatur der PCS (professions et catégories socioprofessionnelles) ein differenziertes Modell sozioprofessioneller Gliederung der Erwerbsbevölkerung, das sich deutlich nach soziologischen Kriterien richtet. Mehr noch: zu praktisch allen sozialen Problemen liegen amtliche Daten vor, die z. B. Einkommen, Lebenserwartungen, Freizeitverhalten, Wohnungssituation und vieles mehr nach sozialen Gruppen differenzieren.

Dieser Unterschied bedeutet mehr als nur ein statistisches Methodenproblem für Spezialisten. Er verweist auf unterschiedliche, historisch gewachsene und gesellschaftlich geprägte Konzepte und Repräsentationsformen in bezug auf die eigene Gesellschaft, die wiederum auf die Realität zurückwirken.

Dies zeigt sich besonders augenfällig am Beispiel der »cadres«. Man wird in der deutschen oder auch der angelsächsischen Sozialstatistik vergeblich nach einer ähnlichen Kategorie suchen. »Cadres« sind nicht einfach mit Angestellten gleichzusetzen; auch der bei uns übliche Begriff »Leitende Angestellte« deckt sich nur zu einem kleinen Teil mit der französischen Definition. Als »cadres« werden Personen bezeichnet, die ein gewisses Maß an Verantwortung als leitende oder mittlere Führungskräfte tragen und/oder ein spezielles (meist akademisches) Ausbildungsniveau vorweisen können. Die Definition ist auch in Frankreich nicht eindeutig und vereint recht heterogene Gruppen unter einem Dach: »leitende« und mittlere Manager in der Wirtschaft, leitendes und mittleres Verwaltungspersonal im öffentlichen Dienst, Ingenieure, Experten und Techniker... Daneben gibt es versicherungs- und arbeitsrechtliche sowie gewerkschaftliche Definitionen, die wiederum voneinander abweichen.

Die Herausbildung der »cadres« als soziale Klasse ist eng mit den sozialen Auseinandersetzungen zur Zeit der Volksfront 1936 verbunden, als sich zwischen Patronat (vgl. den Beitrag von Kolboom) und Arbeiterklasse die »Mittelklasse« zu artikulieren und zu mobilisieren begann. Im Verlaufe der Nachkriegsentwicklung wurde der »cadres«-Begriff zur kollektiven Identität, zum Markenzeichen einer stürmisch wachsenden Gruppe von Berufen: mit der Modernisierung der Wirtschaft, dem wachsenden Stellenwert von qualifizierten Dienstleistungsfunktionen in den Unternehmen und im öffentlichen Sektor wurden die »cadres« zur zentralen Gruppe in der französischen Gesellschaft, zu der heute drei bis vier Millionen Menschen gerechnet werden. Umworben von Medien und Politik, mit einer eigenständigen gewerkschaftlichen Organisation versehen (nicht nur die Confédération générale des cadres, CGC, sondern auch eigene Cadres-Verbände in den großen Gewerkschaftsorganisationen CGT und CFDT), nimmt die Gruppe der »cadres« einen in jeder Hinsicht originellen Platz im sozialen Gefüge der französischen Gesellschaft ein.

Auch der Vergleich der sozialen Akteure in beiden Ländern, etwa der Gewerkschaften, erfordert, über die sich anbietenden schematischen Gegenüberstellungen hinauszugehen. Vielmehr müssen die unterschiedlichen Handlungsfelder und -bedingungen der Gewerkschaften sorgfältig verglichen werden. Die stärkere Konflikthaftigkeit der Tarifbeziehungen in Frankreich (wobei die Konflikte eine andere Form haben als bei uns) ist ja nur vordergründig Ergebnis einer gewollten Strategie oder ausgesprochen klassenkämpferischen Orientierung der französischen Gewerkschaften – seit Ende der siebziger Jahre haben sich im übrigen die Gewichte eindeutig zugunsten reformistischer Kräfte verschoben. Vielmehr müssen eine Reihe anderer Faktoren gesehen werden: die organisatorische Zersplitterung und Schwäche der Gewerkschaften wie des Unternehmerlagers; die nur begrenzte Fähigkeit beider Tarifparteien, die Tarifautonomie wirksam wahrzunehmen und im eigenen Lager durchzusetzen; die damit eng zusammenhängenden vielfältigen staatlichen Interventionen, die die Lücken in den Tarifbeziehungen schließen sollen, gleichzeitig aber auch zu deren Zementierung beitragen. Diese seit langem eingeschliffenen Rollen im Dreieck Staat-Patronat-Gewerkschaften, in denen der Konflikt Vorrang vor der Verhandlung hat und beides oft von staatlicher Intervention überwölbt wird, bestimmen die Handlungsweisen der Gewerkschaften. Dazu kommen institutionelle Regelungen der Mitspracherechte von Arbeitnehmern und Gewerkschaften im Unternehmen, die an anderen Leitbildern ausgerichtet sind als die deutsche Mitbestimmungspraxis.

Darin liegt das Dilemma, dem künftigen europäischen Binnenmarkt eine wirklich soziale Dimension zu geben: nicht im fehlenden Willen der Beteiligten, sondern in den unterschiedlichen, historisch gewachsenen nationalen Orientierungen und Leitbildern, die gerade im Bereich der Sozial- und Gesellschaftspolitik ungebrochen scheinen.

Ingo Kolboom

Unternehmer / Patron

»Der deutschen Führungskrise haben französische Unternehmer das bewährte Rezept entgegenzusetzen: ›Herr im Haus ist der Patron!‹ ... Emotionale, ja philosophische Erwägungen spielen mit. Das Unternehmen wird zum ›Eigentum‹ des Patron, der seine Rolle seigneurhaft vordemonstriert.« So heißt es in einem 1987 in Paris veröffentlichten Büchlein für deutsche Unternehmer und Führungskräfte. Das Feld zweier unterschiedlicher deutscher und französischer Begrifflichkeiten und damit auch so manchen transnationalen »Mißverständnissen« ist mit dieser Formulierung abgesteckt. Sicherlich verfügen beide Sprachen über mehrere Bezeichnungen für die Eigentümer an »Produktions- und Tauschmitteln«:

Dominant sind aber in der einen der »Unternehmer« – im sozial- und tarifpolitischen Kontext ergänzt durch den »Arbeitgeber«, in der anderen der »patron«; letzterer ist sogar »Unternehmer« und »Arbeitgeber« in einem. Die Gründe für diese Dominanz weisen zurück in die Sozial- und Wirtschafts- sowie in die Mentalitäts- und Ideologiegeschichte beider Gesellschaften. Die sich in der Quersumme herausbildende Popularität des jeweiligen Begriffes zeigt auch etwas von dem, was – zu Recht oder zu Unrecht – sein Eigenleben als »typisch französisch« oder »typisch deutsch« führt.

»Unternehmer«, das spiegelt die ganze industrielle und doktrinelle Entwicklung Deutschlands im 19. Jahrhundert wider, den Aufbruch in den deutschen »Binnenmarkt«, die stürmische industrielle Dynamik, die Deutschlands Industrieproduktion zwischen 1870 und 1914 mehr als versechsfachte. Alfred Vierkandt beschrieb diese Entwicklung des deutschen Kapitalismus 1931 in seinem Handwörterbuch der Soziologie als die eines »ökonomischen Rationalismus« mit einer Polarisierung der Lebensführung auf dem Gebiet der Wirtschaft, mit Hilfe derer alles der Gliederung und dem Gegensatz von reinem Mittel und reinem Zweck unterworfen worden sei. In diesem Lichte erschien das Wirtschaftssubjekt »Unternehmer« idealiter aber nicht als kühler Rationalist, sondern als vitaler »Schöpfer und Leiter der gesamten Güterproduktion« (Wörterbuch der Volkswirtschaft, 1911), als »Führer«, ja Verkörperer industrieller Dynamik; sein »Unternehmungsgeist« als der der »Neuerung«. Die Annahme der Bezeichnung »Unternehmer« durch die Betroffenen selbst als auch im allgemeinen Sprachgebrauch in der zweiten Hälfte des 19. Jahrhunderts illustriert einen Vorrang des Auseinanderstrebens gesellschaftlicher Teilbereiche im Übergang von der ständischen zur bürgerlichen Gesellschaft: Im Unterschied zum frühneuzeitlichen Feudalherren wird der bürgerliche Unternehmenschef in erster Linie über seine wirtschaftlich »unternehmende« Funktion definiert, seine »Persönlichkeit« vorwiegend lieberal-individualistisch konzipiert: als Beherrscher der technischen und ökonomischen Gegebenheiten, emanzipiert von überindividuellen Bedingungen der Kultur, Tradition und Religion. Die vom »Unternehmer« abgetrennte soziale bzw. sozialpolitische, später dann auch tarifpolitische Funktion wird in die separate Kategorie »Arbeitgeber« überführt. Eine ganze Avantgarde nationalökonomischer und soziologischer Denker hat seit Ende des 19. Jahrhunderts diesen wirtschaftlichen »Phänotyp der Stunde« mit wissenschaftlich begründeten Umrissen versehen: Werner Sombart, Kurt Wiedenfeld, Gustav Schmoller, Max Weber, Joseph A. Schumpeter, um nur einige wichtige Namen zu nennen.

Das Ideal selbst aber formt weitgehend ein Unternehmer-Passepartout, in dem sich der Geist der »industriellen Moderne« in Deutschland darstellt – trotz der in der neueren Forschung kontrovers diskutierten »Feudalisierung des deutschen Großbürgertums« unter dem Kaiserreich – und in dem Begriff »Unternehmer« eine idealtypische begriffliche Entsprechung findet. Das Bild im Wort ist bis auf den heutigen Tag erhalten geblieben, wenngleich Schumpeter selbst, mit dessen Schriften der »Unternehmer« als »schöpferische Persönlichkeit« und somit als individuelle Inkarnation von »Wirtschaftsführung« und wirtschaftlicher »Neuerung« untrennbar verbunden ist, später eine Entwicklung theoretisch nachvollzog, durch die der »unternehmerischen Führungsfunktion« mit dem wirtschaftlichen, technologischen und organisatorischen Fortschritt die Grundlagen entzogen werden. Doch ist es nicht eher die Regel, daß ein »ideologischer« Begriff eben nicht die direkte Widerspiegelung gesellschaftlicher »Fakten« darstellt? Solche Begriffe sind eben mehr als bloße Bezeichnungen; sie sind komplexe Reaktionen auf Realität, sind Umformungen, Verdrängungen, Projektionen, Träger von Wünschen und sozialen Strategien. Dies zeigt sich auf andere Art, fast antithetisch, am Beispiel des »patron« in Frankreich.

Halten wir zunächst fest, daß seit dem 13. Jahrhundert der dem späteren deutschen »Unternehmer« direkt entsprechende französische Begriff »entreprendeur«, später »entrepreneur« (von »entreprendre = unternehmen) existiert. In den historischen Wörterbüchern wurde er in diesem Sinne fixiert, und wir finden ihn in frühen amtlichen Texten seit 1791 als explizite Unternehmerbezeichnung. Dieser »moderne« Begriff bleibt zwar im Laufe des 19. Jahrhunderts in den Wörterbüchern bestehen, wird aber in der gesellschaftlichen Sprachwirklichkeit zur Bezeichnung der Unternehmer abgelöst von dem vorindustriellen feudal-kirchlichen Begriff »patron« = »Schutzheiliger«. In dieser und verwandten Bedeutungen hat sich der Begriff seit dem 12. Jahrhundert aus dem lateinischen »pater« (Vater) bzw. »patronus« (Herr eines Sklaven oder Freigelassenen) entwickelt. Die Übertragung des »patron« auf die Ökonomie vollzog sich seit 1830, als in Frankreich die »große Industrie« entstand. Dies gilt auch für das »patronat«, das bislang den »Schutz des Saint-Patron«, ab 1870 auch die Autorität des Unternehmers bezeichnete und seit Ende des 19. Jahrhunderts zum einzigen bis heute gültigen Gattungsnamen in der Bedeutung von »Unternehmerschaft« bzw. »Unternehmertum« avancierte. Ein paradoxer Vorgang: Während die Angelsachsen aus dem französischen »entrepreneur«, der in Frankreich ins zweite begriffliche Glied geschickt wurde, für sich den im Französischen unbekannten Gattungsterminus »entrepreneurship« (Adjektiv »entrepreneurial«) entwickelten, schlüpfte der moderne französische Unternehmer in das Kleid vorindustrieller Begrifflichkeit.

In Frankreich, wo lange Zeit eine ausgesprochen stabile Dualität zwischen vorindustriell-agrarischen und industriellen Strukturen bestand, entwickelte sich im 19. Jahrhundert unter der Hegemonie des Familienbetriebes und entsprechender Wertvorstellungen der unternehmerische »Paternalismus« als liberale oder autoritäre Ideologie der sozialen Fürsorge gegenüber den Arbeitern. Er wurde eine Konstante der weitgehend homogenen Unternehmermentalität, zu einem sozialpolitischen Konzept der Unternehmer (»système de patronage«) und damit zu einem integralen Bestandteil des französischen Liberalismus selbst. Diese neofeudale Interpretation der modernen Arbeitsbeziehung konnte hierarchische Abhängigkeit und das Prinzip des absoluten Gehorsams dem Unternehmer gegenüber unter Verstärkung außerökonomischer Zwänge rechtfertigen und wurde in dem Maße entwickelt, wie der »Industrialismus« selbst der vorindustriell-feudalen (gegenseitigen) Loyalität die Grundlagen entzog. Sie gestattete zugleich, a priori jede Einmischung der Arbeiter oder des Staates in den Betrieb bzw. in die liberale soziale Ordnung als illegitim zurückzuweisen.

Die ideologische Refeudalisierung der Arbeitsbeziehung über die Strategie des sozialen Paternalismus war die französische Antwort auf die reale Zersetzung der vorindustriellen Arbeitsbeziehung durch die »große Industrie« selbst und auf die entstehende »soziale Frage«. Diese »paternalistische« Strategie fand ihren idealen begrifflichen Ausdruck in der Bezeichnung »patron«, dem sozialen Beschützer. Im Gegensatz zum deutschen »Unternehmer« definiert sich der französische »patron« nicht über seine wirtschaftliche Funktion, sondern über sein Autoritätsverhältnis, als »Chef gegenüber seinen Arbeitern und Angestellten«. Was den Paternalismus französischer Unternehmer von dem deutscher Unternehmer abhebt, ist dessen Systematisierung, gesamtgesellschaftliche Verstärkung und begriffliche Fixierung. Der französische Neo-Traditionalismus war nicht nur Ausdruck der quantitativen Dominanz kleiner und mittlerer Familienbetriebe. Das Ungleichgewicht zwischen den vorindustriellen Eliten und einer modernen Wirtschaftsbourgeoisie verlangte nach Korrektur. Nur so konnte die industrielle Fraktion des Bürgertums ihre eigene Position im sozialen Gefüge der Eliten absichern, zumal mit der Dritten Republik das politische Gewicht der traditionellen Mittelklassen zunahm. Dies erklärt, daß gerade die modernen Großindustriellen die neufeudale »patronale« Begrifflichkeit favorisierten und systematisierten. Verkörperte sich der Industriepionier in Deutschland auch sprachlich im »Unternehmer«, bot sich der französische »patron« als Typus für dieses Bild weniger an. Diese entfeudalisierte Fortschrittsrolle übernahm dann Ende des Jahrhunderts der »Ingenieur« und »Techniker«.

Stabilisiert wurde der soziale Paternalismus durch eine seit 1791 individualrechtlich und interpersonal geprägte Arbeits- und Sozialverfassung, die eben nicht den Weg der Bismarckschen Sozialgesetzgebung ging. Sie überließ dieses Feld weitgehend der Fürsorge und Willkür des einzelnen Unternehmers. Dies alles sollte sich mit der »sozialen Explosion« der Volksfront von 1936 und ihren Folgen ändern. Zugleich schmiedete diese Periode nachhaltig die »patronale« Unternehmerbegrifflichkeit. Die Herausforderung der Massenstreikbewegung, die Geschlossenheit einer organisierten Arbeiterbewegung und die eigene Autoritätskrise bewirkten, daß von den Unternehmern selbst nur wenig benutzte Gattungsbegriff »patronat« zum einheitsstiftenden (Kampf)Begriff eines neuen kollektiven Unternehmerbewußtseins wurde – bis heute. Dies galt erst recht für den »patron«, war dieser Begriff doch der kleinste gemeinsame Nenner für »klein«, »mittel« und »groß«, »Handel« und »Industrie«, »modern« und »alt«, »Einzelhändler« und »Hüttenbesitzer« etc., und barg er doch in sich die Botschaft »patronaler Autorität«. Über diese neue Einheit aller auserwählten Gleichen – der »patrons« – war nun eine moderne Unternehmerbewegung herzustellen, das organisierte »patronat«. Die Reformer erreichten ihr Ziel: die heutige moderne Unternehmerbewegung wurde damals geboren, die vorindustrielle Begrifflichkeit »patron« und »patronat« erlebte darin ihren definitiven Durchbruch in der unternehmerischen und nationalen Akzeptanz.

»Unternehmer« und »patron«: Beide sind sie Kinder, Träger, Stifter und Tätige der industriellen Moderne in Deutschland und Frankreich. Während aber der deutsche Industrielle als »Unternehmer» den Gestus eines Herolds der Moderne annahm, wählte sein französischer Kollege als »patron« die neofeudale Mimikry. Die Definitionen beider Begriffe demonstrieren im Kern nicht nur, wie unterschiedlich die Unternehmer beider Länder sind, sondern auch die mit ihnen verbundene, in ihnen wirkende gesellschaftliche, wirtschaftliche und kulturelle Entwicklung in Deutschland und Frankreich. So ließe sich am Ende unserer Betrachtung gar die Frage stellen, ob die von A. Vierkandt einst 1931 beschriebene Tendenz zur »Entmenschlichung der Arbeit« durch den »Rationalismus auf dem Gebiet der Wirtschaft« die Begriffe »Unternehmer« bzw. »patron« heute nicht fast zu einer Art nostalgischer Bastion, ja, zu einem Ort des geheimen Widerstands gegen jene Tendenz macht, da die Botschaft dieser Worte – ob zu Recht oder zu Unrecht – die schaffende bzw. fürsorgende Einzelpersönlichkeit in den Mittelpunkt rückt. Das immerhin hätten »Unternehmer« und »patron« gemeinsam.

René Lasserre
Gewerkschaften / Syndicats

Sowohl in Frankreich als auch in der Bundesrepublik Deutschland sind die Gewerkschaften rechtlich und praktisch als legitime Interessenvertretungsorgane der Arbeitnehmer anerkannt und spielen folglich bei der Gestaltung der wirtschaftlichen und sozialen Ordnung eine maßgebende Rolle. Jedoch weisen die Gewerkschaftsbewegungen beider Länder große Unterschiede auf hinsichtlich der Organisationsprinzipien sowie der Zielsetzungen und Formen gewerkschaftlichen Handelns. Es besteht ein solcher Kontrast, daß man in vielerlei Hinsicht von zwei antithetischen »Gewerkschaftsmodellen« sprechen kann, welche sich in der Perspektive des sozialen Europa nicht etwa annähern, sondern sich ganz im Gegenteil weiterhin auseinanderentwickeln.

Die französische Gewerkschaftsbewegung und ihr deutsches Pendant sind sich jedoch nicht vollkommen fremd, da sie sich weitgehend am gemeinsamen Ideengut der europäischen sozialistischen Bewegung orientieren. Dennoch sind sie Bestandteil von zwei unterschiedlichen sozialen Kulturen, die ihrerseits Produkt ihrer jeweiligen Geschichte sind.

Die französische Gewerkschaftsbewegung steht seit ihren Anfängen, die bis ins letzte Viertel des 19. Jahrhunderts zurückreichen, unter dem Zeichen des Pluralismus.

Pluralismus der Organisationsformen: Berufsgewerkschaften, lokale Gewerkschaften mit den Arbeiterbörsen und Industriegewerkschaften existierten bis zum Auftauchen der Angestellten- und Beamtengewerkschaften lange Zeit nebeneinander. Ideologischer Pluralismus: Anarchisten, Marxisten und reformorientierte Gewerkschafter unterschiedlicher politischer Richtung rivalisierten schon vor 1914 in der CGT. Seit 1920 führte die Trennung zwischen Kommunisten, Sozialisten und christlichen Gewerkschaftern durch zahlreiche Aufspaltungen zur Existenz von vier miteinander konkurrierenden Gewerkschaftsorganisationen. Diese Spaltung hatte natürlich niedrige Mitgliederzahlen zur Folge: selbst in den günstigsten Phasen überstieg der Organisationsgrad kaum 25% und ging in der letzten Periode sogar auf unter 15% zurück. Die französische Gewerkschaftsbewegung ist gewissermaßen naturbedingt eine Minderheitsbewegung.

Darüber hinaus ist die französische Gewerkschaftsbewegung bis in ihre gemäßigten Tendenzen hinein nach wie vor relativ stark geprägt durch eine Tradition des Klassenkampfes und eine Position außerhalb der etablierten sozialen Ordnung. Diese Tradition wurzelt in der ursprünglichen Lehre des Anarchosyndikalismus, derzufolge die Gewerkschaft nicht so sehr ein Instrument zur Förderung der Arbeiterinteressen ist als vielmehr eine agierende Minderheit, die sich als Faktor der Veränderung des kapitalistischen Systems und als Keimzelle einer zukünftigen Gesellschaft auffaßt. Selbst wenn sich die französischen Gewerkschaften seit langem nicht mehr auf die revolutionäre gewerkschaftliche Praxis berufen und auf vielfältige Weise am wirtschaftlichen und sozialen Leben mitwirken, so begegnen sie dem sozialen Dialog doch nach wie vor mit Mißtrauen und sind in erster Linie auf Autonomie bedacht. Ihr Handeln konzentriert sich weitgehend auf die Geltendmachung von Ansprüchen, auf Kosten jedweder Form von Engagement oder Mitwirkung, die ihre Handlungsfreiheit einschränken könnte. Sie verweigern insbesondere jede Form von Zusammenarbeit mit den Arbeitgebern oder dem Staat, die eine Mitverantwortung implizieren könnte.

Die deutsche Gewerkschaftsbewegung entstand unter ganz anderen Bedingungen, da sie sich quasi von Anfang an als Massenbewegung in enger Verbindung mit der Sozialdemokratie konstituierte. Nach der Aufhebung des Bismarckschen Verbots im Jahre 1890 und im Kontext der beschleunigten Industrialisierung Deutschlands um die Jahrhundertwende gaben die deutschen Gewerkschaften der modernen Form der Industriegewerkschaft den Vorzug und schufen bereits ab 1914 mächtige, leistungsfähige Organisationen.

Erst mit Ende der Weimarer Republik und während der großen Krise schwächten Streitigkeiten zwischen Sozialdemokraten und Kommunisten sowie Rivalitäten mit den christlichen Gewerkschaften die Gewerkschaftsbewegung und führten schließlich zur Kapitulation vor den Nationalsozialisten. Die Gewerkschaftsbewegung der Nachkriegszeit zog aus dieser bitteren Erfahrung die Konsequenzen. Ihre Neuentwicklung basierte auf parteipolitischer Neutralität und der fast vollständigen Entwicklung der Einheitsgewerkschaft. Dies kommt darin zum Ausdruck, daß allein die große Mehrheitsbewegung des DGB 7,9 Mio Mitglieder, d. h. fast 35,0 % aller deutschen Arbeitnehmer vereinigt.

So sehr die französischen Gewerkschaften lange Zeit den Kompromiß und die Integration im Namen einer utopischen Zukunft zurückwiesen, so sehr strebte die deutsche Gewerkschaftsbewegung frühzeitig die Verbesserung der unmittelbaren Lebensbedingungen der Arbeiter und die Durchsetzung sozialer Rechte innerhalb der existierenden Gesellschaft an. Während sich die französischen Gewerkschaften zu Anfang des Jahrhunderts fieberhaft auf den Generalstreik vorbereiteten, der den Kapitalismus von heute auf morgen kippen sollte, räumten die deutschen Gewerkschaften aus Realitätssinn und Sorge um Leistungsfähigkeit schon ganz entschieden der Tarifverhandlung Vorzug ein. Und in der Folge ließen die deutschen Gewerkschaften nicht nach bei ihrem Kampf um Wirtschaftsdemokratie und Ausweitung der Mitbestimmungsrechte der Arbeitnehmer bei Entscheidungen, die ihr Arbeitsleben unmittelbar betreffen. In dieser Hinsicht stellt die deutsche Gewerkschaftspraxis keinen Bruch mit der existierenden sozialen Ordnung dar, sondern orientiert sich am Konzept der Kontrolle wirtschaftlicher Macht auf gleichberechtigter Basis, was sowohl Kooperationsbereitschaft als auch Übernahme sozialer Verantwortung impliziert.

Aus dieser Unterschiedlichkeit der die gewerkschaftliche Identität französischer und deutscher Prägung konstituierenden Grundelemente ergibt sich eine sehr stark kontrastierende soziale Praxis in beiden Ländern. Die Vielfalt wie die Schwäche der französischen Gewerkschaftsorganisationen und ihre mangelnde Bereitschaft zu Kompromissen und der damit einhergehenden Mitverantwortung stehen einer tatsächlichen Tarifautonomie im Wege, wie sie in der Bundesrepublik praktiziert wird. Die fehlende Dialogbereitschaft der französischen Gewerkschaften kommt auch darin zum Ausdruck, daß sie dem Arbeitskampf Vorrang einräumen gegenüber der Kompromißsuche. Im Unterschied zur

Bundesrepublik, wo der Streik nur als letztes Mittel zum Einsatz kommt, stellt der Arbeitskampf in Frankreich gewissermaßen eine jedweder Verhandlung vorausgehende Etappe dar.

Diese hartnäckige Zurückhaltung der französischen Gewerkschaften hinsichtlich des sozialen Dialogs findet sich ebenfalls auf betrieblicher Ebene wieder, wo man es im Unterschied zu den deutschen Interessenvertretungen vorzieht, die Entscheidungen des Arbeitgebers anzufechten und jede Form der Mitbestimmung zurückweist.

Die mangelnde Bereitschaft zum sozialen Dialog charakterisiert jedoch in Frankreich nicht allein die Gewerkschaften, sondern ist auch auf Arbeitgeberseite noch weit verbreitet, insbesondere in den kleinen und mittelständischen Unternehmen. Dieser »negative« Konsens führt zu politischen Konsequenzen: er macht das ständige Eingreifen des Staates erforderlich, der in der Praxis den wirklichen Ordnungsfaktor in den sozialen Beziehungen darstellt. Im Unterschied zur Bundesrepublik Deutschland, wo der Staat sich darauf beschränkt, Mindestarbeitsbedingungen festzusetzen, greift der Staat in Frankreich auf vielfältige Weise in die Tarifpolitik ein und regelt als Gesetzgeber alle wichtigen Bereiche des Arbeitslebens.

Während sich die Gewerkschaften in der Bundesrepublik darum bemühen, alle ihr zur Verfügung stehenden Mittel so effizient wie möglich einzusetzen, um eigenständig die Vertretung der Arbeitnehmerinteressen zu gewährleisten, führen in Frankreich die Schwäche der Organisationen und die mangelnde Bereitschaft zu Mitverantwortung die Gewerkschaften dazu, den sozialen Fortschritt dem Staat zu überantworten.

Letztendlich haben wir es in der Tat mit zwei gegensätzlichen Auffassungen der Gewerkschaftsbewegung zu tun. Auf der einen Seite betrachtet man die Gewerkschaft als aufgeklärte Minderheit, die lediglich ein Minimum an Verantwortung innerhalb der gegebenen sozialen Ordnung übernehmen will und dafür sogar ein geringeres Maß an Einfluß und Leistungsfähigkeit in Kauf nimmt. Auf der anderen Seite hingegen gilt die Gewerkschaft als Massenbewegung, deren Aufgabe darin besteht, die Gesamtheit der Arbeitnehmer zu vertreten, und die sich darum bemüht, deren Interessen und Rechte innerhalb einer ausgewogenen Gesellschaft unter Einsatz aller zur Verfügung stehenden Mittel zu verteidigen.

Der Kontrast zwischen diesen beiden Tendenzen scheint nicht an Schärfe zu verlieren. Man könnte sogar soweit gehen zu sagen, daß er seit der Krise und in der jüngsten Zeit noch stärker hervortritt. Während es der deutschen Gewerkschaftsbewegung trotz einiger Anpassungsprobleme gelungen ist, nur unwesentlich an Macht und Einfluß zu verlieren, ist die Kontinuität des französischen Gewerkschaftsmodells mit verantwortlich für den alarmierenden Substanzverlust und die tiefe Identitätskrise, die es zur Zeit durchmacht. Dieser Gegensatz wird der Entwicklung einer konzertierten Gewerkschaftspolitik im Rahmen des einheitlichen europäischen Marktes sowie der allmählichen Herausbildung eines europäischen Sozialraums spürbar im Wege stehen.

Alain Touraine

Soziale Bewegungen

Im soziologischen Sprachgebrauch gruppiert man unter diesem Begriff Verhaltensweisen, die in ihrer Natur so verschiedenartig sind, daß man sich oft wünscht, diese Verwirrung vermeiden zu können, indem man den verschiedenen Verhaltenstypen je einen anderen Namen gibt. Ohne diese elementare Vorkehrung läuft man nämlich Gefahr, als ideologische Debatte zu betrachten, was in Wirklichkeit nur einfache Konfusion von Objekten ist, von denen jederman relativ leicht die Unterschiede anerkennen würde. So ist es unerläßlich, drei kollektive Verhaltenstypen zu unterscheiden.

A. Individuelle Interessen werden mit kollektiven Mitteln verfolgt. Die so vorgetragenen Forderungen entsprechen einer ökonomischen Handlungslogik. Sowohl extrem Liberale, die sich auf den ›methodologischen Individualismus‹ berufen, als auch Marxisten weisen diesem Verhaltensmodus eine zentrale Stellung zu. Sie gehen davon aus, aus Gründen, die selten erläutert werden, daß Menschen, als Individuen oder Kollektive, Ziele verfolgen, die direkt in wirtschaftlichen Kategorien erfaßbar sind. Der hervorragende Platz, den die Gewerkschaftsbewegung in den kapitalistischen Industriegesellschaften hat, scheint die Wichtigkeit dieses ökonomischen Verhaltenstypus zu unterstreichen. Denn die meisten Arbeitskonflikte drehen sich um Gehaltszulagen, Verteidigung des Arbeitsplatzes und um verbesserte Arbeitsbedingungen. Man kann den kollektiven Akteur, der für jeden seiner Mitglieder in ökonomischen Kategorien identifizierbare Ziele verfolgt, als eine »Interessengruppe« bezeichnen. Soziologische Untersuchungen brauchen hier nicht mehr die Natur der Ziele zu hinterfragen, und konzentrieren sich auf die Strategie der Akteure, die Art und Weise, wie sie Ressourcen mobilisieren, und wie so individuelle Interessen in kollektives Handeln umgesetzt werden. Über dieses Thema hat eine große Reihe von Soziologen gearbeitet, insbesondere amerikanische, jedoch so unterschiedlich wie Obershall oder Tilly.

B. Aber es ist für die Akteure nicht immer leicht, sich direkt für die Verteidigung ihrer individuellen Interessen einzusetzen. In den repräsentativen Demokratien treten zwischen die Einzelperson und ihre Interessen mehrere intermediäre Vermittlungsinstanzen, die oft auf Grund genereller Programme gewählt worden sind. So kommen zur direkten Kollektivverteidigung individueller Interessen Handlungen dazu, die versuchen, das Feld politischer Entscheidungen zu verändern, den Einfluß einer Gruppe auf Kosten anderer zu vergrößern. Dazu kommt weiterhin, daß kollektive Handlungen nicht immer ihre Interessen in ökonomischen oder individuellen Kategorien ausdrücken, sondern Elemente von Legitimation einführen. So die amerikanischen Schwarzen, die in den fünfziger und sechziger Jahren riesige Protestversammlungen gegen die Rassentrennung organisiert hatten, von denen sie, so kann man wohl annehmen, politische Reformen und bessere Lebensbedingungen erwartet haben und sogar ökonomische Vorteile. Aber alles weist darauf hin, daß diese Proteste besonders juristische, politische und moralische Ziele hatten und weit weniger wirtschaftliche. Die Schwarzen kämpften für ihre Rechte, die im Grundgesetz verankert waren, für Gleichheit und Gerechtigkeit. Und nicht zufällig war der Pastor Martin Luther King die zentrale Figur dieser Bürgerrechtsbewegung, bis er 1968 ermordet wurde. Untersuchungen, die diesen Verhaltenstyp analysieren, können sich nicht auf die Formation kollektiven Handelns beschränken, sondern müssen sich vor allem für seine »Politik« interessieren, das heißt dafür, wie sich dieser Verhaltenstyp auf Parteien und Gewerkschaften, auf Gerichte und Presseorgane stützt, wobei er sich auf Werte und Aktionsformen beruft, die ihm von Institutionen und Gesetz zuerkannt sind, kurz gesagt, dafür, wie er sich in das politische System einfügt. Selbst wenn der Begriff zu eng gegriffen ist, kann man diese kollektive Verhaltensweise als eine »Verteidigung von Minoritäten« bezeichnen. Dieser Ausdruck besagt, daß es hier wirklich um die Anerkennung der Rechte und des Einflusses einer Gruppe geht, die innerhalb eines institutionellen und kulturellen Systems als Minorität auftritt. Deshalb ist die Analyse institutioneller und juristischer Mechanismen, sowie die der Reaktion der öffentlichen Meinung, zentral für die Untersuchung dieses Verhaltenstyps.

C. Von ihm unterscheiden sich diejenigen Verhaltensweisen, die einen zentralen Konflikt in der Gesellschaft beinhalten. Das klassische Beispiel dafür ist die europäische Arbeiterbewegung, die während langer Zeit vom Klassenbewußtsein getragen wurde, das heißt von der Idee, daß die Industriegesellschaft vor allem eine kapitalistische Gesellschaft, die in zwei Klassen mit entgegengesetzten Interessen geteilt ist, sei. So war das Ziel der Arbeiterbewegung, den Übergang vom Kapitalismus zum Sozialismus vorzubereiten. Im Grundsätzlichen gleich sind sie nationalen Befreiungsbewegungen, die sich gegen Fremdherrschaft richten, ob man diese nun kolonial nennt oder nicht. Aber diese Konflikte können nicht wie ein Krieg betrachtet werden, in dem die Interessen der Gegner definitionsgemäß völlig entgegengesetzt und unvereinbar sind. Die sozialen oder nationalen Kräfte, von denen wir hier sprechen, beinhalten im Gegenteil etwas Gemeinsames: Unternehmer sowie auch Arbeiter haben sich beide stets in ein Verhältnis zur Industrie gesetzt, zu ihren Produktionsformen, Produktionssteigerungen, ja selbst zur Fortschrittsidee, indem sie fundamental entgegengesetzte Weisen sozialer Aneignung dieser Ressourcen vorschlugen. Genauso beziehen sich Kolonisatoren und Kolonisierte, beide, auf Modernisierung oder Entwicklung, indem sie diese in entgegengesetzter Weise konzeptualisieren. Die Studie dieses Verhaltenstypus beinhaltet in Wirklichkeit die Analyse eines *Konflikts*, das ist einer aus zwei oder mehreren sich konfrontierenden Gegnern bestehenden Gesamtheit, und die eines *sozialen Konfliktfelds*, um dessen Kontrolle willen die Gegner sich bekämpfen.

Ich möchte diesen drei Typen kollektiven Verhaltens verschiedene Namen geben, so daß der erste Typ *»ökonomische Forderung«* heißt, der zweite *»politische Druckausübung«* und der dritte *»zentraler oder gesellschaftlicher Konflikt«*.

Aber diese Lösung, so dringlich und so praktisch sie auch sei, wird nicht leicht Anklang finden, aus rein soziologischen Gründen. Da sich in den meisten Gesellschaften, eine, was man dominante Vorstellung nennen könnte, kristallisiert, wenigstens unter Intellektuellen, deren Aufgabe ja gerade die Ausarbeitung solcher Repräsentationen und sogar Ideologien ist. Das Beispiel der Vereinigten Staaten spricht hier am deutlichsten. Die Problematik sozialer Bewegungen gab es dort für lange Zeit fast gar nicht, als sich dann im Laufe der sechziger Jahre die großen Protestbewegungen zeigten: die der Schwarzen und ihrer liberalen Verbündeten, die der Studenten und die der gegen den Krieg in Vietnam oder Kambodscha Protestierenden. Die amerikanischen Soziologen, die meist ein funktionalistisches Gesellschaftsbild verbreiteten, das besonders durch T. Parsons beeinflußt war, stellten sich plötzlich die Frage, weshalb die institutionellen Kanäle der Konfliktbeilegung so schlecht funktioniert hatten, und welche Reformen den entfesselten Protest wieder beheben und beruhigen könnten. Natürlich sah die amerikanische Soziologie die sozialen Bewegungen als einen Ausdruck von Gewalt an, und sie versuchten, die kollektiven Handlungen, die sie beobachten konnten, dem mittleren Verhaltenstyp, den ich politische Druckausübung durch Minoritäten genannt hatte, zuzuordnen. Auf europäischer Seite haben viele der Intellektuellen versucht, einen zentralen Konflikt in den diversen Formen der Protestaktionen zu finden, und sogar im Protest von Ökologen, Frauen und Regionalisten etc., neue Fronten des Arbeitskampfes zu sehen. Was sich jedoch als ebenso künstlich herausstellte, wie der völlig andere Ansatz, dem die Mehrzahl der europäischen Soziologen folgten. Denn die turbulente Ausbreitung des Liberalismus über den größten Teil der westlichen Welt, nach dem Zerfall der großen Protestbewegungen der sechziger Jahre, führte zu einer übertriebenen Reduktion der sehr verschiedenartigen Konflikte auf nur ökonomische Forderungen.

Aber es genügt nicht, diese ideologischen Verzerrungen aufzuzeigen und sie zu kritisieren. Es muß auch noch ein grundsätzlicher Unterschied hinzugefügt werden, den es zwischen den Ansichten gibt, die dem einen oder anderen der drei kollektiven Verhaltenstypen den Vorrang geben: Diejenigen, die eine ökonomistische Interpretation bevorzugen, verneinen die Existenz anderer Verhaltenstypen. Wohingegen diejenigen, die das Bestehen zentraler, gesellschaftlicher Konflikte anerkennen, ohne weiteres zugestehen, daß es auch politische Druckausübung und ökonomische Forderungen gibt, entweder innerhalb eines zentralen gesellschaftlichen Konflikts oder außerhalb dieses. Aus diesem wesentlichen Grund scheint es mir nicht möglich, eine übertriebene pazifistische Haltung einzunehmen, die außerdem keine Chance hat – die letzten Jahrzehnte haben es bewiesen – zurückbezahlt zu werden. Der einzige Weg, wenigstens drei großen Typen kollektiven Verhaltens zur Anerkennung zu verhelfen, ist die Forderung, den Begriff der Sozialen Bewegung allein bei zentralen gesellschaftlichen Konflikten anzuwenden. Dieses entspricht außerdem der europäischen Geschichte sozialer Ideen, in Deutschland und Frankreich.

Denn ich sehe keinen großen Unterschied zwischen dem deutschen und dem französischen Gedankengut, was dieses zentrale Problem anbetrifft. Es ist sich in dieser Frage so nahe, wie es gleichzeitig den Konzeptionen, die in den Vereinigten Staaten vorherrschen, fern steht. Sogleich muß hinzugefügt werden, daß Deutsche und Franzosen die gleiche Schwierigkeit haben, über soziale Bewegungen zu sprechen: Beide sind über eine lange Zeit von der marxistischen Idee der Praxis beeinflußt worden, das heißt, der Unterordnung kollektiven Handelns unter einen natürlichen Geschichtsablauf (der als Geist oder Produktionskräfte formuliert werden kann). Deshalb waren Deutsche und Franzosen –

theoretisch und praktisch – ständig dazu geneigt, das Handeln sozialer Bewegungen, der Gewinnung politischer Macht oder staatlichem Interventionismus unterzuordnen. Wohingegen die amerikanische Soziologie, seit der Chicago Schule und seit Lynd, die der europäischen intellektuellen Kultur so nahe stehen, viel klarer die Autonomie sozialer Akteure herausgestellt hat. Sie hat diese in ihren gegenseitigen Beziehungen erfaßt, und weniger als in einem Bezug zu Naturgesetzen der Geschichte stehend betrachtet, oder zu einem Staat, der sich mit diesen Gesetzen, mit Fortschritt oder dem Heil der Nation, identifiziert.

Dieses führt zu einer sehr pazifistischen Abschlußüberlegung: Erkennt man die Unterscheidung der drei kollektiven Handlungstypen an und damit ihre Hierarchisierung, so ist es wünschenswert, daß auf jedem Niveau die Analysen sich am bestmöglichen kombinieren, denn die erste hat den Vorteil, die Kräfte der Mobilisierung, die zweite, die institutionellen Strategien und die dritte, die Ziele und Überzeugungen herauszustellen.

Das Thema sozialer Bewegungen scheint mir keine gedanklich wichtigen Unterschiede im deutschen und französischen Sprachraum aufzuweisen. Ganz im Gegenteil, es ist eines der Themen, das gerade die Nähe der beiden intellektuellen Kulturen aufzeigt. Sie haben sich voraussichtlich gegenseitig mehr zu sagen, als eine jede mit irgendeiner anderen nationalen Kultur. Obwohl aus nicht intellektuellen Gründen und der Hegemoniestellung der amerikanischen Sozialwissenschaften gleich nach dem Zweiten Weltkrieg, auf beiden Seiten des Rheins oft das illusorische Gefühl entsteht, daß der amerikanische Gesprächspartner der wichtigere sei.

Jean Laloy

Die Konferenzen von Jalta und Potsdam (1945)

Die beiden Konferenzen, auf denen 1945 Churchill, Roosevelt und Stalin zusammentrafen, waren die von Jalta (4.–11. Februar) und die von Potsdam (17. Juli–2. August). Sie behandelten im wesentlichen das Schicksal Europas, obwohl auch der ferne Osten (Forderungen der Sowjetunion als Bedingung zum Kriegseintritt gegen Japan) und die künftige Weltordnung (UNO-Charta) besprochen wurden. Die wichtigsten Entscheidungen betrafen Europa.

I 1945 bleibt vom Europa von 1914 nichts und von dem von 1939 nur wenig übrig. Alles muß neu geordnet werden. Aber die Verbündeten gegen Hitler haben nur ein gemeinsames Ziel, die »bedingungslose Kapitulation«. Wie es weitergehen soll, ist um so unklarer, als die Politik (und die Ziele) der drei Teilnehmer keineswegs übereinstimmen.

Roosevelt interessiert sich durchaus für Europa, das seine Armeen gerade befreien. In Jalta aber hat er drei Hauptanliegen: die Sowjetunion an der Endphase des Krieges gegen Japan zu beteiligen; vor Ende der Feindseligkeiten die Vereinten Nationen zu schaffen und last but not least Stalin bei Laune zu halten. Im übrigen, das heißt hinsichtlich der europäischen Fragen, versucht Roosevelt zwischen Stalin und Churchill zu vermitteln.

Churchill ist bestrebt, das britische Empire zu verteidigen. Er denkt aber auch viel an Europa und zeigt vor allem hinsichtlich Frankreich und Polen eine viel festere Haltung als Roosevelt. Je näher der Sieg kommt, desto dringlicher scheint es ihm, einen Ausgleich für das Übergewicht der siegreichen Sowjetunion auf dem europäischen Kontinent zu finden.

Stalin hat zweifellos langfristige Projekte für Europa. In Jalta konzentriert er sich ganz auf Polen, das er in seinen Einflußbereich hineinziehen will, und auf Deutschland. Eine Deutschlandpolitik hat er bereits 1942/1943 konzipiert (so schuf er beispielsweise das Komitee Freies Deutschland) und rechnete mit Reparationen von zehn Milliarden Dollar. In Europa hatte er bereits ein Netz von gegen Deutschland gerichteten Beistandspakten geschaffen: mit Großbritannien (1942); der Tschechoslowakei (1943); mit Frankreich (1944); entsprechende sollen mit Polen und Jugoslawien abgeschlossen werden (1945).

In Frankreich hatte die im Herbst 1944 in Paris geschaffene provisorische Regierung schon lange eine Deutschlandpolitik definiert, die sich mehr an Richelieu als an Briand oder – anders gesagt –

an der Vernunft orientierte: Frankreich wollte das linke Rheinufer besetzen; das Ruhrgebiet sollte unter internationale Kontrolle kommen; die Macht sollte weitgehend in der Hand der Länder liegen, die Zentralregierung dagegen möglichst schwach sein etc.

II Stalin verfolgte in Jalta zwei Hauptziele: Polen und Deutschland. Roosevelt ist bereit, einige Konzessionen zu machen. Churchill muß fürchten, zwischen seinen beiden mächtigen Verbündeten in die Klemme zu geraten: wie soll er widersprechen, wenn Roosevelt zustimmt.

Die Auseinandersetzung über Polen betrifft vor allem den Grenzverlauf im Osten gegenüber der Sowjetunion und im Westen gegenüber Deutschland, sowie die Zusammensetzung der in Warschau vor kurzem eingesetzten provisorischen polnischen Regierung. Hinsichtlich Deutschland geht es vor allem um die Frage der Reparationen, der »Zerstückelung« und der Aufnahme Frankreichs in den Berliner Kontrollrat. Schließlich einigen sich Roosevelt und Stalin auf einige Punkte der künftigen Charta der Vereinten Nationen (Vetorecht für die permanenten Mitglieder des Sicherheitsrats) und über die Gegenleistungen für die Sowjetunion im fernen Osten (vor allem im nordchinesischen Bereich), falls diese Japan den Krieg erklärt.

Nach achttägigen schwierigen Verhandlungen erreicht Stalin in der polnischen Frage weitgehend, was er angestrebt hatte: die Grenze mit der Sowjetunion kommt seinen Forderungen sehr nahe; die provisorische Regierung wird auf einige nichtkommunistische Minister »erweitert«, die Mehrheit aber verbleibt bei den Kommunisten, die doch in der öffentlichen Meinung Polens nur eine kleine Minderheit darstellen.

Die Deutschlanddiskussion dagegen ging auf die Grundfragen nicht ein und blieb bei recht allgemeinen Formulierungen stehen (Entnazifizierung, Entmilitarisierung etc...) Die angestrebten Reparationen in Höhe von 10 Milliarden Dollar wurden Stalin nicht eingeräumt, aufgrund der »bedingungslosen Kapitulation« kann er aber in Deutschland selbst aktiv werden, vor allem in der eigenen Besatzungszone, aber auch über den Kontrollrat.

Mit geringen Konzessionen hatte Stalin also Polen in die Hand bekommen, das zugleich den Zugangsweg nach Deutschland darstellte. In Deutschland verfügte er über ein gewichtiges Faustpfand, die sowjetische Besatzungszone. Darüber hinaus hatte er im Westen ein Netz von Beistandspakten geschaffen. Für die Sowjetunion ist die Bilanz von Jalta günstig.

Die USA haben die Gewißheit erreicht, daß die Sowjetunion in den Krieg gegen Japan eintreten will. Sie konnten die sowjetische Position zum Vetorecht im Sicherheitsrat mildern. Roosevelt und sein Berater Hopkins sind durchaus nicht unzufrieden.

Churchill dagegen empfindet sehr viel deutlicher als seine amerikanischen Freunde, wie schwer die Sowjetunion künftig auf Europa lasten wird. Er ist keineswegs zufrieden.

Was Stalin von dieser Verhandlungsrunde hielt, weiß niemand. Man muß aber feststellen, daß die sowjetische Führung und ihre Presse immer wieder den »endgültigen« Charakter des Abkommens von Jalta in seiner russischen Version betonen, also die Legitimität der kommunistischen Machtergreifung in zahlreichen Ländern: Polen, Ostdeutschland, Tschechoslowakei, Rumänien, Bulgarien, Ungarn etc... Dieser Prozeß konnte sich schrittweise vollziehen, aber der Machtanspruch bleibt absolut. Darüber hinaus wirkt die Sowjetunion über ihre Verbindung zu den nationalen kommunistischen Parteien auf Westeuropa ein, sie hatte diese fest in der Hand und erschien zudem als siegreiches Vorbild. Eine umgekehrte westliche Präsenz in Osteuropa war nicht gegeben, mit Ausnahme einer kurzen Anfangsperiode in der Tschechoslowakei dank Beneš. Schon 1945 bricht auch bereits eine Krise zwischen den Verbündeten von Jalta aus. Stalin beschuldigte die Westmächte durch in beleidigendem Ton gehaltenen Botschaften, ein Komplott mit der deutschen Wehrmacht geschlossen zu haben, kampflos von Westen nach Osten vorzurücken, während die sowjetischen Truppen an der Ostfront auf immer heftigeren Widerstand stießen. Nach der deutschen Kapitulation am 8. und 9. Mai 1945 lassen die Spannungen zwischen den Alliierten nach. Auf der Potsdamer Konferenz wird sich aber zeigen, daß Spuren geblieben sind.

III So protestierten bei der Konferenz von Potsdam Engländer und Amerikaner gegen die Beschränkungen, denen ihre Vertreter in den von sowjetischen Truppen besetzten Ländern unterworfen wurden. Der Kompromiß über Deutschland bezieht sich auf drei Punkte:

1. Reparationen (man konnte sich auf keinen festen Betrag einigen) werden von jeder Besatzungsmacht in ihrer Zone erhoben. Wie soll dann unter solchen Umständen die wirtschaftliche Einheit Deutschlands aufrechterhalten werden?
2. Die Grenze zwischen Polen und Deutschland (die Stalin ohne Konsultation mit seinen Verbündeten an der Oder und der westlichen Neiße gezogen hatte) soll bei einem endgültigen Friedensvertrag bestätigt werden. Nichts ist so dauerhaft wie Provisorien!
3. Die Friedensverträge mit den früheren Verbündeten Deutschlands sollen so rasch wie möglich vorbereitet werden; die in diesen an der Macht befindlichen Regierungen können, sofern sie demokratischere Züge annehmen, nach Unterzeichnung der Friedensverträge anerkannt werden.

Diese Vereinbarungen bestätigen die Spaltung Europas. Am Abkommen über die Reparationen wird dies besonders deutlich. Hier, wie auch in den anderen Fragen, hat man aber nicht geteilt, sondern nur die bis heute bestehenden realen Verhältnisse zur Kenntnis genommen: die unter sowjetischer Kontrolle befindlichen Länder oder Territorien sind in allen wesentlichen Fragen dem westlichen Einfluß entzogen; die westlichen Länder oder Territorien bleiben dagegen unterschiedlichsten sowjetischen Einflüssen auf die Regierungen und die öffentliche Meinung zugänglich. Die 1945 vollzogene Teilung Europas ruht deshalb nicht auf Gegenseitigkeit. Osteuropa hat sich eingemauert, der Westen dagegen bleibt seinem Wesen nach offen.

IV Von einer Teilung der Welt, die angeblich bei den Konferenzen des Jahres 1945 in Jalta und Potsdam vollzogen sein soll, kann keine Rede sein. Der wirkliche Vorgang war sehr viel einfacher: Stalin war zunächst nur bestrebt, die gewünschte doppelte Bewertung durchzusetzen: im Osten die vom Sieger eingesetzten Regime; im Westen dagegen mehr oder minder liberale Regime, aber starke kommunistische Parteien, die sich in Ländern wie Frankreich und Italien an der Regierung beteiligen. Zwei Maße, zwei Gewichte.

Die Legende von der Teilung der Welt hat ihren Ursprung in der von de Gaulle schmerzlich empfunden Enttäuschung, daß Frankreich von diesen Dreierkonferenzen des Jahres 1945 ausgeschlossen blieb. In seinen Memoiren erkennt er aber an, daß die französischen Interessen in Jalta berücksichtigt wurden (Frankreich erhält eine eigene Besatzungszone, wird Mitglied des Berliner Kontrollrats etc...).

Und dennoch wird immer wieder die Vorstellung verbreitet, die Welt sei in Jalta geteilt worden. Diese Behauptung wird vor allem vom Osten geltend gemacht. Im Westen wird sie am häufigsten in Frankreich vertreten. In den anderen Ländern beruft sich niemand darauf. In Wahrheit fand am Ende des Krieges keine Teilung der Welt, keine Teilung Europas und nicht einmal Deutschlands statt. Es gab nichts weiter, als die von den Ereignissen geschaffenen Realitäten.

Diese Feststellung ist wichtig, da sie Perspektiven für eine Entwicklung der in und gegenüber Osteuropa seit 1945 praktizierten Politik bietet. Diese Entwicklung kann sich aber nur langsam vollziehen, da sie auf zahlreiche Hindernisse stößt.

Ein erster Schritt in der richtigen Richtung könnte der Verzicht auf Mythen sein, die vor allem dazu dienen, einen Zustand zu erhalten, der alles andere als befriedigend ist.

Renata Fritsch-Bournazel

Die deutsche Frage

Europas Mitte hat erst relativ spät einen aktiven Part in der Geschichte des Kontinents zu spielen begonnen und ist bis zum 8. Jahrhundert vor allem von außen, von den Nachbarn im Westen und im Süden, beeinflußt worden. Erst mit dem endgültigen Auseinanderfallen des Karolingerreiches in zwei Hälften begann die Vorstellung von einem die verschiedenen »nationes« bindenden und überwölbenden Zusammengehörigkeitsgefühl Platz zu greifen, von einem Reich der »deutsch« Sprechenden, das seit der endgültigen Übertragung der Kaiserwürde zusätzlich die imperiale Tradition römischer Prägung verwalten und politisch umzusetzen hatte. Frankreich hingegen organisierte sich nach dem Ende der Völkerwanderungen, die dort übrigens »die großen Invasionen« genannt werden, auf der Machtgrundlage der Krondomäne, einem Flächenstaat mit ausgebildetem Behördenapparat und eingespielter Zentralverwaltung, dessen Selbstbehauptungs- und Arrondierungsziele recht ausgeprägt waren. In einer Epoche, in der die europäischen Nachbarn konsequent den Weg zu einem geschlossenen, der eigenen Modernisierung fähigen Nationalstaat zu beschreiten begannen, blieb das Reich als die Mitte Europas ein lockerer Verbund von lehensabhängigen Fürsten, die seinen Ausbau zu einem Staat mit dezidierter Außenpolitik mehr oder weniger energisch verhinderten. Das Jahrhundert zwischen dem Ausbruch des Dreißigjährigen Krieges und dem Ende des Spanischen Erbfolgekrieges ist der Zeitraum, in dem das Deutsche Reich am deutlichsten in eine passive Rolle zurücksank. Zu Beginn des 19. Jahrhunderts schließlich zerschlug Napoleon das alte System des Heiligen Römischen Reiches, gestaltete die politische Landkarte Deutschlands grundlegend um und setzte diejenigen Staats- und Gesellschaftsreformen in Gang, mit denen Deutschlands Weg in die politische und soziale Moderne begann.

Die deutsche Nationalbewegung wurde nach 1789 von Frankreich in doppelter Weise angeregt: als Vorbild für die Idee der nationalen Einheit, aber auch – infolge der Erfahrungen aus der Zeit der napoleonischen Fremdherrschaft – als potentieller Gefahrenherd für die nationale Integrität. Während der französische Nationalbegriff auf die subjektive Entscheidung des Bürgers abhob und am Prinzip der demokratischen Selbstbestimmung orientiert war, dachte man auf deutscher Seite eher an objektive Merkmale wie gemeinsame Sprache und ethnische Abstammung, doch entsprach der kleindeutsche Staat bismarckischer Prägung in seinen territorialen Regelungen nur teilweise dieser Definition. Während die Österreicher deutscher Nationalität ausgeschlossen wurden, fanden die sogenannten objektiven Kriterien Anwendung auf Elsaß-Lothringen und häuften so neuen Konfliktstoff zwischen beiden Ländern auf. Die in Versailles beschlossene europäische Friedensordnung brachte noch einmal den Triumph des Nationalstaatenprinzips und der nationaldemokratischen Idee der Selbstbestimmung der Völker. Sie ließ das Deutsche Reich trotz erheblicher territorialer Verluste als Ganzes bestehen.

Das Problem der nationalstaatlichen Einheit nach 1945

Der Zweite Weltkrieg endete mit der völligen Auflösung der staatlichen Organisation Deutschlands und einer totalen Besetzung des Reichsgebietes durch die Alliierten. Ihre ursprüngliche Absicht, das Reich in mehrere Staaten aufzuteilen, hatten sie bereits vor der Potsdamer Konferenz fallen lassen. Das am 5. Juni 1945 in der sogenannten »Berliner Erklärung« verkündete Kondominium der Vier Mächte konnte indessen den Zerfall der Siegerkoalition schon deshalb nicht überdauern, weil die Frage der Zukunft Deutschlands zur Frage der Vormacht über Europa wurde. Im Gesamtzusammenhang des Ost-West-Konflikts vertieften sich die unterschiedlichen Entwicklungen der Besatzungszonen auch ohne förmlichen Beschluß zur Teilung Deutschlands auf unabsehbare Zeit. Eine weitere, unfreiwillige Konsolidierung erfuhr das sowjetische Imperium in Osteuropa durch die auf die Grenzen Deutschlands bezugnehmenden Entscheidungen von Potsdam: zwar sollte die endgültige Festlegung der polnischen Westgrenze bis zur Friedenskonferenz zurückgestellt werden, aber die Gebiete östlich der Oder-Neiße-Grenze galten nicht länger als Bestandteil der sowjetischen Zone, unterstanden vielmehr polnischer Verwaltung. Durch die Vertreibung der Millionen zählenden deutschen Bevölkerung aus Ostmitteleuropa, aus den reichsdeutschen Gebieten östlich von Oder und Neiße, aus dem Sudetenland und aus Ungarn wurden bereits 1945 Tatsachen geschaffen, die die Frage nach der nationalstaatlichen Einheit faktisch auf das Gebiet der vier Besatzungszonen und Groß-Berlins zusammenschrumpfen ließen.

Sehr bald nach Kriegsende wurde klar, daß es nicht möglich sein würde, Westeuropa wiederaufzubauen, es politisch zu stabilisieren und militärisch zu verteidigen, ohne das Potential Deutschlands dafür voll zu reaktivieren. Diese Entwicklung traf besonders in

Frankreich zunächst auf starken Widerstand, da man sich dort aufgrund der traumatischen Erfahrungen aus den Kriegen ein möglichst dezentralisiertes und politisch wie industriell geschwächtes Nachbarland wünschte, auch wenn einige Verantwortliche schon sehr früh für eine möglichst rasche Eingliederung der Deutschen in die europäische Völkerfamilie der westlichen Demokratien plädiert hatten. In diesem Zusammenhang war die Wirkung der von Moskau verhängten Berlin-Blockade im Sommer 1948 von großer Bedeutung. Sie markierte nicht nur den Höhepunkt des Kalten Krieges in Mitteleuropa, sondern brachte auch eine gewisse emotionale Identifikation im Westen mit dem Feind von gestern. Gleichzeitig wurden die Ereignisse in und um Berlin zu einem wichtigen Markstein für die Bemühungen der in Europa dominierenden Supermächte, das in ihrem Bereich liegende deutsche Potential in ihrem Ringen um eine weltpolitische Vormachtstellung auszuschöpfen.

Mit dem Entstehen von zwei Staaten auf dem Territorium des ehemaligen Deutschen Reiches im Jahre 1949 war die Frage nach der nationalstaatlichen Einheit der Deutschen indessen nicht endgültig beantwortet. Dafür sorgt schon der besondere Status der ehemaligen Hauptstadt Berlin. Hoffnungen auf ein wiedervereinigtes Berlin als Hauptstadt eines wiedervereinigten Deutschlands waren in den fünfziger Jahren – links wie rechts – noch sehr lebendig. Doch in den Jahren, die seit der Errichtung der Berliner Mauer im August 1961 vergangen sind, wurden solche Hoffnungen schwächer und immer mehr auf eine fernere Zukunft projiziert. Um so lebhafter ist über Rolle und Funktion Berlins im Zeitalter der deutschen Doppelstaatlichkeit nachgedacht worden. Die dort geprägte Formel, die deutsche Frage sei offen, solange das Brandenburger Tor zu ist, trifft den Kern des Problems. Ist es wirklich auf Dauer vorstellbar, daß sich die Berliner mit der gegenwärtigen Lage abfinden sollen oder ist gerade die geteilte Stadt dazu prädestiniert, Begegnungsstätte und Treffpunkt zweier konkurrierender Systeme zu werden?

Auf der Suche nach einer Lösung

Das Grundgesetz der Bundesrepublik Deutschland fordert »das gesamte Deutsche Volk« auf, »in freier Selbstbestimmung die Einheit und Freiheit Deutschlands zu vollenden«. Diese Formel steht durchaus in der Tradition des französischen Nationalbegriffs und gibt dem Prinzip der demokratischen Selbstbestimmung Vorrang vor anderen Kriterien. Mit den Pariser Verträgen von 1954 legten sich die drei Westalliierten auf die Zielsetzung eines wiedervereinigten Deutschlands fest, »das eine freiheitlich-demokratische Verfassung« haben müsse und »in die europäische Gemeinschaft integriert ist«, doch blieb letztlich die Lösung des Saarkonflikts durch eine Volksabstimmung der einzige Anwendungsfall für das Selbstbestimmungsrecht. In den ersten zwei Jahrzehnten ihrer staatlichen Existenz bemühte sich die Bundesrepublik mittels der Hallsteindoktrin, die Zahl derjenigen Staaten, die mit dem zweiten deutschen Staat diplomatische Beziehungen aufzunehmen wünschten, möglichst gering zu halten, doch förderte sie damit indirekt auch die von der DDR angestrebte Abgrenzung.

Eine grundlegende Veränderung der Rahmenbedingungen der deutschen Frage erfolgte Ende der sechziger Jahre, als der Primat der Wiedervereinigung zugunsten einer vorläufigen Hinnahme des Status quo in Europa als Voraussetzung für eine Entspannung der Ost-West-Beziehungen bei den übrigen Westmächten, allen voran den USA, in den Vordergrund rückte. Die Ostverträge der siebziger Jahre mit ihrem Doppelcharakter als Vereinbarungen über Gewaltverzicht und über Zusammenarbeit leisteten einen gewichtigen Beitrag zur Konfliktbewältigung in Zentraleuropa und schufen die Grundlage für einen neuen Modus vivendi zwischen den beiden Staaten in Deutschland und für eine Neuakzentuierung des Begriffs der Nation, der »das Band um das gespaltene Deutschland« blieb.

Die vergangenen zwei Jahrzehnte haben gezeigt, daß die Ost- und Deutschlandpolitik der sozial-liberalen Koalition in ihren Grundzügen auch von der damaligen Opposition mitgetragen wird, seit die CDU/CSU wieder in Regierungsverantwortung steht. In der Bevölkerung findet sich seit über dreißig Jahren eine

Mehrheit von 80 Prozent für die Wiedervereinigung, doch kontrastiert diese Grundhaltung mit einer zunehmenden Skepsis hinsichtlich der Realisierungschancen dieses Wunsches. Derartige Umfrageergebnisse führen bisweilen in Frankreich zu bangen Fragen nach der Ernsthaftigkeit des europapolitischen Engagements der Deutschen und nach den Prioritäten der Bonner Außenpolitik. Allerdings ist festzuhalten, daß die französische öffentliche Meinung anders als in früheren Jahrzehnten heute mehrheitlich die Auffassung vertritt, bei dem Wunsch nach Wiedervereinigung handele es sich um ein legitimes Anliegen der Deutschen.

Die deutsche Frage – neu gestellt?

Der Zusammenhang zwischen deutscher Frage und europäischer Ordnung provoziert seit 1945 immer wieder heftige Kontroversen, aber auch eine Fülle von Denkmodellen, wie eine gesamteuropäische Einigung zur friedlichen Überwindung der Ost-West-Spannungen im einzelnen aussehen könnte. Seit Mitte der achtziger Jahre haben derartige Überlegungen durch die jüngsten Entwicklungen im sowjetischen Machtbereich neue Impulse erhalten. Zwar sind Ausmaß und Erfolgschancen der Gorbatschowschen Reformpolitik vorläufig ungewiß, aber es gehört zu den Merkmalen der neuen Phase der Ost-West-Beziehungen, daß die nationalen Probleme in Ost- und Mitteleuropa sich mit neuer Schärfe stellen. Fraglich ist allerdings, ob diese Entwicklungen auch zu Veränderungen in der deutschen Frage führen werden oder ob die Situation in Deutschland von den Veränderungen des internationalen Umfeldes nicht tangiert werden wird. Die neue sowjetische Führung legt zumindest verbal eine größere Flexibilität an den Tag als ihre Vorgänger und scheint für einen Aufschub zu plädieren, anstatt die deutsche Frage für endgültig erledigt anzusehen. Diese dilatorische Behandlung des Problems, wie sie insbesondere bei dem Staatsbesuch von Bundespräsident Richard von Weizsäcker 1987 zum Ausdruck kam, steht allerdings im Gegensatz zu Gorbatschows Vorstellungen von dem Zusammenleben in einem »gemeinsamen europäischen Haus«, in dem weder die Teilung

Deutschlands noch die Zerrissenheit der ehemaligen Hauptstadt Berlins aufgehoben würden. Und wie wird sich das Europa der Gemeinschaft, das mit der Schaffung des Binnenmarktes in eine neue Entwicklungsphase eintritt, gegenüber einem Problem verhalten, das schon General de Gaulle zum »europäischen Problem par excellence« erklärt hatte?

Die Grenze, die durch Berlin und Deutschland schneidet, geht auch durch Europa. Daraus folgt, daß beide, die deutsche und die europäische Teilung, nicht gegeneinander ausgespielt werden können wie im Mächtesystem des 19. Jahrhunderts, sondern nur miteinander zu überwinden sind. Die politischen Bemühungen müssen sich auf die allmähliche Überwindung des trennenden Charakters der Europa spaltenden Grenzen richten. Eine so verstandene Überwindung der Teilung schließt eine Vereinigung der beiden deutschen Staaten unter Zustimmung aller europäischen Nachbarn und aller Verbündeten nicht aus, doch ist das Ziel der Vollendung der Einheit keineswegs identisch mit der Wiederherstellung des Nationalstaats des 19. Jahrhunderts. Betrachtet man den Verfassungsauftrag im Kontext der immer noch ausstehenden europäischen Friedensordnung, so erscheint letztlich das Problem der Einheit als ein Postulat, das die Freiheit der Menschen, nicht die Verschiebung der Grenzen, zum Ziel hat.

Renata Fritsch-Bournazel

Deutsche Demokratische Republik

Als die Siegermächte 1945 das total zusammengebrochene Deutschland in Besatzungszonen aufteilten, konnte es kaum ausbleiben, daß sich jede Besatzungsmacht in ihrer praktischen Politik von den Ordnungsvorstellungen leiten ließ, die ihr aus dem eigenen Lande vertraut waren. Unmittelbar nach dem Kriege war die Sowjetunion jedoch darauf bedacht, sich trotz der »antifaschistisch-demokratischen Umwälzung« in der eigenen Besatzungszone die gesamtdeutsche Perspektive nicht völlig zu verbauen.

Vierzig Jahre nach der Gründung der DDR (Oktober 1949) ist der zweite deutsche Staat in vieler Hinsicht widerspruchsvoll geblieben und läßt gleichermaßen Ansätze für Stabilität wie Krisenanfälligkeit erkennen. Die Auswirkungen von Ereignissen in anderen kommunistisch regierten Staaten, die Haltung der Sowjetunion, aber auch die des Westens und hier vor allem der Bundesrepublik Deutschland stellen die DDR-Führung immer wieder vor Herausforderungen.

Konturen der Deutschen Volksdemokratie

Das Gebiet der sowjetischen Besatzungszone (SBZ) war nicht identisch mit dem durch die Sowjets militärisch eroberten Gebiet. Ein großer Teil des von Engländern und Amerikanern eroberten Raumes (vor allem große Teile Thüringens, Sachsens und Sachsen-Anhalts) wurden im Sommer 1945 entsprechend alliierter Abmachungen gegen Ende des Zweiten Weltkrieges an die UdSSR übergeben. Ende 1946 lebten in dieser Zone und dem Sowjetsektor von Berlin 18,3 Millionen Menschen. Die Zahl stieg noch bis 1947 durch Zuwanderungen aus Ostmitteleuropa auf über 19,1 Millionen an, sank von da an bis zum Mauerbau 1961 stetig ab und beträgt heute 16,7 Millionen. Die Folgen der Teilung Deutschlands und Europas haben die Bewohner der DDR stärker zu spüren bekommen als die der Bundesrepublik: wirtschaftsgeographisch durch die relativ ungünstige Verkehrsstruktur und die geringen Bodenschätze im DDR-Gebiet, ordnungspolitisch durch die enge Einbindung in den Ostblock. Im Bereich der osteuropäischen Wirtschaftsgemeinschaft (RGW) ist die DDR zum Land mit dem höchsten ökonomischen Leistungsniveau geworden. Das verdankt sie allerdings zum großen Teil den Vorteilen, die sie durch ihre besonderen Beziehungen zur Bundesrepublik genießt: zoll- und abschöpfungsfreier innerdeutscher Handel, beträchtliche DM-Einnahmen durch Privatreisen in die DDR und vertragliche Vereinbarungen mit der Bundesregierung, günstige Kreditmöglichkeiten.

Der Position ökonomischer Stärke steht allerdings ein Mangel an Legitimität und Akzeptanz gegenüber, der in dem Abhängigkeitsverhältnis zur Sowjetunion wurzelt. Zwar räumte Moskau seinem deutschen Verbündeten Schritt um Schritt die Gleichberechtigung mit den osteuropäischen Ländern ein, doch ein Rest von Ungleichheit blieb bis heute. Im Warschauer Pakt hat die DDR als einziges Land keinen eigenen Generalstab, kann nicht selbst über den Beistandsfall entscheiden und hat kein Mitspracherecht über die Bewegungen sowjetischer Truppen auf ihrem Territorium. Zudem ist sie der einzige Staat der Welt, der sich in seiner Verfassung »unwiderruflich« mit der UdSSR verbündet und zum untrennbaren Bestandteil der sozialistischen Staatengemeinschaft erklärt hat. Schließlich ist sie auch der einzige Ostblockstaat, dem jede eigenständige, auf seine Grenzen beschränkte nationale Identität fehlt. Dennoch ist es der DDR im Laufe der Jahre gelungen, ihr anfängliches Image als bloßer »Erfüllungshilfe« Moskaus durch eine Politik der Wahrung eigener Interessen zu korrigieren.

Autonomiebestrebungen des Musterknaben

Fehlende demokratische Legitimität und nationale Identität waren der Grund dafür, daß sich die DDR-Führung vor allem in den ersten beiden Jahrzehnten nach der Staatsgründung eng an die Sowjetunion anlehnte. In allen Krisen, die den Ostblock seit Stalins Tod erschüttert haben, gehörte die SED zu den Gegnern der verschiedenen reformkommunistischen Bewegungen. Die Beteiligung von DDR-Truppen an der Besetzung der Tschechoslowakei 1968 mit ihren Uniformen im Schnitt der deutschen Wehrmacht rief nicht nur in Prag verheerende Assoziationen hervor und trug gerade auch in Frankreich zur Ablehnung des sogenannten »roten Preußen« bei. Nach dem Machtantritt Gorbatschows hat es eine seltsame Umkehrung der Fronten gegeben. Die DDR, die bis dahin stets treuster Parteigänger Moskaus gegen alle nationalen Rebellen war, ist nun das Land mit der größten Reserve gegen den reformerischen Elan der einst bedingungslos akzeptierten Führungsmacht.

Die sowjetisch-ostdeutschen Interessendivergenzen hinsichtlich der Reformpolitik ähneln in gewisser Hinsicht der Situation in der späten Ulbricht-Ära, als die SED sich mit eigenen Gesellschafts- und Staatstheorien schon einmal ideologisch vom sowjetischen Vorbild zu emanzipieren suchte. Damals wurde der Konflikt in dem Moment unvermeidlich, als der alternde Ulbricht zusätzlich versuchte, die Eigeninteressen der DDR gegen die Großmachtinteressen der Sowjetunion in der Deutschland- und Europapolitik zu verteidigen und sich den damaligen sowjetischen Entspannungsbemühungen entschieden widersetzte. Ende der achtziger Jahre hingegen befindet sich die DDR-Führung unter Erich Honecker in der paradoxen Situation, sowohl von Bonn wie auch von Moskau für seine Obstruktionshaltung gegenüber der »Perestroika« kritisiert zu werden.

Die Beziehungen zu den übrigen Bruderländern sind auch nicht frei von Spannungen. Gelegentliche neidvolle Hinweise in der polnischen oder tschechoslowakischen Parteipresse auf die Vorteile der DDR aus dem innerdeutschen Handel lassen Rückschlüsse darauf zu, daß der privilegierte Zugang der Ostdeutschen zum Gemeinsamen Markt durchaus mit zwiespältigen Gefühlen begleitet wird. Ähnliches gilt für die Ende der siebziger Jahre einsetzende Rückbesinnung der DDR auf die deutsche Geschichte – die sogenannte »Preußenrenaissance« –, denn gerade mit Preußen verbinden manche europäische Nachbarn vorwiegend negative Assoziationen wie nationale Überheblichkeit, Militarismus oder Illiberalität.

Die Westbeziehungen der DDR

Nach der Sowjetunion ist die Bundesrepublik Deutschland für die DDR-Führung das wichtigste Land. Jenes mit Hilfe der sowjetischen Besatzungsmacht abgespaltene Viertel aller Deutschen, das war für die offizielle bundesdeutsche Politik noch bis Mitte der sechziger Jahre kein Staat. Und wer in den ersten zwanzig Jahren der Teilung von Wiedervereinigung sprach, der dachte an den Anschluß der DDR an den größeren deutschen Staat. Das dritte Jahrzehnt deutscher Zweistaatlichkeit brachte mit den Ostverträgen deren Formalisierung. Partiell entkrampfte sich auch das Verhältnis zwischen den Regierenden in Bonn und Ost-Berlin, doch einer wirklichen Normalisierung schob Honeckers Abgrenzungspolitik einen auf Jahre wirksamen Riegel vor. Erst in der Phase neuer Ost-West-Spannungen Ende der siebziger Jahre kam es zum Erstaunen vieler Beobachter nicht wie bei früheren Krisen zu einer Verschlechterung der deutsch-deutschen Beziehungen, sondern zu gemeinsamen Bemühungen, die bisher erreichten unzulänglichen »menschlichen Erleichterungen« vor einem Rückfall in den Kalten Krieg zu bewahren. Trotz offensichtlicher Mißbilligung durch Moskau hielt die DDR die Kontakte zur Bundesrepublik entsprechend ihren eigenen Interessen aufrecht.

Bis zu einer Regelung des deutsch-deutschen Verhältnisses konnte, von den Wirtschaftsbeziehungen abgesehen, von einer Westpolitik der DDR im eigentlichen Sinne kaum die Rede sein. Unter den Ländern des Westens nimmt Frankreich zweifellos einen wichtigen Platz ein. Als Siegermacht des Zweiten Weltkriegs und Signatarstaat des Vier-Mächte-Abkommens über Berlin vom September 1971 hält Frankreich an dem Anspruch auf Mitverantwortung für Deutschland als Ganzes und für die ehemalige Reichshauptstadt fest. Gleichzeitig ist Frankreich mit der Bundesrepublik Deutschland besonders eng verbunden und spielt im westlichen Bündnis eine gewisse außen- und verteidigungspolitische Sonderrolle. Das Frankreichbild der SED-Führung nach 1945 ist zudem ganz wesentlich von den persönlichen Erfahrungen einer Reihe von deutschen Kommunisten bestimmt worden.

Im französischen Bewußtsein assoziiert sich der Begriff der DDR untrennbar mit dem der Bundesrepublik. Umgekehrt wird die Vorstellung der Bundesrepublik nicht notwendigerweise mit der DDR in Zusammenhang gebracht. Dieses »andere Deutschland«, wie es bisweilen in der Mediensprache heißt, ist erst in den siebziger Jahren ins Blickfeld einer breiteren Öffentlichkeit gerückt. Bis dahin hatten sich alle französischen Regierungen mit Rücksicht auf die Bundesrepublik getreulich an die westlichen Absprachen gehalten und es Bonn überlassen, Ausmaß und Tempo des diplomatischen Normalisierungsprozesses mit Ost-Berlin zu bestimmen. Die Franzosen stehen in ihrer überwältigenden Mehrheit dem politischen Regime der DDR ablehnend gegenüber, während Vertreter der kommunistischen Linken gelegentlich in den siebziger Jahren versuchten, für die Vorzüge des dortigen Systems zu werben.

Seit Dezember 1983 verfügt die DDR am Boulevard Saint-Germain über ein eigenes Kulturinstitut, das erste und (vorläufig) einzige in der westlichen Welt. Sowohl die Eröffnungsveranstaltung wie das weitere Programm lassen erkennen, daß sich die DDR hier als ein Träger deutscher Kultur profilieren und ihr Image als ein zwar sozialistischer, aber eben auch europäischer Staat verbessern will. Ungeachtet ihrer kulturellen und auch diplomatischen verstärkten Aktivitäten der jüngsten Jahre hat es die DDR jedoch nicht vermocht, als europapolitischer Gegenspieler der Bundesrepublik Terrain zu gewinnen. Die in Frankreich weitverbreitete Vorstellung, die DDR sei in erster Linie ein deutsches Pfand in der Hand der Sowjetunion, deren Regime bei einem Abzug der sowjetischen Truppen zusammenbrechen würde, erklären auch die Skepsis, mit der man hier die Tragfähigkeit einer Sicherheitspartnerschaft mit dem Osten oder einer Verantwortungsgemeinschaft beider deutscher Staaten für den Frieden in Europa beurteilt.

Im Lichte der sowjetischen Reformdiskussion wird es der DDR mittelfristig zunehmend schwerer fallen, Entscheidungen über innergesellschaftliche Konsequenzen aus der Entwicklung der östlichen Vormacht aus dem Wege zu gehen. Insbesondere der sowjetische Geschichtsrevisionismus rüttelt an den Grundfesten des in der Stalinzeit geprägten kommunistischen Selbstverständnisses. Hinzu kommt, daß in Moskau hinsichtlich der deutschen Frage wieder in Alternativen gedacht wird und daß die nationale Frage der Deutschen dort als ungelöst gilt, nicht als von der Geschichte unwiderruflich entschieden wie in den Führungsetagen der DDR. Es wäre sicherlich verfehlt, aus jüngsten sowjetischen Stellungnahmen zur Mauer und zur Trennung der Deutschen auf eine neue Wiedervereinigungspolitik zu schließen, doch sollte man sich in Paris und in Bonn darüber im klaren sein, daß die vielbeschworene »gemeinsame Ostpolitik« beider Länder auch eine konzertierte Definition des Verhältnisses zur DDR anstreben sollte.

Roger de Weck
Beziehungen zu den USA

Frankreichs Beziehungen zu den Vereinigten Staaten haben eine lange Tradition, die bis auf Lafayette zurückgeht, den »Helden der zwei Welten« und Mitkämpfer der amerikanischen Revolutionäre. Alexis de Tocqueville war 1835 wohl der allererste Europäer, der die Entwicklung des jungen Staates zu einer der beiden »Supermächte« voraussah. In unserem Jahrhundert setzten zweimal amerikanische Truppen über den Atlantik, um dem deutschen Griff nach Frankreich zu wehren. So gründet das französisch-amerikanische Verhältnis auf einem tiefen historischen Fundament, das dem viel wichtigeren deutsch-amerikanischen Verhältnis fehlt. Nicht Deutschland, sondern lediglich die erst vierzig Jahre alte Bundesrepublik wurde zum Verbündeten der Vereinigten Staaten.

Im Lauf der Geschichte waren die deutschen Einwanderer, die in die USA strömten, viel zahlreicher als die französischen. Doch daraus ergab sich keine Sonderbeziehung zwischen dem demokratischen Amerika und dem kaiserlichen Reich. Erst aus der totalen Niederlage des national-sozialistischen Deutschlands und der anhaltenden Schutzbedürftigkeit der Bundesrepublik entstand die »Partnerschaft« zwischen Bonn und Washington – eine ungleiche Partnerschaft und ein wesentlicher Faktor des weltpolitischen Gleichgewichts.

Frankreich und die Bundesrepublik verdanken den Vereinigten Staaten ihre Freiheit; der große, bis heute nachwirkende Unterschied liegt darin, daß die Franzosen befreit und die Deutschen besiegt worden sind. So war naturgemäß Frankreich viel früher in der Lage, sich vom übermächtigen Partner zu emanzipieren. Das ist einer der Gründe dafür, daß nunmehr der französische Antiamerikanismus weniger virulent ist als der deutsche. In der innenpolitischen Debatte sind die Beziehungen zu den Vereinigten Staaten ein nach wie vor sensibles, aber nicht übermäßig strittiges Thema. Die Auseinandersetzung zwischen den Atlantikern und den Gaullisten hat an Brisanz verloren, denn der sozialistische Präsident François Mitterrand verkörpert die recht gelungene und (abgesehen von den ziemlich bedeutungslosen Kommunisten) weitgehend akzeptierte Synthese eines »atlantischen Gaullismus«. Einerseits ist Paris stets darauf bedacht, eine angemessene Distanz zu Washington zu wahren; andererseits verfolgt es eine Politik winziger Schritte der Wiederannäherung an das militärische Gefüge der Nato.

Ganz anders sind die Voraussetzungen in der Bundesrepublik, deren Gesellschaft in den Nachkriegsjahren viel stärker amerikanisiert worden war als die französische. Die einstmals begeistert proamerikanische Öffentlichkeit – der Kennedys »Ich bin ein Berliner« zu Herzen ging – wird immer empfindlicher für die Diskrepanz zwischen den deutschen Interessen und den sicherheitspolitischen Belangen der Nato. Die Bonner Regierungen jedweder Couleur sind wohl dazu verdammt, mit diesem Widerspruch zu leben. Denn die Bevölkerung verlangt mehr Abrüstung, als die amerikanische Schutzmacht zulassen will und die Bundesrepublik überhaupt durchsetzen kann.

Das ehemals recht unterwürfige Establishment ist verunsichert und laviert. In einem Teil der Presse erscheinen die Vereinigten Staaten beinahe schon als ein neues »Reich des Bösen«, das die von einer geläuterten Sowjetunion betriebene Entspannung immerzu vereiteln könnte. Die schärfsten Kritiker fordern den Abzug der amerikanischen Truppen, während die gemäßigten Kräfte versuchen, im Sinne deutscher Interessen auf den amerikanischen Partner einzuwirken. Doch der innenpolitische Druck ist größer als der außenpolitische Spielraum der Regierung. Wiewohl dies Frustrationen weckt, wird sich daran, auf absehbare Zeit, nichts ändern.

Bezeichnend ist in diesem Zusammenhang die behutsame »Rehabilitierung« General de Gaulles von seiten jener deutschen Meinungsmacher, denen einst Frankreichs Unabhängigkeitsgebaren ein Greuel war. Aber die Alternative eines »deutschen Gaullismus« – mithin eines Sonderwegs – bleibt eine Schimäre.

Frankreich genießt alle Vorteile einer starken amerikanischen Präsenz im deutschen »glacis«, ohne die Nachteile in Kauf nehmen zu müssen. Bei allen Geplänkeln zwischen Paris und Washington, die seit jeher zum französisch-amerikanischen Ritual gehören, überwiegt doch die Interessenkongruenz, wie sie in Präsident Mitterrands berühmter Rede vor dem deutschen Bundestag zum Ausdruck kam. Beide Staaten sind Atommächte mit ständigem Sitz im Weltsicherheitsrat, beide schätzen die Reformfähigkeit der Sowjetunion als gering ein, beide wollen nur mit äußerster Vorsicht abrüsten, beide sind mitverantwortlich für Berlin und »Deutschland als Ganzes«, beide erfahren die Übermacht der deutschen Exportwirtschaft und leiden darunter.

Nur noch auf wenigen Gebieten sehen die Franzosen nach wie vor – und zwar viel stärker als die hier selbstbewußteren Deutschen – eine »amerikanische Herausforderung«. Dazu zählen die Raumfahrt (Ariane, Hermes) und der Flugzeugbau (Airbus); mit ganzer Kraft und alles in allem recht erfolgreich verfolgte Frankreich das Ziel, amerikanische Monopole auf den westlichen Märkten zu brechen und selbst das europäische leadership in die Hand zu nehmen.

Am größten sind die Empfindlichkeiten im kulturellen Bereich, wo zwei Kulturen mit weltweitem Anspruch aufeinanderprallten und die amerikanische längst den Sieg davongetragen hat. Die französischen Reaktionen gegen die Überflutung der Fernsehkanäle durch Serien hollywoodscher Provenienz erscheint etwas hilflos, die Bundesrepublik wirkt da gelassener. Immerhin hat es Frankreich besser als Deutschland verstanden, seine eigene Filmindustrie zu stärken und eine lebendige Filmkultur zu erhalten.

Zwar ist für die Deutschen wie für die Franzosen Amerika schon längst nicht mehr ein »Modell«. Freilich bleibt das traurige Fazit, daß die deutsche und die französische Kultur einander weniger beeinflussen, als sie von der amerikanischen beeinflußt werden.

Renata Fritsch-Bournazel

Rußland – Sowjetunion

Der rapide Aufstieg der Sowjetunion zur zweitgrößten Militärmacht der Erde hat wie kein anderer politischer Vorgang in der Mitte des 20. Jahrhunderts die internationale Struktur und die politische Gestalt Europas verändert. So verwundert es nicht, daß die UdSSR über lange Jahre meist als Störfaktor und Feind wahrgenommen wurde, während sich positive Assoziationen seltener einstellten. Anders als die Entspannungsära der siebziger Jahre, scheint die gegenwärtige Phase der Ost-West-Beziehungen eher unsere bisherigen Vorstellungen von der UdSSR nachhaltig zu verändern. Gleichzeitig läßt sich sowohl in Frankreich als auch in der Bundesrepublik Deutschland eine gewisse Rückbesinnung auf traditionelle Elemente der jeweiligen Ostpolitik feststellen, die an unterschiedliche historische Erfahrungen mit Rußland anknüpft.

Ostpolitische Traditionen unterschiedlicher Prägung

Die deutsch-russischen Beziehungen haben sich im Laufe der Jahrhunderte entlang verschiedenen Traditionssträngen entwickelt. Bei den Handelsbeziehungen wäre auf die beherrschende Vermittlerrolle der Städte der deutschen Hanse zu verweisen; politisch muß unterschieden werden zwischen dem Heiligen Römischen Reich und dem Einfluß von Brandenburg-Preußen sowie dem Deutschordensstaat bei der Kolonisierung im Osten. Seit dem 18. Jahrhundert kam als zusätzliche diplomatische Dimension die enge Verbindung der Romanows mit den deutschen Fürstenhäusern hinzu, während es machtpolitisch wiederholt zu deutsch-russischem Zusammengehen gegen als bedrohlich angesehene liberale Strömungen kam.

Der Wiederaufstieg Preußens aus der Niederlage gegen Napoleon vollzog sich im Bündnis mit Rußland. Das Neutralitätsabkommen von Tauroggen stand am Anfang der Auflehnung gegen den französischen Imperator, die dann in die Befreiungskriege mündete. In ihnen wurde Zar Alexander I. für die Deutschen zum »Befreier Europas«, und als die Kosaken 1813 in Berlin einzogen, wurden sie von den Bewohnern der Stadt mit Jubel begrüßt. Nach der Reichsgründung spielte der »Rückversicherungsvertrag« mit Rußland eine wichtige Rolle in der Staatskunst Bismarcks. Zumal der intime Umgang zwischen »Willi« und »Nicki« – wie sich Kaiser Wilhelm II. und Zar Nikolaus II. gegenseitig titulierten – galt beiden und einem großen Teil der Öffentlichkeit als Unterpfand besonderer Beziehungen. Der Ausbruch des Ersten Weltkrieges zeigte, wie wenig Gewicht die familiären Verbindungen der beiden Dynastien tatsächlich hatten, doch kam es nach Kriegsende trotz des Regimewechsels in Rußland bald wieder zu privilegierten Beziehungen. Im französischen historischen Bewußtsein steht hier vor allem der Begriff »Rapallo« als Symbol für eine Politik, mit der sich Deutschland angeblich 1922 gegen den Westen und für das Zusammengehen mit der östlichen Flügelmacht entschieden habe. Der deutsch-sowjetische Nichtangriffspakt von 1939 schließlich besiegelt das Zusammengehen zweier Diktatoren, die Europa und vor allem Polen unter sich aufzuteilen gewillt waren.

In den französisch-russischen Beziehungen prägte die geographische Ferne lange die Vorstellung von einer nicht genau definierbaren Übergangszone zwischen dem europäischen Kontinent und Asien. Der Zusammenprall von französischen und russischen Großmachtinteressen in Europa während der napoleonischen Eroberungskriege markierte das Scheitern der französischen Hegemonialbestrebungen und ließ gleichzeitig die Konturen des machtpolitischen Dreiecks Berlin-Paris-Moskau hervortreten. Als sich Franzosen und Russen im Zweibund von 1894 aus Furcht vor einer gefährlichen Isolierung gegenüber einem übermächtigen Deutschland zusammenfanden und Frankreich sich finanziell am Ausbau der russischen Industrie und Eisenbahn beteiligte, waren umgekehrt gerade die geopolitischen Faktoren zu Determinanten geworden, die eine Verbindung zwischen den beiden Randstaaten des europäischen Kontinents als naturgegeben erscheinen ließen. Um so größer war die Enttäuschung und Verbitterung in Frankreich, als die Bolschewiki 1917 nicht nur die Vorkriegsallianzen aufkündigten, sondern sich darüber hinaus entschlossen, die Schulden des Zarenreiches sowie die Kriegsschulden nicht anzuerkennen. Erst angesichts der vom Dritten Reich ausgehenden Gefahr für Frankreichs vitale Interessen kam es 1935 zu einer Wiederaufnahme der Allianz mit Moskau, bis die Unterzeichnung des Hitler-Stalin-Pakts 1939 das Trauma der Unzuverlässigkeit des russischen Bündnispartners wiederaufleben ließ.

Kontinuität und Wandel nach 1945

Der Zweite Weltkrieg hat sich mit seinen Folgen in mehrfacher Hinsicht auf die außenpolitische Lage der Sowjetunion und auf die westlichen Perzeptionen der Sowjetmacht ausgewirkt. Zum einen übertrifft das Sowjetimperium als Großmacht der räumlichen Ausdehnung und der militärischen Stärke nach das Russische Reich bei weitem. Zum anderen verfestigte sich in der Entfaltung des Kalten Kriegs das Bild der UdSSR als eine Macht mit unbegrenztem Expansionswillen und als Zentrum des als monolithisch eingeschätzten Weltkommunismus. Für Europa war der Ausbruch des Ost-West-Konflikts gleichbedeutend mit dem Ende des Versuchs, noch einmal europazentrische Politik und Herrschaft zu praktizieren.

Die Erhaltung der Handlungsfreiheit im neuen internationalen Kontext und der Versuch, eine unabhängige Politik zwischen den Supermächten zu führen, waren wichtige Triebfedern gaullistischer Ostpolitik. Der Bündnis- und Beistandspakt, den der General im Dezember 1944 mit Moskau abschloß, sollte Schutz vor Deutschland nach traditionellem Muster gewähren, aber auch Frankreichs Position gegenüber seinen westlichen Verbündeten stärken und sein Mitspracherecht bei der Gestaltung der europäischen Nachkriegsordnung absichern. Erst die Enttäuschung über mangelnde sowjetische Unterstützung bei der Durchsetzung französischer Ziele, insbesondere in der Deutschlandpolitik, aber auch der Schock des brutalen sowjetischen Vorgehens beim kommunistischen Umsturz in Prag und wenige Monate später während der Berlin-Blockade führten zur Aufgabe der Mittlerrolle zwischen Ost und West zugunsten einer Solidarisierung mit dem Westen. Erst in den sechziger Jahren gab es wieder eine aktive Phase in den französisch-sowjetischen Beziehungen, als Präsident de Gaulle die Entspannung des Ost-West-Konflikts für eine dynamische Ostpolitik zu nutzen suchte.

Während die IV. Republik in sowjetischer Sicht keinen nennenswerten Machtfaktor darstellte, wurde das Frankreich der sechziger Jahre zu einem bevorzugten Ansprechpartner für die Sowjetunion und andere Ostblockstaaten. Der Austritt Frankreichs aus der militärischen Integration des atlantischen Bündnisses 1966, als Beitrag zur Entspannung und als Signal zum langsamen Abbau der Blöcke und des Blockdenkens gedacht, spielte in diesem Zusammenhang eine gewichtige Rolle. Nachdem die Sowjetunion westliche Hoffnungen auf eine pluralistische Entwicklung in Osteuropa mit dem Einmarsch in Prag 1968 zunichte gemacht hatte, wurde Frankreichs Ostpolitik zunehmend von sicherheitspolitischen Überlegungen geprägt.

Anders als in Frankreich war der Antikommunismus im westlichen Teil Deutschlands eine zentrale Integrationsklammer und wesentlich für die Ausformung der eigenen Identität. Bis zur Mitte der sechziger Jahre war die Ostpolitik der Bundesrepublik weitgehend eine Funktion von Deutschlandpolitik. Eine starke westliche Allianz sollte die Sowjetunion zur Preisgabe der DDR bewegen, die Hallstein-Doktrin andere Länder von der Anerkennung eines zweiten deutschen Staates abhalten. Ohne die Erfahrung von Flucht und Vertreibung, die Millionen Deutsche teilten, und ohne die repressiven Züge des SED-Sozialismus hätte indessen der Antikommunismus in der Bundesrepublik wohl schwerlich diese Wirksamkeit als Integrationsideologie entfalten können. Umgekehrt bestimmten die traumatischen Erfahrungen der Kriegsjahre, die Verwüstungen und menschlichen Verluste, die sich tief in das Kollektivbewußtsein der sowjetischen Bevölkerung eingegraben hatten, die Einstellung gegenüber der Bundesrepublik und trugen entscheidend dazu bei, daß bis in die sechziger Jahre hinein eine von Mißtrauen und Bedrohungsvorstellungen geprägte Feindseligkeit die Beziehungen zwischen Bonn und Moskau prägte.

Erst nach Abschluß der Ostverträge zu Beginn der siebziger Jahre verzichtete die Sowjetunion darauf, das Problem der europäischen Sicherheit ausschließlich unter dem Aspekt der Sicherheit vor Deutschland darzustellen. Die Bundesrepublik, die in gewisser Weise ein Kind des Kalten Krieges gewesen war, paßte sich ihrerseits der neuen Lage an. Die ostpolitische Wende der sozialliberalen Koalition blieb indessen innenpolitisch lange umstritten. In den Augen ihrer Befürworter ermöglichte sie die Sicherung Berlins, erleichterte die menschlichen Kontakte im geteilten Land und verschaffte der Bundesrepublik einen größeren Handlungsspielraum. Die Kritiker betonten dagegen, die Entspannungspolitik der siebziger Jahre habe einer Verharmlosung des kommunistischen Systems Vorschub geleistet und zu einer politisch-psychologischen Abnahme des westlichen Verteidigungswillens geführt. Besondere Brisanz gewann diese Frage zu Beginn der achtziger Jahre, als beide deutsche Staaten trotz der verschlechterten politischen Großwetterlage an dem Kurs einer partiellen Verständigung festhielten und die Sowjetunion ihrerseits versuchte, unter Verweis auf die spezifische deutsche Lage sicherheitspolitische Entscheidungen der Bundesrepublik in ihrem Sinne zu beeinflussen.

Sowjetische Westeuropapolitik auf neuen Wegen?

Seit dem Amtsantritt Gorbatschows im März 1985 zeichnen sich die Konturen eines Konzepts ab, das im Verhältnis zu Westeuropa die kooperativen Elemente betont und die Westeuropäer als wichtigen autonomen Einflußfaktor für eine Beschleunigung des wiederaufgelebten Ost-West-Entspannungsprozesses zu gewinnen versucht. Offenbar wächst in Moskau die Erkenntnis, daß die dringend notwendige Modernisierung der sowjetischen Wirtschaft nicht allein durch Rückgriff auf das RGW-Potential erreicht werden kann, sondern eine Zusammenarbeit mit dem Westen erfordert. Darüber hinaus gibt es Anzeichen dafür, daß die neue Sowjetführung bis zu einem gewissen Grade zu Konzessionen bei der militärischen Vertrauensbildung und der Gewährleistung elementarer Menschenrechte bereit ist. Neben diesen positiven Ansätzen zeigt umgekehrt die scharfe Polemik gegen die nukleare Abschreckung, insbesondere in ihrer westeuropäischen Komponente, daß die neue sowjetische Führung an dem Ziel einer Abkopplung Westeuropas von den USA festhält und eine möglichst weitgehende Denuklearisierung des Kontinents anstrebt. In Hinblick auf die Bundesrepublik hat sich offenbar die Auffassung durchgesetzt, daß diese angesichts ihres politischen und wirtschaftlichen Gewichts nach den USA der wichtigste Ansprechpartner im Westen ist, doch werden gleichzeitig Bestrebungen erkennbar, auch die Sonderrolle Frankreichs wie in den sechziger Jahren stärker zu berücksichtigen.

Die sowjetische Politik unter Gorbatschow bildet eine Herausforderung für den Westen und hat insbesondere im deutsch-französischen Verhältnis zu Bemühungen um die Erarbeitung einer »gemeinsamen Ostpolitik« geführt. Mitte der sechziger Jahre war es der Franzose de Gaulle, der aufrief zu einer Auflockerung der verkrusteten Blockstrukturen. Zwanzig Jahre später kann man sich die Frage stellen, ob die sich abzeichnenden Veränderungen im sowjetischen Machtbereich mittelfristig eine bessere Chance für die Implementierung dieses Ansatzes bilden. Wenn wir nicht aus den Augen verlieren, daß es für die Westeuropäer heute wie damals darum geht, unsere Freiheit zu bewahren und zu schützen, unsere Sicherheit nicht preiszugeben, und die freie Entfaltung unserer Demokratien zu gewährleisten, so könnte das ein praktikables Konzept sein für eine Entspannungspolitik, die auf dem Wege über systemöffnende Kooperation und Überwindung der Grenzen zu einem langsamen Abbau des Ost-West-Konflikts beitragen kann.

Henri Froment-Meurice

Sicherheit

Jahrhundertelang war es Franzosen und Deutschen zur Gewohnheit geworden, die eigene Sicherheit in der Schwächung des anderen zu suchen. Es ist deshalb nicht leicht, sie zum Umdenken zu veranlassen: in der heutigen Welt können sie ihre Sicherheit vernünftigerweise nur durch gemeinsame Stärke wahren.

Zur Schwächung des anderen gab es die klassischen Mittel wie Bündnispolitik und überlegene Rüstung. Solange es Frankreich mit einer Vielzahl kleinerer Staaten zu tun hatte, war es leicht, diese gegeneinander auszuspielen. Sobald aber »das deutsche Ding«, wie de Gaulle sagte, unter der Führung Preußens vereinigt war, wurde die Lage schwierig. Frankreich zu isolieren, war Bismarcks Hauptbestreben, erst Delcassé gelang es, diese Isolierung zu überwinden. Alle gemeinsam verspielten die schreckliche Lektion des Ersten Weltkriegs. Die Suche nach Bündnissen begann von neuem. Zwanzig Jahre lang glaubte Frankreich, die Lage zu meistern, bis Hitler dank Stalins Fehleinschätzung den Spieltisch umwerfen konnte. 1945 schien man erneut in den Teufelskreis einzutreten, als Frankreich, das dank de Gaulle zum Kreis der Siegermächte gehörte, vor der Versuchung stand, Deutschland mit Hilfe der Sowjetunion im Zustand dauernder Schwäche zu halten. Erst als der sowjetische Expansionsdrang zur gemeinsamen Bedrohung wurde, fand man sich auch beiderseits des Rheins bereit, die Notwendigkeit gemeinsamer Sicherheit einzusehen. Dies schuf eine völlig neue Lage: erstmals seit Karl dem Großen – wenn man von den Kreuzzügen absieht – standen Franzosen und Deutsche, »Gallier und Germanen«, wie de Gaulle zu sagen liebte, auf der gleichen Seite der Barrikade.

Kann man vierzig Jahre später im Rückblick sagen, daß diese historische Chance voll genutzt worden ist? Kann man behaupten, daß beide Völker tatsächlich den Weg vom nationalen zum gemeinsamen Sicherheitsdenken gefunden haben? Haben sie sich die Instrumente für eine gemeinsame Sicherheitspolitik geschaffen?

Gemessen am Ausgangspunkt hat sich tatsächlich eine historische Wende vollzogen. Wer hätte im Jahre 1945 eine gemeinsame deutsch-französische Brigade, einen deutsch-französischen Verteidigungsrat und eine französische politische Führung erwartet, die Frankreichs Sicherheit an der Elbe bedroht sieht und gemeinsame Manöver beider Armeen bis hin zur tschechoslowakischen Grenze veranstaltet? Von heute aus gesehen scheint diese historische Entwicklung dagegen noch keineswegs irreversibel. Der Weg ist lang von einer gemischten Brigade bis zu einer gemeinsamen Armee und von der Definition der Sicherheitsinteressen an der Elbe bis zu der Bereitschaft, diese dort uneingeschränkt als lebenswichtig zu verteidigen, von einem Verteidigungsrat bis zu einem wirklich gemeinsamen Verteidigungsministerium. Die entscheidende Frage ist, wie weit man auf diesem Weg in den nächsten Jahren gehen will.

Die Antwort ist durchaus offen, da trotz der spektakulären Fortschritte der letzten Zeit weiterhin erhebliche Hindernisse bestehen. Betrachten wir nur die größten:

1. Franzosen und Deutsche haben keineswegs eine übereinstimmende Einschätzung der sowjetischen Bedrohung. In den letzten vier Jahren war Bonn oft sehr viel rascher als Paris bereit, von »Entspannung« zu sprechen und daraus sicherheitspolitische Konsequenzen zu ziehen, die man in Frankreich für riskant hielt. Dies zeigte sich erneut an den Reaktionen auf Gorbatschows Friedensoffensive und auf die sowjetisch-amerikanischen Rüstungsabkommen. Weitere Divergenzen könnten auftreten, wenn die französische Seite aus dem deutschen Verhalten den Schluß zöge, die Ostpolitik habe nun endgültig die Oberhand gewonnen, während die Deutschen dann umgekehrt Frankreich beschuldigen, dieses bremse den Entspannungsprozeß.
2. Deutschland ist eine geteilte Nation. Die Westdeutschen sind zunächst vor allem bestrebt, durch den Ausbau aller Art von Kontakten mit ihren Brüdern im Osten die Folgen der Teilung zu mildern, ohne dabei eine eventuelle Wiedervereinigung auszuschließen. Selbst wenn sich die Vernünftigsten eine Lösung der »deutschen Frage« nur im europäischen Rahmen vorstellen können, der eine Gesamtentwicklung der Ost-West-Beziehungen voraussetzt, kann die Entwicklung der innerdeutschen Beziehungen in Frankreich schon dann Zweifel wecken, wenn das Gefühl entsteht, daß sie die Deutschen vom zügigen Ausbau der Europäischen Gemeinschaft abbringt. Umgekehrt würde es die Deutschen irritieren, wenn sie feststellen müßten, daß die Franzosen auch weiterhin auf eine Politik zur Aufrechterhaltung der deutschen Teilung setzen.
3. Atomwaffen als Mittel zur Sicherheit wird beiderseits des Rheins unterschiedliche Bedeutung zugeschrieben. Während die Franzosen sie zum Zentralstück ihrer ganzen Abschreckungsstrategie machen und bezweifeln, daß ihr Einsatz im Kon-

flikftall lange herausgezögert werden kann, legen die Deutschen, die sich selbst in erster Linie gefährdet sehen, großen Wert darauf, die Bedeutung von Nuklear-Waffen in der europäischen Verteidigung möglichst weit zurückzustufen und Abschreckung bereits durch konventionelle Rüstung zu gewährleisten. Zwar lächelt man in der Bundesrepublik nicht mehr über das französische »Bömbchen« und ist bereit, seinen Beitrag zur allgemeinen Abschreckung anzuerkennen, gegen seinen örtlichen Einsatz, den Frankreich auch auf deutschem Boden vorsehen könnte, bestehen dagegen schwere Bedenken.

4. Frankreich hat sich seit de Gaulle durch den Rückzug aus der militärischen Organisation der NATO dem automatischen Einsatz seiner Truppen durch politische Entscheidungen im Bündnis und insbesondere der USA entzogen; die deutschen Streitkräfte sind dagegen fast vollständig integriert.
5. Beide Länder haben keineswegs die gleiche Auffassung zur Rolle der USA in der gemeinsamen Sicherheitspolitik. Gewiß ist beiden im Grunde bewußt, daß die eigene Sicherheit ohne die Vereinigten Staaten, ohne deren nuklearen Schirm und ohne die Präsenz amerikanischer Streitkräfte auf europäischem Boden dramatisch gefährdet wäre und ihre Verletzlichkeit gegenüber dem sowjetischen Druck bedrohlich zunehmen würde. Während aber die Deutschen dies meist auch ganz offen zugeben, verhalten sich die Franzosen so, als seien sie wirklich in der Lage, den eigenen Schutz zu gewährleisten. Dies führt dazu, daß deutsche Sicherheitspolitik immer auf die Erhaltung enger Beziehungen zu Washington bedacht sein muß, während Frankreich glaubt, sich Distanzierungen gegenüber den USA leisten zu können.
6. Dies führt auch zu einem anderen Unterschied: das Konzept »Europa« hat in Bonn und in Paris nicht immer die gleiche Bedeutung. Die Deutschen sind gewohnt, die Versuchung eines Europa »à la de Gaulle« weit von sich zu weisen, da es mit dem Risiko einer Abwendung von den USA verbunden scheint. Heute allerdings kann man sich durchaus fragen, ob das Projekt eines Europa »vom Atlantik bis zum Ural« nicht vor allem deutsche Gemüter beschäftigt, während man in Frankreich, wie die

Diskussion über die doppelte Null-Lösung gezeigt hat, viel größere Befürchtungen vor einer Abkopplung von den USA hegt. Wohin diese Entwicklung auf die Dauer auch führen mag, zunächst fürchtet Bonn auch weiterhin, daß jeder französisch inspirierte Versuch zur Schaffung einer »europäischen Identität« in Verteidigungsfragen von den Amerikanern als erster Schritt zum Zerfall des Bündnisses und damit zum Abbau ihres sicherheitspolitischen Engagements in Europa gedeutet werden könnte.

Es wäre falsch, die Tragweite dieser Hindernisse auf dem Weg zu mehr Gemeinsamkeit verhehlen zu wollen. Um sie abzubauen, wäre ein politischer Wille erforderlich, der ebenso stark sein müßte wie einst die Entschlossenheit Schumans, Monnets, Adenauers und de Gaulles. Ohne einen solchen gemeinsamen Willen bleibt es bestenfalls beim Status quo und wächst schlimmstenfalls die Neigung zu einseitigem Vorgehen.

Dabei bilden die militärischen Probleme, so schwierig diese auch sein mögen, keineswegs das größte Hindernis. Es steht durchaus in der Macht einer französischen Regierung, die konventionelle Verteidigung aufzuwerten, das Gebiet der Bundesrepublik Deutschland in die Zone der vitalen Interessen Frankreichs aufzunehmen und ihr ein Mitspracherecht beim Einsatz taktischer Atomwaffen, die auf deutsches Gebiet inklusive der DDR zielen, einzuräumen. Es steht durchaus in der Macht einer deutschen Regierung, einer Verteidigungsgemeinschaft zuzustimmen, die im Rahmen der NATO ein vor allem deutsch-französisches europäisches Gebilde schaffen könnte, das nuklear durch französische und eventuell auch britische Atomwaffen gedeckt wäre. Bei einer derartigen Konstruktion müßte Frankreich die Beziehungen zwischen dem NATO-Oberkommando und dem Kommando dieser europäischen Streitmacht neu überdenken.

Über alle militärischen Probleme hinaus hängt die Möglichkeit einer gemeinsamen Sicherheitspolitik aber letztlich davon ab, inwieweit sich beide Länder ihrer Schicksalsgemeinschaft bewußt sind. Frankreich durchlief in den letzten vierzig Jahren zwei Phasen: zunächst setzte es auf eine gemeinsame Sicherheitspolitik im Rahmen der Atlantischen Allianz; dann versuchte es, ohne die

Allianz zu verlassen, eine Politik sogenannter »nationaler Unabhängigkeit« zu entwickeln. Heute dagegen scheint es einen fest in der Allianz verankerten »europäischen Pfeiler« anzustreben, dessen Kern in einer immer weiteren Integration der französischen und deutschen Verteidigungsapparate liegen soll. Es hat den Anschein, als ob Frankreich von der nichtkommunistischen Linken bis zur liberalen Rechten sich auf seinen europäischen Auftrag besinne und bereit wäre, sich weitgehend mit der Bundesrepublik Deutschland zu integrieren.

Eine solche Entwicklung müßte eigentlich auch die deutsch-französische Annäherung begünstigen. Bedauerlicherweise vollzieht sie sich zu genau dem Zeitpunkt, wo man in der Bundesrepublik Deutschland neue politische Entwicklungsmöglichkeiten in Richtung Osten entdeckt. Dies geht so weit, daß gewisse deutsche Politiker schon heute den Begriff »Gemeinschaft«, der bis jetzt ausschließlich dem atlantischen oder westeuropäischen Bereich vorbehalten war, benutzen, um von einer Art »Sicherheitsgemeinschaft« mit der Sowjetunion zu sprechen, während andere Pläne für eine Konföderation zwischen beiden Staaten Deutschlands entwickeln.

Schließen derartige Projekte die Möglichkeit aus, im Westen eine »europäische Union« und vielleicht zunächst einmal eine »Konföderation« mit Frankreich zu schaffen? Eine positive Antwort ist nur dann denkbar, wenn beide Seiten wirklich bereit sind, die eigene Zukunft mit der des Partners zu verschmelzen. Die Franzosen dürften deshalb den Deutschen nicht das Gefühl geben, daß jede Vertiefung der politischen Integration nur der »Verankerung der Bundesrepublik Deutschland im Westen« dienen und sie von jedem Wiedervereinigungsstreben abhalten soll. Frankreich muß sich deshalb aktiv für das Selbstbestimmungsrecht der Deutschen einsetzen und ohne jeden Hintergedanken dafür eintreten, daß Deutschland eines Tages wiedervereinigt werden kann. Umgekehrt setzt dies voraus, daß die Deutschen bei aller Vertiefung der innerdeutschen Beziehungen und bei aller Ostpolitik diese nicht einseitig in bloß deutschem nationalem Interesse betreiben, sondern ihrerseits ohne alle Hintergedanken dafür eintreten, daß die deutsche Zukunft in der Bildung einer immer weiter integrierten westeuropäischen Einheit liegt. Franzosen und Deutsche können ihre gemeinsame Zukunft nur dann sichern, wenn sie auch gemeinsam in der Lage sind, den Prozeß der Einigung Westeuropas und den Prozeß der Überwindung der deutschen Teilung miteinander vereinbar zu machen.

Hier liegen die Fragen einer wirklich gemeinsamen deutsch-französischen Sicherheitspolitik. Unsere größte Gefährdung besteht darin, daß wir die Augen vor ihrer wahren politischen und militärischen Tragweite verschließen und uns darauf beschränken, von Zeit zu Zeit einige kleine Schritte zu machen, die bloß symbolisch bleiben. Zur Zeit spricht wenig dafür, daß es uns gelingen wird, weiterzukommen.

Horst Afheldt
Sicherheit

Verteidigung – die deutsch-französischen Mißverständnisse

Bis zum 8. Dezember 1987 war für die Bundesrepublik Deutschland Sicherheit gleichbedeutend mit dem Schutz der NATO, ihrer »Strategie der flexiblen Reaktion« und der Kriegsverhütung durch die amerikanischen Nuklearwaffen.

Frankreich dagegen konnte sich nicht vom Traum vergangenen Ruhmes lösen und schien mit seiner »force de frappe«, die viele für eine »farce de frappe« hielten, Supermacht spielen zu wollen. Ein Land also, das die Nuancen der Strategie der flexiblen Reaktion nicht begriffen hatte. Diesem Land hielt man in der NATO einen leeren Stuhl in der Hoffnung frei, daß selbst Frankreich eines Tages die Weisheit der amerikanischen Strategie begreifen würde.

1979 faßte die NATO den Beschluß, auf dem Boden der westeuropäischen Verbündeten 572 Mittelstreckenraketen zu stationieren. Angesichts des Widerstandes der Friedensbewegung in der Bundesrepublik Deutschland, den Niederlanden, in Belgien und Italien gegen die Aufstellung dieser amerikanischen Raketen, entstanden in Frankreich zahlreiche Mißverständnisse. Man betrachtete diese »Pazifisten und Neutralisten« mit der gleichen Ablehnung wie einst die »Militaristen«. Diese Mißverständnisse hatten für die deutsch-französische Zusammenarbeit schwerwiegende Folgen, obwohl doch erstmals eine starke politische Strömung in der Bundesrepublik Deutschland sich ein Prinzip zu eigen gemacht hatte, das in Frankreich seit de Gaulle allgemein anerkannt war: die Ablehnung einer Politik, die das Überleben Europas in die Hände eines amerikanischen Präsidenten legt. Eines Präsidenten, der geschworen hat, die amerikanischen Interessen und keine anderen zu wahren.

Am 8. Dezember 1987 unterzeichneten der amerikanische Präsident Reagan und Generalsekretär Gorbatschow in New York den Vertrag über den völligen Abbau der Mittelstreckenraketen in Europa. In der Bundesrepublik Deutschland fand dies von Rechts bis Links überwiegend positives Echo. Ganz anders in Frankreich. Billigung vor allem Links, Irritationen überwiegend Rechts und sogar groteske Überreaktionen: »Europa entwaffnet«, so lautete die Schlagzeile des *Figaro* am 9. Dezember 1987. Dabei hatte man doch gar nicht beschlossen, europäische Waffen abzubauen. Und auch keine französischen oder englischen Nuklearwaffen. Und »entwaffnet«? In Europa besteht weiterhin die größte Konzentration konventioneller Waffen, überdies liegen hier Tausende amerikanischer taktischer Kernwaffen sowie die französische und englische Nuklearstreitmacht – die ausreichen, unseren Kontinent mehrfach zu vernichten.

Eine derartige Explosion von Irrationalität ist aber symptomatisch für eine Tatsache: die Periode, die uns vertraut war, ist zu Ende. Unbekanntes steht vor der Tür. Genießen Sie den (kalten) Krieg, der Friede könnte fürchterlich werden.

Wenn Strukturen, an denen man zu lange festgehalten hat, zusammenbrechen, müssen auch die politischen Ziele neu definiert werden.

Eine Politik für Europa?

Heute bildet sich in Europa langsam ein Konsens heraus – insbesondere in Frankreich und Deutschland: es ist Zeit, ein Konzept für eine größere Unabhängigkeit Europas zu entwickeln. Präsident Mitterrands Erklärungen beim Staatsbesuch Erich Honeckers in Paris im Januar 1988 legen seine Absichten offen zutage: »Ich glaube an die Unabhängigkeit Europas und hoffe sie herbei. Ich wünsche seine Einigung und bin ein entschlossener Anhänger der Europäischen Wirtschaftsgemeinschaft. Ich wünsche, daß sie sich noch weiter zu einer politischen Gemeinschaft, vielleicht sogar zu einer Verteidigungsgemeinschaft entwickelt. Ich glaube aber, daß es überaus kurzsichtig wäre und jedem Sinn für Geschichte zuwiderliefe, Europa nicht in seiner gesamten Wirklichkeit zu betrachten. Wir müssen eine enge Übereinstimmung (...) zwischen den Ländern herbeiführen, die man als die Länder im Osten und als die im Westen bezeichnet...«[1]

Der ehemalige Bundeskanzler Helmut Schmidt hat 1987 in Paris entsprechende Thesen entwickelt. Er sagte: »Aus gesamtstrategischer Sicht scheint de Gaulle ganz am Anfang der sechziger Jahre die Vision eines Europas als eines unabhängigen Gebildes vor Augen gehabt zu haben. Dieses Gebilde sollte von Frankreich und wahrscheinlich von ihm selbst geführt werden und gleichberechtigt mit Amerika auf der einen Seite und mit Rußland auf der anderen sprechen (er verwendete übrigens niemals den Begriff »Sowjetunion«). In diesem Kontext sollte Frankreich seine Stärke auf seine unabhängige Nuklearrüstung gründen und somit die einzige Nuklearmacht auf dem westeuropäischen Festland sein. Dieses Westeuropa wäre selbstverständlich mit den Vereinigten Staaten und mit Großbritannien verbündet, würde sich aber nicht von diesem Bündnis abhängig machen. Die Deutschen ihrerseits wären bereit, die französische Führung zu akzeptieren.«[2]

Es gibt aber politische Hindernisse:

1. Die Furcht, ein Widerstand gegen die UdSSR sei ohne die bedingungslose Unterstützung der Vereinigten Staaten nicht mög-

lich. Wer so denkt und überzeugt ist, daß die Präsenz amerikanischer Kernwaffen in Europa für das Überleben Europas unerläßlich ist, hat damit bereits die Vorstellung von einer Unabhängigkeit Frankreichs und Europas aufgegeben.

2. Die Unfähigkeit der Westeuropäer, sich selbst in Fragen von viel geringerer Tragweite zu einigen. Beispiel: die EG-Agrarpolitik, Geschwindigkeitsbeschränkung auf den Straßen.
3. Die in Europa und insbesondere in Frankreich weitverbreitete Angst, daß die beiden deutschen Staaten, wenn sie in einem wiedervereinigten Europa ebenfalls wiedervereinigt wären, ein Übergewicht erhalten könnten.

Eine deutsch-französische Übereinstimmung über eine Verteidigungspolitik für Europa?

Die Probleme:

1. In der Sicht vieler Franzosen ist die Bundesrepublik Deutschland eine Art »Champagne«. Die Champagne war das Schlachtfeld in zwei Weltkriegen. Die Spuren schrecken. Frankreich möchte nie wieder an vorderster Linie bei einer militärischen Auseinandersetzung in Europa stehen. Frankreich sieht sich heute besser, die Bundesrepublik Deutschland schlechter gestellt.
2. Dennoch kann man eine gemeinsame Verteidigung nicht auf der These aufbauen: Ihr seid schlechter gestellt. Jede Verteidigung Europas muß die Interessen jenes Landes berücksichtigen, auf dessen Territorium die ersten Kampfhandlungen ausbrechen müssen. Heute ist dies die Bundesrepublik.
3. Eine Verteidigung der Bundesrepublik Deutschland mit Kernwaffen, ob dies nun amerikanische Lance oder die französischen Waffen Pluton oder Hades sind, vernachlässigt die Lebensinteressen der Deutschen.

Helmut Schmidt: »Die Kernwaffen sind einer der Gründe für die sogenannte Friedensbewegung und den ›Ökopazifismus‹ (...) Sollten sie jemals eingesetzt werden, würde es übrigens bedeuten, daß der Kampfeswillen der deutschen Soldaten innerhalb von 72 Stunden zusammenbräche.«[3]

Ergebnis: Eine gemeinsame deutsch-französische Verteidigungspolitik und die Verwendung taktischer französischer Nuklearwaffen schließen sich gegenseitig aus (auch dann, wenn man diese als prästrategisch bezeichnet). Diese Tatsache wird in Frankreich offenbar immer deutlicher begriffen.[4]

4. Die Entscheidung über die französische Abschreckung durch Nuklearwaffen ist unteilbar. Dieses Faktum beruht auf dem Wesen der Abschreckung selbst und wird von Präsident Mitterrand immer wieder betont.[5] Bundeskanzler Helmut Kohl hat seinerseits in *Le Monde* in aller Eindeutigkeit erklärt: »Es ist absolut ausgeschlossen, daß wir irgendeine Art von zweitem Schlüssel für den Einsatz dieser Waffen fordern (...)«[6]

Lösungen:

1. Dennoch kann eine gemeinsame Verteidigungspolitik möglich werden, wenn man ihre Ziele in geeigneter Form formuliert. Das Ziel einer derartigen europäischen Sicherheitspolitik kann nicht die totale Niederlage des Warschauer Paktes sein, sondern ist die Erhaltung der Unabhängigkeit Westeuropas und die Erzielung größerer Unabhängigkeit Osteuropas. Unter diesen Verhältnissen ist es für die Abschreckung eines Angriffes von seiten des Warschauer Paktes notwendig und zureichend, wenn ein sowjetischer Generalstab niemals in der Lage sein wird, einen Plan zu entwickeln, demzufolge er einen Krieg in Europa beginnen und ihn auch zugunsten der Sowjetunion *beenden* kann. Dies erfordert, daß die Bundesrepublik Deutschland mit konventionellen Mitteln gegen jeden konventionellen Angriff des Warschauer Paktes verteidigt werden kann. Das Problem liegt darin, daß eine derartige wirksame und zuverlässige konventionelle Verteidigung nicht wie das gegenwärtige Verteidigungssystem angelegt sein kann, sondern neue Strukturen erfordert.
2. Eine Politik der Wiedervereinigung Europas kann nicht über die Tatsache hinweggehen, daß in einem unabhängigeren Europa die deutsche Armee auch die größte Armee Europas wäre.

Nicht nur in Frankreich bestehen demgegenüber Vorbehalte oder auch starke Irritationen. Eine streng auf Verteidigung abgestellte deutsche Armee, die unfähig wäre, in welcher Richtung auch immer eine Offensive zu führen, wäre ein Element der Beruhigung für ganz Europa.

3. Es ist deshalb unerläßlich, ein Sicherheitssystem zu entwickeln, das ganz auf Verteidigung spezialisiert und in dem die Verteidigung jedem denkbaren Angriff überlegen ist. Heute ist in Europa eine derartige Form der Verteidigung möglich.[7] Es ist sogar vorstellbar, eine derartige Überlegenheit der defensiven Kräfte gleichzeitig im Westen und im Osten herzustellen. Immerhin hat der Warschauer Pakt bereits mehrfach eine Umstrukturierung der konventionellen Kräfte in Europa und ihrer Spezialisierung auf Verteidigung vorgeschlagen.[8]

Anmerkungen

1 Le Monde, 8.1.88, S. 5.
2 Europa-Archiv, Folge II/1987, S. 306.
3 A. a. O., S. 308.
4 Erklärungen von Präsident Mitterrand am 18.12.87 (SZ 19./20. September 1987, S. 7). Premierminister Chirac, am 12.12.87, Le Monde, 13./14.12.87.
5 Erklärung von Präsident Mitterrand am 18.12.87 (SZ 19./20.12.1987, S. 7) und vom 18.1.88 in »Die Welt«; Le Monde 19.1.88, S. 3 sowie Premierminister Chirac, 12.12.87, Le Monde 13.12.87.
6 20.1.88 (S. 1 und 6).
7 Ich habe ein derartiges Verteidigungssystem in meinem Buch Defensive Verteidigung (Hamburg 1983) vorgeschlagen. In einer Tiefe von 100 km sollten die Grenzzonen durch leichte Einheiten verteidigt werden, die in ihnen wohlbekannten Positionen kämpfen und für die Verteidigung ausgerüstet sind.
8 Address of Warsaw Pact Treaty member states, 11 June 1986. Soviet Weekly Supplement, 21 June 1986.
Memorandum of the Government of the Polish People's Republic on Decreasing Armaments and Increasing Confidence in Central Europe, Warsaw, 17 July 1987 (siehe auch: Zagorsky, Anatoli: The Way to Security: Polish Initiative, in: International Affairs (Moscow), January 1988, S. 28–32).
Kommuniqué der Tagung des Politischen Beratenden Ausschusses der Teilnehmerstaaten des Warschauer Vertrages in Warschau am 15./16. Juli 1988.

Sabine von Oppeln

Atom

In den siebziger und achtziger Jahren haben sich über das »Atom« deutsch-französische Auseinandersetzungen entzündet, die durch Mißverständnisse, Sprachlosigkeit und Aggressivität gekennzeichnet sind. Die Geschichte des »Atoms« in beiden Ländern zeigt jedoch neben wichtigen Unterschieden viele Parallelen.

Nicht in den USA, sondern in Europa, speziell in Paris und Berlin stand die Wiege der Atomentwicklung. Die Namen Henri Becquerels, Pierre und Marie Curies sowie die Berliner Forschergruppe Otto Hahn, Lise Meitner und Fritz Straßmann und die Pariser Forscher Frédéric Joliot Curie, Hans Halban und Lew Kowarski sind mit den bahnbrechenden Entdeckungen für die Nutzung der Atomkraft verbunden. Die Initiative zur Entwicklung der Atombombe in den USA, die mit dem Abwurf der Bomben über Hiroshima und Nagasaki ihren ersten die Welt erschreckenden Höhepunkt fand, kam von europäischen Emigranten.

Die Deutschen haben nach dem Zweiten Weltkrieg notgedrungen auf eine eigenständige Atomwaffenentwicklung verzichtet. Überdies wurde ihnen im Kontext dieser Entwicklung, die mit dem Streit über die Nachrüstung ihren jüngsten Höhepunkt fand, das beschränkte Selbstbestimmungsrecht deutlich vor Augen geführt.

Das durchaus anspruchsvolle und anfangs auch erfolgreiche bundesdeutsche Programm zum Ausbau der »zivilen« Atomkraft geriet in der zweiten Hälfte der siebziger Jahre in eine erhebliche Krise. Ein überdimensionaler Kernenergieausbau konnte vermieden werden.

Der relative Erfolg der Anti-AKW-Bewegung, der Grünen und die Dynamik der Friedensbewegung zu Beginn der achtziger Jahre erweckten in Frankreich uralte Ängste vor dem Abdriften der Deutschen aus dem gesellschaftlichen und sicherheitspolitischen Basiskonsens der westlichen Demokratien.

In Frankreich waren der Widerwille gegen eine amerikanische Vorherrschaft in Europa und das Streben, die Dominanz gegenüber der ökonomisch wiedererstarkenden Bundesrepublik zu wahren, wichtige Ursachen für den Aufbau der »force de frappe« – Symbol der Größe und Unabhängigkeit des französischen Nationalstaates. Über den militärischen Wert der nationalen Nuklearstreitmacht wurde von ihrer Geburtsstunde an gestritten. Die Tatsache, daß der französische Nuklearpartikularismus auf den Schutz des atomaren Schirms der NATO und auf das bundesdeutsche Glacis angewiesen ist, läßt sich nur schwer vertuschen. Dennoch halten die Franzosen von de Gaulle bis zu Mitterrand, sehr zum Ärger der bundesdeutschen Nachbarn, starr an ihrer durch die »force de frappe« symbolisierten Sonderrolle fest.

Hinzu kommt die ebenfalls vom nationalen Unabhängigkeitsstreben bestimmte und eng mit der militärischen Atomkraftnutzung verbundene »zivile« Kernenergieentwicklung. Nach anfänglichen Schwierigkeiten wurde im Unterschied zur Bundesrepublik ab 1974 der anspruchsvolle, zentral gelenkte Atomenergieplan ohne Verzögerungen durchgesetzt. Der überdimensionale Kernenergieausbau, der Frankreich den zweiten Platz auf der Weltrangliste der Atomenergieproduzenten verschafft, schürte das Mißtrauen der für die Gefahren der Atomkraft immer sensibler gewordenen Deutschen.

Die Angst der Deutschen vor dem »gefährlichen Atomnachbar« scheint verständlich. In der Bundesrepublik gab es nicht zu allen Zeiten und in allen Teilen der Gesellschaft nur Atomkritiker, Ökologen und Pazifisten. Andererseits ist auch der atomare Konsens der Franzosen mehr Mythos als Realität.

Die bundesdeutsche Bewegung gegen die Atombewaffnung in den fünfziger und frühen sechziger Jahren stand in engem Zusammenhang mit dem Widerstand gegen die Remilitarisierung und der damit verbundenen festen Einbindung der Bundesrepublik in den westlichen Machtblock. Der Protest konnte nicht verhindern, daß sich schon in der Atomdebatte des Bundestages 1958 die Mehrheit der Abgeordneten für eine Fortsetzung der Wehrpolitik der Bundesregierung und für die Ausrüstung der Streitkräfte mit den »modernsten Waffen« aussprach. Das durchaus zweideutige Engagement der SPD in dieser Bewegung fand 1960 mit dem eindeutigen Bekenntnis zur Adenauerschen Politik der Westintegration ein

Ende. Die erste Welle der Anti-Atombewegung, die überdies in weiten Teilen die »zivile« Atomentwicklung als Chance der Menschheit propagierte, verlor an Dynamik. Erst in der Friedensbewegung der achtziger Jahre wurde die Frage der Atomrüstung – nun unter dem Vorzeichen der in Europa geschaffenen Realitäten – wieder aufgegriffen.

Wie kontrovers die Atompolitik in Frankreich war, zeigt die Tatsache, daß der für den Aufbau der »force de frappe« entscheidende Rüstungsplan 1960–1964 nur mit dem parlamentarischen Zwangsmittel der Vertrauensfrage durchgesetzt werden konnte. Die gesamte französische Linke stand jahrelang der »force de frappe« feindlich gegenüber. Erst 1977/78 arrangierten sich die Führungen der kommunistischen und sozialistischen Parteien, gegen den Willen der Mehrheit ihrer Mitglieder und Sympathisanten, mit den geschaffenen Tatsachen.

Auch in Frankreich gab es in den fünfziger, sechziger und achtziger Jahren engagierte Friedensgruppen. Sie wurden diskreditiert durch die Friedensbewegung (Mouvement de la Paix), die im wesentlichen von der jahrzehntelang Moskau-treuen Kommunistischen Partei bestimmt wurde. Die Durchsetzungskraft der Kritiker der Atomrüstung leidet weiter unter dem Mangel an Information und öffentlicher Diskussion und der Selbstherrlichkeit sowie den autoritär-technokratischen Durchsetzungsmethoden der geschlossenen und zentralstaatlich gebundenen Machtelite Frankreichs. Die Tatsache, daß rund ein Drittel der Franzosen kontinuierlich der nationalen Nuklearstreitmacht feindlich gegenüberstand und daß die Hälfte der Franzosen der bundesdeutschen Friedensbewegung der achtziger Jahre durchaus Sympathie entgegenbringt, findet in der französischen Politik keinen Widerhall.

Gleiches gilt für die »zivile« Kernenergienutzung. Die französische Ökologie- und Anti-AKW-Bewegung, die im Unterschied zur bundesdeutschen Bewegung nie den Aspekt der militärischen Atomnutzung aus ihrem Blickfeld verlor, zeigte ihre Bedeutung bereits zu Beginn der siebziger Jahre. Der Protest gegen die Atomkraftwerke in Frankreich wies entgegen allen deutschen Vorurteilen zeitweise die gleiche, zum Teil sogar eine größere Heftigkeit auf als in der Bundesrepublik. Allerdings blieben den französischen Atomkritikern in der Konfrontation mit der rigiden zentralstaatlich gelenkten Durchsetzung des Kernenergieprogramms und mit den außerordentlichen Bestechungsmöglichkeiten des staatlichen Monopolunternehmens EDF jegliche Einwirkungsmöglichkeiten und Erfolgserlebnisse verwehrt. Die Öffnung der Sozialisten gegenüber den Kernkraftkritikern, die im wesentlichen durch die Zuspitzung des Machtkampfes zwischen dem rechten und linken politischen Lager in der zweiten Hälfte der siebziger Jahre begründet war, und der Verrat aller auf die Linksregierung konzentrierten Hoffnungen nach 1981 trug zum Autonomieverlust und schließlich zur Ohnmacht der Anti-AKW-Bewegung bei.

Die bundesdeutsche Anti-AKW-Bewegung, die ihre Kraft erst 1975 mit dem Konflikt um das Atomkraftwerk Wyhl entfaltete, verdankt dagegen ihre autonome Durchsetzungskraft bis hin zum Erfolg der Grünen der Geschlossenheit und mangelnden Sensibilität des etablierten Parteiensystems. Spiegelbildlich zur Wende der französischen sozialistischen Partei hat die SPD erst zu Beginn der achtziger Jahre unter dem Eindruck ihres Machtverlustes und des wachsenden Drucks der Grünen eine Öffnung gegenüber der Atomkritik vollzogen. Überdies haben die weitaus komplexeren politisch-administrativen Entscheidungsprozesse und die mangelnde Einheitlichkeit der bundesdeutschen Machteliten die für die Dynamik der Bewegung wichtigen Erfolgserlebnisse ermöglicht.

Der Unterschiedlichkeit der Artikulations- und Durchsetzungsbedingungen des Atomprotestes steht die weitreichende Parallelität in der Einstellungsentwicklung – insbesondere zwischen 1975 und 1981 gegenüber. Die Zahl der Kernenergiekritiker ist in diesem Zeitraum in Frankreich um 22%, in der Bundesrepublik um 16% gestiegen. Die Auseinanderentwicklung der Meinungsbilder zu Beginn der achtziger Jahre ist vornehmlich ein Spiegelbild der von diesem Zeitpunkt an extrem auseinanderklaffenden Chancen zur Durchsetzung der Atomkritik im Feld der institutionalisierten Politik. Daß die Resignation und die Akzeptanz des »mal nécessaire« bei den Franzosen kein Dauerzustand sein muß, zeigt die Intensivierung der Atomkritik nach der Katastrophe von Tschernobyl. 1986 sprach sich nicht nur in der Bundesrepublik, sondern auch in Frankreich erstmals eine Mehrheit für den Stop des Atomprogramms aus.

Die Verantwortung für das Hitlerregime und die Leiden des Zweiten Weltkrieges haben bei den Deutschen ein Bewußtsein hinterlassen, das mit den Worten »nie wieder Krieg« und »nie wieder sprachlos einer Katastrophe entgegen gehen« zu umreißen ist und zur Erklärung der engagierten Atomkritik herangezogen werden muß. Im Gegensatz dazu hat das pazifistische Wagnis der Franzosen in den dreißiger Jahren, das im Trauma von München 1938 und der Niederlage von 1940 sein dramatisches Ende fand, das Streben »nie wieder schwach zu sein« begründet. Die negative Besetzung des Pazifismus hat hier ihre Ursache.

Die fehlende nationale Identität und der diese ersetzende Basiskonsens über die bundesrepublikanische Wohlstandsgesellschaft hat zunächst eine breite Zustimmung, zum Teil sogar Begeisterung für die Atomkraftwerke als Symbol des Fortschrittes zur Folge gehabt. Andererseits ist der Mangel an übergeordneten nationalen Werten der Grund für die besondere Intensität, die die seit Beginn der siebziger Jahre wachsende Kritik an der sinnentleerten hochindustrialisierten Gesellschaft in der Bundesrepublik erfahren hat. In dem primär von industriellen Interessen bestimmten Atomprogramm fand diese Kritik eine geeignete Zielscheibe. In Frankreich hat dagegen das stark ausgebildete Nationalbewußtsein und die Deklarierung der Atompolitik zur nationalen Priorität als Bollwerk gegen die anwachsende Kritik fungiert.

Die Gefahren sind für Franzosen und Deutsche sehr ähnlich. Die Möglichkeiten ihrer Wahrnehmung sind jedoch infolge der unterschiedlichen Besiedelungsdichte, Größe und geographischen Lage beider Länder recht verschieden. Nicht in Frankreich findet man die größte Konzentration militärischer Kräfte auf der Welt, sondern in Deutschland. Nicht in Frankreich liegt die Grenze zwischen den Machtblöcken, sondern in Deutschland. Nicht in Frankreich stolpert man auf Schritt und Tritt über hochgefährliche Industrie- und Atomanlagen, sondern in Deutschland. So ist es kein Wunder, daß nicht die Franzosen in Deutschland, sondern die Deutschen in Frankreich Ruhe und Erholung suchen.

Katharina von Bülow
Ein paar Bemerkungen zur Deutsch-französischen Verständigung

Jedes Jahr jagt eine Konferenz die andere. Bei den Organisatoren dieser Kolloquien sind die deutsch-französischen Beziehungen mehr als beliebt. Dazu kommt – seit dem Erscheinen des neuen Sterns am politischen Himmel, Michael Gorbatschow, Erfinder der Europäischen Datscha, die nicht zu unterdrückende Lust auf das auch monetär geeinigte Europa. Selbst die von Blut und Eisen träumende Premierministerin aus dem fernen Insellande findet die Idee charmant. Aber der wirkliche und erfolgreichste Star dieser Konferenzen, Studientage oder sonstiger Treffen ist ganz ohne Zweifel die gefederte, die bundesgenössische, föderal organisierte Deutsche Republik. Sie fasziniert, beunruhigt, amüsiert, verärgert und begeistert die Bewohner ihres Nachbarlandes links vom Rhein gelegen, oder rechts, wenn ich gen Norden schaue. Wie eine königliche Braut wird sie umgarnt. Braucht man sie doch so dringendlich für das so heiß ersehnte, gemeinsame Haus. Man hofft auf ihre Mitgift, sicherlich, nur fürchtet man die Macht der deutschen Mark. Man erwartet absolute Treue, bitte keine Sonderwege! Doch will man sich im Frankenlande das Recht auf nukleare Seitensprünge gern bewahren. Also weiß man nicht so recht, mit wem man sich vermählen soll. Da gibt es Rechte in der Mitte, linke Genscheristen, grüne Neutralisten, bräunlich angehauchte Extremisten und die eigentlich ganz braven Sozio-Demokraten die, trotz gefährlicher Tändeleien mit dem Osten, (siehe Egon Bahr und Oskar Lafontaine) für eine Heirat wohl in Frage kämen. Wer die Wahl hat, hat die Qual! Wer, Herr Gott im Himmel, ist da wohl der sicherste Partner? Die armen Deutschen haben Angst vor nuklearem Regen. Was liegt da näher, als sich mal wieder von Väterchen Rußland beschützen zu lassen. Der Geist Rapallos schwebt drohend, doch diskret, über den ansonsten so herzlichen Zusammentreffen. Schnell muß es auch noch gehen, denn auch Michael wirbt um die Braut. Als Aussteuer bietet er Kostbares: auf den

Misthaufen der Geschichte sollen die Geschosse wandern, Kurz-, Lang- und Mittelstrecken werden abgebaut, Märkte öffnen sich und mit ihnen die Herzen der Menschen in Ost und West.

Wie soll man da die Braut zur Treue zwingen? Tschernobyl hat Spuren hinterlassen. Das Ozonloch bedroht die ganze, weite Welt. Deutschland, über das man so gelacht hat im Frankenlande, ist grüner denn je. Die Heirat, wenn auch noch so schwierig, muß so schnell wie möglich über die politische Bühne gehen.

Jetzt etwas ganz persönliches: ich bin Deutsche von Geburt, doch Französin geworden, da ich teure Steuern zahle. Ich beobachte meine deutschen Freunde, vor kurzem noch meine Mitbürger, mit dem im Frankenlande üblichem Mißtrauen und Erstaunen, ob sie nun von anti-nuklearen Ideologien behaftet sind oder ganz einfach die berüchtigte deutsche »Angst« haben. Charles de Gaulle und François Mitterrand sind mir selbstverständliche Vorbilder. Die französische Schlagkraft und die unbedingte Unabhängigkeit des Landes, das als geweihte Stätte gilt, sind auch für mich Voraussetzung jeglicher Verhandlungen. Gegen Radioaktivität bin ich gefeit und die Atlantische Allianz ist unveräußerlich. Gebe Gott, daß nukleare Wolken nur gen Osten ziehen!

Mit diesen meinen Überzeugungen begebe ich mich zum »Senat«. Dort findet das hundertste Treffen deutscher und französischer Patrioten statt, schnellstens organisiert unter dem Druck nuklearer Katastrophen. Thema des Treffens: nach Tschernobyl, deutsche Ängste und französische Gleichgültigkeit. Der Saal ist voll von erschütterten, aber würdigen Menschen. Ein französischer Sprecher, zur allgemeinen Überraschung, möchte nun doch sein französisches Ohr den deutschen Ängsten öffnen. Sein Kollege, überzeugter Atlantist und Chef-Redakteur einer Wochenzeitschrift, nickt höflich mit dem Kopf. Ein bißchen mehr Gehör ist er bereit zu opfern, aber nicht mehr. Er ist und bleibt überzeugt, daß die lieben Deutschen irregehen, wenn sie meinen, sich der nötigen Modernisierung (der Waffen) und den sowjetischen Bedrohungen (wenn auch von Gorbi leicht abgeschwächt) entziehen zu können, indem sie die Atomhähne zudrehen und deutschen Boden neutralisieren. Der einzigste deutsche Teilnehmer dieses Treffens, ein »konservativer« Journalist, muß einsam und alleine die

Verantwortung für die gesamt-deutschen Ängste übernehmen, für die historischen wie für die aktuellen. Als bi-kulturelle Frau versuche ich eine Brücke zu schlagen zwischen der französischen Gleichgültigkeit und der deutschen »Angst«. Das Publikum schunkelt hin und her, von rechts nach links. Rechts liegt die Treue zu französischer, nuklearer Abschreckungspolitik, links die Angst vor nuklearem Regen.

Seit diesem Treffen sind Europa und Frankreich merklich grüner geworden. Ein gewisser Antoine Waechter wacht, seit den letzten Kommunalwahlen von 1989, strengen Blicks über Wälder und Seen. Im Elysée Palast wird Grün nach Gold zur Hauptfarbe erklärt und ein Ministerium für geläuterte Umwelt erfunden. In diesem Zusammenhang soll ein alter Berliner Witz erwähnt werden. Eine alte Dame steht am Rande des Bürgersteigs und starrt auf die Ampel. Es wird rot, gelb, grün, doch sie rührt sich nicht. Ein junger Schupo klopft ihr nach etlichen Minuten auf die Schulter und flüstert ihr ins Ohr: »Grüner wird's nicht werden, gnädiges Fräulein.« Vielleicht wird Helmut eines Tages seinem Freund François Ähnliches ins Ohr flüstern!

Nun aber zurück zu unseren deutsch-französischen Treffen. Ein paar sehr dynamische Franzosen denunzieren schonungslos den totalen Mangel an Informationen. Regierung und Atomindustrie scheinen eifrig ihre Geheimnisse zu hüten. Ein Korrespondent der *Zeit* beschwert sich bitterlich darüber, hauptsächlich im Namen der grundgesetzlich garantierten Pressefreiheit. Niemand scheint zu verstehen, daß die Regierenden nur unnötige Panikstimmung verhindern wollten. Hatte doch so manche deutsche Mutter ihr Kind lieber abgetrieben, als es möglichen Krebskrankheiten auszusetzen. Es ist schon schlimm mit diesen deutschen Idealisten. Träumen sie doch schon wieder von einer reinen Welt, frei von Geistererscheinungen und Kriegsgerassel. »Friede auf Erden, und den Menschen ein Wohlgemut«, so hatte es ein holländischer Freund einmal formuliert.

Spricht man ohne Unterlaß von unerlaubten Becquerel, läuft man Gefahr, die so nötige nukleare Schlagkraft mit der Nachttischlampe zu verwechseln. Also, was tun? Die Aktivität ionisierender Strahlung harmonisieren? Atomkraftwerke bombensicher machen? Das französische Volk besser informieren? Von den sowjetischen Brüdern mehr Vorsicht und weniger Geheimnistuerei erwarten? Die heilige, französische, atomar konzipierte Abschreckung mit einer gemeinsamen, europäischen Verteidigung verschmelzen? Oder einfach beten, da der liebe Gott keine Grenzen kennt? Oder, wie es die radikalen Gegner der »Licht durch Atomenergie« – Theorie möchten – dem ganzen Spuk ein Ende setzen? Nicht Frieden durch Krieg, sondern Frieden ohne Waffen, so soll es sein. Das Publikum, trotz Hitze, zollt dem Treffen zufriedenen Beifall.

Und ich? Mein bisheriger, unerschütterliche Glaube an eine ewig heile Welt ist leichter Sorge gewichen. Der Kosmos scheint der politischen Weltordnung neue Grenzen gesetzt zu haben. Nur an Neutralismus glaube ich noch immer nicht. Radioaktive Wolken, ganz wie die Kultur, verweigern zwar den Grenzen den Respekt, aber auch neutralisiertem Boden. Was tun? Das französische Sanktuarium mit den Wassern der Elbe bereichern, um der deutschen Braut die Treue zu erleichtern?

Auf all diese Fragen hoffe ich baldigst eine Antwort zu finden. Auf geht's, zum nächsten deutsch-französischen Treffen. Thema: zwei Staaten, eine Nation, die deutsche Frage neu gestellt. Eine Oratorin fragt sogleich: »Die deutsche Wiedervereinigung, kann, ja soll sie sein?« Die deutschen Bundesbürger scheinen sie zu wollen, doch wissen sie, daß es sich hier um reine Utopie handelt. Im anderen Deutschland träumt man von Reisen, baut sich Nischen (der Freiheit) oder man wird zum Mauerspringer. Die Nation – langfristig ein Ziel für die kulturpolitisch uneinigen, aber ursprünglich einheitlichen Staatsbürger beider Teile – ist der Ort, wo pazifistische Hoffnungen das vereinen, was die Realität geteilt hat. Gefahr droht also nicht, zumindest nicht sofort. In meinem, historisch vorbelasteten Ohr klingt das alles etwas zu optimistisch. Bin ich doch Deutsche und weiß um die erdrückende Last der historisch geerbten Schuld. Das wiederum bewirkt, daß der bundesdeutsche Staatsbürger – mit Hilfe neu erbauter Museen und streitenden Historikern – täglich nach erlaubter Geschichte angeln muß. Und die von den einstigen Siegern feierlich erteilten Grenzen drücken so manches deutsche Hühnerauge, das wohl nicht ganz so optimistisch in die Zukunft schielt, wie man hier in Frankreich hoffen will. Diese, von mir mit Leidenschaft vorgetragenen Argumente, finden somit auch nur wenig Gehör. Allein ein aus Erlangen stammender Historiker – ständiger und sehr beliebter Gast der deutsch-französischen Treffen – ist von meinem, historisch bedingtem, Kulturpessimismus beeindruckt. Oder ist dem doch nicht so? Die Deutsche Frage, scheint es, steht nun doch im Raum. Eine, soeben vom Publikum gestellte Frage, lautet: Frankreichs Probleme angesichts der deutschen Seele. Eigenartig, in Frankreich scheint man überzeugt zu sein, daß es eine deutsche Problematik gibt. Meine deutschen Freunde sind vom genauen Gegenteil überzeugt. Nicht die BRD geht Sonderwege, sondern das Bruderland, »la belle République Française«.

Jetzt hebt ein Journalist der linken Tageszeitung *Libération* den Arm und stellt die Frage, die man bisher vermieden hat: Wäre ein wiedervereintes und somit machtvolles Deutschland nicht gefährlich für Europa? Na ja, so schlimm wird's schon nicht sein. Von den 80 Millionen Deutschen werden im Jahre 2040 nur noch 50 Millionen übrig sein, heißt es in einer Studie über die demographische Zukunft des Landes. Davon werden 10 Millionen an Krebs sterben, 20 Millionen werden im Greisenalter sein, 10 Millionen aus Überzeugung unverheiratete Frauen werden kinderlos bleiben und die restlichen 10 Millionen Anti-Atomkraft-Kinder und Jugendliche werden das Land zugrunderichten mit Hilfe, selbstverständlich, der fünften türkischen Kolonne.

Hier meldet sich ein hochangesehener französischer Ost-West-Experte zu Wort. Er ist der geborene Taktiker und weiß, wie man mit der Quadratur des Jalta-Kreises umzugehen hat. Hastig, da unter Zeitdruck, beantwortet er die meisten Fragen. Mir steht der Schweiß auf der gepeinigten Stirn. Wie werden wir die Zukunft meistern? Viel Arbeit wird es sein. Eins ist sicher: die Deutsche Frage muß »entmystifiziert« werden. Frankreich braucht die deutsche Braut. Ohne sie wird ansonsten die europäische Villa von einer möglichen, östlichen, europäischen Datscha in Gefahr gebracht werden. Auch Amerika, mit seiner Initiative des Selbstschutzes (S. D. I.) macht mir Sorgen. Die boys, sonst so nett, von Heimweh geplagt, wollen offensichtlich nach Hause. Schnell muß es gehen. Die Deutschen sind gute Nachbarn geworden. Der Appetit auf Lebensraum ist ihnen längst vergangen. Das Deutschland, von dem der alte Churchill 1945 noch gesagt hatte, man müsse es zwar fett, aber impotent machen (was für ein böses Wort!), um ein zweites Versailles zu verhindern, ist im Jahre 1989 zur perfekten Braut geworden. Geteilt ist es schöner als je zuvor.

Erschöpft, doch zuversichtlich verlasse ich das Treffen. An vielen anderen Konferenzen werde ich mich noch beteiligen können. Die deutsche Frage, von Gorbi neu belebt, wird nicht so schnell aus den Schlagzeilen verschwinden. Mit »franko-deutschem« Herzen werde ich weiter kämpfen. Einen heiligen Krieg werde ich führen, gegen jede Art von Identität. Denn, so dumm es klingt, je mehr man hier und dort von Einheit in Europa träumt, (mit oder ohne unsere östlichen Brüder, nach immer hinter Mauern verschanzt) desto mehr sucht man nach tiefverwurzelter, universaler, souveräner, nationaler Identität!

IV. GESELLSCHAFT, WISSENSCHAFT, SPRACHE

Brigitte Sauzay
Klima

Ein Geruch umgibt Sie, sobald sich die Türe des Flugzeugs öffnet; so packt Sie das Gefühl, daß Sie Europa verlassen haben. In gleicher Art empfängt Sie eine Londoner Treppe oder ein italienischer Palazzo anders als ein Pariser Wohnhaus. Jedes Land hat seinen besonderen Geruch, der einem zu Kopf steigt, der unverwechselbar ist und sich aus tausend alltäglichen Kleinigkeiten zusammensetzt. Schon beim Aufwachen in einem Hotelzimmer kündigt er eine andere Welt an. Man spürt, daß man anders gerüstet sein sollte, um den Unbilden des Klimas gewachsen zu sein, man ahnt, daß hier das Leben anders schmecken wird.

Deutschland riecht nach Sauberkeit, insbesondere für einen Franzosen, der an stärkere Düfte gewohnt ist. Alles wäre so einfach, wenn Reisen doch nur ein Heilmittel gegen Klischeevorstellungen darstellte; es läßt sich aber leider nicht leugnen, daß die erste Berührung mit einem Land nur allzu geeignet ist, Vorurteile zu bestätigen, da man nun endlich wahrnimmt, worauf sie beruhen. Deutschland ist also sauber und empfängt einen am frühen Morgen in einer Stadt, die genauso ist, wie man sie sich vorstellt: sie wirkt ausgeruht, bemüht ordentlich, kann ihren Charme haben oder bedrückend wirken; alles funktioniert fabelhaft, selbst wenn nichts sonderlich »modern« ist. Die Computerchips haben ihren Siegeszug noch nicht angetreten, man braucht Münzen zum Telefonieren und Geldscheine zum Bezahlen.

In den Straßen, durch die die disziplinierten Ströme starkmotoriger Wagen fließen, stehen einige große Plakatwände und weisen darauf hin, daß Sie mehr vom Leben haben können, wenn Sie auf die richtige Weise konsumieren. Sie haben nichts von jenem Einfallsreichtum – jenem oft sehr schlechten Geschmack –, an den sich die Franzosen gewöhnt haben. Die in der Werbung gebrauchten Anspielungen setzen kein allgemeines Gedankengut voraus: hier gibt es keine Umdeutung von Filmtiteln und vor allem keine sexuellen Anspielungen. In allen Gesellschaften ist die Verbindung zwischen sexuellem und sozialem Leben geheimnisvoll, insbesondere in Deutschland, wo Sex scheinbar auf die Fotos reißerischer Magazine beschränkt ist und im guten Ton öffentlicher Rede niemals durchscheint. Auch ist er nicht ein allgegenwärtig Unausgesprochenes, sonst müßte man bei mancher deutscher Werbung unbeabsichtigt erröten ... Die hier gezeigten Frauen sind natürlich sämtlich schön, lassen sich aber, wenn sie über dreißig sind, leicht auf zwei Kategorien vom Typus »clean« verteilen: die leistungsorientierte Geschäftsfrau oder die nicht minder leistungsorientierte Hausfrau. Es wird einem also deutlich gemacht, daß Deutschland das Land der guten Hausfrauen ist (Kuchenrezepte schreiben hier beeindruckende Mengen vor) und nicht minder das Land der beruflich erfolgreichen Frauen – diese sind aber nur selten die gleichen. Also keine zweideutigen Spiele zwischen Wiege und Büro, wie sie in Paris geübt werden, kein verzweifelter (und doch so befriedigender?) Versuch, gleichzeitig die vollkommene Mutter, die perfekte Gattin und die attraktive Bankfrau zu spielen. Wie sollte diese Herausforderung auch in einem Land bewältigt werden, wo die Kinderkrippen und sonstigen Kinderbewahrmöglichkeiten unzureichend sind, die Kinder am Nachmittag nicht in die Schule gehen und außerdem – unter dem Druck pietistischer Tradition – Dienstmädchen nicht gerne gesehen werden, diese Tätigkeit sogar als entwürdigend gilt. Man versteht dann die Wendung, die der Feminismus in Deutschland genommen hat, die Tyrannei der Quoten: man will gegen die Männer erfolgreich sein, nicht mit ihnen.

Immerhin haben die Frauen es verstanden, sich in einer einst höchst männlichen Bastion durchzusetzen, die ebenfalls das Straßenbild prägt: der Kirche. Es springt in die Augen, wie vorzüglich gepflegt auch noch die kleinste Kapelle im letzten Dorf ist, wie allgegenwärtig Kreuze (die des Malteser-Ordens und andere) an öffentlichen Gebäuden, Schulen, Krankenhäusern bis in die Stadtbibliotheken hinein sind. Die Anzeigetafeln vor den Kirchen bekunden deutlich ihre Teilnahme am öffentlichen Leben: kein wichtiger Vorgang ohne Gottesdienst, oder zumindest eine kleine Meditation; sie scheinen daran zu erinnern, daß man sich nicht ohne Gefahr für sein Seelenheil allzuweit vom geistlichen Zentrum christlichen Verantwortungsbewußtseins entfernen sollte, selbst wenn ein Kirchenaustritt eine erhebliche Einsparung bedeuten würde (zehn Prozent von der Einkommenssteuer), die man in diesen bösen Zeiten der Quellensteuer gut gebrauchen könnte. Es ist ja außerdem bekannt, wenn auch für Franzosen befremdlich: alle staatlichen Schulen erteilen Religionsunterricht.

Nach Werbung und kirchlichen Bekanntmachungen springt eine dritte Art öffentlicher Anzeigen ins Auge, wenn man durch eine deutsche Innenstadt geht. Es sind die ungezählten Sonderangebote in den Schaufenstern: Preisnachlässe, Ausverkäufe, Gelegenheitskäufe und Tagesangebot; hier weiß ein ganzes Volk, daß wer den Pfennig nicht ehrt, des Talers nicht wert ist, ein ganzes Volk befindet sich im ständigen Kampf gegen die Inflation.

Man spürt auch am Klima, daß Deutschland nordöstlich von Frankreich liegt: es ist kälter und die Sonne geht früher unter. Dies hat weitreichende Folgen: nach 18.00 Uhr gibt es nur noch die offizielle Unterhaltung, Theater und Kino; die Straße hat den Vorhang heruntergelassen. Vor Ladenschluß roch es noch nach Zimtreis, nach heißem Kaffee, nach Äpfeln, gebratenen Würsten und nach jenem bitteren Duft von frischer und feuchter Erde, der aus den deutschen Blumenläden dringt.

Nun aber riecht die Straße nur noch nach Benzin, man muß rasch Zuflucht bei Freunden suchen, die Sie um so liebenswürdiger empfangen, wenn Sie pünktlich kommen. Sie haben auch ein kleines Geschenk bereit: sie erinnern sich daran, daß gestern Ihr Geburtstag war, was Sie selbst fast vergessen hätten... Sie praktizieren nicht jene diskrete Lässigkeit, welche in Frankreich dem Egoismus eine äußerst praktische Zuflucht bietet, sondern stellen Ihnen ernstgemeinte Fragen über Ihr Leben: Sie sind gekommen, um sich auszusprechen, nicht um Konversation zu machen.

Montesquieu hatte also tatsächlich recht, man lernt es aus Erfahrung, wenn man es nicht bereits vom Fernsehen und den Zeitungen abgelesen hatte: das Klima beeinflußt die Sitten, mehr noch, man lebt anders, weil man anders denkt. Ist man ins deutsche Milieu eingetaucht, scheint die französische Sorglosigkeit bald geradezu haarsträubend: wie können diese Franzosen mit

Seelenruhe ertragen, daß die Statuen am Parlament zerfressen werden (man kann sie ja auswechseln) und daß die Bronze an den Brunnen auf der Place de la Concorde löcherig wird (man kann sie ja reparieren), ohne spontan auf strengere Normen gegen die Luftverschmutzung durch Autos zu drängen? Man muß die Franzosen also zwingen – schließlich kann man auch kaum mehr nach Frankreich reisen, da man nicht genügend bleifreies Benzin findet.

Ihre bekannte Sorglosigkeit in Nuklearfragen ist nicht nur unverständlich, sie ist verbrecherisch. Ist diese Verblendung auf den Drang nach »Unabhängigkeit« in der Energie- und Sicherheitspolitik zurückzuführen? Ist sie nicht auch ganz typisch für dieses Volk, das erst jetzt über seine Grenzen blickt und sich jählings für Europa begeistert? Soll dies aber nicht nur ein Ersatz für die alten Träume nationaler Größe sein, ein Europa, das Frankreich wieder zur Großmacht machen könnte, anstelle eines wirklich demokratischen und wirtschaftlichen Europas, das sich von diesen imperialistischen Träumen gelöst hat?

Franzosen dagegen sind schockiert, wenn man ihr edles Streben mit den nötigen Machtmitteln, jenen Werten Ausstrahlung zu verleihen, die die Größe Europas ausmachen, auf bloßes Prestigedenken reduziert. Höchst ungern lassen sie sich auch in Fragen der Demokratie belehren. Gewiß, die Staatsmacht wird in Frankreich immer wieder beschuldigt, monarchische Züge anzunehmen, gewiß unterliegen die Beziehungen zwischen den Menschen einer überaus hierarchischen Ordnung, wie sich aus den Gehaltsstufen, den als Marquisen verkleideten kleinen Mädchen und den höchst aristokratischen Treibjagden ablesen läßt – soll aber deshalb Deutschland demokratischer sein? Ein so konsensbesessenes Land, wo man sich jeglicher Autorität so bereitwillig beugt und sei es selbst der der Gewerkschaften oder jener, die es gestattet, in aller Ordnung zu demonstrieren, indem man Menschenketten bildet, ein Land, in dem derart früh festgelegt wird, welchen Schultyp die Kinder besuchen werden, ein Land, wo es keine Trennung von Staat und Kirche gibt, wo das »Recht der Geburt« Menschen einen Anspruch auf einen deutschen Paß gewährt, die vor Jahrhunderten ausgewandert sind und sich doch geweigert hatten, sich ihrer neuen Heimat anzupassen? Seltsam dieses Land, wo es keine Tradition der Aufmüpfigkeit im Stile von Marivaux oder Beaumarchais gibt, wo die Soubrette nie davon träumt, eine Prinzessin zu werden, wo die Heldinnen in der Literatur Lotte oder Käthchen sind und nicht begehrliche, nach oben strebende Midinetten wie Manon Lescaut, wo Gigi niemals den Sohn des Zuckerfabrikanten Lachaille geheiratet hätte.

Wie seltsam ist doch diese deutsche Einstellung zu höchst undemokratischen Ländern, zum Osten, und diese deutsche Manie, vom Frieden in allen erdenklichen Wortkombinationen zu sprechen: Friedensforschung, Friedensordnung, Friedenspolitik ... in französischen Ohren klingt dies barbarisch.

Selbstverständlich – die DDR ist ebenso eine Realität wie die alte historische Symbiose mit dem Osten, aber bedeutet dieser Drang, die Teilung zu »überwinden«, das Mißtrauen »abzubauen« und Vertrauen zu »bilden«, nicht die Suche nach einer Welt, wo die »Bedrohung«, die den Militärs lieb und teuer ist, überhaupt nicht mehr besteht? (Ist es denn schon unmoralisch, eine Bedrohungsanalyse vorzunehmen, da sie der anderen Seite böse Absichten unterstellt?) Steht hinter all dem nicht eine höchst unrealistische Weltsicht, die Suche nach Konfliktlosigkeit?

Diese Art von Skepsis hat in Frankreich eine alte Tradition und kommt in den achtziger Jahren wieder in Mode. Links wie rechts herrscht eine Atmosphäre der Verweigerung und Desillusion, des Rückzugs in die Privatsphäre und eines selbstbezogenen Individualismus. Um keinen Preis darf man sich durch überzeugtes Eintreten für irgendeine Ideologie der Lächerlichkeit aussetzen. Was ist das dagegen für ein Klima in Deutschland, wo ein intensives Engagement für Ideen gedeiht? Laschheit, wie sie zur Zeit in Frankreich herrscht, braucht ein flaues Klima.

Zweifel und skeptische Offenheit passen durchaus zum französischen Temperament, das sich nur sporadisch entflammt. Bei Montaigne und Descartes, bei Pascal und Montesquieu haben die französischen Schüler immer wieder gelernt, daß die Größe des zwischen dem unendlich Kleinen und dem unendlich Großen verlorenen Menschen gerade darin besteht, sich klarzumachen, daß »alles schwankt und ihn verläßt«, und er eben lernen muß, sich darauf einzustellen und in einer Welt zu leben, die er nicht beherrscht. Wie soll in einem solchen Klima dann der rührende gute Wille gedeihen, der Deutschland wirken läßt wie eine Klasse guter Schüler, die nach absoluten Werten streben? Die Rettung des Regenwaldes oder der Robben, die des Friedens oder die der Erde vor dem nuklearen Untergang, »Brot für die Welt«: großartige Ziele, die hier keine Halbheiten, keine Zweifel dulden. Ist man in Frankreich überzeugt, daß »sich alles schließlich irgendwie arrangieren wird«, heißt in Deutschland leben dagegen alle Gefahren zu durchleben und diese zu bekämpfen. Die Deutschen leben in ständiger Angst vor Bedrohungen, die die Erde, ihre Gesundheit und ihren Besitz gefährden. Sie sind deshalb überversichert und ständig bestrebt, einen Zustand vollständiger »Sicherheit« herzustellen, in dem sie endlich ruhig schlafen können. Dieser Stachel ständiger Beunruhigung hat einen Vorteil: er treibt zur Leistung an. Um so mehr als die Vergangenheit keinerlei Anlaß bietet, gutes Gewissen als Ruhekissen zu suchen. Von Luther haben sie den Abscheu vor jeglichem Ablaßhandel (jeder Indulgentia) geerbt und lehnen deshalb von vornherein jede Vorstellung der Begnadigung oder gar des Vergebens ab. Für Erlösung durch Reue (Contritio) haben sie wenig Sinn, sondern stürzen sich in eine Form der Buße, die nicht nur für sie selbst, sondern auch für die anderen schmerzlich ist. Diese entspricht ihrem moralischen Anspruch und ihrem Streben, schließlich die Traumwelt der himmlischen Stadt zu erreichen, wo Glück endlich möglich würde.

Eines jedenfalls ist sicher, nie hätte sich ein Deutscher Sisyphus als glücklich vorstellen können – vielleicht war dies nur unter der Sonne des Mittelmeers denkbar?

Michel Tournier

Kultur und Zivilisation

Gewiß, es ist eine Art Pflichtübung, zwei so eng benachbarte Begriffe einander gegenüberzustellen, sie in ihrem ganzen Reichtum zu erfassen und zu klären – die geistige Hygiene gebietet aber, sie nicht miteinander zu verwechseln. Die Übung ist auch ein wenig schulmäßig, aber bekommt es uns nicht ganz gut, gelegentlich zu ein wenig geistiger und körperlicher Gymnastik in die Schule zurückzukehren?

Angeblich hat Edouard Herriot folgende Definition gefunden: »Kultur ist das, was bleibt, wenn man alles vergessen hat.« Diese Formel verdient nähere Betrachtung. Was bleibt denn da eigentlich? Und was ist vergessen worden? Vor allem aber, wer ist »man«? Offensichtlich handelt es sich um ein besonderes Individuum – Sie, ich selbst, irgend jemand –, das vergißt oder sich erinnert, es geht also um die Beziehung jedes einzelnen zum kollektiven Erbe. Nun erhalten und umgibt uns dieses Erbe in drei Formen: als Kultur, als Wissen und als Zivilisation.

Das Kind wird von Geburt an durch eine Menge von Wahrnehmungen bestürmt und zur Ausführung zahlreicher Gesten dressiert, die durch den Ort und die Epoche bedingt sind, in der es geboren wurde. So lernt es durch das langsame Hineinwachsen in sein Herkunfts- und Familienmilieu in bestimmter Weise zu essen, zu gehen, zu sprechen etc. Mir scheint, die Gesamtheit dieser von Generation zu Generation weitergegebenen menschlichen Milieueinflüsse könne man als *Zivilisation* bezeichnen. Der Regen – in einem ozeanischen Klima – ist eine Milieugegebenheit, die nicht zivilisationsbedingt ist. Die Gewohnheit, sich mit einem Regenschirm zu versehen (beziehungsweise diesen zutiefst zu verachten), ist eine Zivilisationstatsache. Meer oder Berge, die ein Kind jedesmal erblickt, wenn es das Haus verläßt, gehören nicht zur Zivilisation. Sehr wohl dagegen die Dorfkirche oder das Kriegerdenkmal.

Man kann sich sehr wohl vorstellen, daß Kinder zu unwissend sind, um eine derartige Unterscheidung zu machen, und daß sie deshalb den Felsen und das Kriegerdenkmal als gleichwertig hohe und gleichermaßen bedeutungslose Gegenstände betrachten. Solche Kinder würde man als *unkultiviert* bezeichnen. Hier tritt also der Bereich Kultur auf.

Zu den beiden ersten Begriffen – Kultur und Zivilisation – wollen wir einen dritten hinzusetzen, dessen Mittlerrolle unverzichtbar ist, den Begriff Wissen. Um nicht unkultiviert zu bleiben, muß das Kind in die Schule gehen. Dort erwirbt es ein Wissen, das man als Geschichte, Geographie, Physik, Rechnen, Französisch etc. bezeichnet. Es ist zu beachten, daß sich dieses Wissen durch seinen theoretischen und beziehungslosen Charakter von jeder Art praktischer Lehre unterscheidet. Man braucht die Geschichte Frankreichs nicht zu kennen, um als Metzger, Tapezierer oder Maurer glücklich zu werden oder um Kühe zu hüten. Die staatliche Schule, wie sie in Frankreich besteht, muß nicht nur weltanschaulich neutral, kostenlos und obligatorisch sein, sie darf auch nicht zuviel praktischen Nutzen haben. Gerade diese Nutzlosigkeit des Wissens macht es aber anfällig; wenn es durch keinerlei Gebrauch gepflegt und erneuert wird, verschwindet es rasch. Dies ist sicherlich mit dem »alles vergessen« in Herriots Zitat gemeint. Was bleibt aber dann, wenn man »alles vergessen hat«?

Ein Kind hat in der Schule gelernt, daß zwischen 1914 und 1918 ein Krieg stattgefunden hat, bei dem es viele Tote gegeben hat. Tote hat es auch im eigenen Dorf gegeben, man kennt alte Frauen, die ihren Mann in diesem Krieg verloren haben. Dieses *Wissen* verknüpft sich also mit der Wahrnehmung des Kriegerdenkmals, das zu seiner täglichen menschlichen Umgebung (Zivilisation) gehört. Nun weiß es, was dieses Denkmal bedeutet, das also nicht mehr mit dem Felsen daneben gleichgesetzt werden kann. Damit ist zugleich sein Wissen über den Ersten Weltkrieg vor dem Vergessen gesichert, da es mit einem materiellen Träger aus der täglichen Umgebung des Kindes in Verbindung gebracht wird. Diese Verknüpfung von Wissen und Denkmal macht, glaube ich, das aus, »was bleibt«, also ein Stück Kultur. Kultur ist all das, was in einer Zivilisation durch eine Art Wissen erhellt wird. Das, was das Kind in der Schule über Hugues Capét oder den Vertrag von Campo Formio gelernt hat, wird dagegen im Abgrund des Vergessens versinken, da es in der Zivilisation nicht mehr verankert ist.

Das Wissen ist also eine helle, zunächst abstrakte und gefährdete Zone. Die Zivilisation ist eine andere dunkle konkrete und im Alltagsleben stark verwurzelte Zone. *Kultur* wird immer dann auftreten, wenn sich diese beiden Zonen miteinander verbinden, wenn also eine vertraute Geste oder ein Gegenstand geistigen Sinn erhält wie ein Körper, der beseelt wird.

Bernd-Dietrich Müller
Familie

»Hätte Goethe eine alte Tante gehabt, sie wäre sicherlich nach Weimar gekommen, um zu sehen, was der Junge macht, hätte ihrem Pompadour etwas Cachou entnommen und wäre schließlich durch und durch beleidigt wieder abgefahren. Goethe hat aber solche Tanten nicht gehabt, sondern seine Ruhe – und auf diese Weise ist der Faust entstanden. Die Tante hätte ihn übertrieben gefunden.« – So charakterisiert Kurt Tucholsky satirisch Familienbande allgemein. Aber: hätte Goethe eine solche allein und entfernt lebende Person als Teil seiner Familie begriffen?

Deutsche Fremdwortlexika definieren *Familie* als »in einem legalen Eheverhältnis lebende Eltern mit ihren Kindern«. Laut Statistik handelt es sich also um eine Personengruppe, die in der Bundesrepublik im Durchschnitt aus 3,3 Personen (in Frankreich: 4,1) besteht, und zwar aus der Sicht der Erwachsenen, denn Kinder zählen Haustiere gerne mit, keinesfalls aber unabhängig lebende Tanten. Diese fallen wie auch die Großeltern, Onkel, Neffen etc. unter einen erweiterten Familienbegriff, der auch mit »Großfamilie« ausgedrückt wird.

Beide Vorstellungen von Familie, die Klein- und Großfamilie, gehen historisch gesehen auf einen dritten, hier kurz zu erläuternden Bedeutungskomplex zurück: *Familie* ist im Deutschen ein Fremdwort, das aus dem Französischen übernommen wurde. Mit ihm wurden ab dem 18. Jahrhundert auch in der Alltagssprache diejenigen Personen bezeichnet, die unter einem Dach, d. h. in einem *Haus* wohnen. Eingeschlossen sind also Knechte, Mägde und anderes Hauspersonal, dazu die Großeltern, Onkel, Tanten, Neffen etc., sofern sie mit im Haus wohnten. *Familie* entsprach also ganz dem damaligen Begriff *famille*: »Toutes les personnes qui vivent dans une mesme maison, sous un mesme chef« (Dictionnaire de l'Académie Française 1694, zit. nach Schwab 1979, S. 268). Bestimmungskriterien waren also gleichermaßen die gemeinsame Haushaltsführung (ökonomischer Aspekt) und die Unterordnung unter eine Führung (moralischer, auch: paternalistischer Aspekt). In dieser Bedeutung entspricht *Familie* dem, was bis dahin als *Hûs* (Haus!) bezeichnet wurde; eine Zeitlang – bis ins 19. Jahrhundert – wurden *Familie* und *Haus* auch bedeutungsgleich zur Bezeichnung einer Gemeinschaft der Güter*produktion* (Landwirtschaft, Kleinindustrie) oder des Handels unter einem Dach verwendet.

Erst im 20. Jahrhundert änderten sich die ökonomischen Verhältnisse so stark, daß *Einzelfamilien* (auch Kleinfamilie genannt) als Lebens- und Konsumgemeinschaft entstehen konnten. Ausgelagert wurden die Produktion – und damit die dazugehörigen Personen – und neuerdings auch immer mehr Aspekte der Reproduktion, d. h. Freizeit, Unterhaltung, Freunde.

Während vorher also die Kinder einer Familie von klein auf in die gemeinsame erwerbsbezogene Arbeit hineinwuchsen und entsprechende ökonomisch definierte Rollen übernahmen, durchlaufen sie heute erst einmal eine längere Phase der elterlich und staatlich verantworteten und ökonomisch garantierten Erziehung und Ausbildung. Während sie vorher diese Rollen bis zur Arbeitsunfähigkeit im Alter weiterentwickelten und quasi ein ganzes Leben in der Gemeinschaft verbrachten, können sie sowohl in Frankreich wie in der Bundesrepublik ab dem 15. Lebensjahr der ›eigenen‹ Arbeit (individuell ausgerichteten Berufstätigkeit) nachgehen, werden mit knapp 20 Jahren ökonomisch unabhängig und erwerben mit der Berufstätigkeit eine eigene Kranken- und Altersversorgung. Somit reduziert sich die Zeit, in der man »in Familie« lebt und in der man »den besonderen Schutz des Staates« (Grundgesetz) genießt, auf zweimal zwanzig Jahre: zwanzig als zu Erziehende, zwanzig als Erzieher.

Erstaunlicherweise wird das Wort *Familie* in der Bundesrepublik von ihren Mitgliedern kaum benutzt. Wenn man auf Familienmitglieder verweist, sagt man: meine Eltern, mein Bruder, meine Schwester, oder für das Gesamt einfach *wir*. Auf Familie wird dagegen oft von außen Bezug genommen: Familiensoziologie – Familieneinkommen – Familienpaß etc. Man kann zwar in der direkten Kommunikation von *Familie* sprechen und damit auch einen Kreis von Verwandten einschließen, doch ist diese Verwendung selten.

Anders in Frankreich: zwar gilt auch hier, daß man von den engeren Familienmitgliedern nicht global als *famille* spricht; dafür wird jedoch die Großfamilie in der Regel so benannt. Entsprechend wird »J'ai de la famille à Paris« von Deutschen regelmäßig mißverstanden, sie glauben, Brüder, Schwestern oder auch ein getrennt lebender Elternteil sei gemeint. Auch reagieren Deutsche auf die Floskel »Et ta famille?« regelmäßig abweichend mit »Ich habe noch keine« (= bin nicht verheiratet) oder: »Meine Eltern wohnen in Köln, warum?«

Der wichtigste Einflußfaktor für die Ausprägung dieses Begriffs von *famille* ist sicherlich die Integration von Millionen ausländischer Familien, die in den letzten hundertvierzig Jahren in verschiedenen Schüben nach Frankreich emigrierten. 1931 waren knapp 7% der französischen Bevölkerung Ausländer (insges. 2700000), brachten z.B. über eine Million Italiener und 600000 Spanier nicht nur ihre mediterranen Familienstrukturen mit, sondern praktizierten wie alle anderen Ausländergruppen einen zum Überleben in der Fremde notwendigen Familienzusammenhalt. Heute leben ca. 4000000 Ausländer in Frankreich, rund 25% der Bevölkerung stammen von Einwanderern ab, wenn man vier Generationen zurückgeht.

Interessant ist die Beobachtung (Todd), daß in Frankreich ein zweiter Typus von Familie besteht (vor allem im protestantisch geprägten Raum Nord- und Nordostfrankreichs), der von alters her der Kleinfamilie entspricht, einschließlich der dort anzutreffenden egalitär ausgerichteten Rollenverständnisse der Mitglieder. Dennoch setzte sich auch bei diesen die oben skizzierte Auffassung von einer Eltern-Kind(er) übergreifenden *famille* als begriffsbestimmend durch.

Die Konsequenzen aus diesen Fakten betreffen nicht nur Unterschiede in den Auffassungen von *famille/Familie* generell, sondern auch unterschiedliche Rollen der einzelnen Mitglieder sowie die Beziehung Familie-Staat. Das Bewußtsein vom Kind, vom Kindsein als zu planende Lebensphase, entwickelte sich ab dem 18. Jahrhundert und manifestiert sich in der Bundesrepublik u.a. als Aufgabe der Familie unter Verantwortung der Eltern. In Frankreich haben staatliche Institutionen (Krippen, Ganztagskindergärten und -schulen) allgemein anerkannte, umfassende erzieherische Aufgaben. Grund (ökonomische Notwendigkeit in der Einwandererfamilie) oder Folge ist z. B. auch die prozentual viel höhere Berufstätigkeit von Frauen in Frankreich als in der Bundesrepublik.

U. a. diese unterschiedliche Aufgabenverteilung bewirkt ein unterschiedliches Erscheinungsbild der *famille / Familie* im Alltag, ein Bild, das Quelle vieler interkultureller (Miß-)Interpretationen ist: »Deutsche Kinder wachsen viel familienunabhängiger, freier auf als französische«, so lautete das Urteil einer Reihe von französischen Austausch-Schülern. Warum? »Weil sie nachmittags machen können, was sie wollen.« Oder: »Weil sie die Eltern abends vor dem Zubettgehen nicht küssen.« Auf der Gegenseite schließen deutsche Schüler regelmäßig von der *bise*, die sie als *Kuß* ansehen, auf sehr freundschaftlich-herzliche bis liebevolle persönliche Verhältnisse unter Franzosen.

Auch andere, häufig anzutreffende Familieninstitutionen in der Bundesrepublik stoßen auf Unverständnis beim oberflächlichen Beobachten: der Familienrat, oder, weniger institutionell, das direkte Aushandeln von Regeln aufgrund individueller Bedürfnisse von Familienmitgliedern in sogenannten *Diskussionen*. Einerseits vom Willen bestimmt, ein partnerschaftliches Verhältnis zu Kindern zu entwickeln, andererseits durch den Anspruch und die Gewohnheit, die persönliche Meinung dem andern (Familienmitglied) sehr offen und direkt zu sagen, werden familiäre Konflikte zu festen Zeiten oder spontan verbalisiert, was Außenstehenden als *Streit(-ordnung)* vorkommt. – Ein Fehlen dieser Möglichkeit, ungestraft »Dampf ablassen« zu können, wird von Bundesdeutschen in bezug auf französische Verhältnisse daher auch negativ bewertet und als »Konfliktverdrängung« apostrophiert.

Auf ganz anderm Gebiet sind ›Institutionen‹ wie z. B. der *Familienurlaub* Ausdruck bundesrepublikanischer Eigenheiten. Neben den Vereins- oder Familienfesten stellt er eine »feste Einrichtung« dar, und die ersten selbständigen Urlaubsplanungen der Kinder symbolisieren nicht selten deren erste Ablösungsschritte. In Frankreich ist mit der langen Sommerpause zwangsläufig eine

Aufteilung der Ferien in familienbezogene, gemeinsame und in individuelle (*colonie de vacances*/am Heimatort) die Regel.

Ferien ist ein Stichwort für Beobachtungen der Wichtigkeit von Familie allgemein: durch Familien können gesellschaftliche Tabus verändert werden; beispielsweise waren Familien die ersten, die an FKK-Stränden ungestraft das Nacktheits-Tabu brechen konnten; andere soziale Gruppen hätten dies nicht in der Form durchsetzen können.

Rüdiger Stephan
Bildung

In beiden Ländern hat die Zahl der Studenten die Million längst überschritten. Die Folgen sind die gleichen – ein hoher Anteil akademisch gebildeten Nachwuchses, ein verengter beruflicher Erwartungshorizont. Die Ursprünge dieses Zustands sind jedoch in beiden Ländern verschieden. In der Bundesrepublik Deutschland löste die »Bildungskatastrophe«, der alarmierende Hinweis auf die im europäischen und amerikanischen Vergleich geringe Zahl deutscher Abiturienten und Studenten 1966 eine umfassende bildungspolitische Bewegung aus. In Frankreich führte bereits zu Beginn der sechziger Jahre die »explosion scolaire«, die planerische Vorausberechnung rascher demographischer Entwicklung, zu einem Ausbau von Schulen und Universitäten. Fast gleichzeitig wuchs in beiden Ländern (wie auch anderswo) der Widerstand gegen Bildungstraditionen, Inhalte und Organisationsformen, heftiger in Frankreich, während der Mai-Ereignisse 1968, als sogar, wenn auch nur für kurze Zeit, die staatlichen Institutionen lahmgelegt wurden. Schlagworte lassen die nationalen Unterschiede ihrer Stoßrichtung erahnen. »L'imagination au pouvoir« in Frankreich, »Marsch durch die Institutionen« in Deutschland, hier die Veränderung kultureller Grundwerte, dort eine Umwälzung politischer Verhältnisse. Moses Mendelssohn dachte 1784 *Über die Frage: was heißt aufklären?* nach und bemerkte: »Bildung zerfällt in Kultur und Aufklärung. Jene scheint mehr auf das Praktische zu gehen ... Aufklärung hingegen scheint sich mehr auf das Theoretische zu beziehen.« Kam seither an französischen Universitäten die Kultur, an deutschen Universitäten die Aufklärung zu kurz?

Bund und Länder der Bundesrepublik Deutschland benötigten zur gesetzlichen Neuordnung des Hochschulwesens neun Jahre, der französische Zentralstaat einen Sommer. Das Universitätsgesetz von 1968 (dem 1984 ein zweites folgte) klammert aber einen wesentlichen Bereich des Hochschulwesens aus – die Grandes Ecoles. In ihnen erhält die Elite der Studenten ihre Ausbildung und wird auf berufliche Spitzenpositionen vorbereitet. Die Notwendigkeit einer Ausbildung von Elite für die wachsenden staatlichen Aufgaben wurde nie ernsthaft in Frage gestellt. Der Staat schuf sich seine eigenen Ausbildungsstätten. Die ersten Grandes Ecoles entstanden lange vor und während der Französischen Revolution, ihre Zahl stieg kontinuierlich im 19. und 20. Jahrhundert und hat auch mit der Gründung der renommiertesten Einrichtung dieser Art, der Ecole Nationale d'Administration im Jahre 1946, ihren Abschluß nicht gefunden. Ihre Studentenzahl bleibt stets beschränkt, ihre privilegierte Stellung sichert adäquate Ausstattung durch Staat oder Wirtschaft (für die Wirtschaftshochschulen).

Die deutsche (preußische) Universitätsreform und die Gründung der Universität Berlin (1810) durch Wilhelm von Humboldt ging von Anfang an in eine gewisse Distanz zur staatlichen Macht. »Daher müßte, meiner Meinung zufolge, die freieste, so wenig als möglich schon auf die bürgerlichen Verhältnisse gerichtete, Bildung des Menschen überall vorangehen. Der also gebildete Mensch müßte dann in den Staat treten, und die Verfassung des Staats sich gleichsam an ihm prüfen. Nur bei einem solchen Kampfe, würde ich wahre Verbesserung der Verfassung durch die Nation mit Gewißheit hoffen; und nur bei einem solchen, schädlichen Einfluß der bürgerlichen Einrichtung auf den Menschen nicht besorgen.«

Humboldt gesteht dem Staat lediglich die Aufgabe zu, die Voraussetzungen für die neue Universität zu schaffen, die nichts anderes sein sollte »als das geistige Leben der Menschen, die äußere Muße oder inneres Streben zur Wissenschaft und Forschung hinführt«. In dieser Universität sind Lehre und Forschung keine Gegensätze, sondern vielmehr Komponenten fortschreitender Selbstbildung. Die deutsche Universität hat deshalb nie das Dilemma des französischen Hochschulwesens gekannt, das traditionell die zweckgebundene Ausbildung in den Vordergrund stellt und angesichts wachsender Anforderungen seit den siebziger Jahren die Forschung mühsam integrieren muß.

Die von Humboldt geschaffene deutsche Universität sollte allen offenstehen, die die allgemeinen Voraussetzungen höherer Bildung mitbrachten. In der Wirklichkeit entwickelte sie sich zum Studienort einer kleinen Gemeinschaft gesellschaftlich und materiell Begünstigter. Die Reformen der letzten zwanzig Jahre hatten eine rasche demokratische Öffnung zur Folge, die traditionelle deutsche »Elite-Universität« verwandelte sich in eine Massenuniversität. Sie steht heute vor dem Problem der (quantitativen) Überlastung und der (qualitativen) Auslese.

Dergleichen Probleme stellen sich in Frankreich nicht – dank der Grandes Ecoles. An ihnen läßt sich zeigen, auf welche Weise die französische Gesellschaft den Widerspruch zwischen Demokratisierung und Auslese, zwischen Chancengleichheit und Elitebildung zu lösen versucht, im Hochschulbereich mit Erfolg. Das Mittel zum Ausgleich der Gegensätze ist die praktische Anwendung des revolutionären Prinzips der Gleichheit – der Concours, ein anonymer Wettbewerb um eine vorher festgelegte Anzahl von Studienplätzen oder beruflichen Positionen, zu dem jeder, mit für alle gleichen Voraussetzungen, Zugang hat. Er findet, nach Disziplinen oder Berufsgruppen unterschieden, zu gleicher Zeit und zumeist am gleichen Ort statt und wird ohne Namensnennung von Teilnehmer und Korrektor bewertet.

Die Formalisierung des Gleichheitsprinzips bei der Auslese führte dazu, daß auch ein anderes Leitwort politischer Auseinandersetzung und reformerische Bemühungen um Chancengleichheit und gesellschaftliche Entwicklung, die »Demokratisierung«, im Hochschulbereich kaum auf fruchtbaren Boden fiel. Dagegen wurde »démocratisation« bereits seit dem Zweiten Weltkrieg zu einem zentralen Thema in der Diskussion um die Reform der unteren Bildungsstufen, insbesondere der Sekundarschulbildung.

Mehr noch als das deutsche Gymnasium war das französische Lycée eine Bildungseinrichtung für privilegierte Schichten. Zahlreiche Reformen, die mit dem breiten Ausbau der Sekundarschulen einhergingen, die letzte 1975, konnten eine gravierende Folge demokratischer Öffnung nicht beseitigen, den »échec scolaire«, das frühe Scheitern eines hohen Prozentsatzes von Schülern.

Die Frage nach den Gründen führt in komplexe historische Zusammenhänge, von denen einige hier nur angedeutet werden können. Instruction, enseignement, éducation, um ihre Interpretation und Praxis kreist eine jahrhundertelange Diskussion. Es sind Begriffe des Handelns, der Einflußnahme, im Mittelpunkt steht nicht der Lernende, sondern der Lehrende, der Erzieher, in weiterem Sinne die Gesellschaft, der Staat. In der Enzyklopädie der Aufklärung (1755) heißt es über »Erziehung«: »Die Kinder, die auf die Welt kommen, müssen eines Tages die Gesellschaft bilden, in der sie zu leben haben: ihre Erziehung ist also von höchstem Interesse: 1. für sie selbst, die die Erziehung so formen soll, daß sie unterschiedliche Glieder dieser Gesellschaft werden, in ihr Hochachtung genießen und sich dort wohl befinden können. 2. für ihre Familien, die sie unterhalten und denen sie zur Zierde dienen sollen. 3. für den Staat selbst, der die Früchte der guten Erziehung ernten soll, welche die Bürger erhalten, aus denen er besteht.«

Von diesen Vorstellungen war die Gründung der Lycées und Collèges im napoleonischen Kaiserreich bestimmt. Hauptanliegen war – und dies bis in die neueste Zeit – die Vermittlung umfassenden Wissens als Grundlage für gesellschaftlichen Fortschritt, verbunden mit intensiver Schulung des Gedächtnisses. Angesichts der gegenwärtigen Explosion des Wissens wurde die Umstellung von enzyklopädischer auf exemplarische Wissensvermittlung zum Problem. – Daneben nahmen ältere Bildungsinhalte und pädagogische Traditionen wieder ihren Platz ein: die alten Sprachen und die Kunst der Darstellung, die ihren Ursprung in der mittelalterlichen Rhetorik hat. Solche Anforderungen bringen Kindern aus unteren Schichten oft große Nachteile, die mit der herkömmlichen Unterrichtspraxis nicht behoben werden können. Die Frage nach den Lernzielen und -inhalten ist für die französische Schule verstärkt zu einer Frage der Lehrerausbildung geworden, in der die Pädagogik traditionell kaum eine Rolle spielte.

Demgegenüber hat in Deutschland die Pädagogik eine feste Tradition in der Schulpraxis, auch in der Ausbildung der Lehrer. Der Grund wird in der Definition der – kaum ins Französische übersetzbaren – »Bildung« sichtbar. Dieser vieldeutige Begriff, der sich zu Beginn des 19. Jahrhunderts durchsetzt, hat seine Wurzeln zunächst im Protestantismus (Pietismus), dann in der deutschen Klassik, angereichert durch Ideen der Aufklärung und das Vorbild eines idealisierten Griechenlands. Es entsteht ein Bildungsideal, das jeden Menschen zur Vervollkommnung seiner in ihm wohnenden Fähigkeiten aufruft. Durch sein Streben nach Bildung trägt der Mensch zum Fortschritt der Gesellschaft, der Menschheit bei. Der Widerspruch zwischen individueller Bildung und staatlicher Erziehung ist aufgehoben. Dieses idealistisch-humanistische Bildungsideal, das die alten Standesunterschiede durchbricht, steht bei der Geburt des preußischen Bildungswesens Pate. Freie wissenschaftliche Gymnasial- und Universitätsbildung wurde zur Bedingung für die Aufnahme in den Staatsdienst. Dies hatte allerdings später zur Folge, daß »freie Bildung« zum gesellschaftlichen Statussymbol geriet. Das humanistische Bildungsideal war nie unumstritten, Kritik kam sowohl aus konservativen, reaktionären Lagern als von sozialpolitischen Initiativen wie den Arbeitervereinen zur Bildung der unteren Volksschichten oder auch der Sozialkritik von Karl Marx, aus der ein kämpferischer sozialistischer Bildungsbegriff hervorging. Bis in die Gegenwart hinein hat aber dieses dem Individuum zugewandte humanistische Bildungsideal die Entwicklung von Schule und Universität entscheidend beeinflußt.

Schon früh richtete sich die Kritik auch gegen die einseitige »gelehrte« Bildung und verband sich mit der Forderung, die »Realien«, das heißt, praxisbezogene Fächer und die Ausbildung entsprechender Fähigkeiten in die Schule einzubeziehen. Während in Frankreich erst kurz vor dem deutsch-französischen Krieg ein enseignement technique offiziell eingeführt wurde, begann der preußische Staat schon Ende des 18. Jahrhunderts, den steigenden Anforderungen von Wirtschaft und Industrie Rechnung zu tragen. Die langzeitlichen Auswirkungen waren die Realschulen und ein heute voll ausgebautes berufliches Bildungssystem, das Schulunterricht und berufliche Lehre gleichermaßen einschließt und zur Zeit große Aufmerksamkeit im Zusammenhang mit französischen Reformbemühungen genießt.

Als vor zwanzig Jahren der reformerische Elan in der Bundesrepublik Deutschland auch den Sekundarschulbereich ergriff, traf er auf verschiedene Schultypen, die, selbst wenn sie in einer Hierarchie standen, jeder für sich durch Tradition und Qualität ausgewiesen war. Die Auseinandersetzung um die Reform konzentrierte sich vor allem auf die Verbindung und Angleichung der verschiedenen Schulen. Obgleich »Gesamtschule« und »Oberstufenreform« umstritten bleiben, die Diskussion um die Demokratisierung der Schule hat sich – im Unterschied zu Frankreich – gelegt.

Die fortwährende Auseinandersetzung um die Reform des französischen Schulwesens, von Lycée und Collège, hat eine weitere historische Ursache. Vor der Französischen Revolution fand Elitebildung überall in Europa fast ausschließlich in der Verantwortung der Kirche statt. Der preußische Staat sicherte sich bereits 1794 im Allgemeinen Landrecht das Monopol und schloß mit der Kirche Kompromisse in der Aufsicht über die Schulen. In Frankreich erkämpfte sich der Staat das Bildungsmonopol in einem langen und oft heftigen Streit mit der Kirche, der erst 1905 mit dem Gesetz über die Trennung von Kirche und Staat ein – vorläufiges – Ende nahm. Die Gegnerschaft zwischen »Laizität«, die das weltanschaulicher Neutralität verpflichtete Schulwesen kennzeichnet, und »enseignement libre«, der Privatschule, die noch heute 18 % der Schüler aufnimmt und überwiegend katholisch ist, besteht weiterhin. 1984 mußte der Versuch, das private Schulwesen per Gesetz in das staatliche Erziehungssystem zu integrieren, nach großen Gegendemonstrationen aufgegeben werden und der Erziehungsminister seinen Rücktritt verkünden.

Die aufklärerische Überzeugung, daß es ohne Erneuerung der Bildung keine Erneuerung des Staates geben kann, schlug sich in zahlreichen Reformprojekten der Französischen Revolution nieder. Sie bestimmte die Gesetzgebung im napoleonischen Kaiserreich ebenso wie die Bildungspolitik im Preußen der Befreiungskriege. Patriotismus und Nationalbewußtsein traten unterstützend hinzu. Die Franzosen werteten die Niederlage im Deutsch-Französischen Krieg von 1870/71 als eine Unterlegenheit des eigenen Erziehungssystems gegenüber dem preußischen. Der Aufbau der Dritten Republik gründete sich auf eine tiefgreifende Reform der nationalen (staatlichen) Erziehung. Wichtiger Bestandteil der Pläne des französischen Widerstands zur Erneuerung des Landes nach dem Zweiten Weltkrieg war eine Bildungsreform. Eine Erneuerung des Bildungswesens in der Bundesrepublik Deutschland vollzog sich dagegen erst zwanzig Jahre nach dem Wiederaufbau.

Diese wenigen Streiflichter auf die Geschichte können die zentrale Bedeutung des Erziehungswesens für die französische Gesellschaft nur andeuten. Alltägliche Hinweise dazu finden wir in der nie erlahmenden privaten und öffentlichen Aufmerksamkeit gegenüber Geschehnissen und Entwicklungen im Bildungsbereich, in einer im deutsch-französischen Vergleich blühenden französischen Bildungspresse, in einer international anerkannten Bildungsforschung. In der Bundesrepublik Deutschland gibt es neben der Straße des Bildungswesens manchen anderen Weg zu beruflichem und gesellschaftlichem Erfolg. In Frankreich führt der Weg dorthin fast ohne Ausnahme durch das Tor der Education Nationale.

Dieter Tiemann

Jugend

Als klar definierte Bevölkerungsgruppe gibt es Jugend weder diesseits noch jenseits des Rheins. Wie in anderen hochentwickelten Industrie- und Dienstleistungsgesellschaften artikuliert sie sich auch hier in mannigfaltig schillernden Farben. Sie nach Jahren oder Altersgruppen zu fixieren, dient ebensowenig einer eindeutigen Begriffsbestimmung wie eine Verortung anhand biologischer, soziologischer, juristischer oder psychologischer Raster. So bleibt nur das Schema eines in sich vielgestaltigen Abschnitts menschlichen Lebens, dessen gemeinsamer Nenner die noch nicht vorhandene Selbständigkeit in allen Teilbereichen der Gesellschaft ist.

Aber selbst diese recht vage Erklärung als Vorbereitungsphase auf die Erwachsenenrolle muß angesichts der zeitlichen Ausdehnung von Abhängigkeiten fragwürdig werden. Zudem macht sich bei den Älteren ein Verjugendlichungsdrang bemerkbar, welcher den Einschnitt zwischen den Generationen ebenfalls verwischt. Allenthalben scheinen die nivellierenden Tendenzen der Moderne altersbedingte und nationale Spezifika aufzulösen. Ist Jugend für den deutsch-französischen Dialog überhaupt noch ein Thema?

Mögliche Skepsis gegenüber einem für erledigt gehaltenen Problem gewinnt überdies dadurch Nahrung, daß das heutige Verhältnis von jungen Franzosen und Deutschen auf den ersten Blick kaum Anlaß zu Fragen gibt. Längst sind die – allerdings gar nicht so fernen – Zeiten vergessen, als hierzulande Jugend und Alter geradezu Chiffren zur Wesensbestimmung Deutschlands und Frankreichs waren, als der Gegensatz zur bestimmenden Größe dieser Nachbarschaft stilisiert wurde und als die Jugend beider Länder zu Funktionsträgern jenes Konfrontationsdenkens avancierte. Inzwischen herrscht weithin die Normalität millionenfacher Begegnung. Wer sich vergegenwärtigt, mit welcher Selbstverständlichkeit nun schon seit geraumer Zeit Austauschprogramme durchgeführt, Schul- und Hochschulpartnerschaften gepflegt, Reisen ins Nachbarland unternommen, binationale Ehen geschlossen werden, kann schnell zu dem Schluß kommen, daß die deutsch-französische Aussöhnung bei der Jugend der früheren »Erbfeinde« gut aufgehoben sei. Nicht zuletzt die Politiker haben diesen Prozeß der Entkrampfung mit ihren zahlreichen Appellen an die Jugend beider Länder sowie mit entsprechenden Entscheidungen, vor allem mit der Einrichtung des Deutsch-Französischen Jugendwerkes, zu stimulieren gesucht.

Dennoch existieren nationale Gegenströme, die immer wieder Irritationen auslösen und Kräfte des Wandels zumindest zeitweise blockieren können. Das Verständnis von Jugend und von ihrer Rolle in der Gesellschaft bleibt jedenfalls den allgemeinen Lebensbedingungen beiderseits der Grenze unterworfen, und die sind in wichtigen Bereichen trotz aller Annäherungen noch weit voneinander entfernt.

Ein Sektor dieser Lebensbedingungen ist die Alltagswirklichkeit. Junge Franzosen werden viel stärker in ein an bürgerlichen Normen orientiertes Familienleben eingebunden als ihre deutschen Altersgenossen, die vergleichsweise früh persönliche Unabhängigkeit und Selbständigkeit proben. In französischen Schulen und Hochschulen dominieren Lehrervortrag, rigide Lernanforderungen und elitäre Auswahl, während in der Bundesrepublik Deutschland eher diskursive Arbeitsformen und egalitäre Prinzipien bevorzugt werden. Aus solcher konkreten, täglich erlebten Realität folgt ein höherer Grad an Anpassungsdruck an die Erwachsenenwelt, aber auch mehr Sicherheit im Verhalten und ein weiterreichender Konsens im Wertgefüge junger Franzosen als bei den östlichen Nachbarn mit ihren verschiedenen Jugendszenen, zahllosen Jugendorganisationen und unterschiedlichen Werthierarchien. Die Erwartungshaltung der französischen Gesellschaft richtet sich auf einen Nachwuchs, der möglichst ohne gravierenden Generationskonflikt in sie hineinwächst. Demgegenüber konzedieren die Westdeutschen ihrer Jugend vergleichsweise große Freiräume, ausgedehnte Experimentierfelder und selbstbestimmte Aktivitäten.

Ein zweites relevantes Segment sind die Geschichtsbilder von Franzosen und Deutschen. Schon die Kinder in den französischen Grundschulen werden mit einer nationalen Vergangenheit vertraut gemacht, die mit der Betonung großer Persönlichkeiten von Chlodwig über Karl den Großen, Franz I., Ludwig XIV. und Napoleon bis Charles de Gaulle und der Hervorhebung wichtiger Ereignisse, vornehmlich siegreicher Schlachten, darauf abzielt, das Nationalgefühl zu stärken. Dieser Umgang mit der Geschichte wird zwar durch die Herausforderungen der sozial- und wirtschaftshistorischen Ansätze in Frage gestellt, aber die Konfrontation, um nicht zu sagen: Präparation der französischen Jugend mit frankozentrischen Stoffen in Familie, Schule, Hochschule und in den Medien ist unübersehbar.

Eine Bestätigung der eigenen nationalen Existenz durch Geschichte hat die deutsche Jugend nach 1945 nie erfahren. Gesteigertes historisches Interesse findet hier eher in der Beschäftigung mit exotisch-fernen Epochen, mit Alltagsgeschichte, oral history und dem Leben der kleinen Leute früherer Zeiten Erfüllung. Die nationalstaatliche Vergangenheit erscheint dem größten Teil der deutschen Jugend trotz gewisser gesamtdeutscher Projektionen in jüngster Zeit als Irrweg, der durch Indifferenz gegenüber oder gar rüde Ablehnung jeglicher nationalen Orientierung, bisweilen auch durch vorbehaltlosen Applaus für weltumspannende Utopien kompensiert wird. Solche Extrempositionen sind bei jungen Franzosen kaum vorstellbar. Für sie muß in allen übernationalen Zielsetzungen nationales Selbstverständnis aufgehoben sein.

Als dritter Bereich sei kurz das unterschiedliche Politikverständnis angesprochen. Die französischen Jugendlichen wachsen in eine Gesellschaft hinein, der Individualismus, Konfliktbereitschaft und Argwohn gegenüber dem Staat sehr viel bedeutet, Gemeinschaftssinn, Konsensfähigkeit und Vertrauen in staatliche Maßnahmen hingegen verdächtig erscheinen. Eben diese mit Reserve bedachten Qualitäten stehen bei den Deutschen hoch im Kurs, wenn sie auch von rabiaten Bewegungen durchkreuzt werden, deren aktiver Teil zumeist jung ist und die sich nicht einmal der in Frankreich weitgehend respektierten staatlichen Autorität beugen.

Viertens schließlich sind die wechselseitigen Völkerbilder als prägende Momente französischer und deutscher Jugend zu nennen. Einerseits werden in sie bestimmte Vorbehalte und Vorurteile hineinprojiziert. Andererseits gilt sie als Garant einer Zukunft, in der sich die nationalen Eigenarten beider Völker zum beiderseitigen Vorteil und Nutzen glücklich ergänzen.

Neben den relativ stabilen Faktoren sollen gewisse dynamische Prozesse nicht unerwähnt bleiben, die insbesondere durch Ungleichzeitigkeit gekennzeichnet sind. Offenbar gibt es nämlich Phasenverschiebungen im politischen Denken und Handeln, im geistigen Profil und sozialen Engagement, in Wertung und Urteil, welche den Konsens über die Art und Weise, wie Jugend in Frankreich und Deutschland zu fassen sei, deutlich erschweren. Als die junge Elite Frankreichs sich während der fünfziger und sechziger Jahre für linke Ideen erwärmte, herrschte in der Bundesrepublik ein Klima der Restauration. Nach einer kurzen Episode des Gleichklangs in den Studentenunruhen und dem Pariser Mai 1968 folgte die deutsche Jugend im allgemeinen der Reformeuphorie der sozialliberalen Koalition, während die französische Jugend sich im gaullistischen, neogaullistischen und giscardistischen System einrichtete. Die Terrorismuswelle der siebziger Jahre und deren Widerhall in der deutschen Öffentlichkeit quittierten die westlichen Nachbarn mit beißender Kritik. Mitterrands Wahl zum Staatspräsidenten und die anschließenden Veränderungen in Richtung auf sozialistische Topoi fielen in eine Zeit, während der unter der deutschen Jugend konservative Wertmuster an Boden gewannen. Anzeichen eines wachsenden französischen Interesses an Europa stand hier eine deutliche Europamüdigkeit und die Neubelebung der Deutschen Frage gegenüber. Solche Dissonanzen zwischen französischen und deutschen Jugend-Generationen signalisieren Verständigungsschwierigkeiten, die hinter der oft allzu glatten Fassade der bilateralen Beziehungen spürbar werden.

Wie in beiden Ländern Jugend gesehen wird, reflektiert symptomatisch ihren inneren Zustand und ihr wechselseitiges Verhältnis. Zugleich bleibt festzuhalten, daß Jugend beiderseits des Rheins – entgegen verbreiteten Vorstellungen von jugendlicher Selbstbestimmung – stets mehr Objekt als Subjekt gesellschaftlichen Wandels gewesen ist und daß sie selbst in Zeiten verstärkter Auflehnung und Provokation nie als autonome Kraft, allenfalls als Indikator und Organ sozialer Bewegung auftrat. Sie kann deshalb nur als Gradmesser, nie als Schrittmacher des deutsch-französischen Dialogs begriffen werden.

Rüdiger Stephan
»Sport« in Frankreich und Deutschland

Ereignisse und Themen des Sports, die deutsche Tageszeitung liefert sie dem Abonnenten täglich ins Haus, lokales, nationales, internationales Geschehen, heute vollständiger und ausführlicher denn je. Sportzeitungen gibt es nur im Wochen- und Monatsrhythmus, ihre Existenzgrundlage ist das Vereinsabonnement. Auch französische Tageszeitungen haben ihre Sportseite, sie fällt aber im deutsch-französischen Vergleich eher bescheiden aus. Dafür findet der interessierte Leser alles über den Sport in einer besonderen Tageszeitung, *L'Equipe*.

L'Equipe erscheint in Paris, hat die fünftgrößte Auflage aller französischen Tageszeitungen, ihre Monopolstellung ist unangefochten. Informationsgehalt und Qualität der Darstellung rücken sie an die Spitze der nationalen Zeitungen, als Sportzeitung steht sie an erster Stelle in der Welt. Gegründet wurde *L'Equipe* 1946, wie viele andere Tageszeitungen der unmittelbaren Nachkriegszeit hat sie aber eine berühmte Vorgängerin, *L'Auto* (Geburtsjahr 1900).

Diese Zeitung »erfindet« 1903 die Tour de France, bis heute das bedeutendste Radrennen der Welt. Anfang und Ende finden in Paris statt, wie könnte es auch anders sein, dazwischen aber durchquert die Tourkarawane das ganze Land. Ein Ereignis besonderer Art ist geboren: Der sportliche Wettstreit wird zum dramatischen Schauspiel, an dem die ganze Nation unmittelbar teilhat.

Mit der Tour de France schafft sich *L'Auto* den idealen Gegenstand eigener Beschäftigung und erzielt den Durchbruch auf dem Zeitungsmarkt. Zugleich liefert sie ein anschauliches Beispiel für die dynamische Wechselbeziehung zwischen Sport, Presse und Kommerz. Die Nachfolgerin *L'Equipe* verfährt später nicht anders, als sie das Autorennen »Les 24 heures du Mans«, den Europacup der Landesmeister im Fußball oder die Atlantiküberquerung im Segelboot ins Leben ruft.

Frankreich ist das Mutterland des Radsports und, gleichzeitig, der Sportpresse. *L'Auto* fördert mit der Tour de France eine Entwicklung, die bereits in der zweiten Hälfte des 19. Jahrhunderts ihren Anfang nimmt. Die Geburtsstunde des Radsports schlägt 1868 im Park von Saint Claud. Beim nächsten Rennen im darauffolgenden Jahr, das von Paris nach Rouen führt, treffen bereits 300 Konkurrenten, darunter auch Frauen, aufeinander. Beide Male ist der Sieger ein in Paris ansässiger Engländer, James Moore. Name und Person regen zu einer Parenthese an: Der starke Einfluß der Engländer, des englischen Lebens- und Sportideals, das im Sportspiel seinen Ausdruck findet, zeigt sich in Anglizismen – Sport (aus dem französischen ›de[s]porter‹), sportsman, competition (compétition) – und Verhaltensweisen. Der Gentleman, der Dandy können sich als sportsmen betätigen, der Spleen sich auch im Sport verwirklichen. Der dem englischen Ideal adäquate Sport, das Rugbyspiel, dringt über die Hafenstädte der Kanalküste in die Pariser Bürgerschichten ein, breitet sich von da aus über die Universitätsstädte des Südwestens aus und »popularisiert« sich in diesem Teil Frankreichs.

Der Organisator des Rennens Paris-Rouen, Richard Lesclide, ein ehemaliger Sekretär Victor Hugos, gründet zugleich eine Zeitung unter dem Namen »Le Vélocipède illustré«. Zeitungsgründer und Sportsmen gehören einer sozialen Oberschicht an. Die erste französische Meisterschaft und den Weltmeistertitel im 50-Meilen-Rennen gewinnt ein Adliger, Frédéric de Civry. Von Anfang an ist der moderne sportliche Wettkampf in Frankreich sozial hoffähig, er wird mit Beginn des 20. Jahrhunderts literaturwürdig: Jean Giraudoux, Tristan Bernard, Montherlant, Maurice Genevoix und andere sind seine literarischen Zeugen.

Ein anderer »technischer« Sport hat seinen Ursprung in Frankreich, in Paris – der Automobilsport. Die Konstellation bei seiner Geburt ist der des Radsports ähnlich. Den ersten Versuch startet 1887 der Journalist Fossier (Neuilly–Versailles), das erste größere Rennen 1894 von Paris nach Rouen veranstaltet die Zeitung *Le Petit Journal*, das zweite 1895 Paris–Bordeaux–Paris der Marquis Albert de Dion, selbst ein Autokonstrukteur. Das Rennen Paris–Amsterdam–Paris im Jahr 1898 bildet den Auftakt zur Internationalisierung des Automobilsports, die Rennbahn wird zum Schauplatz weltweiten industriellen Konkurrenzkampfes.

Die beiden großen Sportarten der Moderne, die sich der Technik bedienen, sind in Frankreich entstanden. Ähnliches ließe sich vom Flugsport berichten. Der erste Wettflug Paris–Madrid 1911 wird von Jules Védrines, der zweite Paris–Rom von André Beaumont gewonnen.

Eine soziale Elite setzt technische Erfindung und Leistung in Sport und Spiel um. Oftmals sind die Sportler selbst Konstrukteure, Unternehmer, Organisatoren, Mediatoren, die industrielle Entwicklung und wirtschaftliche Nutzung dabei keineswegs aus den Augen verlieren. Aber nirgendwo werden die medialen und kommunikativen Möglichkeiten des modernen Sports – und seine kommerzielle Nutzung durch die Medien – früher erkannt als in Frankreich. Und es scheint uns nicht von ungefähr, daß es die »technischen« Sportarten sind, die sich in dem von den Medien, von der Presse, geschaffenen Spielraum entfalten. Das Land der Aufklärung stellt im Sport seine Fortschrittsgläubigkeit unter Beweis.

Am Vorabend des deutsch-französischen Krieges von 1870/71, als eine kleine Elite dem Radsport den Weg bereitet, macht die französische Regierung die körperliche Ertüchtigung an den Gymnasien (lycées und collèges), damals den Bildungsstätten der oberen Schichten, zur Pflicht. In der Meinung manches Zeitgenossen kommt die Maßnahme zu spät, denn die Niederlage gegen Deutschland wird unter anderem dem Bildungswesen, damit auch der mangelhaften körperlichen Ertüchtigung angelastet. Eine Konsequenz dieser Sichtweise ist die Einführung des obligatorischen Schulsports für alle öffentlichen Schulen im Jahr 1880. Unter dem damaligen »Schulsport« sind allerdings gymnastische Übungen zu verstehen, die ihren Ursprung vor allem in militärischer oder vormilitärischer Ausbildung haben.

Währenddessen ist in Deutschland, insbesondere in Preußen, das Turnen bereits fest etabliert, nicht nur in der Schule, sondern auch außerhalb in der Gesellschaft. Seine Entstehung fällt in die Zeit der Befreiungskriege gegen Napoleon und erwachenden deutschen Nationalbewußtseins. Das Gemeinschaftsturnen, vor allem mit Hilfe von Geräten, als Form vormilitärischer Körperertüchtigung ist mit dem Namen des »Turnvaters« Friedrich Ludwig Jahn und dessen sportlichen Patriotismus eng verbunden. Jahn gründet 1811 die erste Turnschule in Berlin.

Im Unterschied zur französischen Entwicklung lösen sich Turnen und Leibeserziehung in Deutschland leichter aus der nur militärischen Zweckbindung und finden in die allgemeine Pädagogik Eingang, die um die Jahrhundertwende große Fortschritte macht. Zum einen wirken sich die pädagogischen Ideen der Aufklärung, eines Rousseau oder Pestalozzi, langfristig stärker in anderen Ländern aus als in Frankreich. Das Erziehungsideal des *Emile* gründet sich auf die Körpererziehung als Voraussetzung und Komponente geistiger und ethischer Bildung. In den *Considérations sur le go-*

vernment de Pologne fordert Rousseau für die öffentlichen Schulen körperliche Erziehung (Gymnastik) als wichtigsten Teil der Ausbildung, ebenso Übungsplätze, Volksfeste mit Leibesübungen und Spielen. Der Schweizer Johann Heinrich Pestalozzi (1746–1827) verlangt von einer kindgemäßen Pädagogik, daß sie die zu erwerbenden geistigen und körperlichen Fähigkeiten in einen Sinn- und Lebenszusammenhang stellt. Zum anderen beziehen die gesellschaftlichen Erneuerungsbewegungen in Deutschland die körperliche Bildung in ihre Vorstellung von Lebenspraxis ausdrücklich ein, so die Jugendbewegung und der Wandervogel, der 1901 am Steglitzer Gymnasium in Berlin von Karl Fischer gegründet wurde. Ideale und Ideologien dieser Bewegungen beeinflussen wiederum das Erziehungswesen, vor allem dank der »Reformpädagogik«.

Eine Fülle von Initiativen in der Weimarer Epoche verankert Leibeserziehung und Sport in allen Schichten der Bevölkerung. Das Reichssportabzeichen findet eine wachsende Zahl von Bewerbern. Noch heute erfreut sich das Sportabzeichen, ein altersbezogener Leistungsnachweis in Übungen der Leichtathletik, des Schwimmens und des Radfahrens, großen Zulaufs. Prominentester Träger des Sportabzeichens ist der amtierende Bundespräsident, der sich jedes Jahr dieser Prüfung unterzieht.

Lange vor dem Massensport der Gegenwart, lange auch vor seiner Vereinnahmung durch totalitäre Ideologien sind in Deutschland Turnplätze und Sportgelände Treffpunkte aller, fördern patriotischen und lebensphilosophischen Erneuerungswillen, alternativ oder verbunden, eine Leibeserziehung »von unten«. Im Unterschied zu Frankreich hat der Sport von Anfang der modernen Zeit den Charakter einer Volksbewegung.

Noch in der Weimarer Epoche erhalten Leibeserziehung und Sport die akademischen Weihen durch die Gründung der Deutschen Hochschule für Leibesübungen, die Einführung der akademischen Turn- und Sportlehrerausbildung, die Einrichtung von Lehrstühlen für Leibeserziehung an den Universitäten.

Diesen Schritt hat die französische Universität bis heute nicht getan. Zwar wahrt Frankreich seine Tradition und gründet wie für andere Disziplinen so auch für Leibeserziehung und Sport eine eigene Grande Ecole für die Elite, die Ecole Nationale Supérieure d'Education Physique (1935). Die Ausbildung der Sportlehrer erfolgt aber allgemein in eigenen Instituten, die – wie die Sportlehrer selbst – erst seit 1982 in das Nationale Erziehungsministerium eingegliedert sind. Die Volksschullehrer werden seit Mitte der siebziger Jahre auf Universitätsebene ausgebildet, ihre Qualifikation in der Leibeserziehung ist eher zufällig.

Das auffälligste Merkmal des deutschen Sports im Vergleich zu Frankreich ist das Phänomen des Vereins. Die deutschen Turn- und Sportvereine haben den entscheidenden Beitrag für die Popularisierung des Sports geleistet. Viele von ihnen tragen gleich einem Wappen ihr Gründungsdatum im Namen, das oft in die Mitte des vorigen Jahrhunderts zurückreicht. In Frankreich schafft erst ein Gesetz von 1901 die rechtlichen Grundlagen für die Bildung von Vereinen. Der grundlegende Unterschied läßt sich auch heute noch in Zahlen ausdrücken. Der organisierte Sport zählt in der Bundesrepublik Deutschland etwa 20 Millionen Mitglieder, in Frankreich höchstens 11 Millionen.

In der Weimarer Zeit entwickeln sich aber auch im Sport Tendenzen, die dem Nationalsozialismus den Boden bereiten. Sofort nach der Machtübernahme durch Hitler im Jahr 1933 wird der Sport zum zentralen Propagandainstrument des Dritten Reiches umgeformt. Der Gleichschaltung geht allerdings die Auflösung der konfessionellen Sportorganisation, des Arbeiter-Turn- und Sportbundes sowie der Ausschluß der Juden aus allen deutschen Turn- und Sportverbänden voraus.

Höhepunkt der Perversion des Sports im Dienste totalitärer Ideologie sind die Olympischen Spiele 1936 in Berlin. Beim Einmarsch der Nationen ins Olympiastadion verweigert auch die französische Delegation nicht den Hitlergruß. Diese Erfahrung politischer »Instrumentalisierung« des Sports, die von der Vichy-Regierung, wenn auch nicht in gleichem Ausmaß, nachgeahmt wurde, hinterläßt in Frankreich nicht zuletzt deshalb so tiefe Spuren, weil ein Franzose der Schöpfer der modernen Olympischen Spiele ist. 1892 spricht Pierre de Coubertin zum ersten Mal anläßlich eines Vortrags in der Sorbonne von seiner Idee, schon 1896 finden die ersten Spiele der Neuzeit in Athen statt. Pierre de

Coubertin versteht den modernen »Olympisme« als ein Lebensideal auf der Grundlage des Sports, und er findet weltweit Widerhall, vor allem auch in Deutschland.

Im eigenen Land hat die »olympische Idee« nicht die erhoffte Wirkung. Pierre de Coubertin beklagt sich 1927 in einem öffentlichen Brief *(Le Figaro)* unter anderem darüber, daß es in Frankreich an Sportstätten fehle. Mangelnde Infrastruktur bleibt bis in die jüngste Zeit eine Schwäche des französischen Sports, trotz großer Anstrengungen, die aber vergleichsweise verspätet einsetzen.

Auch in Frankreich ist der Sport längst zum Massenphänomen geworden – für die Zehn- bis Dreißigjährigen. Darüber hinaus bleibt nur eine kleine Schicht weiterhin sportlich tätig. In Deutschland ist der Sport »die wichtigste Nebensache der Welt«, eher Bestandteil täglichen Lebens, bis ins höhere, ja hohe Alter. Der französische Nachbar beschränkt sich dann zumeist auf die Zuschauerrolle. Die Zahl der Vereine nimmt in Frankreich ständig zu, es fehlt aber vielfach an dem zu längerem Leben nötigen Umfeld, mit der sportlichen Betätigung hört oftmals die Beziehung zum Verein auf. Außerdem trägt der französische Zentralstaat weiterhin die Hauptlast des Hochleistungssports wie des Schul- und Breitensports und kann den wachsenden Anforderungen kaum genügen. In Deutschland zeichnet sich ein anderes Problem ab: Freizeit und Individualismus nehmen zu, die Abneigung gegen Bindungen, damit auch gegen den Verein, wächst. Eine fortschreitende »Vereinsmüdigkeit« beschäftigt bereits die Öffentlichkeit. Mehr noch in Deutschland als in Frankreich scheint sich der Stellenwert des Sports zu ändern.

Rudolf zur Lippe

Leichtigkeit – Ernst

Der Pariser Mai hat fast den Ernst eines politischen Generalstreiks angenommen. Daniel Cohn-Bendit forderte mit großer Rede dazu auf, mit ihm auf die Straße zu gehen. Ein leichtes rundes Rollen der Hand im Handgelenk zog den rechten Arm in eine Bewegung, die Rhythmus und Geborgenheit versprach, während die Parolen über die Menge hallten. Wenn ich mich recht erinnere, sah man in Deutschland über kleineren Volksmengen von höherem theoretischem Ernst eher Fäuste und Zeigefinger.

Die Begriffe Leichtigkeit und Ernst kreisen um einen ungenannten dritten. Nur in ihren unterschiedlichen Verhältnissen zu ihm wird sich bestimmen lassen, welche Bedeutungen sie jeweils einnehmen, indem sie auch ihm wechselnden Anteil zuerkennen.

Den Sophisten Protagoras weist Sokrates zurecht, weil dieser die Identität gesetzter Begriffe annimmt, und erklärt ihm, welche grundverschiedenen Lebenshaltungen der Geschichte das Auftauchen des Wortes »schwer« in dem ihnen allen scheinbar vertrauten Gedicht des Simonides zu verstehen aufgibt. Schwer heiße, sagt Protagoras, »das, was nicht leicht ist, sondern nur durch viele Mühe zu erlangen« (St. 341 d). Während Pittakos gemeint hatte, sagen zu sollen, daß alle Bemühungen der Menschen darum, richtig zu leben, schwer sind, hielt Simonides ihm entgegen, daß auf diesem Wege für alle Menschen immer auch Forderungen auftreten werden, die ihnen *zu* schwer sein müssen.

So ist man zunächst versucht, zu sagen, den Deutschen gelte alles, was nicht schwer ist, als zu leicht und ihnen gewinne die Achtung vor dem Ernsthaften nur ab, was auch das Zu Schwere an sich heranläßt. Entsprechend hat für Franzosen das Wort »serieux« nur zu leicht einen ironischen Klang gegen den, der sich selbst zu ernst nimmt im Sinne von wichtig, und ein Mangel an Leichtigkeit zeigt ihnen, daß es am Vermögen zum klaren Begreifen und Gestalten fehlt. Die sprichwörtliche »lourdeur allemande« ist vielleicht das beliebteste Beispiel dafür, weil in ihr Schwerfälligkeit und Wichtigtuerei sonderbar rechthaberisch miteinander verbunden erscheinen.

Können deutsche Kultur und Politik jegliche Entgrenzung als Tugend preisen, sei es äußere im grenzenlosen quasi nationalen Anspruch oder innere im endlosen protestantischen Selbstzweifel, so lassen sich die französischen Gegenbegriffe leicht finden. Gerade die vollendete geometrische Figur der territorialen Grenzen, le hexagone, wird als ewiges Symbol beschworen, fast als geheiligt angesehen; und in sinnfälliger Beschränkung die individuelle Lebensart zu entfalten macht das »savoir vivre« aus, das die Deutschen abwechselnd mißbilligen und ersehnen zu müssen glauben.

Adorno hat eine Philosophie verspottet, die sich mit der »Tiefe« ihrer Wühlarbeit brüstet, um ihre Gedanken und deren Gegenstand gleichzeitig als etwas sehr »Hohes« zu rühmen. In Anlehnung an Kants und Schillers Kritik am »Vernünfteln« könnte man da vom Gründeln sprechen, wo den Dingen gerade nicht auf den Grund gegangen, dafür aber eine Hintergründigkeit bemüht wird. Allzuleicht muß die Berufung darauf, daß man sich an das »Zu Schwere« heranmacht, den Ernst ersetzen, mit dem eine geschichtlich kritische Haltung an Grundwidersprüche streng herangehen sollte oder auch rationale Erkenntnistheorie nach den Regeln des »Satzes vom Grunde«. Adorno zielte auf den deutschen »Jargon der Eigentlichkeit« und auf Heidegger selbst, gegen den Gabriel Marcel mit leichter Hand das »bon mot« gewandt hat: »Die Wacht am Sein«, in unmißverständlicher Anspielung darauf, daß hier das Vage im Beschwören von Abgründigem durch martialisches Auftreten wettgemacht zu werden droht.

Warum drängt es aber dann gerade die Franzosen wieder zu einer Heidegger-Renaissance, wie sie lange auch die überschwenglichsten Bewunderer von Wagner waren? Die Architektur ihrer Städte und Gärten, die brillante Prägnanz ihrer Sprache haben ihnen doch die überlegene Durchsichtigkeit ihrer geschichtlichen Konstruktionen gesichert. Woher dann die Schwäche fürs Pathetische?

Es beginnt schon damit, daß sie angesichts der Klarheit aller von ihnen hervorgebrachten Gestalten ihren Spott über das »serieux«

der anderen vergessen und ihr Privileg ganz spießig als »prestige de France« herauskehren. Das hätte doch eine Kultur nicht nötig, die Leichtigkeit aus dem Ernst gewonnen hat, mit dem sie Geschichte gegen Natur, Erkenntnis gegen Stimmung, Geist gegen Stoff, Willen gegen Dumpfheit abzugrenzen weiß.

Solcher Ernst erlahmt eben, wo die Grenzen als ausgemacht gelten. Dann erscheint der Zweifel als zu schwer im immer neuen Fragen, so daß Descartes ihn in kühner Umkehrung zur Grundlage einer freilich nur zu begrenzten Gewißheit gemacht hat. Dieses Verfahren ist eine Projektion allzu komplexer Wirklichkeit in die mechanisch-analytische Ebene. Bergson hat unter dem cartesischen Denken in Flächen, Strecken und Massen die verschwundene Dimension im Leben sich bewegender Wirklichkeit wieder entdeckt. Was da mangelt, ist das, was Sokrates als das Wesentliche bestimmt: Was nicht zu schwer ist, ist gleichwohl immer mühevoll.

Wir sehen heute, daß gerade ihr problematisches Verhältnis zum Leben und der naturgetragenen Lebendigkeit deutsche und französische Kultur zu den Haupterben jener abendländischen Metaphysik gemacht hat, die grundsätzlich dazu tendiert, Gewißheit dadurch zu erlangen, daß Pole als Gegensätze voneinander getrennt und eine Entscheidung zwischen den Gegensätzen erzwungen wird. Sokrates hat durchaus den Leib und die Seele gegeneinander ausgespielt und den Leib als Hindernis für die Seele dargestellt. Das steht im Gegensatz etwa zur fernöstlichen Lehre von der »Erdmitte des Menschen«, durch die wir sinnenhaft und in seelischer Bewußtheit zur Welt und zu uns selbst finden.

Den Europäern gilt, seit der griechischen Philosophie, vorherrschend der schwere Leib als Ballast der Seele und damit das Schwerelose als das Ziel. Die griechischen Traditionen, Erlösung vom Erden-Dasein zu suchen, und zwar in einem Jenseits, haben dazu geführt, die Erdenschwere menschlicher Existenz zur Überwindung durch die »höheren Vermögen« des Menschen freizugeben. So kann der wütende Eifer, mit dem dies geschieht, für Ernst gelten, kann aber auch die Schwerelosigkeit in den Träumen vom Fliegen – in interplanetaren Raketen realisiert oder im Spitzentanz der Primaballerina, je nachdem – an Erlösung denken lassen. So neigen wir Europäer, vielleicht Deutsche und Franzosen besonders, dazu, in der Leichtigkeit den Ernst zu versäumen, der nur aus einem Weg durch die Schwere hindurch erwachsen kann. In einem solchen Ernst würde Leichtigkeit als »die Vereinigung der Gegensätze« gewonnen, wie Okakura die Wahrheit bestimmt, so daß es auch nicht um Jugend *oder* Alter in der einen oder der anderen europäischen Kultur geht.

Die Schwere ist dafür von großer Bedeutung; sowohl im nur übertragenen Sinne dessen, was schwer ist zu tun, wie durchaus im leiblichen Erleben. Die europäischen Kulturen haben seit Beginn der Neuzeit sich außerordentlich um Leichtigkeit der physischen Erscheinung und des körperlichen Auftretens bemüht. Entsprechende Prinzipien haben das gesellschaftlich herrschende Körperbild Europas von den militärischen Haltungen bis hin zu Ballett und dem »Gang des Hochwohlgeborenen« geprägt. Als deren bestimmendes Paradigma kann man nun eine Anhebung des Körperzentrums vom Beckenraum hinauf zum Brustraum in der Geschichte vom 16. zum 18. Jahrhundert zeigen, die wir anatomisch rekonstruieren können und sozialpsychologisch wirksam finden. Deren Fortsetzungen und Umsetzungen in alle Bereiche geschichtlicher Praxis der Menschen können wir durch das 19. und 20. Jahrhundert verfolgen bis zu Arbeitsorganisation, Sport und Fitneß.

Zunächst wurden schwere Leistungen der Selbstbeherrschung eines mehr und mehr instrumentell begriffenen Körpers so lange zur Pflichtübung für jedes öffentliche Auftreten, bis die Mitglieder der gehobenen Stände ihren Herrschaftsanspruch dadurch sinnfällig demonstrieren konnten, daß ihnen eine neue Leichtigkeit zur zweiten Natur geworden zu sein schien. Der Vorgang erinnert durchaus kulturanthropologisch an die politische Funktion adeliger Anmut, wie sie Christian Meier für die athenische Polis der klassischen Zeit neuerdings zu verstehen gibt.

Daß einmal Gefahren für die conditio humana drohen könnten, ahnte niemand, als in der italienischen Frührenaissance die Tugend der »legerezza« gepriesen wurde. Damals ging es darum, die gebildeten Menschen von jener dumpfen Schwere frei zu machen, die Brueghels Bauern noch im Tanzen zeigen. Als geistige Wesen sind die Menschen der Luft verbunden, nicht nur leiblich der Erde: »aiere«. Damit hängen Selbstbestimmung und Selbstverantwortung zusammen. Im ästhetischen Ideal der Leichtigkeit drückte sich, früh und reizvoll sinnenhaft, die Behauptung eines freien Willens der Menschen aus. Ionescos Theater zeigt als eine der Absurditäten zerfallender Kultur, wie Menschen vom Erdboden derart angezogen werden, daß sie ihm anzugehören beginnen wie einem Sumpf oder einem Moor, oder abheben als »Fußgänger der Luft«. André Malraux hat die Freiheit des Willens gerade in der Willkür gefeiert, mit der Kunst sich an Kunst entzünde, nicht etwa an Natur und Geschichte.

Über den Boulevard St. Germain, entlang den Cafés, geht ein Blinder. Tastend eilt ihm sein weißer schmaler Stock voraus. Warum kann er in der Hand des Franzosen in schwingenden Rhythmus geraten, der den Mann in behutsames Schreiten versetzt?

Die neueren Tendenzen, alles strukturell systematisch auf die Landkarten verrechenbarer Übersichtlichkeit zu projizieren, ebnen weltweit Unterschiede der Kulturen mit ihren Stärken und Schwächen ein. Der Hoch- und Tiefbau des deutschen Geistes hat da schlechte Konjunktur, zumal New Age seine Beiträge durch leichter zugängliche Versprechungen ersetzt. Da haben die französischen Talente auch im vorübergehenden bessere Chancen. Unbeschwerter vom Ernst der Geschichte können die Theoretiker faszinierende Interpretationen wie Lerchen und Falken aus dem Ärmel in den Himmel der Arena werfen, und während wir noch von der Erinnerung an den letzten Wettstreit der Vögel fasziniert sind, haben bereits die Muster gewechselt und neue Erklärungen treffen mit neuer kompromißloser Gedankenschärfe aufeinander. »On met son cartésianisme au service de sa mauvaise fois«, sagt ein französischer Politiker.

Dabei gibt es immer noch Franzosen, für die Deutsch als »die Sprache der Philosophie« gilt. Das hängt damit zusammen, daß die deutsche Sprache zwar weniger Vorleistungen für die Klarheit und Überprüfbarkeit des Denkens bereit hält, dagegen aber der anderen Seite des Denkens entgegenkommt, der rückhaltlosen Offenheit immer neuen Fragens.

Die Wahl der Begriffe, die diesem Band die Wege vorzeichnet, ist gerade darin so glücklich, daß es, gegen den Anschein, nicht zulässig wäre, den einen und den anderen auf die eine und die andere Kultur zu verteilen. Soweit sie überhaupt noch als Kulturen befragt werden können, statt als Gesellschaften analysiert werden zu müssen, haben beide Völker nur ein ganz eigenes Spannungsfeld zwischen Ernst und Leichtigkeit aufgebaut.

Wo die alte Sokratische Weisheit der Selbstkritik die Geister bewegt, werden die Spannungsfelder auch einmal umgekehrt. Die geistreiche Ironie des »Misanthrope« ist fast schon als Molières tragische Vision postmoderner Leere zu begreifen. Wer weiß Hoffmannsthals hingehauchten »Schwierigen« als unendlich leichten Ernst nach seinem eigentlichen Gewicht aufzunehmen?

Am Schluß dieses Versuchs sollte auf zwei Beispiele gegenwärtiger Spannung aufmerksam gemacht werden, die, jedenfalls mir, wegen der doppelten Reflexion, die sie trägt, zu den europäischen Wegweisern für die nächsten Schritte unseres geschichtlichen Weges zu gehören scheinen.

Gerade trotz allen cartesianischen Befangenheiten ist Sartres Existenzialismus so eindrucksvoll: Ein Leben und ein Werk der Suche nach dem verlorenen Dritten zu Leichtigkeit und Ernst – nach der Schwere. Die Anstrengungen des Aufklärers, zugleich auch wieder auf den Boden zu kommen und mit Erdenschwere auf ihm zu ruhen! Das ist ihm vor allem doch der geschichtliche Boden; aber ebenso entschieden lotet er die leibliche Existenz aus. In den *Wörtern* sagt er für sich selbst: »Weit entfernt davon, darin zu wetteifern, immer höher in die Wolken zu steigen, suchte ich, auf die Erde zurückzufinden. Aber dazu braucht man bleierne Sohlen.« Immerhin wußte Sartre schon in den *Fliegen*, »das Gutsein des Steins ist seine Schwere«. Damit hat er zu einem Begriff vom Guten zurückgeführt, wie ihn, vor aller äußerlichen Moral, Sokrates verstand, wenn er von der Tugend oder dem Richtig-Leben sprach.

Schiller lädt uns in seiner *ästhetischen Erziehung* ein, uns in immer neuer Bewegung zu läutern zwischen genießend anschauender Sinnlichkeit und ordnend klärendem Begriffsdenken. Die ganze negative Anthropologie Europas von der unversöhnbaren

Trennung ist in diesem Ausblick vergessen. Der, der so deutsch sagte, »ernst ist das Leben, heiter ist die Kunst«, hat einen heiteren Lebensernst entdeckt: »Der Mensch ist nur da ganz Mensch, wo er spielt.«

C. Fr. v. Weizsäcker meint, das »Höhlengleichnis« des Plato werde mißverstanden, weil schon die frühen Kommentatoren nach dem »hinauf« der erkennenden Bewegung Platos Gestus unterschlugen, dann wieder »hinabzusteigen«. Mir scheint jedenfalls allen Europäern eine Gefährdung von dort zu überkommen, mit der Höhle, dem Erdinnern, der Erde überhaupt das behinderte Sehen, den Schatten der Dinge zu verbinden. Statt der Erdmitte, der Schwere ist unter uns nun ein Vakuum.

Bernhard Waldenfels
Ordnung

›Kosmos‹, einst Ausdruck für eine Ordnung der Dinge, die Himmel und Erde, Menschen und Dinge, Zahlen und Töne zusammenhielt und alles im Glanz einer eigentümlichen Schönheit erstrahlen ließ, hat die Übersetzung in die Sprache moderner Ordnungen nicht schadlos überstanden. Die große Ordnung beginnt zu bröckeln, wenn sich ihre Herkünfte als kontingent, ihre Grenzen als verschiebbar erweisen und wenn ihr etwas entgegentritt, was sie nicht zu integrieren vermag, so etwa eine schöpferische Freiheit, die mit der Möglichkeit anderer Ordnungen spielt, oder ein Spiel des Zufalls, das Ordnung aus Chaos hervorgehen läßt. Doch wenn es *die* Ordnung nicht gibt, so läßt die Verarbeitung dieser Einsicht verschiedene Wege offen, auf denen für Ersatz gesorgt wird. Betroffen sind Moral und Politik so gut wie Kunst und Technik, und der Wandel reicht hinein bis in die Sphären des Alltags. Vieles spricht dafür, daß Deutsche und Franzosen auf diese Herausforderung der Moderne verschiedenartig reagieren. Auch die Moderne hat ihre Traditionen, deren Gründe die Vernunft nur teilweise kennt.

Tut man diesseits und jenseits des Rheins dasselbe, so ist es nicht einfach dasselbe. Daß ein deutscher Autor ein Buch schreibt mit dem Titel: *Kant, das ist Deutschland*, steht vorerst nicht zu befürchten. Aber auch wenn er einen Titel wählen würde wie *Die Ordnung der Dinge*, so müßte er damit rechnen, daß man ihn der verspäteten Liebe zu einer prämodernen Metaphysik verdächtigt oder aber ihn der Vorliebe für eine Ordnung bezichtigt, in der Ruhe die erste Bürgerpflicht ist. Alte Ordnungen sind zu schön, neue Ordnungen zu flüchtig, um wahr zu sein. Zwischen einer *substantiellen* Ordnung, die in den Dingen wohnt, und einer *positiven* Ordnung, die ihnen aufgezwungen wird, bleibt wenig Spielraum. Einen viel begangenen Ausweg bietet eine *formale* Ordnung der Vernunft, der die Dinge gehorchen, während sie sich selbst gehorcht. Die »Ordnung der Dinge«, von der Kant noch spricht, ist eine bloße »Ordnung der Erscheinungen«, die in einer »übersinnlichen Ordnung« der Freiheit wurzelt. Bei Fichte schwingt diese Freiheit sich auf zur ›tätigen Ordnung‹ eines *ordo ordinans*, während sie bei Hegel in einer allgemeinen Ordnung gipfelt, die der »gewalttätigen Ordnung der Welt« abgerungen ist. Doch inzwischen zieht man es vor, es bei den Rahmenrichtlinien einer formalen Vernunft zu belassen und sie in der Sprache von Gesetz, Regel und Imperativ zu formulieren, um unliebsame Nachbarschaften zu vermeiden.

In der Tat, eine Ordnung, die von ihren alten kosmischen Geistern verlassen ist, funktioniert nur noch als Ordnungsgerippe. Bei Meister Eckhart lesen wir: »Allez, daz geordent ist, daz muoz geordent sîn under daz, daz über im ist«, und bei den Reformatoren taucht die Ordnung vorwiegend auf als Anordnung im Sinne von *Vorschrift* und *Gebot*. Geht dieser kosmologisch-theologische Hintergrund verloren, ohne daß die Ordnungsstruktur selber sich ändert, so bleibt nur eine (hier-)archische Ordnung zurück, die das Ordnungsheiligtum pro forma besetzt mit *irgendeiner* Obrigkeit. Und wenn diese Sakralität auch noch abhanden kommt, bleibt es bei einer Anordnung im Sinne eines puren *Arrangements*, eines bloß vorhandenen *ordo ordinatus*, wie es bei Fichte heißt. Am Ende begnügen wir uns mit Verkehrs- oder Prüfungsordnungen, beschirmt durch Ordnungshüter. Das alte Wort ›Ordnung‹ verblaßt, und damit verblaßt auch die Sache. Während Max Weber der Frage nach der Legitimierung sozialer Ordnungen und ihrer Verankerung im Geflecht sozialer Beziehungen noch viele Überlegungen gewidmet hat, spricht man heute lieber von Systemen. Doch was nur abgelegt, nicht hinreichend ersetzt ist, kehrt in anderer Gestalt wieder. Ordentlichkeit, die in ihrer Formalität längst zur Sekundärtugend abgesunken ist, tendiert dazu, den leeren Raum von Primärtugenden zu besetzen. Was harmlos aussieht, ist es keineswegs; denn eine fungible oder gar neurotisch fixierte Ordentlichkeit kann beliebig eingesetzt werden, und am Ende ist es gleich, wer oder was die Ordnungsparole ausgibt. Daß die Erstarrung von Formen zu bloßen Formeln in gezielte Formlosigkeit umschlägt, ist verständlich, aber eine Lösung ist auch dies nicht. Das Vakuum ist durch spontane Unordnung nicht zu füllen. Dadaismus oder Anarchismus stoßen hier an ihre Grenzen.

Blicken wir nach Frankreich zurück, so sehen wir, wie die Ordnungsmarken sich ändern. Dort gibt es in der Tat einen Bestseller, dessen Titel nur aus verlegerischen Gründen nicht *L'ordre des choses* lautet, sondern *Les mots et les choses*. Eine Vorliebe für das gängige ›law and order‹ wird niemand dem Autor unterschieben wollen. Offensichtlich hat ›Ordnung‹ im Französischen andere Beiklänge als in Deutschland. Auffällig ist einmal, daß das Wort bei den klassischen Denkern durchweg im *Plural* auftritt, als Zweiheit von Vernunft- und Lebensordnung bei Descartes, als dreifache Ordnung von Körper, Geist und Liebe bei Pascal, als Gegensatz von natürlicher und bürgerlicher Ordnung bei Rousseau. Das Gegeneinander verschiedener Ordnungen wirkt als Gegengift gegen eine Tyrannei, die laut Pascal aus Übergriffen einer partikularen Ordnung resultiert. Ferner wird seit Descartes Ordnung weniger einseitig als hierarchische Ganzheit gedacht, sondern zunehmend auch von der modernen Mathematik her als *offene Reihe*, eine Vorstellung, die in den seriellen Methoden moderner Geschichtsschreibung und moderner Kunst wiederkehrt. Außerdem kommt es bei sozialen Ordnungen nicht so sehr auf ihre Rechtfertigung an als auf ihre *Schöpfung*. Vielleicht spielt hier, wie auch sonst, der konfessionelle Unterschied eine Rolle. Die katholische Schöpfungslehre setzt andere Akzente als die in Deutschland traditionell tonangebende Rechtfertigungslehre. Dies hat Auswirkungen bis in den säkularen Bereich hinein. Revolutionäre und reformerische Ideen von der Französischen Revolution bis zum Frühsozialismus und zum Reformsozialismus des späten 19. Jahrhunderts stehen im Zeichen einer »Neuen Ordnung«; für Comte sind Fortschritt und Ordnung und für Proudhon selbst Anarchie und Ordnung keine unüberbrückbaren Gegensätze. Bei Bergson übernimmt das Leben die Rolle einer ordnungsschaffenden Macht, die bestehende Automatismen durchbricht. Eine derart geschaffene und neu zu schaffende Ordnung bleibt nicht hängen im formalen Gitterwerk theoretischer und praktischer Geltungsansprüche, sie findet ihre *Verkörperung* in Institutionen und Sitten, die auch bei Max Weber noch mehr sind als bloße Konventionen. Darin lebt etwas vom alten *ordo rerum* fort.

Gewiß fehlt es nicht an zweideutigen Rückgriffen auf alte Ordnungen, die, wenn es sie nicht gibt, zu erfinden sind wie Voltaires Gott. Deutsche Bewegung und »Action française« stehen einander in der Fabrikation von Ordnungssurrogaten in nichts nach, und das »konkrete Ordnungsdenken«, das Carl Schmitt propagiert, paktiert hier und dort mit diesem und jenem. Wenn in Frankreich das Wort ›Ordnung‹ trotz allem einen, wenn nicht unverdächtigen, so doch unverächtlichen Klang bewahrt hat, so deshalb, weil es nicht an Versuchen fehlt, Ordnung mit ihren eigenen Grenzen, ja mit einer produktiven Unordnung zusammenzudenken. So heißt es bei Valéry: »L'esprit va dans son travail de *son* désordre à son ordre. Il importe qu'il se conserve jusqu' à la fin, des ressources de *désordre*...« Das »rohe Sein der Ordnung«, von dem Foucault in Anlehnung an Merleau-Ponty spricht, läßt sich von keiner faktischen Ordnung erschöpfen, und ebensowenig läßt es sich in die formale Gesamtstruktur einer »Ordnung der Ordnungen« überführen, mit der Lévi-Strauss liebäugelt. Ordnungen leben von dem, was sie wohl oder übel aussparen.

Bernhard Waldenfels

Körper – Leib

Solange der Mensch sich in einer *geordneten Welt* heimisch fühlt, spiegelt der Mikrokosmos sich im Makrokosmos; als ›Weltseele‹ und ›Weltleib‹ reichen Seele und Leib bis an die Sterne. Erst der Leib, aus dem das Leben entweicht oder der die Seele in Bann schlägt, wird zum bloßen Körper, zum ›Leichnam‹, der im holländischen ›lichaam‹ (= Leib, Körper) noch seine Herkunft aus dem Leben erkennen läßt. Mit dem neuzeitlichen Verfall des Kosmos und seiner Degradierung zur *mechanischen Natur* wandelt sich die Spannung zwischen Seele und Leib in eine Spaltung; Seele oder Geist ziehen sich aus der Natur zurück und hinterlassen eine Körpermaschine, die der ›toten Materie‹ eingegliedert und anatomisch zergliedert wird. Im Zuge dieser Sezession, die bei Descartes ihren prägnanten Ausdruck findet, treten nicht nur Psychisches und Physisches, sondern auch Privates und Öffentliches auseinander. Die Geschichte des Cartesianismus ist fortan eine Geschichte unaufhörlicher Überbrückungsversuche; denn ohne einen Verkehr zwischen Geist und Körper gäbe es weder Wahrnehmen noch Begehren, weder Reden noch Tun. Im 19. Jahrhundert setzt eine allmähliche Gegenbewegung ein, die in der Gegenwart Züge eines Umdenkens annimmt. Die Natur verwandelt sich zurück in eine *Lebenswelt*, die zwar nicht mehr die Geborgenheit eines Kosmos bietet, doch den einzelnen unter die Dinge, Lebewesen und Mitmenschen zurückversetzt. Als leibliches Wesen ist der Mensch von dieser Welt, auch wenn er ihre faktische Gestalt ständig übersteigt.

Der von einer anfänglichen Symbiose zehrende Prozeß der Entkörperung und allmählichen Wiederverkörperung läuft bei Deutschen und Franzosen teilweise auf verschiedenen Bahnen. Bemerkenswert ist bereits die jeweilige sprachliche Weichenstellung. Während das Französische mit dem einen Wort ›corps‹ auskommt, läßt das Deutsche die Wahl zwischen ›Leib‹ und ›Körper‹. Der ›Leib‹, sprachlich dem ›Leben‹ verwandt, taucht in zahlreichen Zusammensetzungen und alltäglichen Wendungen auf. Einstmals gab es ›Leibeigene‹, ›Leibärzte‹ und ›Leibpferde‹, und noch heute kann man ›mit Leib und Seele‹ bei der Sache sein, jemandem ›auf den Leib rücken‹, sich etwas ›einverleiben‹ oder sich seine ›Leib- und Magenspeise‹ gönnen. Doch die deutsche Philosophie wußte lange Zeit mit dem Leib nicht viel mehr anzufangen als die modernen Naturwissenschaften. Der Leib blieb Körper, wenn nicht von Gottes, so doch von Geistes Gnaden. Eine protestantisch gefärbte Innerlichkeit dauert in säkularisiertem Gewande fort; als Körper- und Sinnenwesen ist der Mensch Bürger einer Welt, die fremden Gesetzen gehorcht. Angesichts einer auf Reinheit und Autonomie bedachten Vernunft verkümmert der Körper zum Materiallieferanten, zum Kompaß praktischer Weltorientierung oder, wie bei Fichte, zum materiellen Organ eines tätigen Ich. Leiblichen Impulsen folgen hieße, sich fremden Mächten ausliefern. Selbst Hegels alles vermittelnder Geist läßt den Körper nur zu, sofern er sich selber vergeistigt: »Der Körper, insofern er unmittelbares Dasein ist, ist er dem Geiste nicht angemessen; um williges Organ und beseeltes Mittel desselben zu sein, muß er erst von ihm *in Besitz genommen* werden« – eine Aneignung, die Bataille später in eine Enteignung umkehrt. Der cartesianische Dualismus wird überspielt, nicht überwunden. Wo der Geist nicht mehr den Sieg davonträgt, ist es die Materie. Spuren solcher Einseitigkeit finden wir bis in die Gegenwart hinein, so etwa in der Überbetonung des Regelcharakters von Sprechen und Handeln, an der auch ein ›Leibapriori‹ nichts ändert. Dem Leib bleibt, wie zu Descartes' Zeiten, nur die Rolle des Befehlsempfängers und Ausführungsgehilfen; der Rest ist Schweigen, sprich: Natur.

Allerdings fehlt es nicht an Gegentendenzen. Bei Hildegard von Bingen lesen wir noch: »Homo ubique corpus est.« Bei Novalis lesen wir wieder: »Der Körper soll Seele – die Seele Körper werden. Eins durch das andre – dadurch gewinnen beide.« Für den abtrünnigen Hegelianer Feuerbach bezeichnet Leiblichkeit den Punkt, »wo die Materie denkt, der Leib Geist ist, umgekehrt der Geist Leib, das Denken Materie ist«. Bei Marx nimmt diese Leiblichkeit im Medium von Arbeit und Gesellschaft weltgeschichtliche Züge an. Nietzsches Philosophie »am Leitfaden des Leibes« läßt selbst solche Umkehr- und Ganzheitsformeln noch hinter sich. In resoluter physiologischer Gegensteuerung hält er den

»Verächtern des Leibes« ihre Auslassungen vor: »Rechnen wir das Nervensystem und die Sinne ab, die ›sterbliche Hülle‹, so verrechnen wir uns – weiter nichts.« Als »große Vernunft« läuft der Leib dem Bewußtsein den Rang ab. Können Nietzsches dithyrambische Leibgesänge noch dazu verleiten, kopfüber in die Wellen des Lebens einzutauchen, so schlägt Husserls Phänomenologie des Leibes einen nüchternen Ton an. Hier wird nicht nur den Dingen ihre »leibhaftige Gegenwart« zurückerstattet, auch das Ich wird zum leiblichen Wesen, das sich in der Welt einrichtet und umtut, das leiblich für andere und – berührend-berührt – auch für sich selber da ist. Das konstituierende Leibbewußtsein, an dem Husserl noch festhält, verliert seine Reinheit, da der Leib selber zur »Umschlagstelle« von Geist und Natur wird. Plessner verzichtet schließlich auf einen transzendentalen Doppelgänger, indem er den Doppelaspekt von Leib und Körper in der »exzentrischen Positionalität« des Menschen verankert. Der Mensch ist Bürger der einen Welt, aber er ist es nicht völlig. Es bleibt Raum für ein vielfältiges Randgängertum, das in einer Geschichte des Leibes seinen wechselnden Ausdruck findet. Leib und Körper sind Schauplatz dessen, was Kant Zivilisierung, Kultivierung und Moralisierung nennt und was Norbert Elias in die Buntheit eines aus Erfindung und Zwang gemischten Zivilisationsprozesses zurückverwandelt hat.

Blicken wir zurück in das Herkunftsland von Descartes, so zeigt sich ein deutlich verändertes Bild. Statt eines Anti-Cartesianismus, der auf sublime Instanzen wie Geist, Seele, Ich oder Bewußtsein ausweicht und den Körper zurückdrängt, finden wir eher einen Anti-Cartesianismus, der den Cartesianismus akzeptiert, um ihn auf seiner eigenen Ebene umzuarbeiten. Dabei eröffnen sich zwei verschiedene Wege. Man kann den Cartesianismus *abschwächen* oder ihn *zuspitzen*. Die erste Möglichkeit finden wir bereits bei Descartes selbst, wenn er die unumgängliche Frage nach einer Verbindung von Seele und Körper der Lebenserfahrung und der alltäglichen Rede überantwortet und damit der Versuchung widersteht, die »Ordnung des Lebens« schlechthin aus der »Ordnung der Vernunft« herzuleiten. Hier bleibt Platz für eine Rhetorik des Alltags, für institutionelle Zeremonien und Rituale und für eine Geschmackskultur, die der Körperlichkeit ihr entscheidendes Gewicht läßt. Dies ist nicht zu denken ohne die Einflüsse von Hof und Kirche, die – stärker als in Deutschland – eine öffentliche Schaubühne anbieten, die doppelbödig sein mag, aber keine Hintertüre offen läßt. Die zweite Möglichkeit einer Zuspitzung des Gegensatzes bereitet sich bereits bei Montaigne vor und findet ihren exemplarischen Ausdruck bei Pascal. Ein »Schilfrohr, das denkt«, verkörpert in seiner »Duplizität« einen gelebten Widerstreit. Dazu gehört die Vorstellung eines Geistes, der hinkt, oder die Nase der Kleopatra, die Weltgeschichte macht. Erhabenheit und Lächerlichkeit wohnen dicht beieinander. Noch bei Bergson löst das Niesen des Helden ein Gelächter aus – nicht nur bei Hegels Kammerdiener.

Es fehlt nicht an ähnlichen Zeugnissen, die bis in die Gegenwart reichen. Für einen modernen Literaten wie Valéry hat selbst der Geist seinen »corps de l'esprit«. Der wahre Leib ist ein Leib bei der Arbeit, dessen Tun uns fremd ist wie ein ferner Kontinent und der uns überrascht, wenn er die Seele tanzen läßt: »Étant chose, il éclate en événements.« Wir hören Nietzsches Stimme, aber auch die Stimmen von Husserl und Freud fehlen nicht. Eine reich instrumentierte Phänomenologie der Leiblichkeit macht sich breit. Das karge sprachliche Material zwingt zur Nuancierung, und so wird das neutrale ›corps‹ zum ›corps propre, vivant, fonctionnel‹, auch zum ›corps-sujet‹; die Gebärde der Aneignung fehlt zwar nicht, doch sind die sprengenden Kräfte stärker. Bei Sartre gerinnt das Subjekt unter dem Blick des anderen zur körperlichen Existenz. Merleau-Ponty weitet die Eigenheit des »corps propre« und die Zwischensphäre einer »intercorporéité« aus zur fleischlichen Textur einer Art von »chair«, die Welt, Ich und andere übergreift. Für Levinas versammelt sich die Andersheit des anderen in der fernen Nähe des Antlitzes. Auch die Sprache gewinnt ihren *corpus* zurück, der laut R. Barthes nicht nur Mühe bereitet, sondern Lust weckt. Die Materialität der Symptome schreibt sich, wie es bei Lacan heißt, mit »Lettern des Leidens« ins Fleisch des Subjekts ein. Die Gesellschaftsprozesse, die schon Marcel Mauss in den diversen Techniken und Habitualitäten des Körpers wiederfindet, erreichen bei Foucault die Intensität einer »Körperpolitik«, die Folter und Dressur einschließt. Vom ›bloßen Körper‹ bleibt wenig übrig, wenn die Vernunft sich selbst inkarniert.

Alexandre Métraux
Psychologie

Die europäische Nachkriegspsychologie hat sich zu einer Disziplin entwickelt, die in der Experimentalmethode den wahren Garanten ihrer Wissenschaftlichkeit erblickt und so – wenngleich nicht immer ohne Mühe – die nationalen Traditionen überwunden hat, die die Geschichte des Faches seit dem ausgehenden 19. Jahrhundert gekennzeichnet hatten. Gewiß, das universitäre Lehrangebot und die Organisation der Forschung spiegelten vorerst noch die wissenschaftliche Kultur des jeweiligen Landes wider. So vertraten etwa die an der Pariser Sorbonne lehrenden Psychologiedozenten zu Beginn der fünfziger Jahre eine Vielfalt an Richtungen – sie reichten von der traditionellen Psychophysiologie über die Phänomenologie bis zur Psychoanalyse –, für die es an den deutschen Instituten für Psychologie an einer Entsprechung fehlte. Verwunderlich ist dies nicht, da sich das psychologische Lehrangebot der bundesrepublikanischen Hochschulen weitgehend durch die Diplomprüfungsordnung bestimmte, was in Frankreich bis in die jüngste Vergangenheit hinein nicht der Fall war. Dennoch haben die kulturellen Besonderheiten, die Denkstile und die Unterschiede des geistigen Klimas als historische Vektoren zunehmend an Gewicht verloren. An ihre Stelle trat die treibende Kraft einer einförmigen, neutralen Diskursivität, deren Ideologie in der einfachen Maxime gipfelt, daß Aussagen nur über genau beobachtete Tatsachen psychischen Lebens gefällt werden sollten – übrigens ohne Rücksicht auf allgemeine philosophische oder weltanschauliche Ideen. Dies hatte zur Folge, daß Fortschritte der Psychologie – zumal nach gängiger Lesart – allein auf innerwissenschaftliche Faktoren, und nicht zusätzlich auch auf gesellschaftliche, ökonomische, administrative Faktoren zurückgeführt wurden.

Vor diesem Hintergrund ist das deutsch-französische Mißverständnis über das Werk Jean Piagets zu sehen. Dieses Mißverständnis ergibt sich weder aus einem Konflikt zwischen unversöhnlichen Interpretationen der Psychologie Piagets noch aus Sinnverschiebungen, die man den deutschsprachigen Übersetzungen seiner Texte anlasten könnte. Vielmehr resultiert es aus der Tatsache, daß die Piagetsche Psychologie zuerst in den USA, später in der Bundesrepublik Deutschland aus ihrem ursprünglichen Zusammenhang gerissen wurde.

Es wäre fehl am Platz, Piaget den Vorwurf mangelnder Klarheit über seine Forschungsabsichten zu machen. Unter dem Einfluß Henri Bergsons einerseits, der Naturwissenschaftler und Wissenschaftstheoretiker Duhem und Poincaré andererseits faßte er den Plan einer neuen Theorie menschlicher Erkenntnis ins Auge. Von Bergson übernahm er die Idee des *»élan vital«*, die er auf die Problematik der »authentischen Erkenntnis« als »ständiger Konstruktion, die neue Strukturen hervorbringt«, übertrug. Im Konventionalismus Duhems und Poincarés entdeckte er eine beispielhafte Analyse der wissenschaftlichen Tätigkeit, die stufen- oder schrittweise voranschreitet, weil sie Gesetzesaussagen als wirkungsvolle, allerdings provisorische, also jederzeit widerrufbare Konstruktionen des menschlichen Geistes faßt. Piaget wies jedoch von Anfang an den von diesen Philosophen vertretenen Anspruch zurück, die Prinzipien und Gesetze menschlicher Erkenntnis durch reine Reflexion, und nicht durch Versuche im Laboratorium zu begründen – letzteres würde ja die intersubjektive Überprüfung von Aussagen über die Mechanismen des Erkennens erlauben. In seiner Kritik der Philosophie sprach er sogar von der intellektuellen Unredlichkeit, die darin besteht, irgendwelche Tatsachenbehauptungen ohne Möglichkeit der Nachprüfung durch jedermann zu machen.

So verankerte Piaget die Untersuchung der Entwicklung menschlichen Erkennens an einem strategisch entscheidenden Punkt. Die von ihm aufgebaute neue Disziplin, die er als ›épistémologie génétique‹ (genetische Erkenntnistheorie) bezeichnet hat, wurde mit einer ›Embryologie des Geistes‹ verglichen, deren Ziel darin besteht, die Erkenntnis in ihren psychischen Verwirklichungen zu erfassen.

Die Stufen der Entwicklung zu bestimmen, die die geistige Tätigkeit vom Zeitpunkt der Geburt bis zu dem Zeitpunkt, da die Handhabung der Begriffe der formalen Logik möglich ist, durchläuft; die tatsächlich gegebenen Grenzen des Denkens auf den frühen Entwicklungsstufen zu untersuchen; die Bedingungen der Anpassung des Denkens an das Erkenntnisobjekt zu entdecken; die Beteiligung der Sprache und des gesellschaftlichen Lebens an der Genese der Kernbegriffe (Zeit, Ort, Gegenstand, Zahl, Kausalität, Reversibilität usw.) zu beschreiben; die Gesetze des Gleichgewichts zwischen Subjekt und Objekt und die Ursachen der Dynamik des Denkens zu erklären: all dem haben sich Piaget und die vielen unter seiner Leitung forschenden Mitarbeiter gewidmet. Doch die Dutzende von Einzelstudien, die vielen Beobachtungen und die Experimente dienten lediglich dem einen Zweck: das, worüber die Philosophen mit mehr oder weniger Weisheit spekuliert haben, zu versachlichen und überprüfbar zu machen.

Ohne Zweifel blieb Piaget im französischen Sprachbereich die öffentliche Anerkennung, die den Philosophen Bachelard, Brunschvicg, Sartre oder Merleau-Ponty zuteil wurde, versagt. Dennoch übte der Piagetsche Ansatz auf einige Philosophen (Pierre Greco, Lucien Apostel, Gilles-Gaston Granger, um nur sie zu nennen) eine starke Anziehungskraft aus, weil sie darin ein vielversprechendes Amalgam von Entwicklungspsychologie und Erkenntnis- bzw. Wissenschaftstheorie, also auch die Möglichkeit der Weiterführung bestimmter philosophischer Anliegen auf neuer Grundlage, erblickten.

Obwohl einige entwicklungspsychologische Schriften Piagets bereits in den dreißiger Jahren in angelsächsischer Übersetzung erschienen sind, wurden sie von der amerikanischen Fachöffentlichkeit erst zu Beginn der sechziger Jahre rezipiert. Die späte Entdeckung Piagets auf dem nordamerikanischen Kontinent erklärt sich durch die Krise des Behaviorismus, d. h. der damaligen Hauptströmung der amerikanischen Psychologie. Die Krise wurde durch die Erkenntnis ausgelöst, daß die geistige Tätigkeit des Menschen mit Hilfe des Reiz-Reaktions-Schemas kaum erklärbar sei, und daß folglich dessen ursprünglich angenommene Gültigkeit eingeschränkt werden müsse.

Piagets Ansatz bot den amerikanischen Psychologen die Möglichkeit, die Einseitigkeit des Behaviorismus zu überwinden und der experimentellen Forschung neue Impulse zu verleihen. Dadurch wurde aber der philosophische und wissenschaftstheoretische Rahmen, in dem sich Piaget bewußt bewegt hatte, vollständig unterdrückt. Ein halbierter Piaget – Experte für die geistige Entwicklung des Kindes, und nur das! – wartete auf den Rückexport nach Europa.

Um den Erfolg nicht etwa der genetischen Epistemologie als ganzer, sondern ausschließlich des entwicklungspsychologischen Beitrags unter den Psychologen der Bundesrepublik Deutschland richtig einzuschätzen, ist es erforderlich, die Lage der deutschen Nachkriegspsychologie im Auge zu behalten. Erwähnt seien folgende Kennzeichen: Die Psychologie löst sich endgültig von ihren früheren Bindungen an die Philosophie und an die Geisteswissenschaften; die neue Psychologengeneration verwirft ungefähr alles, was den Ansprüchen der Experimentalmethode nicht genügt, wodurch sich der Bruch zur vorangehenden Forschergeneration noch vertieft; schließlich wird der amerikanischen Psychologie eine Vorreiterrolle – Modell und Maßstab in einem – zugewiesen. Die jüngeren Forscher versuchen nämlich den Rückstand, in den die deutsche Psychologie nach 1933 geraten ist, durch die Assimilation der amerikanischen Forschung rückgängig zu machen. Dabei geht es nicht um ein blindes Nachahmen dessen, was in den USA geboren wird, sondern eher um eine Angleichung der wissenschaftlichen Denkweise an diejenige der amerikanischen Psychologengemeinschaft.

Durch diese selektive Wahrnehmung erklärt sich die paradoxe Rezeption Piagets durch die bundesrepublikanische Psychologie. Die *entwicklungspsychologischen* Ideen Piagets wurden eilfertig aufgenommen, nicht nur, weil sie dem Wissenschaftsverständnis der Nachkriegspsychologen entgegenkamen, sondern auch, weil ihnen in den USA das Zeugnis wissenschaftlicher Respektabilität ausgestellt worden war. Die Piagetschen Hypothesen ließen sich zudem weiteren experimentellen Tests zuführen: man griff sie auf, modifizierte sie, widerlegte sie teils und ergänzte sie teils in Dutzenden von Laborexperimenten, wogegen die genetische Epistemologie, also jene empirische Philosophie, im Hinblick auf die Piaget das komplizierte Gerüst des psychologischen Unterbaus ausgedacht hatte, schlicht in Vergessenheit geriet. Nicht anders erging es den Untersuchungen zur Logik, zur Methodologie, zur

Wissenschaftsgeschichte oder zur Moralphilosophie, die Piaget oder seine engsten Mitarbeiter publiziert hatten.

Die Größenordnung des Mißverständnisses, dem Piagets Werk zum Opfer gefallen ist, läßt sich durch einen Vergleich mit dem Fall seines Altersgenossen Henri Wallon zusätzlich verdeutlichen. Die entwicklungspsychologischen Arbeiten Wallons sind in Frankreich so bekannt und angesehen wie die Piagets; einige seiner Schriften liegen in deutschsprachiger Übersetzung vor wie die Piagets – aber sein Name ist in der Bundesrepublik Deutschland so gut wie unbekannt, weil ihm in den USA kein Gütesiegel aufgedrückt worden ist. Dagegen ist sein Ansehen unter Psychologen und Pädagogen der Deutschen Demokratischen Republik nicht weniger groß als dasjenige Piagets. Allerdings, das Erbe Wallons ist ganz geblieben, während das Piagets halbiert worden ist.

Die quasi-offizielle Ideologie der Entwicklung der Psychologie wird also durch die historischen Tatsachen selbst dementiert, denn das »Mißverständnis Piaget« belegt, daß kulturelle Faktoren – allen Verneinungen und Verleugnungen zum Trotz – im Austausch von Ideen an der deutsch-französischen Grenze nach wie vor eine gewichtige Rolle spielen (und das gilt selbst für die Fälle, bei denen der Austausch über Umwege erfolgt).

Claire Berner

Psychoanalyse

In anderen Ländern kommt man wieder davon ab: Die Psychoanalyse beherrschte dort vor einigen Jahrzehnten noch weitgehend die Psychiatrie und die Psychotherapien; heute sind an ihre Stelle biologistische, verhaltenswissenschaftliche und kognitivistische Ansätze getreten, Beobachtung und Experiment haben die Spekulation abgelöst.

In Frankreich wie in der Bundesrepublik Deutschland ist die Psychoanalyse schließlich bis in die Universität vorgedrungen und verbreitet sich auch in der Praxis. Hinter dieser scheinbar ähnlichen Entwicklung stehen aber unterschiedliche Einstellungen, die die Folge erheblich voneinander abweichender kultureller und politischer Entwicklungen sind. Auf der einen Seite ergibt sich die Einschätzung der Psychoanalyse aus bestimmten Einstellungen derselben zur Romantik, auf der anderen ist sie das Ergebnis einer Verführung, die die karge Strenge der Aufklärungstradition ablöste.

Die Ursprünge der Psychoanalyse gehen auf die Romantik zurück. Waren die wichtigsten Grundbegriffe Freuds nicht schon von den großen deutschen Philosophen, insbesondere Schelling, entdeckt und formuliert worden? Freud selbst hatte dies nie geleugnet, während seine Nachfolger es alsbald vergaßen, indem sie ihn zum Propheten freiheitsspendender Erkenntnisse und Intuitionen ernannten, die angeblich gänzlich neu und originell sein sollten.

Während Freud an der Entwicklung seines Systems arbeitete, waren die deutschsprachigen Psychiater gleichzeitig bemüht, sich vom romantischen Psychologismus und den gewagten Hypothesen der Hirnforscher zu befreien, und legten deshalb besonderen Wert darauf, daß ihre Forschung auf genauer Beobachtung und Beschreibung beruhte. So verschloß sich die deutschsprachige Hochschulpsychiatrie auch gegenüber der Freudschen Bewegung, da sie jede Brücke zur Romantik ablehnte, bevor sie sich gewisse Aspekte der analytischen Theorien, insbesondere deren Abwehrmechanismen, zu eigen gemacht hatte. Es waren also insbesondere Psychiater aus der Praxis und psychosomatische Ärzte – und keineswegs die Hochschulforscher –, welche die damals übliche hypnotische Katharsis durch die im Wachzustand angewandte neue analytische Methode ersetzten.

Die französische Psychiatrie war dagegen im hellen Licht der Aufklärung entstanden, unberührt von jeglichem romantischem Einfluß. Sie nahm deshalb gar nicht wahr, was ihr die Psychoanalyse still und leise an verweigerter Romantik mitbrachte, und hielt diese zunächst für einen unerwünschten Ausdruck jener germanischen Mentalität, die nach der Niederlage von 1870 abgelehnt wurde. Andere Einflüsse werden aber eine unwiderstehliche Verführungskraft ausüben, insbesondere der Surrealismus. Dessen

Faszination vom Tod, der Sexualität und der Frau veranlassen André Breton und viele andere, die von Freud erfundenen Techniken als Inspiration zu nutzen. Die Literatur wird sich also der Psychoanalyse bemächtigen und nicht mehr von ihr abgehen. Gleichzeitig wirkt noch ein anderer, höchst folgenreicher Einfluß: Eine Bonaparte (Marie) rettet den Juden Freud vom Nationalsozialismus! Damit wird der deutsche Ursprung der Psychoanalyse überdeckt und diese (zu Unrecht, wie viele nachgewiesen haben) mit jüdischem Denken gleichgesetzt. Von da ist es nur noch ein kleiner Schritt bis sie in die große Tradition französischer Geschichte integrierbar ist. Der geistige und patriotische Boden für ihre Übernahme ist bereitet.

In Deutschland verlief die Verbreitung der Psychoanalyse in sehr viel weniger erfreulichen Formen: zwar blieb die analytische Gesellschaft deshalb bestehen, weil sich eines ihrer Mitglieder, der Neffe von Marschall Göring, so sehr mit dem Regime solidarisierte, daß er sich auch zum Schlimmsten bereit fand, dem Ausschluß der jüdischen Kollegen. Diese »braunen Jahre« verzögern die Verbreitung der Psychoanalyse, die zum Opfer der geschichtlichen Entwicklung wird. Es wird noch mehrere Generationen dauern, bis diese schmerzlichen Vorgänge zunächst rational und dann auch emotional verarbeitet sind.

Vor allem in Paris waren dem Surrealismus nahestehende literarische Kreise, welche gleichzeitig den Nutzen der Psychoanalyse und das Werk von Karl Marx entdeckt hatten, bestrebt, beide miteinander zu integrieren. Der Versuch dieses ganz unmöglichen ideologischen Gleichgewichtsakts, die Tatsache, daß sich die psychoanalytische Doktrin gegen jegliche institutionelle Festlegung sträubt, prägen bis heute die Geschichte der Verbreitung der Psychoanalyse in Frankreich. Diese Geschichte hat sehr pariserische Züge, da sie eine Abfolge von Rivalitäten, Brüchen und Spaltungen zwischen Meistern und Schülern darstellt... Sie bietet auch unerschöpflichen Stoff für die Medien, Verlagshäuser und Zeitungen wie auch für Intellektuelle, die gierig nach Ideen und Konflikten suchen.

Nach dem Kriege wird Deutschland durch eine Mauer geteilt; aus Ostdeutschland wird die Psychoanalyse verbannt, im Westen dagegen verbreitet sie sich gleichermaßen in allen Großstädten. Auf die Verbindung von Psychoanalyse und Marxismus lassen sich die Intellektuellen nur mit großer Zurückhaltung ein; viele mißtrauen zeitenweise oder für immer dem Kommunismus. Eine kritische theoretische Position wird erst seit kurzem mit einigem Nachdruck in der Zeitschrift *Psyche* vertreten. Kein Theoriepapst, kein Epigone hat sich eindeutig durchsetzen können; die Vorwürfe gegenüber der älteren Generation müssen erst verarbeitet werden, weshalb die psychoanalytischen Gesellschaften Offenheit und Toleranz an den Tag legen und vor allem bemüht sind, daß sich jeder wohlfühlt.

Während man in Frankreich heute neben den drei traditionellen psychoanalytischen Gesellschaften ein Dutzend anderer Vereinigungen zählt, die alle aus der Auflösung von Lacans Pariser Freudschule hervorgegangen sind, bestehen in Deutschland weiterhin die beiden großen psychoanalytischen Gesellschaften, die in einem Dachverband zusammengeschlossen sind, der Gesellschaft für Psychotherapie, Psychosomatik und Tiefenpsychologie. Ist dieser auffällige Gegensatz in der Zahl der Vereinigungen bloß auf die Tatsache zurückzuführen, daß es in Deutschland keine Entsprechung zum Phänomen *Lacan* gab? Wie kommt es übrigens, daß dieser hier nur einige verstreute Einzelgänger zu verführen vermochte?

Der Geist der Protestbewegung, der in der 68er Periode wehte, lebte von antiautoritären, marxistischen und ökologischen Ideologien antipsychiatrischer Tendenz, berief sich in Deutschland aber viel weniger als in Frankreich auf eine psychoanalytische Sichtweise, um die kulturellen, gesellschaftlichen und geistigen Phänomene zu durchleuchten, die er in Frage stellte. In Deutschland scheint die Psychoanalyse sich also mit niedrigem Profil in Universität und Kulturszene verbreitet zu haben, während sie in Frankreich spektakulär ist, ihre Stimme in mißtönender und oft lärmender Vielfalt erhebt, und es damit immerhin erreicht hat, einen unverzichtbaren Aspekt jeder geistes- und sozialwissenschaftlichen Argumentation und Studie darzustellen. Dieser Eindruck bestätigt sich in den Schaufenstern der Buchhandlungen: in Deutschland findet man unweigerlich Taschenbücher über Bioenergie, nukleare Abrüstung oder Umweltfragen; in Frankreich dagegen veröffentlichen verschiedenste Verleger aller Art Werke wie Oedipus, Antioedipus, das Leben Freuds, der Tod Gottes und erst seit kurzem auch die Gesamtausgabe von Freuds Werken in Übersetzung.

In beiden Ländern wächst auch die Distanz zwischen den therapeutisch tätigen Psychoanalytikern, die in Deutschland mehr noch als in Frankreich mit vielerlei Therapieformen experimentieren, und ihren Gesellschaften, die sich vor allem auf die Ausbildung von Psychoanalytikern konzentrieren. Die Weitergabe der Lehre, die sich gegen jegliche Institutionalisierung sträubt, bleibt aber stets Gegenstand heftiger Auseinandersetzungen. Werden schließlich diese Streitigkeiten dafür sorgen, daß die Psychoanalyse am Leben bleibt?

Frau Müller erhält ihre Psychoanalyse von der Krankenkasse bezahlt, während die französische Sozialversicherung Madame Dupont ihre Kosten nur teilweise und weniger lange ersetzt; der neurotische Student Jean wird sich einer Psychoanalyse unterziehen, während Hans schließlich einer Balint-Gruppe beitritt; Marie schreibt ihre Doktorarbeit über »Lacan als Denkmeister oder Anticoesarist«, während Maria über den »Einfluß der emigrierten angelsächsischen Psychoanalytiker auf die deutsche Psychoanalyse« arbeitet. Andere Kulturen, andere Geschichte, eine andere Musik.

Wenn der Analytiker bei der Lehranalyse nach seinem letzten Traum fragt, antwortet Hans: »Ich habe geträumt, ich würde in die psychoanalytische Gesellschaft aufgenommen. Da saßen sie alle, aufrecht, ernst, mit Krawatte und zurückhaltend milde lächelnd, aber mit ernsten Gesichtern; für mich war ein Stuhl reserviert, im Raum erklang leise Beethovens Fünfte Symphonie.« Wenn dagegen der Analytiker Jean bei der Analyse nach seinem letzten Traum fragt, wird dieser antworten: »Ich habe geträumt, ich sei endlich in meine Psychoanalytikergesellschaft aufgenommen: Dort mußte ich einen riesigen Eislaufplatz überqueren, alle liefen in allen Himmelsrichtungen mit wunderschönen langen bunten Schals, einige hielten sich an der Hand, andere stürzten; dazu erklangen die Préludes von Claude Debussy.« Ist so etwas Traum oder Illusion?

Jedenfalls blüht die Psychoanalyse in beiden Ländern. Ist dies auf eine wachsende Zahl von Neurotikern zurückzuführen, die eine psychoanalytische Behandlung suchen? Sicherlich nicht! Ist es eine Folge der ständigen Überprüfung der Ausbildung, die im Kern der psychoanalytischen Theorie steht? Sicherlich – zumindest teilweise!

Hören wir mit solchen Fragen auf, für die wir keine Antwort wissen – die Musik jedenfalls soll weiter erklingen!

Wolf Lepenies

Soziologie

Am Beginn seiner *soutenance* am 26. März 1936 – dreizehn Tage, nachdem Hitlers Truppen den Anschluß Österreichs an Nazi-Deutschland erzwungen hatten – ordnete Raymond Aron sich einer bestimmten Denktradition zu: jener Kritik der historischen Vernunft, deren Programm mit den Namen von Dilthey, Rickert und Simmel verbunden war und die ihre Vollendung in Max Weber erfahren hatte. Die Prüfer Arons waren sichtlich davon beeindruckt und betroffen, mit welcher intimen Kenntnis und hartnäkkigen Sympathie der Kandidat diese deutsche Denktradition verfolgte: Sie waren ausgesprochen irritiert, weil er dabei in Stil und Argumentation von französischen Vorbildern abwich. Das *Verstehen* schien für ihn der Kernbegriff zu sein, nicht jene *Erklärung (explication)*, wonach ein Franzose im Geiste Descartes' doch zuallererst streben sollte. Hierin wurde eine Vorliebe für Max Weber erkennbar, die sich auch in der kühlen Schmucklosigkeit einer Darstellung zeigte, der Gefälligkeiten fremd waren. »Sociologia est ancilla historiae« war Arons Motto – er orientierte sich weniger an der jungen französischen Sozialgeschichte um die seit knapp zehn Jahren bestehende Zeitschrift der *Annales*, als an der deutschen Tradition eines mit Skepsis gesättigten, geschichtsphilosophischen Denkens.

Emile Durkheim, der 1885 Leipzig und Berlin besuchte – einer jener jungen, brillanten *agrégés*, die das französische Erziehungsministerium als Reaktion auf den verlorenen Krieg zum Erbfeind geschickt hatte –, war alles andere als ein unkritischer Bewunderer des deutschen Geistes und des deutschen Erziehungswesens. Er kehrte vielmehr mit der Überzeugung nach Hause zurück, daß die wissenschaftliche Soziologie der Zukunft eine in ihrem Kern französische Disziplin sein würde. Zu dieser Prognose gelangte er nicht zuletzt durch einen Vergleich der beiden Nationalcharaktere. Die Franzosen waren unverbesserliche Cartesianer: sie strebten vor allem nach Klarheit und neigten von Natur aus zur einfachen Erklärung verwickelter Tatbestände. Darüber vergaßen sie, wie kompliziert das gesellschaftliche Leben in Wirklichkeit war. Den Deutschen dagegen erschien nichts einfach; oft genug zweifelten sie an der Erklärbarkeit der Welt und zogen sich ins Irrationale zurück. Französische Theorien waren in der Regel zu simpel, deutsche Theorien im allgemeinen zu verworren. Die Franzosen waren optimistisch und nie um Erklärungen verlegen; die Deutschen brüteten über der Dunkelheit des Lebens und der Seele und schickten sich resigniert darein, beide nie ganz zu verstehen. Daher werde, so schloß Durkheim triumphierend, die Soziologie bei den Deutschen immer eine Halbwissenschaft bleiben – die klardenkenden Franzosen aber würden, einmal von den Deutschen über die Verwicklungen des gesellschaftlichen Lebens belehrt, aus der Soziologie die Schlüsseldisziplin der Moderne machen. Die Deutschen dagegen würden in der Zukunft zwar verschiedene Sozialwissenschaften, aber keine einheitliche Soziologie haben. Von diesem Optimismus befeuert, begann Durkheim, eine Doktrin, eine Schule und eine Disziplin zu formen, die zuerst die Schule von Bordeaux, dann die Soziologie der Neuen Sorbonne, dann die Französische Schule der Soziologie und zuletzt, zumindest von seinen Anhängern, schlicht und einfach Soziologie genannt wurde.

Während des Ersten Weltkriegs wurden Durkheims Äußerungen über die Soziologie und ihren Platz innerhalb der französischen Kultur immer politischer. Aus vollem Herzen unterstützte er die Propaganda gegen Deutschland, dessen aggressives Temperament, kriegerische Veranlagung und Verletzung jeden internationalen Rechts er beklagte. Verachtung drückte er nicht zuletzt für jene deutschen Kollegen aus, mit denen er einst verkehrt hatte, und die nun zu Komplizen des deutschen Militarismus und seiner unerhörten Grausamkeiten geworden waren. Laut Durkheim begann der Rückfall des zivilisierten deutschen Volkes in heidnische Moralität in der Mitte des 19. Jahrhunderts. Die blind-nationalistische Haltung eines Anti-Soziologen wie Treitschke hatte zum schlimmsten Fall sozialer Pathologie geführt, den man sich nur vorstellen konnte: zum Ersten Weltkrieg. Durkheim kam zu dem Schluß, daß Historiker und Soziologen die Ursachen dieser Erkrankung und entsprechende Heilmittel herauszufinden haben würden. Die preußische Niederlage vorwegnehmend, drückte er seine Hoffnung aus, daß von nun an die europäische Geographie ihre rationalen und moralischen Grundlagen finden würde. Der Sieg Frankreichs sollte auch ein Sieg der französischen Soziologie sein.

1885, im selben Jahr, in dem Emile Durkheim Deutschland besuchte, rückte ein deutscher Reserveoffizier namens Max Weber zu seiner ersten Übung in Straßburg ein. Daß Weber und Durkheim keinerlei direkte Notiz voneinander nahmen, gehört zu den größten Rätseln in der Geschichte der Sozialwissenschaften. Es gibt keinen Hinweis auf Webers Werk in Durkheims Schriften oder Briefen, und auch in Max Webers Veröffentlichungen taucht der Name Durkheims nicht auf. Heute erscheint uns dies als kaum vorstellbar – in einer Zeit, da man Weber nicht erwähnen kann, ohne an Durkheim zu denken und umgekehrt. Es gab keinen einzigen Forschungsbereich, in dem ihre Interessen sich nicht trafen oder überschnitten. Kein einziger der vielen deutschen Autoren, die Durkheim diskutierte, fehlt in Max Webers Werk.

1927, zehn Jahre nach Emile Durkheims Tod, besprach sein Neffe Marcel Mauss ein amerikanisches Buch über die Geschichte und die Zukunft der Sozialwissenschaften (History and Prospects of the Social Sciences, ed. Harry Elmer Barnes) für die neue Folge der *Année sociologique*. Er verglich die Zersplitterung sowohl der deutschen als auch der amerikanischen Sozialwissenschaften mit der Einheit, die das Fach dank Durkheim in Frankreich erreicht hatte. Es klang wie Ironie, daß Mauss, nachdem er die verschiedenen deutschen soziologischen Schulen kritisiert hatte, zu der Schlußfolgerung gelangte, daß »der verstorbene Max Weber, auch wenn er Durkheim und die Arbeiten, die unter seiner Anleitung entstanden, nie zitierte, doch unseren eigenen Ansichten ganz nahe kam. Verglichen mit ihm gibt es heute in Deutschland nur Rückschritt.« Daß es eine Art innerer Wahlverwandtschaft zwischen den *durkheimiens* und Max Webers verstehender Soziologie gab, war Mauss bereits deutlich geworden. Zu denjenigen, die für die Rezensionen im Bereich Wirtschaftssoziologie innerhalb der *Année sociologique* verantwortlich gewesen waren, gehörte Maurice Halbwachs, der bald einer der bedeutendsten *durkheimiens* der zweiten Generation werden sollte.

Bewundernswert an Max Weber ist, sagte Maurice Halbwachs, der zum Professor für Soziologie an der Universität Strasbourg ernannt worden war, »daß er nie aufhörte, seine Ansichten einer Überprüfung zu unterziehen. Jedes Mal, wenn er ein Vorhaben abschloß, schien es, daß er einen neuen Grund fand, um noch weiter zu gehen. Man konnte ihn leicht mit jenen Industriekapitänen aus der Blütezeit des Kapitalismus vergleichen, die er so eindringlich beschrieben hatte, und die sich ganz natürlich dazu verpflichtet fühlten, all das, was sie verdient hatten, wieder in neue Unternehmungen zu investieren.« Und Halbwachs, der der deutschen Soziologie im allgemeinen nicht unkritisch gegenüberstand, schloß mit der Bemerkung, daß jeder, der an ähnlichen Problemen arbeite, vertrauensvoll in der Richtung weiterforschen sollte, die Max Webers Werk gewiesen hatte.

In der französischen Universität Strasbourg wurde am deutlichsten sichtbar, wie sehr der Einfluß Max Webers in Deutschland zunahm. In Straßburg war es, wo Marc Bloch und Lucien Febvre 1929 die *Annales d'histoire économique et sociale* gründeten. Ihr Ziel war es, die Position der Geschichte gegenüber den Sozialwissenschaften zu stärken und dem Imperialismus der Durkheim-Schule entgegenzuwirken. 1942 veröffentlichte Charles Morazé in den *Annales* einen langen Artikel, in dem er die Anhänger Durkheims im allgemeinen und besonders ihren Ökonomen, François Simiand, angriff. In Frankreich war die Soziologie durch den Einfluß Durkheims unnötig verengt worden. Comtes unseliges Erbe war leider immer noch lebendig. Nach Durkheims und Webers Tod und nach einer gewissen Zeitspanne der Pietät gab es keinen Grund mehr, an der Mißachtung Max Webers festzuhalten. Es waren die *durkheimiens* selbst, die in Frankreich die Aufmerksamkeit auf Max Webers Werk lenkten, und sie taten es vor allem von Straßburg aus. Es gehört zu den traurigsten Kapiteln in der Geschichte der deutsch-französischen Beziehungen, daß Maurice Halbwachs, der so viel getan hatte, um eine Annäherung der beiden nationalen Soziologie-Traditionen zu befördern, 1944 von der Gestapo verhaftet und nach Buchenwald verschleppt wurde, wo er bald darauf starb. In der *Leçon inaugurale*, die er im Jahre 1970 unter dem Titel *De la condition historique du sociologue* am Collège de France hielt, warf Aron Durkheim und seinen Anhängern eine eklatante und schließlich fatale Unterschätzung des Politischen, vor allem der Parteien- und Klassenkonflikte vor, die das 20. Jahrhundert prägten. Welcher Illusionismus sprach aus den Worten Emile Durkheims, der die politischen Revolutionen als oberflächlich, theatralisch und kostspielig beurteilt hatte, als Ereignisse, die im Grunde genommen der analytischen Aufmerksamkeit des Soziologen unwürdig waren! Trotzdem aber, schon 1936, hatte Marcel Mauss einen aufschlußreichen, fast tragisch zu nennenden Brief an seinen dänischen Kollegen Svend Ranulf geschrieben, in dem er von einer gewissen theoriepolitischen Schuld Durkheims und der Durkheim-Schule sprach:

»Durkheim und nach ihm wir anderen sind, wie ich glaube, die Begründer der Theorie der Autorität der Kollektivrepräsentation. Daß die großen modernen Gesellschaften, die im übrigen mehr oder weniger aus dem Mittelalter hervorgegangen sind, so in Suggestion versetzt werden können, wie die Australier durch ihre Tänze, und so in Bewegung gesetzt werden können wie eine Gruppe von Kindern, ist etwas, das wir nicht vorhergesehen hatten. Diese Rückkehr zum Primitiven war nicht Gegenstand unserer Überlegungen gewesen. Wir begnügten uns mit einigen Anspielungen auf den Zustand von Massen, obwohl es sich um etwas ganz anderes handelte.

Wir begnügten uns auch damit zu belegen, daß das Individuum im Kollektivgeist die Grundlage und Nahrung für seine Freiheit, seine Unabhängigkeit, seine Persönlichkeit und sein kritisches Bewußtsein finden konnte.«

Aron ließ keinen Zweifel daran, daß er diese Einschätzung teilte. Ebensowenig scheute er sich davor, Erfahrungen und Geständnisse, wie Marcel Mauss sie formuliert hatte, als zusätzliche Legitimation der Bevorzugung Max Webers gegenüber Emile Durkheim zu nutzen.

Die Frage liegt nahe, und sie muß zum Abschluß gestellt werden, wie sich diese verborgene Beziehung zwischen Emile Durkheim und Max Weber in der Geschichte der deutschen und der französischen Sozialwissenschaften nach dem Zweiten Weltkrieg ausgewirkt hat. Um ehrlich zu sein – ich weiß es nicht. Zunächst einmal internationalisieren, d. h. amerikanisieren sich die Sozialwissenschaften in Frankreich wie in Deutschland. Die Chancen zur Verständigung und zur Kooperation wachsen damit – aber wer jetzt noch miteinander kooperiert, das sind nicht mehr nationale Theorietraditionen, nicht deutsche und französische Soziologie, sondern Soziologen aus Deutschland und aus Frankreich, die in den USA ausgebildet wurden und deren Vorbilder Talcott Parsons und Paul F. Lazarsfeld heißen – und weder Emile Durkheim noch Max Weber.

Andererseits bleibt in Frankreich – Pierre Bourdieu und Jean-Claude Passeron haben das überzeugend nachgewiesen – der Einfluß Durkheims und seiner Schule auch dort bestimmend, wo man nicht von ihnen spricht oder einen solchen Einfluß verleugnet. In Deutschland wird demgegenüber Max Weber – der nicht zuletzt während der Zeit des Nationalsozialismus aus der deutschen Soziologie verschwand – seit den sechziger Jahren wiederentdeckt. Es ist eine Wiederentdeckung, an der Raymond Aron einen großen Anteil hatte. So könnte es durchaus lohnend sein, mit detektivischem Geschick den Spuren Durkheims und Max Webers und ihren verschlungenen Beziehungen in den deutschen und französischen Sozialwissenschaften der Gegenwart nachzuspüren.

Auffallender ist heute natürlich etwas anderes: die Tatsache, daß ein moderner Irrationalismus in Frankreich im Umkreis der Debatten um die Postmoderne sich nicht zum ersten Male auf deutsche Ahnen beruft und daß die Rezeption dieser Debatte in Deutschland auch die Funktion zu haben scheint, auf Umwegen ein nationales geistiges Erbe zu legitimieren, zu dem man sich, im direkten Rückgriff jedenfalls, lange Zeit nicht zu bekennen wagte. Es gibt also auch heute nicht nur eine »crise allemande de la pensée française«, die Claude Digeon so eindrucksvoll beschrieben hat, sondern ebensogut eine »crise française de la pensée allemande«.

Hansgerd Schulte
Wissenschaft

Die Wissenschaft, in ihrer theoretischen wie in ihrer angewandten Form, hat seit der zweiten Hälfte des 19. Jahrhunderts in allen Industrieländern der Welt die Lebensbedingungen und damit die Existenz der Menschen grundlegend verändert. Nach diesem Verweis auf den hohen Stellenwert der Wissenschaft soll versucht werden, die spezifischen Besonderheiten von Wissenschaft und ihre Bewertung in Frankreich und Deutschland an einigen markanten Beispielen zur Darstellung zu bringen. Der Vergleich des Wissenschaftsbegriffes in einem unterschiedlichen Bezugssystem macht den Blick frei für das Verständnis nationaler Eigenarten und unterschiedlicher Kulturtraditionen.

Das Bedeutungsfeld

Im deutschen Sprachgebrauch hat das Wort »Wissenschaft« einen hehren, prestigiösen Klang und bezieht sich in gleicher Weise auf alle Natur- und Geisteswissenschaften. »Science« im Französischen zeigt eine leichte Neigung zum Naturwissenschaftlich-Exakten – »université scientifique« meint eindeutig und ausschließlich eine naturwissenschaftliche Universität – obwohl andererseits der Begriff »sciences humaines et sociales« für Geistes- und Sozialwissenschaften durchaus geläufig ist. Demgegenüber findet wiederum allein im deutschen Sprachgebrauch der Begriff »Wissenschaft« Anwendung auf den literarischen Bereich. Man spricht von Literaturwissenschaft, im Französischen aber von »études littéraires, histoire de la littérature«, aber nicht von »science littéraire«. Dasselbe gilt übrigens auch für das englische und das amerikanische Sprachgebiet. Der Unterschied in der Bezeichnung deutet wohl kaum auf einen Unterschied *in* der Sache hin – die literarische Forschung ist in Frankreich genauso viel oder genauso wenig »wissenschaftlich« wie in Deutschland – wir glauben allerdings, daß er sehr wohl auf eine unterschiedliche Einstellung *zur* Sache aufmerksam macht.

Die erste Belegstelle für das Wort »Literaturwissenschaft« findet sich 1846 bei Theodor Mundt, einem Literaturkritiker aus dem Umkreis der historischen Schule, die mit wissenschaftlichen, d. h. philologisch-exakten Methoden Sprach- und Literaturforschung betrieb.

Die Rechtfertigung der Wissenschaftlichkeit der literarischen, aber auch der geisteswissenschaftlichen Forschung bestimmt die Methodendiskussion in Deutschland bis in die Gegenwart. Eine wichtige, weil folgenreiche Etappe in dieser Entwicklung ist die antipositivistische Position eines W. Dilthey. In seiner berühmten Schrift *Einleitung in die Geisteswissenschaften* aus dem Jahre 1883 versucht er eine grundsätzliche Unterscheidung zwischen Natur- und Geisteswissenschaften: die ersten wollen »erklären«, die letzteren wollen »Verstehen« fördern. Der Grundgedanke ist, daß für die literarische Forschung die gleiche wissenschaftliche Stringenz gefordert und für die Ergebnisse beansprucht werden kann, wie für die Naturwissenschaften, allerdings mit einer dem Forschungsobjekt adäquaten Methodik.

Im französischen Kulturkreis bedurfte es keiner wissenschaftlichen Begründung von Literaturforschung, weil die französische Gesellschaft ein ganz anderes Verhältnis zu ihrer nationalen Literatur hat. Für Frankreich ist die Literatur keine wie auch immer geartete Spezialwissenschaft, sondern der konstituierende Bestandteil einer Kultur, die sich als Gesellschaftskultur versteht. Die Literatur prägt das Lebensgefühl und den Lebensstil der Franzosen. Sie ist etwa das, was die Musik für die Deutschen ist. Literatur ist erlebte Wirklichkeit und nicht nur wissenschaftliches Forschungsobjekt.

Der Gesellschaftscharakter der französischen Literatur kommt unter anderem auch in den literarischen Institutionen zum Ausdruck, die von Staats wegen gegründet wurden, so beispielsweise die Académie Française (1635) von Richelieu, die bis heute die »Unsterblichen« kürt. Es gibt kaum Vergleichbares in Deutschland. Der Staat fühlt sich verantwortlich für seine Schriftsteller und umgekehrt lebt der Dichter in der Gesellschaft.

Die Wissenschaftsvermittlung

Die Universitäten sind in beiden Ländern der Ort, an dem Wissenschaft vermittelt wird. Jedoch stehen sie in einer divergierenden historischen und ideologischen Tradition, die bis heute für ihre Unterschiede charakteristisch ist. Die deutsche Universität ist der idealistischen Bildungskonzeption eines Wilhelm von Humboldt mit seiner Forderung nach Einheit von Wissenschaft und Lehre nach wie vor verpflichtet, also eine ständige wechselseitige Befruchtung von Forschung und didaktischer Vermittlung: ein »forschendes Lehren und ein lehrendes Forschen«, wie die immer wieder zitierte Maxime der deutschen Universität lautet. Humboldt setzte sich damit von Anfang an scharf gegen die von Napoleon in Frankreich initiierten Hochschulreformen ab, die nicht auf eine Erneuerung der alten Universitäten abzielten, sondern auf deren Ersetzung durch berufs- und praxisorientierte Hochschulen, die berühmten »Grandes Ecoles«, in denen die Führungseliten der neuen Gesellschaft ausgebildet werden sollten. Also auch hier, ein eindeutiger Gesellschaftsbezug des Bildungswesens, was in allen späteren Reformbewegungen als zentrale Forderungen bis heute erhalten blieb. Humboldt polemisierte gegen diese Spezialistenausbildung, gegen die einseitige Orientierung der Wissenschaft am Nützlichen. Er forderte die »allgemeine Bildung durch Wissenschaft«. Er will Universitäten, die grundsätzlich alle Zweige in Forschung und Lehre in sich vereinen sollten, Universitäten im

Sinne der »universitas literarium«. Nach diesem Muster gründete er die Universität Berlin im Jahre 1810. Selbst wenn im Verlauf des 19. Jahrhunderts durch die Gründung der Technischen Hochschulen einer notwendigen Berufsorientierung Rechnung getragen werden mußte, so blieb doch in Deutschland das universalistische Prinzip vorbildlich, während in Frankreich das duale Ausbildungssystem beibehalten wurde: Universitäten auf der einen Seite und Elitehochschulen (Grandes Ecoles) auf der anderen Seite.

Diese unterschiedliche Entwicklung führte auch zu einer unterschiedlichen Bewertung von Wissenschaft und – im deutsch-französischen Vergleich – zur Etablierung eines hartnäckigen Klischees. Es gibt kaum einen Austauschstudenten, der – befragt nach dem Unterschied zwischen beiden Hochschulsystemen – nicht von der Verschulung der französischen und der Wissenschaftlichkeit der deutschen Universitäten spräche. Hier scheint uns auf beiden Seiten eine Korrektur am Platz. In der deutschen Universität ist nicht alles Wissenschaft, was sich als solche ausgibt, vor allem im Grundstudium. Der hehre Begriff, mit dem vieles, manchmal auch Trägheit gerechtfertigt wird, bedürfte einer gründlichen Demystifizierung. Umgekehrt ist eine stärkere Betonung der Forschung – vor allem durch die Bereitstellung entsprechender Finanzmittel – in den französischen Universitäten und insbesondere in den »Grandes Ecoles« unumgänglich. Diese Erkenntnis hat sich in Frankreich in den letzten Jahren in verstärktem Maße durchgesetzt. Ein sicheres Indiz dafür ist, daß die bedeutendsten »Grandes Ecoles«, die bis vor kurzem noch kein Promotionsrecht hatten, es jetzt fast alle besitzen und über potente Forschungseinrichtungen verfügen.

Wissenschaftskritik

Spätestens seit der Hiroshima-Bombe ist es der Menschheit bewußt geworden, daß wissenschaftlicher Fortschritt nicht nur Fortschritt, sondern auch Destruktion und Rückfall in die schlimmste Barbarei bedeuten kann. Die Technologiekritik (Produktion des

Massenmenschen und der Massenkultur, der ökologischen und sozialen Katastrophen, Entfremdung des Menschen etc.) hat in Deutschland Tradition von Nietzsche bis Spengler (Untergang des Abendlandes, 1929), von Thomas Mann und Adorno bis Heidegger, um nur einige sehr unterschiedliche Vertreter zu nennen.

Eine Ursache der unterschiedlichen Bewertung von Wissenschaft und Technologie in Frankreich und Deutschland scheint mir in einem unterschiedlichen Naturbegriff zu liegen. In der deutschen Kulturgeschichte wird die Natur, auch in ihrem Urzustand, durchweg positiv bewertet, während im französischen und darüber hinaus im romanischen Kulturkreis die Natur eher negativ besetzt ist, eine beängstigende, unberechenbare und irrationale Macht, die der Gestaltung bzw. Domestizierung durch den menschlichen Geist bedarf, um gleichsam »kulturfähig« zu werden. Natur und Kultur sind in gewissem Sinne gegensätzliche Begriffe; dies kommt z.B. auch in der Gartenkunst recht sinnfällig zum Ausdruck: der »französische« Garten in Versailles gegenüber dem für das deutsche Gefühl »natürlichen« Garten »à l'anglaise«. Die Naturschwärmerei, das Sich-Hingeben an die irrationalen Kräfte innerhalb und außerhalb des Menschen war für die französische Geistesverfassung immer suspekt. Daraus erklärt sich ein Teil des Mißverständnisses, ja sogar des Mißtrauens gegenüber der deutschen öko-pazifistischen Bewegung und die vergleichsweise auffallende Sorglosigkeit, die die französische Öffentlichkeit gegenüber den Problemen der Umweltzerstörung und der gigantischen Aufrüstung mit Militär- und Risikotechnologien an den Tag legt, für die doch die Wissenschaft eine unmittelbare und vielfältige Mitverantwortung trägt. Tatsache ist, daß in der Bundesrepublik die »Grünen« sowohl in der Öffentlichkeit als in den Parlamenten von Bund und Ländern eine nicht unerhebliche politische Kraft darstellen, deren bedeutendste Wirkung vielleicht in dem Druck zu sehen ist, den sie mit ihren Ideen und Forderungen auf die großen Parteien ausüben. Wäre nicht gerade hier ein deutsch-französisches Problembewußtsein wünschenswert, ja sogar für das Überleben der Menschen unerläßlich?

Hansgerd Schulte

Forschungspolitik

Zunächst einige Vergleichszahlen aus dem Bereich der Forschungsfinanzierung, wobei wir 1986 als Bezugsjahr zugrunde legen. In diesem Jahr war der Anteil der Ausgaben für Forschung und Entwicklung am Bruttosozialprodukt in Frankreich 2,25 % und in der Bundesrepublik 2,7 % (1987 sind es 2,8 %). In absoluten Zahlen * bedeutet das für Frankreich 33 Millionen DM (113,5 Millionen francs) und für die Bundesrepublik 53 Millionen DM (180 Mio. francs). Die Bundesrepublik gibt also in diesem Bereich wesentlich mehr aus.

Interessant ist weiterhin der anteilige Vergleich von Staat und Wirtschaft an den Gesamtausgaben für Forschung und Entwicklung (Beiträge in Milliarden).

	Frankreich	Bundesrepublik
Staat:	18,56 DM. 50 % (64 frs)	20,1 DM. 38 % (68 frs)
Wirtschaft:	14 DM. 42 % (48 frs)	32,7 DM. 62 % (111,2 frs)

Das Ergebnis dieses Vergleiches ist, daß die deutsche Wirtschaft mit 62 % gegenüber nur 42 % für die französische an den Ausgaben für Entwicklung und Forschung weitaus stärker beteiligt ist, als dies in Frankreich der Fall ist. Fachleute sehen darin eine Erklärung für die Leistungsfähigkeit der deutschen Wirtschaft im internationalen Wettbewerb.

Zu dem Thema Wirtschaft und Forschung gehört das in der Bundesrepublik sehr ausgeprägte Stiftungswesen, für das trotz mehrerer Versuche in Frankreich noch kein überzeugendes Äquivalent gefunden werden konnte.

Die Voraussetzungen für eine nennenswerte Stiftungstätigkeit

* Abgerundete Zahlen; Umrechnungskurs 0,29 DM = 1 F.

sind fiskalische Erleichterungen durch den Gesetzgeber, die für die Unternehmen den entscheidenden Anreiz zum Spenden geben, da sie die entsprechenden Summen abschreiben können. Diese Voraussetzungen sind in der Bundesrepublik weitgehend erfüllt – für die Spender nie weitgehend genug –, aber in Frankreich in noch unzureichender Weise. So entstanden in der Bundesrepublik potente Stiftungen, die Wissenschaft und Forschung auf unkonventionelle Weise unterstützen. Die Mittel, über die sie verfügen – selbst wenn sie im Vergleich zu den Staatsausgaben gering sind –, können flexibel für innovatorische Zwecke eingesetzt werden, da sie eben nicht den staatlichen Reglementierungen unterliegen.

Die größte deutsche Kollektivstiftung ist der »Stifterverband für die deutsche Wissenschaft«, der bei einer Vielzahl von Unternehmen Mittel für die deutsche Wissenschaft einwirbt (Budget 1987 73 Millionen). Er gibt sie zum Teil an die großen Wissenschaftsinstitutionen wie DFG (Deutsche Forschungsgemeinschaft), MPG (Max Planck Gesellschaft) und DAAD (Deutscher Akademischer Austauschdienst) weiter, was deren Flexibilität erheblich erhöht.

Auf der anderen Seite initiiert der Stifterverband auch eigene innovatorische Forschungsprojekte, beispielsweise im Bereich der Medizin. Die wichtigsten Industriestiftungen im Bereich der Wissenschaftsförderungen sind die »Stiftung Volkswagenwerk« (1987 190 Millionen), die Thyssen-Stiftung (22 Mio.) und die Robert-Bosch-Stiftung (47 Mio.); letztere hat in Frankreich einen Schwerpunkt ihrer Tätigkeit.

Politik und Forschung

In beiden Ländern werden die großen Linien der Forschungspolitik von Parlament und Regierung bestimmt. Aber beide Länder divergieren erheblich in der Art und Weise, wie diese Politik zustande kommt und vor allem wie sie umgesetzt wird. In Frankreich liegt die Politik und die Organisation der Forschung im wesentlichen in den Händen des Staates, vertreten durch die Fachministerien und den von ihnen abhängigen Institutionen. Gewiß lassen sich diese Institutionen von wissenschaftlichen Gremien beraten, aber die letzte Entscheidung liegt bei der politischen Instanz. In der Bundesrepublik hingegen werden auch die Entscheidungsprozesse weitgehend an autonome Institutionen der akademischen Selbstverwaltung delegiert. Ihr Grundprinzip ist, daß Wissenschaftler über Wissenschaftler entscheiden, daß alle Projekt- und Finanzentscheidungen von Gremien vorgenommen werden, die ausschließlich oder mehrheitlich mit Wissenschaftlern besetzt sind. Die wichtigsten Institutionen der Wissenschaftsförderung in der Bundesrepublik sind die Deutsche Forschungsgemeinschaft (DFG), die Max-Planck-Gesellschaft (MPG) und für den Bereich der internationalen Kooperationen der Deutsche Akademische Austauschdienst (DAAD) und die Alexander-von-Humboldt-Stiftung. Sie alle sind privatrechtlich als eingetragene Vereine organisiert, was ihre Flexibilität und ihre Unabhängigkeit erhöht. Die Zusammensetzung der Leitungsorgane erfolgt aufgrund einer ausgewogenen Dosierung von staatlichen und wissenschaftlichen Vertretern, um somit den partnerschaftlichen Dialog zwischen Staat und Wissenschaft zu institutionalisieren und ein ständiges kooperatives Zusammenwirken von Politik und Wissenschaft zu ermöglichen. Beides, der politische Wille und der wissenschaftliche Sachverstand sollen durch die spezifische Struktur dieser Organisationen in einen gemeinsamen Entscheidungsprozeß zusammengeführt werden.

Die Erfahrung, die man in der Bundesrepublik mit der Delegierungspolitik und der dezentralen Organisation von Forschung gemacht hat, sind aufs Ganze gesehen positiv. Die Entscheidungen werden von wissenschaftlichem Sachverstand getragen, sie sind nicht den Schwankungen der Tagespolitik und politischer Beeinflussung ausgesetzt. Die Wissenschaftsinstitutionen verfügen, aufgrund ihrer Struktur, über einen höheren Grad an Flexibilität als die schwerfälligen Bürokratien und können deshalb schneller und effizienter handeln. Schließlich ist man in der Bundesrepublik der Meinung – vor allem nach der leidvollen Erfahrung der Gleichschaltung von Universitäten und Wissenschaft durch das nationalsozialistische Regime –, daß Wissenschaft und Forschung nur in

Freiräumen gedeihen können, um ihre schöpferischen Initiativen und ihre kreative Effizienz zur Entfaltung zu bringen. Allerdings müssen diese Freiräume ständig gegen staatliche Ein- und Übergriffe verteidigt werden. Die Gefahr einer zunehmenden Bürokratisierung, auch des Wissenschaftsbereiches, hat in den letzten Jahren erheblich zugenommen. Ebenfalls verstärkt sich die Tendenz im Bereich der Großforschung, die Programme durch außeruniversitäre, staatsabhängige Institutionen abzuwickeln, sowie im Bereich der Industrieforschung, den Autonomiebereich der Hochschulen über die Auflagen bei der Drittmittelvergabe immer mehr einzuschränken. Die Zukunft einer freien und verantwortungsbewußten Wissenschaft in der Bundesrepublik wird ganz wesentlich von der politischen und moralischen Stärke der Wissenschaftler und ihrer Institutionen abhängen.

Claus Leggewie

Moderne – Modernisierung

»Man muß absolut modern sein«, lautete eine berühmte Formulierung des französischen Poeten Arthur Rimbaud in einem Gedicht von 1873. *Was* modern ist, und auch: *wer* der modernste sei, ist seit der frühen Aufklärung nicht bloß der unablässige Streitpunkt zwischen Philosophen, Schriftstellern und Zeitgeistforschern, sondern war immer auch eine deutsch-französische Kontroverse. Moderne ist ein zentraler Schlüsselbegriff der jeweiligen sozialen, kulturellen und politischen *Lage* dieser beiden Länder und Ausdruck ihres gerade aktuellen Verhältnisses (Konkurrenz). Sprachgeschichtlich vom lateinischen »modo« (soeben, jüngst) abzuleiten, ist Moderne ein aus dem Französischen ins Deutsche übertragenes Lehnwort. Weil der Begriff seinem Gehalt nach immer das gerade Allerneueste bezeichnet, aber eben deswegen nicht feststehen kann und mit einer anderen etymologischen Wurzel, der Mode, sehr viel gemein hat, ergibt sich ganz von selbst, daß Moderne in sich äußerst umstritten, veränderungs- und mißverständnisträchtig ist. Obgleich noch mit der Vorsilbe super- oder ultra- zu steigern, ist »modern« allein gewissermaßen schon ein Superlativ; es kennzeichnet zeitlich das Jüngste und qualitativ das Beste. Davon zeugen moderne Kunst, Architektur und Wissenschaft, die auf eine andauernde Verbesserung und Verfeinerung des menschlichen Geschmacks, Stils und Wissens aus sind. Da die Moderne eng mit der Idee des Fortschritts verbunden ist, entspricht ihr der Zug ununterbrochener Perfektionierung der Institutionen, Ideologien und Instrumente, verbunden mit der gleichzeitigen Abwertung alles Alten zum Archaischen und Anachronismus. Die Kehrseite dieses unendlich gedachten Progresses ist indessen der Eindruck großer Flüchtigkeit. Die Moderne provoziert den Zweifel, ob das Allerneueste etwas von Dauer und Qualität sein wird. So ergab sich, daß die Moderne selbst Name einer Epoche der Geschichte werden konnte. Die Unsicherheit darüber, was wohl nach der Moderne kommen könnte, hat zu der paradoxen Formel von der »klassischen Moderne« geführt. Am modischen und flüchtigen Charakter der modernen Zeiten entzündete sich seit jeher Kritik; die Mächte der Tradition, wie die Kirche, verdammten den Modernismus (Pius X.) und bezogen sich statt dessen auf die Wurzeln der Überlieferung und Klassik.

In der berühmten *Querelle des Anciens et des Modernes* von 1687 in der Académie Française entbrannte der Streit um die Moderne auf prototypische Weise. Die »Alten« behaupteten die überzeitliche Gültigkeit und Vorbildhaftigkeit antiker Dichtung und Literatur, die Modernen hingegen schlossen sich in ihren ästhetischen Beurteilungskriterien dem Fortschrittsgedanken der neuzeitlichen Philosophie und Naturwissenschaft an. Über diesen akademischen Disput hinaus geht es im Dauerstreit um die Moderne um die strukturellen und normativen Voraussetzungen der bürgerlichen Gesellschaft. Modern ist diese, indem und insofern sie eine einheitliche, substantielle Vernunft in autonome Teilsysteme ausdifferenziert: Wirtschaft und Politik, Religion und Kunst, Technik und Wissenschaft separieren sich voneinander und können dann als autonome Teilsysteme miteinander in Beziehung treten. Die rationale, marktgesteuerte Wirtschaft des Kapitalismus, die sachlich-unparteiische Verwaltung, das moderne »Fachmenschentum« (Max Weber) in Berufen und Betrieben sowie die ethisch-methodische Lebensführung der Individuen bilanzierte der deutsche Soziologe Max Weber zur spezifisch okzidentalen »Entzauberung der Welt«; Kulturerscheinungen, die besonders oder exklusiv im Westen ausgeprägt waren, nahmen von da aus weltumspannende, universale Bedeutung an (universaler Modernisierungsprozeß).

Daraus ergeben sich vielschichtige Vergleichsmöglichkeiten nach dem Grad und der Qualität der jeweiligen Modernisierung einer Gesellschaft. Frankreich und Deutschland sind sich als bürgerlich-kapitalistische Gesellschaften in ihren Grund*strukturen* ähnlich, aber ihre jeweilige *Kultur* der Moderne ist doch höchst unterschiedlich ausgeprägt. In Entwicklungstempo und -richtung bestanden zu allen Zeiten erhebliche Ungleichzeitigkeiten. Diese zeigten sich etwa im ökonomisch-industriellen Entwicklungsniveau der verschiedenen Industrialisierungsphasen. Frankreich hatte einen früheren industriellen Take-off, verfiel jedoch seit der Zwischenkriegszeit Deutschland gegenüber in Stagnation und Rückständigkeit. Auch nach dem Zweiten Weltkrieg blieben Spezialisierungen bestehen, die dem »Modernisierungsvorsprung« der westdeutschen Ökonomie in bestimmten Sektoren und Branchen zu verdanken sind. Andererseits waren die herrschende politische und auch die intellektuelle Kultur Deutschlands lange von einer Distanz gegenüber den demokratischen Revolutionen seit Ende des 18. Jahrhunderts beherrscht (»Sonderweg«). Hieraus ergab sich bis 1945 eine zeitweise paradoxe Dialektik von kultureller, politischer und ökonomisch-technischer Modernisierung in beiden Ländern: während Deutschland als industrieller »Nachzügler« unter der Vorherrschaft antidemokratischer Machteliten und antirationalistischer Denker rasante Produktivitätssprünge machte, verharrte Frankreich lange in einem malthusianischen Kreislauf bei gleichzeitiger Bekräftigung der intellektuellen Fortschrittskultur und seiner republikanischen Tradition. In Deutschland kam es zu den schlimmsten Modernisierungskatastrophen der Geschichte, in Frankreich prägte sich ein ausgesprochener Modernitätstraditionalismus aus. Funktions- und Geisteseliten in beiden Ländern thematisierten die jeweilige »Verspätung« gegenüber dem Nachbarland und forderten dazu auf, Modernitätsrückstände in der industriellen Entwicklung bzw. in der politischen Kultur aufzuholen.

Selbstbetrachtungen der Moderne waren immer schon von starken Selbstzweifeln und einem *Krisen*gefühl durchtränkt, d. h. vom Bewußtsein der Widersprüche, Aporien und Dilemmata der Moderne selbst. Philosophie und Soziologie seit Hegel haben gezeigt, daß der Modernisierungs- und Rationalisierungsprozeß selbst irrational ist, d. h. in letzter Konsequenz auf die Selbstzerstörung der Moderne zutreibt. Die Möglichkeit zur atomaren, biologischen oder chemischen Selbstvernichtung der Gattung ist heute tatsächlich gegeben, und die beiden großen totalitären Katastrophen des 20. Jahrhunderts (Nationalsozialismus und Stalinismus) haben drastisch gezeigt, zu welcher Irrationalität ein bürokratischer Verwaltungsapparat fähig ist bzw. wie eine Emanzipationsbewegung, die selbst noch auf die Verheißungen der technischen Vernunft setzt und die Moderne anders vollenden will, in größte Unfreiheit geführt hat. Mit dieser tiefen Doppel-Krise der bürgerlichen Gesellschaft und des Marxismus scheint jeder »Sinn der Geschichte« verlorengegangen zu sein. Der Wahrheits- und Vernunftsbegriff der Moderne zerfasert sich und läßt sich durch kein neues historisches Subjekt mehr zusammenführen. *Post*moderne Philosophen machen, im Anschluß an Nietzsche, Weber und Heidegger, die Entzweiung der modernen Welt zum Ausgangspunkt ihres Denkens und vertreten eine Position der radikalen Vernunftkritik und des Relativismus. Das gegenwärtige Zeitbewußtsein ist, besonders in der Wahrnehmung französischer »Neostrukturalisten« (Derrida, Lyotard, Foucault u. a.), vom radikalen *Bruch mit der Moderne* gekennzeichnet.

Hingegen arbeiten die Funktionseliten in Frankreich und in ganz Europa unverdrossen an der Bekräftigung der modernen Technik und Wissenschaft. Da Europa angeblich gegenüber den Konkurrenten vor allem im pazifischen Raum zurückzufallen droht, konzentrieren sie alle Energien auf eine neue Industrialisierungswelle (Hochtechnologien) und stellen damit den Primat der technisch-wissenschaftlichen Zivilisation wieder her. Zwar bestätigen sie, daß die industrielle Gesellschaft in eine neue Entwicklungsstufe vorgestoßen ist, auf der nicht mehr die Technik selbst, sondern das Wissen zur wichtigsten Produktivkraft geworden ist; aber die Mittel und Ziele der gegenwärtigen Neo-Industrialisierung sind die alten geblieben. Modernisierung in diesem konventionellen und eingeschränkten Sinn ist zur Hauptlosung vor allem der französischen Politik der achtziger Jahre, gleich welcher politischen Orientierung, geworden; aber auch in der Bundesrepublik Deutschland (wie in anderen west- und mitteleuropäischen Ländern) ist der Modernisierungskonsens unter den politischen und ökonomischen Entscheidungsträgern weitgehend ungebrochen.

Dagegen haben weltweit »neue soziale Bewegungen« protestiert, die an einer Verlangsamung des wirtschaftlichen Wachstums, an einem Um- und Rückbau der Industriegesellschaft und an einer stärkeren Berücksichtigung ökologischer Systemerfordernisse interessiert sind. Die Bandbreite dieses Protestes, der in Frankreich und Deutschland etwa gleichzeitig seit Beginn der siebziger Jahre auftrat, reicht von radikal antimodernistischen Bewegungen bis zu Alternativkonzepten einer »anderen Moderne«, in der die moralisch-praktischen Dimensionen der »Lebenswelt« wieder mit der ästhetisch-expressiven und der kognitiv-instrumentellen Moderne verbunden sind. Die Phasenverschiebung und die unterschiedliche Effektivität des ökologischen Protestes gegen großtechnologische Projekte und die weitere Anhäufung von Massenvernichtungswaffen in der Bundesrepublik Deutschland und in Frankreich haben seit Ende der siebziger Jahre zu der falschen Gegenüberstellung »französische Technikgläubigkeit« versus »deutsche Fortschrittsangst« geführt, also zu den berüchtigten »deutsch-französischen Mißverständnissen«.

Philosophisch haben sich in beiden Ländern Strömungen etabliert, die den Relativismus der Postmoderne nicht akzeptieren wollen und nach Wegen suchen, durch »kommunikatives Handeln« oder durch die Renaissance humanistisch-republikanischer Werte oder durch die Wiederherstellung einer substantiellen Sittlichkeit des guten und gerechten Lebens das soziale Band wieder zu knüpfen und politische Praxis jenseits von Autoritarismus, Anarchie und Gewalt wieder möglich zu machen.

So zeichnet sich heute, neben dem Schreckbild der Gattungszerstörung und Umweltvernichtung, auch das optimistischere Bild einer »ökologischen Modernisierung« ab, in dem republikanische Tradition und demokratischer Fortschritt, individuelle Autonomie und Gemeinschaftsbildung, Produktion von Reichtum und Naturbewahrung keine Gegensätze mehr sind. Unter solchen Voraussetzungen könnte Rimbauds Formel wieder reizvoll werden: man müßte dann wieder absolut modern sein.

Werner Gephart
Natur – Umwelt

»Natur« ist – wie in deutschen *und* französischen Wörterbüchern zu lesen ist – ein vielschichtiger Begriff. Dies wäre Anlaß, seiner Verwendung gegenüber skeptisch zu sein und ihn bereits in der jeweils eigenen Muttersprache tunlichst zu vermeiden. Um so gravierender müßten dann die Verwirrungen sein, wenn der Naturbegriff über die »natürlichen« (?) Grenzen des Rheins hinweg verwendet wird.

Auf den ersten Blick hin freilich ist gar nicht einzusehen, warum man über die »Natur« in Streit geraten sollte. Ist sie nicht der ausgewiesene Gegenstand der Naturwissenschaften, die – unabhängig von kulturellen Einflüssen – der Natur auf den Grund gehen? Und gibt es nicht andererseits ein Alltagsverständnis des »Natürlichen«, ganz verschiedene Lebensbereiche umgreifend?

Es gehört zu den auffälligsten Erscheinungen im deutsch-französischen Verhältnis der vergangenen Jahre, wie sich tiefgreifende Unterschiede, aber auch Verwandtschaften im Verhältnis zur »Natur« aufgetan haben. Wir meinten, in der Bundesrepublik einen unaufhaltsamen Trend zur Natur zu beobachten, während in Frankreich eine skeptische, wenn nicht ironische Haltung gegenüber dem deutschen Naturkult entstand. Noch vor wenigen Jahren hatte eine ökologische Argumentation in Frankreich nur wenig Chancen, überhaupt als Thema der Politik ernst genommen zu werden. In der Bundesrepublik hingegen hat ökologisches Denken oder zumindest ökologische Rhetorik über die Grenzen der grünen Bewegung hinaus die öffentlichen Strategien der Parteipolitik durchdrungen. In diesem Zuge hat auch eine weitgehende »Verrechtlichung« der Natur in den sogenannten Umweltschutzdelikten, dem Naturschutzrecht, dem Wasserrecht etc. stattgefunden, auch wenn die »Implementation« dieser Normen problematisch ist.

Neben der – besonders sichtbaren – Sphäre der Politik ist auch das Alltagsleben in offenkundig unterschiedlicher Weise an Naturvorstellungen gekoppelt. Wiederum vor Jahren schien das »Wandern« (la randonnée) ein deutsches Privileg, wenn nicht eine Kuriosität, während in Frankreich die »Promenade« als Flanieren im Freien gepflegt wurde. Hier haben sich die Unterschiede freilich verschoben, wenn französische Industrielle heute durchaus glaubhaft versichern, die Umgebung von Paris erwandert zu haben.

Während in der Bundesrepublik nun auch die Wissenschaften, in der Pädagogik, Philosophie und Soziologie ihre »Liebe zur Natur« entdeckten oder sich gar in Umweltinstituten und entsprechenden Studiengängen professionalisierten, schien auch dies in Frankreich eher undenkbar. Dafür wird man heute an der Sorbonne oder am Collège de France unschwer Vorlesungen über Philosophie und Soziologie der Natur hören können.

Trotz erheblicher Angleichungen auch im Lebensstil behält das zuvor relativierte Stereotyp vom »romantischen Naturkult« einerseits und »skeptischer Naturferne« andererseits eine gewisse Berechtigung. Sie ergibt sich aus der jeweiligen Geschichte des »Naturverhältnisses« in Deutschland und Frankreich.

Unter »Naturverhältnis« verstehe ich den Inbegriff der Stellung des Menschen zur »Welt«, soweit es seine Beziehung zur inneren und äußeren Natur betrifft. Nicht was »Natur« *wirklich* ist, sondern wie Natur aufgrund religiöser Überlieferung und kultureller Traditionen *definiert* wird, interessiert den kulturwissenschaftlichen Naturforscher.

Es lassen sich idealtypisch verschiedene Entwicklungsstränge bündeln: Die sogenannte *Zivilisationstheorie* von Norbert Elias

u. a. hebt folgenden Tatbestand hervor: Im Frankreich der höfischen Gesellschaft wurde die äußere Natur »zivilisiert«, was z. B. in den geometrisierten französischen Gärten Gestalt annimmt. Die »bürgerliche« Gesellschaft in Deutschland flieht aus dem praktischen Leben in die äußere Natur der unendlichen Landschaft und die inneren Untiefen der »Seele«.

Man kann diesen Gegensatz zuspitzen und eine »gesellschaftsflüchtige Naturliebe« mit einer »naturflüchtigen Geselligkeit« kontrastieren.

Diese Deutung überschneidet sich mit einer *religionssoziologischen* Erklärung. Das Verhältnis des Menschen zur »Natur« ist von religiösen Vorstellungen mitgeprägt: Solange die Natur noch zu den unberechenbaren Kräften des Kosmos gehörte und der Mensch sich die Erde noch nicht nach der biblischen Anweisung untertan gemacht hatte, lebte »Natur« im Weltbild der archaischen Völker als »Zaubergarten«, wie es Max Weber formulierte. Die Verwissenschaftlichung der Natur profanisierte diese unheimliche Welt, in der kontagieuse Kräfte walten, aus denen – wie der französische Begründer der Soziologie Emile Durkheim vermutet – die moderne Vorstellung kausalen Denkens hervorgeht. Von der deutschen Romantik ausgehend läßt sich nunmehr eine *Re-Sakralisierung* der *Natur* in Deutschland beobachten. In idealtypischer Gegenzeichnung ist der viel beklagte Religionsverlust der Moderne in eine *Sakralisierung der Gesellschaft* umgeschlagen, für die gerade die führenden Theoretiker der Sozialwissenschaft in Frankreich, von Saint-Simon über Comte bis Durkheim, ein Beleg sind.

Für das Verständnis der beiden Kulturen ist ein weiterer *religionssoziologischer* Befund wichtig. Die Wirtschaftsethik, das Staatsverständnis und der Lebensstil sind in Deutschland ganz entscheidend von der »protestantischen Ethik« geprägt. Ihr Kerngehalt liegt nach Max Webers berühmter Protestantismusthese in der Beschaffung religiöser Motive für eine »*innerweltliche Askese*«, in der die Welt als Material rastloser Arbeit erscheint. Dieser Habitus findet sich in ganz auffälliger Weise in der deutschen Naturbewegung, sowohl in der BRD wie der DDR, wieder. Es sind vielfach protestantische Kreise, die gegen die Zerstörung einer schöpfungsgeschichtlich gedeuteten Natur »protestieren«. Und es ist der spezifische »Geist« einer alle Lebensbereiche durchdringenden Haltung, der die Assoziationen zur »protestantischen Ethik« weckt. All dies verstärkt die Idee einer religiös gefärbten »Naturethik«, die uns auch verständlich macht, warum der aktivistische Unterton im Naturverhältnis des außerokzidentalen Raumes fehlt, obwohl gerade in den asiatischen Religionen die *Einheit von Natur und Gesellschaft* propagiert ist.

Trotz der skizzierten Differenzen im deutschen und französischen Naturverhältnis wäre es fatal, die Gemeinsamkeiten zu übersehen oder das bestehende Konfliktpotential in der »ökologischen Kommunikation« (Niklas Luhmann) zwischen Deutschen und Franzosen zu überschätzen. Unsere französischen Freunde sind zu Recht empört, wenn ihnen von deutscher Seite, mit dem nunmehr verständlichen moralischen Unterton, die »Liebe zur Natur« abgesprochen wird. Andererseits sind Empfindlichkeiten auf deutscher Seite unangebracht, wenn die romantische Tradition der deutschen Naturbewegung akzentuiert wird. Schließlich gab es nicht nur eine literarische und ästhetische Romantik, sondern auch die unheilvolle »politische Romantik« (Carl Schmitt). Insofern stellt sich immer wieder die Frage, ob sich der »Natureifer« der Deutschen mit antimodernistischen Strömungen verbindet, während ein wichtiger Unterschied zu Frankreich darin besteht, daß Naturbewahrung dort als ein völlig legitimes Problem der technologischen *Moderne* behandelt wird. In Deutschland wirkt insoweit noch immer eine *antimodernistische* Kritik der Technik nach (des »Gestells« im Sinne Martin Heideggers), deren Ambivalenzen im kritischen Spiegel des französischen Naturverhältnisses deutlich werden.

Vielleicht ist auch die Welt der Bilder, Träume und Imaginationen ein Medium, in dem die bislang ausgesparte ästhetische Dimension der Naturauffassung Möglichkeiten einer nichtsprachlich gebundenen Verständigung aufweist. Den Künstlern, Romantikern in Frankreich und Rationalisten in Deutschland, scheint dies eher gelungen als dem entzweienden Streit um den Katalysator, die Begrenzung der Rheinverschmutzung oder die Durchsetzung von Maßnahmen zur Eindämmung des symbolträchtigen »Waldsterbens«.

Bernard Lortholary
Übersetzung

Ob »übersetzen« oder »traduire«, in beiden Sprachen geht es um ein »Hin- oder Herüberversetzen«. Dabei ist die gemeinte Gebärde nicht genau die gleiche: das Deutsche »setzt« auf die jeweils entgegengesetzte Seite, während im Französischen eher »geführt« oder »geleitet« wird. Und der zurückzulegende Weg zwischen den zwei Ufern geht auf deutsch »*über* etwas hinweg«, also gleichsam im steilen Bogenschuß, nicht die Zielsprache anvisierend, sondern Höheres, womöglich die Fata Morgana der Universalien. Im Französischen verharrt man in der Waagerechten und schlägt sich in der flachen Ebene »*durch*«. Über den Rhein wird einerseits gesprungen, oder auf einer hochbögigen Brücke gefahren; andererseits aber geschwommen oder gerudert, oder es wird die Schiffbrücke benutzt, die Gérard de Nerval am Anfang von *Lorely* erwähnte: »Aber wißt Ihr was dort am anderen Ufer ist, am fernen Horizont, am Ende dieser schwankenden Brücke aus sechzig Booten? ...Dort ist Deutschland! Das Land Goethes und Schillers, die Heimat E. T. A. Hoffmanns; das alte Deutschland, unser aller Mutter! ...Teutonia...« Die Überquerung hat nichts vom schwungvollen Höhenflug, sie wird eher als mühsam und gefährlich empfunden, selbst vom germanophilsten unter den französischen Dichtern (und Übersetzer noch dazu), der folgendermaßen fortfährt: »Ist da nicht Grund genug zum Zaudern, bevor man den Fuß setzt auf diese Brücke, die sich da hinschlängelt und bei jedem ihrer Boote sich zu ringeln scheint? Deutschland, am Ende? ...« Bei aller Verschiedenheit der Bilder, die den beiden Wörtern von ihrem Ursprung her anhaften, steht aber für jeden fest, daß »traduire« und »übersetzen« genau das gleiche bedeuten (wenn auch meistens in genau umgekehrter Richtung!). Somit ist ja das Stichwort »Übersetzung« vielleicht das einzige im vorliegenden Repertorium, bei dem nicht das geringste Mißverständnis entstehen kann!

Was aber durch dieses Stichwort bezeichnet wird und hinter ihm steht, nämlich das ganze weite Gebiet des Übersetzens, des Übersetzten und des zu Übersetzenden, ist naturgemäß *das* Feld, auf dem alle Mißverständnisse entstehen und gedeihen, weil es auch das Feld ist, auf dem sich alle Dialoge abspielen. So hätte dieses Buch anfangen können, ja vielleicht sogar anfangen sollen, mit einem weitangelegten Artikel »Übersetzung(en)«, der die beste Einführung abgegeben hätte; oder man hätte ebensogut einen ähnlichen Artikel als Schlußwort des Ganzen konzipieren können, in dem z. B. ein Programm für Übersetzungen und Neuübersetzungen (von einzelnen Begriffen und von ganzen Texten) hätte entworfen werden können, zum Zweck der Förderung des Dialogs und der Beseitigung von Mißverständnissen.

Vielleicht wäre dann sogar aufgefallen, daß der Übersetzung nicht nur Einführung oder Schlußwort gewidmet werden mußten, sondern daß sie in der Mehrzahl der vorliegenden Artikel mitzuberücksichtigen war, ja in keinem außer acht gelassen werden durfte. Denn in allen Problemen, die hier erhellt werden, ist das Übersetzen seinerseits wiederum als Problem vorhanden, sei es, daß man mit seiner Schwierigkeit konfrontiert wird (in linguistischer und/oder ideologischer Hinsicht), sei es, daß man seine sowohl früheren wie gegenwärtigen Unzulänglichkeiten und Lücken bemängelt.

Eine wohlbekannte Schwierigkeit besteht z. B. darin, daß den deutschen Wörtern ›Heimat‹ und ›Vaterland‹ nur das eine französische Wort ›patrie‹ entspricht – und also letztlich *nicht* entspricht. Daß jeder französische Übersetzer sich da von Fall zu Fall zu helfen weiß, indem er etwa für ›Heimat‹ ›terre natale‹, ›pays‹ oder dergleichen mehr schreibt, ändert nichts an der Sache, d. h. an dem unüberbrückbaren Unterschied zwischen zwei Geschichten, zwei Begriffswelten, zwei Völkern. Besagter Übersetzer weiß übrigens ebensogut (und muß es immer wieder gleichsam am eigenen Leib erfahren), daß gerade dieses Wort ›Volk‹ ein heikles Wort war und bleibt – von den Ableitungen ganz zu schweigen. Und was fängt der Übersetzer an mit dem von deutschen Journalisten so geliebten Synonym für Frankreich, mit jener »Grande Nation«, die es im Französischen nie gegeben hat; als stehende Redewendung nicht, und als geflügeltes Wort erst recht nicht?! Hier stellt die deutsche (angebliche) Entlehnung – die prätendierte Nicht-

Übersetzung, also – ein geradezu unlösbares Übersetzungsproblem!

Ein anderer Typus von Übersetzungsproblemen, der hier sehr viele Stichworte betrifft, hat mit der Geschichte der Übersetzungen, bzw. mit deren Ausbleiben zu tun. Besonders auf dem entscheidenden Gebiet der Geistes- und Sozialwissenschaften fehlten (und fehlen manchmal heute noch) wichtige deutsche Autoren und Titel: Panofsky, Wölfflin, Cassirer sind erst sehr spät und teilweise ins Französische übersetzt worden. Andere Autoren wurden es zwar, hatten aber jahrzehntelang jeweils nur einen einzigen französischen Importeur, der zugleich als (Teil-)Übersetzer und als (entsprechend kaum kontrollierbarer) Interpret fungierte: man denke an Max Weber oder an Georg Lukács. Solche Lücken, Abstände, Rückstände und Einseitigkeiten in der französischen Rezeption deutschen Gedankenguts wogen und wiegen noch schwer sowohl auf dem gegenseitigen Verständnis als auch auf der Entwicklung mancher Forschungszweige in Frankreich...

Das gleiche gilt auch für ein drittes Phänomen, das mit dem vorigen aufs engste zusammenhängt und ebenfalls auf die geringe Zahl der Deutschkundigen in Frankreich zurückzuführen ist: das der schlechten Übersetzungen. Jahrzehntelang wurden etwa Hegel, Nietzsche oder Freud in französischen Übersetzungen gelesen, die den Originaltext aufs Gröbste verzerrten. Verfaßt wurden sie allzuoft von gutwilligen Interessierten, die das Deutsche erst bei und an der jeweiligen Übersetzungsarbeit selbst erlernten. Dies hatte unter anderem zur Folge, daß solche Übersetzer kaum imstande waren, zwischen Autorspezifischem und Sprachspezifischem zu unterscheiden, so daß sie allzuoft und allzugern abgrundtiefe Bedeutungen und Bedeutsamkeiten in den Urtext hineinlasen, wo dieser einfach – die deutsche Grammatik auswertete und überhaupt die Möglichkeiten der deutschen Sprache ausnutzte. Dies muß man immer im Auge behalten, will man solche erstaunliche Erscheinungen begreifen wie den französischen Heideggerianismus, oder auch den Lacanismus.

Die Feststellung, daß die Übersetzung in unserem Zusammenhang an allen Ecken als Teil des jeweiligen Problems auftaucht, soll hier nicht der Behauptung gleichkommen, daß die Übersetzung auch imstande sei, alle Probleme zu lösen. Aber es muß hervorgehoben werden, daß erst eine eingehende Studie über die Geschichte des beiderseitigen Übersetzens in beiden Ländern die eigentümliche Auffächerung des Problems »Übersetzung(en)« ans Licht bringen wird. Ist doch dieses Problem dadurch von allen anderen verschieden, daß es mit jedem anderen mehr oder weniger verflochten ist, indem es ihm entweder zugrundeliegt, oder aber mit seinen Folgeerscheinungen irgendwie zu tun hat, etwa im bilateralen Austausch.

Daß in dem einen Land weniger oder vielleicht auch weniger gut aus dem anderen übersetzt wurde als umgekehrt, solche Feststellungen sind in dieser Hinsicht nicht von großem Belang. Denn derartige Unebenheiten haben im Lauf der Geschichte gewechselt, im Zusammenhang mit den Phänomenen, die unter den anderen 99 Stichwörtern hier erscheinen.

Bei weitem wichtiger, vor allem im Hinblick auf die nächste und auf die fernere Zukunft (welche ja letztlich im vorliegenden Repertoire angesprochen wird) ist folgende Feststellung. Um Mißverständnisse zu beseitigen, um den Dialog zu fördern, um Zusammenleben und Zusammenarbeit auf allen Gebieten zu erleichtern, stehen nur drei Mittel zur Verfügung: Förderung der Zweisprachigkeit, Umstellung auf eine gemeinsame dritte Sprache (offenbar Englisch), oder Übersetzen. Diese drei Mittel schließen einander nicht aus, aber zweifelsohne kann das dritte die reichste Vergangenheit vorweisen, sowie die besten Zukunftschancen. Das Übersetzen wird quantitativ wie auch qualitativ stark entwickelt und gefördert werden müssen, und jeder Schritt in dieser Richtung kann nur positive Folgen haben. Zumindest darüber können sich Deutsche und Franzosen problemlos einig sein.

Jean-Marie Zemb
Sprache

Wie gehabt?
Was hätte sich am Verhältnis zweier Sprachen geändert haben können, die längst zu Schriftkulturen geführt und sich in diesen verankert hatten? Beide haben, wenn auch nicht im gleichen Rhythmus, die stabile Phase der nur noch in den Randzonen angefochtenen Normen erreicht. In beiden herrscht, trotz aller sogenannten strukturellen Unterschiede, der gleiche Trend mit allen seinen Varianten, vom Saloppen bis zum Skurrilen. Und wer die *liaisons dangereuses* von *logikon* und *politikon* erforschen will, und dabei die deutsche Majuskel und das französische Komma gleicherweise beherrscht, wird oft gar nicht mehr merken, ob er – wie ein bekannter unbeirrbarer Dolmetscher, von dem ich annehme, daß die Herausgeber dieses Kaleidoskops ihn um eine Scheibe Prisma gebeten haben – gerade hin oder her umgedacht und -gedichtet hat. Und wer vom Reinheitsgesetz weniger hält als vom Edelzwicker und seine Beobachtungen zur Entwicklung der Lage beider Sprachen gemacht hat – die derzeit beide keine exklusiven *Nationalsprachen* im Sinne eines Idioms sind, welches von allen Bürgern eines Landes und nur von ihnen praktiziert würde –, der wird denken, daß in einem halben Jahrtausend durchaus jeder Wortschatz den anderen bereichert haben könnte, die Verwendungsmechanismen aber je nach Kapitel der einen oder der anderen Sprache die Regie würde überlassen haben, etwa bei den umschreibenden oder umschriebenen Verbformen dem Französischen und bei der Stellung der Attribute dem Deutschen, um auf diese Weise eine Sprache zu schaffen, die man nicht einmal hatte erfinden müssen, gab es sie doch längst als *melting pot* von Germanischem und Romanischem.

Solche Extrapolationen sind mitunter sehr hilfreich, wenn man Biotope abstecken oder einen *Conte philosophique* verfassen soll. So ließ ich mir denn auch umgekehrt durch den Kopf gehen, wie die Geschichte unserer – und aller anderen – Völker wohl gelaufen wäre, wenn es nicht nur keine Komparatisten und Kontrastivisten, sondern auch keine Dolmetscher und keine Wörterbücher gäbe, und wenn die Menschen sich nicht mehr verständigen könnten als *chiens et chats*. Wem das noch nicht genügt, der möge *de faïence* hinzufügen. Wer aber in der Antike gelernt hat, Fabeln zu lesen, wird denken, daß in den Schützengräben von Verdun, und sogar drei Generationen später in so manchen Mediengerichten, eben diese Situation herrscht, verschlimmert noch durch die Illusion, man beherrsche den Tonfall und die Hintergedanken des andern besser als jeder Spion.

So wird man hin und her geworfen zwischen dem *Eindruck* unbedeutender, künstlich hochgespielter ›Differenzen‹ im ... die einen nennen es das Indogermanische, die andern das Indoeuropäische, aber im Grunde erinnert es an den verzweifelten Eifer von Gleichen um Unähnliches (ist die überhaupt schlimmste Bande nicht immer die der Nachbarstraße gewesen?), und der *Überzeugung*, eigentlich sei jede Verständigung so künstlich wie ein *commercial smile*, da die ›Verschiedenheit‹ *héréditaire* im Sinne nicht von zufälliger Erbschaft, sondern von struktureller Veranlagung ist. Manchmal ist es jedoch so, daß der eine oder der andere sein Eigenstes beharrlich verleugnet (und es dabei vielleicht sogar ehrlich meint). Bei solchen Bemerkungen gilt die Hermeneutik, daß davon wirklich berührt wird, was sich getroffen fühlt. Wenn also einer meint, das eine Wesen verbinde sich mit dem anderen Wesen ganz besonders, vorbildlich, immerwährend u. ä. m., weil das eine Wesen das andere nicht beherrschen, sondern übernehmen will, kann ich ihm weder sagen, ob ich das so gemeint habe, noch ob seine Deutung in der Sache selber stimmt.

Seit Goethe und Napoleon hat sich in beiden Sprachen offenbar so wenig geändert, daß ein Franzose, der sich heute genau wie Eckermann ausdrücken würde, und ein Deutscher, dessen Französisch dasjenige von Rivarol wäre, zwar akademische Prüfer befremden und Leserbriefredaktionen belustigen würden, aber im Grunde, und nicht selten auch an der Oberfläche, dem Kundigen wie semiotisches Menetekel ins Gewissen reden dürften. Dennoch haben sich die Mentalitäten – »Denksitten« oder »Redegewohnheiten«? – *nicht unwesentlich* (was das genau heißt, sei ebenfalls der Individualhermeneutik überantwortet) gewandelt. Zugleich als bescheidene Spende an Fritz Abels Paradigmenmuseum seien hier einige Sätze aus einer Vergleichenden *Nouvelle Grammaire allemande-française, contenant, dans les deux langues, les règles de la langue allemande accompagnées d'exemples et d'exercices, (...), ouvrage particulièrement destiné à la jeunesse française* zitiert, welche ein gewisser Abbé Mozin im Jahr von Aspern und Wagram – *Bicentenaire* erst in zwanzig Jahren in Schönbrunn – publizierte. Haben sich die Inhalte nicht stärker als die Formen gewandelt? Wenn ja, dürfte auch diachronisch an der *parole* mehr als an der *langue* liegen.

»Diese Sprache ist nicht schwer, alles hängt von dem Fleiße ab, welchen Sie daran verwenden werden. / Es gibt niemand, der alles weiß, der alles versteht, der alles gelesen, alles gekannt hat. / Das ganze Menschengeschlecht sollte nur eine Familie seyn. / Eine ganze Nation gewöhnt sich, die entbehrlichsten Dinge als Lebensbedürfnisse anzusehen. / Jeder Mensch ist sterblich. / Wenn unsere Väter noch lebten, wären sie ganz erstaunt; sie würden unsere Sitten ganz anders finden, als sie zu ihrer Zeit waren. / Sie sind ganz wie Ihre Freunde; sie ist ganz anders als ihre Freundinnen. / Sie lieben die Thiere, und sie fliehen Sie. / Ein Buch, welches ergetzt und belehrt, vereinigt zwei kostbare Vorzüge. / Im Glücke war er gegen niemanden höflich. / Ihr, die ihr nicht wolltet, daß man Böses von euch reden soll, ihr solltet auch nicht übel von andern reden. / Ich kann diesen Hund nicht leiden, und sie kann nicht ohne ihn seyn. / Wer hat der Natur so beständige und heilsame Gesetze vorgeschrieben? / Wer nicht schweigen kann, ist zum Regieren nicht fähig. / Deine Bücher sind schöner als die meinigen. aber deine Federn sind nicht schöner als die meinigen. / Sie brauchen mich nicht an mein Versprechen zu erinnern: glauben Sie fest, daß ich immer daran denke, und daß ich jetzt noch damit beschäftigt bin. / Werden Ihre Kinder wenig Reichthümer besitzen, werden sie weniger gelehrt seyn, wenn sie tugendhaft sind? / Seyd nicht verschwenderisch, wenn ihr lange glücklich und geschätzt seyn wollt. / Ist es nicht eine unverzeihliche Schande, daß so viele junge Leute so wenig Liebe zu den Wissenschaften haben, und daß ihnen so wenig daran gelegen ist, gute Bücher zu haben? / Als ein Fremder an eine römische Kaiserin falsche Edelsteine verkauft hatte, bat sie ihren Gemahl um ex-

emplarische Gerechtigkeit. / Genießen Sie das Glück, das die Tugend gibt. / Es ist ein sehr natürliches Gefühl, uns über das Glück zu freuen, das uns oder unseren Freunden widerfährt. / Von so vielen Sprachlehren gibt es keine einzige, die ohne Fehler ist.«

War etwa damals die Hauptsorge der Schule nicht der Unterricht, sondern die Erziehung? Hat denn die moderne, lebensoffene und lebensnahe Schule dieses *Soll* nicht forsch und amtlich zugleich durch ein gedächtnisfeindlich gähnendes *Haben* ersetzt? *Timeo ne*... Ich möchte mich dennoch zur Sache nicht äußern. Mein Prae-, Circum- und Praeterambulieren soll nur den Rahmen zeichnen, das Bild selber zweier unvergleichlicher Monaden soll Mario Wandruszka malen, *a fresco*.

Möglicherweise wird man sich wiederum für die Inhalte interessieren und nicht mehr glauben, die Altvorderen seien so naiv gewesen, daß sie Normen für Tatsachen hielten und den Schülern vorgaukeln wollten, wie es gewesen zu sein hatte. Es mehren sich bereits die Anzeichen dafür, daß man einsieht, daß die schlimmsten »Sprachbarrieren« nicht aus *langues*, sondern aus *paroles* gezimmert sind. An Dolmetschern fehlt es nicht zwischen Sprachen, sondern zwischen Ideologien. Zur Zeit ist es noch so, daß wer auf dem rechten Rheinufer anders denkt, als er glaubt, daß man es auf dem linken gern höre, lieber schweigt. Ähnliches hat man schon einmal invers erlebt. Die vielgerühmte Einigkeit der Herzen und der Geister hat einstweilen noch relativ konformistische Züge. Auf Irreversibilität sollte man denn auch nicht schwören, bevor jeder wirklich frei hat reden können. Und die Harmonie erst feiern, wenn die Zweitstimmen – und die vielen anderen – auch eingesetzt haben.

Dennoch mag es angehen, daß man Lernmethoden begutachten möchte. Dazu gehört nicht nur Augenmaß. Man müßte fragen, wer denn, 1809 und 1989, die Sprache dieses bestimmten Nachbarn lernt, wo und wozu, wann und wie, und nicht minder feststellen, wer sie lehrt, und wie dieser den Gegenstand und dessen Vermitteln gelernt hat. Man müßte desgleichen mit der nachbarlichen Symmetrie aufräumen: das Deutsche war für den Franzosen nie das, was das Französische für die Deutschen war, und das gilt heute erst recht, wenn auch auf eine ganz andere Weise. Allerdings bringt der sich öffnende und eröffnende Markt trivial Einebnendes, sei es im Kaufmännischen, in der Medienwirtschaft oder bei den zu erwartenden Völkerwanderungen in die Urlaubsparadiese.

Daß Motivation, Fleiß und Gelegenheit zum Nachahmen und zum Ausprobieren entscheidend bleiben und daß der Kurs der Wundermethoden entsprechend fallen wird, ist zu erwarten. Daß der Bedarf noch lange ansteigen wird, ist anzunehmen. Daß endlich ein paar vernünftige Bemerkungen zum besten – jüngeren – Lernalter und zum Stellenwert der Leistungen auf den Zeugnissen – besonders bei den *concours* bis in die Schulsysteme dringen, bleibt zu hoffen: etwa die Bedeutung der Wörter *und, oder, erste, zweite* und *Fremdsprache*, welche eigentlich die gleiche sein sollte als diejenige von *et, ou, première, deuxième* und *langue vivante*... Seit einem Vierteljahrhundert wird in unseren Kanzleien nämlich daran herum- (oder vorbei-?) gerätselt.

Eine letzte Empfehlung soll der Zukunft gelten: Daß sie ökonomisch, didaktisch und politisch ist, liegt an der Sache, nicht am Beobachter, der sehr wohl weiß, wie ihre Verwirklichung die entsprechenden Fachbereiche erschüttern dürfte. *Eppur*, warum sollen unsere Fakultäten weiterhin mühsamst und kostspieligst Franzosen zu exklusiven Deutschlehrern und Deutsche zu inklusiven Französischlehrern ausbilden, fast vergeblich, statt als erste, billige und erfolgreiche Maßnahme im Europa der Beamten und Angestellten einen *cursus studiorum* der Lehrer ›europäischer‹ Fremdsprachen einzuführen, deren Muttersprache die Sprache wäre, die sie zu lehren hätten, und die als gleichwertiges Fach die Sprache und die Kultur des Landes studieren würden, dessen Kinder sie unterrichten sollten?

Nota bene

Welche besonderen Schwierigkeiten das Französische dem Deutschsprachigen bereitet, ist so bekannt wie unverändert. Folgende karge Aufzählung könnte zwar nicht jeder Anfänger, aber sehr wohl jeder sogenannte Fortgeschrittene bestätigen: Gebrauch des Artikels, Stellung des adjektivischen Attributs, Verwendung des Imperfekts und des Konjunktivs, Schreibung des Ungehörten, Abtrennung von Gliedsätzen, insbesondere von Relativsätzen durch ein Komma, *liaison*... Zum Teil liegen diese Schwierigkeiten daran, daß die Schulgrammatiken und Lehrbücher kaum kontrastiv operieren: klar erkannte Probleme wären auch hier schon halb gelöst. Aber eben nur halb. Auch wenn die beiden *langues* beiderseits hinlänglich gemeistert worden sind, ja *gerade dann*, zeigt es sich, wo die Erbschwierigkeiten liegen, nämlich in den Präsuppositionen und Postintentionen der *paroles*. Dann fällt die sehr willkommene diplomatische Entschuldigung aus, der jeweils andre habe es so schlimm ja doch nicht gemeint und sei im Grunde und selbstverständlich der korrekten Meinung, die man eben selber vertrete.

Mario Wandruszka
Sprache

»Wer fremde Sprachen nicht kennt, weiß nichts von seiner eigenen« (Goethe, Maximen und Reflexionen 91).

In meiner Pariser Studentenzeit waren noch manche Franzosen überzeugt, das deutsche Nationallaster sei die *Schadenfreude*, weil man in Deutschland ja schon den kleinen Kindern den boshaften Spruch beibringe: »Schadenfreude ist die reinste Freude«, während es im Französischen »nicht einmal ein Wort dafür« gebe (was nicht stimmt, man nennt es *»une mauvaise joie«* oder *»une joie maligne«*). Die Deutschen erwiderten begreiflicherweise darauf, dann seien *Sadismus* und *Chauvinismus* »typisch französische Eigenschaften«, denn der Marquis de Sade und der napoleonische Grenadier Chauvin seien doch Franzosen gewesen.

So geht das offenbar nicht. Daß eine einzelne Tugend oder ein besonderes Laster in einer Sprache zuerst erkannt und benannt worden sind, beweist nur eine scharfe Beobachtungsgabe und nicht gleich einen besonderen Nationalcharakter.

Franzosen und Deutsche haben durch die Jahrhunderte die Sprache des Nachbarn auf dessen Charakter zurückgeführt. Das beginnt schon mit den Lauten. Für die Franzosen war das Deutsche lange nur ein grobes barbarisches Gepolter, ein Bellen und Schnarren. Der westfälische Baron, in dessen Schloß Voltaires Candide aufwächst, heißt THUNDER-TEN-TRONKH. Zwischen 1870 und 1945 haben die verschiedensten Erlebnisse und Erfahrungen die Franzosen noch in ihrer Überzeugung bestärkt, daß das Deutsche eine ausgesprochene Stakkato-Sprache ist. Erst allmählich hat sich die Erkenntnis durchgesetzt, daß in vielen Sprachlandschaften und Bevölkerungsschichten auch ein sehr gemütliches Legato-Deutsch gesprochen wird. Daß das Deutsche auch eine sehr schöne Sprache sein kann, weiß man da und dort seit der Entdeckung des deutschen Lieds in der Romantik.

Dagegen war für die Deutschen das Französische immer die Sprache der höfischen Welt, der feinen Leute. Ihre gesellschaftliche Vornehmheit glaubte man schon aus ihrem Klang herauszuhören, aus der hochnäsigen Feinheit der so schwer nachzuahmenden Nasalvokale und der Gedämpftheit des »e muet«.

François Knaak heißt in Thomas Manns *Tonio Kröger* der Ballettmeister aus Hamburg, der den Kindern hansischer Patrizier Unterricht in Tanz und Anstand erteilt, und schon der Klang dieser beiden Namen deutet auf zwei Welten.

»›Erstes Paar en avant!‹ sagte Herr Knaak, und keine Worte schildern, wie wunderbar der Mann den Nasallaut hervorbrachte... ›Erstes Paar en avant!‹ sagte Herr Knaak, denn es kam eine neue Tour. ›Compliment! Moulinet des dames! Tour de main!‹ Und niemand beschreibt, auf welch graziöse Art er das stumme e vom ›de‹ verschluckte.«

Die Ausstrahlung dieser französischen Sprache beginnt schon im 12. Jahrhundert, als eine neue weltliche Kultur sich zuerst an den Höfen, in den Burgen und Schlössern Frankreichs entfaltet. Von den Franzosen lernen die Europäer eine neue Lebensart und Geselligkeit, französische *Manieren*, wie man seither mit einem französischen Wort sagt, ritterliches Auftreten und höfisches Benehmen, Tafelsitten, Unterhaltungen und Spiele. Französische Wörter und Wendungen aus diesem adeligen Lebensbereich finden in großer Zahl den Weg auch an die Ufer des Rheins und der Donau. Das Schlüsselwort ist »*cortois*«, »*courtois*«, eingedeutscht als »*hövesch*«, »*hovelich*«, »*hovebaere*«, eine Summe von Werten, an die uns heute noch »*höfisch*«, »*höflich*« und »*hübsch*« erinnern. Aus einem anderen höfischen Wertbegriff, »*fin*«, ist unser deutsches Wort »*fein*« geworden.

Zur »*courtoisie*« kommen später »*la politesse*« und »*la galanterie*«. Im Mittelpunkt dieser Gesellschaft steht die *Dame*. Auch in Deutschland sagt man nun *Onkel* und *Tante* für Oheim und Muhme, der *Cousin* und die *Cousine* treten neben Vetter und Base. Nach dem »*Chevalier*« erscheint der *Kavalier* auf der Bildfläche. Wenn er die adeligen Künste des Reitens, Fechtens, Tanzens beherrscht, wenn er artige Gedichte drechselt und angenehm zur Laute singt, so tut er das alles mit einer lächelnden *Nonchalance*. »Le monde«, die große weite Welt, wird ihm zu »*le monde*«, die vornehme Gesellschaft, das einzige, was für ihn auf der Welt zählt, er ist ein »*homme du monde*«, ein *Mann von Welt*, ein *Weltmann*, wie man in Deutschland sagt. Man ist *mondän, galant, charmant, elegant*, man führt im Salon geistreiche Gespräche mit den Damen, man macht *Konversation*. Man übt sich in *Finesse* und *Delikatesse*, geht bis zum *Raffinement* in den feinsten *Nuancen*. Man hat *Esprit*. Das Wort »*esprit*« besitzt durchaus alle Bedeutungen, die »*spiritus*« im Lateinischen und *Geist* im Deutschen haben. Im 17. Jahrhundert aber kommt noch dazu die besondere gesellschaftliche Verwendung, »*un homme d'esprit*«, »*un bel esprit*« sein, »*avoir de l'esprit*«, »*être plein d'esprit*«, ein *Mann von Geist*, ein *Schöngeist* sein, *Geist haben*, *geistreich* (für Luther waren »geistreiche Prediger« noch vom Heiligen Geist erfüllte!), *geistvoll, geistsprühend*. Im 19. Jahrhundert kommen abwertend *geistreicheln* und *Geistreichelei* dazu. Dieser Geist ist der heitere, gepflegte, geschliffene, glänzende, blitzende, sprühende Esprit der französischen Salonkonversation. Und bis heute schreiben deutsche Kritiker und Journalisten einer französischen Neuerscheinung besonders gern eben diesen unnachahmlichen französischen Esprit zu.

»Le Cardinal du Perron disait un jour, en parlant du jésuite Gretser: ›Il a bien de l'esprit pour un Allemand‹; comme si c'eût été un prodige qu'un Allemand fort spirituel« – »Der Kardinal du Perron sagte einmal über den Jesuiten Gretser: ›Für einen Deutschen hat er erstaunlich viel Geist‹, so als ob ein geistreicher

Deutscher ein Weltwunder wäre.« Bouhours, der das in seinen *Entretiens sur le bel esprit* 1671 berichtet, knüpft daran einige hochmütige Betrachtungen, ob ein Deutscher oder Moskowiter jemals ein »bel esprit« sein könne, ob das kalte, lastende, trübe Klima, die grobschlächtigen Temperamente und die schwerfälligen Körper der Völker des Nordens sich überhaupt dafür eigneten.

Das hat in Deutschland viel böses Blut gemacht. Noch hundert Jahre später bemerkt Georg Christoph Lichtenberg grimmig über die Windbeuteleien der vornehmen französischen Gesellschaftssprache: »Ehemals hat man in Frankreich öffentlich über die Frage disputiert, ›si un Allemand peut avoir de l'esprit‹. ›Non, Messieurs‹, würde ich gesagt haben, ›denn versteht ihr unter Esprit, was wir darunter verstehen, so habt ihr Recht, versteht ihr aber unter Esprit, was wir und die Engländer unter Witz und Wit verstehen, so sollen euch die schwarzen Husaren holen, ihr Schelmen!« (Über den Nutzen der französischen Wörter im Deutschen.)

Hatten die geistreichen Franzosen ihren unvergleichlichen *Esprit*, so die Deutschen ihr ebenso unvergleichliches *Gemüt*. Seit dem 18. Jahrhundert gehört das tiefe deutsche Gemüt zu jedem Selbstbildnis, das die Deutschen den leichtsinnigen und oberflächlichen Franzosen entgegenhalten. Es ist ein wunderschönes deutsches Wort, voll von Poesie, Romantik, Biedermeier.

Der Sonnenblume gleich steht mein Gemüte offen,
Sehnend,
Sich dehnend
In Lieben und Hoffen (*Mörike*, Im Frühling)

Es ist heute ein altmodisches Wort. Heute spricht man wohl noch freundlich lächelnd und ein wenig herablassend von einem kindlichen, einfältigen, sonnigen, ängstlichen Gemüt, man sagt, ein wenig von oben herab, daß die Gemüter sich erhitzen, sich wieder beruhigen, man gebraucht auch noch die überlieferten Zusammensetzungen Gemütsruhe, Gemütsbewegung, Gemütsverfassung, Gemütskrankheit. Aber einen Gemütsmenschen nennt man nur mehr ironisch so, und wenn man sich früher eine erbauliche Lektüre zu Gemüte führte, so tut man das heute nur mehr mit einem Schnaps.

Vom deutschen Gemüt, das so lange und so innig zum deutschen

Selbstbildnis gehörte, spricht heute niemand mehr. Dafür ist um so mehr von der deutschen *Gemütlichkeit* die Rede. Es gibt sogar Franzosen, die meinen, die Gemütlichkeit sei eine typisch deutsche Befindlichkeit, denn es gebe ja kein rechtes französisches Wort dafür.

Gegen Ende des 18. Jahrhunderts waren Pietisten und Herrenhuter die ersten, die das, was aus dem Gemüte kommt und sich an das Gemüt wendet, »gemütlich« nannten. Sie sprachen von einer gemütlichen Religion, die nicht im Verstand, sondern eben im Gemüt gründet, von »gemütlichen Christen mit reinen Herzen«. Von hier aus, von der Bedeutung »aus dem Gemüte kommend, zu Gemüte gehend, gemüthaft, gemütvoll« ist *gemütlich* dann im Lauf des 19. Jahrhunderts weitergewandert zu »gutmütig, freundlich, umgängig, verträglich« und zu »entspannt, ungezwungen, angenehm, behaglich, wohlig, bequem«. Man findet die Sachsen besonders gemütlich, die Bayern, die Österreicher. Wenn wir heute einen gemütlichen Abend in einem gemütlichen Lokal verbringen, erinnert uns kaum noch etwas an das Gemüt. Dieses Wort Gemütlichkeit ist unübersetzbar, nicht etwa weil das eine ganz besondere deutsche Qualität wäre, sondern weil es ein glücklicher Wortfund ist, in dem so viele Dinge anklingen können, die im Französischen andere Namen haben, »*agréable, bon enfant, facile à vivre, gentil, jovial, à l'aise, confortable, accueillant, intime, sympathique, sympa*...«

Je gewissenhafter wir unsere Sprachen miteinander vergleichen, desto deutlicher wird uns ihre historische, kulturelle, soziale Bedingtheit. Der junge Stürmer und Dränger Goethe fand in Straßburg die französische Literatur allzu »bejahrt und vornehm«. Der ganze vornehme Wortschatz einer von Frankreich ausgegangenen europäischen Kulturepoche paßt längst nicht mehr in unsere Zeit. Auch das Verhältnis zwischen den Geschlechtern hat sich so radikal verändert, daß man schon vorgeschlagen hat, das dritte Bannerwort der Französischen Revolution, FRATERNITÉ, vor zweihundert Jahren als BRÜDERLICHKEIT eingedeutscht, durch GESCHWISTERLICHKEIT zu ersetzen (was es allerdings im Französischen nicht gibt, da die Franzosen bekanntlich keine *Geschwister* haben, sondern nur »*des frères et soeurs*«).

Was soll da noch die höfische Verehrung der angebeteten *Dame*, was sollen da männliche *Ritterlichkeit, Courtoisie, Galanterie, Noblesse, Finesse, Delikatesse*? Von einem *Kavalier* der alten Schule, einem *Mann von Welt*, einem *Schöngeist*, ist heute oft nur mehr mit einem nachsichtigen Lächeln die Rede.

Der Wortschatz unserer Sprachen entwickelt sich heute in ganz andere Richtungen. Im Jahr 2000 wird er vielleicht gekennzeichnet sein durch eine unbekümmerte Mischung von vulgarisierter Technologie und flinker Hemdärmeligkeit, von Jargon und Argot.

Franz Josef Hausmann
Hilfsmittel der Verständigung: die Wörterbücher

Als der französische Protestant Robert Estienne (Robertus Stephanus) kurz vor der Mitte des 16. Jahrhunderts und wegweisend für Europa aus seinem großen lateinischen Wörterbuch ein erstes französisches (genauer: französisch-lateinisches) Wörterbuch herausarbeitet, ist zwischen Frankreich und Deutschland ein Kulturgefälle etabliert, das sich 250 Jahre lang nicht ändern wird. Bis zum Ende des 18. Jahrhunderts wird in Frankreich kein einziges deutsch-französisches oder französisch-deutsches Wörterbuch publiziert. Man hat das nicht nötig. Es ist Sache der Deutschen, Französisch zu lernen, nicht umgekehrt. (Dem entspricht, daß in einer soeben im Rahmen eines französischen Schulwörterbuchs publizierten Chronologie in der Spalte Literatur zwischen Luthers Bibel (1534) und Lessings *Laokoon* (1766) kein einziger deutscher Titel auftaucht.) Also entsteht das erste zweisprachige Wörterbuch des modernen alphabetischen Typus 1596 in Nürnberg, und sein Autor ist ein klassischer Sprachmittler, weder Deutscher noch Franzose, sondern Flame, der als Protestant aus Gent vertriebene Lievin Hulst (Levinus Hulsius). Hulsius bewertet übrigens in seinem Vorwort die Sprachenvielfalt, die zweisprachige Wörterbücher nötig macht, nicht nur als babylonische Strafe, sondern auch und vor allem als Gnade, weil das Eindringen in die andere Sprachindividualität Genuß und Bereicherung bedeutet – ein Gedanke von zeitloser Gültigkeit, namentlich heutzutage, wo sich die deutsche wie die französische Sprache des Ansturms des Englischen erwehren müssen.

Hulsius hatte in Deutschland viele Nachfolger, vor allem im 18. Jahrhundert, d. h. seitdem die französische einsprachige Lexikographie mit den Wörterbüchern von Richelet (zuerst 1680), Furetière (zuerst 1690) und der Französischen Akademie (zuerst 1694) verwertbare Vorlagen lieferte. Die ersten Wörterbücher, bei denen nicht nur der französisch-deutsche Teil monumental ist (wie etwa bei M. Kramer 1712/1715 oder, unvollendet, J. J. Schmidlin 1771–1779), sondern auch der deutsch-französische, sind solche, welche diesen Teil auf dem ersten deutschen einsprachigen Wörterbuch von Adelung (1774–1786) aufbauen können. Alles je Dagewesene wird übertroffen durch das 7bändige Wörterbuch (5250 Seiten) des Mannheimer Verlegers Christian Friedrich Schwan, der mit allen Geistesgrößen der Zeit verkehrte. Zwar erscheint 1762 in Straßburg und dann auch in Paris das erste Wörterbuch »zum Gebrauch durch beide Nationen« und es beginnt eine Tradition französischer Bücher, deren letzte größere Hervorbringungen 1941/1952 der Bertaux-Lepointe (zu Félix Bertaux, vgl. Heinrich Mann, *Ein Zeitalter wird besichtigt*) und 1963 das unter der Leitung von Pierre Grappin publizierte Wörterbuch waren, doch kann sich der französische Beitrag im allgemeinen nicht mit der anhaltend stärkeren deutschen Produktion messen, die sich durchgängig auch an die französischen Benutzer wendet.

Das 19. und das 20. Jahrhundert werden durch zwei Wörterbücher beherrscht, zuerst durch das von dem berühmten Verleger Cotta in Stuttgart und Tübingen (1811–1813) publizierte und ständig erweiterte *Dictionnaire* des Abbé D. J. Mozin, ab 1869–80 dann durch den berühmten Sachs-Villatte von Langenscheidt (rund 4000 Seiten), dessen auf 2000 Seiten reduzierte Hand- und Schulausgabe zuletzt 1968 (Teil Deutsch-Französisch) und 1979 (Teil Französisch-Deutsch) völlig neu bearbeitet wurde und unter dem Titel *Langenscheidts Großwörterbuch Französisch* das derzeit beste Hilfsmittel zwischen beiden Sprachen darstellt. Als dritte Kraft im deutsch-französischen lexikographischen Dialog ist allerdings seit dem Zweiten Weltkrieg die DDR ernst zu nehmen, die nicht nur mit dem *Wörterbuch der deutschen Gegenwartssprache* die bedeutendste einsprachige Wörterbuchleistung vorgelegt hat, von der *Duden* und *Brockhaus-Wahrig* nicht unwesentlich profitierten, sondern auch ein beachtliches zweisprachiges *Handwörterbuch Französisch-Deutsch* (hrsg. von A. Schlegelmilch 1985).

Die gegenwärtige Lage zeigt in Deutschland wie in Frankreich hervorragende *einsprachige* lexikographische Hilfsmittel, freilich immer noch mit einer deutlichen quantitativen wie qualitativen Überlegenheit der französischen Seite, man denke nur an den *Trésor de la langue française* und an den *Grand Robert*, die auf deutscher Seite ohne Pendant sind.

Die *zweisprachige* Lexikographie leidet unter einem Paradox. Von großen Sprachgemeinschaften wie der französischen und deutschen sollte man erwarten können, daß sie die Qualität der zweisprachigen Wörterbücher durch Zuschneiden auf eine einzige Benutzergruppe (durch sogenannte Monodirektionalität) optimieren: das optimale französisch-deutsche Wörterbuch für Deutsche sähe nämlich ganz anders aus als das optimale französisch-deutsche Wörterbuch für Franzosen (und entsprechend für Deutsch-Französisch). Der bidirektionale Markt (man möchte nicht auf den Verkauf des Wörterbuchs im Nachbarland verzichten) verhindert jedoch diese Optimierung. In dieser Situation ist das Anfertigen optimaler monodirektionaler Wörterbücher (nur für Franzosen bzw. nur für Deutsche) eine kulturpolitische Aufgabe, die der Unterstützung durch die jeweiligen Regierungen bedarf. Die verbreitete Vorstellung, zweisprachige Wörterbücher seien Gebrauchsgegenstände, die man wie ein Stück Seife dem freien Markt überlassen kann, entspringt einem Mißverständnis und sollte einem Ethos der kulturellen Pflege dieses Wörterbuchtyps Platz machen.

Aber nicht nur Monodirektionalität ist gefordert, es ist auch die Materialbasis der bisherigen Wörterbücher einfach zu schmal. Sie gehen im günstigsten Fall von guten einbändigen einsprachigen Wörterbüchern aus. Dabei steht auf französischer Seite das gewaltige Material des *Trésor de la langue française* bereit, das nach Abschluß der Publikation (gegen 1995) und vollends nach seiner Informatisierung (in Form einer relationalen Datenbank) zweisprachige

Wörterbücher mit Französisch ermöglichen wird, die bislang undenkbar waren und die über das bisherige Höchstmaß von 1000 Seiten pro Sprachrichtung weit hinausgehen können. Damit wird es dann zum erstenmal gelingen, echte Übersetzungswörterbücher (und sei es nur in Form von Datenbanken) zu erstellen, die das Gesamt des Sprachüblichen der einen Sprache mit dem der anderen Sprache in Beziehung setzen.

Zwar bleibt auch auf diese Weise die automatische Übersetzung literarischer oder journalistischer Texte ausgeschlossen, weil diese Texte über das Sprachübliche hinausgehen und bei der Übersetzung Merkmale einbezogen werden müssen, die in der Sprache nicht vorfindbar sind und die vom Text erst aufgebaut werden, doch könnte die Annäherung von Übersetzungswörterbuch und Übersetzung zur Unterstützung der menschlichen Sprachmittler erheblich vorangetrieben werden. Die kulturelle Relevanz eines solchen Fortschritts liegt nicht nur in der verbesserten Kommunikation, sondern auch im verbesserten Schutz der Eigenarten beider beteiligter Sprachen. Je besser die Übersetzungen sind, desto weniger unterwandern sie die zielsprachlichen Texte und damit – auf lange Sicht – die Zielsprache überhaupt.

Auf deutscher Seite steht zwar dem französischen *Trésor* und im weiteren dem Institut National de la Langue Française (Direktor: Bernard Quemada) nichts Vergleichbares gegenüber, und es läßt sich also für das Deutsche derzeit das Gesamt des Sprachüblichen nicht in gleicher Weise ermitteln wie für das Französische, doch hat es seit 1966 enorme Fortschritte gegeben. Es ist deshalb besonders betrüblich, daß alle großen deutsch-französischen Wörterbücher, die derzeit auf dem Markt sind, ihre Materialbasis vor 1966 zusammengestellt haben. Die französische Seite ist dringend aufgerufen, sich die deutsche Sprache auf dem heutigen Stand und mit der heute bereitgestellten Materialbasis neu zu erschließen.

So ergibt sich auf beiden Seiten eine, wenn auch unterschiedliche, Karenz. Die deutsche Seite tut zu wenig für die einsprachige Lexikographie, die französische zu wenig für die zweisprachige. Was nun das Projekt einer großen zweisprachigen Datenbank angeht, so wird es nur durch Zusammenwirken beider Länder Erfolg haben können. Soll verhindert werden, daß die Datenbank, wie die bisherigen zweisprachigen Wörterbücher, voller Fehler ist, so muß jede Übersetzung durch eine paritätisch besetzte Arbeitsgruppe von Franzosen und Deutschen erarbeitet oder mindestens überprüft werden. Ein *Trésor de la langue française et allemande*, der wenigstens sprachlich die optimale Brücke zwischen den Völkern herstellt, darf als eine der großen sprachpolitischen Herausforderungen des 21. Jahrhunderts gelten.

V. LITERATUR, MEDIEN, KUNST

Jean-Louis de Rambures
Literatur

Wenn es wahr ist, daß Literatur der Spiegel eines Volkes ist, dann steht zwischen Frankreich und Deutschland ein Zerrspiegel. Dies zeigt sich beiderseits des Rheins auf den ersten Blick: Das Bild, welches sich jedes der beiden Länder von der eigenen literarischen Produktion macht, deckt sich nicht mit dem Bild im Partnerland. Diese unterschiedlichen Wahrnehmungsweisen können gewiß kulturelle Bereicherung bringen. Die Art, wie E. T. A. Hoffmann in Frankreich rezipiert wurde, ist hierfür ein glanzvolles, leider lang zurückliegendes Beispiel: die »Phantastischen Erzählungen« waren eine unerschöpfliche Quelle der Inspiration für französische Schriftsteller seit Nerval und Baudelaire; dieser Titel ist aber eine Erfindung des ersten französischen Hoffmann-Übersetzers, der bewußt die musikalischen Anklänge des Originaltitels *Phantasiestücke* unterdrückte, um die bizarre Seltsamkeit des Werkes hervorzuheben.

Wieviel deutsch-französische Mißtöne kommen auf ein solches furchtbares Mißverständnis? Sie treten auf, wenn die Begeisterung eines der beiden Länder für die Literatur des Nachbarlandes im anderen nicht geteilt wird.

So wird Michel Tournier, einer der am stärksten von Deutschland faszinierten französischen Schriftsteller, jenseits des Rheins regelmäßig als reaktionärer, um nicht zu sagen faschistoider Autor bezeichnet. In seiner Besprechung zur Übersetzung des *Erlkönig* bezeichnet Jean Améry, damals einer der führenden Literaturkritiker der Bundesrepublik, dieses Buch als »Ästhetisierung der Barbarei«, als »den ersten im Ausland getanen Schritt zu einer neuen Mythifizierung des Dritten Reichs« und beschuldigt Tournier sogar der »Komplizenschaft mit den Nazis«.

Der französische Kult um Ernst Jünger stiftet nicht nur zwischen Deutschen und Franzosen Streit, sondern auch zwischen den Deutschen selbst. Während der Autor der *Marmorklippen* in der Begeisterung, die ihm an der Seine entgegengebracht wird, den

Beweis für die kulturelle Überlegenheit der Franzosen über die eigenen Landsleute sieht, deutet Marcel Reich-Ranicki, ebenfalls ein Kritiker von hoher Autorität, diesen Vorgang als weiteren Beweis für die Frivolität der Franzosen, die nicht in der Lage seien, hinter dem »exotischen Beigeschmack der Seltsamkeit... den Mief der Kasernen, den Staub der Exerzierplätze und das Blut von Millionen« wahrzunehmen, mit denen der Name Jünger für die Deutschen untrennbar verbunden ist. »Frankreich«, so betont er, »hat keinerlei Verdienst, wenn es den elegischen Zynismus Jüngers schätzt. Ausländische Schriftsteller nimmt es ohnehin nicht ernst.«

Liegt die Erklärung in der gegensätzlichen Einstellung beider Länder zur eigenen nationalen Identität? Das Interesse für das Ausland ist in Deutschland zweifellos stärker (die Bundesrepublik Deutschland ist eines der größten Übersetzungsländer der Welt), zugleich herrscht aber eine viel größere Empfindlichkeit hinsichtlich des Bildes beim Nachbarn.

Verfolgt man in der Geschichte das Hin und Her literarischer Rezeption zwischen Frankreich und Deutschland, kann man sich schließlich fragen, ob das Interesse für die Produktion des Nachbarn nicht umgekehrt proportional zur Freundschaft ist, die man diesem gegenüber empfinden soll.

So war trotz tiefer Ressentiments die Nachkriegszeit eine Hochzeit des deutsch-französischen Literaturaustauschs. Die Gründe allerdings waren diesseits und jenseits des Rheins ganz unterschiedlich.

Auf deutscher Seite verschlingt man Sartre und Camus. Gewiß, man hat nach zwölf Jahren der Isolierung auch im Lesen viel nachzuholen. Der Erfolg des Existenzialismus hängt aber sicherlich auch damit zusammen, daß er sich zur Behandlung eines seiner Lieblingsthemen »Widerstand gegen die Tyrannei« paradoxerweise gerade auf jenen deutschen Philosophen beruft, der sich durch sein Eingehen auf den Nationalsozialismus besonders kompromitiert hatte, auf Martin Heidegger. *Die Fliegen* waren das Hauptereignis der deutschen Theatersaison 1947/48.

Französischerseits geht das Interesse für Deutschland zunächst von einer kleinen Gruppe ehemaliger Widerstandskämpfer und Emigranten des Dritten Reiches aus, die verstehen wollen, was geschehen ist, um es für immer verhindern zu können. Joseph Rovan schreibt in der Zeitschrift *Esprit*: Wir werden »das Deutschland haben, das wir verdienen«. Schon 1947 in Lahr und dann 1948 in Royaumont finden die ersten deutsch-französischen Schriftstellertreffen statt. Im gleichen Jahr nimmt Paul Flamand, der Direktor des neuen Verlags *Le Seuil*, als einziger ausländischer Beobachter an der ersten Frankfurter Buchmesse teil. Die ersten Böll-Übersetzungen *Der Zug war pünktlich* und *Und sagte kein einziges Wort* erschienen 1954. *Die Blechtrommel* von Günter Grass wird 1961 zum Bestseller: vierzigtausend Exemplare werden in einer einzigen Woche verkauft. Hätte die deutsche Nachkriegsliteratur an der Seine auch so begeisterte Aufnahme gefunden, wenn das gnadenlose Deutschlandbild, das sie zeichnete, nicht so genau der Vorstellung von den Deutschen entsprochen hätte, wie sie die Franzosen damals hatten?

Die Erklärungen, die für den Rückgang des literarischen Interesses am Partnerland seit 1970 auf beiden Seiten vorgebracht werden, sind erstaunlich ähnlich: so habe die französische Literatur durch ihre Abwendung vom politischen Engagement und durch ihren selbstgefälligen Formalismus an Interesse für die Deutschen verloren. Umgekehrt gefiele die deutsche Literatur den Franzosen deshalb nicht mehr, weil sie sich von den großen Themen abgewandt und in Innerlichkeit versenkt hätte. Schon André Gide hatte festgestellt, daß Übersetzungen weniger dazu dienen, dem Leser eine fremde Kultur nahezubringen, als ihn in seinen eigenen Vorurteilen zu bestärken. Die scheinbar paradoxe Tatsache, daß die deutsch-französische Versöhnung, indem sie dem alten ambivalenten Verhältnis von Haß und Faszination den Boden entzog, auch ein literarisches Vakuum schuf, ist ein deutlicher Beweis, daß man beiderseits nicht bereit ist, sich auf die wirklichen Probleme des Nachbarn einzulassen. So wäre viel über die französische Gleichgültigkeit gegenüber den Themen zu sagen, von denen die Deutschen geradezu besessen sind: die bedrohte Zukunft der Menschheit durch Atom, Technologie, Umweltzerstörung und Genmanipulation.

Zur Zeit nehmen allerdings die Übersetzungen aus dem Partnerland wieder zu. Es handelt sich hier aber um ein rein verlagstechnisches Phänomen (kleine Verlage, die sich auf ausländische Literatur spezialisieren, haben die großen Verlage abgelöst, da diese in den siebziger Jahren vom Handwerk zur industriellen Produktion übergegangen sind), das keine wirklichen Auswirkungen auf die Rezeption hat.

Auf einem Buchmarkt, der mehr und mehr durch kommerzielle Zwänge, also die Suche nach Bestsellern bestimmt ist, bilden die Übersetzungen aus dem Französischen ins Deutsche und umgekehrt nur einen Randbereich (so werden beispielsweise nur fünf Prozent der aus dem Deutschen übersetzten Bücher in Frankreich zum zweiten Mal aufgelegt, gegenüber fünfzig Prozent der angelsächsischen Titel). Von einigen Ausnahmen abgesehen – Günther Grass, Heinrich Böll, Peter Handke, Thomas Bernhard –, wird für aus dem Deutschen übersetzte Romane in Frankreich nicht geworben. Deutsche Autoren treten in einer wichtigen Fernsehsendung wie *Apostrophes* kaum in Erscheinung. Die Verleger sprechen nur selten die Sprache des anderen Landes, Übersetzungsprojekte werden höchst zufällig und auf gelegentlich überraschenden Umwegen ausgewählt: so entschied ein deutscher Verleger auf Empfehlung eines amerikanischen Kollegen in New York, die Memoiren von Marguerite Yourcenar in der Bundesrepublik zu veröffentlichen. Ein Schriftsteller wie Emmanuel Boves wurde in Deutschland aufgrund der Begeisterung Peter Handkes entdeckt (und fand dann in der Rückwirkung auch wieder in Frankreich Beachtung).

Der französischen Literatur, die zu einer gewissen Nabelschau neigt, und der deutschen Literatur, welche auf andere Weise versucht ist, sich auf sich selbst zurückzuziehen, könnte eine gegenseitige Öffnung nur zuträglich sein. Inwieweit dies gelingt, ist mehr eine Frage der Einstellung als des bloßen Übersetzungswillens.

Henri Meschonnic
Moderne Dichtung

Im Bereich der Poesie gibt es zwischen französischer und deutscher Kultur in ihren Konvergenzen wie in ihren Divergenzen mehr Mißverständnisse als Übereinstimmung. Dies geht aus dem Wesen der Dichtung selbst hervor. Identität erwächst aus Andersartigkeit. Der Blick des anderen zeigt uns bei uns selbst, was wir nicht sehen können oder nicht sehen wollen.

Die Asymmetrie, die insgesamt in der Geschichte der beiden Kulturen besteht, überträgt sich auch auf die Dichtung. Die deutsche poetische und philosophische Tradition (beide sind untrennbar miteinander verbunden) bieten Anstöße für die Versuche der französischen Gegenwartslyrik. Umgekehrt gilt dies nicht. Die französische Dichtung der letzten dreißig Jahre stößt deutscherseits sogar auf offene Ablehnung.

Seit Nerval, Laforgue und Apollinaire hat die Abfolge unterschiedlicher Aktualisierungen der deutschen Romantik ihren eigenen Akademismus hervorgebracht. Im Surrealismus fand diese Neigung zum Akademismus einen Höhepunkt. Hier liegt eine der Ursachen, weshalb dieser den sogenannten deutschen Expressionismus ausgesperrt hatte. Daß dieser überhaupt nicht rezipiert wurde, ist kennzeichnend für die französische Landschaft.

Asymmetrie bestand bereits in den Beziehungen vor 1914 zwischen der Frankophilie der deutschen Autoren, der eine französische Germanophobie gegenüberstand. Erst Gide brach mit ihr in der *Nouvelle Revue Française*. Dies war das Klima, in dem sich die ersten Avantgarten bewegten und das sich in den Zeitschriften zeigt. Selbst der Dada-Internationalismus distanziert sich 1916 im *Cabaret Voltaire* von der »deutschen Mentalität«, die aber ebenso wenig genauer definiert wird wie die französische. Schon ab 1920 aber macht sich Dada über solche nationale Festschreibungen lustig. *Der Sturm* veröffentlicht 1922 französische Texte. Nichts Deutsches dagegen in Pierre-Albert Birots *SIC* (1916–1919), in Picabias *391* und auch in Reverdys *Nord-Süd* (1917–1918), von einer einzigen Erwähnung Nietzsches abgesehen. In *Littérature* (erste Serie, 1919–1921) bilden zwei Gedichte von Arp die einzige deutsche Spur. In der neuen Serie (1922–1924) findet sich ein Artikel von Aragon (November 1922) über Berlin, »der modernsten Stadt Europas«, mit einem Gedicht von Jacob van Hoddis aus dem Jahre 1911, allerdings ohne seinen Titel *Weltuntergang*. In *La Révolution surréaliste* (1924–1929) finden sich neben Freud nur drei Sätze von Jean-Paul. *Le surréalisme au service de la révolution* (1930–1933) ist dann allerdings voll deutscher Bezüge mit Engels, Marx, Schelling, Hegel und insbesondere Freud. Die einzigen genannten Dichter sind Hölderlin und Heine, der erstere wegen seiner freien Verse und seines Wahnsinns, der zweite wegen eines bei Freud zitierten Wortspiels. Auch Arnim und Novalis tauchen auf. Der Surrealismus pflegt also eine gewisse Verwandtschaft zur Romantik und nimmt die zeitgenössische deutsche Dichtung überhaupt nicht zur Kenntnis.

Es hat nie eine Berlin-Begeisterung wie kürzlich die Wien-Begeisterung gegeben, bei der Dichtung allerdings keine Rolle spielte. In Berlin gab es damals Russen, Amerikaner, Engländer. Nur Hans Arp und Yvan Goll gehören beiden Kulturen an, die aber gerade wegen ihrer Nähe getrennt bleiben.

Seit den sechziger Jahren ist die Lage in Frankreich ganz anders, geradezu umgekehrt. Man betrachte nur die Zeitschriften. *Action poétique* bringt Übersetzungen in reicher Fülle: Stephan Hermlin (1964), Volker Braun und die Lyrik der DDR (1965–1966), Enzensberger (1966); ein Sammelband von Heine bis Günter Kunert (1982). Alain Lance erinnerte hier daran, daß »die Mißverständnisse auf Gegenseitigkeit beruhen«, Heine gibt beispielsweise Béranger vor Victor Hugo den Vorzug. In *Tel Quel* finden sich, wenn ich recht sehe, keine Deutschen außer Hölderlin. Auch der Avantgardismus von *Change* zeigt keinerlei deutsche Neigungen. Celan ist der einzige deutsche Dichter, der in den *Cahiers du Chemin* (1967–1977) auftaucht. In Michel Deguys *Po & sie* (seit 1977) hielten sich dagegen viele deutsche Autoren: Hölderlin, Celan, Rilke, Romantiker, aber auch immer mehr Zeitgenossen. Brecht fehlt dort ebenso wie Walter Benjamin; Heidegger dagegen ist präsent.

In Frankreich hat sich eine besondere, als deutsch geltende Konfiguration für das Verhältnis zwischen Gedicht und Philosophie durchgesetzt, für die gegenseitige Bedingtheit des Dichtens und des Denkens: eine Phänomenologie des Dichtens, eine Poetisierung der Phänomenologie in der Linie von Beaufret, Derrida und ihren Schülern. Ihre Aktualität zeigt sich an der Verknüpfung des Hölderlin-Heidegger-Effekts, der zu einem Celan-Effekt führt. 1966 galt Nelly Sachs laut Enzensberger als »größter deutscher Dichter«. Zwanzig Jahre später ist insbesondere in Frankreich Celan an ihre Stelle getreten. Rilke hatte darauf vorbereitet. Was sich vollzieht, ist eine Sakralisierung der Poesie, das Sagen wird selbst sakral, was zu einer weiteren Poetisierung der Poesie führt: Poesie der Poesie, Rückgriff auf das bereits Poetische, Selbstfeier. Wie bei Mallarmé muß man allerdings zwischen dem Werk Celans selbst und seiner Wirkung unterscheiden, die dadurch gekennzeichnet ist, daß Denken à la Heidegger den Celan-Kommentar durchdringt: Eine Entgeschichtlichung und eine Entsubjektivierung des Gedichts, die lieber hermetisch bleibt als Hermeneutik anwendet, welche schon im Gedicht selbst enthalten sein soll. Dieser Celan-Effekt herrscht heute in der französischen Dichtung vor. Die besondere Schwierigkeit der Lyrik Celans hat die wohltuende Nebenwirkung, daß im Zentrum der Diskussion über Poesie auch die Frage einer Poetik des Übersetzens steht: es geht um eine Philologie, eine Rhetorik der literarischen Übersetzung.

Der deutsche Einfluß in Frankreich ist also eher philosophisch als poetisch beziehungsweise poetisch auf dem Weg über eine Philosophie. Die seit fünfzehn Jahren bestehende Faszination durch Walter Benjamin oder die Übersetzungen von Adorno und Horkheimer hatten keine derartige Wirkung gehabt. Die Kenntnis der deutschen Literatur bezieht sich – gemessen an der Stellung der Poesie in Frankreich – überwiegend auf Roman und Theater und kaum auf Lyrik. Brecht ist mehr für seine Stücke als für seine Gedichte bekannt – obwohl er doch Villon übersetzt und Villon nachgedichtet hatte. Manche Dichter wie Enzensberger werden viel übersetzt, andere kaum (Günter Eich, Peter Huchel, Rainer Kunze) oder auch noch gar nicht (Oskar Pastior). Es gibt aber meines Wissens auch kaum deutsche Dichter, die zeitgenössische französische Lyrik übersetzen. Als letzter hatte dies vielleicht Stefan George in bedeutender Weise getan. Guillevic, Jaccottet,

Maurice Regnaut dagegen übersetzen. Hermlin übersetzte Eluard und Aragon und Alfred Neumann französische Romantiker. Von der Gegenwartslyrik werden mehr Deutsche ins Französische als Franzosen ins Deutsche übersetzt.

Die Stellung der deutschen Lyrik in Frankreich sagt etwas über die zeitgenössische französische Poesie: ihre Verwesentlichung. Dies ist ein Unterschied, vielleicht sogar ein (durch den Hölderlin-Heidegger-Celan-Effekt selbst verdeckter) Gegensatz zur deutschen Dichtung.

In der zeitgenössischen deutschen Dichtung sind immer noch Nachwirkungen des Expressionismus spürbar. So besteht keine Trennung zwischen Gedicht, Ethik und Politik. Gedicht wie Erzählung kämpfen gegen die Verdrängung einer gewissen Vergangenheit, die auch in deren Trennung liegt. Poesie ist also kritisch.

Im französischen Bereich dagegen herrscht seit dem Ende des »Engagements«, seit dem Übergang von der Literatur zur »Schrift« (also von Sartre zu Barthes) eine Trennung zwischen Schreiben, Ethik und Geschichte. Dies führt zu einer Ästhetisierung, Schreiben wird zum Selbstzweck. Dem »Neuen Roman« entsprach in der Lyrik die experimentelle Isolierung der Erkundung von Sprache. Sie stand in engem Zusammenhang mit dem literarischen Strukturalismus dieser Jahre und erprobte in oft epigonaler Weise (Nach-Joyce oder Nach-Pound) parodistische und mimetische Effekte. Die Verwesentlichung der Lyrik bedeutet auch ein Zurücktreten – des dichtenden Subjekts, der Geschichtlichkeit und der Geschichte.

So hat sich das Verhältnis zwischen französischer und deutscher Poetik in ihren entscheidenden Zügen seit dreißig Jahren umgekehrt. Ihre Widersprüchlichkeit bedeutet gerade in ihrer Asymmetrie auch Formen der Solidarität. Sie enthält zumindest potentiell eine Kritik der jeweiligen Poesie. Jede braucht so in ihrer künftigen Entwicklung die Vergangenheit und die Zukunft der anderen. Dies könnte in Frankreich der Sinn einer Wiederentdeckung des Expressionismus sein, der dann nicht mehr nur als eine dichterische Bewegung der Jahre 1910–1925 zu definieren wäre, sondern als Enthüllung von Geschichtlichkeit–Subjektivität in der Kunst, in der Poesie.

Jean-Michel Palmier

Expressionismus aus französischer Sicht

Wenige künstlerische Bewegungen erleben ein so tragisches Schicksal wie der deutsche Expressionismus. In der Zeit um den Ersten Weltkrieg nahm man in Frankreich seine lebendige Produktion kaum zur Kenntnis, kümmerte sich nicht um seine Vertreter. Dies ist in gewisser Weise ebenso befremdlich wie sein plötzlich so starkes Echo seit den sechziger Jahren, das dazu führt, daß er heute wiederum zumindest im semantischen Sinne irrigerweise als Symbol für die zwanziger Jahre gilt. Noch immer werden die meisten Filme aus der Zeit der Weimarer Republik, aber auch aus den siebziger Jahren (so R. W. Fassbinder, W. Herzog, W. Schroeter, H. J. Syberberg) als »expressionistisch« bezeichnet. Mit seiner Heftigkeit, seiner Zerrissenheit, seiner Irrationalität und seinem Pathos scheint er die typischste Verkörperung einer gewissen deutschen Stimmung, die auf das französische Publikum gleichermaßen faszinierend und beängstigend wirkt.

Während es einfach ist, Entstehen und Entwicklung von Bewegungen wie Futurismus, Dadaismus, Kubismus oder Surrealismus zu erfassen, entzieht sich der Expressionismus jeder einfachen Definition. Er ist keine Bewegung, keine geschlossene Gruppe, er bezeichnet vor allem einen bestimmten Stil deutscher Kunst zwischen dem Ende des Kaiserreiches und dem Beginn der zwanziger Jahre. Seine eigentlichen Vertreter – wie Gottfried Benn oder Oskar Kokoschka – sind nicht bereit, ihn zu definieren. Der Begriff wurde vielleicht zum ersten Mal im Bereich der Malerei gebraucht, aus Anlaß der Ausstellung mehrerer Bilder des französischen Malers Julien Auguste Herré 1906 in Berlin, die den Titel »Expressionismes« trugen. Im Umkreis der von Herwarth Walden geleiteten Galerie und Zeitschrift *Der Sturm* findet der Begriff dann weitere Verbreitung. Er bezeichnet zunächst eine Anzahl von Malern, deren Gemeinsamkeit darin liegt, daß sie mit den beiden damals in Deutschland herrschenden Schulen gebrochen hatten: mit Max Liebermann, dem Berliner Impressionismus und dem Münchner Naturalismus.

Im bildnerischen wie im literarischen Bereich gibt es viele Vorläufer. Ansätze zur expressionistischen Malerei finden sich bereits bei Munch, van Gogh, Gaugin, Ensor. Sie macht auch Anleihen bei der Gotik wie beim Jugendstil. Im Theater zeigt sich der Einfluß Strindbergs, Wedekinds und Büchners. In Prosa und Dichtung finden sich Anklänge an Dostojewski, Rimbaud, Verhaeren, aber auch an den Futurismus. In der Bildenden Kunst tritt der Expressionismus um 1906 mit der Entstehung zweier Gruppen auf: *Die Brücke* in Dresden, *Der Blaue Reiter* in München. Beide Gruppen sind höchst unterschiedlich; sieht man von der gemeinsamen Revolte gegen den Naturalismus und den Impressionismus, von der Heftigkeit der Farben und der Zerrissenheit der Formen ab, ist nur schwer zu sagen, was die Werke von Kirchner, Nolde, Schmidt-Rottluff, Otto Müller mit denen von Kandinsky, Franz Marc oder selbst Klee verbindet.

Die expressionistische Lyrik erscheint als Gruppe zum ersten Mal in der vor 1914 von Kurt Pinthus zusammengestellten Anthologie *Menschheitsdämmerung*. Trotz aller Unterschiede sprechen Dichter wie Georg Heym, Ernst Stadler, Gottfried Benn, Else Lasker-Schüler, Yvan Goll und Jakob van Hoddis den gleichen pathetischen Ton wie die ersten expressionistischen Theaterstücke. Sie wurden vor 1914 oder erst während des Krieges geschrieben, meist aber erst in den zwanziger Jahren von Regisseuren wie Max Reinhardt aufgeführt. Es ist auch schwer möglich, so verschiedenartige Autoren wie Reinhard Sorge, Walter Hasenclever, Hanns Johst, Arnolt Bronnen, Ernst Toller, Georg Kaiser und Carl Sternheim auf einen Begriff zu bringen. Die Bewegung wird nach dem Ersten Weltkrieg zerfallen; das hier zum Ausdruck gebrachte Klima der Revolte und Apokalypse, ihr tiefer Pessimismus wird die Ästhetik der ganzen Zeit prägen. Filmregisseure werden den Expressionismus zur filmischen Gestaltung nutzen. So entstanden *Das Kabinett des Doktor Caligari* von Robert Wiene, *Vom Morgengrauen bis Mitternacht* von Karlheinz Martin, *Das Wachsfigurenkabinett* von Paul Leni und *Der Schatten – eine nächtliche Halluzination* (1923) von Arthur Robison.

Der Expressionismus symbolisierte mit seiner Todes- und Kriegsbesessenheit, seinen unheimlichen Riesenstädten und seinen apokalyptischen Ahnungen das Unbehagen und Aufbegehren der deutschen Jugend am Ende der Wilhelminischen Zeit, die starr gewordene Lebensformen mit ihren beengenden Werten abschütteln wollte und sich bewußt war, daß diese Welt, so wie sie geworden war, in die Katastrophe lief. Mit seinem Pathos, seinem Schrei nach Erlösung, seinem Haß auf das Rationale, seinem visionären Blick gestaltete der Expressionismus die Revolte einer Generation, die, nach dem Wort von Johannes R. Becher, schrie bis zum Verrecken.

Die in Frankreich zu Beginn des Jahrhunderts weitverbreitete Germanophobie erklärt ebenso wie der Unterschied des Geschmacks und der gesellschaftlichen Verhältnisse die Tatsache, daß der Expressionismus zunächst kaum ein Echo und wenn, dann negative Reaktionen erweckte. Viele Kunstzeitschriften bezeichnen expressionistische Werke als scheußlich, schockierend, »typisch deutsch und barbarisch«. Während französische Maler in Berlin häufig ausgestellt wurden (van Gogh 1901, Matisse 1908, die Fauves und Kubisten ab 1910), findet die expressionistische Kunst in Frankreich selbst bei den Malern vom Montparnasse kaum ein Echo. Dabei galt Chagall, der nach seiner Emigration aus der Sowjetunion am Montmartre lebte, in Deutschland als »Expressionist«. Nur ein paar Germanisten übersetzen gewisse Gedichte, während die französische Literatur in den expressionistischen Zeitschriften weiten Raum einnahm, wie *Die Aktion* und *Der Sturm* belegen. Verlaine, Baudelaire und Rimbaud waren vorzüglich übersetzt worden. *Der Sturm* veröffentlichte Apollinaire wie Cendrars. Viele expressionistische Künstler waren in Paris gewesen (Kasimir Edschmid, Ludwig Rubiner, Oskar Kokoschka, Franz Marc, Paul Klee, Ernst Toller). Herwarth Walden unterhielt persönliche Beziehungen zu Apollinaire und Delaunay.

Die einzigen französischen Schriftsteller und Künstler, die den deutschen Expressionismus wirklich kennengelernt hatten, waren meist Elsässer oder Lothringer (René Schickele, Ernst Stadler, Yvan Goll, Hans (Jean) Arp. Die radikale Ablehnung von Krieg und Nationalismus und der von vielen Expressionisten vertretene militante Pazifismus hätten eigentlich Sympathie zwischen den beiden Generationen von Schriftstellern wecken können. Gewisse

Verbindungen entstehen auch in der Schweiz im Umkreis von Romain Rolland, Yvan Goll und Marcel Martinet (der 1914 wegen seines Gedichtes *Unseren unbekannten Brüdern, den deutschen Dichtern* in Abwesenheit zum Tode verurteilt wurde). Henri Guilbeaux hält sich in Genf auf und befreundet sich dort mit Yvan Goll, dessen künftige Frau Claire Studer Pierre-Jean Jouve übersetzte. Vor 1914 werden expressionistische Werke in Frankreich kaum erwähnt (mit Ausnahme von Henri Guilbeaux' 1913 veröffentlichter *Anthologie deutscher Lyriker seit Nietzsche*). Die Durchsicht der wichtigsten französischen Literaturzeitschriften dieser Zeit zeigt, daß expressionistische Werke kaum Erwähnung finden. Der Erste Weltkrieg erzeugt einen Deutschenhaß, der die Rezeption weiter erschweren wird. Auch die bis Ende der zwanziger Jahre veröffentlichten Artikel können die Mauern nicht niederreißen, die man ein für allemal zwischen beiden Kulturen errichtet zu haben glaubte. Trotz der Freundschaft zwischen Yvan Goll und André Breton wird die französische Avantgarde den Expressionismus nicht zur Kenntnis nehmen. Symbolisch ist die Ablehnung bei der Vorführung von Robert Wienes Film *Das Kabinett des Doktor Caligari* in Paris, der als »teutonisches Werk« (»film boche«) bezeichnet wurde. Schließlich war es aber doch der expressionistische Film, der eine Bresche schlug. Die Surrealisten und insbesondere französische Autoren wie Philippe Soupault, André Breton und Henri Poulaille werden schließlich von den deutschen Filmen vom Anfang der zwanziger Jahre fasziniert sein. Die Filmzeitschriften aus den zwanziger und dreißiger Jahren zeigen, daß die französischen Kritiker zwar vom deutschen Expressionismus, seine Ursprüngen und seiner Bedeutung kaum eine Ahnung hatten, dagegen aber genau verstanden, welchen Beitrag er zur Filmkunst, zur Magie von Schatten und Licht und zur Gestaltung der Kulisse leistete.

Erst in den fünfziger und sechziger Jahren stößt die Bewegung auf wirkliches Interesse und wird auch die Filmkunst wiederentdeckt. Einige Germanisten – Pierre Garnier, Robert Rovini – setzten sich für die Übersetzung expressionistischer Dichter ein und stellten sie der französischen Leserschaft vor. Pierre Garnier übersetzte 1956 die Gedichte von Benn. Benns Autobiographie *Dop-*

pelleben erscheint 1954 in einer Übersetzung von Alexandre Vielatte bei den *Editions de Minuit*. Pierre Garnier ist auch der erste, der gemeinsam mit Ilse Garnier 1962 bei André Silvaire eine erste Gesamtdarstellung des deutschen Expressionismus veröffentlichte. Den größten Eindruck machte 1952 Lotte H. Eisners Buch *L'Ecran Démoniaque* (erschienen bei André Bonne). Sie war 1933 nach Paris emigriert und hatte vor Hitlers Machtergreifung die Arbeit in den Filmstudios der UFA aus nächster Nähe kennengelernt. Das Buch war in der ersten kümmerlichen Auflage erheblich gekürzt worden und wurde 1965 bei Eric Losfeld erneut vorgelegt. Dank seiner erheblich von R. Kurtz und W. Worringer beeinflußten Analyse entdeckte das französische Publikum die Ästhetik der expressionistischen Filme, die ein immer breiteres Echo fanden.

L'Ecran Démoniaque führte auch zu einer gewaltigen semantischen Ausweitung des Begriffs Expressionismus. Gegen allen Protest bezeichnen die Kritiker fast den gesamten deutschen Stummfilm der zwanziger Jahre als »expressionistisch«. Noch heute wird diese Bezeichnung auf so verschiedenartige Werke wie die Filme von Fritz Lang, G. W. Pabst, die Inszenierungen Max Reinhardts und sogar J. von Sternbergs *Blauer Engel* angewandt.

Seltsamerweise widmete sich französische Germanistik dem Expressionismus kaum; die Anstöße zur Beschäftigung mit seiner Ästhetik in Literatur und Theater kamen von außen. Lionel Richard veröffentlicht 1974 eine schöne Antalogie expressionistischer Gedichte (*Expressionistes allemands,* Maspéro) und ein Essay *D'une Apocalypse à l'autre* (10/18, 1976). Auf diesen Forschungen aufbauend, habe ich dann selbst drei Bände den verschiedenen Aspekten der expressionistischen Bewegung gewidmet.

Seinen Höhepunkt erreicht das Interesse für den Expressionismus 1978 mit der großen Ausstellung im Centre Pompidou *Paris–Berlin*. Das Interesse für das Deutschland der zwanziger Jahre, das man so lange nicht zur Kenntnis genommen hat, war groß. Allerdings wäre es übertrieben zu behaupten, der Expressionismus sei in Paris in Mode gekommen. Seine Entdeckung hat aber viel dazu beigetragen, ein nachhaltiges Interesse für die zeitgenössische deutsche Kultur zu wecken. Allerdings dient der Begriff Expressionismus in Frankreich immer noch dazu, die unterschiedlichsten Produktionen zu bezeichnen: Alfred Döblins Roman *Berlin Alexanderplatz*, die Filme von R. W. Fassbinder oder von Werner Herzog, die als »neoexpressionistisch« gekennzeichnet wurden, die Stücke Bert Brechts oder die Chansons Ingrid Cavens. Schokkieren kann dies nur die Historiker. Das Entscheidende ist, daß das Leichentuch des Vergessens, das diese Werke und diese Zeit bedeckt hatte, endlich zerrissen ist. Der Expressionismus hat sich mit dem Berlin-Mythos verbunden: die zerschundene Stadt, die die Narben der Geschichte im Gesicht trägt und für ganz Deutschland jene Trauerarbeit vollzieht, die Alexander Mitscherlich forderte. Die Entdeckung der deutschen zwanziger Jahre hat Frankreich schöpferische Impulse gegeben. Erst spät wird damit André Bretons Trauer gestillt, der 1954 Lotte H. Eisner zum Expressionismus geschrieben hatte: »Es empört mich, daß all dies für Frankreich verborgen geblieben ist. Die künstlerische Entwicklung wäre sonst ganz anders verlaufen; in ihrer letzten Konsequenz bot diese Kunst die Möglichkeit einer tiefen Verständigung zwischen Deutschland und Frankreich, die wir verpaßt haben.«

Wolfram Mehring

Theater-Rezeption in Deutschland und Frankreich

Das französische Theater hängt, mit Ausnahme der noch immer florierenden privaten Boulevard-Bühnen, zum größten Teil von staatlichen Subventionen ab. Der jeweilige politische Kurs in Paris ist ablesbar an der Besetzung leitender Theaterpositionen, wie auch an Programmgestaltung und Arbeitsweisen in den Theatern selbst. Theater gehört zum nationalen Erbe, wird, insbesondere in Paris, zum Prestige-Objekt.

Auch in der Bundesrepublik fließen politische Tendenzen in die Arbeit ein. Nur ist dieser Einfluß nicht eindeutig, nicht bundesrepublikanisch bestimmt. Durch das Fehlen eines bundesdeutschen Kultusministeriums, dadurch, daß traditionsgemäß die »Institution Theater« von Städten, Ländern und Gemeinden, damit unter vielen verschiedenen kommunalpolitischen Gesichtspunkten und Konzepten subventioniert wird, ist ein breites Spektrum in theatralischer Kreativität möglich. Außerdem geht es nicht, wie in der von Paris zentral gesteuerten Kulturpolitik, um nationales Prestige, wohl aber um kompetitive Gegenüberstellung der theatralischen Aktivität zwischen den durch die Städte unabhängig voneinander subventionierten Bühnen. Eine Situation, von der Theater und Künstler nur profitieren können, vorausgesetzt, sie beschränken sich nicht darauf, die Betriebe nur zu bedienen. Es ist keine Seltenheit, daß mehrere benachbarte Städte ein und dasselbe Stück in verschiedenen Inszenierungen gleichzeitig zur Aufführung bringen und daß damit das Unterschiedliche in Spiel und Regiekonzept wichtig ist, d. h. die Verschiedenheit beurteilt und gewertet wird. Gerade das wird in der von Paris direkt oder über die Departements indirekt finanzierten Theateraktivitäten bewußt vermieden: Die Städte sprechen sich ab, damit kein Stück an mehreren Orten gleichzeitig inszeniert wird, praktizieren Co-Produktionen und Austauschveranstaltungen. Ein ökonomisches Intercity-Programm, das auch insofern aufschlußreich ist, als man an ihm die ungebrochene Theatertradition Frankreichs ablesen kann: Trotz einiger Regiestars ist das französische Theaterkonzept noch immer vornehmlich autorenbezogen. Der Bühnenkünstler tritt vor der Werktreue am Autor zurück. Der Ausspruch eines deutschen Kulturpolitikers: »Wir subventionieren das Risiko und die Krise« ist zwar in Deutschland auch nicht alltäglich – in Frankreich wäre er undenkbar.

Theaterarbeit, sei sie autorengebunden oder von Darstellung und Regie bestimmt, erneuert sich aus zeitbezogenen Kräften. In Frankreich kam diese Erneuerung in der Regel aus persönlichen, privaten Impulsen, und es ist symptomatisch, daß vielversprechende Persönlichkeiten mit der Institutionalisierung ihre Kreativität verloren. Eine der wenigen Ausnahmen war das Théâtre National Populaire, in dem Jean Vilar mit Gérard Philipe, Daniel Ivernel, Maria Casares, Michel Bouquet, George Wilson und anderen eben solche Theaterpersönlichkeiten vereinigte, die sonst in der Isolation existiert hätten. Hier machte einmal eine Institution Theatergeschichte. Als sie zur etablierten Einrichtung wurde, zog sich Vilar zurück. Das TNP (Théâtre National Populaire) brach auseinander. Es waren Theater auf dem linken Seine-Ufer, in denen Autoren wie Beckett, Ionesco, Adamov, Brecht, Arrabal gegen Kritik und Kulturchauvinismus entdeckt wurden; wo weitab von Comédie-Française-Tradition Regisseure und Schauspieler neue Impulse gaben. Was heute an Privathäusern übrigbleibt, das gerät mit jedem Experiment an die Grenze zum Ruin, flüchtet sich in den Boulevard oder kommerzialisiert klassische Überlieferung mit Hilfe publikumssicherer Starbesetzung. Hier schließt sich der Kreis zu den den kulturellen Anspruch demonstrierenden Institutionen wie der Staatsoper, der Comédie Française, dem Théâtre National des Chaillot und vielen anderen vom Staat direkt oder über die Regionen indirekt finanzierten Kultur- und Theaterhäusern der Provinz und der Pariser Vorstädte. Wer sich nicht integrieren läßt, steigt aus und überlebt an der Existenzgrenze. Es gibt wohl keine europäische Metropole mit einem künstlerischen Potential wie Paris. Es gibt auch sicher keine europäische Metropole, in der dieses Potential sich unter solch harten Bedingungen durchsetzen muß. Darsteller, die in der Bundesrepublik an Spitzentheatern arbeiten würden, überleben in Paris mit Werbespots, Fernsehverträgen und ähnlichem. Französisches Theater lebte und erneuerte sich immer durch die Kraft peripherer Gestalten: Jacques Copeau, Charles Dullin, Antonin Artaud, Etienne Decroux, Jean Marie Serrault, Roger Blin sind einige Namen, die Frankreichs Theater grundsätzlich veränderten und über seine Grenzen hinaus bekannt machten. Es waren Außenseiter, die einerseits für die nach chiffrierbaren Erfolgen urteilende Kulturtechnokratie irrelevant waren, andererseits nicht oder nur bedingt unter den Zwängen der erfolgs- und prestigeorientierten Betriebe arbeiten wollten. Für diese Außenseiter gibt es in der heutigen Theaterszene keine Freiräume mehr.

Die das *deutsche Theater* neu befruchtenden Persönlichkeiten kamen im Gegensatz dazu fast ausschließlich aus den institutionalisierten Stadt- und Staatstheatern. Liegt das an der traditionsgebundenen Regionalisierung deutscher Kultur und der damit verbundenen künstlerischen Wettbewerbssituation oder daran, daß hier Häuser mit festem Ensemble nicht vom Bund subventioniert werden, die Besetzung leitender Stellen unpolitischer als im noch immer zentralisierten Frankreich erfolgt – oder liegt es einfach daran, daß sich deutsche Theaterkünstler durch die Institutionalisierung in ihrer Arbeit nicht beeinträchtigt fühlen? Tatsache ist, daß die bedeutenden Namen deutscher Theatertradition wie Reinhardt, Piscator, Saladin Schmitt, Brecht, Kortner, Falckenberg, Fehling, Gründgens, Stroux bis zu Peymann, Stein oder Pina Bausch zwar mit geldgebenden Kommunalpolitikern oft im Streit lagen, deren Betrieben aber nie den Rücken kehrten. Der Streit beschränkt sich bis heute vornehmlich auf die Verteidigung der zur künstlerischen Arbeit notwendigen Bedingungen. Denn stagniert das französische Theater vor allem durch den Ausfall der fortschrittlichen mittleren und kleinen Privattheater, so erstickt die Kreativität deutscher Bühnen oft durch die Auflagen von Erfüllungssoll und Aufwand. Die positiven Forderungen eines das Repertoire fördernden Abonnementspublikums schlagen ins Gegenteil um, wenn ein mittleres Ensemble in einer Spielzeit über zwanzig Premieren garantieren muß. Der Theaterkünstler wird dabei zum abrufbaren Routinier, der sich nur durch die Vielseitigkeit der an ihn herangetragenen Aufgaben, aber nicht durch lange und vertiefende Arbeit im Detail weiterentwickeln kann. Nur die größten Häuser können sich eine Probenzeit von drei bis vier Monaten erlauben. Aus diesen Häusern kommen dann auch heute noch von Zeit zu Zeit die richtungweisenden neuen Impulse, welche man heute in Frankreich so gut wie vollständig vermißt.

Früher ließen sich deutsche Regisseure und Theaterleiter von Entdeckungen der mittleren und kleinen Pariser Bühnen inspirieren, um zu Hause im eigenen Spielplan mit neuen Impulsen zu überraschen. In den fünfziger und sechziger Jahren kamen so Ionesco und Beckett schon auf große deutsche Bühnen, als die offiziellen französischen Theater sie aufgrund der durchweg vernichtenden Kritik noch zu ignorieren suchten. Die avantgardistischen kleinen Theater sind tot. Aus den vom französischen Kultusminister subventionierten, oft hochdotierten Bühnen kommen makellose, aufwendige Produktionen, aber keine Erneuerungen. Heute geht der Trend von Deutschland nach Frankreich. Doch wird die Entdeckerfreude vom Marktwert, das heißt von Presseresonanz und Besucherzahl bestimmt. Es handelt sich weniger um geistige Inspiration, wie sie früher von Frankreich nach Deutschland floß, als um kulturellen Import. Importiert wird, was jenseits des Rheins positiv bewertet wird. So ging es Botho Strauß, Franz Xaver Kroetz, Thomas Bernhard, Heiner Müller und Harald Mueller. Man kann sicher sein, daß heute ein Erfolg auf deutschen Bühnen spätestens nach zwei Jahren in den Kulturzentren von Paris oder der Peripherie in französischer Sprache reproduziert wird.

In den sechziger Jahren brach das deutsche Theater mit seiner Tradition. Es suchte nach neuen Bildern, fand neue Lesarten für seine Klassiker, stellte Vorheriges in Frage, es öffnete sich nach der Durststrecke in der Nazizeit Einflüssen aus Frankreich, England und verarbeitete die frischen Impulse der Off-Off-Broadway-Avantgarde. War ein Teil des Publikums schockiert, so folgte ein anderer enthusiastisch den neuen Wegen. Wenn in Frankreich Veränderungen mit dieser Konsequenz stattfanden, so wie gesagt, auf den damals noch existierenden Bühnen kleiner Privattheater. Es ist eine historische Erfahrung und liegt wohl im Wesen der französischen Kulturbourgeoisie, daß neue Bewegungen und Versuche erst dann gewürdigt werden, wenn sie Geschichte wurden und ihre Initiatoren oft schon das Zeitliche gesegnet oder sich angepaßt haben. Dann allerdings gehören sie zum Kulturkapital, vor dem das Neue sich zu bewähren hat. So ging es künstlerischen Bewegungen wie etwa dem französischen Surrealismus. Die Künstler gingen auf die Straße und demonstrierten mit dem »Epater le Bourgeois« ihren Protest gegen das Bildungsbürgertum, das nur »sehen und hören will, was es bereits kennt«. Viele ernsthafte Theaterleute mit neuen Zielen hatten und haben in Frankreich weder Geduld noch Kraft, den Kampf gegen kulturelles Establishment und intellektuellen Komfort immer wieder im Alleingang zu führen. Im Gegensatz dazu laufen neue Versuche beim deutschen Publikum häufig offene Türen ein. Mögen diese Versuche noch so exzessiv sein und schokkieren, man setzt sich mit ihnen auseinander.

Die noch immer stark traditionsgebundenen Kriterien des französischen Publikums entlarven frühzeitig sinnloses Experimentieren; fundierte Neuansätze brauchen dagegen oft die Anerkennung aus dem Ausland, um als zukunftsweisende Erneuerung erkannt zu werden. Der deutsche Zuschauer dagegen differenziert in seiner Rezeption oft nicht zwischen Erneuerung und äußerem Bluff. Er verfällt in seiner Suche nach der Veränderung um jeden Preis modischem Boutiquen-Theater, das von der Fachpresse in regelmäßigen Abständen als das absolut Neue proklamiert wird.

Die traditionelle Theaterszene beider Länder ist sich in den letzten Jahrzehnten um vieles nähergekommen. Deutsche Klassiker werden – von Lessing bis Kleist – regelmäßig auf französischen Bühnen gezeigt, und dem deutschen Zuschauer sind Racine, Corneille, Marivaux und Musset keine Unbekannten mehr. Der offizielle Kulturaustausch funktioniert reibungslos von Institution zu Institution.

Zu wünschen wäre, daß sich beide Länder über einfachen Kulturimport und über neue Lesarten und kritische Untersuchungen der eigenen Tradition hinaus auf die Beschäftigung mit den zukunftsweisenden »Kräften zur Veränderung« im Nachbarland einlassen, statt deren Endprodukte zu übernehmen. Darin, daß diese Kräfte in Frankreich aus oft mittellosen privaten Initiativen entstehen, also offiziell nicht integriert sind, während sie in Deutschland vornehmlich innerhalb der Institutionen wirksam sind, liegt die oranisatorische Schwierigkeit einer solchen tieferen Begegnung. Um diese Begegnung muß es jedoch gehen, wenn der deutsche wie französische Theaterkünstler seinen Bezug zur ursprünglichen Bewußtseinsarbeit nicht ganz verlieren oder trotz Institutionalisierung bewahren will, wenn er nicht vollends zum Funktionär werden, wenn das Theater nicht zum kulturellen Dienstleistungsbetrieb erstarren soll.

Helene Vida

Die Komödie

Wenn sie »Faust« sagen, philosophieren die Deutschen, wenn sie »Faust« denken, trällern die Franzosen: »Ich lache, wenn ich mich so schön in diesem Spiegel sehe!« Das ist also die teutonische Tiefe und die französische Leichtigkeit. Im übrigen gibt man in Deutschland der Oper von Gounod schamhaft lieber den Titel *Margarethe*! Sollte dieser Scherz bedeuten, daß das Lachen eine psychologische Grenze zwischen den beiden Ländern ist? Bergson, dessen 150 Seiten *Der Herstellungsprozeß des Komischen* eine notwendige Referenz sind, fügt hinzu, daß er das »Geheimnis, das Lachen bewirkt«, entlang der folgenden Leitlinie gesucht hat: »Das Lachen muß bestimmten Forderungen des Zusammenlebens entsprechen. Das Lachen muß eine soziale Bedeutung haben«. Warum hat Deutschland im Verlauf der Jahrhunderte dieser Anforderung nicht entsprochen?

Fragt man Leute auf den Champs Elysées nach Namen französischer, international bekannter Komödienautoren, nennen sie Molière, Marivaux, Beaumarchais, Feydeau. Auf dem Ku'damm hört man nach einem Augenblick bemühter Stille triumphierend: *Minna von Barnhelm* und *Der zerbrochene Krug*. Erwidert man dann, daß Lessing und Kleist nicht unbedingt Komödienautoren seien und die Franzosen nicht auf den Gedanken kämen, Corneille und Racine unter dem Vorwand anzuführen, daß die Nachwelt »L'illusion comique« und »Les plaideurs« in das Kapitel der Theaterraritäten eingereiht hat, so verschanzen sich sich lustlos hinter dem »Lustspiel«.

Könnte die Komödie für einen Deutschen eine nicht exportierbare Ware sein? Würde er in seiner Verachtung für das komische Genre geneigt sein, wie dieser Höfling Molières zu sprechen, der empört über den Erfolg der *Schule der Frauen* vom Balkon dem Publikum zurief: »Lache doch, Publikum, lache doch!« (Beaumarchais, Die Hochzeit des Figaro, Vorwort). Bevor wir diese deutsche Eigenart bestätigen oder nicht, versuchen wir einmal zu begreifen, was man unter »Lustspiel« (»Spiel der Freude« oder »Spiele und Lachen«) versteht. Walter Hinck (Das deutsche Lustspiel des 17. und des 18. Jahrhunderts und die italienische Komödie) stellt heraus, daß im 18. Jahrhundert Komödie und Lustspiel auswechselbar waren, und zeigt, wie von Theorie zu Theorie die Literaturgeschichte ein Unterscheidungsgesetz für diese beiden Begriffe durchgesetzt hat. Heute bezeichnet »Lustspiel«, im Französischen: »comédie«, in beiden Sprachen nicht das gleiche.

Bis zum Ende des 16. Jahrhunderts, so schreibt Eckehard Catholy (Das deutsche Lustspiel), war das Lustspiel eng an Alltag und Feste gebunden. »Komische Rollen werden auf religiösen Festen, aber auch bei Aufführungen der Zünfte zur Fastnachtszeit gespielt oder aber auch in Theaterszenen anläßlich von Festen der reformierten Schulen, wie auch der Ordensschulen.« Somit war das Lustspiel von der Kirche und den Zünften finanziert und kontrolliert, es wurde von Amateuren, Handwerkern und Studenten gespielt und hatte vor allem einen erbaulichen Inhalt. Später werden sich die Theoretiker immer nach dieser Zeit zurücksehnen, in der die komische Ausdrucksform sozusagen »natürlich und rein« war.

In Frankreich lassen ein Jahrhundert zuvor die gleichen spielerischen und volkstümlichen Ursprünge die Farce entstehen, grobschlächtig greift sie häufig rücksichtslos Tabus auf (die erste Aufführung von *Maitre Pathelin* etwa um 1460). Mitte des 16. Jahrhunderts, als Ruzzante erfolgreiche Komödien nach alter Tradition schrieb, wird eine unvorhersehbare Entwicklung in Italien eine Umwälzung für das Theater in Europa bringen. Die Schauspieler, die zu Berufsschauspielern geworden sind, bilden dauerhafte, selbständige und finanziell unabhängige Truppen, und dieser neue Status wird eine neue Schauspielkunst auf der Grundlage des Improvisierens mit sich bringen: die *commedia dell'arte* (Vito Pandolfi). Die Notwendigkeit, ein größeres Publikum zu gewinnen, zu gefallen und Geld einzunehmen, wird die Schauspieler kreativ werden lassen.

Es ist amüsant festzustellen, daß das gleiche Argument – die Schauspieler werden Berufsschauspieler – von E. Catholy dazu benutzt wird, das Scheitern der Komödie in Deutschland zu begründen: in Nachahmung der in Europa herumziehenden italienischen und englischen Truppen verlassen die deutschen Schauspieler den Schoß der Gilden, verlieren die finanzielle Unterstützung des Staates, das heißt den provinzialen Schutz der kleinen Herzogtümer, und müssen, um überleben zu können, dem Erfolg hinterherlaufen. Das Publikum, Kleinbürger und Handwerker, zahlt fürs Lachen, und die Schauspieler, achtlos gegenüber der künstlerischen Qualität der komischen Effekte, haben es eben vorwiegend auf die Lachmuskeln abgesehen. Es vertieft sich der Graben zwischen den Kunden des Lustspiels einerseits und andererseits dem gebildeten Bürgertum und vor allem der Geistlichkeit, für die die Komödie moralische Erziehung und nicht ein käufliches Vergnügen sein soll. Dieses von der Elite eingeimpfte schlechte Gewissen macht das Lustspiel servil, »unfrei«. Für E. Catholy wächst diese Hemmung des komischen Genres noch, als »das wirtschaftlich und geistig blühende Bürgertum sich seiner politischen Ohnmacht gegenüber der Aristokratie bewußt wird, es entwickelt dann seine Autonomie in den von ihm beherrschten Gebieten der Philosophie und der Kunst«. Diese Unsicherheit der deutschen Autoren, Kritiker, Zuschauer und Leser angesichts des Lustspiels wird belegt durch die Anzahl der Theorien, die fast alle Dramatiker bei der hypothetischen Suche nach der »reinen« Komödie entwickelt haben.

Als Nacheiferer von Boileau diktiert Gottsched die Regeln seiner erbaulichen Komödie, die – zur Verbesserung der Menschheit – nach der guten und schönen Natur gestaltet ist; Schlegel führt in diese »Deutschstunde« ein Element von Vergnügen ein, später dann Gellert, Weisse widersetzt sich den Regeln der Klassik und imitiert mit Erfolg das englische Musical *Beggars opera*, Goethe praktiziert und theoretisiert vergeblich, Lenz und die Rückkehr zur Antike, Schiller und die Komödie als Komödienersatz ... die Auflistung ist oberflächlich, die Mißerfolge aber sind offensichtlich. Endlich nun Lessing: *Minna* bedeutet das Ende für das Gottschedische Brevier zugunsten Voltaires, sie ist vor allem aber ein einmaliger Prototyp. Das Rezept geht verloren, und die Glossen gehen weiter!

Man kann sich die Frage stellen, warum in Frankreich das Auftreten der Italiener eben nicht zur Ohnmacht geführt hat, sondern vielmehr das schöpferische Element begünstigen wird. Hier muß festgestellt werden, daß die Komödie einen historischen Vorteil hat nutzen können: Frankreich ist bereits eine Nation, in der der König nach seinem Gutdünken seine Gunst verteilen, Rivalitäten schaffen und so die Verpflichtung, dem Publikum zu gefallen, ausgleichen kann. Molière im Palais Royal und die Italiener im Hôtel de Bourgogne waren sich den Erfolg sowohl beim

Volk als auch bei Hofe schuldig: Der König lacht, das Stück ist angenommen! Diese Rivalität ermöglicht unmittelbar eine Synthese zwischen der Richtung Rabelais' und der *commedia dell'arte*, die durch die Persönlichkeit des jeweiligen Autors besiegelt wird. Schließlich haben die Ähnlichkeit der beiden Sprachen, die rasche Anpassung der Italiener an das Pariser Pflaster – und vor allem die Tatsache, daß die französischen Autoren, zum Beispiel Marivaux, für die italienische Truppe schreiben und dabei die jeweiligen Rollen berücksichtigen, ohne in die Imitation zu verfallen, der Französischen Komödie zur Durchsetzung verholfen. Es ließe sich dem entgegenhalten, daß Italien keine Nation war und sich die Komödie hat nicht erdrücken lassen; die kleinen Herzogtümer haben sich nicht von ihr abgewandt, obgleich sie keine erzieherische Rolle hatte und eher Gefahr lief, in Vulgarität zu verfallen.

Im 17. Jahrhundert können Rom und sein Klerus das komische Genre nicht zum Scheitern bringen, auch wenn sie Schauspielern die letzte Ruhe in geheiligter Erde verweigern – das Verbot von *Don Juan* und *Tartuffe* oder die Verbannung der Italiener durch Ludwig XIV. nach der Aufführung von *La Fausse Prude*, einer Satire gegen Madame de Maintenon, sind Ereignisse, die ihre Lage prekär werden lassen, die aber ihre schöpferische Kraft nicht brechen, die Teil der Dialektik zwischen der Macht und dem Theater sind und die dem Zuschauer einen kritischen Blick vermitteln und der Gesellschaft die Fähigkeit, über sich selbst zu lachen.

In Deutschland läßt sich die Unterdrückung des komischen Genres nicht allein mit dem neuen Sozialstatus der Theatertruppen erklären. Hat die zumeist lutherische Mißbilligung der moralischen Autorität eine im allgemeinen unterschätzte Rolle gespielt? Ist es von Bedeutung, daß das mehrheitlich katholische Österreich das einzig deutschsprachige Land mit einer lebendigen Tradition der Komödie ist? Ich möchte nicht sagen wollen, daß Luther verhängnisvoll für die Komödie war, es ist aber sicher, daß er auf deren spätere Entwicklung nicht die gleiche günstige Auswirkung gehabt hat wie auf die Musik. Die Reformation hat zweifellos die Verwurzelung der deutschen Oper bewirkt. Der Gottesdienst wurde auf Deutsch und nicht in Latein abgehalten, somit übte das Volk aktiv Musik aus, entwickelte einen an die eigene Sprache gebundenen Sinn für Musik, räumte nicht der italienischen Oper das Monopol ein, die einer Elite vorbehalten blieb, sondern ermöglichte die Entstehung einer nationalen Oper. Die Gnade ihrer geistlichen Ursprünge schützte die weltliche Musik, Sittenrichter, und nicht so sehr die körperliche Sinnlichkeit, machen sich seit den Bacchanalien an der Komödie fest und lösen bigotte Sprödigkeit aus.

Wenn Bergson feststellt, daß das Lachen eine soziale Funktion hat, versteht er sie so: »Jede Starre, jede mechanische, auf die Trägheit zurückführende mangelnde Anpassungsfähigkeit ist für die Gesellschaft verdächtig. Bedroht durch Exzentrizität, durch Isolierung eines ihrer Glieder« erläßt sie Strafen. Das Lachen ist ein Verweis, eine »Züchtigung«. Wenn die Gesellschaft aus Faulheit automatisch wird, nicht mehr auf ihre Pendelausschläge achtet, bewahrt sie diszipliniert dann die auferlegten Formen; das Wesentliche aber, der Inhalt der Symbole, geht verloren. Wenn die Gesellschaft nicht mehr ihr eigener Zuschauer und gleichzeitig ihre eigene Kontrollinstanz ist, verschwindet auch das Lachen. Es gibt keine Richtigstellung, keine Kritik mehr. Die blinde Gesellschaft rollt auf abschüssiger Bahn, der Katastrophe ausgeliefert.

Jede nicht wissenschaftlich überprüfte Schlußfolgerung wäre nicht seriös, man kann aber nicht umhin, in Richtung dieses bei den Deutschen fehlenden Elementes eine Erklärung für die Verbarrikadierung eines ganzen Volkes hinter der Barbarei zu suchen. Adorno schrieb in einem Kommentar zu dem Vers von Schiller – »das Leben ist ernst, die Kunst ist fröhlich«: »Nach Auschwitz kann man keine fröhliche Kunst mehr zeigen (...) die ›Führer‹ waren tatsächlich Clowns, deren Aufrufe zum Mord schließlich im nachhinein Hirngespinsten ähnlich wurden.« Und etwas weiter fügt er hinzu, daß das Theater von Beckett Zeugnis eines Gewissens ist, das die »globale Alternative zwischen Ernst und Fröhlichkeit nicht mehr möglich macht, ebensowenig wie dieses Zwitterprodukt der Tragik-Komödie« (1967, Anmerkungen über die Literatur). Hier ist also die letzte Regel aufgestellt, die sich im Gegensinn erstellt: Die Technik des »Theaters des Spottes«, wie es

Emmanuel Jacquart zeigt, ist zum großen Teil die der Tragik-Komödie.

Um die Konsequenzen des großen Mißverständnisses zwischen der Komödie und Deutschland zu verstehen, verweise ich auf die wertvolle Untersuchung von Charles Mauron, *Die Psychokritik des komischen Genres.* Er stellt dort das »Repertoire der Erfolgsphantasien auf und allgemeiner die dem Genre des Komischen innewohnenden Verteidigungsmechanismen gegen die Angst«. Ausgehend von der Analyse des Wortes des Geistes und des Unbewußten von Freud, führt er aus, daß »die Komödie im Unbewußten auf einer Erfolgseinbildung begründet zu sein scheint, diese entsteht aus der Umkehr eines Angsttraumes«. Die Komödie ähnelt also den Größen- und Heldenphantasien, die die Träume von Kindern und Erwachsenen bevölkern – der Schwache wird stark, der Arme reich – ... das sind klassische Bilder der Abwehr gegen die Depression.

Daß das Lachen von Kundry, in *Parsifal*, ein Symbol der Verführung, ein Zeichen von Unheil ist, darüber kann man sich lustig machen, aber das Lachen des *Diktators* von Chaplin 1940 – hätte man es doch ernst genommen!

Georg Lechner
Ballett – Tanz

Ballett als eminent französische Tanztradition und die Linie Wigman-Jooss-Bausch als deutsche Tanzsprache sind nicht nur zwei verschiedene künstlerische Wege, sondern auch Ausdruck verschiedener gesellschaftlicher, philosophischer und ästhetischer, kurzum kultureller Voraussetzungen, die im folgenden in ihren Grundzügen dargestellt werden sollen.

Das Ballett als französische Institution

Es gibt eine Reihe von Gründen, die es verstehen lassen, warum das Ballett bei aller Bereicherung aus Italien und Rußland seinem Wesen nach eine so französische Institution ist und in Deutschland im gleichen Maße nie heimisch werden konnte.

Ballett entstand als Tanzsprache des Hofes. Bis zur Abdankung Ludwig XIV. als königlicher Tänzer durften nur Adlige im »Ballet de Cour« tanzen, 1681 befanden sich unter den Ausführenden des *Triumph der Liebe* von Pierre Beauchamps und Louis Pécourt noch der Dauphin von Frankreich, die Prinzessin von Bayern, seine Gemahlin und viele andere hochgestellte Mitglieder des Hofes. Erst danach begannen professionelle Tänzer – und Tänzerinnen – auf der Bühne zu erscheinen. Zu jener Zeit aber war unter allen europäischen Höfen der von Versailles unter dem Sonnenkönig führend. Die neue höfische Tanzsprache Ballett fand hier ihr anspruchvollstes und dankbarstes Publikum. Nur von Paris aus konnte im 17. Jahrhundert dieser gemeinsame Tanzstil Europas entstehen.

Damit hängt auch das ursprüngliche Wesen des Balletts als »divertissement« – selbst bei Brecht bleibt die »Vergnügung« die nobelste Funktion des Theaters – als höfische und später großbürgerliche Unterhaltungsform zusammen, die sich in die anderen Bühnenkünste einfügte. Schon früh verbindet Molière mit der theatralischen Geste jene von Musik und Tanz. Die Bühne ihrerseits reflektierte getreulich das zeitgenössische Gesellschaftstableau, das mit seinen Bällen, Konzerten, seinen offiziellen von der Etikette diktierten Anlässen hinreichend Stoff für ein ebenso buntes Bühnengeschehen lieferte. Shakespeares »all the world's a stage« war hier durchaus wörtlich zu nehmen. Entsprechend waren die Themen der Ballette solche der allegorisch-heroischen, galanten oder antik-mythologisierenden Welt. In der Romantik gesellen sich hierzu im Geschmack der Zeit Märchenstoffe und ihre Feenwelt. Selbst auf eine welthistorische Erschütterung wie die französische Revolution reagierte die Pariser Gesellschaft unmittelbar nach den Jahren der Entsagung um 1800 mit einer *Dansomanie*: so der Titel einer populären zeitgenössischen Choreographie von Pierre Gradel. Ein Gang durch die Titelliste der Ballettgeschichte – *Les amants manifiques, Les Indes Galantes, La toilette de Venus, Psyche et L'Amor, Les Petits Riens, Prometeo, La Sylphide, Giselle, Dornröschen, Nußknacker, Schwanensee, Feuervogel,* nur um einige wenige unter hunderten ähnlicher zu nennen – verrät ihr Verhältnis zur Realität.

Französischer Esprit unterwirft im Ballett den Tanz den gleichen Regeln, wie sie die kurz zuvor – 1635 – ins Leben gerufene Académie Française der Sprache und Literatur auferlegt, die Gartenkunst der Natur, die Mode der Kleidung, die Etikette dem natürlichen Benehmen, die Architektur den Bauten und Fassaden. Rudolf zu Lippe nannte deshalb das Ballett »Naturbeherrschung am Menschen«. Französische Ballettmeister kodifizieren Ballett als Tanz der Regel, als Tanzform des eleganten »divertissement« in höfischer Luft. Sein Element ist nicht die Schwerfälligkeit der Deutschen Tänze, die Frenetik und Dämonik afrikanisch-karibischer Tänze, die religiöse Inbrunst indischer Tänze und ihre »kosmische Pantomimik« (Bloch), die Sinnlichkeit und Rhythmik von Samba und Jazz, die Ausgelassenheit der Volkstänze oder gar der Verzweiflungsgestus des modernen deutschen Tanztheaters. Seine Welt ist vielmehr das Spiel, die Grazie und Leichtigkeit, das Menuett, die Selbstfeier des Körpers, die Distanz zur Erdenschwere und ihre Auflösung ins psychologisierende, divertierende Gleichnis, die Welt des schönen Scheins (»Das Lächeln der Ballerina verrät ihre blutenden Füße nicht« schreibt Susanne Schlichter), nicht »die große flügelbrausende Sehnsucht« (Nietzsche), sondern eher Melancholie oder leise Trauer, nicht unerträglicher Schmerz noch überschäumendes Jauchzen, sondern »die feinen Leiden und der kühle Jubel« (Bloch), Fröhlichkeit allenfalls als Burleske.

Tanz, sagt Mallarmé, ist eine Angelegenheit der Bewegung und der Schritte, nicht der Ideen (das erinnert an Balanchines »Ballet pur« und Alwin Nikolais' Ausspruch: »dance is motion, not emotion«), und erläßt sich damit die entscheidende Frage nach dem Warum eben dieser und keiner anderen Schritte und Bewegung. Im Gegensatz hierzu wird Pina Bausch die Quintessenz aus ihrer Arbeit mit den Worten ziehen: »Was die Menschen bewegt, weniger wie die Menschen sich bewegen, interessiert mich.« Es ist nicht von ungefähr, daß sich das Ballett im Anschluß an die dramaturgischen Entwürfe des Handlungsballetts von Noverre erst der Romantik und Leidenschaft russischer Musik öffnen mußte, bevor es der Tiefe ihrer Schöpfungen wie *Schwanensee* fähig wurde. Erst von diesem Punkt seiner Entwicklung aus konnte das Ballett in diesem Jahrhundert nach langen Zeiten von Erstarrung, Virtuosentum und Staridolatrie seinen Weg zur Erneuerung in den Ballets Russes mit einem Werk wie dem *Sacre du Printemps*, mit Choreographen wie Balanchine, Cranko, Neumeier und Billy Forsythe finden.

Schließlich ein letzter Punkt, der Frankreich als die eigentliche Geburtsstätte des Balletts verständlich macht. Ballett ist kein solistischer Stil, keine radikale Ideologie oder elitäre subjektive Kunstsprache. Es ist vielmehr eine Art theatralisches Gesamtkunstwerk mit dem Hauptakzent auf einem Bühnentanz, dessen Technik wissenschaftlich äußerst sorgfältig recherchiert ist – ganz im Stil der Aufklärung. E. R. Curtius weist in seinem Standardwerk *Französische Kultur* (1930) darauf hin, daß eines der wesentlichen Merkmale dieser Kultur nicht die Spitzenleistung auf einzelnen Gebieten, sondern die hohe Qualität der Durchschnittsleistungen in allen wichtigen kulturellen Bereichen und die kulturelle Durchdringung des Alltagslebens sei. Anders als in Deutschland war das schöpferische Interesse an den Bühnenkünsten Tanz, Musik und Theater integraler Teil der Auseinandersetzung mit Leben und Gesellschaft. Geist und Leben waren nicht getrennte Kategorien, sondern stellten sich in einer jeweils anderen Symbiose einmal auf der Bühne und einmal außerhalb der Bühne dar: »Theatralität« als Lebensqualität – anders als in Deutschland. Auch das künstlerische Schaffen selbst erwies sich in Frankreich stets als interdisziplinärer, durchlässiger. Französische Komponisten schrieben gern und oft Ballettmusik, Schriftsteller philosophierten und äußerten sich über das Ballett und den Tanz, allseitige Begabungen wie Degas und Cocteau gaben wesentliche schöpferische Energien an den Tanz ab. So entstanden viele Ballette als gemeinsame Werke mehrerer bekannter Künstler.

Der Tanz in Deutschland

Die Unterschiede zu Deutschland sind unschwer auszumachen. Außer C. W. Gluck und seinem *Don Juan* sowie Beethovens *Geschöpfe des Prometheus* haben deutsche Komponisten vor unserem Jahrhundert keine Originalmusik für Ballett geschrieben. Selbst Mozarts *Les petits riens* bleibt die einsame Ausnahme von Ballettmusik im Köchelverzeichnis. Während in Frankreich zur Zeit der Entstehung des Balletts Cambert, Lully, Rameau Opern im Stil der Zeit schrieben und Couperin als Erfinder des galanten Stils wirkte, komponierten Schütz, Buxtehude und Bach geistliche Musik ad majoren Dei gloriam. (Christlicher Tanz war seit dem Konzil von 680 allemal himmlischer, nicht irdisch-heidnischer Tanz.) So sehr Beethoven, Bach, Mozart, Mahler, Schumann und Schubert spätere Choreographen auch inspiriert haben mögen, ihre Musik war nicht für Tanz geschrieben, war zu sehr Musik allein. Während die deutsche Literatur von Lessing über Goethe bis Brecht und Thomas Mann bedeutende Abhandlungen zur bildenden und dramatischen Kunst und zur Musik verzeichnet, bleiben die Seiten über Tanz eigenartig leer, kennen sie keine Beiträge wie die von Molière, Voltaire, Gautier, Mallarmé, Valéry, Cocteau, Anouilh. Die Ausnahmen geben sich tiefsinnig, philosophisch: Goethe sieht »verschwiegener Tänze geheimnisvolle Bewegung«, Heine kreiert ein Tanzpoem *Dr. Faustus* (das scheitert), Kleist reflektiert in seinem Essay *Über das Marionettentheater* über natürliche und artifizielle Bewegung, Nietzsche gar baut auf dem dyonisischen Prinzip ein tänzerisches Weltbild auf – das allerdings weit entfernt ist von dem großartigen indischen Entwurf des Tanzgottes Nataraja, das dort jahrtausendelang die Literatur, die bildende Kunst und eben den Tanz entscheidend prägt. Für Brecht kann Choreographie durch die »Eleganz einer Bewegung und die Anmut einer Aufstellung« in einem Theater allenfalls »verfremden«. Auch in der deutschen bildenden Kunst sucht man vergebens nach einem Degas, sind Totentanzmotive leichter zu finden.

Die Tanzexperten selbst verhalten sich auf ihre »deutsche« Weise. Gottfried Taubert (1717) orientiert sich in seinem Monumentalwerk *Der rechtschaffende Tantzmeister* ganz an den französischen Vorbildern, der Tanztheoretiker des 20. Jahrhunderts, Rudolf von Laban, sieht im Tanz das »Körpergewissen« und stellt den Tänzer in seinen Bewegungschören und seinem System der 12 Bewegungsrichtungen ähnlich wie der Theosoph Rudolf Steiner mit seiner Eurythmie in den kosmischen Raum. Wo, wie bei Oskar Schlemmer, bildende Kunst und Tanz vermählt werden sollen, entsteht daraus im triadischen Ballett und den Bauhaustänzen ein analytisches System zum Verhältnis von Menschenfigur und Raum. Der deutsche Ausdruckstanz schließlich riskiert in seinem Absolutheitsanspruch und seiner radikalen Subjektivität bei Mary Wigman die Entstehung von Privatmythologie, Prophetentum und Askese. Es verwundert so kaum, daß bei ausländischen Choreographen Bezüge und Inspirationen, die auf Deutschland verweisen, eher düster-philosophisch auszufallen pflegen: Béjart choreographiert Beethovens 9. Symphonie, Musik von Richard Wagner in *Mathilde* und *Tannhäuser*, Neumeier bevorzugt Bach und die *Matthäus-Passion*, Mahler und die *Kindertotenlieder* oder *Lieb und Leid und Welt und Traum*. Humor ist auch im Tanz keine deutsche Intuition.

Eine eigene deutsche Ausprägung waren dann noch die ideologisch ausgerichteten Choreographien der Großkundgebungen des Dritten Reichs, die sich von den militärischen Inszenierungen des 14. Juli in Paris nicht nur deshalb unterschieden, weil diese eine lange Tradition hatten: war doch schon in der königlichen Gründungsurkunde der Académie Royale vom März 1661 nachzulesen, daß Ludwig XIV. die Einrichtung einer Tanzakademie u. a. damit begründete, daß hierdurch »eine der natürlichsten und nützlichsten Körperübungen, die auch im Gebrauch der Waffen übt, nicht nur in Zeiten des Krieges, sondern auch en temps de paix zu sehen sei«. (Vgl. auch die »martial arts« in Asien.)

Bleibt das außergewöhnliche Phänomen des deutschen Tanztheaters und seines Vorläufers, des erwähnten Ausdruckstanzes. Es ging einher mit einer bis dahin ungewöhnlichen Öffnung zeitgenössischer deutscher Komponisten für Ballettmusik, die ihrerseits mit der revolutionären Öffnung des Tanzes seit der Jahrhundertwende zu tun hatte.

Mary Wigman und Harald Kreutzberg hatten seit dem zweiten

Jahrzehnt des Jahrhunderts im sogenannten deutschen Ausdruckstanz ihre eigene Tanzsprache gefunden, die in Amerika von Isadora Duncan seit 1900 als revolutionäre Bewegung eingeleitet und von Martha Graham weiterentwickelt worden war. Nicht in den Hochburgen des Balletts also entstanden die Reformen, sondern dort, wo dieses nie eigentlich zu Hause war: in Amerika und Deutschland. Ihre Charakteristika waren individuelle, der eigenen tänzerischen Gestaltungskraft entspringende, aber übergreifenden Prinzipien verpflichtete Tanzsprachen. Der Ausdruckstanz einer Mary Wigman oder eines Harald Kreutzberg, in dessen Nachfolge Gret Palucca, Yvonne Georgi, Dore Hoyer und Susanne Linke zu sehen sind, war affektiv und ästhetisch zu individuell angelegt, um sich anders als solistisch darzustellen – solistisch nicht im Sinne von Virtuosentum wie im Ballett, sondern als ureigene Körpersprache. Sein existentieller Ernst übersetzte sich in den choreographischen Versionen des frühen deutschen Tanztheaters mit Kurt Jooss und Werken wie dem »Grünen Tisch« oder »Großstadt«, den Tanzstücken einer Pina Bausch, einer Reinhild Hoffmann und eines Hans Kresnik in bittere Gesellschaftskritik um, in das Lied von Leid und Not und Krieg und Tod. Dieses Tanztheater wurde abseits von den Tanzzentren geboren, in Essen, Bremen, Wuppertal. Die Tänzer schlüpften hier nicht mehr in Rollen, sondern traten mit ihrer ganzen individuellen Körpergeographie und -biographie aus ihnen heraus. Sie ließen sich nicht mehr wie die Grille in La Fontaines Fabel vom Tische jagen, weil sie den Sommer über gesungen hatten, sondern hielten ihren Tanz oder auch seine Verweigerung – z. B. im Namen des deutschen Tanzensembles Laokoon Group – für einen wesentlichen Beitrag zum Verständnis dieser Gesellschaft. Wenn die Rangordnung des akademischen Tanzes – petits rats, corypheés, petits sujets, grands sujets, solistes, étoiles – getreulich die hierarchischen Stufen der Gesellschaft widerspiegelte, so tritt im Tanztheater der Tänzer als Individuum in sein Recht – und seine Fehler ein. Wie bereits im neuen Theater eines Antonin Artaud, Jerzy Grotowski oder Eugenio Barba, drängen nunmehr Gefühle, Bilder, Landschaften unentwegt und mitten aus dem Leben auf die Bühne. Der Tanz »schwingt sich« nicht mehr wie bei Mary Wigman »über den

Boden der Realität empor«, sondern führt mitten in sie hinein. Wo immer solches Tanztheater oder solcher Tanz heute stattfindet, ob Maguy Marin und Hervé Diasnas in Frankreich, Birgit Cullberg und Mats Ek in Schweden, oder eben im Ursprungsland Deutschland, hat er einen anderen Menschen als den des Balletts im Sinn. Wo sich dieses wie etwa bei Billy Forsythe in Form und Inhalt erneuert, ergeben sich fruchtbare Berührungspunkte mit dem Tanztheater, die in die Zukunft weisen.

Schlußbemerkung

Diese Zukunft könnte wieder in eine Vergangenheit verweisen, in der die Gesellschaft noch nicht »tanzen ließ«, sondern selbst tanzte, Tanz noch individuell am eigenen Körper erfahrene Handlung war und kein Akt der Stellvertretung für den Zuschauer. Denn selbst in den Tempeltänzen war durch die geistige Gemeinschaft der Gläubigen mit den Ausführenden im Tanz als Gottesdienst eine Verbindung hergestellt, die von der späteren Kennerschaft des Publikums beim Bühnentanz ebensowenig ersetzt wurde wie durch die seichte Selbstverwirklichung im Gesellschafts- oder Discotanz. Für eine solche Mutation des Tanzes müßte sich allerdings die Gesellschaft des 21. Jahrhunderts grundlegend ändern – in Deutschland wie in Frankreich.

Henri Ménudier
Fernsehen

Die Fernsehlandschaft ändert sich, und die deutsch-französischen Beziehungen werden immer vielfältiger. Welche Rolle das Medium Fernsehen in diesem Zusammenhang spielen kann, hängt nicht nur von der technischen Entwicklung, sondern auch von den politischen Entscheidungen ab, die auf nationaler und europäischer Ebene getroffen werden. Trotz aller Unterschiedlichkeit, die weiterhin zwischen Strukturen und Programmen in Frankreich und der Bundesrepublik Deutschland besteht, stellen sich auf beiden Seiten die gleichen Grundfragen.

Das öffentlich-rechtliche Fernsehen nahm zunächst eine Monopolstellung ein mit jeweils drei Programmen in beiden Ländern. In Frankreich bestand eine stark zentralisierte Struktur, auf die politische Instanzen unmittelbaren Einfluß nahmen. Das Organisationsprinzip des deutschen Fernsehens war Dezentralisierung, Regionalisierung und die Kontrollfunktion der gesellschaftlichen Gruppen, was jedoch einen erheblichen Einfluß der politischen Parteien keineswegs ausschloß. Beide Systeme werden seit Mitte der achtziger Jahre durch die Öffnung von Rundfunk und Fernsehen für private Anbieter und durch die rasche Entwicklung neuer Telekommunikationstechniken grundlegend in Frage gestellt.

In Frankreich wird 1984 nach dem Vorbild des amerikanischen »pay-tv« der kommerzielle »Canal Plus« geschaffen. 1987 werden »TF1« privatisiert und zwei weitere privatwirtschaftliche Programme zugelassen (La Cinq und M6), so daß das öffentlich-rechtliche Fernsehen nur noch »Antenne2« und »FR3«, das französische Regionalprogramm, umfaßt. Die Aufsicht über die Entwicklung der gesamten Fernsehszene wird einem Gremium aus Persönlichkeiten des öffentlichen Lebens übertragen, das ebenfalls mehrfach umstrukturiert wurde (Haute Autorité 1981, Commission Nationale de la Communication et des Libertés 1986, Conseil Supérieur de l'Audiovisuel 1988). Auf der deutschen Seite bleiben die öffentlich-rechtlichen Fernsehanstalten ARD und ZDF bestehen, allerdings kommen mehrere Privatsender mit eigenem Programmangebot hinzu wie seit 1. Januar 1985 »SAT1« und »RTL plus«. Das Bundesverfassungsgericht hat 1986 rechtliche Regelungen für das Nebeneinander von öffentlichen und privaten Fernsehanstalten festgelegt, die Finanzierungsfragen wurden 1987 zwischen den Ländern vereinbart.

In beiden Ländern verdrängt der Medienkonsum traditionelle Kulturmuster, der Kauf von Fernseh- und Videogeräten nimmt noch weiter zu. Allerdings ist inzwischen im Fernsehbereich nun fast der Saturierungspunkt erreicht; 1987 besaßen in der Bundesrepublik Deutschland 97% und in Frankreich 94% der Haushalte ein Fernsehgerät. Die Ausstattung mit Videogeräten ist in der Bundesrepublik Deutschland doppelt so dicht wie in Frankreich. Auch die Verkabelung schreitet hier nur langsam fort (1987 erreichte sie 140000 Fernsehteilnehmer gegenüber mehr als drei Millionen in der Bundesrepublik Deutschland). Die Verzögerungen bei der Verkabelung begrenzen auch die Empfangsmöglichkeiten für die von Satelliten ausgestrahlten Programme.

Durch Verkabelung und Satellitenausstrahlung wird sich das Programmangebot auch noch erheblich ausweiten. Über Kabel werden interaktive Programme und Dienstleistungen möglich, die insbesondere den Bedürfnissen lokaler, regionaler und kultureller Minderheiten entgegenkommen. Verbessert und vermehrt werden auch die Empfangsmöglichkeiten: Dekodierung nach der Norm »D2 Mac Paquet« gestattet Stereophonie und Vielsprachigkeit. Diese Technologie löst die alten Systeme »Secam« und »Pal« ab und bedeutet den Eintritt in ein neues Hochleistungsfernsehen.

Das 1979 beschlossene Programm eines gemeinsamen deutsch-französischen Satellitenfernsehens steht vor erheblichen Problemen. Der erste am 21. November 1987 in den Weltraum geschossene deutsche Fernsehsatellit »Sat 1« konnte nicht ausstrahlen, da sich eines der Sonnensegel nicht geöffnet hatte. Der französische Satellit »TDF1« war erfolgreicher. Streitigkeiten zwischen den beteiligten Institutionen und die Konkurrenz neuer kleinerer, aber leistungsstarker Satelliten gefährden auf lange Sicht die Fortführung des Programms. Jedenfalls aber wird die Direktübertragung von Fernsehprogrammen über Satellit auch in Zukunft von erheblicher technischer und industrieller Bedeutung bleiben.

Auch wenn die Bundesrepublik Deutschland bereits besser darauf gerüstet ist, das Fernsehen der Zukunft zu empfangen, stellen sich doch in beiden Ländern die gleichen entscheidenden Fragen hinsichtlich der Qualität der Programme. Die wachsende Vielfalt der Träger und des Programmangebots sowie die Zunahme der zur Verfügung stehenden Sendezeit ist keineswegs automatisch mit entsprechender Qualitätssteigerung verbunden. Im Programmangebot stehen Filme, Fernsehspiele und Unterhaltungssendungen oben an. Die Zuschauer wünschen vor allem Unterhaltung; anspruchsvollere kulturelle Sendungen sind kaum gefragt. Angesichts der immer schärferen Konkurrenz um Einschaltquoten sind die Programmplaner kaum geneigt, kulturelle Bedürfnisse von Minderheiten zu berücksichtigen.

Dieser gnadenlose Wettbewerb, der insbesondere die günstigste Sendezeit zwischen 19.00 und 22.00 Uhr betrifft, der Kampf um die Werbebudgets und die steigenden Produktionskosten führen zu einer Vereinheitlichung der Programminhalte, die dem verhießenen Pluralismus der Themen und Ideen zuwiderläuft. Werbespots breiten sich immer mehr aus, Anbieter greifen immer häufiger auf billige amerikanische Serien und Gesellschaftsspiele wie Talk-Shows, direkt übertragene Magazine und Diskussionen zurück. Selbst die Nachrichtensendungen werden immer banaler, bringen sämtlich die gleichen bei angelsächsischen Agenturen gekauften Bilder und werden von anderen Programmen übernommen. Das Streben nach hohen Einschaltquoten fördert auch die Suche nach Konsens um jeden Preis, was kontrovers sein könnte, wird ausgeklammert. Die Zahl der Fernsehreportagen nimmt ab, weil sie zu kostspielig sind, die Einschaltquoten für Magazine, die sich anderen Ländern und internationalen Entwicklungen widmen, sinken. Mode ist dagegen innergesellschaftliche Nabelschau. All dies führt zu einer wachsenden Standardisierung bei der Auswahl und Darstellung von Informationen und deren Kommentierung.

Will man dieser Entwicklung Einhalt gebieten, die kulturelle, erzieherische und staatsbürgerliche Funktion des Fernsehens und die Auswahlmöglichkeiten der Zuschauer erhalten, muß die zwanghafte Fixierung auf Einschaltquoten und kommerziellen Erfolg überwunden werden. Dies kann nur durch eine Stärkung der öffentlich-rechtlichen Fernsehanstalten erfolgen. Diese müssen finanziell angemessen ausgestattet bleiben, damit sie nicht von sinkenden Einschaltquoten bedroht werden. Hierzu muß ein Gleichgewicht zwischen den verschiedenen Finanzierungsformen wie Gebühren, Werbung, Abonnement, Sponsorship etc. gefunden werden. Finanzierungsmängel gefährden in besonderem Maße die öffentlich-rechtlichen Anstalten und dort die anspruchsvolleren Programme.

Zur Zeit wird die steigende Programmnachfrage nicht durch eine Intensivierung der Produktion, sondern durch den Ankauf ausländischer, insbesondere amerikanischer Produktionen gedeckt. Die Versuche zu europäischen Koproduktionen im bilateralen oder multilateralen Rahmen verliefen oft enttäuschend; die Schwierigkeiten bei der Zusammenarbeit gemischter Teams aus mehreren Nationen führten häufig zu geradezu hybriden Produkten, die beim Publikum nicht ankamen. Man ist heute deshalb geneigt, das Bemühen um Koproduktion auf bloße finanzielle Beteiligungen zu beschränken. Die Problematik wird dadurch verschärft, daß zwar die Zahl der vom Fernsehen ausgestrahlten Filme seit Mitte der achtziger Jahre ständig zunimmt, entsprechend aber der Kinobesuch sinkt. Dies führt dazu, daß die finanzielle Lage von Filmproduzenten und Kinobesitzern immer prekärer wird und schließlich die Filmindustrie insgesamt gefährdet ist. Die damit unweigerlich wachsende Beteiligung des Fernsehens bei der Filmfinanzierung und damit auch der inhaltlichen und künstlerischen Planung überträgt die Gefahren der Standardisierung und Banalisierung auf die Filmproduktion. Es ist deshalb dringlich, angesichts dieser Entwicklung und der künftigen durch Kabel- und Satellitenfernsehen geschaffenen Möglichkeiten, das Verhältnis zwischen Fernsehen und Filmproduktion neu zu ordnen, um zu einer wirksameren Form der Filmförderung und zur Verbreitung auch anspruchsvoller Produktionen zu gelangen.

Gerade im Fernsehbereich ist eine Verstärkung der europäischen Zusammenarbeit geboten, da die nationalen Produzenten alleine nicht mehr in der Lage sind, den wachsenden Programmbedarf zu befriedigen. Kabel und Satellit machen Mehrsprachigkeit möglich; auf dem großen europäischen Markt sollte auch ein freier Austausch der Programme möglich werden. Man hüte sich aber, die Hindernisse zu unterschätzen: nationale Vorschriften zum Schutz der kulturellen Identität, unterschiedliche Fernsehgewohnheiten und Stile in den verschiedenen Ländern; Unterschiedlichkeit der Betriebsstrukturen. Die Europäische Gemeinschaft ist deshalb zunächst bestrebt, die Rahmenbedingungen für eine europäische Fernsehpolitik durch Harmonisierung der Reglementierungsvorschriften zu verbessern; das allerdings noch im Experimentierstadium befindliche »Media-Programm« versucht neue Wege der Filmförderung und der Schulung.

Die Politiker widmen dem Fernsehen in beiden Ländern besondere Aufmerksamkeit, da sie an seinen Einfluß auf die Meinungsbildung insbesondere im Hinblick auf Wahlen glauben. Gewiß schafft Fernsehen eine neuartige Einstellung zu Zeit und Raum, überspringt Entfernungen und Grenzen, weitet den geistigen Bezugsrahmen aus. Sein tatsächlicher Einfluß läßt sich aber auch weiterhin nur schwer fassen, da eine Vielfalt von Faktoren auf die Mechanismen einwirken, die die Wahrnehmung, das Gedächtnis und die Auswahlkriterien der Zuschauer beeinflussen. Diese sind nicht nur bei einzelnen Individuen, sondern bei gesellschaftlichen Gruppen und eben auch bei ganzen Ländern höchst unterschiedlich. Wie die Medienforschung zeigt, stärkt Fernsehen vor allem die schon vorhandenen Meinungen und verstärkt die entsprechenden Einstellungen. Ob es auch neue schaffen kann, bleibt ungewiß.

Dies gilt auch für das deutsch-französische Verhältnis. Die Berichterstattung über das Partnerland ist weiterhin höchst lückenhaft und leidet unter dem allgemeinen Niveauverfall. Nur wenigen Filmen gelingt es, im Partnerland wirklich anzukommen. Die Schwierigkeiten bei Koproduktionen stellen sich gerade auch im deutsch-französischen Verhältnis. Immerhin hat beispielsweise das Deutsch-Französische Jugendwerk Versuche zu gemeinsamer Nachwuchsschulung gemacht, die in gemeinsamer Produktion auch zu interessanten ästhetischen Experimenten geführt haben. Die Versuche, ganze Fernsehabende über das Partnerland zu veranstalten, blieben deshalb künstlich, weil sie sich nur schlecht in die vorgegebenen Sehgewohnheiten einfügen konnten. Umgekehrt aber haben sich negative Fernsehbilder, wie beispielsweise die lange in Frankreich vorherrschenden Kriegsfilme, offenbar nicht nachhaltig negativ auf die Bereitschaft zu deutsch-französischer Verständigung ausgewirkt. Es wird sich zeigen, ob die durch einen gemeinsamen »Kulturkanal« geschaffenen Möglichkeiten zu mehr deutsch-französischer und seit dem Beitritt Spaniens auch europäischer Zusammenarbeit die kulturellen Möglichkeiten des Fernsehens nachhaltig verbessern können.

Günter Metken
Bildende Kunst

Die künstlerischen Beziehungen zwischen zwei Ländern beschreiben, heißt vor allem auch, ihre fruchtbaren Mißverständnisse zu untersuchen. Nachbarschaft bedeutet längst noch nicht gegenseitige Kenntnis. Die europäische Ausstrahlung der *Literarischen Korrespondenz* eines Friedrich-Melchior Grimm über das Paris der Jahre 1753–1790 und des Buches von Madame de Staël über Deutschland um 1800 (›De l'Allemagne‹, 1810) ist später nicht mehr erreicht worden. Nun herrschte der Nationalismus, auch auf ästhetischem Gebiet. Ein Nationalismus, der gewisse Berichterstattungen nur schwer genießbar macht, namentlich in den Jahren vor dem Ersten Weltkrieg.

Sofern er nicht chauvinistischen Predigern wie Henry Thode (1857–1920) lauschte, wußte der gebildete Deutsche damals gut über französische Kunst Bescheid dank des unermüdlichen Julius Meier-Graefe. Allerdings interessierte sich dieser Kritiker letztlich doch mehr für das 19. Jahrhundert als für die entstehende Moderne. Immerhin wiesen er, Fritz Burger, Wassily Kandinsky und Max Raphael bereits dezidiert auf Matisse, Picasso und die Revolution des Kubismus hin.

Französische Kenner der deutschen Entwicklung waren dagegen äußerst selten. Rein zufällig spricht der Dichter Jules Laforgue, der 1883–1886 Vorleser der Kaiserin Auguste in Berlin war, von Max Klinger. Klingers *Beethoven*-Denkmal steht auch im Mittelpunkt der ersten Artikel, die der junge Guillaume Apollinaire, 1902 Hauslehrer im Rheinland, an Pariser Zeitschriften schickt. Diese Berichte handeln von der Siegesallee in Berlin, von altdeutschen Monumenten in Köln und Nürnberg. Eine Ausstellung zeitgenössischer Kunst in Düsseldorf wird eben erwähnt. Der französische Beobachter mußte also verschiedene Kunstzentren aufsuchen, während sein deutscher Kollege in Paris alles vereint fand: alte und neue Kunst, fremde und französische Künstler. Zentralismus und Dezentralisierung – dieser Unterschied hat noch bis in jüngste Zeit die Kenntnis voneinander bestimmt.

Um 1910 beschleunigt sich die Rezeption im Reich. Die von den *Fauves*, von Matisse, Derain und Delaunay angekurbelte Bewegung reißt international alles mit. In Paris arbeitende deutsche Künstler um Purrmann, Levy und Weisgerber nehmen Kontakt mit Matisse auf, der sich selbst 1908–1910 dreimal nach Deutschland begibt, wo er ausgestellt, veröffentlicht und angekauft wird. Das gleiche gilt für Robert Delaunay, dem sich Paul Klee und die Maler des *Blauen Reiter*, als Vertreter des ›Geistigen in der Kunst‹ nahe fühlen. Allerdings erkennt man am andern vor allem das eigene. Matisse wird in Deutschland als Kolorist begriffen; seinem ornamentalen Formalismus mißtraut man ebenso wie der Bildaufsplitterung der Kubisten und dem Ikonoklasmus Picassos. Nur Expressionisten wie Kokoschka stehen ihm nahe.

In umgekehrter Richtung existiert kaum Wißbegierde, Paris genügt sich selbst. Während die französische Moderne im Berliner *Sturm* Revue passiert, bleibt junge deutsche Kunst in Frankreich praktisch unbekannt. Dort lebende Künstler wie Lehmbruck werden nicht in ihrer Eigenart erkannt, Kandinskys *Improvisationen*, im »Salon des Indépendants« ausgestellt, finden wenig Echo. Wer sich nicht ins Pariser Milieu integriert, zählt nicht.

Die Auswirkungen des Ersten Weltkriegs bringen eine Wende. *Dada* ist als antibürgerliche Protestbewegung international und kennt keine Grenzen; der Surrealismus bezieht seine Sprengkraft zu einem Gutteil aus deutschsprachiger Literatur und Philosophie, von der Psychoanalyse gar nicht zu reden. Beide Bewegungen, denen auch Deutsche angehören, werden zunächst jedoch als außerkünstlerisch begriffen. Aber auch in der eigentlichen bildenden Kunst schlägt die Tendenz um. Die Kunst der bewegten Weimarer Republik wird von politisch-realistischen Tendenzen beherrscht. Ihre fortschrittlich gesinnten Künstler wenden sich vom französischen Neoklassizismus ab, der als Erstarrung gilt. Auch dies ist ein Grundmuster wechselseitigen Mißverstehens, das sich auf Gegensatzpaare wie Beharren und Fortschritt, Kunst um der Kunst willen und Kunst als Mittel zur Änderung der Zustände, Tradition und tabula rasa bringen ließe.

In den späteren zwanziger Jahren erfolgt in Frankreich eine Öffnung, nicht zuletzt dank Zeitschriften wie *Cahiers d'Art*. Man interessiert sich für das Bauhaus und die Architektur des demokratischen Deutschland. Konstruktivisten und Abstrakte arbeiten in den Gruppen »Cercle et Carré« und »Abstraction-Création« zusammen. Willy Baumeister und Fernand Léger pflegen Austausch.

Wir überspringen der Kürze halber das Dritte Reich, das deutsche Besatzungsoffiziere ins Pariser Atelier Picassos führt, während französische Künstler, und nicht die geringsten, sich für Arno Breker und die neue Ordnung im Reich interessieren – auch dies ein Kompensationsphänomen.

Nach der Abkoppelung durch den Nationalsozialismus öffnet sich Westdeutschland begierig den zeitgenössischen Kunstströmungen. Fieberhaft sucht man das in zwölf Jahren Versäumte nachzuholen. Anfangs kommt es dabei zu einer regelrechten französischen Überformung, ehe die amerikanische Dominanz einsetzt. Erst seit den siebziger Jahren scheint die Kunst der Bundesrepublik ganz zu sich selbst zu finden durch Gestalten wie Joseph Beuys, Gerhard Richter, Ulrich Rückriem, Sigmar Polke, Georg Baselitz, Anselm Kiefer und die *Neuen Wilden*. In ihnen sieht Frankreich, inzwischen künstlerisch unsicher geworden und daher für Fremdes aufgeschlossener, seine alten Vorlieben und Vorurteile – je nachdem – bestätigt: romantische Entgrenzung, Wagnerismus, Hang zum Gesamtkunstwerk und zur Spekulation, Schwanken zwischen Mystik und Tagespolitik, Erweiterung des Kunstbegriffs.

Einmal mehr scheint heute, vergleicht man beide Länder, Dynamik gegen Beharren zu stehen, Expression gegen ›peinture‹, Entfesselung gegen Form, Romantik gegen Klassizismus. Deutsche Kunstenthusiasten tun sich derzeit schwer mit französischem Kalkül à la Buren und Jean-Pierre Raynaud, mit dem intellektuellen, in der Arbeit oft gar nicht realisierten Überbau, mit dem Element des Ludischen bei Le Gac, Boltanski, Poirier und einer ironisch auf Ästhetisches anspielenden Konvention, die von Duchamp bis Bertrand Lavier durchgeht.

Obschon gut subventioniert, tritt der bundesdeutsche Künstler gern für sich, als einsamer Wolf und außerhalb von Spielregeln auf, ein Tabubrecher. Sein französischer Kollege, als Individuum eher anarchisch gesinnt, bewegt sich jedoch gesellschaftlich nach ungeschriebenen Gesetzen von Gemeinschaft und Urbanität. Das hat historische Voraussetzungen, man denke nur an Caspar David Friedrich im Vergleich mit Eugène Delacroix, Menzel mit Courbet, Leibl mit Manet. Undenkbar, daß in Frankreich renommierte Künstler sich der Ausmalung eines Symbols der Demokratie verweigert hätten, wie dies in Frankfurt beim Wettbewerb für die Paulskirche geschah.

Schwer vorstellbar auch, daß, sagen wir, ein Baselitz zur Verschönerung der *Villa Hammerschmidt* herangezogen würde, wie Gérard Garouste für das Elysée. Und daß jedermann in Frankreich sein Scherflein zum 200. Jahrestag der Großen Revolution beiträgt, versteht sich von selbst. Frankreich ist immer der selbstverständliche Horizont, was daheim eine Stärke, auf dem internationalen Parkett, wo sich die Deutschen letzthin gut behaupten, sicher eine Schwäche darstellt.

Jene Direktheit, die in einer weitgehend egalisierten Bundesrepublik überall ankommt, mutet im komplizierten Frankreich mit seinem Kulturgefälle und dem schwierigen Verhältnis von Zentrum und Provinz oft überdeterminiert an. In Paris vor allem, weniger außerhalb, wo sich neugeborene Kunstinstitutionen gerade solcher Eisbrecher bedienen, um die herkömmliche Fixierung auf die Hauptstadt im Sinne des Polyzentrismus aufzusprengen. Man holt sich die Beispiele und Vor-Bilder bewußt aus Italien und der Bundesrepublik. Auch neue französische Ausstellungsstätten profitieren vom Muster der Kunsthallen und Kunstvereine.

Andererseits ist nicht zu übersehen, daß gediegene deutsche Sammler, Händler und Zeichnungskabinette französische Meisterkunst bevorzugen, daß ehrgeizigen Städten wie Frankfurt, München, vor allem aber Berlin, eine Konzentration wie in Paris vorschwebt, die internationale Kunstereignisse nicht nur der Gegenwart wieder auf deutschen Boden holen soll. Daß die »Musées de France« souverän mit großen amerikanischen Institutionen, manchmal auch mit Kanada und England paktieren, ist ein Stachel im Fleisch des Föderalismus.

Man ersieht hieraus, zu welch subtiler Dialektik nach innen und außen die alten Mißverständnisse inzwischen geführt haben und wie sie beiden Partnern taktisch unentbehrlich geworden sind. Mögen sie uns also im Sinne kreativer Reibung erhalten bleiben; es lebe der kleine Unterschied.

Jean-Louis Cohen

Architektur

Die Architektur nimmt in der Geschichte der deutsch-französischen Beziehungen und im heutigen Austausch zwischen beiden Ländern einen besonderen Platz ein. Kultur, wie sie in Architektur zum Ausdruck kommt, ist Träger regionaler oder nationaler Identität. Sie schlägt aber auch die Brücke zu universalen Idealen, im Klassizismus wie im Funktionalismus. Architektonisches Denken kann sich theoretisch in Traktaten kristallisieren oder sich in Gebäuden und ganzen Städten verkörpern. In Deutschland wie in Frankreich hat es zur Bildung eines Repertoires gedanklicher Möglichkeiten und Bezüge, aber auch eines sichtbaren Erbes von Gebäuden und Stätten geführt. Architektur ist ein konkret erfaßbares Feld grenzübergreifender Interaktion und wechselnder Einflüsse, wenn die in einem Land herrschenden Theorien ein fruchtbares Anwendungsfeld im anderen finden, was aber eher die Ausnahme war. Gerade das 20. Jahrhundert bot nur wenig Raum und Gelegenheit für derartige Gemeinsamkeit.

Ein Überblick über die wichtigsten Etappen architektonischer Produktion in Deutschland und Frankreich in diesem Jahrhundert erfordert eine doppelte Überprüfung: einerseits muß die Rolle der traditionellen Kultur in beiden Ländern herausgearbeitet werden, die von den Geschichtsschreibern der »Moderne« meist verschwiegen wird; andererseits muß jede einseitig wertende Betrachtungsweise im Verhältnis zwischen Architektur und Politik überwunden werden, um Kontinuitäten und Brüche herausarbeiten zu können, die sonst nicht in den Blick kommen. Architektonische Moderne erscheint dann als ein diskontinuierlicher Prozeß theoretischer und formaler Entwicklung, in dessen Verlauf die oft gegensätzlichen französischen und deutschen Beiträge sich schließlich gegenseitig bestärken.

Es gilt also, einen sehr viel komplexeren und dichteren Raum zu konstruieren, wo zu den Unterschieden zwischen Persönlichkeiten und kulturellen Institutionen, die zusätzlich noch in regionale Identitäten zersplittert sind, theoretische Gegensätze zwischen Architekturschulen hinzukommen. Das monolithische Auftreten der *Ecole des Beaux-Arts* bringt diese in eine marginale Position gegenüber den großen Strömungen architektonischen Denkens im 20. Jahrhundert, während die Vielfalt der deutschen Technischen Hochschulen dazu führte, daß diese zu Stätten des Experimentierens und der Ausreifung neuer Doktrinen wurden und dies auch in der Nazizeit weiterführen konnten.

Die Phasen der Besatzung, Perioden harter Konfrontation, wie sie in den deutsch-französischen Beziehungen des 20. Jahrhunderts mehrfach auftraten, führten zugleich jeweils zu Versuchen der Umdeutung von Traditionen und von Geschichte, insbesondere in den Grenzregionen Elsaß, Lothringen, Baden, Pfalz.

Das Hauptthema der deutschen und französischen Baukultur ist das der Modernität. Angeblich ist sie auf spektakuläre Weise 1927/28 mit den Bauten von Le Corbusier in der Stuttgarter *Weissenhofsiedlung* und der Gründung der internationalen Kongresse für moderne Architektur (CIAM) aufgetaucht.

In Wahrheit gab es aber in Deutschland schon vor 1914 eine ausgesprochene Reformkultur, die verschiedenste Formen annahm und vom Traditionalismus bis zum Protofunktionalismus reichte, während in Frankreich die Versuche der Funktionalisten sich keineswegs wie bei Auguste Perret auf die Vervollkommnung des Eisenbetongerüsts beschränkten und neue Nutzungen erprobten.

Zwischen 1918 und 1939 vollzieht sich in beiden Ländern eine parallele Entwicklung in der Entfaltung der Ideale und Formen funktionalistischer Modernität, allerdings mit einer gewissen Asymmetrie: Während in Deutschland die Niederlage auch eine tiefgreifende Infragestellung der herrschenden Baupolitik und Architekturpoetik verursacht hatte, wurde in Frankreich die Kontinuität der Akademischen Schule weithin ungebrochen fortgeführt.

Im Rahmen von Ausstellungen, Zeitschriften und Gesellschaften fand eine ständige gegenseitige Beobachtung statt. Schon vor 1914 nehmen die Mitglieder der Schule von Nancy Peter Behrens und den *Deutschen Werkbund* im Augenblick ihres Wirkens wahr; dieser Einfluß zeigt sich in Paris, als beim Herbstsalon 1910 die »Münchner« heftige Debatten auslösen. 1925 wird Deutschland zu spät zur Pariser Ausstellung der *Arts Decoratifs et Industriels Modernes* eingeladen und kann nicht auftreten. Le Corbusier, der 1927 aufgefordert worden war, zwei Häuser in Stuttgart zu bauen, und André Lurçat werden in Frankreich die Versuche der deutschen Funktionalisten bekannt machen. Die Zeitschrift *L'Esprit nouveau* (1920–1925) öffnet sich ihnen ebenso wie die Stände der Ausstellung des Comité Nancy-Paris (1926), wo die »Abgelehnten« des vergangenen Jahres erstmals in Frankreich gezeigt werden.

In der 1928 gegründeten CIAM sieht man die Gegenüberstellung von Le Corbusier mit Hugo Häring und Hannes Meyer, dem Direktor des Dessauer Bauhauses. Dieser lehnt Le Corbusiers künstlerischen Zugang zur Architektur ab und stellt ihm einen strengen Funktionalismus entgegen. 1930 gibt die Ausstellung des *Deutschen Werkbundes* beim Salon der Artistes Décorateurs dem Pariser Publikum einen ersten Überblick über die Arbeiten des *Bauhaus*; zugleich erscheinen in der Zeitschrift *L'Architecture d'aujourd'hui* die ersten Berichte des jungen Berliners Julius Posener. Dieser bevorzugt in gewisser Hinsicht die Traditionalisten und insbesondere die Generation von »Pionieren« wie Behrens oder Hans Poelzig gegenüber der von Le Corbusier oder Gropius verkörperten neuen Generation.

Posener ist keineswegs der einzige Verbindungsmann zwischen

den beiden Architekturszenen. Der in München und Düsseldorf ausgebildete Elsässer Roger Ginsburger stellt in Frankreich die Frankfurter Wohnungen des Teams von Ernst May vor, deren Einfluß sich in den Wohnblöcken des Office Public d'Habitations de la Seine beispielsweise in Châtenay-Malabry zeigt; die französischen Entwicklungen werden umgekehrt in der Publikation *Das neue Frankfurt* und dem Organ des Werkbunds *Die Form* vorgestellt.

1930 veröffentlicht Ginsburger in Wien das Buch *Frankreich*, dem 1928 das Werk *Bauen in Frankreich, Eisen, Eisenbeton* des Zürichers Sigfried Giedion vorangegangen war. Diese Bücher stellen die neue französische Architektur in die Kontinuität des schon im 19. Jahrhundert entwickelten konstruktiven Rationalismus, der von den Theorien Viollet-le-Ducs zum Eiffel-Turm und zur Maschinengalerie bis schließlich zu den ersten Bauten in Eisenbeton geführt hatte. Kein vergleichbares Werk konnte der französischen Öffentlichkeit einen Gesamtüberblick über das *Neue Bauen* geben.

Von den wichtigsten Feldern, in denen sich die Verwandlung der Architektur im 20. Jahrhundert vollzog, wird inbesondere die Stadtgestaltung und die Frage, wie eine moderne Stadt aussehen und kontrollierbar sein soll, schon seit 1900 zwischen Frankreich und Deutschland diskutiert. Im Bereich der Stadtplanung, einem sich erst neu ausbildenden Fach, nahmen zwar gewisse Franzosen in Deutschland an Wettbewerben (Léon Jaussely erhält beim Berliner Wettbewerb von 1910 den zweiten Preis) oder an Ausstellungen (so Eugène Hénard 1911 in Düsseldorf) teil, Frankreich bleibt aber im Rückstand. Als sich der Kölner Stadtplaner Josef Stübben 1914 nach Paris begibt, um einen Vortrag im *Musée Social* zu halten, kann er der langen Liste von Bezügen auf den französischen Klassizismus, auf denen er seine Theorien aufbaut, nur wenige neuere Beispiele hinzufügen. Der Erste Weltkrieg führt in Frankreich angesichts der Ruinen in den »verwüsteten Regionen« auch zu einem gewissen theoretischen Aufholen. In der Ausstellung *La Cité reconstituée* werden 1917 ein gewisser architektonischer Regionalismus und rationelle Stadtlösungen gezeigt; das erste Stadtplanungsgesetz wird 1919 verabschiedet, mehr als 40 Jahre nach dem entsprechenden preußischen Gesetz...

Die zwischen 1919 und 1922 unter der Schirmherrschaft Walther Rathenaus gemachten Versuche, deutsche Genossenschaften am Wiederaufbau Ostfrankreichs zu beteiligen, scheitern trotz des energischen Einsatzes der beiden mit der Durchführung des Programms beauftragten Architekten: des künftigen Berliner Stadtbaurats Martin Wagner und des Stadtplaners Donat-Alfred Agache. Das Feld der Stadtplanung wird sich danach in beiden Ländern unterschiedlich entwickeln. In Frankreich führen die großen Gestalter der *Ecole des Beaux-Arts*, in Deutschland dagegen bestehen vielfältige Gegensätze zwischen Ingenieuren und Theoretikern der verschiedenen Schulen. Die Machtergreifung der Nazis im Jahre 1933 führt zu einem Strom von Emigranten, darunter viele Schüler des Bauhauses aus Berlin oder an Architektur interessierte Philosophen wie Max Raphaël, einem großen Kenner der französischen Kunst, der sich bis 1939 zugleich mit Romanischen Kirchen und den Theorien und Gebäuden von Le Corbusier, Lurçat oder Perret beschäftigen wird.

Posener, der sich ebenfalls seit 1934 im Exil befindet, gibt ein sehr ambivalentes Bild der deutschen Architektur. In einer Sondernummer von *L'Architecture d'aujourd'hui* lobt er 1936 den betonten Rationalismus eines Schmitthenners oder Tessenow und den gemäßigten Rationalismus eines Bonatz, und führt einen gewissen Konformismus der jungen deutschen Architekten auf die Exzesse der Vereinfachung und der *Neuen Sachlichkeit* zurück.

Der Zweite Weltkrieg führt keineswegs zum Stillstand architektonischer Produktion. Während sich der Wiederaufbau im größten Teil des französischen Territoriums der unmittelbaren Kontrolle der Besatzungsmacht entzieht, geht diese in den annektierten Territorien mit unterschiedlichen Strategien vor.

Vor dem Ersten Weltkrieg waren Straßburg und Metz Experimentierfeld für die Wilhelminische Architektur (Axialkomposition in Straßburg, aber auch Ansätze zur Gartenstadt entsprechend den Idealen der Bewegung für den *Heimatschutz*; malerische Stadtgestaltung in Metz).

Während die Pläne der Nazis, Straßburg zu einer Hauptstadt zu machen, in gelegentlich riskanter Weise wie im Projekt Schmitthenner die Pläne des Zweiten Reiches fortsetzen, sind andere Bauten durchaus durch die Moderne geprägt wie beispielsweise die Fabrik in Rheinau, bei der der Funktionalist Ernst Neufert seine Dimensionennormen vorstellt, oder die an der Mosel von Emil Steffann errichteten landwirtschaftlichen Gebäude.

Nach 1945 zeigt die französische Besatzungsmacht durchaus auch architektonischen oder stadtplanerischen Ehrgeiz. Während der Architekt der Monuments Historiques, Bertrand Monnet, von Baden-Baden aus eine Politik der Restaurierung der Baudenkmäler betreibt, in denen er Spuren französischen Einflusses sucht, kämpft Marcel Lods zwei Jahre lang vergeblich, um für Mainz einen Plan durchzusetzen, der auf den funktionalistischen Prinzipien der Charta von Athen beruht. Schließlich wird im Saargebiet die »Equipe des urbanistes« unter der Leitung von Marcel Roux und Georges-Henri Pingusson die weitreichendste Politik durchsetzen, die sowohl die Stadtplanung wie die Architektur selbst betrifft und auch Experimente des Industriebaus mit Metallsystemen einschließt.

Zu Beginn der fünfziger Jahre wurden auch die Begegnungen von Architekten wieder aufgenommen, wie sie beispielsweise im Rahmen der Bewegung für Sakralkunst von Pater Régamey stattfand. Der Einfluß des brutalistischen Stils, wie ihn Le Corbusier für die Kapelle von Ronchamp entwickelt hatte, greift um sich; vielfältige Beachtung finden auch die oppositionellen funktionalistischen Gruppen des Team X, insbesondere bei der Interbau des Jahres 1957, die zugleich die Rückkehr Berlins auf die internationale Architekturszene bedeutete und aus deren Anlaß Le Corbusier eine Wohneinheit, Pierre Vago und Raymond Lopez zwei Wohnblöcke errichten. Candilis, der zehn Jahre später die *Freie Universität* bauen wird, profitierte von dieser neuen Konjunktur, obwohl sein 1963 entwickelter Plan für die Frankfurter Innenstadt scheiterte.

Während die der ästhetischen Neuerung gewidmete Ulmer *Hochschule für Gestaltung* 1968 brutal geschlossen wird, wenden sich die Generationen, die gleichzeitig die Krise der *Ecole des Beaux-Arts* oder der deutschen Hochschulen durchgemacht haben, meist zugleich ihren lokalen »Kunden« und häufig den gleichen ausländischen Einflüssen aus Italien oder den USA zu. Mit Aufkommen der sogenannten postmodernen Strömungen in der Architektur wird diese Neigung noch deutlicher.

Eine vergleichende Diskussion über stadtplanerische Strategien in heutigen Großstädten kam erst bei Initiativen wie der *Internationalen Bauausstellung* zustande, die es einigen Franzosen nach 1980 erlaubte, in Berlin zu bauen, und führte zu einem produktiven Austausch. Das Echo Ostdeutschlands und seines völlig industrialisierten Bauwesens bleibt dagegen schwach trotz der seinerzeit durch die *Stalinallee*, dem Manifest des Berliner »Sozialistischen Realismus«, ausgelösten Diskussionen. Insgesamt sind an die Stelle des vor 1914 starken gegenseitigen Interesses und der Austauschbeziehungen zwischen den beiden Kriegen heute sehr viel schwierigere und punktuellere Beziehungen in einer multipolaren Welt getreten. Die Grenzregionen, die bis 1950 Bereiche ganz besonderer Formen von Innovation waren, scheinen heute wieder einen gemeinsamen Horizont zu entdekken, während Bewegungen wie die »urbane Architektur« der siebziger Jahre zwar keine kontinuierlichen Arbeitsbeziehungen geschaffen, aber doch zumindest das gemeinsame Nachdenken über die Stadt und das Gebäude gefördert haben.

Martin Kaltenecker

Musikgespräch mit Pierre Boulez

M. K.: Brian Ferneyhough hat behauptet, der »Nationalcharakter« einer Musik käme nur bei den zweitrangigen Musikern zum Ausdruck. Was halten Sie davon?

P. B.: Ich habe dies selbst einmal in anderer Weise gesagt: es gibt eine Art Folklore, die sich nicht exportieren läßt. Aber selbst bei den ganz großen Komponisten bleibt immer eine Spur des Herkunftsmilieus, der Ausbildung.

M. K.: Gewiß liest ein Schriftsteller zunächst Bücher, die in seiner Muttersprache geschrieben sind, ein Musiker aber kann beispielsweise zunächst Bach gelesen haben und erst dann Ravel oder Debussy.

P. B.: Es gibt aber ganz verschiedene Weisen, Bach oder Debussy aufzufassen! In der deutschen Leseart wird bei Bach vor allem seine Kontinuität beeindrucken, die Arbeit der musikalischen Entwicklung; in Frankreich wird man dagegen vielleicht die Klarheit in der Stimmenführung wahrnehmen, der Zugang jedenfalls ist unterschiedlich. Zur Form, nehmen wir beispielsweise Beethoven: die deutsche Tradition interessiert sich vor allem für die Durchführung (ein Begriff, für den es auf französisch keine Entsprechung gibt), hier liegt die Stärke der deutschen Komponisten; in Frankreich dagegen wird man ihn in »Abteilungen« analysieren, also Exposition, Entwicklung, Reprise etc. getrennt betrachten, eine Form des stückweisen Vorgehens, das selbst bei den besten Komponisten ein ausgesprochener Fehler werden kann. Betrachten wir Berlioz und Wagner, die beide aus den gleichen Quellen schöpfen: von Gluck, Beethoven und Weber. Berlioz übernimmt von Weber vor allem die pittoreske Seite und von Gluck das Verhältnis Arie/Rezitativ; Wagner dagegen übernimmt von Beethoven nicht etwa wie Berlioz dessen Effekte, sondern die Art der kontinuierlichen Entwicklung.

M. K.: Spürt man in Deutschland eine gewisse Herablassung gegenüber der französischen Musik?

P. B.: Zweifellos. Man sieht es beispielsweise in der Korrespondenz Alban Bergs, der ausgesprochen irritiert ist, wenn man ihm sagt, gewisse Passagen seiner Musik erinnerten an Debussy: er empfindet dies fast als Anklage, die er weit von sich weist. Berg fand die französische Musik insgesamt viel zu parfümiert – dies hing sicher auch mit der Art zusammen, wie sie damals gespielt wurde. Zweifellos bietet die französische Musik Möglichkeiten für eine zu schmachtende Ausführung, eine Art der Auflösung, die ziemlich unerträglich ist. So wirken dann Debussy und mehr noch Ravel wie ein bloßes Luxusprodukt, elegant, aber ohne Tiefe: eine völlige Fehleinschätzung. Man muß aber schon sagen, daß für ein mit Wagner und Strauß genährtes deutsches Empfinden *Pelléas* ziemlich dünn wirkt. Strauß hatte dies auch selbst gesagt: »Wo bleibt denn da die dramatische Kraft?« Das Verhältnis Wagner–

Debussy muß im historischen Zusammenhang gesehen werden: man lese nur Proust, um zu sehen, in welche Exzesse der französische Wagnerkult verfallen war. Wagner galt damals als das alleinseligmachende Heil; Debussys Ablehnung war also nur eine ganz natürliche, gesunde Reaktion. Ich könnte sie mit der Einstellung vergleichen, die ich mit zwanzig Jahren zu Berg hatte: es irritierte mich, daß man ihn für den einzig möglichen Weg zur Modernität hielt: man reagiert dann frontal, kümmert sich kaum um die musikalische Realität, eine Offensive ist fällig.

M. K.: Wo findet man bei Debussy Wagners Einfluß?

P. B.: Man höre nur die Zwischenspiele zu *Pelléas*! Hier mußte sich Debussy offenbaren, da er in Eile war, sie rasch komponieren mußte und die Einflüsse also ungetarnt zutage treten. Schon das Golaud-Motiv ist, wie man betont hat, eng mit dem Parsifal-Motiv verwandt...

M. K.: Man behauptet, die Musiker Ihrer Generation, die sich in Darmstadt zusammenfanden, hätten das Problem eines besonderen Nationalstils mit voller Absicht beiseite geschoben oder überwunden.

P. B.: Sicherlich, unsere Generation hat in dieser Weise reagiert. Zunächst, weil wir die Katastrophe des Zweiten Weltkriegs gerade hinter uns hatten. Seltsam übrigens, daß wir uns gar nicht nach England gewandt hatten – wir waren so von der Wiener Schule fasziniert, daß sie unsere ganze Aufmerksamkeit absorbierte. Auch dies war eine Reaktion gegen die Pariser Strawinsky-Mode: ganz ähnlich wie die Hausfrauen suchte man auch in der Musik die »Lebensqualität« der Vorkriegszeit, das intellektuelle Wohlbehagen vor dem großen Einschnitt – diese Wiederauflage des Neoklassizismus hat uns irritiert. Außerdem gab es nirgendwo in Frankreich einen Ort wie Darmstadt, keine Institution stand bereit, um neue schöpferische Kräfte aufzunehmen (so lag der Rundfunk beispielsweise in der Hand mittelmäßiger, sehr verschlossener Leute). Wir waren also geradezu gezwungen, international zu werden, was sich auch zeigte, als ich den *Domaine musical* schuf: es gab damals sehr viel mehr Brücken und Kontakte zwischen Komponisten als heutzutage! Heute hat jedes Land wieder seine eigenen Zentren und Interessenschwerpunkte gebildet, hat Einrichtungen geschaffen, ein einziger gemeinsamer Mittelpunkt, wie es Darmstadt war, wäre heute nicht mehr möglich (dabei dauerten die dortigen Kurse bekanntlich nur zehn Tage im Jahr: dies genügte, um einen ganzen Mythos zu schaffen...). Die Überwindung der Nationalstile durch serielle Musik war aber damals kein ausdrückliches Vorhaben; was vor allem zählte, war die persönliche Sympathie. Auf das Herkunftsland kam es nicht mehr an; unser musikalisches Denken war jedenfalls über diese Probleme hinausgewachsen.

M. K.: In Frankreich hat man Ihnen dagegen sicherlich gesagt, daß serielle Musik unfranzösisch sei...

P. B.: Dies behauptete man schon in den zwanziger Jahren – und argumentierte ebenso in den vierziger Jahren, als die serielle Musik neu entstand. Man erklärte: das kennen wir schon, wir haben 1920 *Pierrot Lunaire* gespielt und schon damals gesehen, daß dies zu nichts führte, daß diese Musik vielleicht für Mitteleuropa gut war, aber keinesfalls für Frankreich. So reden Veteranen... Wir haben dagegen den großen Nutzen hervorgehoben, den es für die französische Kultur bedeuten könnte, die deutsche besser kennenzulernen. In der Malerei vollzog sich die gleiche Entwicklung. Niemand kannte in Paris wirklich Kandinsky, als dieser Deutschland verließ; der Ruhm von Picasso und Matisse überstrahlte Klee oder Kokoschka. Die ersten Ausstellungen mit Werken von Klee und Kandinsky fanden in Frankreich erst nach dem Krieg zwischen 1945 und 1948 statt. Austausch, Osmose waren immer eine Bereicherung. Wenn ein Deutscher Debussy spielt, wird er die bei ihm ganz neuartige Kontinuität der Entwicklung hervorheben; ein Franzose, der Strauß dirigiert, wird eine besondere Sensibilität für den klanglichen Reichtum des musikalischen Materials entwikkeln. Gleiches gilt für Wagner: ich muß immer an Nietzsches (übrigens bösartige) Bemerkung denken, der diesen als »Miniaturenmeister« bezeichnete. Die Deutschen sehen bei Wagner oft nicht die ungeheure Präzision, die bis ins Detail ausgewogene Subtilität des Gewebes und fliehen in die große Geste: wird diese aber nicht durch die musikalische Feinarbeit getragen, verliert sie an Intensität. Meisterwerke können nur gewinnen, wenn sie Grenzen überqueren.

M. K.: Ist es für Sie selbst irritierend, wenn man beispielsweise den Klangzauber des *Marteau sans maître* als »sehr französischen« bezeichnet?

P. B.: Es irritiert mich nicht, die Aussage ist aber unvollständig. Denken wir nur an die gleichzeitig geschriebenen *Zeitmaße* von Stockhausen: dort besteht wenig instrumentaler Klangzauber, der Schwerpunkt ist ein anderer, Stockhausen hat sich erst später mit diesem Aspekt des Materials beschäftigt. Gewiß, in *Marteau* liegt sehr viel mehr äußerlicher Klangzauber – das bedeutet aber keineswegs, daß die Struktur nicht sehr genau durchdacht ist! Ich glaube nicht, daß Musik nicht verführen darf – denken Sie doch nur an den Orchesterklang der großen deutschen Komponisten, bei Wagner, selbst bei Strauß, ist er sehr viel verführerischer als bei Ravel oder bei dem überaus kargen Fauré.

M. K.: Immerhin hat in Frankreich die Generation nach Ihnen, so beispielsweise die Musiker des *Itinéraire*, eine Kompositionsweise entwickelt, die weitgehend mit Klangfarben arbeitet.

P. B.: Dies ist gerade der Aspekt ihrer Werke, der mich persönlich am wenigsten anzieht, auch wenn ich ihre Gegenreaktion gegen den stark reflektierten, intellektuellen Charakter meiner Generation verstehe. Die von ihnen entwickelten Qualitäten harmonischer Entwicklung müßten auf einer stärkeren Struktur aufbauen, man gerät sonst in eine einseitig vertikale Schreibweise, die es bereits bei Debussy und Ravel gibt: hier liegt die Gefahr des französischen Kompositionsstils, die Gefahr, die bei Berlioz, bei Debussy und bei Ravel spürbar ist – und ich nenne nur die besten. Mich selbst haben die deutschen Musiker immer fasziniert, vor allem die Kontinuität ihrer Entwicklung, ihre einzigartige Denkweise, wie man sie bei Bach, bei Mozart, Beethoven und bei Wagner findet ... Hier liegt die Hauptqualität der deutschen Tradition, das Vermögen, Ideen zu entwickeln, selbst wenn das Ausgangsmaterial ganz schmal ist. Ein Musiker wie Brahms, der meiner persönlichen Empfindungsweise fernsteht, ist ein bewundernswürdiges Beispiel für diese Ausführung von Ideen – während Reger es schon nicht mehr ist: hier werden die Schubladen eine nach der anderen aufgezogen, die Kontinuität der musikalischen Erfindung besteht nicht mehr. Bei Debussy ist gerade dieses Vorgehen wunderbar, seine Art des raschen Sinneswechsels, der gezielten Entwicklungsbrüche.

M. K.: In Deutschland gibt es heute eine neue Neigung, zur romantischen Musik zurückzukehren.

P. B.: Ja, das ist seltsam, gerade die jüngsten Musiker kehren zu den Quellen nationaler Traditionen zurück, dies muß nicht immer gut sein. Es scheint, als würde die Isolierung immer größer, jeder bleibt paradoxerweise in seiner eigenen Welt, während doch sehr viel umfassendere Informationsmöglichkeiten bestehen als noch zu meiner Zeit. Ich mußte es oft feststellen: die jungen Musiker wissen heute weniger, was jenseits der Grenzen vor sich geht, als wir vor vierzig Jahren. Dies ist seltsam, vielleicht gefährlich: wollen wir weiterkommen, wollen wir verändern, müssen wir den Austausch pflegen.

Heike Hurst
Stereotype im Film

Ist ein Deutscher Doktor? Doktor Mabuse, Doktor Caligari, Doktor Faustus? Ist ein Deutscher ein Übermensch, Aguirre, Fitzcarraldo? Trägt ein Deutscher einen Schnurrbart, hat er einen abrasierten Hinterkopf, trägt er Stiefel und Handschuhe? Ein Käppi, einen Helm, eine Uniform?

»Wer ist ein deutscher Mann?
Wer hunnisch regiert, Napoleon markiert,
in Österreich geboren, den Bart englisch geschoren,
wer italienisch grüßt, deutsche Mädchen Kinder kriegen läßt,
wer selber keine Kinder machen kann.
Das ist ein deutscher Mann!«
(Flüsterwitz im Dritten Reich)

Ist er den Mächten des Bösen unterworfen, ein Wahnsinniger, ein Geisteskranker?

Ist er Terrorist? Machtgierig? Immer auf der Suche nach der Vergangenheit? Ist er verbannt? Irrt er durch die Welt? Sucht er eine Frau, verschleppt er kleine Mädchen, hat er einen Hund, einen deutschen Schäferhund?

»Ein Stereotyp, ist das nicht ein starres, unbewegtes Bild?« (*Roland Barthes,* En sortant du cinéma, Communications, Nr. 32/1975)

Ein Glossar der Vieldeutigkeiten und Fehldeutungen im deutsch-französischen Dialog über den Film könnte den Versuch machen, ein *Miß*verständnis zu bezeichnen, das durch ein *Wohl*verständnis zu ersetzen wäre. (*»Comme de bien entendu«* trällert Arletty, und Michel Simon, der sie vor den schrecklichen Folgen aller Mißverständnisse, die den Charme dieses Filmes ausmachen, beschirmt, nimmt dann diese Melodie auf!) Hier jedenfalls sollen wir bemüht sein, Mißverständnisse aufzulösen, Vieldeutigkeiten zu klären. Der Versuch, die Produktion von Bildern, den Vorrat des autovisuellen Gedächtnisses abzugrenzen und zu sortieren, kommt dem Bemühen gleich, zum Stehen zu bringen, was beweglich ist, ihm eine normierende Deutung zu geben, was die sicherste Weise ist, jedes Kunstwerk in die Flucht zu schlagen, es aus der Sicht zu verlieren, da es vor einem derartigen Versuch ausweicht, Widerstand leistet oder hochmütige Gleichgültigkeit zeigt.

Durchaus aber läßt sich analysieren und dem kritischen Blick unterziehen, was die Bilder in all diesen Jahren der Filmproduktionen an sichtbaren und unsichtbaren Spuren im Gedächtnis und im Unterbewußtsein beider Völker hinterlassen hat. Es wäre vermessen, dieses auf knappem Raum zu versuchen; wir bieten also nur eine höchst unvollständige Skizze. Hierbei sind Erkenntnisse der Geschichtswissenschaft ebenso zu berücksichtigen wie die der Psychoanalyse. Das Kino ist in gewisser Hinsicht *Die Couch des Armen.*[1] Berücksichtigt man die Geschichte der Beziehungen beider Länder, erscheinen sie wie Brüder, feindlich, weitgehend ähnlich: »Das fast Ähnliche oder fast Unähnliche neigt zur Ambivalenz. So wie eine Philosophie des Ungeklärten Nähe gibt, gilt es, die Ambivalenz, die Vieldeutigkeit zu erkunden.«[2]

Deutsche und Franzosen, die Enkel Karls des Großen, sind feindliche Brüder geworden, die untereinander Vieldeutigkeiten pflegen. Nach Freud ist der kaum wahrnehmbare Unterschied Ursache des leidenschaftlichsten, zerstörerischsten Hasses. Diese Vorbemerkungen werden uns helfen, genauer die Mißverständnisse und Vieldeutigkeiten zu verstehen, die aus der Verbreitung von Bildern erwachsen. Der deutsche Film hat starke Bilder hinterlassen. Worauf ist ihre Wirkung zurückzuführen, die geradezu kultische Bewunderung, die sie hervorrufen? Ist es eine besondere Atmosphäre, das Hell-Dunkel (das von Carné imitiert und von der *Nouvelle Vague* abgelehnt wurde), ist es die ganze Galerie außergewöhnlicher, bizarrer Figuren? Der *Golem*, das *Medium Cesare* und sein *Doktor Caligari*, die *Mabuse* (nach Lang der »Superverbrecher«), *Faust* oder *Der müde Tod*, der wie die Helden der *Visiteurs du soir* sein Werk nur widerstrebend ausführt – erwächst die Faszination von der Kultur des anderen aus dieser beunruhigenden Seltsamkeit? Liegt es an der Handlung, den Personen oder den Gesichtern, an den Schauspielern? Unvergeßlich Konrad Veidt *(Cesare)*, erschütternd Peter Lorre *(M., Der Verdammte, Die Hände von Orlac)*, seine Stimme geht uns an die Nieren, oder Klein Rogge (als *Mabuse*), aber auch als Hunnenkönig Attila in den *Nibelungen*... Der deutsche Film hat Ungeheuer auf der Leinwand geschaffen, die die Geschichte in gewisser Weise legitimiert hat; hat ihnen ebenfalls (für immer?) die deutsche Nationalität gegeben. Vielleicht liegt hier ein großes Mißverständnis vor, das aus dem Titel von Kracauers Buch *Von Caligari zu Hitler* abgeleitet ist? Oder liegt es an der visionären Kraft dieses Filmes, seiner charismatischen Ausstrahlung? Hatten diese Filme die visionäre Gabe, die Zukunft vorauszusehen, wie eine derartige Interpretation a posteriori suggeriert? Lotte Eisners berühmtes Buch *Die dämonische Leinwand*, seine Gestalten wurden zum vieldeutigen Zerrspiegel des deutschen Charakters.

Als der »Junge Deutsche Film« wieder an die Anfänge anknüpft, geht Herzog besonders weit in dieser Richtung und zeigt seine *Aguirre, Fitzcarraldo* und den Kinski von *Cobra Verde* als Vertreter einer Kontinuität. Diese Kontinuität bekundete er auch in seinen Taten, seinem Marsch von München nach Paris, derart, ganz allein, »La Soufrière« (Schwefelgrube) zu filmen, bereit, mit ihm in die Luft zu fliegen. In seinem Falle ist schon begreiflich, daß es Verwechslungen zwischen seinen Helden, seinem Lieblingsschauspieler Klaus Kinski und dem Regisseur selbst gibt. *Hitler* erschien als »homme fatal«, laut Godard (von Speer) ausgeleuchtet wie die »femme fatale« im Kino, im heutigen öffentlichen Leben der Bundesrepublik Deutschland findet sie nichts Vergleichbares. Werden die Gestalten auf der Leinwand also zum Zerrbild des Filmemachers und seiner Gesellschaft? Warum dann nicht Bruno S., *Kaspar Hauser*? Beunruhigende Blindheit, Lust an der Vieldeutigkeit, sterile Masturbation angesichts der starren Großaufnahme, des Stereotyps?

Man möge doch die Augen öffnen: Fassbinders und Kluges Filme kämpfen genau gegen diese vorprogrammierte Sehweise an; sie gehen vom Klischee aus, um es spielerisch aus den Angeln zu heben. Der neueste Film dieser Art, in dem die Stereotypen das Tanzen lernen, ist Percy Adlons *Out of Rosenheim*. Die gestrandete Bayerin, die schließlich im von einer Schwarzen gehaltenen Bagdad Café landet, glaubt sofort, von Kannibalen gefressen zu werden. Totales Scheitern der durch Stereotypen gesteuerten Phantasie: in dem diese zu sehr ordnet, wird sie selbst zur Ordnung gerufen. Dieser Film ist ein wichtiger Beitrag zu unserem Thema, er zeigt die positive, fruchtbare Seite des Mißverständnisses. Die Begegnung wird beglückend, da ein Unterschied, ein Mißverständnis besteht. Die Situation ist tragikomisch, in der Mitte zwischen Lachen und Weinen. »Ist das Mißverständnis behoben, hat man wirklich Lust zu lachen.«[3]

Wieviele Franzosen kennen eigentlich Karl Valentin, jenen großen kleinen Mann, der mitten im Nationalsozialismus auf der Bühne gesagt haben soll: »Heil... hm, wie war noch sein Name?« Ja, ein deutscher Komiker.

Wenn sich die verkannte Realität durch Mißverständnisse rächt,[4] könnten wir ja von unmöglichen Filmen träumen, die wir mit geschlossenen Augen vor uns sehen und dabei lachen: »Ich träume von einem unmöglichen Film: *Don Juan* von Eisenstein und Hitchcock, mit einer Musik von Schönberg.«[5] Angesichts der heute immer häufigeren europäischen Koproduktionen könnte man sich fragen, ob nicht dort eine Tendenz zur Uniformierung und damit zur Vervielfältigung von Doppeldeutigkeiten und Mißverständnissen entstehen muß, die schließlich die alten bivalenten Strukturen des deutsch-französischen Verhältnisses (zwischen feindlichen Brüdern), der deutsch-britischen oder franco-britischen Wechselbeziehungen überwinden kann, über das schließlich »ökumenisches Wohlwollen das Babel der universellen Mißverständnisse beenden könnte.«[6]

Anmerkungen

1 *Le divan du pauvre,* Félix Guattari, *Communications*, Nr. 23, 1975.
2 Jankélévitch Dans un entretien, *Libération*, 9. Juni 1985.
3 & 4 Le Je ne-sais-quoi et le Presque-rien. Vladimir Jankélévitch, *Seuil*, 1980.
5 Julia Kristeva, in: Communications, No 23, 1975.
6 Vladimir Jankélévitch, a. a. O., S. 248.

Daniel Sauvaget
Film

Der Film, eine Kunst für die Masse, arbeitet oft mit einfachen Schemata und ist deshalb ein fruchtbarer Träger von Klischees. So gibt er oft vom anderen, dem Fremden, ein negatives, karikiertes, geradezu aggressives Bild. Das Jahrhundert des Films ist auch die Zeit, wo in den Beziehungen zwischen Deutschland und Frankreich extreme Gewalt herrschte. Wen sollte es verwundern, daß in den nationalistischen Phasen der Geschichte beider Länder, in Augenblicken der Spannung und des Vorherrschens einer Ideologie auch auf der Leinwand besonders feindselige Bilder des Nachbarn erschienen. Nachdem man entdeckt hatte, daß der Film zur massenhaften Verbreitung bewußt ausgearbeiteter ideologischer Schemata dienen konnte, wurde er gezielt zur Staatspropaganda eingesetzt: die Filmproduktion des triumphierenden Nationalsozialismus nutzte zahlreiche Kriegsepisoden und die Verherrlichung gewisser historischer Persönlichkeiten, um den Patriotismus gegen einen Feind zu pflegen, der nur allzuoft Franzose war.

Immerhin sind selbst dort, wo der Film bewußt oder unbewußt zu einem Propagandainstrument gemacht worden war, Abweichungen und Widerstände entstanden, die sich aus seinen spezifischen Produktions- oder Vermarktungsbedürfnissen ergaben (Marktstrategien, Auswechseln von Stars) und auch aus dem meist ganz vereinzelten Wirken weniger Regisseure, die sich der Gefahr bewußt waren oder bei allem Streben um Publikumsgunst auch eine Botschaft verbreiten wollten wie Pabst vor 1933 *(»Kameradschaft«)* oder Renoir einige Zeit später *(»La Grande Illusion«)*. Selbst die Massenproduktion hatte nie nur die einseitig konventionelle Bedeutung, die man ihr geben sollte: Hollywood war niemals eine bloße »Traumfabrik« und selbst die Deutung der während des Zweiten Weltkriegs von der deutschen Gesellschaft »Continental« in Frankreich gedrehten Filme hat in den letzten fünfzehn Jahren zu erheblichen Kontroversen in der französischen Filmkritik geführt.

Nach dem totalen Krieg setzte man in den fünfziger Jahren andere Ziele, man wollte mit der Vergangenheit der letzten dreißig Jahre brechen. Im Bereich des Films beschränkte man sich lange auf kurzfristig vereinbarte Zusammenarbeit, obwohl bereits 1950 offizielle Koproduktionsabkommen zwischen beiden Ländern unterzeichnet worden waren.

Das Paradoxe der fünfziger Jahre liegt darin, daß diese Form deutsch-französischer Zusammenarbeit das Fortbestehen der filmischen Darstellung nationaler Vorurteile keineswegs ausschloß. In den gemeinsam produzierten Filmen, die damals meist von Franzosen inszeniert wurden, entwickelten sich die Klischeevorstellungen zwar, wichen aber von alten Stereotypen kaum ab: der Preuße; der romantische Abenteurer; der durch seine eigenen Entdeckungen erschreckte Wissenschaftler; der heiter-bäuerische Biertrinker... (und gelegentlich auch eine Nachahmung von Marlene). In diesen Rollen glänzten Curd Jürgens, Peter van Eyck, Otto E. Hasse und Gert Fröbe. In der kommerziellen Produktion bleiben die Klischees also erhalten und damit auch das Vergnügen, das gelegentlich durchaus mit dem deutlichen Willen verbunden sein konnte, positive Charaktere zu zeichnen. Wir finden dieses Schema sogar in Filmen, die ausdrücklich der deutsch-französischen Versöhnung gewidmet waren wie *Stresemann* (Alfred Braun, 1946) und *Passage du Rhin* (André Cayatte, 1961).

Das Auftreten der *Nouvelle Vague* und ähnlicher Bewegungen in anderen Ländern Europas war mit dem Willen verbunden, mit den alten Klischees gleich welcher Herkunft zu brechen. Die französische *Nouvelle Vague* wie der *Junge Deutsche Film* versuchten auch die wirtschaftlichen und ästhetischen Zwänge abzuschütteln und den Spielfilm von seinen schon fast automatisch gewordenen Konventionen zu befreien. Dies führte zu oft gelungenen Werken mit einer sehr viel tiefergreifenden psychologischen affektiven, oft auch gesellschaftlichen und historischen Wahrhaftigkeit.

Einige der Jungfilmer *spielten* auch mit den Stereotypen, meist allerdings mit jenen aus Hollywood. Mehr in der Bundesrepublik Deutschland als in Frankreich nahmen sich einige auch die Stereotypen der nationalen Produktion, der UFA, der Heimatfilme und der Kriegsfilme vor. An vielen dieser Schnittpunkte taucht Rainer-Werner Fassbinder auf, der fast in jedem Film bemüht war, Form und Inhalt umzukehren. Bei Fassbinder ist das Vorgehen am deutlichsten, wir finden es aber auch bei Bockmayer, Kluge, Syberberg, Costard, bei den Vertretern des kritischen Heimatfilms und den Erneuerern des proletarischen Kinos. In Frankreich findet sich ein solcher kritischer Wille und die Leidenschaft der Entrümpelung in einem Teil der Werke von Mocky oder dem oft geradezu hämischen Chabrol (den Fassbinder in seinen Anfängen sehr bewunderte) und bei einigen anderen, weniger produktiven Regisseuren.

Allerdings muß man feststellen, daß diese Versuche filmischer Reinigung ihrerseits zu Vieldeutigkeiten geführt haben. Gewiß, in den Filmen deutscher Regisseure erscheinen nicht mehr die alten Operetten-Franzosen und in französischen Filmen nicht mehr die Schmieren-Deutschen. Die Rezeption dieser Filme ist aber deshalb noch keineswegs »rein«. Alfred Grosser wies schon vor einigen Jahren darauf hin, daß gewisse Vorurteile oder vorschnelle Verallgemeinerungen durch die Wirkung des *Jungen Deutschen Films* in Frankreich nur verstärkt wurden – während er die Themenwahl der französischen Filme für nuancierter hielt.[1] In der Tat war der deutsche Autorenfilm ein »Antifilm«, der mehr als die entsprechenden französischen Werke gesellschaftskritischen Zielen diente. Es trifft auch zu, daß der Betrachter solcher Filme über einige Kenntnisse verfügen muß, um aus ihnen nicht eine neue Ladung Vorurteile abzuleiten. Die Rezeptionsgeschichte des *Jungen Deutschen Films* in Frankreich ist voller einseitiger Urteile und Mißverständnisse. Nicht nur gelten die ersten Filme von Reitz, Kotulla, Herzog, Straub und selbst von Schlöndorff als nebelhaft wirr, unnötig kompliziert, viel zu tiefsinnig, in der Ästhetik exzessiv und voll Wagnerscher Metaphysik. Die Einschätzung der Werke von Herzog und Syberberg in den siebziger Jahren zeigt, wie prekär das Kriterium »deutsch« ist, mit dem sie von der französischen Kritik und dem Filmkunstpublikum bezeichnet wurden. (»Werner gilt in den Augen der Franzosen also als überaus deutsch«, sagte einer meiner perfekt zweisprachigen Kollegen).

Ganz abgesehen von der Tatsache, daß mehrere Filme von Herzog, Syberberg (und auch von Fassbinder) in der Bundesrepublik Deutschland heftige Auseinandersetzungen ausgelöst haben, ist die Rezeption gewisser deutscher Regisseure in Frankreich (ob sie nun positiv oder negativ, fruchtbar oder folgenlos war) nur im Zusammenhang des ungleichen Austausches verständlich, der insgesamt in den deutsch-französischen Kulturbeziehungen herrscht. Zu der Zeit, als in Frankreich die ersten wirklich modernen deutschen Filmregisseure bekannt wurden, übersetzte man noch wenig aus dem Deutschen (jedenfalls weniger als umgekehrt). Heute erscheint eine große Zahl deutscher Bücher auf dem französischen Markt. Dagegen werden die deutschen Filme immer seltener. In einer Zeit, wo auch immer weniger französische Filme nach Deutschland gelangen, muß man auch weiterhin bemüht sein, Mißverständnisse zu zerstreuen.

Anmerkungen

1 Im Vorwort zur Sondernummer von *Cinéma Action*, »Cinéma allemand« 1984.

André Stoll
Humor

»...da der Grund unseres Charakters eine Entfernung von jeglichem Extrem ist, da eines der besonderen Symptome jeder französischen Leidenschaft, Wissenschaft und Kunst es ist, den Exzeß, das Absolute und die Tiefe zu meiden, gibt es hier folglich nur wenig beißende Komik; desgleichen schwingt sich unsere Groteske nur selten zum Absoluten auf.« Zum Beweis für diesen heutige Beobachter bisweilen überraschenden Befund führt Baudelaire in seinem Traktat *De l'essence du rire* von 1855 den »französischen Großmeister im Grotesken«, François Rabelais, an, der selbst »inmitten seiner außerordentlichen Phantasien noch ein Quentchen an Nützlichem und Vernünftigem sich bewahre«. Erst recht gelte dies für die Komik in den Erzählungen Voltaires, jener Inkarnation des französischen Geistes: sie entspringe einem Gefühl stolzer Überlegenheit über den anderen Menschen, gehe gänzlich in ihrer objektgerichteten Ironie auf. Das »träumerische Germanien« hingegen – man erinnere sich an Madame de Staël – hält dem Dichter der *Fleurs du Mal* vorzügliche Beispiele für das »absolute Komische« bereit; dies rühre daher, daß dort alles »ernst, tiefschürfend, absolut« sei. Zwar müsse man, um extrem beißenden Spott anzutreffen, die »nebligen Reiche« jenseits des Ärmelkanals aufsuchen, wo Hogarth, Gillray und Cruikshank in der phantastischen Ausmalung finsterer und gewaltsamer Szenarien wetteiferten. Die sublime Kunst des von den Fesseln jeglicher Polemik befreiten – surrealistischen, würde man ihn heute nennen – Humors habe indes E. T. A. Hoffmann erreicht: Sein *Karottenkönig Daucus Carota, Der goldene Topf* und *Prinzessin Brambilla* seien dank poetischer Kombinatorik zu spielerischen Grotesken verwandelte »Analysen eines der profundesten Physiologen oder Irrenarztes«, in deren Exzentrik »Rauschvisionen« dennoch mit »sehr offenkundigem moralischem Sinn« zusammenträfen.

Bedeutet diese Bewunderung für den deutschen Romantiker, daß der humoristischen Phantasie in Frankreich an und für sich, gleichsam als nationalcharakterlicher Gegebenheit, eine den anderen vergleichbare subversive Radikalität nicht zu Gebote stünde? Wohl kaum. Vielmehr umschließt diese Argumentation stillschweigend den Verweis auf die Geschichtlichkeit jener klassizistischen Ästhetik, die spätestens seit der Epoche Ludwigs XIV. die gesellschaftliche Kommunikation in Frankreich wie auch die dichterisch-künstlerischen Gestaltungskräfte dort in das Korsett ihrer Wahrscheinlichkeits-, Mäßigungs- und Vernünftigkeitsregeln gezwungen hat. Außerdem sind da ja noch die »figures carnavalesques« von Jacques Callots *Caprices*, deren überschäumende poetische Heiterkeit ein unverzichtbares Merkmal der wahren Groteske ist. Aus heutiger Perspektive hat es denn auch im Gegenteil den Anschein, als erkaufe sich seit jeher die Öffentlichkeit im französischen Zentralstaat, von den dem *esprit gaulois* und der Farce verpflichteten Künstlern ganz zu schweigen, ihre alltägliche Unterwerfung unter das traditionelle Normensystem durch besonders respektlose, kühne Eskapaden ihres »funktionalen« Humors: Polemik, Satire, Parodie, Travestie. Und liefert nicht Baudelaire selbst mit den teils epigrammatischen, teils balladenhaften Spottversen seiner *Amoenitates belgicae*, die er über die (angeblich moralische wie physische) Häßlichkeit des Nachbarvolkes ausgießt, ein beredtes Beispiel für die imaginativen Freiheiten der Satire in Frankreich? Schwerlich dürfte dieses makabre Porträt einer jungen, künstlichen Nation Heines *Deutschland – ein Wintermärchen* (1844) nachstehen – sieht man einmal davon ab, daß »des freien Rheins noch weit freieren Sohnes« bänkelsängerhaft-melancholische Abrechnung nicht etwa eine Zufluchtsstätte der europäischen Intellektuellen trifft, sondern das eigene Vaterland und dessen »heldenmütige Lakaien in schwarz-rot-goldener Livree«. Deshalb aber dürfte das Lachen über *Le rêve belge* – »La Belgique se croit toute pleine d'appas; / Elle dort. Voyageur, ne la réveillez pas« – nicht minder »satanisch, also ... zutiefst menschlich« ausgefallen sein als beispielsweise über *Caput XI* im »Märchen« des deutschen Exildichters: »Das ist der Teutoburger Wald, / Den Tacitus beschrieben, / Das ist der klassische Morast, / Wo Varus stekkengeblieben ...«

Im Deutschland des 19. Jahrhunderts gewinnt der Humor zweifellos für die erzählende Dichtung – von Jean Paul und Hoffmann über Immermann, Gotthelf, Keller und Fontane bis hin zu Th. Mann – »konstitutive Bedeutung« *(W. Preisendanz)*. In der Metropole der Moderne jedoch, im Paris der Galerien und Boulevards mit ihren Flaneurs und Loretten, wird er zunehmend durch das neue Medium der Lithographien befördert und in ein raffiniertes graphisches Zeichensystem überführt. Die nach 1830 einsetzende Flut an Bildmagazinen und illustrierter Tagespresse bestimmt zwangsläufig dort die Karikatur zur privilegierten Bühne des Humors. Auf ihr sind Meister des Zeichenstiftes von außerordentlicher Begabung und stilistischer Brillanz tätig: Traviès, der Erfinder des affenartigen, lüsternen Monstrums Mayeux, Monnier mit seinem Monsieur Prudhomme, Grandville mit seinen Tiermetamorphosen und der visionären Travestie seiner *Anderen Welt*, vor allem aber Daumier, der nach Goya genialste Sezierer des Pandämonius seines Jahrhunderts. Mit seinen thematisch schier unerschöpflichen, treffsicheren Etüden zu *Robert Macaire*, den *Moeurs conjugales, Baigneurs, Bas-Bleus, Actualités* und wie seine Karikaturen-Serien auch immer heißen mögen, weitet er das Spektrum der Bildsatire vom klassischen Herrscherporträt – Louis-Philippe als Birne oder Gargantua, Napoleon III. unter der Verkleidung Soulouques, des Zaren oder ähnlicher »Barbaren« – auf die aktuelle Spezies des triumphierenden Bürgertums aus, um dieses graphische Panorama dem epischen Roman konkurrierend an die Seite zu rücken. Zwar entstehen auch in München die *Fliegenden Blätter* (1844), in Berlin der *Kladderadatsch* (1848); ihre Ironie jedoch ist meist verhaltener, der politische Witz flacher als die vehementen, aus reichem kulturellem Symbolfundus schöpfenden Bildparodien einer *Caricature*, eines *Charivari*. Und vor allem ist ihrer Satire gewöhnlich kontrapunktisch eine Moral beigegeben, die diese im Normbewußtsein der biederen Menge wieder aufzuheben droht. Wilhelm Busch, der Prototyp des »deutschen Haushumoristen« (G. Ueding), dessen Moritatenfolge von Max und Moritz 1865 in den *Fliegenden Blättern* erscheint, übt bezeichnenderweise auf das von ihm verhöhnte Kleinbürgertum eine solche Faszination aus, weil es in seiner Verspottung des Angsterregenden erleichtert die eigenen Urängste wiederfindet und zudem noch in des Meisters exzessiven Bestrafungsphantasien – geköpft, zermalmt oder zerstückelt enden die meisten seiner »bösen Buben« – mit sadistischer Lust die geheimen Leitbilder des eigenen autoritären Erziehungsprozesses bestätigt sieht. Die humoristische Entfesselung des Bösen läuft hier folglich jederzeit Gefahr, zur Legitimationsfabel für die perverse Lustökonomie des Spießers zu mißraten.

Ganz anders entfaltet sich die Groteske im Frühwerk seines Zeitgenossen Gustave Doré. Dieser verhöhnt zwar zu Beginn des Krimkrieges (1854) mit der subtilen Bild- und Sprachartistik seiner *Historie vom Heiligen Rußland* – einem Pionierwerk der Comic-Kunst – die patriotische Mythologie des Zarenreiches und scheint sich damit der bonapartistischen Propaganda anzuschließen; doch die ins Absurde gesteigerten Greueltaten des feindlichen Despoten und seiner sämtlichen Vorfahren – da werden Ministern in öffentlichen Schlachtfesten wie Schweinen die Bäuche aufgeschlitzt und ganzen Stuhlreihen von Bojaren mit einem Säbelstreich die Köpfe weggefegt – lassen sich nicht nur schillernd als doppelbödige Anspielungen auf den heimischen Cäsarismus verstehen, sondern eskalieren zu Kaskaden von einander immer rascher ablösenden Monstruositäten, um wie in einem barocken Feuerwerk aufzuleuchten und sogleich im Nichts zu verglühen. Keine Moralität würde dieser Explosion des Witzes standhalten.

Für den deutschen und französischen Humor im 20. Jahrhundert scheint die Differenz zwischen Busch und Doré zur Konstante geworden zu sein. Erst da, wo, wie in der politischen Satire, dem ästhetischen Vergnügen eine handfeste Moral sich zugesellt, ist der in Deutschland geschätzte Humor an Schärfe seinen französischen Entsprechungen gewachsen. Die graphischen Meisterwerke des *Simplicissimus* (aus der Feder eines Th. Th. Heine, Karl Arnold, O. Gulbransson) reichen auch in politischer Hinsicht nicht selten an die gewagtesten Blätter eines Jossot, Kupka, Steinlen oder Galantara aus der *Assiette au Beurre* heran, mit deren ästhetischen Neuerungen sie es ohnehin ebenfalls meist aufnehmen können. Jenem Humor jedoch, dem es an der Ausmalung bacchantischer Subversivität gelegen ist, bleibt die Gunst des deutschen Publikums gewöhnlich versagt. Gewiß: Schwarzer, makabrer, »metaphysischer« Humor ist aus der Geschichte der deutschsprachigen

(Prosa-)Dichtung nicht wegzudenken, er macht im Gegenteil sogar ein unverwechselbares Attribut ihrer Souveränität aus. Von Kafka, Tucholsky, Kästner und Ringelnatz spannt sich ein kontinuierlicher Bogen bis zur Liebesgeschichte im Tollhaus, der vierzehnten der *Nachtwachen des Bonaventura*, zurück. Und an mutigem, obrigkeitswidrigem Humor mangelt es dem politischen Kabarett in Deutschland seit jeher ebenfalls nicht. Wer aber möchte die Unterschiede zwischen Dieter Hildebrandts argumentativ effizientem *Scheibenwischer* und jenen sarkastischen Spottliedern in der Manier François Villons überhören, die um die Jahrhundertwende aus dem Kabinett eines Aristide Bruant an das Ohr der Republik drangen? Allein Wolf Biermann läßt solche Töne noch aufklingen. Vergleichbares hat sich in Deutschland ansonsten nur für einige Tage erhalten: der rheinische Karneval, weniger sein durch mediengestylte Büttenreden vermitteltes Zerrbild als die in archaischer Lust an der »verkehrten Welt« entsprungenen Maskeraden, die dionysische Ausgelassenheit der Kölner »Vedelszöch« oder Bonner Weiberfastnacht. Solche Späße empfanden ihrerseits die französischen Regime von der Revolution bis zu Napoleon III. als derart bedrohlich, daß sie ihnen schließlich – wie ersichtlich, mit dauerhaftem Erfolg – den Garaus machten. So lebt denn paradoxerweise diesseits des Rheins im »*Elf*errat« – einer Chiffre für »*E*galité, *L*iberté, *F*raternité« – die Erinnerung an das von der Revolution eigenhändig zum zivilen Fest domestizierte, despektierliche Treiben fort.

Dafür leistet man sich in Frankreich den allwöchentlichen Karneval des *Canard enchaîné*: Wer unter den in Bonn Regierenden aber wäre bereit, wie einst de Gaulle auf die Travestien seines »Hofchronisten« Moisan, auf die Harlekinaden einer solchen »Ente« zu achten und sie gar als Enthüllerin politischer Skandale ernstzunehmen? Zwar haben auch Asterix und Obelix, die wohl volkstümlichsten Verkörperungen des *humor gaulois* unserer Tage, inzwischen millionenfach mit ihrem geschichtswidrigen Römerschabernack die deutschen Kinder und Intellektuellen, und nicht allein die frankophilen, ergötzt; letztere dürfen sich gar an Wolinskis libertinem Busenwunder *Paulette* und Claire Bretéchers altprogressiven *Frustrés* erbauen, und wurde nicht jüngst sogar

Reiser Einlaß in die Imaginationskammern der deutschen Magazinleser gewährt? Indes: Wer wäre so vermessen zu behaupten, die *Hara-Kiri, Pilote* und *Charlie-Hebdo* bevölkernden häßlichen, geilen kleinen *mecs*, vierschrötigen *flics*, flott-emanzipierten *minettes*, Reisers gerissene Kolonialnegerlein und tumbe eifernde Missionare aus *La vie au grand air* hätten es im Lande Loriots, der Mainzelmännchen und Ostfriesenwitze aus eigenen Stücken geschafft, das Licht der Bildpresse und ihres Konsumentenglücks zu erblicken? Oder hätte es etwa Topor mit den gewagten Kombinationen seiner subversiven Melancholie gekonnt, welche nunmehr die deutschen Ausstellungsbesucher begeistern? Weshalb dies wohl kaum hätte gelingen können, das mag uns ein Vergleich mit den auch nicht gerade appetitlichen Geschöpfen des österreichischen Pendants zu Reiser, Manfred Deix, lehren, der seine Impressionen gewöhnlich der *Titanic* anvertraut. Unter den bullig-brutalen, malochenden Protagonisten der Leistungs- und Wegwerfgesellschaft, mit denen Deix die ästhetische Toleranz nicht nur der konservativsten unter uns zu strapazieren pflegt, sucht man die von Reiser mit unverhohlener Sympathie belächelten kleinen Monster ihrer Lust, jene diabolisch-listigen »Ratten«, die auf den Müllhalden unserer Metropolen ihr Unwesen treiben, vergeblich. Oder sollte etwa Waechters Schwein diesen Ansprüchen genügen? Dann wären wir dem deutsch-französischen Dialog des Humors ein beträchtliches Stück nähergerückt, den jener Künstler idealiter verkörpert, der, aus beiden Kulturen schöpfend, als Provinzler und Weltbürger zugleich, dennoch nur im zweifachen Exil zu Hause ist: Tomi Ungerer.

Walther Fekl

Politische Karikatur

Der *Canard enchaîné*, der mit Cabu, Kerleroux e tutti quanti allein einen großen Teil der besten französischen Karikaturisten beschäftigt, erfreut sich allwöchentlich einer Auflage von mehr als

600000 Exemplaren. Ein Jean Plantu ist geradezu zu einer nationalen Institution geworden mit seiner landauf landab besprochenen täglichen Zeichnung auf der Titelseite von *Le Monde* sowie mit seinen mit heißer Feder gezeichneten Kommentaren in verschiedenen Fernsehsendungen. Seine Sammelbände erreichen Rekordauflagen. Ähnliches gilt für Jacques Faizant, der täglich im *Figaro* und wöchentlich in *Le Point* die Konturen rechten Bewußtseins vorzeichnet. Dies sind nur drei Beispiele für französische Zustände, von denen bundesdeutsche Zeichner nur träumen können. Französischer Esprit scheint bei Bildproduzenten wie -konsumenten am Werk zu sein, eine Neigung zu Scherz und Satire, die dem deutschen Drang nach tieferer Bedeutung fernzuliegen scheint. Dieser Eindruck mag nicht völlig falsch sein, doch bereits ein rascher Rückblick zwingt zu Differenzierungen. Immerhin wurde der *Kladderadatsch* bereits 1848 gegründet, nur 18 Jahre nach der ersten französischen Karikaturenzeitschrift, Philipons und Daumiers *La Caricature* – angesichts der allgemeinen politischen Verspätung Deutschlands ein geringfügiger Zeitunterschied. Wenn dann das Kaiserreich nicht dieselbe satirische Vielfalt zuließ wie die Dritte Republik, so rieb sich immerhin der *Kladderadatsch* mit sehenswertem Erfolg an Bismarck, und der *Simplicissimus* muß sich hinter seinem Pendant, der *Assiette au beurre*, nicht verstecken. Zu reden wäre auch von den *Fliegenden Blättern*, vom mutigen Engagement des sozialistischen *Wahren Jacob* und dergleichen mehr. Erst der Nationalsozialismus hat eine beachtliche bildsatirische Traditionskette abreißen lassen. Nach der antisemitischen, völkerverhetzenden Pervertierung der Karikatur griff eine noch heute zu beobachtende Tendenz zur relativ harmlosen Vignette und zur »Cartoonisierung« der politischen Karikatur um sich. Historisch erklärbare Zustände lassen sich aber nicht zu überzeitlichen Wesenszügen hypostasieren. So einfach geht die Ungleichung »Geist versus Esprit« auch im Bereich der politischen Karikatur nicht auf. Wohl aber sind Karikaturen ein treffliches Medium, um ein in jeder Hinsicht *scharfes* Bild vom jeweiligen Nachbarn in seinen historischen Kontinuitäten und Veränderungen in den Blick zu bekommen.

Bereits der erste Höhepunkt moderner deutscher Karikatur hat mit Frankreich zu tun. Napoleon I., der »Universalmonarch« (so eine Karikaturen-Legende), löste in Deutschland wie in ganz Europa eine nie dagewesene Produktion aus und wurde so zur »ersten universalen Figur in der Karikatur« (W. Feaver, zit. nach Eggs/Fischer). Ihm ist es beispielsweise zu verdanken, daß kein Geringerer als der Berliner Akademie-Rektor Schadow sich intensiv der Karikatur zuwandte und damit dieser Gattung zu noblen Ehrentiteln verhalf. Einem seiner Motive – Napoleon als Welteneroberer auf einer Landkarte stehend – sollte noch eine lange Karriere im deutsch-französischen Bilderkrieg beschieden sein: ab 1870/71 freilich unter umgekehrtem Vorzeichen. Ein weiteres verbreitetes Motiv dieser Zeit – der auf einem Berg von Totenschädeln ruhende Thron Napoleons – wird als Bumerang zurückkehren. Seit dem deutsch-französischen Krieg ist der Tod ein Meister aus Deutschland, Bismarck, Wilhelm I., Wilhelm II., Hindenburg und Hitler sind nur einige seiner wechselnden Personifikationen. Zahllos sind etwa die Darstellungen des Bismarckschen Kahlschädels als Totenschädel, oft geziert von einer Pickelhaube. Dieser sollte von der Metonymie für preußischen Militarismus zum meistverbreiteten, bis in unsere Gegenwart fortwirkenden Kürzel für eine gewisse Vorstellung von »germanité« schlechthin werden, für ein Konnotationssyndrom, zu dessen Verbreitung und Verfestigung Karikaturisten entscheidend beigetragen haben.

Wenn das französische Okkupations- und Reparationstrauma dieser Zeit zur Herausbildung bestimmter Bilder vom preußisch-deutschen Nachbarn geführt hat, so ist zugleich ein ganz anderer Umgang mit der Waffe Bild zu beobachten. Die Allianz zwischen Napoleon III. und Bismarck-Preußen gegen die Kommune und eine Neuauflage der »levée en masse« hat eine Fülle von Zeichnungen gezeitigt, in denen die Feder, das Bajonett des Karikaturisten, sich keineswegs nur gegen den ausländischen Eindringling richtet, sondern gegen das Bündnis der Tyrannen, etwa in Form von Darstellungen Napoleons und Bismarcks (oder auch Wilhelms I.) als Januskopf – oder als bicephales Schwein. Hier steht nicht Nation gegen Nation, sondern Beherrschte gegen Herrscher, Volk gegen Kaiser, König, Kanzler. In solchen Bildern hat die Karikatur als herrschaftskritische, demokratische Kunstform zu sich gefunden. In diesem Kontext gesondert zu erwähnen ist der späte Daumier, dem noch einmal die Synthese von präzisem, zupackendem Angriff und gleichzeitiger Überhöhung ins Menschlich-Tragische gelingt, ohne je in unverbindliche Allgemeinheit abzugleiten.

Daumiers »antistereotype Darstellungsweise« (Stoll) sowie die anderen antinationalistischen, herrschaftskritischen Inszenierungsformen sollten ein knappes halbes Jahrhundert später vergessen sein. Selbst der *Simplicissimus* eines Th. Th. Heine hatte es 1914 sehr eilig, sich nach Kriegsausbruch beflissen dem allgemeinen Burgfrieden anzuschließen. Feder bei Fuß zogen auf beiden Seiten des Rheins die Zeichner in den Propaganda-Feldzug, der im erneut überrannten Frankreich zu den extremsten Ausprägungen führte. Die grausige Mär von den kinderverstümmelnden Besatzern wurde in Bilder übersetzt, »le kaiser«, Generäle, deutsche Soldaten und Politiker wurden zu geschossespeienden, vertierten Monstren stilisiert, eine ebenso häßliche wie riesige, aggressive, alles zermalmende »Germania« wurde zur emblematischen Verkörperung des Feindbilds. Zeichnungen entstanden, wie sie nicht einmal im Zweiten Weltkrieg mehr auftauchten. Auch im Bereich der Karikaturen war der »große« Krieg der von 1914 bis 1918. Verunglimpfung des Gegners, Verhetzung war auf beiden Seiten das einzige Ziel im Krieg der Federn, der mit dem Waffenstillstand und Versailles nicht zu Ende war. Insbesondere im »Ruhrkampf« wurden auf französischer Seite z. T. die alten Bilder aktualisiert, während die Deutschen antworteten mit hyänenhaft entstellten Mariannen, die sich an deutschem Land vergriffen, vor allem aber mit rassistischer Hetze gegen den Einsatz von Kolonialtruppen. Damit stand das Bildarsenal bereit, dessen sich der Nationalsozialismus nur zu bedienen brauchte, um – nach Anreicherung mit antisemitischen Elementen – sein Bild vom dekadenten, »vernegerten« und »verjudeten« Frankreich zu zeichnen. Nach dem Zweiten Weltkrieg wurde auf französischer Seite die Angst vor deutschem Wiedererstarken mit Rückgriffen auf das altvertraute Bildinventar visualisiert. Eine dralle, zumeist uniformierte und oft (als einzige Neuheit) mit NS- bzw. SS-Emblemen gezierte »Germania« verkörperte die französischen Ängste vor deutschem Wiedererstarken – schon 1945, erst recht dann mit Beginn des Marshall-Plans sowie bei der Gründung zweier deutscher Staaten, die weitergehenden französischen Zerstückelungsplänen widersprach. In scharfem Kontrast dazu steht das deutsche karikaturale Selbstbild der Nachkriegszeit. Kindhafte Selbstdarstellungen überwiegen; oft taucht ein halbverhungerter, zwergwüchsiger Michel auf, dem nur das böse Frankreich Übles zutrauen kann.

Diese gegenläufige deutsch-französische Betrachtungsweise setzt sich bis in die EVG-(Europäische Verteidigungsgemeinschaft-)Debatte in voller Schärfe fort. Parallel dazu wird jedoch die wechselseitige emblematische Darstellungsweise (vor allem mit Hilfe von Marianne, Germania und Michel) abgelöst durch die Darstellung einzelner Politiker (zunächst von R. Schuman, G. Bidault und K. Adenauer), was eine Entwicklung hin zu differenzierteren Darstellungen ermöglicht. Germania ist mittlerweile fast gänzlich aus dem französischen Zeicheninventar verschwunden, wurde jedoch nicht durch den Michel ersetzt, den man außerhalb der schwarz-rot-goldenen Grenzpfähle kaum kennt und dessen trottelige Harmlosigkeit den Deutschen wohl keiner so recht abnehmen will. Der Bayer mit Lederhose und Tirolerhut kann seine Stelle einnehmen, aber nur als *ein* mögliches Bild vom Deutschen. Sobald jedoch Konkurrenzsituationen thematisiert werden – insbesondere im wirtschaftlichen Bereich ist das der Fall –, dann haben Knobelbecher, Stahlhelm oder Pickelhaube noch lange nicht ausgedient. Selbst die Friedensbewegung kann z. B. von TIM mit letzterem, altvertrautem Bildelement in Verbindung gebracht werden, wenn es gilt, deren vermeintlichen Nationalismus zum Schreckbild werden zu lassen. Diesem martialisch-bedrohlichen Bild von den Deutschen setzen diese schon seit langem keine Selbstdarstellung als unschuldiges kleines Wesen gegenüber. Seit dem Wirtschaftswunder der fünfziger Jahre treten normal gebaute oder gar kraftstrotzende Michels (oder einzelne Politiker) auf, denen nicht selten eine kranke oder clochardisierte oder käufliche Marianne (bzw. einzelne Politiker, oft »mariannisiert«) auf die eine oder andere Art das Geld aus der Tasche zieht. Hie Militär-, da Sexual- und Kriminal-Metaphorik. Der französischen Angst, bedroht oder gar überwältigt zu werden, entspricht die deutsche Angst, verführt und dabei bestohlen zu werden.

Karikaturen dürfen aufgrund ihres gattungsspezifischen, konstitutiven Unernstes ihre Wahrheiten besonders deutlich formulieren. Wir sollten es daher halten wie die Karikatur selbst: zum einen sollten wir es durchaus ernst nehmen, wenn in beiden Ländern eine gewisse Angstfolie als Hintergrund der Selbst- und Fremdwahrnehmung zu diagnostizieren ist, zum andern sollten wir zwecks Therapie mehr lachen, aber nicht so sehr über die jeweils andern, sondern über uns selbst und unsere Ängste. Wir sind schon komische Nachbarn!

Zu den Autoren

Afheldt Horst, Dr., geb. 1924, Leiter einer Arbeitsgruppe für Sicherheitspolitik in der Max-Planck-Gesellschaft. Sicherheitspolitik.

Albertin Lothar, Prof. Dr., geb. 1924, Professor für Zeitgeschichte und Politische Wissenschaft, Universität Bielefeld. Zeitgeschichte und Politische Wissenschaft.

Balibar Etienne, geb. 1942, Maître de conférences an der Universität Paris-I. Philosophie.

Berner Claire, geb. 1932, Psychotherapeutin. Psychologie.

Bianco René, geb. 1941, Gymnasiallehrer in Geschichte und Erdkunde. Geschichte.

Bosse Monika, Dr., Privatdozentin an der Fakultät für Linguistik und Literaturwissenschaft der Universität Bielefeld. Literaturwissenschaft/Romanistik.

Boulez Pierre, geb. 1925, Komponist und Dirigent.

Bülow von Katharina, geb. 1938, stellvertretende Redakteurin bei Cosmopolitiques. Journalismus.

Cohen Jean-Louis, geb. 1949, Professeur am Ecole d'Architecture Paris-Villemin, Maître de conférences an der Ecole Nationale des Ponts & Chaussées, Paris. Architektur.

Christadler Marieluise, Prof. Dr., geb. 1934, Professorin an der Universität-GH-Duisburg. Politische Wissenschaft.

Dreyfus François-Georges, Prof., geb. 1928, Leiter des Instituts des Hautes Etudes Européennes der Universität Robert Schuman (Straßburg III). Politikwissenschaft und Geschichte des 20. Jahrhunderts.

Dupuy Pierre-Marie, Prof. Dr., geb. 1946, Professor für Völkerrecht an der Universität Paris-III und am Institut d'Etudes Politiques, Paris.

Erbe Michael, Dr., geb. 1940, Professor am Fachbereich Geschichtswissenschaften, Erster Vizepräsident der FU Berlin. Neuere Geschichte.

Fekl Walther, geb. 1944, Dokumentalist und Lehrbeauftragter. Romanistik/Germanistik.

Fetscher Iring, Prof. Dr., geb. 1922, bis 1988 Ordinarius für die Wissenschaft von der Politik, Universität Frankfurt.

François Etienne, Prof. Dr., geb. 1943, Professor für Geschichte der Frühneuzeit (mit Schwerpunkt deutsche Geschichte) an der Universität Nancy-II (ab dem 1.10.1989: an der Universität Paris-I, Panthéon-Sorbonne). Geschichte.

Fritsch-Bournazel Renata, Dr. habil., geb. 1941, Wiss. Referentin an der Fondation Nationale des Sciences Politiques, Paris. Politische Wissenschaft.

Froment-Meurice Henri, geb. 1923, Ambassadeur de France, ehemaliger Botschafter in der Bundesrepublik Deutschland und in der Sowjetunion.

Gephart Werner, Dr. jur., geb. 1949, Jurist, Soziologe, Maler. Wissenschaftlicher Angestellter am sozialwissenschaftlichen Institut der Universität Düsseldorf, Herausgeber der »Rechtssoziologie« im Rahmen der historisch-kritischen Max-Weber-Edition. Soziologie.

Grappin Pierre, Prof., geb. 1915, Emeritus. Germanistik.

Günther Horst, geb. 1945, Gastprof. am Centre d'Etudes Supérieures de la Renaissance, Universität Tours. Philosophie und Geschichte.

Guérin Michel, geb. 1946, Philosoph, Schriftsteller, Kultur- und Wissenschaftsberater bei der französischen Botschaft in Österreich, Leiter des französischen Instituts in Wien. Philosophie.

Gusdorf Georges, Prof. Dr., geb. 1912, Professeur honoraire an der Universität Straßburg. Geschichte der westlichen Kulturen.

Hartweg Frédéric, Prof. Dr., geb. 1941, Professor an der Universität Paris-X, Nanterre und Direktor des Berlin-Forschungszentrums an der Universität Nanterre. Germanistik, Geschichte und Politik.

Hausmann Franz Josef, geb. 1943, Prof. Dr., Ordinarius an der Universität Erlangen/Nürnberg. Angewandte Sprachwissenschaft.

Hurst Heike, geb. 1938, Deutschlektorin, Übersetzerin und Filmkritikerin. Germanistik und Romanistik.

Kaltenecker Martin, geb. 1957, Redakteur beim französischen Rundfunk France-Musique. Musikwissenschaft.

König Traugott, geb. 1934, Lektor des Rowohlt-Verlags. Romanistik.

Kolboom Ingo, Dr., geb. 1947, Leiter der »Arbeitsstelle Frankreich und deutsch-französische Beziehungen« im Forschungsinstitut der Deutschen Gesellschaft für Auswärtige Politik, Bonn. Geschichte.

Labarrière Pierre-Jean, geb. 1931, Programmleiter am Collège International de Philosophie, Paris. Philosophie.

Laloy Jean, geb. 1912, früherer Ambassadeur de France. Spezialist für die zeitgenössischen internationalen Beziehungen.

Lasserre René, geb. 1946, Dr. de 3e cycle, Maître de conférences am Institut d'Etudes Politiques Paris, Leiter der Centre d'Information et de Recherche sur l'Allemagne Contemporaine, Paris. Politische Wissenschaft und Germanistik.

Lechner Georg, Prof. Dr., geb. 1934, leitete zahlreiche Goethe-Institute, u.a. New Delhi, Bombay, Montreal, Seoul; derzeit Leiter des Goethe-Institutes Paris. Philosophie, Romanistik.

Leenhardt Jacques, Prof. Dr., geb. 1942, Leiter der Arbeitsgruppe Literatursoziologie am Ecole des Hautes Etudes en Sciences Sociales, Paris. Soziologie und Literatur.

Leggewie Claus, Prof. Dr., geb. 1950, Professor für Politikwissenschaft an der Justus-Liebig-Universität Gießen. Sozialwissenschaften.

Lepenies Wolf, Prof. Dr., geb. 1941, Rektor des Wissenschaftskollegs zu Berlin. Soziologie.

Lippe zur Rudolf, Prof. Dr., geb. 1937, Lehrstuhl für Sozialphilosophie und Ästhetik.

Lortholary Bernard, geb. 1936, Germanist an der Universität der Sorbonne.

Mehring Wolfgang, geb. 1930, Theaterregisseur, international tätig, Leiter des Théâtre de la Mandragore, Paris. Theater und Philosophie.

Ménudier Henri, Prof. Dr., geb. 1940, Professor an der Universität Paris-III. Deutsche Landeskunde.

Meschonnic Henri, Prof. Dr., geb. 1932, Professor für Linguistik an der Universität Paris-VIII. Poesie und Linguistik.

Metken Günter, geb. 1928, Kunsthistoriker und Journalist.

Métraux Alexandre, geb. 1945, Assistent, Otto-Selz-Institut der Universität Mannheim; Lehrbeauftragter, Psychologisches Institut der Universität Heidelberg. Wissenschaftsgeschichte.

Müller-Jacquier Bernd-D., Dr., geb. 1949, Akad. Rat Universität Bayreuth. Interkulturelle Germanistik.

Nerlich Michael, Prof. Dr., geb. 1939, Professor an der TU Berlin, Direktor des Instituts für Französische Literaturwissenschaft, Herausgeber der Zeitschrift »Lendemains«. Romanische Philologie.

Nies Fritz, Prof. Dr., geb. 1934, Ordinarius an der Universität Düsseldorf. Romanistik und französische Literaturwissenschaft.

Oppeln von Sabine, Dr., geb. 1950, Hochschulassistentin am FB Politische Wissenschaft der TU Berlin. Politische Wissenschaft.

Palmier Jean-Michel, geb. 1944, Maître de conférences für Englisch-Amerikanisch an der Universität Paris-VIII, Saint-Denis, Spezialist für Kunst und Ästhetik der zwanziger Jahre. Philosophie.

Rambures Jean-Louis, geb. 1930, Literaturkritiker, Leiter des französischen Instituts in Saarbrücken.

Raulet Gérard, O. Prof. Dr., geb. 1949, Professor an der Universität Rennes 2 und Leiter des Forschungsprogramms »Culture de la République de Weimar« an der Maison des Sciences de l'Homme, Paris. Germanistik und Philosophie.

Ricoeur Paul, Prof. Emeritus, geb. 1913, Professor an der Universität Paris-X, Nanterre, und University of Chicago. Philosophie.

Riesz János, Prof. Dr., geb. 1941, Ordinarius Professor an der Universität Bayreuth. Romanistische und vergleichende Literaturwissenschaft.

Rochlitz Rainer, geb. 1946, Forscher am Centre National de la Recherche Scientifique; Lehrauftrag an der Ecole der Hautes Etudes en Sciences Sociales, Paris. Philosophie.

Rovan Joseph, Prof. Dr., geb. 1918, Professor Emeritus für Landeskunde deutschsprachiger Länder an der Universität Sorbonne, Paris-III.

Sagave Pierre-Paul, Prof. Dr., geb. 1913, Professor Emeritus an der Universität Paris-X. Germanistik.

Sauvaget Daniel, geb. 1942, Filmkritiker.

Sauzay Brigitte, geb. 1947, Schriftstellerin, Chefdolmetscherin am Quai d'Orsay.

Schulte Hansgerd, Prof. Dr., geb. 1932, Professor an der Universität Paris-III, Asnières. Romanistik und Literaturwissenschaft.

Sontheimer Kurt, Prof. Dr., geb. 1928, Ordinarius am Geschwister-Scholl-Institut der Universität München. Politische Wissenschaft.

Steinkühler Manfred, Dr., geb. 1929, Generalkonsul der Bundesrepublik Deutschland in Mailand.

Stephan Rüdiger, Dr., geb. 1938, Leiter des Referats Völkerverständigung bei der Robert Bosch Stiftung. Internationale Beziehungen.

Stoll André, Prof. Dr., geb. 1941, Ordinarius für Romanistik/Literaturwissenschaft an der Universität Bielefeld. Romanische Philologie (Literaturwissenschaft).

Thadden Rudolf, Prof. Dr., geb. 1932, Historiker, Universität Göttingen. Mittlere und neuere Geschichte.

Thalmann Rita-Renée-Line, Prof. Dr., geb. 1926, Professor an der Universität Paris-VII. Kultur- und Sozialgeschichte deutschsprachiger Länder.

Tiemann Dieter, Dr., geb. 1944, Privatdozent an der Universität Dortmund. Neuere Geschichte und Didaktik der Geschichte.

Touraine Alain, geb. 1925, Directeur d'Etudes an der Ecole des Hautes Etudes en Sciences Sociales, Paris. Soziologie.

Tournier Michel, geb. 1924, Schriftsteller, Mitglied der Académie Goncourt.

Uterwedde Henrik, Dr., geb. 1948, wissenschaftlicher Mitarbeiter des Deutsch-Französischen Instituts, Ludwigsburg. Politische Wissenschaft.

Valentin Jean-Marie, Prof. Dr., geb. 1938, Ordinarius an der Universität der Sorbonne, Direktor des »Germanistischen Forschungszentrums« an der Sorbonne. Germanistik.

Vida Hélène, geb. 1938, freie Journalistin.

Waldenfels Bernhard, Prof. Dr., geb. 1934, Ordentlicher Professor für Philosophie an der Ruhr-Universität Bochum. Philosophie.

Wandruszka Mario, Prof. Dr., geb. 1911, emeritierter Universitätsprofessor. Romanistik und Linguistik.

Weck de Roger, geb. 1953, Journalist bei der ZEIT.

Weisenfeld Ernst, Dr., Leiter der Zeitschrift DOKUMENTE. Journalismus.

Werner Karl Ferdinand, Prof. Dr. Dr. h.c., geb. 1924, ehemaliger Direktor des Deutschen Historischen Instituts, Paris. Mittlere und neuere Geschichte.

Werner Michael, geb. 1946, Forschungsdirektor am Centre National de Recherche Scientifique, Paris. Literaturwissenschaft.

Zemb Jean-Marie, Prof. Dr., geb. 1928, Lehrstuhl »Grammaire et pensées allemandes« am Collège de France.

Personenregister

Abels, Fritz 384
Abetz, Otto 82
Adelung, Johann Christoph 393
Adenauer, Konrad 70, 128ff., 282, 291, 468
Adlons, Percy 454
Adorno, Theodor W. 97, 175, 178, 183ff., 186, 333, 365, 405, 422
Alain (eigentl. Emile Chartier) 214
Albert de Dion, Marquis 327
Alembert, Jean le Rond d' 43
Alexander I. 273
Althusius, Johannes 135, 146
Althusser, Louis 174
Amefy, Jean 399
Ancillon, Jean Pierre Frédéric 109
Andler, Charles 79
Anouilh, Jean 427
Apel, Paul 177
Apollinaire, Guillaume 104, 403, 409, 436
Apostel, Lucien 348
Aragon, Louis 107, 404, 406
Archenholtz, Johann Wilhelm von 49
Arendt, Hannah 185
Argache, Donat-Alfred 444
Aristoteles 192
Arletty (Arlette-Léonie Bathiat) 452
Arndt, Ernst Moritz 102, 139
Arnim, Achim von 404
Arnold, Karl 462
Aron, Raymond 78, 82, 179f., 184, 355, 359f., 360
Arp, Hans 404, 409
Artaud, Antonin 414, 429
Auguste, Kaiserin 436
Augustin 27
Aurelius, Markus 40, 85
Aurevilly, Barbey d' 93
Baader, Andreas 181
Bach, Johann Sebastian 427f., 447, 450
Bachelard, Gaston 348
Bahr, Egon 295
Bakunin, Michail 89, 90f.
Balanchine, George 425f.
Balzac, Honoré de 67f., 93
Barba, Eugenio 429
Barrès, Maurice 103f., 120, 125, 127, 164
Barthes, Roland 345, 406
Basedow, Johannes Bernhard 136
Baselitz, Georg 438
Bataille, Georges 176, 179, 343
Baudelaire, Charles 399, 409, 459f.
Bauer, Edgar 88
Baumeister, Willy 438
Bausch, Pina 415, 423, 425, 429
Bayle, Pierre 41
Beauchamps, Pierre 424
Beaufret, Jean 176, 405
Beaumarchais, Pierre Augustin Caron de 307, 418
Beaumont, André 327
Beauvoir, Simone de 228
Bebel, August 172
Becher, Johannes R. 409
Beckett, Samuel 415, 422
Becquerel, Henri 290
Beethoven, Ludwig van 427f., 447f., 450,
Beguin, Albert 82
Behrens, Peter 442
Béjart, Maurice 428
Belgiojoso Fürstin 67
Bell, David 201
Beneš, Eduard 256
Benjamin, Walter 97, 183f., 186, 404
Benn, Gottfried 407f., 410
Berg, Alban 447f.

Bergson, Henri 334, 341, 345, 347, 418, 422
Berkman, Alexandre 90
Berlioz, Hector 65 ff., 447, 450
Bernard, Tristan 327
Bernhard, Thomas 402, 416
Bertaux, Félix 94, 107
Bethmann, Karl 117
Béranger, Pierre Jean de 68, 101, 404
Beuys, Joseph 438
Bidault, Georges 468
Biermann, Wolf 463
Bingen, Hildegard von 343
Birot, Pierre-Albert 403
Bismarck, Otto von 19, 36 f., 45, 77, 79, 83 ff., 196, 242, 245, 273, 279, 465 f.
Blanqui, Louis Auguste 172
Blin, Roger 414
Bloch, Ernst 184, 425
Bloch, Marc 20, 358
Blumenbach, Joachim Friedrich 135
Bockmayer, Walter 457
Bodmer, Johann Jakob 159
Boerhaave, Herrmann 135
Boileau-Despreaux, Nicolas 420
Böll, Heinrich 402 f.
Boltanski, Christian 439
Bonaparte, (Marie) 352
Bonatz, Paul 444
Bonheur, Gaston 124
Bonne, André 411
Bonstetten, Charles Victor de 58
Bouhours, Pater 154
Boulanger, George 78
Bouquet, Michel 413
Bourdet, Claude 124
Bourdieu, Pierre 360
Bourget, Paul 93
Boves, Emmanuel 402
Brahms, Johannes 450
Brandt, Willy 20, 225
Braudel, Fernand 15
Braun, Alfred 457
Braun, Volker 404
Brecht, Bert 98, 409 f., 412, 415, 424, 427
Breitinger, Johann Jakob 159
Breker, Arno 438
Brentano, Clemens von 100
Bretécher, Claire 463
Breton, André 179, 352, 410, 412
Briand, Aristide 81, 254
Brinon, Fernand de 82
Bronnen, Arnolt 408
Bruant, Aristide 463
Brueghel, Pieter d. Ä. 335
Bruno, Giordano 92, 140
Brunschvicg, Léon 179, 348
Büchner, Georg 408
Buhl, Ludwig 88
Burckhardt, Jakob 49
Buren, Daniel 438
Burger, Fritz 436
Busch, Wilhelm 461 f.
Buxtehude, Dietrich 427

Cabu, Jean 464
Caesar, Julius 22
Caillaux, Joseph 79
Callots, Jacques 460
Cambert 427
Campe, Julius 49
Camus, Albert 96, 400
Candilis, Georges 445
Capét, Hugues 310
Carné, Marcel 453
Casares, Maria 413
Cassierer, Ernst 380
Castoriadis, Cornelius 185
Catholy, Eckehard 419 f.
Cavens, Ingrid 412
Cayatte, André 457
Cazeaux 110
Celan, Paul 404 ff.
Cendrars, Blaise 409
Cervantes, Miguel 138
Chabrol, Claude 457

Chagall, Marc 409
Chaplin, Charles 98, 423
Char, René 176
Chateaubriand, François René 64
Chevalier, Michel 67
Chirac, Jacques 289
Chlodwig 323
Chopin, Frédéric 67
Churchill, Winston 253ff., 256, 300, 302
Chuzeville, Jean 67
Civry, Frédéric de 327
Clémenceau, Georges Benjamin 78, 120
Cochin, Augustin 165, 167
Cocteau, Jean 426f.
Cohn-Bendit, Daniel 332
Colbert, Jean-Baptiste 216
Combes, Emile 78
Comenius, Johann Amos 136
Comte, Auguste 149, 341, 358, 376
Condorcet, Antoine Marquis de 139
Constant, Benjamin 58
Copeau, Jacques 414
Corbin, Henry 180
Corbusier, Le 444f., 446f.
Corneille, Pierre 417
Costard, Hellmuth 457
Cotta, Johann 393
Coubertin, Pierre de 331
Coulanges, Fustel de 110
Couperin, François 427
Courbet, Gustave 439
Cournot, Antoine Augustin 20
Cousin, Victor 67
Cranach, Lukas 138
Cranko, John 426
Crozier, Michel 204
Cruikshank, George 459
Cullberg, Birgit 430
Curie, Frédéric Joliot 290
Curie, Marie und Pierre 290
Curtius, Ernst Robert 66, 82, 119, 127, 426
Dante, Alighieri 138
Daudet, Alphonse de 96, 126
Daumier, Honoré 461, 465ff.
Debussy, Claude 447, 449
Decroux, Etienne 414
Degas, Edgar 426f.
Deguy, Michel 404
Deix, Manfred 464
Delacroix, Eugène 64, 439
Delacroix, F. 100
Delaunay, Robert 409, 437
Delcassé, Théophile 279
Deleuze, Gilles 184
Derain, André 437
Derrida, Jacques 176, 185, 372, 405
Descartes, René 149, 156, 158, 165, 179, 307, 334, 340, 342ff., 355
Dèroulède, Paul 78
Diallo, Bakary 116
Diasnas, Hervé 430
Diderot, Denis 43, 139
Dietrich, Philippe Frédéric 105
Digeon, Claude 361
Dilthey, Wilhelm 187, 190, 355, 362
Döblin, Alfred 412
Doré, Gustave 462
Dostojewski, Fjodor 408
Dreyfus, Alfred 71, 120
Drumont, Édouard 119
Dérathé, Robert de 168
Duchamp, Marcel 439
Duhem, Pierre 347f.
Dullin, Charles 414
Dumas, Alexandre 68, 101
Duncan, Isadora 429
Dürer, Albrecht 138
Durkheim, Emile 78, 355ff., 359f., 376f.

Eckermann, Johann Peter 66, 383
Eckhart, Meister 339
Edschmid, Kasimir 409
Eich, Günter 405
Eichhorn, Johann Gottfried 142

Einhard 23
Eisenstein, Albert 454
Eisner, Lotte H. 411 f., 453
Elias, Norbert 344, 375
Eluard, Paul 406
Emerson, Ralph Waldo 87
Engels, Friedrich 78, 223, 404
Ensor, James 408
Enzensberger, Hans Magnus 405 f.
Erzberger, Matthias 207
Estienne, Robert 392
Eyck, Peter van 456

Faizant, Jacques 465
Falckenberg, Otto 415
Farias, Victor 176
Fassbinder, Rainer Werner 407, 412, 454, 457 ff.
Faure, Sebastian 90, 450
Favre, Jules 37
Febvre, Lucien 105 f., 358
Fehling, Jürgen 415
Fetscher, Iring 168
Fénélon, François 40
Ferneyhough, Brian 446
Feuerbach, Ludwig 77, 143, 343
Feydeau, Ernest-Aimé 418
Fichte, Johann Gottlieb 55, 77, 168, 339 f., 343
Fischer, Karl 329
Fischer, Fritz 18
Flamand, Paul 401
Flaubert, Gustave 93
Fléchier, Valentin 106
Foch, Ferdinand 53
Fontane, Theodor 461
Forster, Georg 49, 171
Forsthoff, Ernst 204
Forsythe, Billy 426, 430
Fossier 326
Foucault, Michel 176, 184 f., 228, 341, 345, 372, 375
France, Anatole 96
Franz I. 323
Freiligrath, Ferdinand 73
Freud, Sigmund 179, 187, 345, 356, 380, 404, 408, 453, 457
Friedrich II. 137, 138, 140 f., 143, 145, 147
Friedrich, Caspar David 439
Friedrich der Große 36, 144 f.
Frobenius, Leo 115
Fromm, Erich 183
Fröbe, Gert 456
Furet, François 165, 167
Furetière, Antoine 393

Gac, Le Jacques 443
Gadamer, Hans Georg 175, 190
Galantara 462
Galilei, Galileo 140
Garnier, Ilse 411
Garnier, Pierre 411 f.
Garouste, Gérard 439
Gaugin, Paul 408
Gaulle, Charles de 23, 85, 100, 104, 124, 129 f., 203, 214, 231, 258, 271, 275, 278 f., 281 f., 285 f., 291, 296, 323, 463
Gautier, Theophile 67 f., 427
Geibel, Emanuel 73
Gellert, Johann Fürchtegott 420
Genet, Jean 182
Genevoix, Maurice 101, 327
Genscher, Hans Dietrich 295
George, Stefan 405
Georgi, Yvonne 429
Ghandi, Mahatma 89
Gide, André 66, 73, 127, 401, 403
Giedion, Sigfried 443
Gillray, James 459
Ginsburger, Roger 443
Giono, Jean 96
Giraudoux, Jean 82, 327
Giscard D'Estaing, Valéry 98, 131, 223, 233
Gluck, Christoph Willibald, Ritter von 427, 447
Glucksmann, André 228

Gobineau, Joseph Arthur, Graf von 119
Godard, Jean-Luc 453
Godwin, William 87
Goebbels, Joseph 97
Goethe, Johann Wolfgang von 44, 60, 71, 79, 97, 137, 145, 147, 160, 311, 378, 391, 420, 427
Gogh, Vincent van 408 f.
Goldman, Emma 90
Goll, Yvan 404, 408 ff.
Goncourt, Edmont 70
Gorbatschow, Michaïl 227, 263, 266, 277 f., 280, 285, 295, 296, 300
Göring, Hermann 352
Gotthelf, Jeremias 461
Gottsched, Johann Christoph 152 f., 420
Gounod, Charles 65, 418
Goya, Francisco 461
Gradel, Pierre 425
Graham, Martha 429
Grandville, Ignace Isidor 461
Granger, Gilles-Gaston 348
Grappin, Pierre 393
Grass, Günther 401 f.
Grasset, Bernard 148, 154
Grave, Jean 90
Greco, Pierre 348
Greimas, Algirdas 190
Gretser, Jakob 389
Grémion, Pierre 210
Grimm, Friedrich-Melchior 152 f., 154 f., 158, 436
Grimmelshausen, Johann Jakob Christoffel von 138
Groethuysen, Bernhard 82
Gropius, Walter 442
Grosser, Alfred 457
Grosz, George 94
Grotius, Hugo 135
Grotowski, Jerzy 429
Grün, Karl 88
Gründgens, Gustav 415
Grünewald, Matthias 79
Guesde, Jules 172
Guilbeaux', Henri 410
Guizot, François 67, 172
Gulbransson, Olaf 462
Gundling, Jacob Paul Freiherr von 142
Gurvitch, Georges 82

Habermas, Jürgen 19, 177, 185 f., 228
Hahn, Otto 290
Halban, Hans 290
Halbwachs, Maurice 358 f.
Haller, Albrecht von 135
Hamann, Johann Georg 145, 147
Handke, Peter 402
Häring, Hugo 442
Hasenclever, Walter 408
Hegel, Friedrich G. W. 48 f., 77, 82, 101, 156 f., 160, 171, 174 f., 179, 191, 197, 203, 339, 343, 345, 380, 404
Heidegger, Martin 82, 126, 169, 179 ff., 189 ff., 333, 365, 372, 376, 380, 400, 404 ff.
Heine, Heinrich 62, 64, 67, 73, 77, 93, 100 f., 172, 404, 460
Heine, Thomas Theodor 462
Heinemann, Gustav 19
Heinrich IV. 41, 97, 136
Hemingway, Ernest 96
Herder, Johann Gottfried von 145, 152
Hermlin, Stephan 404, 406
Herold, Christopher 58
Herre, Paul 152, 156
Herré, Julien Auguste 407
Herriot, Edouard 110, 310 f.
Herzog, Werner 407, 412, 453, 458 f.
Hess, Moses 88
Hénard, Eugène 443
Heym, Georg 408
Hildebrand, Rudolf 151
Hildebrandt, Dieter 463
Hinck, Walter 418

Hindenburg, Paul 466
Hitchcock, Alfred 454
Hitler, Adolf 33, 39, 45, 56, 95, 104, 116, 195, 197, 219, 254, 274, 279, 294, 330, 355, 415, 466
Hoddis, Jacob van 404, 408
Hoffmann, E. T. A. 378, 399, 459f.
Hoffmann, Reinhild 429
Hoffmannsthal, Hugo von 336
Hoffmeister, Johannes 170
Hogarth, William 459
Hölderlin, Friedrich 48, 106, 175, 404ff.
Homer 64
Honecker, Erich 267f., 286
Hopkins, Harry 256
Horkheimer, Max 97, 183ff., 228, 405
Horváth, Ödon von 114
Hoyer, Dore 429
Huchel, Peter 405
Hugo, Victor 67, 68, 77f., 93, 100, 327, 404
Hulsius, Levinus 392
Hulst, Lievin 392
Humboldt, Wilhelm von 58, 316f., 363
Hume, David 135
Husserl, Edmund 179f., 344f.
Hyppolite, Jean 169

Immermann, Karl Leberecht 461
Ionesco, Eugène 118, 336, 415
Ivernel, Daniel 419

Jaccoltet, Philippe 405
Jacobi, Friedrich Heinrich 145
Jacquart, Emmanuel 423
Jahn, Friedrich Ludwig 109, 328f.
Jaurès, Jean 164
Jaussely, Léon 443
Jean-Paul (Richter) 57, 404, 460
Jevy 437
Jobert, Michel 224
Joffre, Joseph Jacques Césaire 110
John, Augustus 87
Johst, Hanns 408
Jooss, Kurt 423, 429
Joseph II. 140, 147
Josephine de Beauharnais 53
Jossot 462
Jouve, Pierre-Jean 410
Jouvenel, Bertrand de 168
Joyce, James 406
Jung, Edgar J. 161
Jünger, Ernst 113, 399f.

Kafka, Franz 463
Kaiser, Georg 408
Kandinsky, Wassily 408, 436f., 437, 449
Kane Cheikh, H. 117
Kant, Immanuel 48, 60, 135f., 138f., 141, 143, 145f., 149, 152f., 156, 160, 166, 168, 175, 179, 188, 190, 333, 339, 344
Karl der Große 24f., 108, 279, 323, 452
Karl V. 141
Karl der Kahle 22
Karl XII. 41
Kästner, Erich 463
Kautsky, Karl 98
Keller, Gottfried 461
Kennedy, John F. 271
Kepler, Johannes 138
Kerleroux, Pierre 464
Kerner, Justinus 49
Keyserling, Eduard Graf von 157
Kiefer, Anselm 438
Kierkegaard, Søren 177
Kiesinger, Kurt Georg 225
King, Martin Luther 250
Kinski, Klaus 454
Kirchner, Ernst Ludwig 408
Klages, Ludwig 154
Klee, Paul 408f., 437, 449
Kleist, Heinrich von 417f., 427
Klinger, Max 436
Klopstock, Friedrich Gottlieb 35

Kluge, Alexander 155, 454
Kohl, Helmut 131, 288
Kojève, Alexandre 169
Kokoschka, Oskar 407, 409, 437, 449
Kortner, Fritz 415
Kotulla, Theodor 458
Kowarski, Lew 290
Koyré, Alexandre 169
Kracauer, Siegfried 453
Kramer, M. 393
Kresnik, Hans 429
Kreutzberg, Harald 428 f., 433
Kroetz, Franz Xaver 416
Kropotkin, Pierre 90
Kunert, Günter 404
Kunze, Rainer 405
Kupka, Frank 462
Kurtz, Rudolf 411

l'Isle, Rouget de 104
Laban, Rudolf von 428
Lacan, Jacques 176, 179, 184, 345, 353 f., 380
Laclos, Choderlos de 93
Lafargue, Paul 172, 174
Lafayette, Marie Joseph Motier Marquis de 270
La Fontaine, Jean de 429, 461
Lafontaine, Oskar 295
Laforgue, Jules 403, 441
Lamartine, Alphonse de 68, 101, 103
Lance, Alain 404
Landauer, Gustav 90
Lang, Fritz 411, 453
Lasalle, Ferdinand 78
Lasker-Schüler, Else 408
Lasson, Georg 170
Lavier, Bertrand 439
Lavisse, Ernest 99
Lazarsfeld, Paul F. 360
Le Brun, Charles 36
Lefèbvre, George 20, 164, 167
Le Goff, Jacques 16
Lehmbruck, Wilhelm 437
Leibl, Wilhelm 439
Leibniz, Gottfried Wilhelm Frhr. von 135, 141 f., 145, 153, 156, 159
Leni, Paul 408
Lenz, Jakob Michael Reinhold 420
Le Pen, Jean-Marie 17
Lesclide, Richard 327
Lessing, Gotthold Ephraim 44, 135, 139 ff., 143, 145, 392, 417 f., 421, 427
Léger, Fernand 438
Lévi-Strauss, Claude 190, 341
Lévinas, Emmanuel 176, 345
Lévy, Lucien 228
Lévy, Michel 68
Liancourt, Herzog von 46
Lichtenberg, Georg Christoph 390
Liebermann, Max 407
Liebknecht, Karl 172
Linke, Susanne 429
Linné, Carl von 135
Lippe, Rudolf zu 425
List, Friedrich 77
Locke, John 135 f.
Lods, Marcel 445
Lopez, Raimond 445
Loriot (eigentl. Vicco von Bülow) 464
Lorre, Peter 453
Losfeld, Eric 411
Lothar I. 22
Loti, Pierre 116
Louis-Philippe 35, 461
Löwenthal, Leo 183
Lübke, Heinrich 125
Lubitsch, Ernst 98
Luchaire, Jean 82
Ludwig der Deutsche 25
Ludwig XIV. 16, 34 ff., 41, 55, 135 f., 141, 157, 323, 421, 424, 460
Ludwig XV. 34
Ludwig XVI. 35, 61, 86
Ludwig, Emil 180
Luhmann, Niklas 377
Lukacs, Georg 97, 174, 380
Lully, Jean Baptiste 427

Lurçat, André 442, 444
Luther, Martin 19, 138, 140, 154f., 165ff., 308, 389, 392, 421
Lynd, Robert 253
Lyotard, Jean François 185, 372

Mahler, Gustav 427f.
Mailer, Norman 96
Maintenon, Madame de 421
Malatesta, Errico 90
Mallarmé, Stéphane 405, 425, 427
Malraux, André 336
Manet, Edouard 439
Mann, Heinrich 97, 150, 157, 393
Mann, Thomas 45, 80, 148, 157, 365, 388, 427, 461
Mansart, François 36
Maran, René 115
Marc, Franz 408f.
Marcel, Gabriel 333
Marcuse, Herbert 183, 228
Marin, Maguy 430
Maritain, Jacques 165f.
Marivaux, Pierre 307, 417f., 421
Marr, Wilhelm 88, 119
Marshall, George 467
Martin, Karlheinz 408
Martinet, Marcel 410
Marx, Karl 77f., 88, 95, 101, 142f., 163, 171, 186, 233, 319, 343, 352, 404
Matisse, Henri 409, 436, 437, 449
Maupassant, Guy de 93
Mauriac, François 125
Mauron, Charles 423
Mauroy, Pierre 225
Maurras, Charles 164ff.
Mauss, Marcel 345, 357, 359
Mauthner, Fritz 151, 155
Mauvillon, Jakob 152
Max-Joseph 53
May, Ernst 443
Mehring, Franz 70
Meier, Christian 335
Meier-Graefe, Julius 436
Meinecke, Friedrich 156, 198
Meitner, Lise 290
Melanchthon, Philipp 142, 145
Mendelssohn, Moses 141, 145, 315
Menzel, Adolph 45, 439
Merleau-Ponty, Maurice 176, 179, 348
Mettrie, La Julien Offray de 42
Meyer, Hannes 442
Michelet, Jules 67, 93, 100, 110, 164
Mignet, Auguste 67
Millerand, Alexandre 78
Minder, Robert 103
Mirabeau, Graf 40, 48
Mirat, Mathilde Eugenie Crescence 67
Mitscherlich, Alexander 412
Mitterand 72f., 131, 210, 222f., 225, 231, 270, 272, 286, 288f., 291, 296
Mocky, Jean Pierre 457
Moeller, Arthur von den Bruck 29, 80
Moisan 463
Molière (Jean Baptiste Poquelin) 72, 138, 336, 418, 420, 424, 427
Mommsen, Theodor 110
Monnet, Bertrand 282, 445
Monnet, Jean 128
Monnier, Henri Bonaventure 461
Montaigne, Michel de 307, 345
Montesquieu, Charles-Louis de 42f., 163, 305, 307
Montherlant, Henry de 96, 329
Morazé, Charles 358
Most, Johan 90
Mozart, Wolfgang Amadeus 427, 450
Mozin, Abbé 384, 393
Mueller, Harald 416
Mühsam, Erich 90
Müller, Heiner 416
Müller, Otto 408
Munch, Edvard 408
Mundt, Theodor 362

Musset 77, 101, 417
Mussolini, Benito 81

Napoleon (Bonaparte) 20, 28, 49, 56ff., 137, 147, 156f., 196, 209, 259, 273, 323, 383, 466
Napoleon III. 28, 35, 73, 75, 78, 83, 461, 466
Necker, Jacques 61
Nerval, Gérard de 65, 67, 68, 70, 101, 378, 399, 403
Neufert, Ernst 445
Neumann, Alfred 406
Neumeier, John 426, 428
Neveux, Jean-Baptiste 139
Newton, Isaac 135
Nietzsche, Friedrich 93f., 166f., 179, 191, 343f., 345, 365, 372, 380, 403, 425, 449
Nikolais, Alwin 427
Nikolaus II. 274
Nizan, Paul 179
Nolde, Emil 408
Nora, Pierre 16
Novalis (eigentl. Georg Philipp Friedrich Frhr. von Hardenberg) 343, 404
Noverre, Jean Georges 426

Obershall, Anthony R. 249
Oelsner, Conrad Engelbert 49
Okakura, Kakuso 335
Otto der Große 26

Pabst, Georg Wilhelm 411, 456
Pacelli, Eugenio 81
Pagnol, Marcel 96
Palucca, Gret 429
Pandolfi, Vito 419
Panofsky, Erwin 380
Paracelsus, Philippus Aureolus 138
Parmenides 191
Parsons, Talcott 251, 360
Pascal, Blaise 307, 340, 345
Passeron, Jean-Claude 360
Pastior, Oskar 405
Perikles 85
Perret, Auguste 441, 444
Perron, Du Cardinal 389
Pestalozzi, Johann Heinrich 136, 329
Pécourt, Louis 424
Péguy, Charles 120
Pétain, Philippe 124, 180
Peymann, Claus 415
Philipe, Gérard 412
Philipon, Charles 465
Piaget, Jean 346ff., 349
Picabia, Francis 403
Picasso, Pablo 436f., 438, 449
Pingusson, Georges-Henry 455
Pinthus, Kurt 408
Pippin 22
Piscator, Erwin 415
Pittakos 332
Pius X. 370
Plantu, Jean 465
Plato 338
Platz, Hermann 157
Plessner, Helmuth 195, 344
Poelzig, Hans 442
Pöggeler, Otto 175
Poincaré, Raymond 39, 78, 81, 347f.
Poirier, Anne und Patrick 439
Poisson, Jeanne 34
Polin, Raymond 168
Polke, Sigmar 438
Pollock, Friedrich 183
Pompadour, Marquise von 34
Pombal, Sebastião José 140
Pompidou, Georges 125, 231
Posener, Julius 442
Poulaille, Henri 410
Pound, Ezra 406
Précourt, Louis 424
Preuß, Hugo 206
Protagoras 332
Proudhon, Pierre-Joseph 78, 86, 87, 171, 341
Proust, Marcel 66, 72, 450
Pufendorf, Samuel 135, 141, 146
Purrmann, Hans 437

Quemada, Bernard 395
Queneau, Raymond 61
Quinet, Edgar 67

Rabelais, François 421, 459
Racine, Jean 44, 138, 417 f.
Rameau, Jean Philippe 427
Rang, Martin 168
Ranke, Leopold von 49, 77
Ranulf, Svend 359
Raphael, Max 436, 444
Rathenau, Walther 80, 444
Ravel, Maurice 447, 450
Raynaud, Jean-Pierre 438
Read, Herbert 87
Reagan, Ronald 285
Reclus, Elisée 90
Reger, Max 450
Regnaut, Morris 406
Reich, Klaus 168
Reich-Ranicki, Marcel 92, 400
Reinhardt, Max 408, 411, 415
Reiser, Jean Marc 464 f.
Reitz, Edgar 456, 458
Renan, Ernest 78, 110, 119
Renoir, Jean 461
Renouvier, Charles 149
Régamey, Pater 445
Rémond, René 126
Reverdy, Pierre 403
Richard, Lionel 411
Richelet, César Pierre 393
Richelieu, Armand Jean de Plessis 136, 156, 254, 363
Richter, Gerhard 438
Rickert 355
Ricoeur, Paul 176
Rilke, Rainer Maria 175, 404 f.
Rimbaud, Arthur 369, 376, 408 f.
Ringelnatz, Joachim 463
Rioux, Jean Pierre 18
Ritter, Joachim 151
Rivarol, Antoine 383
Rivau, Jean du 128
Robespierre, Maximilien Marie Isidore de 161, 164
Robison, Arthur 408
Rocard, Michel 225
Rocker, Rudolf 90
Rogge, Klein 453
Rolland, Romain 410
Roosevelt, Theodore D. 253 ff., 256
Rosenberg, Alfred 95, 96
Rousseau, Jean-Jacques 42 f., 59, 62, 93, 106, 136, 160, 164 f., 214, 329, 340
Rousso, Henri 125
Roux, Marcel 455
Rovan, Joseph 117, 401
Rovini, Robert 410
Rubiner, Ludwig 409
Rückriem, Ulrich 438
Ruzzante, Angelo 419

Sachs, Nelly 405
Sachs-Villatte 393
Sade, Marquis de 387
Saint-Exupéry, Antoine Marie Rogerde 96
Saint-Simon, Louis de 376
Sainte-Beuve, Charles Augustin de 68
Sand, George 67 f., 93
Sartre, Jean Paul 78, 99, 176 f., 228, 336, 345, 348, 400, 406
Schadow, Johann Gottfried 466
Schelling, Friedrich Wilhelm Joseph von 77, 156, 168, 351, 404
Schickele, René 104, 111
Schiller, Friedrich 35, 145, 147, 153, 333, 337, 378, 420, 422
Schlegel, August Wilhelm 58
Schlegel, Johann Elias 153, 420
Schlegelmilch, Aribert 394
Schleiermacher, Friedrich Daniel Ernst 32, 188 ff., 190 ff.
Schlemmer, Oskar 428
Schlichter, Susanne 425
Schlöndorff, Volker 458

Schmid, Carlo 163
Schmidlin, Jakob 393
Schmidt, Helmut 131, 225, 286f.
Schmidt-Rottluff, Karl 408
Schmitt, Carl 165, 341, 377
Schmitt, Saladin 415
Schmitthenner, Paul 444
Schmoller, Gustav 240
Schneckenburger, Max 77, 104
Scholl, Sofie u. Hans 124
Schönberg, Arnold 454
Schopenhauer, Arthur 77
Schroeter, Werner 407
Schubert, Franz 427
Schuman, Robert 128, 282, 427, 468
Schumpeter, Joseph A. 240
Schütz, Heinrich 427
Schwan, Christian 393
Seignobos, Charles 163
Senghor, Lépold 116f.
Serrault, Jean Marie 414
Shakespeare, William 64, 138, 424
Shelley, Percy 87
Sieburg, Friedrich 116, 148, 154, 157
Silvaire, André 411
Silvester I. 21
Simiand, François 358
Simmel, Georg 355
Simon, Michel 452
Simonides 332
Sismondi, Jean Charles 58
Soboul, Albert 164, 167
Sokrates 332, 334, 336
Sombart, Werner 240
Sophokles 106
Sorel, Albert 174
Sorge, Reinhard 408
Soupault, Philippe 410
Speer, Albert 454
Spener, Philipp Jacob 139
Spengler, Oswald 83, 162, 365
Stadler, Ernst 408f.
Staël, Madame de 44, 64, 68, 77, 101, 436, 459
Stahl, Georg Ernst 135
Stalin, Jossif 253ff., 256, 266, 269, 274, 279
Stapfer, Albert 64
Starobinski, Jean 168
Steding, Christoph 162
Steffann, Emil 445
Stein, Ernst 415
Stein, Lorenz von 49, 50
Steiner, Rudolf 428
Steinlen, Theophile Alexandre 462
Stendhal, Marie Henri Beyle 93
Stephanus, Robertus 392
Sternberg, Josef von 411
Sternheim, Carl 408
Stirner, Max 88
Stockhausen, Karlheinz 450
Straub, Jean Marie 458
Strauss, David Friedrich 110
Strauß, Richard 447, 449f.
Strauß, Botho 416
Strauß, Franz Josef 96
Strawinsky, Igor 448
Straßmann, Fritz 290
Strindberg, August 408
Stroux, Karlheinz 415
Stübben, Josef 443
Stürmer, Michael 15
Studer, Claire 410
Sully, Maximilien 156
Supervielle, Jules 56
Sybel, Heinrich von 49
Syberberg, Hans Jürgen 407, 457f.

Tacitus 59
Taine, Hippolyte 78, 93
Taubert, Gottfried 427
Tessenow, Heinrich 444
Thierry, Augustin 24, 172
Thiers, Adolphe 37, 67
Thode, Henry 436
Thomasius, Christian 141, 142, 145
Thoreau, Henry-David 87
Tilly, Johann 249
Tocqueville, Alexis de 50, 163, 215, 270

Todd, Emmanuel 313
Toller, Ernst 90, 408, 413
Tolstoi, Leo 89
Topor, Roland 464
Tournier, Michel 399
Traviès 461
Treitschke, Heinrich von 110, 357
Trübner, Karl 155
Tschirnhaus, Ehrenfried Walter Graf von 142
Tucholsky, Kurt 311, 463
Tucker, Benjamin R. 87
Tugendhat, Ernst 177

Ueding, Gerd 461
Ulbricht, Walther 267
Ulrich, Duc de Wurtemberg 114
Ungerer, Tomi 464

Vago, Pierre 445
Valentin, Karl 454
Valerio Vera 169
Valéry, Paul 66, 341, 345, 427
Varnhagen, Rahel 61
Veil, Simone 125
Veit, Konrad 453
Vercingetorix 104
Vercors (Jean Marcel Bruller = pseudonym) 127
Verhaeren, Emile 408
Verlaine, Paul 409
Vermeil, Edmont 79
Verschür, Otmar von 121
Védrines, Jules 327
Vierkandt, Alfred 239, 243
Vigny, Alfred de 67
Vilar, Jean 413f.
Villon, François 405, 463
Voltaire, Jean Marie 32, 41, 43, 72, 93, 97, 135, 139, 156, 341, 388, 420, 427

Waechter, Antoine 297, 464
Wagner, Richard 104, 333, 428, 447, 448ff., 458
Wagner, Martin 444
Wahl, Jean 169
Walden, Herwarth 409, 411
Wallon, Henri 350
Walser, Martin 201
Walther von der Vogelweide 23
Wandruszka, Mario 385
Weber, Max 240, 340f., 350, 357ff., 371, 372, 376f., 380, 447
Wechssler, Eduard 149ff., 156ff., 160
Weckmann, André 112
Wedekind, Frank 408
Weisgerber, Leo 437
Weisse, Christian Herrmann 420
Weizsäcker, Carl Friedrich von 338
Weizsäcker, Richard von 200, 205, 263
Wellmer, Albrecht 177
Wiedenfeld, Kurt 240
Wieland, Martin Christoph 153
Wiene, Robert 408, 410
Wigman, Mary 423, 428f.
Wilde, Oscar 87
Wilhelm I. 35f., 37, 466
Wilhelm II. 23, 45, 180, 274, 466
Wilson, George 413
Winckelmann, Johann Joachim 135
Wolf, Friedrich August 135, 143
Wolff, Christian 135, 139, 141, 145
Wölfflin, Heinrich 380
Wolinskis, Georges 463
Worringer, Wilhelm 411

Yourcenar, Marguerite 402

Ziebura, Gilbert 129f.
Zola, Emile 93, 120

Lust an der Geschichte

Die Französische Revolution 1789–99

Ein Lesebuch. Herausgegeben von Ulrich Friedrich Müller.
363 Seiten. Serie Piper 933

Rechtzeitig zum 200. Jahrestag des Beginns der Französischen Revolution erscheint dieses Lesebuch mit Texten aus der Zeit: Beteiligte (wie Marat, Marie Antoinette, Robespierre, Danton, Bonaparte) und Beobachter (wie Burke, Pestalozzi, Görres), prominente wie unbekannte Zeitzeugen berichten, was sich in den zehn Jahren bis zur Machtübernahme Bonapartes alles ereignet hat, in Paris wie auf dem Land, im Adel wie im Bürgertum. Alle Beiträge sind mit einer kurzen erklärenden Einführung versehen. Die meisten Texte wurden eigens für diesen Band übersetzt. Der Leser erhält einen ebenso spannenden wie direkten Zugang zu diesen Ereignissen, mit denen eine neue Epoche der Weltgeschichte begann.

Joan Haslip

Marie Antoinette

Ein tragisches Leben in stürmischer Zeit.
Aus dem Englischen von Christian Spiel.
436 Seiten mit 21 Abbildungen. Leinen.

Wenn es je eine Königin wie im Märchen gegeben hat, dann Marie Antoinette: Aus dem berühmtesten Herrschergeschlecht Europas stammend, heiratet sie an den glänzendsten Hof Europas, an die Seite Ludwigs XVI., der mit absoluter Macht über Frankreich herrscht. Und eben diese Märchenkönigin wird zunächst nach und nach ihrer Macht beraubt, dann zusammen mit ihrer Familie gefangengesetzt und schließlich als Verbrecherin vor einer johlenden Menge geköpft.
Aber dieser Gegensatz, die Sensation einer so tief gestürzten Herrscherin, macht nur einen Teil der Faszination aus, die Marie Antoinette seit bald zweihundert Jahren ausübt. Man möchte hinter die Fassade schauen und wissen: Wie war sie wirklich? War sie, wie Stefan Zweig schrieb, tatsächlich nur ein »mittlerer Charakter«, dem erst der Tod unter dem Fallbeil Größe verliehen hat?
Joan Haslip, durch mehrere erfolgreiche Biographien als historische Schriftstellerin ausgewiesen, sieht das anders: »Hätte sie eine richtige Erziehung erhalten und wäre sie mit einem Mann von Charakter verheiratet gewesen, wäre sie vielleicht zu einer bedeutenden Königin geworden. Es hat mich verlockt, den Gründen nachzugehen, warum ihr dies nicht glückte ...«
Joan Haslip will ein differenzierteres, gerechteres Bild Marie Antoinettes zeigen, indem sie das Leben der Königin aus deren Blickwinkel schildert. Ihr gelingt dabei ein Stück erzählter Geschichte, das die ganze Dramatik der Zeit ebenso wie die Vielschichtigkeit der Hauptpersonen erfaßt und dem Leser nahebringt. Joan Haslip zeigt den Glanz, aber auch das Elend der letzten Jahre des Rokoko, in dem die Etikette bei Hofe mehr zählt als die Probleme des Landes. Während in Versailles über kleinste Vorrechte gestritten wird, verelendet das Land. Die Autorin konzentriert sich auf die Zeit, die der großen Revolution voranging, und schildert, wie sich die Lage immer mehr zuspitzt und wie hilflos das Königspaar reagiert, als es den Ernst der Lage erkennt.

Michael Stürmer

Dissonanzen des Fortschritts

Essays über Geschichte und Politik in Deutschland
338 Seiten. Geb.

Vierzig Jahre nach Kriegsende erinnern sich die Deutschen wieder einer Angelegenheit, welche die Nachbarn nie vergaßen: der Deutschen Frage als Problem der Gestaltung Europas und der Rolle der Deutschen darin. Zwischen Patriotismus und Neutralismus – wohin treibt das deutsche Nationalgefühl, und wohin wird es getrieben?
Was folgt aus der jüngeren europäischen Geschichte für die Bundesrepublik Deutschland? Was hat es mit dem so verführerischen wie gefährlichen »deutschen Sonderweg« auf sich? Was bedeutet heutzutage Geschichtsbewußtsein?
Ist aus der Geschichte nur zu lernen, daß nichts aus ihr gelernt wird? Der Autor plädiert dafür, die europäischen Bedingungen deutschen Daseins und Denkens endlich zu einem Hauptthema des politischen Diskurses zu machen. Es geht um politische und historische Standortbestimmung.

Vom gleichen Autor liegt vor:

Bismarck

Die Grenzen der Politik
123 Seiten mit 9 Abbildungen. Serie Piper 5224

In diesem Buch zeichnet Michael Stürmer ein ungewohntes Bild Bismarcks: statt Reichsgründer, Eiserner Kanzler und Zauberlehrling ein Fremder im eigenen Haus.

Herbst des Alten Handwerks

Meister, Gesellen und Obrigkeit im 18. Jahrhundert
360 Seiten mit 12 Abb. Serie Piper 515

»Michael Stürmer hat Texte aus ganz Europa gesammelt und liefert eine knappe und außerordentlich kenntnisreiche Einführung.«

Stuttgarter Zeitung

Piper 39/2a

PIPER

John Bowle

Geschichte Europas

Von der Vorgeschichte bis ins 20. Jahrhundert
Aus dem Englischen von Hainer Kober. 720 Seiten. Serie Piper 424

Dieses Werk des Oxforder Historikers ist eine umfassende, ungemein spannend erzählte Darstellung der Geschichte Europas in einem Band, für die es auf dem deutschen Markt kein zweites Beispiel gibt. Gestützt auf eine Fülle von Quellenmaterial und reiche Literaturkenntnis gelang Bowle eine meisterhafte Beschreibung der miteinander verwobenen Strömungen der verschiedenen Kulturen Europas. Wir erleben die stete Wechselwirkung von Politik und Kultur. So entfaltet sich vor unseren Augen das ganze Spektrum der europäischen Geschichte von prähistorischer Zeit bis hin zur neuzeitlichen Entwicklung von Nationalstaat und Demokratie nach der industriellen Revolution. Bowle endet seine Darstellung mit dem Jahr 1939.

»Bowles Fähigkeit, anschaulich und engagiert Tatsachen und Zusammenhänge zu verdeutlichen, der trockene Witz seiner historischen Porträtkunst, die Entschiedenheit des Urteils, aber auch die keineswegs nur den Deutschen geltende Skepsis machen sein Werk in einer Zeit ›maschinenseliger Neobarbarei‹ vor allem als Einführung junger Menschen in die Geschichte so wichtig.
Denn seine ›Geschichte Europas‹ ist nicht nur beschauliche Lust an Altem und Anekdotischem, ein Karneval der Kuriositäten, ein Führer zu großen Kunstwerken, eine Entdeckungsreise zu fernen und fremden Kontinenten der Zeit, sondern ebenso und vor allem ein Memento der Macht: Erinnerung an Versäumtes, Abrechnung mit blinden Gewalten und verblendeten Gewalthabern, Mahnung für die Zukunft, die einem Kontinent gilt, der einst der Welt die Gesetze gab und jetzt nur noch die Klinken- und Schuhputzer der Supermächte zu stellen scheint.«

Der Spiegel

Piper 65/1

PIPER

Jean Cocteau

Vollendete Vergangenheit

Band I

Tagebücher 1951–1952

Herausgegeben von Pierre Chanel.
Deutsche Erstveröffentlichung. Aus dem Französischen von Frieda Grafe und Enno Patalas. Mit einem Vorwort von Joachim Kaiser. 507 Seiten mit 14 Zeichnungen im Text und 26 Fotos. Leinen

Cocteau, von proteushafter Wandlungsfähigkeit, Katalysator der künstlerisch-literarischen Moderne, hat in späteren Jahren in umfangreichen Tagebuchnotizen Bilanz gezogen und Rechenschaft über sich abgelegt. Der vorliegende Band dokumentiert die Jahre 1951 und 1952, einen Höhepunkt in Cocteaus Schaffen. Die Großen der französischen Kultur, Gide, Sartre, Mauriac und viele andere, mit denen Cocteau verkehrte, werden hier für den Leser wieder lebendig.

»... für Deutschland war Jean Cocteau genau das, was er überhaupt nicht sein möchte. Nämlich der Inbegriff des Französischen, Pariserischen. Also witzig, kokett, brillant, affektiert, skandalträchtig. Darüber hinaus begabt mit jenem (kunstgewerblichen) Hang zum Surrealistischen, Romantischen, Phantastischen, Mythologischen, den man hierzulande den Franzosen gern verzeiht, weil dergleichen bei ihnen so formvollendet gerate, ganz ohne germanische Schwerfälligkeit.« Diese Tagebücher offenbaren jedoch noch einen ganz anderen Cocteau. Jemand, der ein Leben lang mit Kunst zu tun hatte, sie ausübte, reflektierte, meisterte, zieht kritisch Bilanz. Reflektiert seine Mankos, seine Fluchtversuche, seine Grenzen. Dahinter steckt ein heiliger Ernst. Dieser Künstler-Ernst wird in Cocteaus Tagebuch-Aufzeichnungen überwältigend fruchtbar ...«

Joachim Kaiser

Adieu Tristesse

Französisches Lesebuch
Herausgegeben von Claudia Wenner
371 Seiten. Serie Piper 1090

Dieses Lesebuch versammelt erzählende Prosa von der Mitte des 19. Jahrhunderts bis in die jüngste Gegenwart. Es möchte nicht nur einen Überblick geben über die französischsprachige Erzählkunst aus zwei Jahrhunderten, sondern bekannte – Balzac, Baudelaire, Proust, Sartre – und hierzulande weniger bekannte Autoren – Segalen, Bove, Bataille, Bonnefoy, Robin, Kristof – anhand von besonders sprechenden und gut lesbaren Erzählungen und Romanpassagen vorstellen.
Die Auswahl versteht sich nicht einfach als Sammelsurium »schöner Stellen«, sie lädt den Leser vielmehr ein, in die unterschiedlichsten Räume französischer Dichtungsvisionen einzutreten und sich auf diese Weise auch das Land Frankreich ein Stück weit zu erschließen.

Julius Meier-Graefe

Entwicklungsgeschichte der modernen Kunst

Herausgegeben von Hans Belting.
Band I: 367 Seiten mit 46 Tafeln und 24 Abbildungen im Text.
Serie Piper 661
Band II: 478 Seiten mit 48 Tafeln und 33 Abbildungen im Text.
Serie Piper 662

Julius Meier-Graefes »Entwicklungsgeschichte der modernen Kunst« gehört zu den Klassikern der Kunstgeschichte. Der erste Band behandelt die Entwicklung der bildenden Kunst von den Meistern der italienischen Renaissance über das 17. und 18. Jahrhundert bis zu den deutschen Impressionisten Liebermann und Slevogt. Der zweite Band beginnt mit Feuerbach und Marées und führt über den französischen Impressionismus zu Max Beckmann.

»Meier-Graefe lebt in der Nachwelt als Entdecker des Impressionismus fort. Er vermochte die Siege dieser Bewegung in einer Sprache zu rühmen, die ihrerseits als ein Dokument impressionistischer Literatur Bestand hat.«
Bayerischer Rundfunk

»Meier-Graefe gehört zu den ersten, die moderne Kunst überhaupt in ein Geschichtsbild einzuordnen suchten.« FAZ

»Man wird die Kunst erst lieben, wenn man nicht mehr von ihr spricht, wenn sie etwas Selbstverständliches geworden und die Beschäftigung mit ihr so mit unseren alltäglichen Bedürfnissen verwachsen sein wird wie die Pflege unseres Körpers.« Julius Meier-Graefe

Bücher von und über Richard Wagner

Martin Gregor-Dellin
Richard Wagner

Sein Leben – Sein Werk – Sein Jahrhundert. 930 Seiten. Leinen

»Belehrt und begeistert habe ich diese Lebensbeschreibung Richard Wagners gelesen, die für mich mehr ist als eine Biographie: ein roman vrai, ja eine faszinierende comédie humaine.«

Walter Jens

Carl Dahlhaus
Richard Wagners Musikdramen

165 Seiten. Serie Piper 752

Martin Gregor-Dellin
Richard Wagner

Eine Biographie in Bildern. 220 Seiten mit 325 farbigen und schwarzweißen Abbildungen. Leinen

Cosima Wagner
Die Tagebücher

Herausgegeben von der Stadt Bayreuth. Ediert und kommentiert von Martin Gregor-Dellin und Dietrich Mack.

Band I: 1869–1872. 1982. 624 Seiten. Serie Piper 251
Band II: 1873–1877. 1982. 688 Seiten. Serie Piper 252
Band III: 1878–1880. 1982. 656 Seiten. Serie Piper 253
Band IV: 1881–1883. 1982. 688 Seiten. Serie Piper 254

Cosima Wagner
Das zweite Leben

Briefe und Aufzeichnungen. 1883–1930. Herausgegeben von Dietrich Mack. 899 Seiten und 36 Abbildungen auf Tafeln. Leinen

Richard Wagner
Briefe

Ausgewählt und kommentiert von Hanjo Kesting. 679 Seiten. Leinen

PIPER